게임으로 배우는
C++

최영규 지음

생능출판

저자 소개

최영규(崔濚圭)

1989년 경북대학교 전자공학과 공학사
1991년 한국과학기술원 전기및전자공학과 공학석사
1995년 한국과학기술원 전기및전자공학과 공학박사
1995~1999년 LG산전연구소 선임연구원
1999년~현재 한국기술교육대학교 컴퓨터공학부 교수
2005, 2012년 미국 조지 워싱턴대, UTSA 방문 교수
e-mail: ykchoi@koreatech.ac.kr

게임으로 배우는 C++

초판발행 2017년 12월 7일
제1판2쇄 2020년 8월 25일

지은이 최영규
펴낸이 김승기
펴낸곳 (주)생능출판사 / **주소** 경기도 파주시 광인사길 143
출판사 등록일 2005년 1월 21일 / **신고번호** 제406-2005-000002호
대표전화 (031)955-0761 / **팩스** (031)955-0768
홈페이지 www.booksr.co.kr

책임편집 신성민 / **편집** 김민보, 유제훈, 권소정 / **디자인** 유준범
마케팅 최복락, 김민수, 심수경, 차종필, 백수정, 최태웅, 명하나, 김범용, 김민정
인쇄 · 제본 천일문화사

ISBN 978-89-7050-936-5 93000
정가 32,000원

머리말

C++는 C언어의 기능을 확장하여 복잡하고 규모가 큰 프로그램을 효율적으로 개발할 목적으로 1980년대에 탄생한 언어이다. C언어의 문법을 그대로 지원하면서 객체지향 프로그래밍은 물론 일반화 프로그래밍 기법까지 지원하기 때문에 보다 쉽고 편리한 프로그래밍이 가능하다. 따라서 매우 중요하고 활용도가 높은 프로그래밍 언어이다.

지금까지 많은 C++ 책들이 출간되었는데, 이들은 대부분 문법이나 활용 방법들을 작은 예제를 통해 설명하고 있다. 이들 방법은 단편적인 문법의 이해를 도울 수는 있다. 그러나 실제 문제를 접했을 때 공부한 기능들이 잘 생각나지 않아 문제 해결에 큰 도움을 주지 못한다는 것도 사실이다. 이 책에서는 다음과 같이 좀 새로운 방법을 사용해보려고 한다.

- 각 장에서는 먼저 흥미를 유발할 수 있는 게임을 학습 목표로 제시한다. 이들은 이어지는 본문의 내용들을 잘 이해하고 활용한다면 그렇게 어렵지 않게 구현할 수 있는 게임이다. 특별한 게임 엔진이나 그래픽 라이브러리를 사용하지는 않으며 콘솔 응용 프로그램 게임이지만 충분히 흥미를 가질 만한 것들이다.

- 본문에서는 C++의 문법이나 기능, 프로그래밍 기법 등을 핵심적인 내용들만을 뽑아 최대한 쉽게 설명하고 있다. 특히 본문의 내용들이 어떻게 게임 구현에 활용될지를 예상하면서 공부하는 것이 중요하다. 각 장의 뒷부분에는 목표 게임을 구현하는 과정과 소스 코드, 코드에 대한 설명과 고찰 등이 제공된다. 특히 본문에서 공부한 내용들이 어떻게 사용되는지를 강조하려고 하였다.

- 7~14장에서는 "몬스터 월드"란 하나의 게임 주제를 연속해서 다룬다. 첫 번째 몬스터 월드는 게임은 아니지만 많은 유사한 게임에 대한 중요한 아이디어를 제공한다. 이어지는 장들에서 몬스터 객체들을 어떻게 생성하고 소멸하며, 몬스터 월드 맵을 어떻게 구현하고, 상속으로 다양한 몬스터를 어떻게 만들며, 다형성이나 일반화 프로그래밍 기법들이 어떻게 적용될 수 있는지를 공부한다. 이 기법들이 적용됨에 따라 점점 몬스터 월드는 게임으로 변화된다.

- 독자들은 "어떤 게임을 구현할 때, 게임의 어떤 기능을 위해 어떤 문법을 사용했는지"를 기억했으면 좋겠다. 그리고 이것이 이 책을 쓰게 된 가장 중요한 이유이다. 작은 예제를 통해 공부한 다양한 문법보다는 어떤 게임을 구현하기 위해 사용한 기능들이 훨씬 더 기억하기 쉽고 효과적으로 활용될 수 있을 것이라 생각하기 때문이다.

- 각 장의 뒷부분에는 하나의 "QnA"와 "요약", "연습문제"와 "실습문제"를 제공한다. QnA의 질문들에는 "정답"이 없다. 필자의 의견을 참고하여 각자 생각하고 토론해 보면 좋겠다. "요약"은 괄호 채우기 문제로 구성했는데, 해답을 제공하지만 답을 보지 않고 각 장을 정리해보면 좋을 것이다. "연습문제"는 간단히 답할 수 있는 문제들이며, "실습문제"는 책에서 설명된 게임을 확장하거나 실습 과제로 활용할 수 있는 문제들을 제공한다.

이 책은 기본적으로 C언어를 공부한 독자들을 대상으로 하지만, C언어의 경험이 없더라고 2~5장의 내용에 더 많은 시간을 할애한다면 충분히 학습하고 활용할 수 있으리라 생각한다. 또한, C++의 복잡한 문법이 아니라 제시된 게임을 구현하기 위해 기본적이고 실용적인 부분들을 중심으로 구성하였다. 그리고 Java와 같은 대부분의 객체지향 언어에서 공통적으로 사용하는 기법들을 중심으로 설명하고자 하였다. 대부분의 멤버 함수를 인라인으로 구현해 코드의 시각적인 복잡함을 줄이려고 노력했고, 압축적인 형태의 코드에는 충분한 설명을 추가하였다.

끝으로 이 책이 나오기까지 원고작성 과정을 도와준 이복주와 문혁 학생에게 감사하며, 적극적으로 지원해준 생능출판사 여러분께 깊은 감사를 표한다. 항상 힘이 되어주는 부모님과 아빠의 원고에 재미있는 의견을 준 자랑스러운 아들 진영이, 야구선수가 되고 싶어 하는 딸 민영이에게 감사의 마음을 전하며 사랑하는 아내에게 이 책을 바친다.

2017년 11월

최영규

강의 계획안

이 책은 한 학기를 15주로 가정하여 구성하였다. 따라서 다음과 같은 방법으로 강의를 진행할 수 있을 것이다.

주	해당 장	주제	실습(게임)
1	1장	C++ 기초	아스키 아트
2	2장	프로그래밍 기초	번호 맞히기 게임
3	3장	함수	러시안 룰렛, 스피드 구구단
4	4장	배열, 구조체와 파일	4×4 숫자 퍼즐
5	5장	함수의 진화	지뢰 찾기
6	6장	클래스: 구조체의 진화	행맨
7	7장	객체의 생성과 소멸	몬스터 월드 1(몬스터들의 세상)
8		중간고사	
9	8장	객체와 포인터	몬스터 월드 2(조절되는 세상)
10	9장	상속	몬스터 월드 3(세상의 모든 귀신)
11	10장	다형성	몬스터 월드 4(실행시간 다형성) 몬스터 월드 5(신인류의 탄생)
12	11장	프렌드와 연산자 중복	몬스터 월드 6(여유 있는 삶)
13	12장	예외 처리와 형 변환	몬스터 월드 7(새로운 경쟁의 시작)
14	13~14장	템플릿과 STL	몬스터 월드 8(벡터로 만든 세상) 몬스터 월드 9(실시간 순위 갱신)
15		기말고사	

학기 구성이나 학생들의 학년이나 전공에 따라 다음과 같이 내용을 조정하여 진행할 수도 있다.

- 16주로 강의하는 전산이나 컴퓨터공학과 2학년의 경우 13장과 14장을 각각 1주에 강의할 수 있다.

- C언어를 수강하지 않았거나 비전공자의 경우 1~10장까지의 내용을 자세히 강의하는 것도 좋은 방법일 것이다. 이 경우 중간고사 전까지 1~5장을 자세히 공부하고 이후 6~10장을 학습하는 것이 좋을 것이다.

- 실습 과제: 실습 시간을 운영하는 경우, 기본적으로 각 장마다 제공되는 게임을 구현해 보도록 하고, "실습문제"에서 제시하는 게임의 확장 문제에 도전하도록 할 수 있다. 대부분의 프로그래밍 교과목은 강의보다는 실습 과제를 통해 직접 고민하고 구현해 볼 수 있도록 하는 것이 더 효율적인 학습 방법일 것이다.

- 시험 문제: 빈칸 채우기 문제로 구성된 "요약" 부분과 "연습문제"를 활용할 수 있다. 또한 "실습문제"에 제시된 간단한 문제들을 손 코딩 문제로 출제할 수 있다.

- 각 장의 본문에 이어서 제시된 "QnA"나 유사한 질문들에 대해서도 강의자와 학생이 함께 토론해 보는 것도 좋을 것이다.

학습 연계도

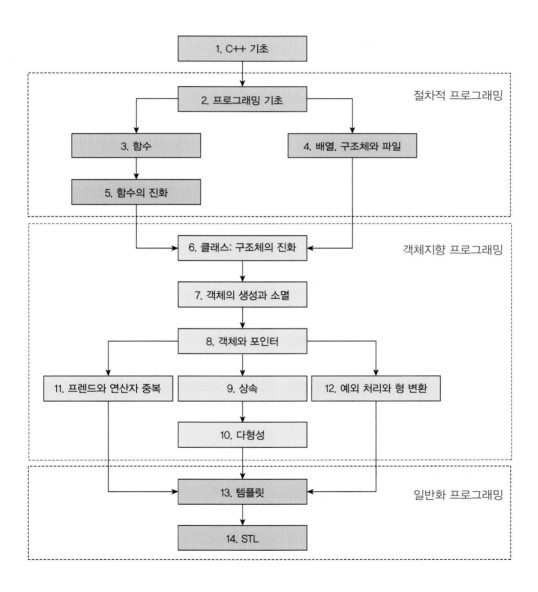

차례

CHAPTER 01 C++ 기초

1.1 C++ 개요	17
1.2 객체지향 프로그래밍	20
1.3 프로그램 개발 과정	26
1.4 프로그램 개발 전의 준비사항	29
1.5 C++ 프로그래밍 따라 하기	31
1.6 소스 코드 분석	37
1.7 프로그램의 입력과 출력	38
1.8 응용: Game Over 게임	43
요약	49
연습문제	51
실습문제	52

CHAPTER 02 프로그래밍 기초

2.1 프로그램의 기본 요소	57
2.2 변수, 상수, 자료형	59
2.3 수식과 연산자	67
2.4 분기와 조건문	77
2.5 반복문	81
2.6 응용: 근로소득세 계산	87
2.7 응용: 시큰둥한 게임	90
요약	93
연습문제	95
실습문제	97

CHAPTER 03 함수

3.1 함수란?   101

3.2 함수의 정의와 호출   105

3.3 함수 원형과 재사용   108

3.4 함수 중복   115

3.5 디폴트 매개변수와 인라인 함수   118

3.6 게임을 위한 라이브러리 함수   121

3.7 변수의 가시 범위와 생존기간   125

3.8 응용: 조금 살벌하고 긴장감 있는 게임   132

요약   141

연습문제   143

실습문제   147

CHAPTER 04 배열, 구조체와 파일

4.1 대용량 자료의 처리   151

4.2 배열   154

4.3 배열과 함수   161

4.4 구조체   168

4.5 구조체와 함수   172

4.6 값에 의한 호출   174

4.7 파일 입출력   175

4.8 응용: 랭킹 관리 프로그램   181

4.9 응용: 4×4 퍼즐 게임   190

요약   198

연습문제   199

실습문제   202

CHAPTER 05 함수의 진화

5.1 포인터   207

5.2 주소에 의한 호출   213

5.3 참조형(reference type)   219

5.4 참조에 의한 호출 222

5.5 심화 학습: 재귀 함수 226

5.6 심화 응용: 지뢰 찾기 게임 233

요약 245

연습문제 246

실습문제 248

CHAPTER 06 클래스: 구조체의 진화

6.1 클래스: 구조체의 진화 253

6.2 객체지향 프로그래밍의 주요 특징 258

6.3 클래스의 선언과 활용 261

6.4 사례: Complex의 다양한 변신 265

6.5 UML 클래스 다이어그램 273

6.6 응용: 기존 게임의 클래스 변환 275

6.7 C++ 표준 라이브러리 클래스 282

6.8 응용: Hangman 게임 288

요약 296

연습문제 298

실습문제 301

CHAPTER 07 객체의 생성과 소멸

7.1 객체의 생성과 소멸을 도와주는 함수 305

7.2 생성자 307

7.3 멤버 초기화 리스트 310

7.4 소멸자 314

7.5 생성자와 소멸자의 호출 순서 317

7.6 객체의 복사와 복사 생성자 319

7.7 함수의 설계와 객체의 복사 323

7.8 응용: MonsterWorld 327

요약 343

연습문제 344

실습문제 348

CHAPTER 08 객체와 포인터

8.1 객체와 포인터   351

8.2 동적 메모리 할당과 해제   355

8.3 객체의 얕은 복사 문제   362

8.4 동적 메모리와 깊은 복사   366

8.5 this 포인터   370

8.6 정적 멤버   373

8.7 심화 응용: 2차원 배열의 동적 할당   378

8.8 응용: MonsterWorld 2: 조절되는 세상   387

요약   395

연습문제   396

실습문제   398

CHAPTER 09 상속

9.1 클래스의 상속   403

9.2 상속의 방법과 접근 지정자   409

9.3 상속에서의 생성자와 소멸자   413

9.5 멤버의 재정의   417

9.5 응용: 그래픽 에디터   421

9.6 다중 상속   431

9.7 응용: MonsterWorld 3: 세상의 모든 귀신   432

요약   441

연습문제   442

실습문제   446

CHAPTER 10 다형성

10.1 다형성이란?   449

10.2 응용: 상호작용이 가능한 그래픽 에디터   450

10.3 상속에서의 형 변환   457

10.4 가상 함수와 동적 바인딩   463

10.5 상속에서의 객체 크기   466

10.6 가상 소멸자   469

10.7 응용: MonsterWorld 4: 실행시간 다형성   472

10.8 순수 가상 함수와 추상 클래스   474

10.9 응용: MonsterWorld 5: 신인류의 탄생   477

요약   482

연습문제   484

실습문제   488

CHAPTER 11 프렌드와 연산자 중복

11.1 프렌드 선언   493

11.2 연산자 중복   498

11.3 연산자 중복의 종류   502

11.4 특별한 연산자 중복   509

11.5 깊은 복사와 연산자 중복   515

11.6 응용: MonsterWorld 6: 여유 있는 삶   520

요약   529

연습문제   530

실습문제   533

CHAPTER 12 예외 처리와 형 변환

12.1 예외 처리란?   537

12.2 C++의 예외 처리 방법   542

12.3 예외 클래스를 만들어 사용하기   545

12.4 예외의 전달   546

12.5 응용: MonsterWorld 7: 새로운 경쟁의 시작   551

12.6 const 지시자   558

12.7 형 변환   562

요약   567

연습문제   568

실습문제   571

CHAPTER 13 템플릿

13.1 일반화 프로그래밍 575

13.2 함수 템플릿 577

13.3 클래스 템플릿 583

13.4 응용: 벡터 템플릿(심화학습) 594

13.5 응용: MonsterWorld 8: 벡터로 만든 세상 607

요약 614

연습문제 615

실습문제 618

CHAPTER 14 표준 템플릿 라이브러리

14.1 표준 템플릿 라이브러리 623

14.2 STL의 구성요소 624

14.3 순차 컨테이너 630

14.4 컨테이너 어댑터 637

14.5 연관 컨테이너 642

14.6 STL 알고리즘 646

14.7 응용: MonsterWorld 9: 실시간 순위 갱신 659

요약 666

연습문제 668

실습문제 671

[부록] 아스키코드 표 672

찾아보기 674

01

C++ 기초

1.1 C++ 개요

1.2 객체지향 프로그래밍

1.3 프로그램 개발 과정

1.4 프로그램 개발 전의 준비사항

1.5 C++ 프로그래밍 따라 하기

1.6 소스 코드 분석

1.7 프로그램의 입력과 출력

1.8 응용: Game Over 게임

학습목표

- 프로그래밍과 프로그래밍 언어를 이해한다.
- 절차적, 구조화, 객체지향 프로그래밍의 차이를 이해한다.
- 통합 프로그래밍 개발 환경을 활용하는 능력을 기른다.
- 입출력문을 사용할 수 있는 능력을 기른다.
- 이스케이프 시퀀스의 의미를 이해한다.
- 아스키 아트를 이해하고 활용할 수 있다.
- 파일, 폴더, 확장자, 솔루션, 프로젝트, 소스 파일 등을 이해한다.

Game Over 게임

"게임 오버" 게임을 만들어보자. 게임이라고 하지만 프로그램을 실행하면 다음과 같은 화면이 출력되는 것이 전부이다.

첫 게임이라 너무 시시하다. 특히 C언어를 약간이라도 알고 있다면 너무 쉽다. 화면 출력을 위한 printf() 함수만 사용하면 끝이다. 혹시 cout을 기대했을지 모르지만 이것도 아니다. 5장까지는 사용하지 않는다.

조금만 더 나가 보자. "Game Over !"를 다음과 같이 멋을 부려 출력하는 것이다.

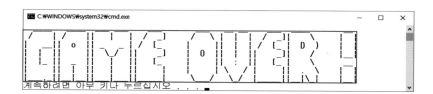

약간은 더 멋있어 보이지만 사실은 역시 별 것 아니다. 문자나 기호를 이용해 그림을 만드는 **아스키 아트(ASCII Art)**를 이용하면 된다. 이것을 위해 문자열을 아스키 코드를 이용한 그림으로 바꾸어주는 사이트를 찾아야 한다. 나머지는 화면 출력 함수만 잘 사용하면 될 것이다. 단순해 보이는 이 프로그램에도 반전은 있다. 생각보다 다양한 것들을 고려해 주어야 한다.

1 C++ 기초

1.1 C++ 개요

우리는 일상생활에서 컴퓨터를 이용해 해결해야 할 다양한 일들을 만난다. 기간 내에 과제 보고서를 작성해야 하고, 친구들에게 메시지를 보내야 하며, 게임에 사용될 캐릭터를 디자 인하거나 기계 부품을 설계해야 한다. 이러한 일들을 처리하기 위해 우리는 먼저 가장 적 절한 도구, 즉 **소프트웨어**를 찾는다. 보고서를 쓰기 위해 "한컴오피스"나 "MS워드"를 사 용할 수 있고, 연락을 위해 다양한 메신저 프로그램을 이용한다. 기구 설계나 캐릭터 디자 인을 위해 다양한 3D 캐드(CAD) 소프트웨어를 활용할 수 있다. 이들은 상용이거나 또는 공용으로 이미 만들어진 **프로그램**이다.

| 그림 1.1 다양한 문제와 이들을 해결하기 위한 소프트웨어들

만약 주어진 문제를 해결하기 위한 적절한 도구가 없다면 우리는 새로운 프로그램을 만들 어야 한다. 새로운 방식의 게임이나 특별한 기능을 가진 메신저 앱에 대한 아이디어가 있 다면 이들을 구현해야 한다. 이렇게 컴퓨터에서 어떤 문제를 해결하기 위한 도구, 즉 프로 그램을 만드는 과정을 **프로그래밍**이라 한다.

만약 사람이 원하는 바를 대략 말하면 컴퓨터가 알아서 필요한 프로그램을 만들어 준다면 좋을 것이다. 그러나 이것은 현재의 인공지능과 빅 데이터의 기술 수준으로도 매우 먼 미래의 일이다. 새로운 프로그램을 만들기 위해서는 컴퓨터에게 무엇을 해야 할지 하나하나 정확히 알려주어야 한다. 이를 위해 **프로그래밍 언어**가 사용된다. 즉, 컴퓨터와 원활하게 소통하고, 원하는 프로그램을 개발하기 위해 우리는 프로그래밍 언어를 공부해야 하는 것이다.

지금까지 C, C++, Java, Python 등 다양한 프로그래밍 언어들이 소개되고 있다. 이들은 각각의 특징과 장단점을 가지고 있다. 이 책에서는 C++를 공부한다. 특히 주어진 문제를 해결하기 위해 C++를 어떻게 사용하는지를 중점적으로 학습한다.

■ C++의 탄생

C++는 기본적으로 C언어를 확장한 프로그래밍 언어이다. **C언어**는 1970년대 초에 미국의 AT&T 벨연구소에서 Ken Thompson과 Dennis Ritchie가 유닉스(UNIX) 운영체제에서 사용하기 위해 만든 프로그래밍 언어이다.

- C언어는 고급 언어지만 메모리를 직접 접근하는 것과 같은 저급 언어의 특성을 함께 가진다. 따라서 매우 효율적으로 동작할 수 있어 운영체제나 시스템 프로그래밍에 적합하다.
- 다른 고급 언어에 비해 이해가 쉽지 않고, 개발 기간이 오래 걸리며, 특히 여러 사람이 함께 개발해야 하는 대형 프로그램에서 오류 발생의 가능성이 많다.

C언어의 장점을 유지하면서 이런 약점들을 보완하기 위해 1983년경에 벨연구소의 Bjarne Stroustrup이 C++를 개발하였다. C++의 중요한 특징들은 다음과 같다.

- 절차적 프로그래밍 기법을 사용하는 C언어의 문법을 그대로 지원하면서 추가적으로 참조자(reference), 함수 중복(overloading), 인라인 함수, new와 delete 등의 다양한 기능을 추가하여 보다 쉽고 편리한 프로그래밍을 지원한다.
- 클래스를 이용한 **객체지향 프로그래밍**의 개념을 추가하고, **캡슐화**와 **정보 은닉** 등을 통해 프로그램의 안전성을 향상시킨다.

(a) C언어를 개발한 Ken Thompson과
Dennis Ritchie

(b) C++를 개발한 Bjarne Stroustrup

| 그림 1.2 C언어와 C++의 개발자들

- **상속**과 **다형성** 등을 통해 코드를 간소화하고 재활용성을 높이며, 코드의 수정이나 확장에 대한 유연성을 증가시킨다.
- **템플릿**(template)을 통해 최근의 새로운 패러다임인 **일반화 프로그래밍**(generic programming) 기법을 제공한다.

절차적 프로그래밍 (procedural programming)	객체지향 프로그래밍 (object-oriented programming)	일반화 프로그래밍 (generic programming)

C++

| 그림 1.3 C++에서 지원하는 프로그래밍 기법들

C++에 대한 국제 표준은 미국 국립 표준 협회(ANSI)와 국제 표준화 기구(ISO)에 의해 진행되고 있다. 2011년에 비교적 많은 변화가 반영된 **C++11**이 공개되었는데, 이에 따라 C++ 개발 환경도 2011년 이전과 이후의 버전에서 차이를 보인다. 예를 들면, 마이크로소프트사의 통합 개발 환경의 경우 C++11 이전의 MSVC2010에서는 허용되지 않았던 일부 기능들이 MSVC2013이나 이후 버전에 추가되었다. C++ 학습에 큰 차이는 없지만 좀 더 편리한 기능을 원한다면 MSVC2013 이후 버전을 사용하는 것이 좋다.

1.2 객체지향 프로그래밍

C++는 그림 1.3과 같이 여러 가지 프로그래밍 스타일을 제공한다. 이 책에서 5장까지는 C++의 절차적 프로그래밍 기법을 다루고, 6~12장은 객체지향 프로그래밍을, 그리고 13~14장에서는 일반화 프로그래밍 기법을 다룬다. 이 절에서 객체지향적인 특징들을 좀 더 자세히 알아보자.

■ 객체지향 프로그래밍과 C++

C++는 다음과 같은 객체지향 프로그래밍의 중요한 특징들을 지원한다.

- **캡슐화(encapsulation)**는 데이터와 알고리즘을 하나의 단위(클래스)로 묶는 것이다. C++는 캡슐화를 통해 정보 은닉(information hiding)과 추상화(abstraction)를 지원한다.
- **상속(inheritance)**은 비슷한 클래스가 이미 존재하고 있다면 그 클래스를 가져다가 사용하는 것을 말한다. C++는 상속을 제공하여 코드의 재사용을 극대화 할 수 있도록 하였다.
- **다형성(polymorphism)**을 제공하여 같은 이름의 함수나 연산자가 컴파일 과정 또는 실행 시간에 상황에 따라서 여러 가지로 해석될 수 있는 방법을 지원한다.

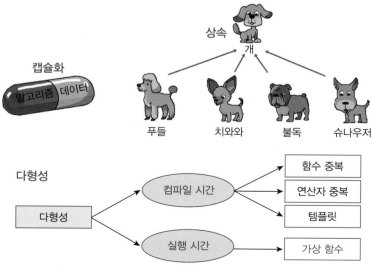

| 그림 1.4 C++의 중요한 객체지향 프로그래밍 특징들

C++는 플랫폼에 의존적이거나 일반적이지 않은 특징은 제거하고, 다양한 프로그래밍 스타일을 지원하여 프로그래머가 자유롭게 선택하여 사용할 수 있도록 설계되었다. 그래서 C++는 다소 복잡하고 어렵게 보일 수도 있다. 그러나 C++에서 지원하는 기능들을 모두 사용하는 것이 더 좋은 프로그램인 것은 아니다. 실용적이고 편리한 기능들을 잘 사용하면 코드가 보다 간결해지고, 프로그래밍이 보다 쉽고 즐거워질 것이다.

Lab 절차적/구조적/객체지향 프로그래밍의 예

구구단을 화면에 출력하는 프로그램을 C++를 이용해 세 가지 스타일로 구현해 보자. 이를 통해, 절차적 프로그래밍, 구조적 프로그래밍, 그리고 객체지향 프로그래밍의 차이를 느껴볼 것이다. 물론 앞으로 학습할 내용이므로 이 코드가 잘 이해되지 않아도 문제없다. 구구단 3단을 화면에 출력하는 단순한 프로그램을 통해 각 방법의 차이를 생각해 보자.

절차적 프로그래밍(procedural programming)

데이터보다는 절차, 즉 알고리즘을 중시하는 방법이다. 프로그램은 절차에 따라 진행되며 특히 goto나 jump 문을 이용해 프로그램의 흐름을 제어한다. 이 방법은 작은 프로그램에서는 크게 문제가 없지만 프로그램 규모가 커지면 코드가 복잡하게 얽혀져 일명 스파게티 코드가 만들어질 가능성이 많다. **어셈블리어**가 가장 저수준의 절차적 프로그래밍 언어인데, 다음은 반복문이나 함수를 사용하지 않고 goto 문만을 사용하여 구현한 구구단 프로그램의 예를 보여준다.

프로그램 1.1　구구단 3단 출력 프로그램(절차적 프로그래밍 스타일)

```
01  #include <stdio.h>
02  void main()
03  {
04          // 절차적 프로그래밍
05          int i = 1;
06          int dan = 3;
```

```
07          printf("[절차적 프로그래밍]\n") ;
08          printf("[구구단 %d 단]\n", dan) ;
09  loop:
10          printf("%2d x %2d = %2d\n", dan, i, dan*i);
11          i++;
12          if( i<=9 ) goto loop;
13  }
```

```
C.          —    □    ×
[절차적 프로그래밍]
[구구단 3 단]
3 x  1 =  3
3 x  2 =  6
3 x  3 =  9
3 x  4 = 12
3 x  5 = 15
3 x  6 = 18
3 x  7 = 21
3 x  8 = 24
3 x  9 = 27
```

- 프로그램에서 하나의 위치를 나타내기 위해 9행과 같이 "**loop**"란 이름의 레이블 (label)이 사용되었고, 12행에서 어떤 조건을 만족하면 goto를 이용해 프로그램이 다시 이 위치로 되돌아가도록 구현되었다.

- 10행에서 출력 함수인 **printf()**를 이용해 화면에 3단을 한 줄씩 출력하였다. 한 줄이 출력되면 **i**를 증가시키고(11행), 만약 **i**가 9 이하이면(12행) **loop** 위치로 되돌아가서 프로그램을 반복한다.

- 어셈블리어와 유사한 형태로 구현한 단순한 형태의 절차적 프로그래밍이다.

- 문제가 조금만 복잡해져도 코드가 급격하게 복잡해진다. 예를 들어, 9단까지를 모두 출력하고, 한 줄에 여러 단을 출력하려면 여러 개의 레이블을 사용해야 하고 goto 문을 이용해 프로그램이 복잡하게 얽히게 된다. 결국 코드가 복잡해지고 구현과 이해가 어려워진다.

구조적 프로그래밍(structured programming)

이 방법은 절차적 프로그래밍의 하위 개념으로 볼 수 있다. goto 문을 없애거나 의존성을 줄이는 대신에, 반복문과 같은 저수준의 구조들에서부터 함수와 같은 고수준의 구조들을 사용한다. 그렇지만 여전히 데이터와 알고리즘은 분리되어 있다. **C언어**가 가장 대표적인데, 다음은 프로그램 1.1을 보다 구조적으로 개선한 코드를 보여준다.

프로그램 1.2 | 구구단 3단 출력 프로그램(구조적 프로그래밍 스타일)

```c
01   #include <stdio.h>
02   void printGuguDan( int dan )
03   {
04       for (int i=1 ; i<=9 ; i++ )
05           printf("%2d x %2d = %2d\n", dan, i, dan*i);
06   }
07   void main()
08   {
09       // 구조적 프로그래밍
10       printf("[구조화 프로그래밍]\n") ;
11       printf("[구구단 %d 단]\n", 3) ;
12       printGuguDan( 3 );
13   }
```

```
[구조화 프로그래밍]
[구구단 3 단]
3 x  1 =  3
3 x  2 =  6
3 x  3 =  9
3 x  4 = 12
3 x  5 = 15
3 x  6 = 18
3 x  7 = 21
3 x  8 = 24
3 x  9 = 27
```

- 함수(function)를 사용하였다. 구구단 출력 절차를 함수로 구현하면(2~6행) 임의의 단을 함수의 호출(12행)만으로 손쉽게 출력할 수 있다.
- goto 대신에 반복문인 for를 사용하였다. 이 방법은 앞에서의 스파게티 코드 문제를 어느 정도 해결하였지만, 추가적인 기능을 넣으려면 함수의 매개변수가 복잡해지거나 전역변수를 사용해야 하는 등의 어려움이 발생할 수 있다.

객체지향 프로그래밍(Object-Oriented Programming)

캡슐화를 이용해 데이터와 알고리즘을 묶는다. 이제 프로그램은 명령어의 집합으로 보는 것이 아니라 여러 개의 독립된 단위, 즉 "**객체**"들의 모임으로 인식한다. 객체들은 메시지를 주고받는 방법으로 원하는 데이터를 처리한다. 이 방법에서는 반도체 칩과 같이 잘 만들어진 다수의 **클래스**들을 먼저 개발하고 이들을 조합하여 전체 프로그램을 구현한다. 따라서 모듈화 된 개발이 가능하고 직관적인 코드의 분석이나 변경 및 유지 보수가 용이하기 때문에 대규모 소프트웨어 개발에 많이 사용된다. C++나 **Java** 등이 대표적인 객체지향 언어이다.

구구단 출력을 위한 클래스를 생각해 보자. 다음은 GuguGame 클래스와 main() 함수에서 이를 사용하는 예를 보여주고 있다. 처음 만나는 프로그래밍 스타일이라 좀 복잡하고 당황스러울 수도 있을 것이다. 그러나 걱정 말자. 앞으로 이 책을 통해 이러한 문법들을 자세히 학습할 것이다.

프로그램 1.3   구구단 3단 출력 프로그램(객체지향 프로그래밍)

```
01  #include <stdio.h>
02  class GuguGame
03  {
04      private:
05          int     from;
06          int     to;
07      public:
08          GuguGame(){ set(1,9); }
09          ~GuguGame(){}
10          void set ( int f, int t ) { from = f; to = t; }
11          void play ( int dan ) {
12              printf("[객체지향 프로그래밍]\n") ;
13              printf("[구구단 %d 단]\n", dan) ;
14              for (int i=from ; i<=to ; i++ ) {
15                  printf("%2d x %2d = %2d\n",
16                          dan, i, dan*i);
17              }
18          }
19  };
20  void main()
21  {
22          // 객체지향적인 프로그래밍
23          GuguGame myGame;
24          myGame.play( 3 );
25          myGame.set(2, 9);
26          myGame.play( 3 );
27  }
```

```
C:\...                    — □ ×
[객체지향 프로그래밍]
[구구단 3 단]
 3 x  1 =  3
 3 x  2 =  6
 3 x  3 =  9
 3 x  4 = 12
 3 x  5 = 15
 3 x  6 = 18
 3 x  7 = 21
 3 x  8 = 24
 3 x  9 = 27
[객체지향 프로그래밍]
[구구단 3 단]
 3 x  2 =  6
 3 x  3 =  9
 3 x  4 = 12
 3 x  5 = 15
 3 x  6 = 18
 3 x  7 = 21
 3 x  8 = 24
 3 x  9 = 27
```

코드 설명

2~19행 구구단 클래스를 구현함.

5~6행 구구단 식의 시작과 끝을 정하는 멤버 변수. 객체의 속성을 표현함.

8~9행 구구단 클래스의 생성자와 소멸자. 생성자에서 시작과 끝을 각각 1과 9로 설정함.

10행 멤버 변수 from과 to의 값을 변경하는 함수.

11~18행 단 번호를 입력받으면 그 단의 식을 출력하는 함수. 출력하는 식은 dan x from에서 dan x to까지임.

23행 main() 함수에서 구구단 객체 myGame을 생성함.

24행 구구단 객체 myGame에게 3단을 출력하라는 메시지를 보냄.

25행 myGame에게 출력 범위를 2~9로 조정하라는 메시지를 보냄.

26행 myGame에게 3단을 출력하라는 메시지를 다시 보냄. 이제 3×10이 나타나지 않으며 3×2에서 3×9까지만 출력됨.

- **GuguGame**은 곱셈의 시작(**from**)과 끝(**to**)을 멤버 변수로 갖고, **set()**과 **play()** 등의 멤버 함수를 구현한 하나의 클래스로 데이터와 알고리즘들을 모두 넣어 캡슐화한 것이 가장 큰 특징이다. 특히, 일부 클래스 멤버(**from**과 **to**)들은 **main()**과 같은 외부 함수에서 직접 참조할 수 없도록 private로 보호되고 있다.
- 이 방법은 앞의 코드들에 비해 가장 길지만 임의의 단을 출력할 수도 있고, 하나의 단을 출력할 때 시작과 끝을 지정할 수도 있다. 만약 구구단에 다양한 기능이 추가되어야 한다면 이 방법이 가장 편리할 것이다.

사실 구구단이 객체지향 프로그래밍의 장점을 잘 보여주는 코드라 보기는 어렵다. 속성과 행위의 개념도 충분히 나타나있지 않고, 상속이나 다형성을 보여주지도 못한다. 이러한 부분들은 6장부터 자세히 다룰 것이다. 이 예제에서는 기존 방법과의 차이를 느낄 수만 있으면 된다.

> **Tip**
>
> 최근에는 매우 다양한 프로그래밍 언어들이 사용되고 있다. 프로그래밍 언어의 사용 랭킹을 제공하는 여러 사이트들 중에 http://www.tiobe.com/tiobe-index/이 있다. 2017년 기준으로 Java, C, C++, C#, Python 등이 상위권을 차지하고 있다. 그렇다면 C++는 다른 언어들과 어떤 관계가 있을까? 랭킹 1위인 Java는 SUN에서 개발된 객체지향 언어로 이식성을 위주로 개발되어 동일한 코드가 다른 컴퓨터에서 바로 실행될 수 있다. Microsoft에서 개발된 C#도 Java와 비슷한 특징을 가지고 있다. 이들은 모두 C++와 비슷한 문법을 사용한다. 따라서 C++에 익숙하다면 쉽게 공부할 수 있다. C++는 C와 같이 컴파일을 사용하기 때문에 가상 기계(virtual machine) 코드를 사용하는 Java나 C#에 비해 훨씬 효율적이다. 결론적으로 C++는 최신 언어들의 학습에서 기본이 되는 언어라고 볼 수 있다.

1.3 프로그램 개발 과정

프로그램을 개발하고 실행하는 전체 과정은 생각보다 복잡하다. 그림 1.5는 C++를 이용한 프로그램 개발 단계를 보여주고 있다.

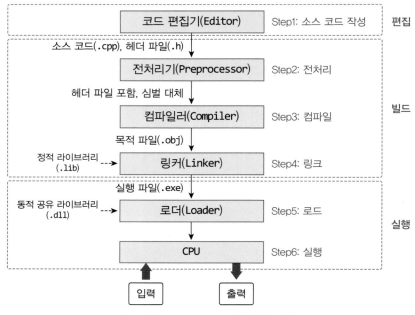

| 그림 1.5 C++ 프로그램 개발 단계

소스 코드의 편집 과정

프로그램에 대한 충분한 설계가 끝나면 C++ 문법에 따라 소스 코드를 작성한다. 작성한 코드는 **소스 파일**(source file)에 저장하는데, 파일의 확장자로 보통 **.cpp**를 사용한다. 코드의 작성과 편집을 위해 일반적인 텍스트 편집기를 사용할 수도 있지만 다음에서 설명할 "통합 개발 환경"에서 제공하는 편집기가 훨씬 편리하다.

많은 경우 **헤더 파일**(header file)을 사용하게 되는데, 보통 **.h** 확장자를 사용한다. 헤더 파일은 보통 다른 소스 파일들에 포함시킬 목적으로 작성되는데, 소스 코드에서 추가로 사용할 수 있는 다양한 외부 함수들의 간략한 정보를 나타내는 메뉴판과 같은 역할을 한다.

빌드(build) 과정

완성된 소스 코드는 빌드 과정을 거쳐 컴퓨터에서 바로 실행될 수 있는 실행 코드로 변환되는데, 이를 위해 전처리와 컴파일 및 링크 과정이 필요하다.

- **전처리(preprocessing)**: 소스 코드에 추가된(#include로 표시됨) 헤더 파일을 실제로 소스 파일에 포함시키고, #define 등으로 표시된 각종 심벌들을 실제 값으로 대체하여 컴파일을 위한 최종 소스 파일을 만드는 과정이다.
- **컴파일(compile)**: 컴파일러는 최종 소스 파일을 기계어로 변환하여 목적 파일(object file)을 만든다. 만약 소스 코드에서 문법적인 오류가 발견되면 **에러(error)**나 **경고(warning)** 메시지를 출력한다. 에러는 반드시 수정되어야 하고 경고는 무시할 수도 있지만 가능한 한 없애는 것이 좋다.
- **링크(link)**: 모든 소스 파일의 컴파일이 성공적으로 끝나면 링크 과정을 통해 최종 실행 파일을 만든다. 이때, 모든 목적 파일들과 정적 라이브러리가 이용되는데, 소스 코드에서 사용되었지만 실제로 외부(다른 파일이나 라이브러리)에 존재하는 함수나 전역 변수들을 실제로 찾아서 연결하는 역할을 한다. 만약 사용된 함수나 변수를 찾지 못하거나 여러 개가 있어 모호성이 발생될 경우 링크 오류가 발생한다. 이 경우 반드시 소스 코드를 수정하거나 다른 소스 파일이나 라이브러리를 프로젝트에 추가 또는 삭제하여 오류를 제거해야 최종적인 실행 파일이 만들어진다.

실행 과정

이제 실행 파일은 언제든지 실행될 수 있다. **실행 과정**에는 공유 라이브러리를 연결하는 과정이 필요하고, 디버깅 과정이 필요할 수도 있다.

- **로드(load)**: 어떤 라이브러리는 실행 파일에 포함되지 않고 컴퓨터에서 공유하여 사용하도록 설계되어 있다. 이들을 동적 공유 라이브러리(DLL, Dynamic Linking Library)라 하는데, 실행 파일의 크기를 줄이고 효율성을 높이기 위해 사용된다. 프로그램의 실행을 위해서는 먼저 사용된 DLL들을 찾아야 하는데, 만약 찾을 수 없으면 오류가 발생한다. 이 경우 필요한 DLL을 컴퓨터에 설치한 다음에 다시 프로그램을 실행해야 한다.

- **실행과 디버깅(debugging):** 드디어 프로그램이 실행되지만, 개발자의 의도대로 프로그램이 동작하지 않을 수도 있다. 이것은 실행 시간 오류(run time error)와 논리 오류(logical error) 때문이다. 실행 시간 오류는 잘못된 번지를 접근하는 등의 문제에 의해 프로그램이 중단되는 것을 말한다. 논리 오류는 알고리즘에 논리적인 문제가 있어 원하지 않는 결과가 나오는 것을 말한다. 이를 보통 프로그램에 벌레(bug)가 들어있다고 말하는데, 이러한 벌레를 잡는 과정을 디버깅(debugging)이라고 한다. 디버깅까지 완료되면 드디어 최종 프로그램이 완성된다.

■ 통합 개발 환경

프로그램을 개발하기 위해 다양한 도구들을 사용할 수 있다. 예를 들어, 90년대 초에는 각각의 프로그램 개발 과정에 다음과 같은 툴들을 사용하였다.

- 코드 편집 프로그램: vi 에디터
- 컴파일과 링크 프로그램: gcc(GNU 컴파일러)
- 프로그램 실행: 콘솔 환경에서 실행 파일 구동
- 디버깅 프로그램: gdb(GNU 디버거)

하나의 프로그램을 개발할 때 여러 가지 툴을 동시에 사용해야 한다면 익숙하지 않은 개발자는 매우 불편할 것이다. 따라서 프로그래머에게 편리한 개발 환경을 제공하고 개발 속도를 향상시키기 위한 **통합 개발 환경**(Integrated Development Environment, IDE)들이 나타났다. 이들 중에는 마이크로소프트사의 Visual Studio와 Borland사의 자회사인 CodeGear의 C++ Builder, 이클립스 컨소시엄이 개발한 Eclipse CDT 등이 있다. 이 책에서는 그림 1.6과 같이 마이크로소프트사의 Visual Studio를 사용한다.

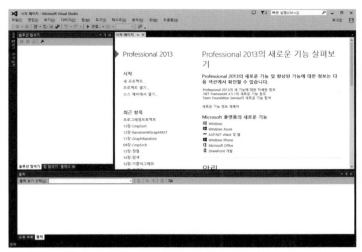

(b) C++ Builder

(a) Microsoft Visual Studio 2013

(c) Eclipse CDT

| 그림 1.6 다양한 C++ 통합 개발 환경

1.4 프로그램 개발 전의 준비사항

프로그램을 개발하기 전에 다음의 몇 가지 사항을 반드시 명심해야 한다.

파일, 폴더, 확장자의 개념을 잘 이해하자

프로그래밍을 포함해서 컴퓨터를 잘 활용하기 위해 가장 기본적으로 잘 이해해야 하는 것이 파일과 폴더의 개념일 것이다. 또한 파일의 확장자에 대해서도 충분한 이해가 필요하다. C++에서 소스 파일은 .cpp, 헤더 파일은 .h의 확장자를 갖고, 컴파일 과정에 만들어지는 목적 파일은 .obj, 정적 라이브러리는 .lib, 동적 라이브러리는 .dll, 실행 파일은 .exe의 확장자를 갖게 된다. 이 중에서 물론 소스 파일과 헤더 파일이 가장 중요하고 반드시 자신이 알고 있는 위치에 저장되어야 한다.

프로그래밍을 위한 폴더를 준비하자

통합 개발 환경을 사용하여 프로그래밍을 하다 보면 현재 자신이 작업하고 있는 코드가 컴퓨터의 어느 곳에 저장되고 있는지를 모르는 경우가 있다. 이것은 매우 좋지 않은 습관이다. 반드시 자신의 프로그램 개발을 위한 폴더를 준비하고, 모든 작업은 그 폴더 아래에서 처리하자. 사소해 보이지만 매우 중요한 습관이다.

프로젝트와 솔루션의 개념을 정확히 이해하자

한때 중국과 중동지역 등에서 한류를 주도했던 "주몽"이라는 드라마가 있었다. 이 드라마에 "모팔모"란 인물이 등장하는데, "철기방"의 야철대장으로 한나라의 철기군에 맞서는 강철 검을 만들기 위해 고군분투한다. 이때 "철기방"이 통합 개발 환경인 비주얼 스튜디오에서 **솔루션**(solution)에 해당한다. "강철 검"은 철기방에서 진행되는 하나의 **프로젝트**(project)이다. 당시 철기방에서는 아마 "강철 곡괭이"나 "강철 호미"와 같은 민생을 위한 프로젝트도 동시에 진행되고 있었을 것이다. 하나의 솔루션에도 여러 개의 프로젝트를 넣어서 관리할 수 있다. 이것은 하나의 통합 환경에서 여러 프로젝트를 쉽게 오가며 서로 참고하면서 프로그램을 보다 쉽고 빠르게 개발할 수 있도록 한다. 반드시 "빈 솔루션"을 먼저 만들고 그 안에 여러 개의 프로젝트를 "추가"하여 프로그래밍 하는 습관을 가지는 것이 좋다.

모든 이름은 신중하게 정하는 습관을 들이자

프로그래밍에는 많은 이름들이 필요하다. 솔루션이나 프로젝트도 이름이 필요하고 소스 코드의 함수나 변수, 클래스 등 이름을 지어야 하는 경우가 수시로 발생한다. 학생들의 코드를 보면 프로젝트 이름은 test1, test2 등으로, 소스 코드의 이름은 main.cpp, 또는 심지어 1.cpp, 2.cpp와 같이 이름을 대충 붙이는 경우를 흔히 볼 수 있다. 이것은 자신의 사랑스런 아이의 이름을 2월에 태어났다고 "이월이", 3월에 태어났다고 "삼월이"처럼 성의 없이 짓는 것과 동일하다. 프로그래밍에서 이름을 잘 짓는 것은 매우 중요하다. 좋은 코드는 이름부터 의미를 짐작할 수 있는 체계적인 구조를 갖는다. 폴더, 솔루션, 프로젝트나 소스 파일, 함수, 변수 등의 모든 이름 하나 하나에 의미를 부여한다면 이미 당신은 훌륭한 프로그래머이다.

1.5 C++ 프로그래밍 따라 하기

처음으로 C++ 프로그램을 만드는 과정을 따라해 보자. 다음은 Visual Studio 2010을 기준으로 설명하는데, 2013이나 2015도 거의 차이가 없다.

(1) 빈 솔루션 만들기

먼저 컴퓨터에 C++ 프로그래밍 공부를 위한 **폴더**를 하나 만든다. 이 폴더를 "D:\C++프로그래밍"이라고 하자. 이 폴더에 하나의 **빈 솔루션**을 추가해보자. 솔루션의 이름은 "01장-프로그래밍기초"로 할 것이다.

그림 1.7과 같이 비주얼 스튜디오를 실행하고 "파일" 메뉴에서 "새로 만들기 → 프로젝트"를 선택하면 그림 1.8의 창이 나타난다.

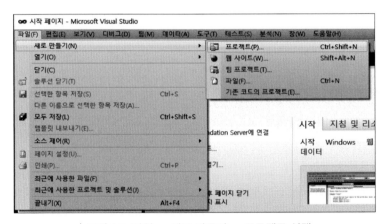

| 그림 1.7 파일 → 새로 만들기 → 프로젝트 선택

- 폴더 선택: 그림 1.8에서 1을 선택하고 "D:\C++프로그래밍" 폴더를 선택하면 2와 같이 폴더의 위치가 변경된다.
- 빈 솔루션 만들기: 3을 선택하고 4의 빈 솔루션을 선택한 후 5와 같이 솔루션 이름을 키보드로 입력한다.
- 확인: 6의 확인 버튼을 클릭하면 새로운 솔루션이 만들어진다. 그림 1.9와 같이 윈도우 탐색기를 이용하여 선택한 폴더("D:\C++프로그래밍")에 솔루션 폴더("1장-프로그래밍기초")가 만들어졌으며, 그 폴더 안에 솔루션 파일("1장-프로그래밍기초.sln")이 만들어진 것을 확인할 수 있다.

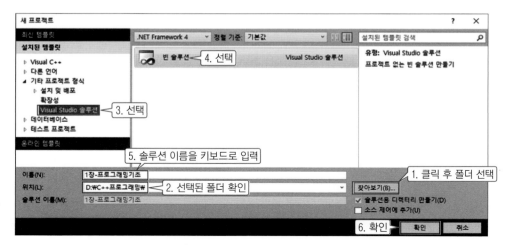

| 그림 1.8 빈 솔루션 만들기

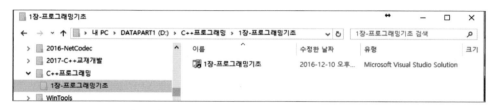

| 그림 1.9 만들어진 솔루션 폴더와 파일 확인하기

(2) 새로운 프로젝트 추가하기

솔루션 탐색기의 솔루션에 마우스를 올리고 오른쪽 버튼을 눌러 "추가 → 새 프로젝트"를 선택하면 그림 1.11의 창이 나타난다. 그림 1.11과 같이 "Visual C++" → "Win32 콘솔 응용 프로그램"을 선택하고 프로젝트의 이름을 입력한다. 첫 번째 프로젝트의 이름은 GameOver로 하자. 입력 후 "확인"을 누르면 Win32 응용 프로그램 **마법사** 창이 나타나며, 이때 "다음"을 클릭하고 다음 창에서 "빈 프로젝트" 박스를 반드시 체크한다. 그리고 마지막으로 "마침" 버튼을 누르면 새로운 프로젝트가 만들어진다. 만들어진 프로젝트는 그림 1.14와 같이 통합 개발 환경에 나타나며, 윈도우 탐색기를 통해서도 확인할 수 있다. 솔루션과 프로젝트와 관련된 폴더의 구조와 확장자에 유의하라.

| 그림 1.10 추가 → 새 프로젝트 선택

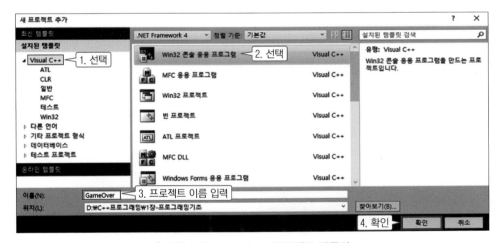

| 그림 1.11 GameOver 프로젝트 만들기

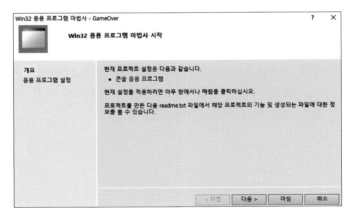

| 그림 1.12 Win32 응용 프로그램 마법사

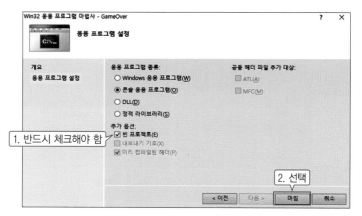

| 그림 1.13 빈 프로젝트 → 마침 선택

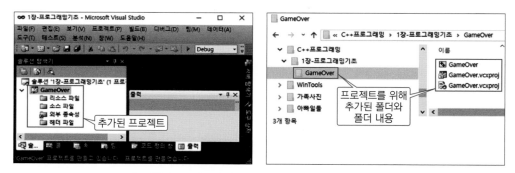

| 그림 1.14 만들어진 프로젝트 폴더와 파일 확인하기

(3) 코드 편집

프로젝트가 만들어지면 이제 소스 파일을 추가한다. 소스 파일도 그림 1.15~1.16과 같은 절차로 프로젝트에 추가된다. 이 프로그램은 "Game Over !"란 문장을 화면에 단순히 출력할 예정이므로 파일 이름은 GameOverMain.cpp로 한다. 추가된 소스 파일은 그림 1.17과 같이 확인할 수 있다. 파일이 만들어지면 이제 C++ 문법에 따라 소스 코드를 입력한다. 그림 1.18은 소스 코드 입력 화면을 보여주고 있다.

| 그림 1.15 추가 → 새 항목 선택

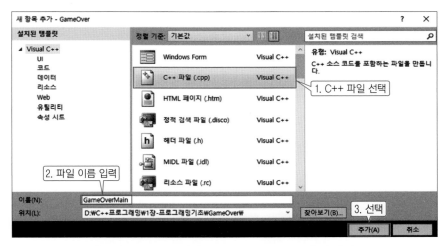

| 그림 1.16 소스 파일 GameOverMain.cpp 추가 방법

| 그림 1.17 소스 파일 추가 확인

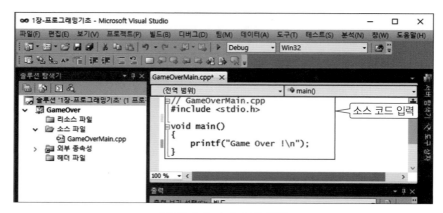

| 그림 1.18 소스 코드 입력

(4) 컴파일 및 실행

소스 코드의 편집이 끝나면 실행 파일을 만드는 빌드 과정을 진행한다. "빌드" 메뉴를 사용하여 전처리와 컴파일 및 링크 과정을 처리하여 실행 파일을 만든다. 그림 1.19는 빌드 과정에서 "출력" 창에 출력되는 내용을 보여주고 있다. 에러는 발생하지 않았고, 이제 실행할 수 있다. "디버그" 메뉴에서 "디버그 하지 않고 시작" 명령이나 "Ctrl–F5"를 동시에 누르면 그림 1.20과 같이 실행된다.

만약 실행 파일이 의도대로 동작하지 않으면 디버깅 과정을 거쳐야 하는데, Visual Studio에서는 효율적인 디버깅을 위해 많은 기능을 제공하고 있으므로 반드시 사용해 보는 것이 좋다.

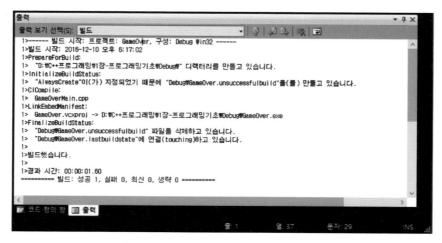

| 그림 1.19 빌드 과정에서 출력되는 내용

| 그림 1.20 프로그램 실행 결과

1.6 소스 코드 분석

C언어를 미리 공부했다면 그림 1.18에서 입력한 코드를 쉽게 이해할 수 있을 것이다. 하지만 C언어를 잘 몰라도 된다. 간략하게 앞의 코드를 분석해 보자.

프로그램 1.4   소스 코드 분석(Game Over Game Ver. 1)

```
01  // GameOverMain.cpp
02  #include <stdio.h>
03
04  void main()
05  {
06      printf("Game Over !\n");
07  }
```

주석문

주석문은 컴파일러가 소스 코드로 인식하지 않고 무시하는 문장이다. 이것은 작성자가 코드에 대한 메모나, 설명 등을 위해 사용한다. 1행의 "//"는 한 줄의 주석문의 시작을 나타낸다. 여러 줄의 주석을 위해서는 "/*" 와 "*/" 쌍을 사용한다. 3행과 같이 빈 줄을 넣은 것도 컴파일러가 무시한다. 빈 줄을 사용하는 것은 소스 코드의 가독성을 높일 수 있다.

전처리기 지시자

전처리기 지시자들은 #으로 시작한다. 2행의 #include는 헤더 파일 **stdio.h**를 소스 코드에 삽입한다는 의미의 전처리기 지시자이다. **stdio.h**는 C언어에서 기본으로 제공하는 헤더 파일로 표준 입출력과 관련된 함수와 전역 변수들이 정의되어 있다. 이 프로그램에서는 **printf()** 함수를 사용하기 위해 포함하였다. C++에서는 다음과 같은 두 가지 방법으로 사용할 수 있다.

```
#include <stdio.h>      /* C언어에서와 동일한 방법의 헤더 파일 포함 */
#include <cstdio>       /* C++ 형태로 변환된 헤더 파일 포함(.h를 넣지 않음) */
```

main()

main() 함수는 프로그램이 시작되는 지점을 나타내는데, 이 함수가 종료되면 프로그램도 종료된다. 4행을 함수 헤더(header)라고 부르는데, 함수의 이름과 매개변수 및 반환형이 나타나 있다. 매개변수는 함수에 필요한 값을 전달하기 위해 사용되고, 반환형은 함수가 종료된 후 함수를 호출한 곳으로 반환하는 값의 유형을 나타낸다. main() 함수에서 실제로 하는 일은 함수 헤더에 이어지는 함수 블록에서 이루어지는데, 이 블록은 5행과 같이 "{"에서 시작하여 7행과 같이 "}"에서 끝난다. main() 이후가 여러 줄로 나누어진 것은 단지 프로그램을 읽기 쉽게 하기 위해서일 뿐이다.

출력문

6행의 printf() 함수는 큰 따옴표 " "에 둘러싸인 문자열을 화면에 출력하는 함수로, stdio.h에 정의되어 있다. 출력문으로 C언어에서와 같은 printf() 함수를 사용한 것에 유의하라. '\n'은 엔터키와 같이 '\n' 다음에 나타나는 문장들은 새로운 줄에 출력하라는 의미이다.

1.7 프로그램의 입력과 출력

많은 C++ 교재가 표준 입출력 방법으로 cin과 cout을 사용하는 것부터 설명하고 있다. 이들은 사용하기 편리한 것처럼 보이지만 정작 그 의미는 생각보다 어렵다. cin과 cout은 각각 표준 입출력을 위한 전역 **객체**로 입출력 클래스에서 시프트 연산자("<<"와 ">>")를 다양한 자료형에 대해 중복(overload)하여 사용할 수 있도록 한다. 이 책에서 표준 입출력을 위해 6장까지는 scanf()와 printf() 함수를 사용한다. 그 이유는 다음과 같다.

- C++에서는 자료형이 매우 중요하다. 따라서 입출력에서도 항상 자료형을 확인하는

습관을 가져야 한다. 이것은 너무너무 중요하다.
- 이들 함수를 잘 활용할 줄 안다면 파일 입출력이나 문자열 입출력도 거의 동일한 방법으로 쉽게 할 수 있다.
- cout을 사용하는 것이 쉽다고 하지만 약간만 복잡한 형태로 출력하고자 하는 경우(예를 들어, 실수 출력에서 전체 자릿수와 소수점 이하의 자릿수를 정해서 출력하는 등) printf()보다 훨씬 복잡한 방법을 사용해야 한다.

물론 자료형과 입출력 객체를 잘 이해하고 있다면 자신에게 편리한 방법을 선택해 사용하면 된다. 입출력 함수들을 간략히 살펴보자.

■ printf()

모니터로 문자를 출력하기 위한 함수이다. 이 함수는 문자들만을 출력할 수 있고 영상이나 그래프를 출력할 수는 없음에 유의하라. 이 함수를 사용하기 위해서는 프로그램 1.4의 2행과 같이 `<stdio.h>`나 `<cstdio>`를 소스 코드에 포함해야 한다. 이 함수의 원형은 다음과 같이 좀 특별하다.

```
int printf( const char*, ...);
```

- 보통의 함수와는 달리 매개변수의 개수가 달라질 수 있는데, 첫 번째 매개변수는 반드시 " "로 이루어진 **제어 문자열**이어야 한다.
- 제어 문자열은 출력할 문자열이나 변환 명세, 이스케이프 시퀀스를 표현한다.
- **변환 명세**는 '**%**'로 시작하는데, 변환 명세의 수만큼의 인수가 이후에 반드시 추가되어야 한다.

다음은 이 함수의 사용 예를 보여주고 있다. age를 int형 변수, h를 float형 변수라고 가정하자. 자료형은 다음 장에서 자세히 공부한다.

```
printf("C++는 재미있어요!\n");          // "C++는 재미있어요!" 문자열을 출력
printf("나이=%d\n", age);              // 정수형 변수 age를 출력
printf("나이=%d, 키=%fcm\n", age, h);   // 나이(정수)와 키(실수)를 동시에 출력
```

변환 명세 "%d"는 %d를 출력하라는 것이 아니고 출력 형식을 의미한다. 즉 변수 age의 값을 10진수 정수 형태로 출력하라는 의미이다. 마지막 문장에는 제어 문자열에 나이와 키를 위한 변환 명세(2개)가 들어 있으므로 age와 h가 인수로 추가되었다. 변환 명세에는 다음과 같이 출력의 형식을 추가로 지정할 수 있다.

```
printf("나이 : %3d\n", age);        // 나이를 3자리 정수로 출력
printf("키: %5.1f\n", h);           // 키를 전체 5자리, 소수점 이하 1자리의 실수로 출력
```

제어 문자열에는 **이스케이프 시퀀스**(escape sequence), 또는 확장 특수문자로 불리는 특수한 문자들이 들어갈 수 있다. 이들은 역슬래시 문자('\')로 시작하는 두 개의 문자로 표현된다. 예를 들어, 위의 출력 문에 사용된 '\n'은 '\'와 'n'을 화면으로 출력하는 의미가 아니라 출력을 다음 줄로 넘기라는 특별한 의미이다. C++에는 다음과 같이 다양한 확장 특수문자들이 있다.

- '\n'(줄 바꿈), '\t'(탭 문자), '\r'(캐리지 리턴), '\b'(백스페이스)
- '\0'(공백문자), '\a'(beep음), '\v'(수직 탭)
- '\\'(역슬래시), '\''(작은따옴표), '\"'(큰따옴표)

■ scanf()

키보드로부터 입력된 데이터를 지정된 형식으로 변환하여 변수에 저장하는 함수이다. 포함해야 할 헤더 파일이나 함수의 구조는 printf()와 동일하지만, 이 함수는 printf()보다 조금 더 복잡하다.

```
int scanf( const char*, ...);
```

- 이 함수는 성공적으로 읽은 매개변수의 수를 반환한다. 때로는 이 반환 값이 매우 유용하게 사용된다.
- 제어 문자열에는 **"변환 명세만"** 들어간다. 이 함수는 출력 함수가 아니므로 제어 문자열에 출력용 문자열이나 이스케이프 시퀀스를 넣지 않아야 하는 것을 명심하라. 초보자들이 **흔히 실수**하는 부분이다.

- printf()와의 또 다른 중요한 차이는 두 번째 매개변수부터 어떤 값이 아니라 **변수의 주소**가 들어가야 한다는 것이다. 변수 x의 주소는 **&x**와 같이 주소 추출 연산자 **&**를 이용해 구할 수 있는데, 주소에 대해서는 다음에 다시 자세히 공부한다.

다음은 입력을 읽는 몇 가지 변환 명세의 예를 보여주고 있다. 제어 문자열에 변환 명세만 들어가고, 주소를 전달하는 것만은 명심하자.

```
int age;                // 자료형이 int인 변수 age를 선언
float height;           // 자료형이 float인 변수 height를 선언
double weight;          // 자료형이 double인 변수 weight를 선언
scanf("%d", &age);      // 정수를 읽어 변수 age에 저장
scanf("%f", &height);   // float형 실수를 읽어 변수 height에 저장
scanf("%lf", &weight);  // double형 실수를 읽어 변수 weight에 저장
```

> **Tip**
>
> 초보자들에게는 printf()나 scanf() 함수가 매우 사용하기 어렵게 느껴진다. 변환 명세를 지정해야 하고, 이들에 대응하는 인수를 사용해야 하며, 특히 scanf()에서는 키보드로 읽은 값을 저장할 주소를 전달해야 하기 때문이다. 제어 문자열에서 정수는 %d, 문자는 %c, 실수형은 %f나 %lf, 문자열은 %s 등 입출력 데이터의 자료형에 정확히 일치하는 형을 명시해주어야 한다. 이러한 어려움 때문에 초보자들이 cout이나 cin을 많이 사용하려고 한다. 그러나 이것은 매우 좋지 않은 습관이다. 모든 프로그래밍에서, 특히 C++에서 가장 중요한 부분이 자료형이다. 개발자는 항상 자신이 처리하고 있는 데이터의 자료형을 정확히 알아야 한다. 따라서 저자는 초보자들에게 항상 printf(), scanf()를 잘 사용할 것을 강조한다. cout이나 cin은 프로그래밍에 익숙해 진 이후에 공부해도 늦지 않다.

Lab 간단한 입출력 프로그램

입출력 함수를 이용해 사용자로부터 자료를 입력받아 화면으로 출력하는 프로그램을 작성하자. 입력할 자료는 정수와 실수, 그리고 문자열이다. 각 자료가 저장된 공간의 주소도 출력해 보자. 자료를 입력받기 위해서는 다음을 명심해야 한다.

- 자료를 입력받기 위해서는 입력된 자료를 저장할 "변수"가 필요하다.
- 사용할 "변수"를 먼저 선언해야 하며, 적절한 "자료형"을 사용해야 한다.
- 입력 함수를 호출하기 전에 먼저 사용자에게 입력에 대한 설명을 해야 한다.

만약 C언어를 공부하지 않았다면 "변수"나 "자료형"을 잘 모를 것이지만 2장에서 공부할 예정이므로 걱정하지 말자. 정수와 실수를 저장하기 위해서는 각각 int형 변수와 double형 변수를 하나씩 선언해 사용하면 된다. 문자열을 위해서는 char형 "배열"을 사용해야 한다. 배열은 4장에서 더 자세히 공부한다.

프로그램 1.5 간단한 입출력 프로그램

```
01  #include <stdio.h>
02
03  void main()
04  {
05      int     i;
06      double  d;
07      char    str[100];
08
09      printf("정수 입력: ");
10      scanf("%d", &i);
11      printf(" - 입력된 정수: %d\n", i);
12      printf(" - 정수 변수의 주소: %0x\n\n", &i);
13
14      printf("실수 입력: ");
15      scanf("%lf", &d);
16      printf(" - 입력된 실수: %lf\n", d);
17      printf(" - 실수 변수의 주소: %0x\n\n", &d);
18
19      printf("문자열 입력: ");
20      scanf("%s", str);
21      printf(" - 입력된 문자열: %s\n", str);
22      printf(" - 문자열의 주소: %0x\n", str);
23  }
```

```
C:\WINDOWS\system32\...    —   □   ×
정수 입력: 10
 - 입력된 정수: 10
 - 정수 변수의 주소: effc58
```

```
C:\WINDOWS\system32\...    —   □   ×
실수 입력: 3.14159
 - 입력된 실수: 3.141590
 - 실수 변수의 주소: effc48
```

```
C:\WINDOWS\system32\...    —   □   ×
문자열 입력: C++화이팅!!!
 - 입력된 문자열: C++화이팅!!!
 - 문자열의 주소: effbdc
계속하려면 아무 키나 누르십시오
```

코드 설명

5~7행 변수 선언문. 변수는 사용하기 전에 반드시 선언되어야 함.

9, 14, 19행 입력 함수를 호출하기 전에 입력할 내용에 대한 설명을 화면으로 출력해야 하는 것에 유의할 것.

10, 15, 20행 scanf()를 이용해 사용자로부터 입력을 받음. 두 번째 매개변수에 유의할 것. 변수인 경우는 주소를 전달(10행의 &i와 15행의 &d)해야 하고, 배열의 경우 이름 str이 주소를 나타내므로 20행과 같이 그대로 전달하면 됨. scanf()의 제어 문자열의 변환 명세에 유의할 것.

11, 16, 21행 입력된 값이 저장된 변수들의 내용을 출력함.

12, 17, 22행 입력된 값이 저장된 변수들의 주소를 출력함.

초보자들이 흔히 하는 실수가 scanf() 함수의 제어 문자열에 '\t'이나 '\n', ' '와 같은 화면 출력을 위한 코드를 추가하는 것이다. 10, 15, 20행과 같이 입력 함수의 제어 문자열에는 반드시 변환 명세만 넣어야 한다는 것을 명심하자.

1.8 응용: Game Over 게임

시큰둥한 게임을 하나 만들어 보자. 사실 게임이라고 할 것도 없다. 앞에서 출력한 "Game Over !" 문장을 좀 더 멋있게 그림처럼 만들어 화면에 출력하는 프로그램이다. 콘솔 프로그램에서는 문자만을 출력할 수 있으므로 약간 다른 방법을 사용해야 한다.

■ 아스키 아트(ASCII Art)

아스키 아트는 아스키코드(ASCII Code, 부록 참조)에 포함되는 문자나 기호를 이용한 그림을 말한다. 아스키 아트는 주로 이모티콘으로 사용되지만 여러 줄에 걸쳐 기호를 배열하면 문자열을 멋있게 만들거나 심지어 사진을 모방할 수도 있다. 예를 들어, 웃는 표정을 ":-)" 또는 ":)"로 나타내거나 찡그린 얼굴을 ":-(", 윙크를 ";-)"로 표시하는 것이 가장 간단한 아스키 아트이다.

문자열이나 사진을 아스키 아트로 변경하려면 알고리즘이 필요한데, 인터넷을 검색하면 이를 제공하는 사이트들이 많이 있다. 구글에서 "Ascii Art"를 검색하면 여러 사이트가 나오는데, 그림 1.21은 그 중 하나의 사이트이다. 문자열로 "Game Over !"를 입력하고 폰트를 선택하면 보다 화려해진 "Game Over !" 아스키 아트가 나타난다. 이제 변환된 아스키 아트 영역을 복사하여 프로그램의 소스 코드에 추가하면 된다.

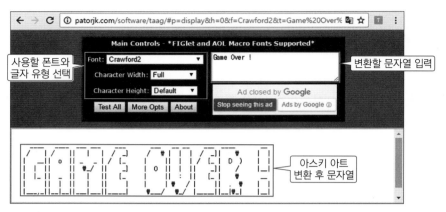

| 그림 1.21 "Game Over !"의 아스키 아트 변환 예(http://patorjk.com)

■ 구현

(1) 그림 1.8과 같이 만든 솔루션에 새로운 프로젝트를 추가한다. 프로젝트의 이름을 GameOverV2로 하고, 그림 1.10~1.13의 절차에 따라 솔루션에 추가한다.

(2) 소스 파일을 프로젝트에 추가하고 편집하기 위해 그림 1.15~1.18의 과정을 따른다. 파일 이름은 GameOverV2.cpp로 하자. 이러한 절차에 익숙해지는 것이 중요하다.

(3) 이제 코드를 입력한다. 그림 1.22는 전체 구현 과정을 보여준다.

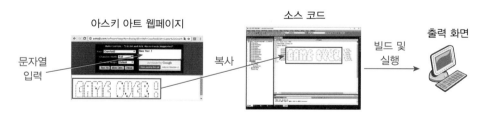

| 그림 1.22 Game Over 게임 구현 과정

소스 코드는 다음과 같다. `printf()`를 한 번만 호출할 수도 있겠지만, 아스키 아트의 각 줄마다 한 번씩 `printf()`를 호출하도록 구현하자. 다음과 같이 `printf()`에 변환된 아스키 아트 문자열을 넣으면 된다.

프로그램 1.6	Game Over Game Version 2

```
01  #include <stdio.h>
02  void main()
03  {
04      printf("  ___  ___  ___  ___  ___  ___  ___  ___  \n");
05      printf(" /   |/   ||   |   /  _|  /   \\  |   /  _||   \\  |   |\n");
06      printf("|  _|| o ||_  _|/  |_ /  L   |  | |  / L | D  )   |\n");
07      printf("|  | ||   ||  \\/ ||   _] | o ||  || |   _]| /    |_\n");
08      printf("|  |_|| _ ||   _  _|   L   |   || : || L    \\    __|\n");
09      printf("|   ||   |   |   |   | \\ /  |   |. \\  |   |\n");
10      printf("|___,_||___||___||___|   \\_/  \\_/ |___||__\\|   |_|\n");
11  }
```

이제 코드를 빌드하고 실행한다. 단축키 "ctrl-F5"를 사용할 수 있다. 한 가지 확인해야 할 사항은 하나의 솔루션은 여러 개의 프로젝트를 포함하는데, 이 단축키는 하나의 프로젝트에만 적용된다는 것이다. 따라서 컴파일하고 실행하고자 하는 프로젝트를 **"시작 프로젝트"** 로 설정해 두어야 한다는 것이다. 그렇지 않으면 다른 프로젝트(예를 들어, 앞에서 구현했던 GameOver)가 빌드되고 실행된다.

프로젝트를 빌드하면 의외로 다음과 같은 경고(warning) 메시지들이 나타난다. 오류(error)는 없으므로 실행 파일은 만들어진다. 그런데 실행 결과가 그림 1.24와 같이 정렬도 되어 있지 않고 뭔가 이상하다. 왜 그럴까?

| 그림 1.23 빌드 과정에서 발생하는 경고

| 그림 1.24 실행 결과

소스 코드의 아스키 아트 코드와 비교하면 역슬러시 문자 '\'가 모두 없어진 것을 알 수 있다. 앗, 이스케이프 시퀀스를 고려하지 않았다. 그림 1.21과 같은 아스키 아트 결과에서 '\'도 이 문자를 화면에 출력하기 위해 사용되었을 것인데, 컴파일러는 printf()의 제어 문자열에 사용된 이 문자들을 이스케이프 시퀀스의 시작으로 번역하기 때문이다. 경고문을 살펴보자. 첫 번째와 두 번째 경고는 '\ '라는 이스케이프 시퀀스가 없다는 것이고, 세 번째는 '_'가 정의되어 있지 않다는 것이다.

그렇다면 어떻게 이 문제를 해결할까? '\'을 출력하기 위해서는 제어 문자열에 "\\"을 넣어야 한다. 따라서 소스 코드를 다음과 같이 수정해야 한다. 이번에는 소스 코드에서 "OVER !" 부분 글자들의 세로 줄이 잘 맞지 않는다.

프로그램 1.7   Game Over Game Version 3

```
01   #include <stdio.h>
02   void main()
03   {
04       printf("  ___    ___  __ __    ___     __    ___  __   __  ___         __ \n");
05       printf(" /    |/     ||  |  | /  _]   /  \\ |  | | /  _]|    \\    |  |\n");
06       printf("|   _|| o ||  _   _|/  [_    |    ||  | |/  [_ |  D  )   |  |\n");
07       printf("|  |  || ||    || \\/ ||    _]  | o || | | |   _]|   /    |__|\n");
08       printf("|  |_ || _  _ || |  || [    |    || : || [_| |  \\     __ \n");
09       printf("|    ||  |  | || | | ||     |    | |\\\\ / |   || . \\    |  |\n");
10       printf("|___,_||__|__||__|__||____|   \\__/  \\_/ |___||_|\\_|   |__|\n");
11   }
```

빌드 후 실행 결과는 다음과 같다. 실행 결과는 일단 만족스럽다.

| 그림 1.25 실행 결과

그런데, 한 가지만 수정되었으면 좋겠다. 역슬러시 문자가 '\'가 아니라 '₩'로 나타난다. 이 것은 출력 창의 폰트의 문제이다. 콘솔 창의 "속성"에서 "글꼴"을 바꾸면 다음과 같은 콘솔 창이 변경된다.

| 그림 1.26 콘솔 창의 글꼴 변경 후의 결과 화면

이제 출력 결과가 마음에 든다.

■ 고찰

- 문자열을 화면에 출력할 때 이스케이프 시퀀스를 반드시 고려해야 한다.
- 아스키 아트 출력을 위해서는 콘솔 창의 글꼴로 **가변폭 폰트**(variable width font) 가 아니라 **고정폭 폰트**(fixed width font)를 사용해야 한다. 예를 들어, "Hello"는 고정폭의 "굴림체" 글꼴이고, "Hello"는 가변폭인 "굴림" 글꼴이다. 굴림 글꼴에서 'H'와 'l'의 폭이 다른 것을 확인하라. 아스키 아트의 출력을 위해서는 당연히 "굴림 체"와 같은 고정폭 글꼴을 사용해야 한다.
- printf()에 아스키 아트를 한 줄씩 삽입하는 과정이 매우 번거로울 것이다. 그렇지 만 편집기를 잘 사용하면 아주 간단하게 처리할 수 있었다. 예를 들어, 편집기에서 Alt키를 누른 상태에서 마우스로 영역을 설정하면 원하는 블록을 편리하게 선택할 수 있다. 물론 선택 영역의 삭제, 복사 등도 가능하다. 아는 만큼 편리해진다!
- 솔루션을 만들고, 여러 프로젝트를 추가하여 함께 관리하는 것이 매우 편리하다. 프 로그램을 잘하기 위해서는 통합 개발 환경의 여러 가지 좋은 기능들에도 관심을 가 져야 한다.

이 문제를 확장하는 방법을 생각해 보자.

- 그림도 아스키 아트로 출력할 수 있을까? 가능하다. 인터넷을 검색하면 그림에 대한

아스키 아트를 제공하는 홈페이지들을 찾을 수 있을 것이다.

- printf() 문장에 직접 넣지 않고 코딩할 수 있는 방법은 없을까? 가능하다. 파일 입출력을 사용하면 가능할 것이다. 출력할 아스키 아트를 파일에 저장해 두고 파일을 읽어 화면에 출력하도록 할 수 있다.

- 한글을 아스키 아트로 변환하는 방법은?

이 책에서는 프로그램 개발 전에 컴퓨터 활용 능력을 갖추는 것을 강조하고 있습니다. 또한 빈 솔루션을 만들어 프로젝트를 추가하라고 합니다. 이런 과정이 중요한가요?

당연히 중요하다고 생각합니다. 실습 시험을 보면 어떤 학생들은 자신이 작성한 코드가 컴퓨터의 어느 위치에 저장되어 있는지를 알지 못해 마지막에 허둥대는 것을 볼 수 있습니다. 이와 같이 기본 단계를 무시하는 습관은 프로그래밍에 대한 흥미를 떨어뜨리고, 좋은 프로그래머가 되는 것을 방해합니다.

저자는 C++ 교과목에서 강조해야 할 부분이 어떤 알고리즘을 공부하는 것이 아니라 프로그램을 개발하는 어떤 절차에 익숙해지는 것이라고 생각합니다. 해결 방법을 쉽게 알 수 있거나, 알고리즘을 알고 있는 문제를 C++이란 언어를 이용해 구현하는 절차에 익숙해지는 것이 가장 중요하다고 생각합니다. 이 책에는 머리를 많이 써야 할 복잡한 연습문제들이 제공되지는 않습니다. 따라서 연습문제가 해결되지 않는다고 자신의 두뇌를 탓하면 안 됩니다. 절차에 익숙해지기 위한 자신의 노력이 부족하지 않은지를 돌아봐야겠지요.

이 장에서 소개한 프로그램을 개발하기 위한 어렵지 않은 절차들과, 솔루션이나 프로젝트와 같은 개념들이 귀찮다고 무시하기 시작하면 이후의 공부는 더욱 어려워질 것입니다. 절차에 익숙해지도록 노력합시다.

| 요약 |

1 컴퓨터에서 어떤 문제를 해결하기 위한 도구, 즉 프로그램을 만드는 과정을 (　　)이라 한다.

2 새로운 프로그램을 만들기 위해서는 컴퓨터에게 무엇을 해야 할지 하나하나 정확히 알려주어야 한다. 이를 위해 C++와 같은 (　　)를 사용한다.

3 C++는 (　　)를 확장한 프로그래밍 언어로 1983년경에 벨연구소의 (　　)에 의해 개발되었다.

4 C++는 절차적 프로그래밍, (　　) 및 일반화 프로그래밍 기법을 제공한다.

5 C++에 대한 국제 표준은 미국 국립 표준 협회(ANSI)와 국제 표준화 기구(ISO)에 의해 진행되고 있는데, 2011년에 비교적 많은 변화가 반영된 (　　)이 공개되었다.

6 C++는 (　　), 상속(inheritance), (　　)과 같은 객체지향 프로그래밍의 중요한 특징을 제공한다.

7 어셈블리어는 가장 저수준의 (　　) 프로그래밍 언어로 반복문이나 함수를 사용하지 않고 (　　) 문을 사용하여 프로그램의 흐름을 제어한다.

8 (　　) 프로그래밍은 절차적 프로그래밍의 하위 개념으로 볼 수 있는데, goto 문을 없애거나 의존성을 줄이는 대신에, 반복문과 같은 저수준의 구조에서부터 (　　)와 같은 고수준의 구조들을 사용한다. C언어가 가장 대표적이다.

9 객체지향 프로그래밍에서는 캡슐화를 이용해 (　　)와 (　　)을 묶는데, 프로그램을 명령어의 집합이 아니라 여러 개의 독립된 단위, 즉 (　　)들의 모임으로 인식한다. (　　)나 (　　) 등이 대표적인 객체지향 언어이다.

10 완성된 C++ 소스 코드는 빌드 과정을 거쳐 컴퓨터에서 바로 실행될 수 있는 실행 코드로 변환되는데, 이를 위해 (　　)와 (　　) 및 (　　) 과정이 필요하다.

11 비주얼 스튜디오에서 C++ 소스 파일은 (　　), 헤더 파일은 (　　)의 확장자를 갖고, 컴파일 과정에 만들어지는 목적 파일은 .obj, 정적 라이브러리는 .lib, 동적 라이브러리는 .dll, 실행 파일은 (　　)의 확장자를 갖게 된다.

12 통합 개발 환경을 이용하면 하나의 솔루션(solution)에 여러 개의 (　　)를 넣어 편리하게 개발할 수 있다.

13 (　　)은 컴파일러가 소스 코드로 인식하지 않고 무시하는 문장이다. 이것은 작성자가 코드에 대한 메모나 설명 등을 위해 사용한다.

14 (　　) 함수는 프로그램이 시작되는 지점을 나타내는데, 이 함수가 종료되면 프로그램도 종료된다.

15 '\n'과 같이 역슬래시 문자('\')로 시작해 두 개의 문자로 표현되는 확장 특수문자를 (　　)라고 한다.

16 printf() 함수에서 문자, 정수(int), 실수(float)를 출력하는데 사용되는 변환 명세(형식 지정자)는 각각 %c, (　　), (　　)이다.

17 scanf() 함수에서 double형 변수와 문자열을 입력받는데 사용되는 변환 명세는 각각 (　　)와 (　　)이다.

18 (　　)는 아스키코드에 포함되는 문자나 기호를 이용한 그림을 말한다. 이러한 그림을 화면에 출력하는 프로그램에서는 이스케이프 시퀀스를 고려하여야 한다. 또한 출력할 콘솔창의 글꼴로 (　　)를 사용해야 한다.

19 비주얼 스튜디오의 편집기에서 (　　)를 누른 상태에서 마우스로 영역을 설정하면 원하는 블록을 편리하게 선택할 수 있다.

| 연습문제 |

1. 화면에 \와 " 문자를 출력하는 방법을 설명하라.

2. \(^~^)/와 같은 이모티콘을 출력하려는 다음 문장의 문제점을 설명하고 정정하라.

```
printf("\(^~^)/ \n");
```

3. 사용자로부터 원의 반지름을 입력받아 둘레와 면적을 계산해 그림과 같이 출력하는 다음 프로그램에서 모든 오류를 찾아 정정하라.

```
01    /* 원의 반지름을 입력하면 둘레와 면적을 계산하는 프로그램
02    #include <stdio.h>
03    main()
04    {
05        printf("(^v^) 원의 반지름을 입력하세요: ")
06        double r;
07        scanf("%lf", r);
08        printf("(^v^) 원의 반지름 = %lf\n", r);
09        printf("(^v^) 원의 둘레 = %d\n", 2*3.14*r);
10        printf("(^v^) 원의 면적 = %lf\n", 3.14*r*r);
11    }
```

```
C:\WINDOWS\system...       —    □    ×
(^v^) 원의 반지름을 입력하세요: 5
(^v^) 원의 반지름 = 5.000000
(^v^) 원의 둘레  = 31.400000
(^v^) 원의 면적  = 78.500000
```

4. n은 10이고 r은 2라고 가정하고 다음 문장을 실행했을 때 화면에 출력되는 내용을 적어라.
   (1) printf("Game Over !!!\n");
   (2) printf("Game\nOver\n");
   (3) printf("count = %d\n", n);
   (4) printf("perimeter = %lf\n", 2*3.14*r);

| 실습문제 |

1. 다음의 단계와 같이 프로그램 개발 환경을 만들고 C++ 프로그램을 작성하여 컴파일하고 실행하라.

   (1) 컴퓨터의 C:나 D: 드라이브에 다음과 같이 "재미있는C++"란 폴더를 만든다.

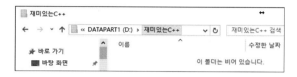

   (2) 이 폴더에 다음과 같이 "1장—C++기초"란 이름의 빈 솔루션을 만든다.

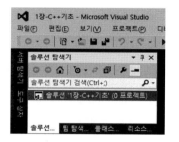

   (3) 이 솔루션에 "**C++Start**"란 이름의 "Win32 콘솔 응용 프로그램" 프로젝트를 추가한다.

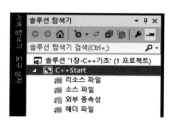

   (4) 이 프로젝트에 "**C++Start.cpp**"란 이름의 C++ 소스 파일을 추가하고 다음과 같이 자신의 이름과 나이 및 좋아하는 노래를 출력하는 프로그램을 작성한다. 컴파일한 후 실행하고 결과가 잘 출력되는지 확인하라.

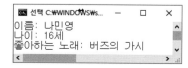

2. 아스키 아트를 이용하여 자신의 이니셜을 화면에 보기 좋게 출력하라. 인터넷을 검색하면 사진 파일을 아스키 아트로 변환해 주는 사이트들이 있다. 이러한 사이트를 찾아 자신의 사진을 보기 좋게 화면에 출력하는 프로그램을 작성하라. 다음은 문자열과 사진의 출력 예이다.

3. [심화] 구구단을 화면에 출력하는 프로그램을 다음의 세 가지 방법으로 구현하라. 단, 세로로 줄을 맞추어야 하고, 2단부터 9단까지 출력한다. 본문의 프로그램 1.1~1.3을 참고하라.

(1) 절차적 프로그래밍: 반복문을 사용하지 않고 goto 문만을 사용할 것

(2) 구조적 프로그래밍: 반복문과 함수를 이용해 구현할 것

(3) 객체지향 프로그래밍: 클래스를 만들고 멤버 함수로 구현할 것. 화면의 한 줄에 네 단씩 보기 좋게 출력해야 함

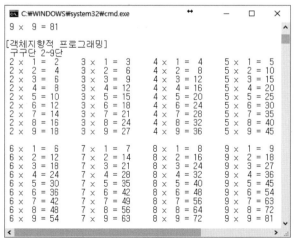

02

프로그래밍 기초

2.1 프로그램의 기본 요소

2.2 변수, 상수, 자료형

2.3 수식과 연산자

2.4 분기와 조건문

2.5 반복문

2.6 응용: 근로소득세 계산

2.7 응용: 시큰둥한 게임

학습목표

- 상수와 변수를 이해하고, 선언하고 활용하는 능력을 기른다.
- 자료형의 의미를 이해하고, 주어진 문제 해결을 위해 적절한 자료형을 선택할 수 있는 능력을 기른다.
- 연산자 우선순위와 결합 방향의 의미를 이해한다.
- 우선순위와 결합 방향에 따른 수식의 처리 순서를 이해한다.
- 부울식을 이해하고 활용하는 능력을 기른다.
- 여러 가지 분기문과 반복문을 정확히 이해하고 활용할 수 있는 능력을 기른다.

번호 맞히기 게임

번호 맞히기 게임을 구현한다. 좀 시시한 게임이다. C언어를 공부했다면 이미 한번쯤 구현해 보았을 것이다. 숫자가 문제로 출제되면 이것을 추측하여 맞히는 게임이다. 숫자를 예측하면 컴퓨터는 정답과 비교하여 정답이 아니면 "더 큰 숫자입니다"나 "더 작은 숫자입니다"를 출력하고, 정답이면 "정답입니다"를 출력한다. 10번 예측하는 동안 정답을 말하거나 10번 동안 맞히지 못하면 게임이 끝난다. 점수는 (10-추측횟수)*10점과 같이 계산하여 출력한다.

기존의 게임과 약간의 차이는 있다. 출제를 컴퓨터가 아니라 사람이 하는 것이다. 같은 컴퓨터에서 출제자가 먼저 숫자를 입력한다. 문제는 이 숫자를 게이머가 볼 수 없도록 해야 한다는 것이다. 숫자를 입력할 때마다 '*'가 출력되도록 한다.

이 문제를 해결하기 위해 여러 개의 변수를 사용하고, 조건문과 반복문 등을 사용해야 한다. '3'과 같은 아스키 문자를 숫자로 변경하는 방법도 알아야 한다. 앞 장에서 공부했던 이스케이프 시퀀스도 사용해야 된다. 약간은 시시한 게임이지만 이것을 어떻게 구현할 것인지를 생각하면서 관련 내용들을 공부해보자.

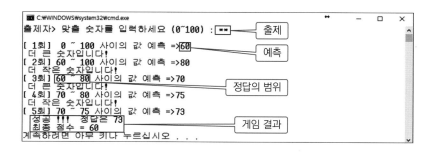

2 프로그래밍 기초

2.1 프로그램의 기본 요소

우리가 일상생활에서 사용하는 다양한 물건들 중에는 도장이나 문패와 같이 한번 만들어 지면 그 내용을 변경할 수 없는 것들이 있다. 이에 비해, 내용물을 변경할 수 있는 물건들 도 많은데, 예를 들어 커피 컵에는 아메리카노를 담을 수도 있고 카페라떼를 담을 수도 있 다. 또한, 같은 컵이라고 하더라도 용도나 저장할 수 있는 용량에 따라 유형이 나누어지기 도 한다. 예를 들어, S사의 커피 컵은 크기에 따라 여러 가지 이름이 붙어 있다.

한번 만들면 변하지 않는 물건들　　　내용물이 변할 수 있는 물건들　　　다양한 유형(크기)의 커피 컵

| 그림 2.1 일상생활에서의 상수, 변수, 자료형

컴퓨터 프로그램은 다양한 자료들을 처리한다. 이들은 값의 변경이 가능한지 아닌지에 따 라 **변수**(variable)와 **상수**(constant)로 나누어진다. 상수는 원주율(π)과 같이 이미 결정되 어 변경할 수 없는 값을 말하는데, 과학 분야에서 많은 상수들이 정의되어 있다. 변수는 수학에서의 미지수와 같이 값을 변경할 수 있는 자료이다.

여러 가지 유형의 커피 컵이 있는 것처럼 컴퓨터에서 상수나 변수도 다양한 형태로 표현할 수 있는데, 이것을 **자료형**(data type)이라고 한다. 프로그램에서 모든 상수나 변수들은 반 드시 특정한 자료형을 갖는다는 것을 명심하라. 심지어 x + y와 같은 연산에도 자료형이 있다. C언어에 비해 C++에서는 자료형이 훨씬 중요하다. 자료형과 함께 프로그램을 구성하는 기본 요소들을 알아보자.

■ 식별자(identifier)

식별자란 어떤 대상을 유일하게 구별할 수 있는 이름을 의미한다. 프로그램에서 사용되는 변수나 함수, 구조체나 클래스는 모두 고유의 식별자를 가져야 한다. 식별자의 시작은 반드시 문자나 '_'가 되어야 한다. 특히 **대소문자를 구분**하는 것에 유의하라. size와 Size, 그리고 SIZE는 모두 다른 식별자이다. 모든 식별자는 반드시 적절한 의미를 포함하도록 이름을 잘 지어야 하는 것을 명심하라. 다음은 적절한 식별자와 사용할 수 없는 식별자의 예를 보여준다.

```
a    _b    c1      SIZE     Length        player       // 적절한 식별자
123  5a    %rate   size-1   gameover.cpp               // 적절하지 않음(오류)
```

■ 키워드(keyword)

키워드는 C++에서 특별한 의미가 주어진 식별자들을 말한다. 따라서 변수나 함수 등의 식별자로 사용할 수 없다. 그림 2.2는 C++의 키워드를 보여주는데, auto나 struct와 같은 일부 C언어 키워드들은 C++에서 문법이 약간 변경되었거나 사용 방법이 확장되었다.

C++ 키워드						
asm	auto	bool	break	case	catch	char
class	const	const_cast	continue	default	delete	do
double	dynamic_cast	else	enum	explicit	export	extern
false	float	for	friend	goto	if	inline
int	long	mutable	namespace	new	operator	private
protected	public	register	reinterpret_cast	return	short	signed
sizeof	static	static_cast	struct	switch	template	this
throw	true	try	typedef	typeid	typename	union
unsigned	using	virtual	void	volatile	wchar_t	while

키워드 : C++11에서 의미가 추가되었거나 변경된 키워드

| 그림 2.2 C++ 키워드

printf, scanf, cin, cout 등이 키워드가 아닌 것에 유의하라. 이들은 표준 라이브러리에 선언되어 있는 함수나 전역변수의 이름일 뿐이다. 그렇지만 프로그램에서는 키워드처럼 식별자로 사용하지 않는 것이 안전하다.

2.2 변수, 상수, 자료형

■ 변수(variable)

음료를 담기 위해 컵이 필요한 것처럼 프로그램에서 변수는 어떤 값을 저장하기 위한 메모리 공간을 말한다. 변수를 선언하는 것은 컵을 만드는 것과 동일하며, 하나의 컵으로 다양한 음료를 마실 수 있는 것처럼 하나의 변수에도 다양한 값을 저장할 수 있다. 물론 한 순간에는 하나의 값만을 저장할 수 있다. 변수는 다음과 같이 사용하기 전에 반드시 미리 선언되어야 한다.

```
자료형  변수이름 ;                 // 하나의 변수를 선언하는 문장
자료형  변수이름1, 변수이름2, ... ;  // 여러 개의 변수를 선언하는 문장
자료형  변수이름 = 초깃값 ;          // 변수를 선언하고 초깃값을 복사하는 문장
```

그림 2.3은 변수 선언의 예를 보여준다. 변수는 **이름**을 가지며 특정한 **자료형**의 값을 저장할 수 있는 **공간**을 갖고, 그 안에는 어떤 **값**이 들어 있다. 그림에서 변수 year와 rate는 선언과 동시에 특정한 값으로 초기화되었고, ch는 초기화되지 않았다. 각 변수를 저장할 공간의 크기가 다르게 그려진 것에 유의하라. 자료형에 따라 공간의 크기가 정해져 있다.

| 그림 2.3 변수는 이름을 갖고, 특정한 자료형의 값을 저장한다.

변수의 값은 언제든지 변경할 수 있고, 사용하기 전에 반드시 초기화해야 한다. 그림에서 변수 ch의 값을 문자 'a'로 변경하는(복사하는) 문장은 다음과 같은데, ch 상자안의 값이 변경된다.

```
ch = 'a';        // 변수 ch에 문자 'a'를 복사함
```

대부분의 프로그램에서 변수는 값을 사용하고 변경하지만, 때로는 **공간의 위치**, 즉 주소가 필요한 경우도 있다. 모든 변수는 메모리 공간에 존재하기 때문에 **메모리 주소**를 갖는데, **주소 추출 연산자 &**를 적용해 그 변수의 주소를 알 수 있다. 다음은 그림 2.3의 변수 year에 대한 값과 주소를 출력하는 문장과 실행 결과의 예를 보여준다.

```
printf("year의 값=%d, 주소=%x\n", year, &year);
==> 실행 결과 예: year의 값=2017, 주소=e6fc70
```

■ 상수(constant)

상수는 원주율(π)과 같이 변경될 수 없는 자료를 말한다. 프로그램에서는 상수를 숫자로 직접 나타내는 것보다 이름을 붙여 사용하는 것이 좋은데, 이것을 **기호 상수**(symbolic constant) 또는 **리터럴**(literal)이라 한다. C++에서는 다음과 같이 두 가지 방법을 사용할 수 있다. 각 방법의 문법에 유의하라.

```
#define PI 3.141592          // 전처리기 문장을 사용한 상수 PI 선언
const double PI = 3.141592;  // const 키워드 사용한 상수 PI 선언
double area = PI*radius*radius;  // 리터럴 PI의 사용 예
```

상수는 당연히 그 값을 바꿀 수 없으며, 메모리 공간을 차지하지 않으므로 주소가 없다. 따라서 주소 추출 연산자를 적용할 수 없는 것에 유의하라.

```
printf("PI의 값=%lf\n", PI);      // 리터럴 PI의 값을 출력하는 문장
printf("PI의 주소=%x\n", &PI);    // 오류: 상수는 주소 추출 불가
```

다음은 공의 속도의 단위를 Km/h에서 Miles/h로 변환하는 프로그램이다. 단위의 변환을 위해 RateKphMph라는 기호 상수를 사용하였다.

프로그램 2.1	구속의 단위 변환 프로그램

```
01   #include <stdio.h>
02   const double RateKphMph = 1.609344;
03   void main()
04   {
05       int kph;
06       double mph;
07
08       printf("당신의 구속을 입력하시오[Km/H]: ");
09       scanf("%d", &kph);
10       mph = kph / RateKphMph;
11       printf("당신의 구속은 %lf [MPH] 입니다.\n", mph);
12   }
```

코드 설명

2행 기호 상수 선언. Km/H와 Miles/H의 비율을 나타내는 상수임.

5~6행 변수 선언. kph는 정수로 입력받고, mph는 실수로 계산되어야 함.

8~9행 Km/H 단위의 구속을 입력받음.

10~11행 마일 단위의 구속 mph 계산하고 결과를 출력함.

■ 자료형(data type)

자료형(data type)은 **기본 자료형**(basic type)과 **유도 자료형**(derived type)으로 나눌 수 있다. 유도 자료형은 4장 이후에 공부하고, 여기서는 기본 자료형을 알아보자. C++에서는 C언어의 정수형과 실수형을 그대로 사용하고, 정수형 중 일부를 문자 표현을 위해 사용한다. C++에서는 **참**(true)과 **거짓**(false)을 나타내기 위한 **부울형**(bool)을 추가로 제공된다. C언어에서는 0을 "거짓"으로, 0이 아닌 모든 값은 "참"으로 사용했는데, 이것은 여러 가지 혼란을 발생시킬 수 있어 이를 개선한 것이다.

사실 C++ 표준에서는 자료형의 크기를 정하지는 않는다. 이것은 프로그램 개발 환경에 따라 자료형의 크기가 다를 수 있음을 의미한다. 다음은 Visual C++에서의 기본 자료형과 크기를 보여준다.

| 표 2.1 Visual C++ 기본 자료형

자료형		용량(bytes)	주요 용도	범위
정수형	char	1	문자(문자형) 또는 작은 정수 표현	−128~127
	short	2	정수 표현	−32768~32767
	int	4	큰 범위의 정수 표현	−2147483648~2147483647
	long	4	큰 범위의 정수 표현	−2147483648~2147483647
실수형	float	4	실수 표현	1.2E−38~3.4E38
	double	8	유효 숫자가 많이 필요한 실수 표현 (float보다 두 배 정밀한 표현)	2.2E−308~1.8E308
부울형	bool	1	참이나 거짓을 표현	true, false

- 모든 정수형 자료형 앞에 unsigned를 붙일 수 있는데, 이 경우 동일한 공간으로 0을 포함한 양수만을 표현하게 된다. 예를 들어, short는 −32768~32767 범위의 정수를 표현할 수 있지만 unsigned short는 0~65535 범위를 표현한다.
- char는 단일 문자의 표현을 위해 주로 사용되며 작은 정수를 저장하기 위해 사용하는 것은 좋지 않다. C++에서는 문자형 상수 표현을 위해 작은따옴표를 사용한다. 즉, 'a', 'A', '9', '\n', '\t' 등은 모두 문자형 상수이다.
- bool은 boolean의 약자로 true와 false의 값만을 가지지만, 정수형 값으로 변경될 수 있다. C++에서 추가된 자료형으로 조건문이나 반복문 등에서 매우 중요하게 사용된다.
- 실수의 표현을 위해서는 **부동 소수점(floating point)** 방식을 사용한다. 때로는 더 정밀한 표현을 위해 long double형이 사용되기도 한다.

자료형의 크기(바이트 단위의 메모리 용량)는 sizeof 연산자를 이용하면 구할 수 있다. 이 연산자는 자료형이나 변수, 상수, 심지어 3+4와 같은 연산에 대해서도 적용할 수 있다.

프로그램 2.2   각 자료형과 변수, 상수, 연산의 자료형 출력 프로그램

```c
01  #include <stdio.h>
02  void main()
03  {
04      float f;
05      long int i;
06      long double d;
07
08      printf("<자료형의 크기 [bytes]>\n");
09      printf(" char 형 = %d\n", sizeof (char));
10      printf(" short 형 = %d\n", sizeof (short));
11      printf(" int 형 = %d\n", sizeof (int));
12      printf(" long 형 = %d\n", sizeof (long));
13      printf(" float 형 = %d\n", sizeof (float));
14      printf(" double 형 = %d\n", sizeof (double));
15
16      printf("\n<변수의 크기 [bytes]>\n");
17      printf(" long int 변수 = %d\n", sizeof (i));
18      printf(" float 변수 = %d\n", sizeof (f));
19      printf("long double 변수 = %d\n", sizeof (d));
20
21      printf("\n<상수나 연산 결과>\n");
22      printf(" '3'의 자료형 = %d\n", sizeof ('3'));
23      printf(" 3 의 자료형 = %d\n", sizeof (3));
24      printf(" 3.0 의 자료형 = %d\n", sizeof (3.0));
25      printf("3.0f 의 자료형 = %d\n", sizeof (3.0f));
26      printf(" 3+4 의 자료형 = %d\n", sizeof (3 + 4));
27      printf("3.0+4의 자료형 = %d\n", sizeof (3.0 + 4));
28  }
```

```
C:\WINDOWS\sy...   -   □   ×
<자료형의 크기 [bytes]>
  char 형 = 1
 short 형 = 2
   int 형 = 4
  long 형 = 4
 float 형 = 4
double 형 = 8
```

```
C:\WINDOWS\sy...   -   □   ×
<변수의 크기 [bytes]>
  long int 변수 = 4
     float 변수 = 4
long double 변수 = 8
```

```
C:\WINDOWS\sy...   -   □   ×
<상수나 연산 결과>
  '3'의 자료형 = 1
   3 의 자료형 = 4
  3.0 의 자료형 = 8
 3.0f 의 자료형 = 4
  3+4 의 자료형 = 4
3.0+4의 자료형 = 8
```

코드 설명

9~14행 각 자료형의 크기를 출력함.

17~19행 변수의 크기를 sizeof 연산자를 이용해 측정하여 출력함. Visual C++에서는 long int와 long double이 int와 double과 차이가 없음.

22~25행 상수도 자료형이 정해져 있음. '3'은 char, 3은 int, 3.0은 double, 3.0f는 float형이므로 해당 크기가 출력됨.

26~27행 연산 결과도 자료형이 있다는 것을 명심할 것. 연산 3+4의 결과는 int이며, 3.0+4는 double임에 유의할 것.

특히 모든 상수나 연산에도 자료형이 있다는 것에 유의하라. C++에서는 자료형이 매우 중요하므로 상수나 연산의 자료형이 무엇인지도 생각하는 습관을 갖는 것이 좋다.

> **Tip**
>
> 모든 자료형은 용량이 정해져 있다. 각 자료형의 용량을 바이트 단위로 알려주는 것이 sizeof이다. 예를 들어, sizeof(char)는 1이 반환되고, 이것은 char형의 용량이 1byte(8bits)라는 것을 말한다. 따라서 char형으로 표현할 수 있는 데이터는 2^8 = 256가지이다. 8비트로 양수와 함께 음수도 표현하려면 어떻게 할까? 음수 표현을 위한 약속이 필요하다. 보통 **보수**(complement)법을 사용하는데, 2진수의 경우 1의 보수나 2의 보수를 사용할 수 있다. 보수법에서는 첫 번째 비트를 부호(0이면 양수, 1이면 음수)로 사용한다. 동일한 공간으로 양수와 음수를 모두 표현하려면 당연히 나타낼 수 있는 숫자의 크기가 반으로 줄어들 것이다. 예를 들어, 2의 보수를 사용하여 char형을 표현하면 −128~127 범위의 수를 만들 수 있다. short나 int도 데이터의 크기만 다를 뿐 동일한 방법으로 음수를 처리한다. short도 생각보다 표현할 수 있는 수의 범위가 크지 않음에 유의하라.

정수 자료형에서 **오버플로**(overflow)가 흔히 발생할 수 있는 것에 특히 조심해야 한다. 이 것은 어떤 변수가 저장할 수 있는 범위보다 더 크거나 작은 수를 그 변수에 저장하려고 하는 경우에 발생한다. 예를 들어, char형 변수 **val**에 200을 저장하려는 문장 **val = 200;**을 실행하고 출력해 보면 **val**에 −56이 저장된 것을 알 수 있다. 200은 **val**이 저장할 수 있는 범위를 넘는 값이기 때문이다. 따라서 변수를 선언할 때 적절한 자료형을 선택하는 것은 매우 중요하다.

■ 문자 표현 방법

컴퓨터에서는 각각의 문자에 숫자 코드를 붙여서 표시한다. 문자를 표현하는 방법에는 대표적으로 다음의 두 가지가 있다.

- **아스키코드**(ASCII code): 표준적인 8비트 문자 코드로 0에서 127까지의 숫자를 이용하여 문자를 표현한다. 부록의 아스키코드 표를 참고하라.
- **유니코드**(unicode): 전 세계의 모든 문자를 일관되게 표현하고 다룰 수 있도록 설계한 문자 코드 체계이다. 각 글자에 16비트 코드를 부여한다.

■ 대입 연산자

변수의 값을 직접 변경하는 가장 쉬운 방법은 대입 연산자를 사용하는 것이다. 다양한 연산자들 중에서 대입 연산자는 특별한 의미를 갖는다. C++에서는 대입 연산자로 =를 사용하여 변수의 값을 변경한다.

```
year = 2018;        // int형 변수 year에 2018을 복사
```

사실 우리가 수학에서 지금까지 사용하던 '='의 의미는 "양쪽이 같다"는 의미였다. 그러나 프로그래밍에서는 연산자 '='를 중심으로 "오른쪽 항의 값(r-value)을 왼쪽 항(l-value)에 복사한다"는 **대입** 또는 **복사**의 의미로 사용되는 것을 명심해야 한다. 따라서 알고리즘을 기술하는 유사 코드(pseudo code)에서는 이런 의미로 '←'를 사용한다. 프로그래밍 언어에서도 이 문자를 사용할 수 있다면 복사의 의미가 더 확실하겠지만, 불행히도 키보드에 '←' **문자**를 출력할 수 있는 키가 없다! 따라서 어쩔 수 없이 '='를 사용하고, "같다"라는 의미로는 '='가 아니라 비교 연산자인 "=="을 사용하는 편법(?)이 사용되고 있다.

Lab 오버플로 발생 순간을 찾기

저자가 대학원을 다닐 때 연구실에서 테트리스가 유행한 적이 있었다. 컴퓨터 한 대에는 늘 이 게임이 켜져 있었고, 많은 동료들이 이 컴퓨터에 매달렸다. 다들 고수이므로 금방 시시해질 법도 한데 오랫동안 열광했던 이유가 하나 있었다. 랭킹에 이름을 올리기 위해서였다. 게임을 오래하기만 하면 랭킹이 올라갈까? 그렇게 단순하지 않다. 이 게임은 점수가 계속 증가하다가 32767점에서 갑자기 음수로 바뀌어버린다! 오버플로(overflow)가 발생하는 것이다. 음수에서 게임이 끝나면 당연히 랭킹에도 등록되지 못한다. 따라서 어떻게 하면 가장 이 점수에 가까운 순간에 게임이 끝나도록 할 것인가에 문제의 핵심이다. 점수를 보면서 게임을 하다가 적당한 순간부터는 블록들을 쌓아 음수가 되기 전 최고점에서 게임을 끝내야 한다.

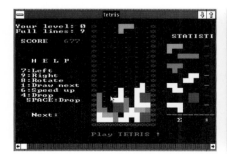
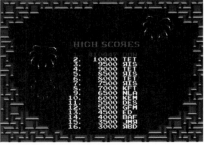

| 그림 2.4 옛날 테트리스 게임 화면과 랭킹 출력 화면 예

이 게임의 점수 저장을 위해 사용한 변수의 자료형을 생각해 보자. 지금의 C++로 구현되었다면 short형을 사용했을 것이다. 만약 이 변수가 int형(~2,147,483,647)이었다면? 저자를 포함한 동료들이 그렇게 무모하게 테트리스를 위해 밤을 새우지 않았을 것이다.

short형에서 오버플로가 발생하는 순간을 찾는 프로그램을 구현해 보자.

- short형 변수를 선언하고 0으로 초기화한 후 계속 1씩 증가시킨다. 변수가 갑자기 음수로 변하면 오버플로가 발생한 것이다.
- 변수 값은 "같은 줄"에 계속 출력되도록 하고, 오버플로가 발생하면 비프(beep) 음을 울리고, 다음 줄에 그 음수 값(최솟값)을 출력한다.

구현

- 같은 줄에 계속 숫자를 출력하려면 '\r'을 사용하면 된다. 부록의 표에서 CR 문자(10진수로 13)에 해당한다.
- 비프 음을 위해서는 '\a' 문자를 출력하면 된다. 표에서 BEL(10진수로 7)이다.
- 1씩 증가시키는 과정은 반복문을 사용할 수 있지만 goto 문을 사용해 보자.

프로그램 2.3 short형의 오버플로 발생 순간을 찾기

```
01  #include <cstdio>
02  void main()
03  {
04          short n = 0;
05  loop:
06          n = n + 1;
07          if (n > 0) {
08                  printf("\r short 최댓값 = %d", n);
09                  goto loop;
10          }
11          printf("\n오버플로우 발생\a\n");
12          printf(" short 최솟값 = %d\n", n);
13  }
```

```
C:\WINDOWS\system32\cmd.exe            -    □    ×
 short 최댓 값 = 32767
오버플로우 발생
 short 최솟 값 = -32768
계속하려면 아무 키나 누르십시오 . . .
```

2.3 수식과 연산자 67

코드 설명

4행 short 변수 n을 선언 및 0으로 초기화.

6~10행 n을 1 증가시켜서 양수이면 아직 오버플로가 발생하지 않았음. 따라서 프로그램을 loop:로 이동시킴.

11~12행 n이 음수가 되면 메시지를 출력하고 비프 음을 울리며, 최종적으로 short의 최솟값을 출력함.

- short형 변수는 생각보다 크지 않은 값에서 오버플로가 발생했다. 변수를 선언할 때 자료형의 선택이 중요하다는 것을 알 수 있었다.
- 두 가지 이스케이프 시퀀스 '\a'와 '\r'을 활용해 보았다.
- int형의 경우 처리시간이 많이 걸릴 것으로 보인다. int형의 오버플로 순간을 효과적으로 확인할 수 있는 방법은 없을까?

2.3 수식과 연산자

C++언어에서도 상수와 변수, 연산자를 이용하여 **식(expression)**을 표현한다. 그림 2.5는 **연산자(operator)**와 **피연산자(operand)**의 의미와 함께, - 연산자가 **단항(unary)** 및 **이항(binary)** 연산자로 사용된 예를 보여준다.

(a) 단항 연산자 -　　　　　　　(b) 이항 연산자 -

| 그림 2.5 단항 연산자 -와 이항 연산자로 사용된 -

대부분의 연산자는 그림 2.5와 같은 단항 및 이항 연산자이다. 유일한 삼항 연산자인 조건 연산자 "? :"는 독특한 형태를 갖는다.

■ 연산자의 분류

연산의 종류에 따라 연산자들은 산술, 비교, 증감, 논리, 비트, 조건, 비트 논리, 비트 이동, 대입 및 기타 연산자들로 나누어진다. 표 2.2는 연산의 종류에 따라 연산자를 분류하고 있다. 각 연산자들을 간략히 살펴보자.

| 표 2.2 연산자 종류

연산의 종류	연산자	의미
산술	+ - * / %	더하기, 빼기, 곱하기, 나누기, 나머지(%)
비교(관계)	> < == != >= <=	< ⟺ >= , == ⟺ != , > ⟺ <=
증감	++ --	a++, ++a, b--, --b
논리	&& || !	연산 결과가 bool: true 또는 false
조건	? :	삼항 연산자 예) a = b ? c : d;
비트 논리	& | ^ ~	논리 연산을 비트별로 적용
비트 이동	<< >>	비트 단위로 좌/우로 밀어서 이동
대입	= += -= *= /= %= >>= <<= |= ^=	우측 연산항을 좌측 연산항으로 복사 좌측 연산항(변수)의 값이 바뀌게 됨 산술, 비트 논리, 비트 이동 연산을 포함 가능
기타	( ) [ ] . -> (type) * & sizeof( ) ,	함수 호출 배열의 항목 추출 객체에서 내부의 항목 추출 포인터를 통한 객체 내부의 항목 추출 형 변환 역참조 연산(주소에서 값을 추출함) 주소 추출 연산(변수의 주소 값을 추출) 자료형이나 변수의 크기 추출 연산 콤마 연산

산술 연산자

수학에서 많이 사용되는 산술 연산을 위한 연산자들로, 나머지 연산을 위해 %가 추가되었고, *가 곱셈을, /가 나눗셈을 나타낸다. 산술 연산자는 다양한 기본 자료형에 사용될 수 있지만 다음에 특히 유의해야 한다.

- 정수형과 정수형의 연산 결과는 정수형이고, 실수형을 포함한 연산은 결과는 실수형이다.
- 정수 나눗셈 연산에 특히 주의해야 한다. 예를 들어, 6 / 4의 연산 결과는 1.5가 아니라 1이다. 피연산자 6과 4가 모두 int형이므로 나눗셈 자체를 정수형으로 하고,

2.3 수식과 연산자 69

따라서 결과 값도 int이기 때문이다. 이것은 흔히 실수하는 부분이다. 6.0 / 4.0의
연산 결과는 1.5이다.

비교 연산자

두 연산항의 크기를 비교하기 위한 연산자이다. 두 개의 문자로 구성되는 경우에는 문자들
사이에 공백이 없이 연결되어야 하고, 기호의 순서도 지켜야 한다.

- 연산의 결과는 bool형이다. 예를 들어, 연산 x < 10의 자료형은 bool이다. 결과 값
  은 true 아니면 false이다.
- 정수형은 문제가 없지만 실수형 데이터가 같은지(==)를 비교할 때 매우 신중해야 한
  다. 이론적으로는 같은 값이지만 계산 과정의 약간의 오차에 의해 두 값이 같지 않
  다고 나오는 경우도 있다. 다음 코드를 테스트해 보라.

```
if( 3.0 == sqrt(3.0)*sqrt(3.0) ) ...        // 의외로 false가 됨
```

증감 연산자

단항 연산자로 피연산자의 값을 1 증가하거나 감소하는 역할을 한다. 코드가 간결해지고,
기계어 코드와 일대일 대응되므로 처리속도가 향상될 수 있지만 피연산자와의 위치에 따
라 계산 결과가 달라질 수 있으므로 주의하여 사용해야 한다. 또한 상수나 일반 수식은 피
연산자가 될 수 없다.

```
int a = 10, b = 20;     // 변수 a와 b를 선언하고 각각 10과 20으로 초기화한다.
int c = a++;            // 문장을 모두 처리하고 a 값을 증가시킨다.
int d = ++b;            // 먼저 b 값을 증가시킨 후 나머지 문장을 처리한다.
                        // 이 시점의 값: a==11, b==21, c==10, d==21
a = 100++;              // 오류: 상수에 증감연산자 적용
(a+b)++;                // 오류: 수식에 증감연산자 적용
```

대입 연산자

오른쪽 피연산자를 왼쪽 피연산자로 복사하기 위한 연산자이다. 대입 연산자의 **왼쪽 항**
(l-value)은 값을 변경할 수 있는 "변수"이어야 하고, **우측 항**(r-value)은 상수나 변수, 또

는 다른 수식이어도 된다. 기본적인 대입 연산자 = 이외에도 다음과 같이 산술, 비트 논리, 비트 이동 연산을 포함한 대입 연산자들도 사용할 수 있다.

```
+=     -=     *=     /=     %=     >>=     <<=     |=     ^=
```

대입 연산자는 보통 우선순위가 낮으며, 여러 개의 대입 연산자가 있는 경우 오른쪽에 위치한 연산자부터 왼쪽으로 가면서 처리된다. 특히 이들 중에서 = 연산자는 유도 자료형(구조체, 클래스 등)에 대해서도 동작한다. 자세한 내용은 4장에서 다시 설명한다.

```
val = a + 3 * 5;        // =는 대입 연산자(오른쪽 계산 결과를 왼쪽에 복사)
w = x = y = z = 3;      // 우에서 좌로 처리한다. w = (x = (y = (z = 3)))와 동일
```

논리 연산자

피연산자의 논리 값을 연산하여 하나의 논리 값을 만든다. 따라서 논리 연산의 결과는 bool형이 된다. 논리 곱(AND)은 &&로, 논리 합(OR)은 ||로 표현한다. !은 논리 부정(NOT) 연산을 의미한다.

논리 연산 과정에서 앞의 결과에 따라 전체 결과가 확정되면 뒤쪽 피연산자는 평가하지 않고 바로 결과를 반환하는 것을 **단락 논리**(Short circuit logic)라 하는데, 포인터 변수의 NULL 테스트에서 매우 중요하게 사용된다.

```
1==2                       // 1과 2가 같지 않으므로 false
(1==2) && (x==y)           // (1==2)가 false이므로 (x==y)는 평가하지 않음
(p==NULL)||(p->val==10)    // p==NULL이면 (p->val==10)을 평가하지 않음
```

만약 단락 논리가 적용되지 않는다면 어떻게 될까? 마지막 문장에서 p가 NULL인 경우도 p->val==10을 평가하게 된다. 이 경우 p가 NULL이므로 p->val 문장에서 실행 오류가 발생하여 프로그램이 비정상적으로 종료될 것이다!

조건 연산자

조건 연산자는 유일하게 세 개의 피연산자를 갖는다. a ? b : c; 문장의 연산 결과는 a가 참이면 연산의 결과는 b를 평가한 값이 되고, 아니면 c를 평가한 값이 된다. a의 절댓값을

구해 변수 x에 저장하는 문장은 다음과 같다.

```
x = (a>0) ? a : -a;
```

이 문장은 다음과 정확히 동일하다.

```
if(a>0) {
    x = a;
}
else {
    x = -a;
}
```

조건 연산자를 잘 활용하면 코드가 간결해지기 때문에 이 책에서 많이 사용한다.

비트 논리 연산자

피연산자 정수 값을 **비트 단위**로 논리 연산을 수행하며, 따라서 연산 결과가 bool형이 아니라 새로운 정수 값임에 유의하라. 논리 연산자와 구분해야 한다. 다음은 비트 논리 연산의 예를 보여준다.

```
3          // 00000000 00000000 00000000 00000011
5          // 00000000 00000000 00000000 00000101
3 & 5      // 00000000 00000000 00000000 00000001
3 | 5      // 00000000 00000000 00000000 00000111
3 ^ 5      // 00000000 00000000 00000000 00000110
~3         // 11111111 11111111 11111111 11111100
```

비트 이동 연산자

비트 단위로 왼쪽이나 오른쪽으로 이동시키는 연산자이다. <<는 왼쪽으로의 비트 이동인데, 비게 되는 오른쪽 비트들을 0으로 채운다. >>는 비게 되는 왼쪽 비트들을 원래 첫 번째 비트 값으로 채운다. int형 변수 x에 대한 1비트 이동 연산인 x<<1은 x에 2를 곱하는 것과 같다. 마찬가지로 x>>1은 x/2와 같다.

```
5       // 00000000 00000000 00000000 00000101
5>>2    // 00000000 00000000 00000000 00000001
5<<2    // 00000000 00000000 00000000 00010100
-5      // 11111111 11111111 11111111 11111011
-5>>2   // 11111111 11111111 11111111 11111110
-5<<2   // 11111111 11111111 11111111 11101100
```

어떤 정수 a의 n번째 비트 값을 검사하는 방법을 생각해보자. 먼저 1을 n-1번 왼쪽으로 이동한다. 다음으로 이 값과 a를 비트 논리 연산자로 논리곱을 수행해 결과 값이 0인지를 검사한다. 0이면 n번째 비트는 0이고, 그렇지 않으면 그 비트는 1이다. 코드는 다음과 같다.

```
(a & (1<<(n-1))) == 0   // 1을 n-1번 왼쪽 이동하고 비트 논리 연산 적용 결과 검사
                        // xxxxxxxx x?xxxxxx xxxxxxxx xxxxxxxx : a
                        // 00000000 01000000 00000000 00000000 : 1<<(n-1)
                        // 00000000 0?000000 00000000 00000000 : a & (1<<(n-1))
```

기타 연산자

이 외에도 다음과 같은 다양한 연산자가 있다.

- **()**는 함수를 호출할 때 함수 이름 뒤에 붙는 함수 호출 연산자로, 함수의 매개변수에 따라 적절한 인수를 넣는다.

  ```
  double val = sin (M_PI / 4); // sin 함수를 호출하는 연산자
  printf ("game over!\n");     // printf 함수를 호출하는 연산자
  ```

- **[]**는 배열에서 원하는 위치의 항목을 추출하는 인덱스 연산자이다.

  ```
  int array[50];          // int형 변수 50개를 array 배열로 할당함
  array[5] = 10;          // 배열의 5번째 항목에 10 대입(0번째부터 시작)
  ```

- **(type)**은 **형 변환 연산자**이다. 이항 연산에서 피연산자의 자료형이 서로 다른 경우 보다 큰 자료형으로 자동으로 변환하여 연산을 수행한다.

  ```
  float val = (float)3.14;     // double형을 float로 변환 후 연산(수동)
  ```

- **sizeof**는 변수나 배열 등의 저장 장소의 크기를 바이트 단위로 계산하여 반환하는 연산자이다.

- **,**(comma)도 연산자이다.

```
int x=1, y=3, z;                    // 변수 선언 시 사용 예
for( x=y=z=0 ;...; x++, y++, z++ );}    // for 문에서 사용 예
```

- **.**과 **->**는 클래스의 객체에서 멤버를 선택하는 **항목 선택 연산자**이다. 전자는 객체를 통해 후자는 포인터를 통해 객체 내의 해당 멤버에 접근한다. 구조체와 클래스에서 자세히 다룬다.
- **&**는 객체(또는 변수)의 주소를 알아내는 **주소 추출 연산자**이다.
- *****는 주소 값을 나타내는 피연산자와 함께 사용되는데, 그 주소에 들어있는 값을 반환하는 **역참조 연산자**이다.

프로그램 2.4   다양한 연산자 테스트 프로그램

```
01   #include <stdio.h>
02   void main()
03   {
04       char ch;
05       int i, j, max;
06
07       printf("알파벳을 입력하세요: ");
08       scanf("%c", &ch);
09       printf(" 입력문자: %c(10진수 %d)\n", ch, ch);
10       printf(" 다음문자: %c(10진수 %d)\n", ch+1, ch+1);
11       printf(" 변수주소: 0x%x\n\n", &ch);
12
13       printf("두 정수를 입력하세요: ");
14       scanf("%d%d", &i, &j);
15       printf(" %d / %d \t= %d\n", i,j, i/j);
16       printf(" %d %% %d \t= %d\n", i,j, i%j);
17       printf(" %d/(double)%d \t= %lf\n", i,j, i/(double)j);
18       printf(" %d와 %d중 큰값 \t= %d\n", i,j, (i>j) ? i:j);
19       printf(" %d | %d \t= %d\n", i,j, i|j);
20       printf(" %d & %d \t= %d\n", i,j, i&j);
21       printf(" %d ^ %d \t= %d\n", i,j, i^j);
22       printf(" %d >> 2 \t= %d\n", i, i>>2);
23       printf(" %d << 2 \t= %d\n", i, i<<2);
24   }
```

```
■ C:\WINDOWS\system3...   —   □   ×
알파벳을 입력하세요: e
 입력문자: e(10진수 101)
 다음문자: f(10진수 102)
 변수주소: 0x7bfc37
```

```
■ C:\WINDOWS\system3...   —   □   ×
두 정수를 입력하세요: 5 3
 5 / 3          = 1
 5 % 3          = 2
 5/(double)3    = 1.666667
 5와 3중 큰값    = 5
 5 | 3          = 7
 5 & 3          = 1
 5 ^ 3          = 6
 5 >> 2         = 1
 5 << 2         = 20
```

코드 설명

4~5행 프로그램에서 사용할 변수를 선언함.

7~10행 알파벳 문자를 입력받아, 이것을 문자(%c)와 숫자(%d)로 각각 출력함. 다음 문자와 그 값도 확인할 것.

11행 변수 ch의 주소는 & 연산를 사용해 추출할 수 있음. 주소는 보통 16진수로 표시하므로 %x로 출력한 것에 유의할 것.

13~14행 두 정수를 입력받음.

15~23행 다양한 연산자 처리 결과. 특히 15행과 17행의 차이에 유의할 것. i/j는 정수형 나눗셈 연산이고, i/(double)j는 실수형(double) 연산임.

■ 연산자 우선순위와 결합 방향

프로그램에서는 많은 연산자들이 복잡하게 사용된다. 하나의 문장에도 여러 연산자가 함께 나타나는데, 어떤 연산을 먼저 할 것인가에 대한 약속, 또는 우선순위가 정해져 있어야 한다. 연산자의 우선순위는 다음과 같다.

- 괄호 > 단항 > 산술 > 이동 > 비교 > 비트 > 논리 > 조건 > 대입 > 콤마 연산자의 순으로 우선순위가 높다.
- 우선순위가 생각나지 않으면 괄호 연산자로 연산의 순서를 명시해 주는 것이 좋다. 괄호 연산자의 우선순위가 가장 높기 때문이다.
- 컴파일러는 우선순위에 따라 순차적으로 계산되도록 실행 코드를 만든다.

한 문장에 동일한 우선순위를 갖는 연산자가 여러 개 나타나는 경우도 흔히 발생한다. 예를 들어, e = a/b/c/d; 문장이나 a=b=c=d=10; 문장은 어느 연산을 먼저 하는지에 따라 계산 결과가 달라진다. 따라서 이 경우에도 연산의 순서에 대한 약속이 필요하다. 이것을 연산자의 **결합법칙(계산 방향)**이라고 한다. 대부분의 연산자는 좌에서 우로 연산하지만 다음 연산자들은 우에서 좌로 연산한다.

- 단항 연산자들: ++a(전위), --a(전위), !, ~, sizeof, -(단항), +(단항), &(주소), *(역참조 연산자)
- 모든 대입 연산자: =, +=, -=, *=, /=, %=, <<=, >>=, &=, |=, ^= 등

```
sum = a - b - c - d - e - f;            // -의 경우 좌에서 우로 연산(일반적)
(sum = (((((a - b) - c) - d) - e) - f));  // 위의 문장과 동일(괄호로 순서 명시)
a = b = c = d = e = 10;                 // 우에서 좌로 연산(예외적)
(a = (b = (c = (d = (e = 10)))));       // 위의 문장과 동일(괄호로 순서 명시)
```

C++에서의 수식과 연산은 C언어에서와 크게 차이가 없으며, 대부분 크게 어렵지 않게 이 해할 수 있다. 그러나 여러 연산자가 사용된 식에서 연산이 어떤 순서로 진행되고, 각 연산의 결과가 어떤 자료형이 되는지는 정확히 알아야 한다.

`Lab` 섭씨온도와 화씨온도의 변환 프로그램

셀시우스(Celsius)는 물이 어는점을 0도, 끓는점을 100도로 하여 그 사이를 100 등분한 섭씨온도계를 만들었다. 파렌하이트(Fahrenheit)는 반원을 180도로 나누고, 각도를 이용한 화씨온도계를 만들었다. 섭씨온도를 화씨온도로 변환하는 수식은 $°F = 32 + \dfrac{180}{100} \times °C$ 이다. 섭씨나 화씨온도를 입력받아 상호 변환하는 프로그램을 구현해 보자.

구현

- 화씨를 섭씨로 바꾸는 수식은 주어지지 않았다. 주어진 식으로부터 유도해야 한다. 유도된 식은 $°C = \dfrac{100}{180} \times (°F - 32)$와 같다.

- 사용할 변수를 선언한다. 발명자의 이름의 앞부분을 사용해서 저장할 변수를 각각 **cels**와 **fahr**라 하자. 자료형은? 정수 온도를 변환하더라도 실수 온도가 나올 수 있다. 따라서 이들은 모두 double로 선언한다.

- 수식에 중요한 문제가 있다. 정수의 나눗셈이 있다! **100/180**은 정수 나눗셈으로 계산 결과가 항상 **0**이다. 따라서 실수로 나눗셈이 계산되도록 **100.0/180.0**과 같이 사용해야 한다.

- 먼저 어떤 변환을 원하는지를 숫자로 입력받자. 1은 섭씨를 화씨로, 2는 화씨를 섭씨로 변경한다고 하자. 이러한 메뉴 정보는 먼저 화면으로 출력해 사용자가 이를 참고해 정확히 선택할 수 있도록 한다.

메뉴 선택을 위해 choice 변수를 사용하고, scanf()에서 읽을 값의 자료형에 따라 적절한 변환 명세를 지정한다. 온도를 출력할 때 숫자 전체를 6자리로 하고 소수점 이하 한 자리까지만 출력한다. 구현된 코드는 다음과 같다.

프로그램 2.5 **섭씨-화씨온도 변환 프로그램**

```
01  #include <stdio.h>
02  void main()
03  {
04      int     choice;
05      double  F, C;
06
07      printf("온도 변환종류 선택.\n");
08      printf(" 1: C->F, 2: F->C ==> ");
09      scanf("%d", &choice);
10
11      if( choice == 1 ) {   // 섭씨 -> 화씨
12          printf(" 섭씨온도 입력: ");
13          scanf( "%lf", &C );
14          F = C * 9.0 / 5 + 32.;
15          printf(" 화씨온도 계산: %6.1f\n", F);
16      }
17
18      if( choice == 2 ) {   // 화씨 -> 섭씨
19          printf(" 화씨온도 입력: ");
20          scanf( "%lf", &F );
21          C = (F-32) * (5.0/9.0);
22          printf(" 섭씨온도 계산: %6.1f\n", C);
23      }
24  }
```

```
C:\WINDOWS\system32...      □   ×
온도 변환종류 선택.
1: C->F, 2: F->C ==> 1
섭씨온도 입력: 35
화씨온도 계산:    95.0
```

```
C:\WINDOWS\system32...      □   ×
온도 변환종류 선택.
1: C->F, 2: F->C ==> 2
화씨온도 입력: 93
섭씨온도 계산:    33.9
```

- 양쪽 변환 관계식이 모두 있어야 전체 문제를 해결할 수 있다.
- 문제 해결을 위해 적절한 자료형의 변수를 선언하고, 사용해야 한다.
- 특히 의도하지 않은 정수의 나눗셈이 발생하지 않도록 조심해야 한다.

2.4 분기와 조건문

C++에서는 프로그램의 흐름을 제어하기 위해 C언어와 동일한 방법으로 **분기**(branching)와 **반복**(looping)을 제공한다. 이를 위해 조건문과 반복문이 제공되는데, 이들은 **조건식**(boolean expression)에 의해 제어된다.

■ 조건식(boolean expression)

조건식, 또는 **부울식**은 연산 결과가 참(true)이나 거짓(false)이 되는 모든 식을 말한다. 주로 다음과 같이 비교 연산자와 논리 연산자의 조합을 이용한다.

```
(x < 10)                // x가 10보다 작으면 true 아니면 false
!(x < y)                // x가 y보다 작으면 false 아니면 true. (x>=y)와 동일
(w <= 0) || (h >= 80)   // w가 0 이하이거나 h가 80 이상이면 true 아니면 false
(x > 3) && (x < 7)      // 3 < x < 7이면 true 아니면 false
(3 < x < 7)             // 오류: 잘못된 조건식
```

기본적으로 조건문과 반복문에는 부울식이 들어가야 한다. 조건식으로 0이나 1과 같은 정수 값이 들어가도 처리는 된다. 즉, C언어에서와 동일하게 0은 거짓으로, 나머지 모든 값을 참으로 처리한다. 하지만, 이것은 좋은 프로그래밍 습관이 아니다. 조건식에는 반드시 연산 결과가 true나 false가 되는 부울식을 사용하는 것이 좋다. 예를 들어, 무한 루프를 만들기 위한 while(1) { }와 같은 문장은 좋지 않다. 자바와 같은 언어에서는 컴파일 오류를 발생시킨다. 반드시 while(true) { }와 같이 사용하는 습관을 가지자.

■ if-else 문

가장 대표적인 조건문이다. 조건을 만족하면 그에 따른 일을 처리하고 그렇지 않으면 다른 일을 처리하도록 한다. if는 독립적으로 사용될 수도 있고 else와 짝을 맞추어 사용될 수도 있다. 다음은 if-else 문의 사용 방법을 보여준다. 조건이 만족하면 중괄호 { } 내의 모든 문장을 실행하는데, 만약 실행할 문장이 하나이면 중괄호를 생략할 수 있다. 이것은 다른 모든 제어문과 반복문에서 동일하게 적용된다.

| 표 2.3 if-else 문의 사용 방법

if 문	if-else 문

if (조건식) {
      조건이 만족하면 실행되는 문장;
}
항상 실행되는 문장;
	if (조건식) {
	      조건이 만족하면 실행되는 문장;
	}
	else {
	      만족하지 않으면 실행되는 문장;
	}
	항상 실행되는 문장;

때로는 else if 문장을 사용하는 경우도 있다. 이것은 새로운 제어문이 아니라 else와 if 를 연속해서 적용한 것이다.

| 표 2.4 else if 문장의 의미

else if 문	실제 의미

if (조건식1) {
      조건식1이 만족하면 실행되는 문장;
}
else if (조건식2) {
      조건식1이 만족하지 않고
      조건식2가 만족해야 실행되는 문장;
}
	if (조건식1) {
	      문장1;
	}
	else {
	      if (조건식2) {
	            조건식1이 만족하지 않고
	            조건식2가 만족해야 실행되는 문장;
	      }
	}

때로는 프로그램의 흐름을 여러 방향으로 나누어야 할 경우가 발생한다. 예를 들어, 성적에 따라 A, B, C, D와 F로 학점을 부여하도록 하려면 5가지로 분기가 이루어져야 한다. 다음은 0에서 100점 사이의 점수를 입력 받아 학점을 계산해 출력하는 프로그램을 if 문과 else 문을 사용해 구현한 예이다.

프로그램 2.6	if-else를 이용한 학점 계산

```
01   #include <stdio.h>
02   void main(void)
03   {
04       int score;
05       char grade;
06       printf("점수를 입력하세요: ");
07       scanf("%d", &score);
08
09       if (score >= 90) grade = 'A';          // 90 <= score
10       else if (score >= 80) grade = 'B';     // 80 <= score < 90
11       else if (score >= 70) grade = 'C';     // 70 <= score < 80
12       else if (score >= 60) grade = 'D';     // 60 <= score < 70
13       else grade = 'F';                      // score < 60
14       printf(" 학점은 %c입니다.\n", grade);
15   }
```

■ switch-case-break-default 문

switch 문은 앞의 else if에서와 같이 제어 흐름을 여러 방향으로 나누기 위해 주로 사용된다. 이 문장에서는 switch, case, break, default 등 여러 개의 키워드가 사용된다. switch 문의 문법은 다음과 같다.

```
switch ( expression ) {          // 정수 값 또는 수식을 계산하여
    case value1:                 // expression 계산 결과가 value1이면
        문장1;                    // 문장1 수행
        break;                   // switch 블록을 빠져 나감
    case value2:                 // expression 계산 결과가 value2이면
        문장2;                    // 문장2 수행
        break;
    ...
    default:                     // 이상의 모든 경우가 아니면
        문장N;                    // 문장N 수행
        break;
}
항상 실행되는 문장;
```

switch 문에서 **expression**을 평가하여 이 값과 일치하는 case의 값을 위에서부터 검색한다. 만약 일치된 case 값을 만나면 내부의 문장을 실행하고, break를 만나면 switch 문을 빠져나간다. 만약 일치된 값을 만나지 못하고 default를 만나면 default 내부 문장을 실행한다. 이때 **expression**이나 case의 값들은 모두 정수형이어야 한다. 때로는 고의로 break 문을 사용하지 않을 수도 있는데, 이 경우 다음 case 문장들도 계속 수행하게 되고, 이것은 break를 만나거나 switch 문이 종료될 때까지 계속된다.

프로그램 2.6을 switch 문을 이용해 구현해 보자. 가장 간단한 방법은 **expression**에 점수를 직접 넣는 것이다. 문제는 점수의 종류가 너무 많아(60~100점) 41개의 case 문이 필요하다는 것이다. 이를 줄이기 위해 점수를 10으로 나눈 몫을 사용한다. 몫이 10이나 9이면 A이고, 8이면 B, 7이면 C와 같이 단순해지고, case 문의 수가 줄어든다. 프로그램 2.7은 이를 구현한 예이다.

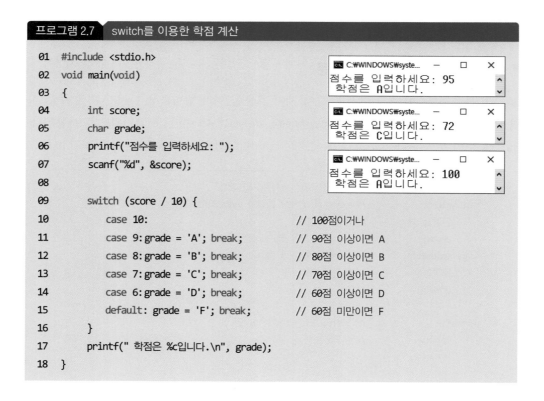

```
프로그램 2.7   switch를 이용한 학점 계산

01   #include <stdio.h>
02   void main(void)
03   {
04       int score;
05       char grade;
06       printf("점수를 입력하세요: ");
07       scanf("%d", &score);
08
09       switch (score / 10) {
10          case 10:                          // 100점이거나
11          case 9: grade = 'A'; break;       // 90점 이상이면 A
12          case 8: grade = 'B'; break;       // 80점 이상이면 B
13          case 7: grade = 'C'; break;       // 70점 이상이면 C
14          case 6: grade = 'D'; break;       // 60점 이상이면 D
15          default: grade = 'F'; break;      // 60점 미만이면 F
16       }
17       printf(" 학점은 %c입니다.\n", grade);
18   }
```

case가 5개로 줄어들었다. 10행에 break 문이 없는 것은 100점을 90점대와 동일하게 처리하기 위해서이다. 9행에서 의도적으로 정수와 정수의 나눗셈을 사용한 것에 유의하라. 온도 변환 예제(실수 나눗셈이 필요)에서와는 완전히 다른 방법의 사용이다.

▪ goto 문

goto 문은 어셈블리어에도 존재하는 가장 오래된 명령문으로 조건 없이 프로그램의 어떤 위치로 바로 이동하게 만드는 문장이다.

```
    goto a_label;      // a_label로 이동하도록 한다.
    ...
a_label:               // 이것이 그 레이블이다.
    // statements       // 이후 처리해야 할 문장들
```

goto 문은 모듈화 된 프로그래밍을 어렵게 만든다. 따라서 사용이 권장되지 않는다. 가급적 다른 조건문이나 반복문 등을 이용하거나, break, continue 등의 키워드를 사용하는 것이 좋다.

2.5 반복문

▪ while 문

while 문은 주어진 조건이 만족되는 동안 이어지는 하나의 문장 또는 블록을 반복적으로 실행한다.

```
while ( 조건식 ) {      // 조건식이 true인 동안은
    statements;         // statements 블록을 반복함
}
```

- 조건식에는 참과 거짓을 나타내는 bool형이 적합하다. 정수 값을 넣어도 되지만 좋은 프로그래밍 습관이 아니다.

- 조건식에는 흔히 비교 연산자나 논리 연산자를 이용한 수식을 사용한다.
- 블록 내부에는 조건식과 관련된 변수 값을 변경하는 부분이 있어야 한다. 그렇지 않은 반복문은 무한 반복문이거나 한 번도 처리되지 않는 문장이다.

▪ do-while 문

do-while 문은 while 문과 유사하지만 조건식 검사부가 반복 블록의 끝에 위치하는 것이 차이이다. 따라서 이어지는 블록은 반드시 한번은 실행된다.

```
do {
    statements;          // statements 블록을 실행(최소 한번은 실행됨)
} while ( 조건식 );       // 조건식이 true인 동안 statements 블록을 반복함
```

▪ for 문

for 문은 초깃값의 설정과, 조건의 검사 및 조건 변화를 위한 증감식 지정까지 한꺼번에 설정할 수 있어 보다 짧게 코딩할 수 있는 장점이 있다.

```
for ( 초깃값 설정부 ; 조건식 검사부 ; 증감식 처리부 ) {
    statements;
}
```

```
for 문 실행 순서
    (1) 초깃값 설정부
    (2) 조건식 검사부
        조건식이 참이면
        (3) statement 문장 블록 처리
        (4) 증감식 처리부 -> 다시 (2)로 이동
```

▪ break와 continue

반복문의 블록 안에서 어떤 조건이 만족되면 바로 그 반복문을 빠져나오고자 할 때 break 문을 이용한다.

```
while ( 조건식 ) {
    statements_1;
    if ( 반복종료조건식 )
        break;        // 조건식이 만족되면 반복문을 빠져나와 7행으로 바로 이동
    statements_2;
}
statements_3;
```

break와 비슷한 방법으로 반복문에서 어떤 조건이 만족되면 이후의 문장을 수행하지 않고 다음 반복을 수행하도록 하고 싶을 때 continue 문을 사용한다. 이러한 break와 continue의 사용 방법은 for와 do-while 문에서도 동일하다.

```
while ( 조건식 ) {
    statements_1;
    if ( 반복종료조건식 )
        continue;        // 조건식이 만족되면 이후 문장을 무시하고 1행으로 이동
    statements_2;
    }
```

■ 다중 반복문

반복문 블록 안에 또 다른 반복문을 사용할 수 있는데, 이러한 형태를 **다중 반복문** (nested loop)이라고 한다. 다음은 이중 반복문을 사용하여 '$' 문자로 사각형 형태를 출력하는 코드이다.

```
for( int i=0 ; i<4 ; i++ ) {      // 외부 반복: 각각의 줄에 대해서
    for( int j=0 ; j<10 ; j++ )   // 내부 반복: 한 줄 내에서 문자 출력 처리
        printf("$");              // $ 문자를 출력한다.
    printf("\n");
}
```
```
$ $ $ $ $ $ $ $ $ $
$ $ $ $ $ $ $ $ $ $
$ $ $ $ $ $ $ $ $ $
$ $ $ $ $ $ $ $ $ $
```

다중 반복문 빠져나오기

다중 반복문을 빠져 나오려면 약간의 고민이 필요하다. 안쪽 루프 하나만을 빠져 나오거나 계속 수행하려면 간단히 break나 continue 문을 사용하면 된다. 그러나 외부 루프도 모두

빠져 나와야 하는 경우는 추가적인 처리가 필요하다.

이중 루프에서 어떤 조건이 되면 전체 루프를 빠져나오는 방법을 생각해 보자. 안쪽 루프에서 break 문을 부르기 전에 바깥 루프의 조건식이 더 이상 참이 되지 않도록 처리하는 코드가 추가되어야 한다. 앞의 코드에서 전체 사각형이 아니라 3번째 행의 5번째 열까지만 출력하는 코드는 다음과 같이 구현할 수 있다.

```
for( int i=0 ; i<4 ; i++ ) {          // 외부 반복
    for( int j=0 ; j<10 ; j++ ) {     // 내부 반복
        printf("$");
        if ( i==2 && j ==4 ) {        // 만약 i가 2이고 j가 4이면
            i = 4;                    // 외부 루프 조건식이 false가 되도록 처리하고
            break;                    // inner loop를 빠져 나옴
        }                             // 그렇게 되면 이중 루프 전체를 빠져나오게 됨
    }
    printf("\n");
}
```

```
$$$$$$$$$$
$$$$$$$$$$
$$$$$
```

Lab 소수 찾기 프로그램

어떤 자연수 n을 입력 받아 2부터 그 수 사이에 있는 **소수(prime number)**를 모두 찾아 출력하고 소수의 개수도 함께 출력하는 프로그램을 구현하자.

| 그림 2.6 소수(prime number)와 복합수(composite number)

구현

- 소수의 정의는 "1과 자기 자신만으로 나누어떨어지는 1보다 큰 양의 정수"이다. "나누어떨어지는"은 모듈러 연산자 '%'를 사용하면 된다.
- 임의의 수 k를 2부터 k-1까지의 숫자로 순차적으로 나누어 나머지가 0인 경우가 한 번이라도 있으면 k는 소수가 아니다. 반복문과 break를 사용하면 된다.

- k를 2부터 n까지 적용하여 처리한다. 따라서 이중 루프를 사용한다.
- 소수 개수를 위해 int 변수 count를 사용하고, 처음에는 0으로 초기화한다.

프로그램 2.8 2부터 n까지의 소수 구하기

```cpp
01  #include <cstdio>
02  void main()
03  {
04      int n, i, k, count=0;            // 변수 선언. count는 0으로 초기화
05
06      printf("소수를 구할 최대 숫자를 입력하시오 : ");
07      scanf("%d", &n);
08      for( i=2; i<=n ; i++) {          // 2~n 사이의 모든 수에 대해
09          for( k=2; k<i ; k++)         // 2부터 그 수보다 작은 수에 k로
10              if(i%k == 0) break;      // 나누어떨어지면 루프를 빠져나감
11          if(k == i) {                 // 나누어떨어지는 수가 없었으면
12              printf("%4d ", i);       // 소수이므로 출력하고
13              count++;                 // count를 증가시킴
14          }
15      }
16      printf("\n2~%d사이의 소수의 개수는 %d개 입니다.\n\n", n, count);
17  }
```

```
C:\WINDOWS\system32\cmd.exe                                          —    □    ×
소수를 구할 최대 숫자를 입력하시오: 100
    2    3    5    7   11   13   17   19   23   29   31   37   41   43   47   53
   59   61   67   71   73   79   83   89   97
2~100사이의 소수의 개수는 25개 입니다.

계속하려면 아무 키나 누르십시오 . . .
```

코드 설명

9~10행 2부터 i−1까지 나누어떨어지는 수가 있으면 소수가 아니고 break함.

11~14행 만약 없다면 (k==i)이고, i는 소수이므로 출력하고 count를 증가.

이 프로그램에서는 이미 앞부분의 소수를 구했더라도 모든 수를 2부터 다시 검사하는 방식을 사용했다. 만약, 먼저 찾은 소수들만을 이용하여 다음 수를 검사한다면 더 효율적일 것이다. 이를 위해서는 찾아진 소수들을 저장하는 방법이 있어야 할 것이다.

Lab 숫자 피라미드 만들기

높이를 입력받아 다음과 같은 숫자 피라미드를 만들어보자.

```
                  1
               1  3  1
            1  3  5  3  1
         1  3  5  7  5  3  1
      1  3  5  7  9  7  5  3  1
   1  3  5  7  9 11  9  7  5  3  1
```

| 그림 2.7 높이가 6인 숫자 피라미드

구현

- 2중 루프를 사용한다. 바깥 루프는 세로를 나타내고 높이만큼 반복하면 된다.
- 내부 루프는 한 줄에서의 위치를 나타낸다. 한 줄에서의 출력은 세 부분으로 나누어야 할 것이다. 맨 처음 공백을 적절히 출력한다. 다음으로 숫자가 증가하는 방향으로 출력하고, 마지막으로 감소하는 방향으로 숫자를 출력한다.

프로그램 2.9   숫자 피라미드 만들기

```c
01  #include <cstdio>
02  void main()
03  {
04      int height;
05
06      printf("높이를 입력하세요: ");
07      scanf("%d", &height);
08      for (int i=1; i<=height ; i++) {
09          for (int j=0 ; j<height-i ; j++)
10              printf("   ");           // 주의: 공백문자 3개 출력
11          for (int j=0 ; j<i; j++)
12              printf("%3d", j*2+1);    // 증가하는 숫자 출력
13          for (int j=i-2; j>=0; j--)
14              printf("%3d", j*2+1);    // 감소하는 숫자 출력
15          printf("\n");               // 다음 줄로 이동
16      }
17  }
```

2.6 응용: 근로소득세 계산

다음은 근로소득세율 표를 보여주고 있다. 소득을 입력하면 세금을 계산하고 세금과 세후 소득을 출력하는 프로그램을 작성하라. 수입이 조금이라도 많으면 세금을 세후 소득이 더 많아야 한다. 예를 들어, 소득이 2000만원이라면 1200만원까지는 6%를 내고, 다음 구간 (1200만원~4600만원)에 포함되는 800만원에 대해서는 15%를 내야 하므로, 전체 세금은 1200×6%+800×15%이다.

| 표 2.5 근로소득세율 표

소득	근로소득세율
1200만원 이하	6%
1200만원~4600만원	15%
4600만원~8800만원	24%
8800만원~1억 5000만원	35%
1억 5000만원 초과	38%

■ 구현

이 문제에 대한 대표적인 코드는 다음과 같다.

프로그램 2.10   근로소득세 계산 프로그램 Version 1

```
01   #include <stdio.h>
02   void main()
03   {
04       int income;
05       double tax = 0;
06       printf("연봉을 입력하세요 ==> ");
07       scanf("%d", &income);
08
09       if (income <= 1200) {
10           tax = income * 0.06;
11       }
12       if (1200<income && income<=4600 ) {
13           tax = 1200 * 0.06 + (income-1200) * 0.15;
```

```
14          }
15          if (4600<income && income <= 8800) {
16              tax = 1200 * 0.06 + (4600 - 1200)* 0.15 + (income - 4600)*0.24;
17          }
18          if (8800<income && income <= 15000) {
19              tax = 1200 * 0.06 + (4600 - 1200)* 0.15 + (8800 - 4600)*0.24 + (income -
                    8800) * 0.35;
20          }
21          if (15000 < income) {
22              tax = 1200 * 0.06 + (4600 - 1200)* 0.15 + (8800 - 4600)*0.24 + (15000-8800)
                    *0.35 + (income-15000)*0.38;
23          }
24          printf(" 전체세금은 %7.1f만원입니다.\n", tax);
25          printf(" 순수소득은 %7.1f만원입니다.\n", income - tax);
26      }
```

이 코드는 좋은 코드일까? 동작은 잘되지만 만족스럽지 않다고 느낄 것이다. 코드가 거의 피라미드 수준으로 아래로 갈수록 넓어진다. 그리고 동일한 코드가 반복된다. 만약 세율의 구간이 10개쯤 된다면 엄청난 프로그램이 될 것이다.

그렇다면 어떻게 구현하는 것이 좋을까? 약간의 아이디어가 있으면 코드를 단순화 할 수 있다. 소득을 가장 높은 구간부터 검사하고, 그 구간에 포함되는 소득이 있으면 세금을 계산하여 추가하자. 그리고 세금이 계산된 만큼은 소득에서 뺀 다음에, 다음 구간에 대해서 동일한 처리를 하면 된다. 코드는 다음과 같다.

프로그램 2.11 근로소득세 계산 프로그램 Version 2

```
01  #include <stdio.h>
02  void main()
03  {
04      int income, in;
05      double tax = 0;
06      printf("연봉을 입력하세요 ==> ");
07      scanf("%d", &income);
```

```
08      in = income;
09
10      if (income > 15000) {
11          tax += (income - 15000)*0.38;
12          income = 15000;
13      }
14      if (income > 8800) {
15          tax += (income - 8800)*0.35;
16          income = 8800;
17      }
18      if (income > 4600) {
19          tax += (income - 4600)*0.24;
20          income = 4600;
21      }
22      if (income > 1200) {
23          tax += (income - 1200)*0.15;
24          income = 1200;
25      }
26      tax += income*0.06;
27      printf(" 전체세금은 %7.1f만원입니다.\n", tax);
28      printf(" 순수소득은 %7.1f만원입니다.\n", in - tax);
29  }
```

이 코드는 프로그램 2.10에 비해 훨씬 좋다. 코드 한 줄의 길이도 비슷하고, 중복도 없으며, 특히 소득세 구간이 더 세분화되어도 코드가 심하게 복잡해지지는 않을 것 같다. 더 좋은 방법은 없을까? 10행에서 25행까지를 살펴보자. 코드가 반복적이다! 반복문을 이용할 수 있을 것이다. 반복문을 사용하기 위해서는 소득 구간과 세율이 배열에 저장되어 있어야 한다. 배열은 4장에서 공부하는데, 이 코드를 다시 구현해 볼 것이다. 코드가 더 단순화될 것을 기대하자.

이 예제를 통해 프로그램을 무작정 작성하지 말고, 먼저 효율적인 처리 방법, 즉 알고리즘을 잘 설계해야 한다는 것을 알 수 있다. 조금 전에 입력한 것 비슷한 코드를 지금 반복해서 입력하고 있다면 내가 무언가를 비효율적으로 하고 있는 것이 아닌지 의심해 보아야 한다.

2.7 응용: 시큰둥한 게임

번호 맞히기 게임(Up-and-Down 게임)을 구현하자. 먼저 출제자가 두 자리의 숫자를 입력하면 경기자가 이것을 추측하여 맞추는 것이다. 게이머가 숫자를 예측하면 컴퓨터는 정답과 비교하여 "더 큰 숫자입니다"나 "더 작은 숫자입니다" 그리고 맞힌 경우 "정답입니다"를 출력한다. 중간에 맞히거나 10번 동안 맞히지 못하면 게임이 끝난다. 점수는 로 계산한다. 출제자가 입력한 숫자는 경기자가 볼 수 없도록 컴퓨터에 나타나지 않아야 한다. 이를 위해 getch() 함수를 사용할 수 있다.

■ 분석 및 설계

- 정답을 n, 추측 문자를 input이라 하면, n과 input을 비교하여 결과를 출력하면 된다. 정답 범위를 위해 min과 max 변수를 사용한다.
- 반복문으로는 for를 사용하고 최대 10번 반복하면서, 중간에 정답을 맞히면 break 문을 이용해 루프를 빠져나와 결과와 최종 점수를 출력한다.
- 문제는 출제자의 입력 방법이다. 정답을 scanf()로 입력받으면 화면에 그 숫자가 그대로 남아 있어 게이머가 볼 수 있다. 따라서 입력된 내용을 화면에 남기지 않도록 하는 방법이 필요하다. 힌트로 제시된 getch()를 찾아보자.
- getch()는 키를 입력하면 엔터 없이도 바로 그 문자를 받아들이고, 화면에는 출력하지 않는다. 그렇다면, 이 함수로 먼저 문자를 읽고, 어떤 문자가 입력된 것을 화면에 표시하기 위해 '*' 문자를 출력하자.
- 아직 문제가 남아있다. 두 개의 문자 입력으로 두 자리 수 정답 n을 어떻게 만들까? 첫 번째 문자에 10을 곱하고 두 번째 문자를 더하면 된다. 문자들이 ASCII로 되어 있으니 입력된 각 문자에서 '0'을 빼 주어야 10진수 숫자가 되는 것을 잊지 말자. 생

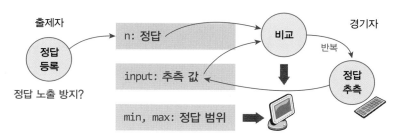

| 그림 2.8 Up and Down 게임 처리 과정

각보다 복잡하다. 최종적인 식은 다음과 같다.

최종_입력_정답 = 10*(첫_번째_입력문자 − '0') + (두_번째_입력문자 − '0')

■ **구현**

프로그램 2.12 Up and Down 게임(숫자 맞히기 게임)

```c
01  #include <stdio.h>
02  #include <conio.h>
03  void main()
04  {
05      int n, min=1, max=99, input, i;
06
07      printf("두 자리 수 입력(1~99): ");
08      char a = getch();
09      printf("*");
10      char b = getch();
11      printf("*\n\n");
12      n = (a-'0') * 10 + (b-'0');
13
14      for(i=0 ; i<10 ; i++) {
15          printf("[%2d회] %2d ~ %2d 사이의 값 예측 =>", i+1, min, max);
16          scanf("%d", &input);
17
18          if(n == input) break;
19          else if(n > input) {
20              printf(" 더 큰 숫자입니다!\n");
21              min =input;
22          }
23          else {
24              printf(" 더 작은 숫자입니다!\n");
25              max = input;
26          }
27      }
28      printf(" %s !!! 정답은 %d\n", (n==input) ? "성공" : "실패", n);
29      printf(" 최종 점수 = %d\n", 10 * (10 - i));
30  }
```

코드 설명

2행 getch() 함수를 위해 포함.

5행 변수 선언 및 초기화. min=1, max=99로 초기화함.

8~11행 문자를 읽고 화면에 '*' 출력.

12행 읽은 두 문자를 이용해 최종 정답을 계산함.

15~16행 메시지를 출력하고 새로운 예측 값을 읽음.

18~26행 맞힌 경우와 그렇지 않은 경우에 대한 처리.

28~29행 결과 출력과 최종 점수 계산 및 출력.

■ 고찰

- **getch()**는 하나의 문자를 읽는데, 엔터가 없어도 바로 반응하여 유용하다. 게임에 많이 사용할 수 있을 것 같다.
- 삼항 연산자를 사용하면 코드를 더 간결하게 만들 수 있다.
- 컴퓨터가 무작위로 정답을 만들고 사람이 맞히는 방법으로도 변경할 수 있을 것이다. 이를 위해서 rand() 함수를 사용할 수 있다. 다음 장에서 공부한다.

프로그래밍에서 다른 중요한 것들도 많은데, 이 책에서는 자료형을 특히 강조하는 것 같습니다. 예를 들어, 상수나 연산 결과의 자료형까지도 생각해야 한다고 하고요. C++에서 자료형이 정말 중요할까요?

C++에서는 자료형이 정말 중요합니다. 본문의 테트리스 점수의 예와 같이 부적절한 자료형의 선택은 오버플로를 발생시킬 수 있고, 5/9와 같은 정수의 나눗셈은 0이란 의도하지 않은 결과를 만들게 됩니다.

특히 C++에서는 **함수 중복** 기능을 제공하는데, 동일한 값이라도 매개변수의 자료형에 따라 전혀 다른 결과를 나타냅니다. 예를 들어, 매개변수로 3을 넣는 것과 3.0을 넣는 것이 다른 결과를 만들 수 있습니다. 또한 객체지향의 핵심이 클래스를 만드는 것인데, 클래스라는 것이 새로운 자료형입니다. 즉 객체지향은 새로운 자료형을 만드는 방법에 대한 이해가 기반에 있어야 합니다.

물론 printf()나 scanf()와 같은 함수에서 자료형을 일일이 고려하는 것이 매우 귀찮고 번거롭게 느껴질 수도 있습니다. 그러나 자료형이 C++의 핵심이고, 모든 변수나 상수, 연산 등의 자료형이 익숙해질 때 까지는 반드시 관심을 가져야 합니다.

요약

1 컴퓨터 프로그램은 다양한 자료들을 처리하는데, 값의 변경이 가능한지 아닌지에 따라 (　　)와 (　　)로 나누어진다. (　　)는 원주율(π)과 같이 이미 결정되어 변경할 수 없는 값을 말하고, (　　)는 수학에서의 미지수와 같이 값을 변경할 수 있는 자료이다.

2 컴퓨터에서 사용하는 다양한 자료의 종류 또는 형태를 (　　)이라 하는데, C++에서 특히 중요한 의미를 갖는다. 프로그램에서 모든 상수나 변수, 심지어 x + y와 같은 연산 결과도 (　　)을 갖는다.

3 프로그램에서 대상을 유일하게 구별할 수 있는 이름을 (　　)라 한다. 이들 중에서 이미 특별한 의미가 주어진 것들을 (　　)라고 하는데, 이들은 변수나 함수 등의 이름으로 사용할 수 없다.

4 변수는 어떤 값을 저장하기 위한 (　　) 공간을 갖는데, 이 공간에는 한 순간에 하나의 값만이 저장된다. 모든 공간에는 주소가 있는데, (　　) 연산자 (　　)를 사용하면 변수의 주소를 알 수 있다. 변수는 반드시 사용하기 전에 먼저 (　　)되어야 한다.

5 상수는 숫자로 직접 나타내지 않고 이름을 붙여 사용하는 것이 편리한데, 이것을 (　　) 또는 (　　)이라 한다.

6 자료형에는 기본 자료형(basic type)과 (　　)이 있다. C++에서는 C언어에서 사용된 기본 자료형인 정수형과 실수형 자료형을 그대로 사용하고, 참(true)과 거짓(false)을 나타내기 위한 (　　)을 추가로 제공하는데, 조건문이나 반복문 등에서 매우 중요하게 사용된다.

7 단일 문자의 표현을 위해 (　　)형이 사용되는데, 문자형 상수의 표현을 위해 'A', '9', '\n'와 같이 작은따옴표를 사용한다.

8 자료형의 크기(용량)은 (　　) 연산자를 이용하면 구할 수 있다. 이 연산자는 자료형이나 변수, 상수, 심지어 3+4와 같은 연산에 대해서도 적용할 수 있다.

9 정수 자료형에서 변수가 저장 할 수 있는 범위보다 더 크거나 작은 수를 저장하려고 하는 경우 (　　)가 발생한다. 따라서 변수를 사용할 때 적절한 자료형을 선택하는 것이 매우 중요하다.

10 변수의 값을 직접 변경하는 가장 쉬운 방법은 (　　)를 사용하는 것으로 '=' 기호를 사용한다. 이 연산자는 "양쪽이 같다"라는 의미가 아니라 (　　)는 의미이다.

11 대부분의 연산자는 단항 및 이항 연산자이며 유일한 삼항 연산자인 (　　)는 (　　)와 같은 독특한 형태를 갖는다.

12 산술 연산자에서는 정수 나눗셈 연산에 특히 주의해야 하는데, 예를 들어 6 / 4의 연산 결과는 1.5가 아니라 (　　)이 된다.

13 x < 10과 같은 비교 연산의 결과는 항상 (　　)형이다.

14 단항 연산자인 (　　)는 피연산자와의 위치에 따라 계산 결과가 달라질 수 있으므로 주의해서 사용해야 하며 상수나 일반 수식에는 적용할 수 없다.

15 (　　)는 우선순위가 가장 낮은데, 하나의 문장에 여러 개의 연산자가 있는 경우 (　　)에 위치한 연산자부터 (　　)으로 가면서 처리된다. 특히 (　　) 연산자는 구조체나 클래스와 같은 유도 자료형에 대해서도 동작한다.

16 논리 연산 과정에서 앞의 결과에 따라 전체 결과가 확정되면 뒤쪽 피연산자는 평가하지 않고 바로 결과를 반환하는 것을 (　　)라 한다.

17 연산자의 우선순위를 잘 모르겠다면 (　　)로 연산의 순서를 명시해 주는 것이 좋다. 이 연산자의 우선순위가 가장 (　　) 때문이다.

18 한 문장에 동일한 우선순위를 갖는 연산자가 여러 개 나타나는 경우 연산의 순서에 대한 약속이 필요한데, 이것을 (　　)이라고 한다.

19 프로그램의 흐름을 제어하기 위해 (　　)와 (　　)을 제공하는데, 이들은 (　　)에 의해 제어된다.

20 조건식으로는 (　　)을 사용해야 하는데, 예를 들어 무한 루프를 위해 while(1) { }와 같은 문장보다는 while (　　) { }를 사용하는 것이 좋다.

21 제어 흐름을 여러 방향으로 나누기 위해 switch 문이 사용되는데, 관련된 키워드에는 switch, (　　) 등이 있다.

22 (　　) 문은 주어진 조건이 만족되는 동안 이어지는 하나의 문장 또는 블록을 반복적으로 실행하고, (　　) 문은 초깃값의 설정과, 조건의 검사 및 조건 변화를 위한 증감식 지정까지 한꺼번에 설정할 수 있어 보다 짧게 코딩할 수 있는 장점이 있다.

23 반복문 블록 안에서 어떤 조건이 되면 바로 그 반복문을 빠져나오고자 할 때 (　　) 문을 이용하고, 조건이 되면 이후의 문장을 수행하지 않고 다음 반복을 수행하도록 하고 싶을 때 (　　) 문을 사용한다.

24 getchar()는 문자를 입력하고 "엔터"를 입력해야 하지만 (　　)는 엔터 없이도 바로 그 문자를 받아들이고, 화면에는 출력하지 않는다.

정답

1. 변수(variable), 상수(constant), 상수, 변수 **2.** 자료형(data type), 자료형 **3.** 식별자(identifier), 키워드(keyword) **4.** 메모리, 주소 추출, &, 선언 **5.** 기호 상수(symbolic constant), 리터럴(literal) **6.** 유도 자료형(derived type), 부울형(bool) **7.** char **8.** sizeof **9.** 오버플로(overflow) **10.** 대입 연산자, 오른쪽 항의 값(r-value)을 왼쪽 항(l-value)에 복사한다 **11.** 조건 연산자, ? : **12.** 1 **13.** bool **14.** 증감 연산자 **15.** 대입 연산자, 오른쪽, 왼쪽, = **16.** 단락 논리(Short circuit logic) **17.** 괄호 연산자, 높기 **18.** 연산자의 결합법칙 **19.** 분기(branching), 반복(looping), 조건식(boolean expression) **20.** 부울식, true **21.** case, break, default **22.** while, for **23.** break, continue **24.** getch()

| 연습문제 |

1. 다음 중 C++에서 사용이 가능한 식별자들을 모두 골라라.

value	Value	VALUE	$money	__hello	+x	M37	19X
int	rate%	hi_world	size-1	gameover.h	income$		

2. 다음 중에서 C++ 키워드들을 모두 골라라.

include	main	stdio.h	int	return	radius	else	"%d"

3. const와 #define을 이용해 PI는 실수 3.14159, MAXMONSTERS는 정수 10이 되도록 기호 상수를 선언하는 문장을 적어라.

	const	#define
PI		
MAXMONSTERS		

4. 다음 수식의 계산 결과와 자료형을 적어라.

```
int n, m;
double x=5.0;
```

(1) 3 + 4　　　결과: 7 (int)　　(2) 9 / 5

(3) 9 % 5　　　(4) 9.0 / 5

(5) 9 < 5　　　(6) n = 3

(7) x == 5.0　　　(8) (x < 5.0) && (3 < 4)

5. 다음 수식의 연산 순서를 괄호를 이용해 표시하라.

(1) a = x + 3 * y;

(2) a = 5 / 9 * (b − 32.0);

(3) x = y = f = 'A';

(4) c = getchar() != '\n'

6. 다음과 같은 조건을 나타내는 조건식을 적어라.

(1) x는 0보다 작고 y는 0보다 크다.

(2) a가 5 이상 10 이하이거나 b가 20이다.

7. 다음의 if 문을 switch 문으로 바꾸어라.

if-else	switch

if(dir == 1) x++;
else if (dir == 2) y++;
else if (dir == 3) x--;
else y--;	

8. 다음 반복문의 실행 결과 sum에 저장되는 값을 적어라.

(1)
```
int sum = 0;
for( int n=1 ; i<5 ; n++ ) {
    sum += n;
}
```

(2)
```
int sum = 0;
for( int n=1 ; i<5 ; ++n ) {
    sum += n;
}
```

(3)
```
int sum = 0, n=1;
while( n++ < 5 ) {
    sum += n;
}
```

(4)
```
int sum = 0, n=1;
while( ++n < 5 ) {
    sum += n;
}
```

9. [심화] 다음의 조건식이 참이 아니라 거짓이 되는 이유를 설명하고, 참이 될 수 있도록 코드를 수정하는 방법을 적어라. 단, sqrt()는 제곱근을 구해 반환하는 라이브러리 함수이다.

```
if( 3.0 == sqrt(3.0)*sqrt(3.0) ) ...
```

| 실습문제 |

1. 반복문을 이용하여 다음과 같은 패턴을 출력하는 프로그램을 작성하라.

(1)
```
1
1 2
1 2 3
1 2 3 4
1 2 3 4 5
```

(2)
```
5 4 3 2 1
5 4 3 2
5 4 3
5 4
5
```

(3)
```
        1
      2 1
    3 2 1
  4 3 2 1
5 4 3 2 1
```

(4)
```
        1
      2 1 2
    3 2 1 2 3
  4 3 2 1 2 3 4
5 4 3 2 1 2 3 4 5
```

2. 정수를 입력받아 다음과 같이 사람이 읽는 것과 같은 방법으로 출력하는 다음 프로그램을 작성하라.

(1) 10000 미만의 정수를 입력받아 다음과 같이 출력하는 프로그램을 작성하라.

예) 입력 = 12345 ==> 1만 2천 3백 4십 5

(2) 값이 0인 자리는 출력하지 않도록 이 프로그램을 수정하라.

예) 입력 = 12040 ==> 1만 2천 4십

(3) 10단위 이상에서 1의 경우는 1을 출력하지 않도록 프로그램을 수정하라.

예) 입력 = 12141 ==> 만 2천 백 4십 1

3. 정수 n을 입력받아 다음의 식을 이용하여 π의 근사값을 구하는 프로그램을 작성하라.

$$\pi = 4\left(\frac{1}{1} - \frac{1}{3} + \frac{1}{5} - \frac{1}{7} + \cdots + \frac{1}{2n-1} - \frac{1}{2n+1}\right)$$

4. 2.7절의 번호 맞히기 게임을 다음과 같이 확장하라.

(1) 임의의 자릿수의 숫자 맞히기 게임으로 확장하라. 이를 위해서는 여러 개의 숫자를 입력받고 엔터가 입력되면 정답을 만들어야 한다. scanf() 함수는 사용하지 않아야 하고, 숫자를 입력할 때 마다 '*' 문자가 화면에 출력되도록 하라.

(2) 자릿수가 많아지면 점수 계산 방법이 달라져야 할 것이다. 자릿수에 따른 점수 계산 방법을 설계해 보라.

(3) 컴퓨터가 무작위로 정답을 만들고 사람이 맞히는 방법으로도 변경할 수도 있다. rand() 함수를 사용하여 정답을 출제하도록 프로그램을 변경하라. 단 이 경우에도 정답이 몇 자리인지 화면에 '*' 문자로 출력해주어야 한다.

CHAPTER

03

함수

3.1 함수란?

3.2 함수의 정의와 호출

3.3 함수 원형과 재사용

3.4 함수 중복

3.5 디폴트 매개변수와 인라인 함수

3.6 게임을 위한 라이브러리 함수

3.7 변수의 가시 범위와 생존기간

3.8 응용: 조금 살벌하고 긴장감 있는 게임

학습목표

• 함수의 개념과 사용 방법을 이해한다.

• 문제를 해결을 위한 함수의 설계 능력을 기른다.

• 함수에서 여러 개의 값을 반환할 수 있는 방법을 이해한다.

• 게임에 자주 사용되는 라이브러리 함수들을 이해하고 활용한다.

• 지역변수와 전역변수를 이해하고, static 지역변수를 이해한다.

• 변수의 생존기간과 가시범위의 개념을 이해한다.

• 주어진 문제를 여러 개의 소스 파일에 나누어 구현할 수 있는 능력을 기른다.

• 전역변수나 전역 함수를 static으로 처리하는 이유를 이해한다.

러시안 룰렛과 구구단 게임

쉽지만 약간은 살벌한 게임과 긴장감 있는 게임을 만들어 보자. 첫 번째 게임은 러시안 룰렛(Russian Roulette)이다. 영화 "디어 헌터"를 보면 회전식 연발권총에 총알을 한 발만 장전하고 총알의 위치를 알 수 없도록 탄창을 돌린 뒤 상대와 돌아가면서 관자놀이에 대고 방아쇠를 당기는 게임 장면이 나온다. 격발이 되면 게임이 종료된다.

두 번째는 구구단 게임이다. 살벌하지는 않지만 약간의 자존심이 걸린 긴장된 게임이다. 10개의 구구단 문제가 주어지면 최대한 빨리 답을 입력해야 한다. 중요한 것은 전체 문제에 답하는데 걸린 시간이 계산된다는 것이다. 한 문제라도 틀리면 게임에서 진다.

이 게임들은 라이브러리 함수들을 사용하면 어렵지 않게 구현할 수 있는데, 난수 발생과 시간 측정 함수가 핵심이다. 러시안 룰렛의 경우 난수를 사용하고 게임 절차만 잘 구상하면 된다. 구구단 게임은 난수와 함께 시간 측정 함수를 잘 이해하고 활용할 수 있어야 한다.

게임은 간단하지만 구현 방법에 대한 조건이 가해진다. 구현하는 것 자체로 끝나는 것이 아니라 주어진 형식에 맞추어 구현해야 한다. 각각의 게임들은 함수로 구현하고, 각각의 소스 파일에 분리하여 구현하고, 하나의 main() 함수에서 모두 실행할 수 있도록 한다. 조건을 맞추려면 지역변수와 전역변수, static과 extern 등 변수의 생존기간과 가시성에 대한 개념을 이해해야 한다. 관련 내용들을 공부하면서 이들을 어떻게 구현할 수 있을지 생각해 보자.

3 함수

3.1 함수란?

최근에 비교적 저렴하게 생과일주스를 만들어 판매하는 가게들이 많이 생겼다. 다양한 메뉴들이 있는데, 오렌지와 파인애플을 넣어서 만든 "오파"와 망고와 바나나로 만든 "망바"도 맛있다. 생과일주스 기계는 과일을 넣으면 내부에서 규칙에 따라 적절한 처리를 해서 주스를 만들어낸다. 프로그래밍에서 **함수**는 이와 같은 생과일주스 기계라고 볼 수 있다. 사용자는 기계가 어떤 방식으로 동작하는지 몰라도 된다. 단지 어떤 과일을 넣으면 어떤 결과가 나오는지, 즉 사용법만 알고 있으면 된다.

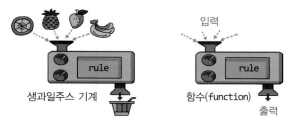

| 그림 3.1 생과일주스 기계와 함수

함수는 **서브루틴**(sunroutine)이나 **프로시저**(procedure)라고도 불리고, 객체지향 언어에서는 **메소드**(method)라는 이름도 사용된다. 함수는 이름을 가지며, 생과일주스 기계와 같이 어떤 입력을 받아서 원하는 처리를 한 후 결과를 반환한다. 가끔은 입력이 없거나 결과를 직접 반환하지 않는 함수도 있다. 함수는 프로그래밍 언어의 종류에 상관없이 가장 중요하다. 함수의 장점은 다음과 같다.

- 크고 복잡한 문제를 작고 쉬운 문제들로 나누어 해결하기 쉽도록 한다. 즉, 하나의 큰 프로그램을 작은 부분들로 분리하여 구조적인 프로그래밍이 가능하다.
- 같은 코드를 반복적으로 기술해야 하는 문제를 해결한다. 반복적으로 사용되는 코드를 함수로 만들어 사용하면 중복을 최소화하여 코드 양을 줄인다. 이것은 개발은 물론이고 코드의 수정이나 유지 보수를 훨씬 쉽게 한다.
- 캡슐화가 가능하다. 이것은 함수의 내부 구현이 외부로 나타나는 함수의 기능과 분리되는 것을 말한다. 예를 들어, printf() 함수가 실제로 어떻게 구현되었는지를 모르더라도 사용법만 알면 잘 사용할 수 있다.
- 함수는 크게 라이브러리 함수와 사용자 정의 함수로 나눌 수 있다.

■ 라이브러리 함수

미리 만들어져서 제공되는 함수이다. printf()와 scanf(), getch() 등은 대표적인 라이브러리 함수이다. 삼각함수의 값을 구하는 sin()이나 cos()도 마찬가지이다. 다음은 라이브러리 함수들의 예를 보여준다.

| 표 3.1 다양한 라이브러리 함수

함수 원형	헤더 파일	용도 및 사용 예
int getch( );	〈conio.h〉	키보드에서 하나의 문자를 읽어서 반환함 예) ch = getch();

double cos(
    double x
);
	〈math.h〉	x에 대한 코사인 값을 계산하여 반환함
		예) val = cos(3.14);
		    val = cos(x);

double pow(
    double x, int y
);
	〈math.h〉	x의 y승을 계산하여 반환함
		예) result = pow(x, 10);
		    result = pow(x, y);

int printf(
    const char *format
    [, argument]...
);
	〈stdio.h〉	"format"에서 지정하는 형태로 화면에 출력함.
		매개변수는 없을 수도 있고 여러 개일 수도 있음
		예) printf("game over !");
		    printf("좌표(%d, %d)", x, y);

- 라이브러리 함수를 프로그램에서 사용하기 위해서는 먼저 그 함수의 정보가 저장된 헤더 파일을 #include를 이용해 포함하여야 한다. 표준 입출력을 위해서는 <stdio.

h>를 포함해야 하고, 많은 수학 함수들은 <math.h>에 정의되어 있다.

- 대부분의 함수는 입력(매개변수)의 개수가 정해져 있다. 예를 들어, getch()는 괄호에 아무런 값을 넣지 않고, cos(angle) 함수에는 코사인 값을 구하고자 하는 각도가 들어가야 한다. x의 y승을 구하기 위해서는 pow(x,y)와 같이 x와 y 값이 모두 함수로 전달되어야 한다.
- printf()와 scanf()는 예외적으로 매우 복잡한 함수이다. 1장에서 공부한 바와 같이 이들 함수는 최소 하나 이상의 입력이 필요하지만 고정되어 있지는 않다. 이들 때문에 함수가 어렵다고 겁먹지 말자. 대부분 함수는 쉽다.
- 일부 함수는 값을 반환하지 않도록 설계되었다. 예를 들어, 난수 생성기의 시작 값을 설정하는 srand()는 값을 반환하지 않고, 따라서 반환형이 void이다.

```
void srand(unsigned int seed);
```

printf()와 같은 예외적인 함수를 제외하고는 함수를 사용하는 것은 매우 쉽다. 그리고 문제 해결을 위해 사용할 수 있는 라이브러리 함수들을 잘 찾고 활용할 줄 아는 것이 프로그래밍에서 매우 중요한 능력이다. 다음은 이미 라이브러리 함수로 구현되어 있을 가능성이 많은 기능들이다.

- **표준 입출력**: 화면 출력, 키보드 입력, 파일 입출력 함수 등
- **수학 연산**: 다양한 수학 연산 함수들
- **문자열 처리**: 문자열의 길이, 복사, 연결 등 다양한 처리 함수
- **시간 처리**: 현재 시각이나 처리 시간을 계산하는 함수 등
- **오류 처리**: 오류 발생 검사 및 대처를 위한 함수들
- **데이터 검색 및 정렬**: 배열 등 많은 데이터에서 원하는 것을 찾거나 정렬하는 함수들

■ 사용자 정의 함수

라이브러리 함수만으로 모든 문제를 해결할 수 있으면 좋겠지만 현실적으로는 그럴 수 없다. 사용자가 함수를 만들어서 사용해야 한다. x의 y승을 구하기 위한 함수를 생각해 보자. 사실 <math.h>에 pow()가 정의되어 있어 이것을 사용하는 방법만 알면 되겠지만, 직접 한번 구현해보자. 다음은 라이브러리 pow()와 내가 구현한 myPow()를 보여준다.

| 프로그램 3.1 | 간단한 함수의 구현 예 |

```
01  #include <stdio.h>
02  #include <math.h>              // pow()를 사용하기 위해 포함
03  double myPow(double x, int y){  // 사용자 정의 함수
04      double result = 1.0;
05      for (int i = 0; i<y; i++)
06          result = result * x;
07      return result;
08  }
09  void main()
10  {
11      printf("라이브러리 pow(2.0, 5) = %lf\n", pow(2.0, 5));
12      printf("내가만든 myPow(2.0, 5) = %lf\n", myPow(2.0, 5));
13  }
```

```
C:\WINDOWS\system32\cmd.exe                    -    □    ×
라이브러리 pow(2.0, 5) = 32.000000
내가만든 myPow(2.0, 5) = 32.000000
계속하려면 아무 키나 누르십시오 . . .
```

코드 설명

2행 pow() 함수를 위해 포함.

3~8행 사용자 정의 함수. double과 int 값을 입력받고, 결과를 double로 반환.

4행 결과를 위해 변수를 선언함. 1로 초기화해야 하는 것에 유의할 것.

5~7행 반복문으로 결과를 계산하고, 마지막으로 반환함.

11~12행 main()에서 라이브러리 함수 pow()와 결과를 비교함.

함수도 설계가 가장 중요하다. 적절한 이름과 함수에 전달할 값과 자료형, 그리고 함수에서 처리가 끝나 반환할 값과 자료형을 먼저 신중하게 결정해야 한다. 함수에서 처리하는 절차, 즉 알고리즘은 그 다음이다. 대부분의 경우 함수 원형의 설계만 잘되면 이것을 구현하는 것은 어렵지 않다. 함수를 신중하게 설계하는 습관을 가져야 한다.

■ 문제 해결과 함수

복잡한 문제의 해결을 위해서는 이 문제를 여러 개의 작은 문제로 나누는 것이 유리하다. 여러 개의 작은 문제들은 보통 하나의 큰 문제보다 해결하기가 훨씬 쉽기 때문이다. 이와 같은 문제 해결 방법을 **분할 정복**(divide and conquer)이라고 한다. 함수는 문제 해결의 핵심이다. 그리고 이 개념은 프로그래밍에서 뿐만 아니라 모든 실생활의 문제에서 동일하

게 적용된다. 따라서 함수를 잘 이해하고 설계하며 구현하는 것은 좋은 프로그래머가 되기 위한 필수 조건이다.

하나의 문제는 여러 가지 방법으로 구현할 수 있다. 구구단을 2단부터 9단까지 출력하는 프로그램을 생각해 보자.

- 방법 1: main()에서 모든 라인을 printf()로 직접 출력
- 방법 2: main()에서 이중 반복문을 이용해 printf()로 출력
- 방법 3: 구구단 2단에서 9단까지를 한꺼번에 출력하는 함수를 만들고 main()에서 이 함수를 한번 호출
- 방법 4: 출력할 단을 입력으로 받아 그 단만을 출력하는 함수를 만들고 main()에서 반복문으로 2단부터 9단까지 출력하도록 호출
- 방법 5: 한 줄에 여러 단을 출력할 수 있는 함수를 구현하고 main()에서 호출

어떤 방법으로 프로그램을 설계할 것인가는 전적으로 개발자의 마음이다. 그러나 함수를 잘 설계한다면 다음에 같은 고생을 다시 반복해야 하는 어리석은 상황을 피할 수 있다.

> **Tip**
>
> 대기업에 이사로 있는 친구에게 "왜 코딩 시험을 봐가면서 프로그램을 잘하는 직원을 뽑으려고 하느냐?"고 물어본 적이 있었다. 이 친구의 대답은 명확했다. "프로그래밍 잘하면 일을 잘하잖아." 실제로 코딩을 하는 업무가 아니더라도 프로그래밍을 잘하는 사람은 어떤 일이 주어졌을 때 이것을 분석하고, 작은 모듈로 나누고, 이들을 해결할 수 있는 방법들을 잘 찾는다는 것이다. 친구의 말에 전적으로 동감한다. 그렇다면 프로그래밍에서는 어떤 부분이 가장 중요할까? 저자는 "함수가 가장 중요하다"고 주장한다. 어떤 프로그래밍 언어를 사용하던지 함수를 잘 설계하고, 구현할 줄 안다면 당신은 이미 훌륭한 개발자이다.

3.2 함수의 정의와 호출

함수는 크게 **함수 헤더**와 **함수 몸체**로 나눌 수 있는데, 함수 몸체는 중괄호 { }로 감싸는 형태를 갖는다. 다음은 myPow() 함수의 정의와 호출 코드를 보여준다.

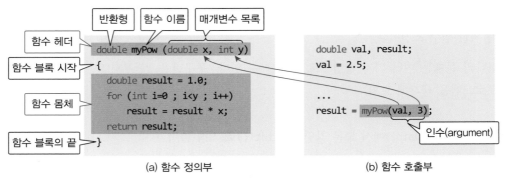

(a) 함수 정의부   (b) 함수 호출부

| 그림 3.2 함수의 정의와 호출 구조

■ 함수의 정의

- **함수 이름**: 용도에 맞는 적절한 이름은 좋은 함수의 기본이다. C++에서는 **함수 중복**을 허용해 동일한 이름의 여러 함수를 만들 수 있도록 한다.
- **매개변수 목록**: 함수로 전달할 값이 필요한 경우 **매개변수(parameter)**를 이용한다. 예를 들어, 실수 x의 정수 y승 x^y을 구하기 위한 myPow() 함수는 x와 y의 두 개의 매개변수가 필요하며, 자료형은 각각 double과 int가 되는 것이 자연스럽다.
- **반환형**: 함수에서 결과를 되돌려 받아야 하는 경우 반환할 값의 자료형을 말한다. 함수는 자료형에 상관없이 최대 하나의 값만을 반환할 수 있다. 값을 반환하지 않는 경우 이 부분을 void로 처리한다. myPow()는 계산한 후 실수(x^y)를 되돌려주어야 하므로 double을 반환하도록 설계하였다.
- **함수 몸체**: 알고리즘을 구현한 여러 문장들을 통해 함수가 처리할 내용을 정의한다. 값의 반환은 return을 사용하는데, return 문이 실행되면 함수는 종료된다.

예를 들어, 먼저 두 정수를 받아 그 합을 구하는 함수를 생각해 보자.

- **함수 헤더**: 함수 이름은 **add**로 하고, 두 정수를 받아야 하므로 매개변수로 두 개의 int를 갖고, 연산 결과는 정수이므로 반환형을 int로 선언한다.
- **함수 몸체**: + 연산자를 이용하여 매개변수를 더한 후 반환한다.

1부터 n까지의 곱을 계산하는 팩토리얼 함수는 다음과 같이 설계할 수 있다.

- **함수 헤더**: 함수 이름은 factorial을 사용하고, n을 전달해야 하므로 매개변수로 한 개의 int를 갖고, 연산 결과도 정수이므로 반환형을 int로 선언한다.
- **함수 몸체**: 결과를 저장할 변수를 만들어 1로 초기화하고 이 변수에 1부터 n까지 하나씩 증가시키면서 곱한 후 최종 결과를 반환한다.

이와 같은 설계를 바탕으로 구현한 함수는 프로그램 3.2와 같다. 설계만 잘되면 구현은 어렵지 않다.

프로그램 3.2　　정수를 더하는 함수와 팩토리얼 계산 함수 구현 예

```c
01  int add ( int a, int b )      // 두 int 값을 더해 반환하는 함수
02  {
03      int sum;                   // 결과 값을 저장할 변수 선언
04      sum = a + b;               // a 와 b를 더해 sum에 대입함
05      return sum;                // 결과 값인 sum을 반환
06  }
07  int factorial( int n )         // n!을 구하는 함수
08  {
09      int result = 1;            // 결과 값을 저장할 변수 선언 및 초기화
10      for(int i=1 ; i<=n ; i++)  // i를 1부터 n까지 1씩 증가하면서 반복문 수행
11          result *= i;           // result에 i를 곱함
12      return result;             // 결과 값인 result를 반환
13  }
```

■ 함수의 호출

대부분의 경우 함수를 사용하는 것은 매우 간단하다. 그림 3.3은 myPow() 함수를 호출하는 예를 보여주는데, main()에서 프로그램을 실행하다가 myPow()를 호출하면 프로그램의 제어가 myPow()로 넘어간다. 이때, 함수로 전달되는 값(val과 3)을 **인수**(argument), 또는 **실 매개변수**(actual parameter)라고 한다. 이 코드에서는 val의 값인 2.5와 3이 각각 myPow() 함수의 매개변수 x, y로 "복사"된다. myPow()의 매개변수 x, y에는 이제 2.5와 3이 저장되어 있다. myPow() 함수 몸체에서는 절차에 따라 계산을 하고, 결과를 반환하고 종료되며, 프로그램의 제어는 다시 main()으로 되돌아온다. 반환된 값은 result 변수에 복사되고, 이후의 문장들을 계속 실행한다. 그림에서 점선은 프로그램의 흐름을 나타낸다.

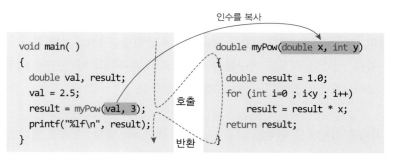

| 그림 3.3 함수의 호출과 반환

함수 호출에서 인수의 자료형을 매개변수와 정확히 일치시켜야 하는 것에 유의하라. 만약 factorial(4.0)과 같이 호출한다면 4.0이 int형이 아니므로 컴파일 과정에서 다음과 같은 경고가 발생한다. 4.0의 자료형은 double임의 명심하자.

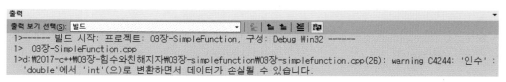

| 그림 3.4 매개변수 자료형 불일치로 인한 컴파일 경고(warning) 예

이것은 오류(error)는 아니지만 매우 위험한 코드이다. C++에서는 자료형이 매우 중요하고, 특히 **함수 중복**을 사용한다면 자료형이 일치하지 않는 인수의 사용이 큰 문제를 발생할 수 있다. 즉, factorial(4.0)과 factorial(4)의 결과가 완전히 달라질 수도 있는 것이다. 함수 호출에서 상수나 변수는 물론이고 연산도 인수로 사용할 수 있음에 유의하라. 따라서 연산의 자료형이 무엇인지도 매우 중요하다.

3.3 함수 원형과 재사용

함수는 호출되기 전에 반드시 선언되어야 한다. 컴파일러는 소스 코드를 맨 윗줄에서부터 아래로 내려오면서 분석하는데, 만약 함수가 호출된 위치까지 오는 동안 그 함수의 정보가 없었다면 **컴파일 오류**를 발생시킨다.

프로그램 3.1에서는 함수의 정의부(3~8행)가 호출하는 문장(12행) 이전에 위치하므로 컴파일에 문제가 없다. 그러나 만약 함수의 정의부가 호출하는 문장 아래에 위치하거나, 심지어 다른 소스 파일에 위치한다면 어떻게 할까? 방법은 **함수 원형**(function prototype)을 선언하는 것이다.

함수 원형은 함수의 몸체 없는 선언으로 함수 헤더와 같이 함수 이름, 매개변수 리스트, 반환형으로 이루어진다. 그리고 함수 몸체 블록이 이어지는 것이 아니라 세미콜론(;)으로 선언을 종료한다. 매개변수의 이름은 다음과 같이 생략할 수 있다.

```
int add ( int a, int b );    // 함수 원형 선언(자료형 + 변수 이름)
int add ( int, int );        // 함수 원형 선언(자료형만. 변수 이름 생략 가능)
```

프로그램 3.3은 함수 원형을 사용한 예를 보여주고 있는데, 실제 함수는 사용된 이후(16행 이후)에 정의되었다.

프로그램 3.3 함수의 원형 선언 예

```
01   #include <stdio.h>
02   int factorial (int);        // factorial() 함수의 원형 선언
03   int add (int, int);         // add() 함수의 원형 선언
04   void main( )
05   {
06       int x=3, y=4, z;
07       z = add (x, y);
08       printf("x + y = %d\n", z );
09       printf("x + 10 = %d\n", add(x,10)); // 변수와 상수 전달
10       printf("5 + 10 = %d\n", add(5,10)); // 두 상수 전달
11
12       z = factorial(x);             // 3!를 계산해 z에 대입
13       printf("%d! = %d\n", x, z);   // z를 화면에 출력
14       printf("5! = %d\n", factorial(5)); // 5!를 계산해 화면으로 출력
15   }
16   // 프로그램 3.2의 모든 코드 추가
```

```
x + y  = 7
x + 10 = 13
5 + 10 = 15
3! = 6
5! = 120
```

C언어와는 달리 C++에서는 함수 원형에 반드시 매개변수 목록이 있어야 하는 것을 명심하라. 함수 이름과 매개변수 목록이 C++ **함수의 서명**(signature)이다. 즉, 이들 중 하나라도 다르면 완전히 다른 함수로 취급되고, 이것이 다음에 설명한 함수 중복을 가능하게 한다.

■ 다른 소스 파일에서 함수 사용 방법

함수의 가장 큰 장점이 재사용이다. 만약 다른 소스 파일에서 앞에서 구현한 함수를 사용하려면 어떻게 할까? 그림 3.5는 main() 함수에서 add() 함수를 사용하는 프로그램을 네가지 방법으로 구현해서 비교하고 있다. 방법 1과 방법 2는 동일한 파일에서 구현된 함수를 사용하는 방법으로, 방법 2에서는 함수 원형을 호출 전에 선언하였다. 이 방법들은 혼자서 작은 프로그램을 개발할 때는 가능하다. 그러나 여러 개발자가 하나의 큰 프로그램을 작성해야 한다면 하나의 파일을 여러 사람이 수정하는 과정에 많은 오류가 발생할 수 있다. 따라서 소스 파일을 분리하여 개발하는 방법이 필요한데, 방법 3과 방법 4가 해결책이다. 핵심은 다른 파일에 구현된 함수를 사용하는 것이다.

- **방법 3**: 한 사람은 add()를 맡아 개발하고, 다른 사람은 main()을 개발한다. 각자 다른 이름의 파일을 사용하고, 두 소스 파일을 모두 프로젝트에 "추가"하여 컴파일한다. 다른 파일에 있는 add()를 사용하기 위해 main() 함수 전에 함수 원형을 선언한 것에 유의하라.
- **방법 4**: 더 좋은 방법이 있다. 헤더 파일(header file)을 사용하는 것이다. 매번 함수 원형을 찾아 코드에 추가하는 것이 번거롭기 때문에 이 내용을 미리 음식점 메뉴판 역할을 하는 헤더 파일에 기록하는 것이다. 만약 다른 파일에서 그 함수를 사용하려면 전처리기 지시자 #include를 사용하여 그 메뉴판(헤더 파일)을 포함하기만 하면 된다. 이것은 우리가 라이브러리 함수를 사용하는 것과 동일한 방법이다. stdio.h와 같은 표준 헤더 파일은 각괄호(< >)를 사용하고, 사용자 정의 헤더 파일은 이중 따옴표(" ")를 이용해 포함하는 것에 유의하라

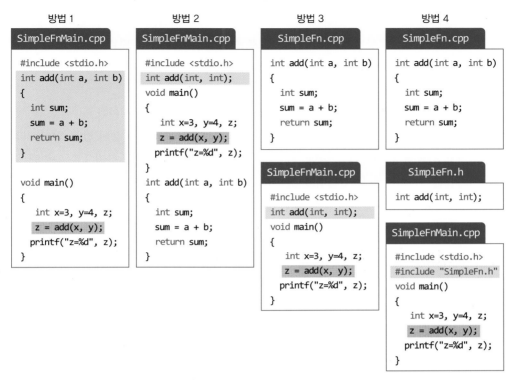

| 그림 3.5 동일한 프로그램의 네 가지 구현 방법

네 가지 방법의 실행 결과는 완전히 동일하다. 그리고 짐작하겠지만 네 번째 방법이 가장 훌륭하다. 비록 혼자서 프로그램을 만들더라도 이 방법이 가장 좋다. 방법 4가 가장 많은 파일을 사용하지만 전체 코드의 길이는 크게 차이가 없다. 그리고 코드가 여러 개의 파일로 나누어지므로 각 파일에서의 복잡도는 현저히 떨어진다. 즉, 코드가 모듈화 되고 단순해져 개발이나 수정 등의 과정이 편리해진다. 좀 번거롭게 보이더라도 방법 4에 "익숙해"지는 것이 가장 좋다.

Lab 몇 가지 함수의 구현과 활용

2장에서 구현한 몇 가지 프로그램을 함수로 만들어 재사용해보자. 대부분의 코드가 이미 구현되었으므로 함수로 변환하는 것은 매우 쉬울 것이다. 함수들은 각각의 소스 파일에 저장하고, 만들어진 모든 함수들의 원형을 헤더 파일 myFunctions.h에 저장한다. main() 함수에서는 이들 함수들을 모두 테스트한다.

- 프로그램 2.5의 **온도 변환** 프로그램을 함수로 변환하자. 어떤 함수를 만들까? 이 프로그램에서는 섭씨나 화씨온도를 상호 변환하는 기능이다. 따라서 섭씨온도를 받아 화씨온도를 반환하는 함수와 그 반대 함수를 만드는 것이 좋을 것이다. 이들의 이름을 각각 Cel2Fah()와 Fah2Cel()라 하자.
- 매개변수나 반환형의 자료형은? 모두 실수(double)로 하면 될 것이다.
- 이 함수에서 입출력 함수가 필요할까? 이 함수들은 myPow()와 같이 값을 받아 처리하고 결과를 반영하면 끝이다. 사용자의 키보드 입력을 받거나 화면으로 출력해 줄 특별한 이유가 없다. 입출력을 목적으로 한 함수를 제외하고 대부분의 함수에서는 입출력 함수가 사용되지 않아야 함에 유의하라.

프로그램 3.4   섭씨-화씨 온도변환 함수(ConvertTemp.cpp)

```cpp
01   double Cel2Fah(double cel) {
02       double fah = 32 + 180.0 / 100.0 * cel;
03       return fah;
04   }
05   double Fah2Cel(double fah) {
06       double cel = 100.0 / 180.0 * (fah - 32);
07       return cel;
08   }
```

- 프로그램 2.9의 **숫자 피라미드**에서는 높이를 받아 숫자 피라미드를 화면으로 출력하는 것이 핵심이다. 이 기능을 printNumPyramid() 함수로 만들자.
- 매개변수로는 피라미드의 높이가 전달되어야 할 것이다. 반환이 필요할까? 이 함수는 반환이 필요 없다. 함수 내에서 화면에 직접 출력하면 되기 때문이다. 따라서 반환형은 void이다.
- 이 함수는 화면으로 출력하는 것이 목표이다. 따라서 출력 함수가 사용된다.
- 흔히 "화면으로 출력"하는 것과 "함수가 반환"하는 것을 오해하는 초보자가 많다. 예를 들어, printNumPyramid() 함수는 화면으로 여러 가지를 출력하지만 값을 반환하는 함수는 아니다. 함수의 반환은 앞의 Cel2Fah()나 Fah2Cel()와 같이 return 문에 의해서만 가능하다.

프로그램 3.5　숫자 피라미드 출력 함수(NumberPyramid.cpp)

```cpp
01  #include <cstdio>
02  void printNumPyramid(int height)
03  {
04      for (int i = 1; i <= height; i++) {
05          for (int j = 0; j<height - i; j++)
06              printf("   ");  // 공백 3개
07          for (int j = 0; j<i; j++)
08              printf("%3d", j * 2 + 1);
09          for (int j = i - 2; j >= 0; j--)
10              printf("%3d", j * 2 + 1);
11          printf("\n");
12      }
13  }
```

- 프로그램 2.13의 **숫자 맞히기 게임**의 핵심 부분을 함수로 구현하자. 정답(n)과 범위 (min, max)를 매개변수로 받아서 게임을 진행하고 게임이 끝나면 점수를 반환하도록 playUpAndDown() 함수를 설계한다.
- 모든 매개변수는 int형이며, 점수가 정수형으로 계산되므로 반환할 값의 자료형도 int이다. 프로그램 3.6은 숫자 맞히기 게임의 함수 버전이다.

프로그램 3.6　UpAndDown 게임 함수(UpAndDown.cpp)

```cpp
01  #include <stdio.h>
02  #include <conio.h>
03  int playUpAndDown(int n, int min, int max)
04  {
05      int input, i;
06      for (i = 0; i<10; i++) {
07          printf("[%2d회] %2d ~ %2d 사이의 값 예측 =>", i + 1, min, max);
08          scanf("%d", &input);
09
10          if (n == input) break;
11          else if (n > input) {
12              printf(" 더 큰 숫자입니다!\n");
```

```
13              min = input;
14          }
15          else {
16              printf(" 더 작은 숫자입니다!\n");
17              max = input;
18          }
19      }
20      return 10 * (10-i);
21  }
```

이제 함수들의 구현이 완료되었다. 이 함수들을 편리하게 사용할 수 있도록 함수 원형을
저장하는 헤더 파일 myFunctions.h을 다음과 같이 작성한다.

프로그램 3.7   내가 만든 함수들에 대한 헤더 파일(myFunctions.h)

```
01  double Cel2Fah(double cels);
02  double Fah2Cel(double fahr);
03  int playUpAndDown(int n, int min, int max);
04  void printNumPyramid(int height);
```

마지막으로 이들 함수들을 테스트하기 위한 프로그램을 작성한다. 함수들을 단순하게 순
서대로 한 번씩 호출하는데, 이를 위해 함수 원형이 선언된 헤더 파일을 사용 전에 포함해
야 한다. 구현된 프로그램은 다음과 같다.

프로그램 3.8   내가 만든 함수들 테스트 프로그램(useFunctions.cpp)

```
01  #include <stdio.h>
02  #include "myFunctions.h"
03  void main()
04  {
05      printf("섭씨 %5.1f도 = 화씨 %5.1f도\n", 27.0, Cel2Fah(27.0));
06      printf("화씨 %5.1f도 = 섭씨 %5.1f도\n", 95.0, Fah2Cel(95.0));
07      printNumPyramid(5);
08      printf("게임 점수 = %d\n", playUpAndDown(35, 0, 99));
09  }
```

그림 3.6은 전체 프로그램을 위한 프로젝트의 구성을 보여주는데, "소스 파일"에 네 개의 cpp 파일이 반드시 포함되어야 한다.

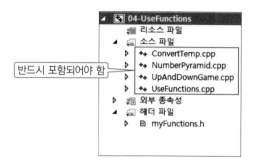

| 그림 3.6 프로젝트 구성(왼쪽)과 실행 결과(오른쪽)

만약 ConvertTemp.cpp가 프로젝트에 포함되지 않으면 어떻게 될까? 다음과 같이 오류가 발생한다. 이 오류는 "컴파일" 과정이 아니라 "링크" 과정에 발생한 링크 오류라는 것에 유의하라.

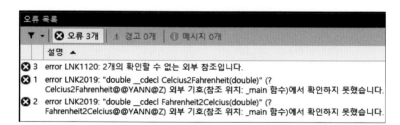

| 그림 3.7 프로젝트에서 ConvertTemp.cpp를 제거했을 때 발생하는 링크 오류

3.4 함수 중복

C언어에서는 모든 함수가 서로 다른 이름을 가져야 하지만, C++에서는 같은 이름을 갖는 여러 개의 함수를 정의할 수 있다. 이것을 **함수 중복**(function overloading)이라고 한다.

프로그램 3.2의 add()는 두 정수의 합을 반환하는 함수인데, 만약 두 실수의 합을 구하는 함수가 필요하다면 추가적인 함수를 만들어야 한다. 이때 함수의 이름이 문제이다. C언어에서는 add가 이미 함수의 이름으로 사용되었으므로 add_ff()와 같이 다른 이름을 사용해야 한다. 이때 _ff는 두 float 값을 매개변수로 갖는다는 의미이다. C++을 사용하면 동일한 이름을 사용하여 새로운 함수를 만들 수 있다. 중요한 것은 이름은 같더라도 매개변수 목록은 달라야 한다는 것이다. 즉, 매개변수의 개수나 자료형이 다르면 다음과 같이 함수 중복을 사용할 수 있다.

프로그램 3.9 두 수를 더하는 함수 add()의 다양한 중복

```
01   int add ( int a, int b ) {
02       int sum;
03       sum = a + b;
04       return sum;
05   }
06   float add ( float a, float b ) {
07       return a+b;
08   }
09   double add ( double a, double b ) {
10       return a+b;
11   }
12   void main() {
13       int r1 = add(1, 2);
14       float r2 = add(1.0f, 2.0f);
15       double r3 = add(1.0, 2.0);
16       }
```

코드 설명

1~4행 프로그램 3.2의 add() 함수와 동일.

6~8행 add()의 중복 함수. 매개변수의 자료형이 다름. a와 b의 자료형은 모두 float이므로 a+b도 float임.

9~11행 add()의 중복 함수. a와 b의 자료형이 double이므로 a+b도 double임.

그렇다면 함수 호출에서 어느 함수를 실행해야 할지 모호성이 발생하지 않을까? 의외로 문제가 없다. 그리고 모호성을 제거하는 근거가 **인수의 자료형**이다. 예를 들어, add(1,2);를 호출하는 과정을 생각해 보자. 먼저 인수를 연산한다. 연산 결과는 각각 1과 2로 이들의 자료형은 int이다. 따라서 두 개의 int를 매개변수로 갖는 add()란 이름의 함수를 찾는

다. 전혀 모호한 부분이 없다.

다음은 함수를 호출했을 때 실제로 선택되는 함수를 나타내고 있다. 역시 C++에서는 자료형이 매우 중요하다는 것을 느낄 수 있다.

```
add(3,4);            ==> add(int, int);
add(3.0,4.0);        ==> add(double, double);
add(3.0f,4.0f);      ==> add(float, float);
```

매개변수는 같고 반환형만 다른 함수들을 중복할 수 있을까? 안 된다. 이들은 이름과 매개변수에 의해서만 결정되는 **함수의 서명(signature)**이 같기 때문이다.

■ 형 변환과 함수 중복

함수 중복은 매우 유용하지만 꼭 유의해야 할 부분이 있다. 매개변수가 정확히 일치되도록 호출하는 것이다. 원점에서부터 점(x, y)까지의 유클리드(Euclidean) 거리를 계산하는 다음 함수가 있다고 하자.

```
double dist( double x, double y ) { return sqrt(x*x + y*y); }
```

이때 자료형이 정확히 일치하지 않는 dist(3, 4)나 dist(3.0f, 4.0f)를 호출하면 어떻게 될까? 모두 **dist(double, double)** 함수를 호출한다. 이것은 float와 int가 double로 자동으로 변환(type conversion)되어 이 함수를 호출하는 것이다. 만약 맨하탄(Manhattan) 거리를 구하는 함수를 추가(중복)했다고 생각해 보자.

```
int   dist( int x, int y ) { return x + y; }
```

이때 **dist(3, 4);**를 호출하면 어떻게 될까? 당연히 맨하탄 거리를 구하는 dist(int,int) 함수가 호출된다. C++에서는 먼저 자료형이 정확히 일치되는 함수를 찾고, 없으면 변환을 시도한다.

만약 **dist(3, 4.0);**를 호출하면 어떻게 될까? 컴파일 과정에 다음과 같은 오류 메시지를 출력한다. 형 변환에 의해 두 개의 함수와 일치하기 때문에 모호성이 발생하기 때문이다. 결국 인수를 매개변수의 자료형에 정확히 일치시켜야 문제가 없다.

| 그림 3.8 모호한 함수 중복에 따른 컴파일 오류

무분별한 함수 중복은 좋지 않음을 기억하라. dist()를 호출했는데 인수의 자료형에 따라 유클리드 거리와 맨하탄 거리가 나온다면 사용자는 매우 혼란스러울 것이다.

앞에서 구현한 dist() 함수들이 한 줄로 구현된 것에 유의하라. 함수 몸체가 반드시 여러 줄로 구현될 필요는 없다. 저자는 간단하고 쉽게 이해되는 함수의 경우 이와 같이 한 줄에 함수 헤더와 몸체를 모두 나열하는 것을 좋아한다. 전체 코드가 짧아지고, 함수의 기능도 한눈에 파악할 수 있기 때문이다.

3.5 디폴트 매개변수와 인라인 함수

■ 디폴트 매개변수(default parameter)

C++ 함수에서는 매개변수에 대한 기본(default) 값을 지정할 수 있다. 만약 함수의 매개변수에 대응하는 인자가 함수의 호출 시에 생략되면 매개변수에 기본 값이 복사된다. 이것을 함수의 **기본(디폴트) 매개변수(default parameter)**라 한다. 주의할 점은 디폴트 매개변수는 맨 뒤에서부터 앞쪽으로 순서대로 채워서만 정의할 수 있는 것이다. 다음은 디폴트 매개변수의 사용 예를 보여주고 있다.

```
void add(int p1, int p2, int p3=30);          // OK!
void add(int p1, int p2=20, int p3=30);       // OK!
void add(int p1=10, int p2=20, int p3=30);    // OK!
void add(int p1, int p2=20, int p3);          // 오류! p3에 디폴트 값이 없음
void add(int p1=10, int p2, int p3=30);       // 오류! p2에 디폴트 값이 없음
```

이 기능은 어떤 경우에 필요할까? 예를 들어, 선분을 그리는 drawLine()이란 함수를 생각해 보자. 선분을 위한 가장 기본적인 데이터는 두 점의 좌표이다.

```
void drawLine(int x1, int y1, int x2, int y2);    // (x1,y1)-(x2,y2) 선 그리기
```

선분을 좀 더 화려하게 그리는 방법을 생각해 보자. 선분에는 두께나 스타일, 색상 등의 다양한 속성들이 가능하다. 그리고 이러한 속성들을 선분 그리기에 반영해서 함수를 다시 설계하면 다음과 같다.

```
void drawLine(int x1, int y1, int x2, int y2,    // (x1,y1), (x2,y2) 점 좌표
              int width, int style,              // 선의 두께와 선의 스타일
              int r, int g, int b);              // 선의 색상(r,g,b)
```

문제는 매개변수가 너무 많아졌다는 것이다. 이 복잡한 함수를 쓰고 싶은 사람은 아마 별로 없을 것이다. 이때 디폴트 매개변수를 사용한다.

```
void drawLine(int x1, int y1, int x2, int y2,    // (x1,y1), (x2,y2) 점 좌표
              int width=1, int style=SOLID,      // 두께(1), 스타일(SOLID)
              int r=255, int g=255, int b=255);  // 색상(255,255,255)
```

디폴트값이 지정되면 다음과 같이 필요한 부분까지만 인수를 넣어 호출할 수 있다. 예를 들어, 두께나 색상 등에 상관없이 선만 그리고 싶은 사람은 좌표 값만을 넣어 함수를 호출한다. 나머지는 모두 디폴트 값으로 대체된다. 물론 모든 속성을 지정해서 그리고 싶은 경우는 그렇게 사용하면 된다.

```
drawLine(10, 10, 20, 20);                 // 두께(1), 스타일(SOLID) 색상(255,255,255)
drawLine(10, 10, 20, 20, 2);              // 스타일(SOLID) 색상(255,255,255)
drawLine(10, 10, 20, 20, 1, DASH);        // 색상(255,255,255)
drawLine(10, 10, 20, 20, 1, SOLID, 255,0,0);    // 모두 지정
```

디폴트 매개변수는 간단하지만 매우 유용하다. 다음은 하나의 함수로 4개의 중복된 함수 역할을 하는 예를 보여준다.

```
void f(int p1=1, double p2=2.0, char p3='a');    // 디폴트 매개변수 사용 함수

void f(int p1, double p2, char p3);              // 역할 1: 세 개의 매개변수 사용 함수
```

```
void f(int p1, double p2);              // 역할 2: 두 개의 매개변수
void f(int p1);                         // 역할 3: 한 개의 매개변수
void f();                               // 역할 4: 매개변수가 없는 함수
```

따라서 디폴트 매개변수를 잘 활용하면 함수의 수를 줄일 수 있다. 그렇다면 디폴트 값은 어디에 지정하는 것이 좋을까? 정답은 함수 원형 선언부이다. 그림 3.5를 예로 들어 보자. 방법 1은 넣을 수 있는 부분이 한 군데 밖에 없다. 방법 2~4에서는 함수 원형부와 실제 함수 구현부가 있는데, 함수 원형을 선언한 문장에 기본 값을 설정해야 한다. 디폴트 매개변수는 매우 유용하므로 그림 3.5의 각 방법에 디폴트 값을 넣어 테스트해 보기를 권장한다.

■ 인라인 함수(inline function)

C언어에서는 매크로 함수를 제공하여 실제적인 함수 호출이 아니라 전처리에서 코드를 삽입하는 방법을 제공하였다. 이를 통해 자주 호출되는 작은 함수들이 함수 호출의 오버헤드 없이 빨리 처리되도록 하는 것이다. 다음과 같은 매크로 함수를 선언하면, SQUARE(10)을 계산하기 위해 함수를 호출하는 것이 아니다. 전처리 과정에 이 문장은 정의된 대로, 즉 (10*10)으로 대치되고, 이 코드가 컴파일된다. 따라서 매우 효율적으로 실행될 수 있다.

```
#define SQUARE(x) (x*x)
y = SQUARE(10);         // y = (10*10);과 동일한 문장. OK
```

그러나 이러한 매크로 함수는 코드의 기계적인 대치이므로 다음과 같은 의도하지 않은 결과를 만들 수 있다.

```
z = SQUARE(y++);        // z = (y++*y++)과 동일한 문장. 의도와 결과가 다를 수 있음
```

이 문장에서는 SQUARE(y++)가 (y++*y++)로 대치되므로, y가 두 번 증가하는 결과를 나타낼 것이고, 이것은 개발자의 의도와는 다를 것이다.

C++에서는 **인라인 함수(inline function)**라는 새로운 방법을 제공한다. 인라인 함수의 동작은 매크로 함수와 동일하지만 완전한 함수의 형태를 제공한다. 즉 매크로와 같이 효율적으로 동작하지만 매개변수의 자료형을 철저히 검사한다. 따라서 잘못 사용할 수 있는

위험을 크게 줄일 수 있다. 인라인 함수는 다음과 같이 일반 함수 앞에 inline만 붙이면 된다.

```
inline int Square(int x) { return x*x; }
inline double Abs(double x) { return (x>0) ? x : -x; }
inline float Max(float a, float b) { return (a>b) ? a : b; }
```

만약 코드가 소스 파일과 헤더 파일이 나누어져 있다면 대부분의 경우 인라인 함수는 반드시 헤더 파일에 두어야 한다. 이것은 매크로 함수도 마찬가지이다. 보통 반복문이 없는 짧은 코드만 인라인 함수로 정의하는 것이 좋다고 알려져 있지만 더 많은 함수들을 인라인으로 지정해도 문제가 없다. 사실, inline은 컴파일러에게 요구하는 키워드이고, 결정은 컴파일러가 한다. 이 책에서는 많은 함수들을 인라인으로 구현할 것이다.

3.6 게임을 위한 라이브러리 함수

게임 구현에 유용한 라이브러리 함수들을 몇 가지 알아보자. 물론 윈도우용 게임이 아니라 "콘솔"에서 돌아가는 게임이다. 2장에서 만나본 키 입력을 바로 처리하는 getch()도 유용한 함수이다. 만약 게임 속의 괴물들이 무작위로 움직여야 한다면 "무작위" 처리를 위해 난수 발생을 사용해야 한다. 스피드 게임에서는 시간 측정이 필요하다. 이들을 알아보자.

■ 난수 발생 함수

대부분의 게임에서는 임의의 수, 즉 **난수(random number)**를 발생시키는 기능이 필요하다. 이를 위해 표준 라이브러리에서 다음과 같은 함수들을 제공한다.

| 표 3.2 난수 발생 관련 라이브러리 함수

함수 원형	헤더 파일	용도 및 사용 예
int rand(void);	⟨stdlib.h⟩ ⟨cstdlib⟩	0 ~ RAND_MAX 사이의 임의의 정수 반환 예) x = rand();
void srand(unsigned int seed);	⟨stdlib.h⟩ ⟨cstdlib⟩	난수 생성기에 대한 시작 시드 값을 설정함 예) srand((unsigned)time(NULL));

time_t time(　　time_t* timer);	〈time.h〉 〈ctime〉	시스템 시간(1970년 1월 1일 자정 이후 경과된 시간(초))을 반환함 예) srand((unsigned)time(NULL));

rand()가 임의의 정수 값을 반환하는 함수이다. 0부터 RAND_MAX 사이의 임의의 정수를 반환하는데, 보통 다음과 같이 나머지(%) 연산을 이용해 문제에서 원하는 범위의 수로 변환한다.

```
int isFace = rand() % 2;            // 0~1의 숫자 무작위 발생(동전 던지기)
int diceNum = rand() % 6 + 1;       // 1~6의 숫자 무작위 발생(주사위)
```

rand() 함수를 사용할 때 문제가 하나 있다. 프로그램을 실행할 때 마다 동일한 숫자들이 순서대로 발생된다는 것이다. 이것은 난수 발생이 실제로는 이미 정해진 **난수 표**(random number table)에 의해 이루어지고, 항상 같은 위치에서부터 값을 출력하기 때문이다. 따라서 프로그램을 실행할 때마다 다른 순서의 난수를 발생시키기 위해서는 표에서 시작(seed) 위치를 바꾸어야 한다. 이를 위해 srand() 함수를 사용한다. 그런데 이 함수는 하나의 매개변수가 필요하다. 보통 현재 시각 정보가 이 함수의 매개변수로 사용되는데, time() 함수를 사용하면 된다. 복잡한 것 같지만, 정리하면 다음과 같이 사용하기만 하면 된다.

- 무작위 값 발생을 위해 포함할 파일: `<time.h>`, `<stdlib.h>`
- 무작위 시작점 설정 코드: `srand( (unsigned)time(NULL) )`
- 무작위 값 발생 함수: `rand()`
- 무작위 값의 범위 조정: `rand() % MAX`

프로그램이 시작되면 srand()는 한번만 호출하면 된다. 물론 rand() 함수는 난수가 필요할 때 마다 호출한다. 프로그램 3.10은 다양한 응용을 위한 난수 발생 코드의 예를 보여주는데, 동전이나 주사위 던지기뿐만 아니라 임의의 영어 알파벳 소문자, 대문자, 숫자를 발생하는 함수를 inline으로 구현하고 사용한 예제이다.

프로그램 3.10   다양한 응용을 위한 난수 발생 프로그램

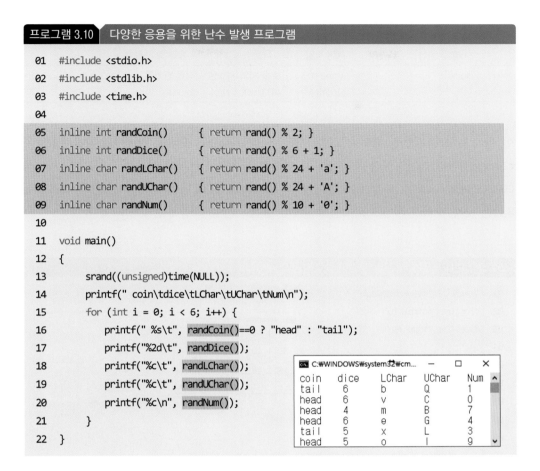

```
01  #include <stdio.h>
02  #include <stdlib.h>
03  #include <time.h>
04
05  inline int randCoin()       { return rand() % 2; }
06  inline int randDice()       { return rand() % 6 + 1; }
07  inline char randLChar()     { return rand() % 24 + 'a'; }
08  inline char randUChar()     { return rand() % 24 + 'A'; }
09  inline char randNum()       { return rand() % 10 + '0'; }
10
11  void main()
12  {
13      srand((unsigned)time(NULL));
14      printf(" coin\tdice\tLChar\tUChar\tNum\n");
15      for (int i = 0; i < 6; i++) {
16          printf(" %s\t", randCoin()==0 ? "head" : "tail");
17          printf("%2d\t", randDice());
18          printf("%c\t", randLChar());
19          printf("%c\t", randUChar());
20          printf("%c\n", randNum());
21      }
22  }
```

```
coin    dice    LChar   UChar   Num
tail    6       b       Q       1
head    6       v       C       0
head    4       m       B       7
head    6       e       G       4
tail    5       x       L       3
head    5       o       I       9
```

코드 설명

5~6행 동전 던지기(0~1)와 주사위 던지기(1~6)를 위한 인라인 난수 함수.

7~9행 소문자('a'~'z'), 대문자('A'~'Z')와 숫자('0'~'9') 무작위 발생을 위한 인라인 함수.

13행 프로그램이 시작하면 srand()를 한번 호출.

■ **실행 시간 측정 함수**

많은 게임에서는 시간이 매우 중요하다. **지뢰 찾기**(mine sweeper)와 같은 유형의 게임에서는 문제를 빨리 해결한 사람이 더 많은 점수를 받아야 한다. 그렇다면 어떻게 실행 시간을 측정할 수 있을까? clock() 함수를 사용하면 된다.

| 표 3.3 실행 시간 측정 라이브러리 함수

함수 원형	헤더 파일	용도 및 사용 예
clock_t clock();	⟨time.h⟩	호출 시의 시스템 시각을 반환함
	⟨ctime⟩	예) clock_t start = clock();

이 함수는 호출되었을 때의 시스템 "시각"을 클락(clock) 단위로 반환하는데, 반환형은 clock_t형이다. 실행 "시간"을 측정하기 위해서는 두 시점에서의 시각을 구하고 그 차이를 CLOCKS_PER_SEC으로 나누어야 한다. 결과는 초(second) 단위의 시간이 된다. 프로그램 3.11은 숫자 맞히기 게임(프로그램 3.6)에서 걸린 시간을 측정해 출력하고 있다.

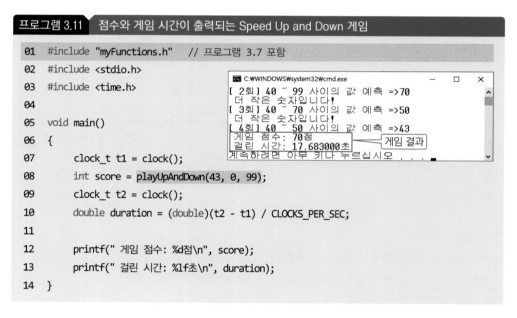

프로그램 3.11   점수와 게임 시간이 출력되는 Speed Up and Down 게임

```
01  #include "myFunctions.h"   // 프로그램 3.7 포함
02  #include <stdio.h>
03  #include <time.h>
04
05  void main()
06  {
07      clock_t t1 = clock();
08      int score = playUpAndDown(43, 0, 99);
09      clock_t t2 = clock();
10      double duration = (double)(t2 - t1) / CLOCKS_PER_SEC;
11
12      printf(" 게임 점수: %d점\n", score);
13      printf(" 걸린 시간: %lf초\n", duration);
14  }
```

코드 설명

7, 9행 시작 시각을 t1에, 종료 시각을 t2에 저장.

8행 시간을 측정하고자 하는 코드. Up and Down 게임을 호출함. 정답은 43이고, 정답의 범위는 최소 0에서 최대 99로 제시함.

10행 초 단위의 게임 시간을 계산함. 이때, 실수 계산이 되도록 형 변환(double)을 사용한 것에 유의할 것.

12~13행 게임 점수와 게임에 걸린 시간을 출력.

3.7 변수의 가시 범위와 생존기간

변수와 함수는 밀접하게 관련되어 있다. 예를 들어, 함수가 끝나면 지역 함수 내의 변수들과 매개변수들은 모두 자동으로 소멸된다. 모든 변수는 다음의 세 가지 속성이 있고, 이러한 속성에 따라 여러 가지로 분류할 수 있다.

- **범위**(visibility): 코드 내에서 변수가 의미 있는 영역
- **생존기간**(lifetime): 만들어지는 시점과 소멸되는 시점
- **연결**(linkage): 외부에서 선언된 변수를 사용하는 방법

■ 지역변수와 전역변수

변수는 의미를 갖는 범위에 따라 지역변수와 전역변수로 나눌 수 있다.

지역(local)변수

- 중괄호 { }로 정의되는 블록 안에서 선언되는 변수로 블록 범위(block scope)를 갖는다. 함수 안에서 선언된 변수가 대표적인데, 변수가 선언된 블록(함수 몸체) 안에서만 의미가 있고 외부에서는 의미가 없다.
- 중첩된 블록에서는 선언된 블록과 그 내부의 블록들에서만 의미가 있다.
- 선언 위치에서 만들어지고 해당 블록의 끝나면 소멸된다.
- 함수의 매개변수도 일종의 지역변수로 함수가 종료되면 소멸된다.

전역(global)변수

- 함수 외부에서 선언되고, 파일 범위(file scope)를 갖는다.
- 변수가 선언 위치 이후부터 파일의 끝까지 어떤 함수나 블록에서도 접근이 가능하고, 따라서 여러 함수에서 동일한 자료를 공유할 수 있다.
- 프로그램이 시작할 때 만들어지고, 프로그램이 끝나야 없어진다.
- "자료를 공유"한다는 것은 편리하기는 하지만 프로그램 모듈들이 연관되는 문제가 발생한다. 이것은 어떤 함수가 다른 함수에 의도하지 않은 영향을 줄 수 있게 되고, 결국 프로그램을 매우 불안정하게 만들 수 있다.

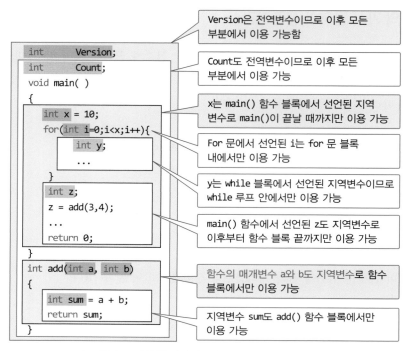

| 그림 3.9 다양한 지역변수와 전역변수의 가시 범위

■ 변수의 저장 유형 지정자

C++ 키워드 중에서 auto, static, register, extern 등을 변수의 저장 유형 지정자라고 한다. auto는 자동(automatic) 변수임을 나타내는데, 지역변수 선언에서 자료형 앞에 아무것도 없으면 auto 변수가 된다. register는 레지스터 변수로 만드는 것으로, auto와 register는 크게 고민할 필요가 없다.[1] 가장 중요한 키워드는 static이고, extern도 반드시 알아야 한다.

extern 키워드

먼저 비교적 간단한 extern을 알아보자. 그림 3.5에서 동일한 프로그램을 구현하는 데 여러 가지 방법이 있는 것을 알았다. 방법 3과 같이 두 개의 소스 파일을 이용하고, 추가로 **SimpleFn.cpp**에 Count라는 전역변수를 선언하자. 이 변수를 **main** 함수에서 사용하고 싶

---

1) 2011년에 수정된 C++11 표준에서는 auto의 용도가 강력하게 확장되었다. 14장에서 다룬다.

다. 이때 extern 키워드를 사용한다.

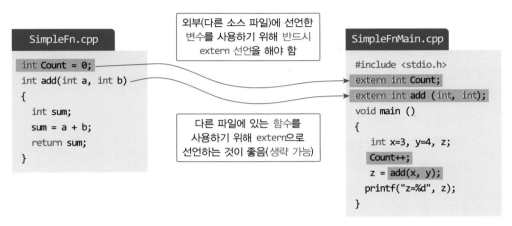

| 그림 3.10 외부 변수와 함수 사용 방법

그림과 같이 외부 변수 Count를 extern으로 선언하면 SimpleMain.cpp에서는 이 변수를 외부 소스 코드의 어딘가에 정의되어 있는 전역변수로 생각한다. 그리고 이런 변수가 있다고 가정하고 프로그램을 진행한다. 만약 SimpleMain.cpp에서 extern을 생략하면 어떻게 될까? 문제가 좀 복잡해진다.

- SimpleMain.cpp에도 새로운 전역변수 Count가 만들어진다. 즉 동일한 이름의 전역 변수가 두 파일에 모두 각각 존재하는 것이다.
- SimpleFn.cpp와 SimpleMain.cpp의 컴파일은 문제없이 진행되고, 목적 파일인 SimpleFn.obj와 SimpleMain.obj가 각각 생성된다.
- 오류는 링크 과정에서 발생한다. 동일한 이름의 전역변수가 두 개의 목적 파일에 각각 존재하기 때문이다. 따라서 외부 변수를 소스 코드에서 사용하기 위해서는 반드시 extern을 넣어야 한다.

함수 원형에 extern을 넣는 것은 어떨까? 그림에서 **add()** 함수 원형의 선언에 extern을 생략해도 프로젝트는 잘 빌드 된다. 그렇지만 의미적으로 extern을 넣어 주는 것이 좋다. 헤더 파일을 사용하는 그림 3.5의 방법 4를 이용하면 어떻게 될까? 외부 변수의 extern 선언도 헤더 파일에 들어가는 것이 좋다. 결론적으로 다음과 같은 헤더 파일이 가장 바람직하다.

```
// SimpleFn.h: 헤더 파일 내용
extern int Count;            // 외부 변수를 선언함(초기화하지 말 것)
extern int add(int, int);    // 사용자 정의 함수의 원형
```

이제 static을 알아보자. **static은 정말 중요하다.** 이 키워드는 변수나 함수에 대해 지정할 수 있는데, 다음과 같이 세 가지 경우가 있다.

- **지역변수를 static**으로 처리하는 경우
- **전역변수나 함수를 static**으로 처리하는 경우
- **클래스의 멤버 변수나 멤버 함수를 static**으로 처리하는 경우

이 장에서는 첫 번째와 두 번째 경우를 공부한다.

■ 정적 지역변수

static으로 선언한 지역변수를 **정적 지역변수**라고 한다. 정적 지역변수는 일반 지역변수와는 달리 전역변수와 동일한 생존기간을 갖는다. 즉, 사용은 함수 안에서만 할 수 있지만, 프로그램의 실행되는 동안 생존하는 변수이다. 이것은 생각보다 매우 중요한 큰 의미를 갖는다. 예를 들어, 프로그램 3.12와 같이 소수를 하나 출력하고 "엔터"를 입력해 다음 소수를 찾는 프로그램을 생각해 보자. 문제는 가장 최근에 반환된 소수 바로 다음의 소수를 찾아 반환하는 getNextPrime() 함수이다. 코드가 약간은 압축적으로 구현되어 복잡해 보일 수도 있지만, 조금만 생각해 보면 크게 어려운 것이 없음을 알 수 있다. 오히려 코드가 너무 길어지면 더 가독성을 방해하므로 이 책에서는 약간 압축적인 코드를 제공한다.

프로그램 3.12   소수를 순서대로 찾는 프로그램

```
01  inline bool isPrimeNumber(int n) {
02      for (int i=2; i<n ; i++)
03          if (n%i == 0) return false;
04      return true;
05  }
06  int getNextPrime() {
07      static int prime = 1;
```

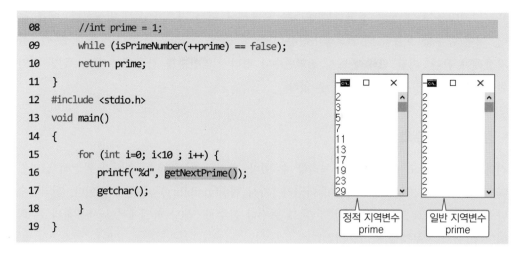

```
08        //int prime = 1;
09        while (isPrimeNumber(++prime) == false);
10        return prime;
11    }
12    #include <stdio.h>
13    void main()
14    {
15        for (int i=0; i<10 ; i++) {
16            printf("%d", getNextPrime());
17            getchar();
18        }
19    }
```

코드 설명

1~5행 n이 소수이면 true를 아니면 false를 반환하는 함수.

6행 다음 소수를 찾아 반환하는 함수.

7행 prime을 정적 지역변수로 선언하고 1로 초기화함. 함수가 종료되어도 소멸되지 않고 값을 유지하고 있음.

9~10행 prime을 증가시켜 소수가 아닐 때까지 반복하고, 소수이면 반환함.

15~18행 다음 소수를 출력하고 키가 입력되면 이를 반복함.

---

getNextPrime()의 지역변수 prime이 static인지 아닌지에 따라 최종 결과는 완전히 달라진다. 만약 이 변수가 7행과 같이 정적 지역변수로 선언되면 프로그램은 왼쪽과 같이 원하는 결과를 보인다. 만약 이 변수가 8행과 같이 일반 지역변수로 선언되면 오른쪽 실행 결과와 같이 getNextPrime()을 호출할 때마다 동일한 소수 2를 출력하게 된다. 왜 그럴까?

- 일반 지역변수(8행): prime은 함수가 호출되면 만들어져 1로 초기화된다. 9~10행을 통해 다음 소수 2를 찾아 반환하고, 함수가 종료되면서 사라진다. 다음에 이 함수가 다시 호출되면 이 과정을 반복한다. 2를 반환하고 또 소멸된다.

- 정적 지역변수(7행): prime은 정적 지역변수로 함수의 호출과 상관없이 프로그램이 시작되면 만들어져 1로 초기화된다. 그리고 함수가 아니라 프로그램이 종료되어야 사라진다. 함수가 호출되면 현재 값을 기준으로 다음 소수를 찾아 반환한다. 그리고 함수가 종료되어도 변수가 사라지거나 내용이 없어지지 않는다. 따라서 다음에 함수가 호출되어도 이전의 값을 유지하고 있다.

프로그래밍을 하다 보면 정적 지역변수를 사용해야 되는 경우가 흔히 발생한다. 예를 들어, 어떤 함수를 호출할 때마다 좋아하는 시를 한 줄씩 출력하려고 한다면 현재 줄 번호를 저장해야 한다. 이를 위해 반드시 전역변수나 정적 지역변수를 사용해야 한다. 일반 지역변수로는 절대 이 문제를 해결할 수 없다.

■ 정적 전역변수와 정적 함수

전역변수나 함수도 static으로 처리할 수 있다. 그러나 이 경우는 의미가 완전히 달라진다. 이것은 "생존기간(lifetime)"이 아니라 **"가시 범위(visibility)"**의 문제가 된다. 전역변수나 함수를 static으로 처리하는 것은 그 변수나 함수를 "해당 파일에서만 사용하라"는 의미이다. 이것은 무엇을 뜻하는가?

두 가지 게임을 생각해 보자. 예를 들어, 숫자 맞히기 게임과 스피드 구구단 게임을 각각 UpDnGame.cpp과 GuguGame.cpp 파일에 구현했다고 하자. 그림 3.11과 같이 각 게임이 다음과 같이 비슷한 방식으로 구현되었다고 생각하자.

- 점수 저장을 위해 Score란 전역변수를 사용한다. 게임이 진행됨에 따라 이 값이 갱신된다.
- 게임에 필요한 여러 가지 설정을 위해 init() 함수를 만든다.
- 실제 게임을 진행하는 함수를 구현한다. 구구단 게임은 GuguGame()으로 번호 맞히기 게임은 UpDnGame()에 구현하는데, 먼저 init() 함수를 이용해 각 게임을 초기화하고, 게임 진행에 따라 Score를 갱신한다.

main() 함수에서는 이들을 한 번씩 호출하여 게임을 진행한다. main()에서 게임 함수들을 호출하기 위해서는 이들의 함수 원형을 extern으로 미리 선언해야 한다. 전역변수 Score와 init() 함수는 두 개의 파일에 각각 존재한다. 이들을 static으로 선언한 경우와 그렇지 않은 경우를 비교해 보자.

- **static으로 선언하지 않은 경우**: 각 소스 파일의 컴파일에는 문제가 없다. 그러나 링크 과정에 오류가 발생한다. 동일한 이름의 전역변수 Score와 함수 init()가 있기 때문이다. 링크 오류를 없애야 실행 파일을 만들 수 있다.

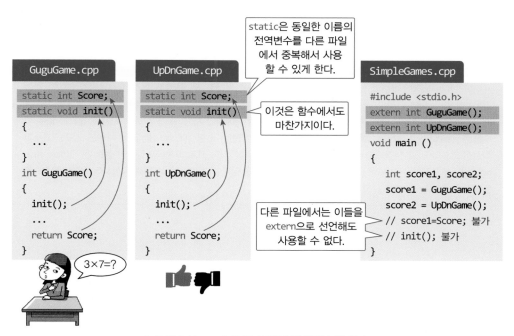

| 그림 3.11 static으로 선언된 전역변수와 함수

- **static으로 선언한 경우:** 컴파일 과정과 함께 링크 과정도 문제없다. static은 이들 전역변수나 함수의 가시 범위를 해당 파일로 국한시킨다. 따라서 외부에서는 이들이 없는 것이나 마찬가지이다. 링커는 이들의 존재에 관심이 없다.

이것은 매우 중요한 의미를 갖는다. 동일한 이름의 전역변수나 함수를 여러 파일에서 각기 다른 용도로 만들어 사용할 수 있다는 것을 의미한다. 그렇다면 static으로 선언된 전역변수나 함수를 main()에서 직접 사용할 수 있을까? 당연히 안 된다. 이들을 아무리 extern으로 선언하여 사용하려고 하더라도 링커는 이들을 볼 수 없다. 따라서 그런 변수나 함수가 없다는 오류를 낸다. main()에서 보이고, 사용할 수 있는 것은 GuguGame()과 UnDngame() 함수뿐이다. 이와 같이 static은 프로그래밍에서 매우 중요한 키워드이다.

3.8 응용: 조금 살벌하고 긴장감 있는 게임

■ 러시안 룰렛(디어 헌터)

영화 "디어 헌터"에 러시안 룰렛(Russian Roulette) 게임 장면이 나온다. 이 게임은 회전식 연발권총(대개 6연발 리볼버)에 총알 한 발만 장전하고 총알의 위치를 알 수 없도록 탄창을 돌린 뒤 상대와 돌아가면서 관자놀이에 대고 방아쇠를 당기는 위험한 게임으로, 사실 목숨을 건 일생일대의 도박이라 할 수 있다. 이 게임을 함수로 구현하려고 한다. 다음 조건들을 만족하도록 프로그램을 구현하라.

- 게임 인원을 2명 이상으로 사용자가 정할 수 있도록 한다.
- 6연발 권총으로 가정하고, 총알의 개수를 지정할 수 있도록 한다. 최소 1발 이상이 되어야 하고 최대 5발이어야 한다.
- 영화에서는 총을 바닥에 놓고 돌려서 총구가 가리키는 사람부터 게임을 시작한다. 프로그램에서는 랜덤 함수를 이용하여 게임을 시작하는 사람을 정한다. 시작할 사람이 결정되면 다음부터는 순서대로 게임을 진행한다.
- 한 사람이 방아쇠를 당겨 총에 맞으면 게임이 끝난다. 그렇지 않으면 탄창을 돌린 후 다음 사람이 방아쇠를 당긴다.
- 게임은 하나의 함수로 구현하고, 총알을 맞은 사람의 번호를 반환한다. 게임 함수는 파일을 분리하여 구현한다.

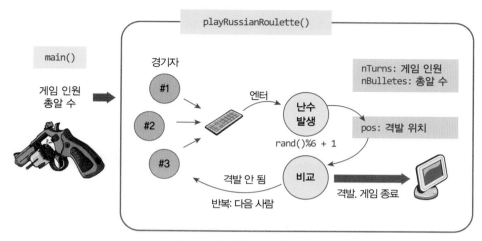

| 그림 3.12 러시안 룰렛 게임 흐름도

분석과 설계

- 게임 인원과 총알의 개수는 scanf()를 이용해 받을 수 있다.
- 0~5의 난수를 발생시켜 나오는 숫자의 슬롯을 격발한다고 하자. 단순화를 위해 탄창의 첫 번째(0번) 슬롯부터 순서대로 총알을 넣는 것으로 하자. 예를 들어, 세 발을 넣으면 0, 1, 2번 슬롯에 총알이 있는 것이고, 0~2 사이의 난수가 발생하면 격발이 된 것이고, 3 이상이면 그렇지 않은 것이다.
- 시작하는 사람도 난수(1~전체 인원)를 발생해 결정하면 된다.
- 다음 사람은 순서대로 결정된다. 모듈러(%) 연산이 사용된다.
- main()에서 게임을 위한 입력을 받아 게임 함수를 호출한다. 함수의 이름은 playRussianRoulette()으로 하자. 매개변수로 인원과 총알 수를 전달하고, 함수에서는 총알을 맞은 사람의 번호가 반환되므로 함수 원형은 다음과 같다.

```
int playRussianRoulette( int nTurns, int nBullets);
```

구현

먼저 이 게임을 위한 헤더 파일 RussianRoulette.h을 만든다. 이 헤더 파일에는 필요한 표준 라이브러리 헤더 파일들을 포함하고, 다른 파일에서 사용할 함수의 원형을 선언한다. 게임 주 함수는 RussianRoulette.cpp에 구현한다.

프로그램 3.13   러시안 룰렛 헤더 파일(RussianRoulette.h)

```
01    #include <stdio.h>
02    #include <stdlib.h>        // rand() 함수 사용
03    #include <time.h>          // time() 함수 사용
04    extern int playRussianRoulette(int nTurns=2, int nBullets=1);
```

프로그램 3.14   러시안 룰렛 게임 함수(RussianRoulette.cpp)

```
01    #include "RussianRoulette.h"
02    int playRussianRoulette( int nTurns, int nBullets)
03    {
04        int start = rand() % nTurns;
05        printf("\n총을 돌렸습니다. %d번부터 시작합니다.\n", start + 1);
06        while (true) {
07            int pos = rand() % 6;
08            printf("[%d번]\t탄창을 무작위로 돌렸습니다.\n", start + 1);
09            printf("\t엔터를 누르면 격발됩니다...");
10            getchar();
11            if (pos < nBullets) break;
12            printf("\t휴~~ 살았습니다!!!\n");
13            start = (start + 1) % nTurns;
14        }
15        printf("\t빵~~~~~~~!!!\n");
16        return start+1;
17    }
```

코드 설명

4행 시작하는 사람을 무작위로 정함.

7~10행 무작위로 탄창을 돌리고 키를 입력하면(getchar()) 격발됨.

11행 총알이 있는 위치이면 반복문을 빠져나옴. 총에 맞음.

12~13행 다음 순서를 다음 사람에게 넘김. 순서 계산에 유의할 것.

15~16행 메시지를 출력하고, 맞은 사람의 번호를 반환함.

실제 룰렛 게임을 호출하는 프로그램은 다음과 같다. 인원과 총알 개수를 먼저 설정한 후 게임을 진행한다.

프로그램 3.15   러시안 룰렛 메인 함수(RouletteMain.cpp)

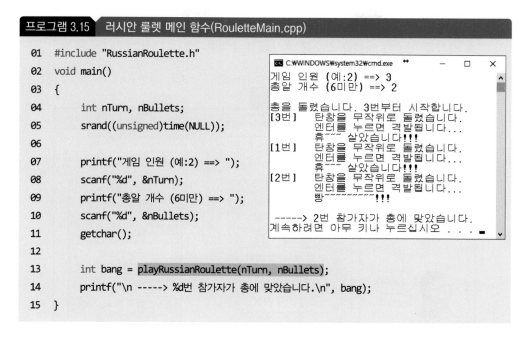

```
01    #include "RussianRoulette.h"
02    void main()
03    {
04        int nTurn, nBullets;
05        srand((unsigned)time(NULL));
06
07        printf("게임 인원 (예:2) ==> ");
08        scanf("%d", &nTurn);
09        printf("총알 개수 (6미만) ==> ");
10        scanf("%d", &nBullets);
11        getchar();
12
13        int bang = playRussianRoulette(nTurn, nBullets);
14        printf("\n -----> %d번 참가자가 총에 맞았습니다.\n", bang);
15    }
```

코드 설명

11행 입력 버퍼에 아직 남아있는 엔터키를 비움. 총알 개수 입력을 위해 숫자와 함께 엔터키가 입력되어야 하는데, scanf()는 숫자까지만 읽어가고 엔터키는 입력 버퍼에 그대로 남음. 따라서 게임 함수로 넘어가기 전에 입력 버퍼를 모두 비워야 함.

13~14행 게임을 실행하고 몇 번이 총에 맞았는지를 출력함.

돌아가며 방아쇠를 당기는데, 격발되지 않는 한 게임은 계속 반복된다. 좀 살벌한 게임이지만 여러 사람들 중에서 심부름을 할 한 사람을 뽑을 때 사용하면 재미있을 것이다.

■ 스피드 구구단

이제 좀 살벌하지 않은 게임을 만들어 보자. 구구단 게임이다. 10개의 구구단 문제가 주어지면 최대한 빨리 답을 입력한다. 살벌하지는 않지만 약간의 자존심이 걸린 게임이다. 다음 조건들이 만족하도록 프로그램을 구현하라.

- 문제로 나오는 곱셈은 2부터 9사이의 수로 이루어진다.
- 전체 문제는 10번 출제되고, 문제를 푸는데 걸린 전체 시간을 계산한다.

- 한 문제라도 틀린 경우 게임에서 진 것으로 판단하고, 그렇지 않은 경우는 전체 소요 시간을 이용해 적절한 점수를 계산해서 출력한다.

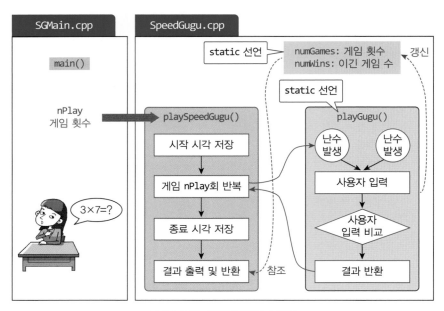

| 그림 3.13 구구단 게임 흐름도

분석 및 설계

- **static bool playOnce()**: 하나의 곱셈 문제를 푸는 함수이다. 난수를 사용하므로 매개변수는 필요 없고, 맞으면 true를 틀리면 false를 반환하므로 반환형은 bool이다. 2부터 9 사이의 숫자는 **rand()%8+2**로 만들 수 있다. 이 함수는 외부(다른 파일)에서 사용하지 않을 예정이므로 정적 함수로 구현한다.
- **double GuguDanGame(int nPlay)**: 스피드 구구단 주 함수이다. 반복 횟수를 매개변수로 받고, 게임 결과에 따라 점수(double)를 계산해 반환한다.
- **점수 계산**: 한번이라도 틀리면 점수는 0이 된다. 다 맞는 경우 점수 계산 방법을 고민해야 한다. 만약 한 문제에 5초의 기본 시간을 준다면 다음과 같은 방법으로 점수를 계산할 수 있다. 다른 방법으로 계산해도 좋다.

score = 100점 * (5초*전체문제수 − 걸린시간)/(5초*전체문제수)

구현

이 게임을 위한 헤더 파일은 **SpeedGugu.h**에 구현하고, 게임 주 함수는 **SpeedGugu.cpp**에 구현한다. 게임의 소스 파일에는 여러 전역변수와 두 개의 함수가 있는데, 이들 중에서 **tElapsed** 변수와 **playSpeedGugu()** 함수만 외부에 공개하는데, 이를 위해 이들을 헤더 파일에 extern으로 선언하였다.

프로그램 3.16　스피드 구구단 헤더 파일(SpeedGugu.h)

```
01  #include <cstdio>
02  #include <cstdlib>        // rand() 함수를 위함
03  #include <ctime>          // time() 함수를 위함
04  extern double tElapsed;   // 게임 소요 시간
05  extern double playSpeedGugu(int nPlay);
```

SpeedGugu.cpp의 다른 전역변수들과 **playGuguOnce()** 함수는 외부에서 보이지 않도록 다음과 같이 static으로 처리하였다.

프로그램 3.17　스피드 구구단 소스 파일(SpeedGugu.cpp)

```
01  #include "SpeedGugu.h"
02
03  static int NumGames = 0;    // 전체 시도 횟수
04  static int NumWins = 0;     // 맞힌 횟수
05  static double Score = 0;    // 점수
06  double tElapsed = 0;        // 게임 소요시간
07
08  static bool playGuguOnce()
09  {
10      int a = rand() % 8 + 2;
11      int b = rand() % 8 + 2;
12      int result;
13
14      NumGames++;
15      printf("[문제%2d]: %2d x %2d = ", NumGames, a, b );
```

```
16        scanf("%d", &result);
17        if (result == a*b) NumWins++;
18        return (result == a*b);
19   }
20   double playSpeedGugu(int nPlay)
21   {
22        clock_t t0 = clock();
23        for (int i = 0; i<nPlay; i++) {
24            if (playGuguOnce() == false)
25                printf("\t틀렸습니다.\n");
26        }
27        clock_t t1 = clock();
28        tElapsed = (double)(t1 - t0) / CLOCKS_PER_SEC;
29        Score = (NumGames > NumWins) ? 0.0
30            : 100 * (5.0*NumGames - tElapsed) / (5.0*NumGames);
31        return Score;
32   }
```

```
C:₩WINDO...    —    □    ×
[문제 1]:  7 x 2 = 14
[문제 2]:  5 x 3 = 15
[문제 3]:  9 x 2 = 18
[문제 4]:  8 x 2 = 16
[문제 5]:  4 x 7 = 28
[문제 6]:  7 x 9 = 63
[문제 7]:  9 x 6 = 54
[문제 8]:  5 x 9 = 45
[문제 9]:  5 x 3 = 15
[문제10]:  5 x 9 = 45
점수 = 49.9점(총 25.1초)
```

코드 설명

3~6행 전역변수 선언. 전체 게임 수(NumGames)와 맞힌 게임 수(NumWins), 그리고 점수(Score)는 정적 변수로 처리함. 게임 소요시간(tElapsed)만 일반 전역변수이므로 외부에서 접근이 가능함.

8~19행 한 번의 곱셈 문제 풀기 함수. 정적으로 처리하여 외부에서 사용할 수 없고, 파일 내에서만 호출할 수 있음.

20~32행 스피드 구구단 주 함수. nPlay번 곱셈 문제를 풀고 점수를 반환함. 소요시간은 전역변수 tElapsed에 저장해 외부에서 사용할 수 있도록 함.

전체 게임 프로그램은 다음과 같다. 메시지를 출력하고 playSpeedGugu() 함수를 호출하여 게임을 진행한다. 게임이 종료되면 반환된 점수와 speedGugu.cpp에 선언된 전역변수 tElapsed를 화면에 출력하였다.

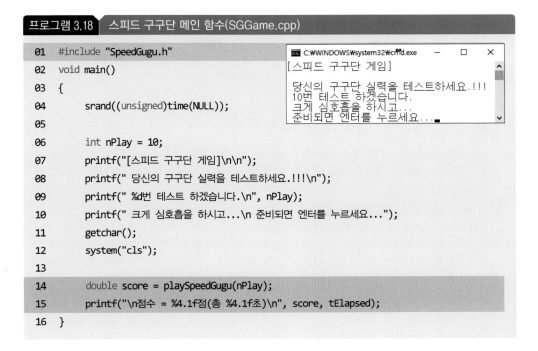

프로그램 3.18 스피드 구구단 메인 함수(SGGame.cpp)

```cpp
01  #include "SpeedGugu.h"
02  void main()
03  {
04      srand((unsigned)time(NULL));
05
06      int nPlay = 10;
07      printf("[스피드 구구단 게임]\n\n");
08      printf(" 당신의 구구단 실력을 테스트하세요.!!!\n");
09      printf(" %d번 테스트 하겠습니다.\n", nPlay);
10      printf(" 크게 심호흡을 하시고...\n 준비되면 엔터를 누르세요...");
11      getchar();
12      system("cls");
13
14      double score = playSpeedGugu(nPlay);
15      printf("\n점수 = %4.1f점(총 %4.1f초)\n", score, tElapsed);
16  }
```

코드 설명

12행 system("cls") 함수를 호출하면 콘솔 화면이 깨끗이 지움.

14~15행 게임을 진행하고 결과를 출력함. 특히 다른 파일 speedGugu.cpp에 있는 전역변수 tElapsed를 출력하였음. 같은 파일의 Score와 같은 정적 전역변수는 접근할 수 없음.

어렵지 않은 구구단이지만 10번 연속으로 맞히기가 생각보다 어렵다. 또, 시간을 측정하니 약간 스릴이 있다. 만약 고득점자에 대한 랭킹을 관리한다면 순위에 오르기 위해 더욱 스릴 있게 게임을 하게 될 것 같다.

러시안 룰렛과 구구단 게임에 각각 헤더 파일 하나와 소스 파일 두 개가 사용된 것이 번거롭게 느껴질 수 있다. 그러나 이런 "절차"에 익숙해 질 것을 권장한다. 만약 이것이 귀찮아 하나의 파일에 모든 것을 넣고 싶다면 C++를 포기하라. 이러한 "절차"에 익숙해지기 싫다면 프로그래밍은 당신의 것이 될 수 없다.

Q

스피드 구구단 게임 코드를 보면 전역변수가 많이 사용되었습니다. 전역변수를 사용하는 것이 좋지 않은 프로그래밍 방법이라고 하는데, 왜 이런 방식으로 프로그램을 구현했을까요?

A

아주 좋은 질문입니다. 전역변수를 무절제하게 사용하는 것은 좋지 않은 프로그래밍 습관입니다. 함수들 사이에 관련성을 만들어 모듈화 된 프로그래밍을 방해할 수 있습니다. 전역변수를 사용하지 않으면 필요한 정보를 함수의 매개변수로 전달해야 하고, 함수의 사용이 약간 복잡해집니다.

이 책에서 5장까지 이렇게 전역변수를 많이 사용합니다. 그리고 거기에는 매우 중요한 이유가 있습니다. 그 것은 6장에서 공부할 **클래스와 개념을 연결하기 위해서**입니다. 스피드 구구단의 전역변수와 함수들은 하나의 클래스 안으로 들어가게 됩니다. 프로그램 3.17에는 구구단 게임을 위한 전역변수와 함수들이 있는데, 이들이 각각 클래스의 멤버 변수와 멤버 함수가 됩니다. 특히 정적 전역변수나 정적 함수들은 클래스의 사적 (private) 멤버가 되어 외부에 노출되지 않습니다. 이들은 6장에서 자세히 공부할 예정입니다.

중요한 것은 헤더와 소스 파일을 분리하고, 정적 전역변수를 선언하고, 정적 함수를 만드는 것들이 모두 클래스의 여러 기능들과 연결된다는 것입니다. 6장 이후의 객체지향 프로그래밍 기법을 공부한 다음이 이 답변을 다시 봐 주시기를 기대합니다.

요약

1 함수는 프로그래밍 언어의 종류에 상관없이 매우 중요한데, 큰 프로그램을 작은 부분들로 분리하는 구조적 프로그래밍을 가능하게 하며, 코드의 (   )을 최소화하고, 내부 구현이 외부로 나타나는 함수의 기능과 분리되는 (   )가 가능하다.

2 printf()나 scanf()와 같이 미리 만들어져서 제공되는 함수를 (   ) 함수라고 하는데, 이를 사용하기 위해서는 먼저 특정 헤더 파일을 전처리기 명령인 (   )를 이용해 포함하여야 한다.

3 복잡한 문제의 해결을 위해 먼저 여러 개의 작은 문제로 나누어 해결하는 방법을 (   )이라고 한다.

4 함수는 크게 함수 헤더와 함수 몸체로 나눌 수 있는데, 반환형과 함수 이름, (   ) 목록을 합해 함수헤더라고 한다. 함수에 입력으로 전달할 값이 필요한 경우 (   )를 이용한다.

5 함수는 자료형에 상관없이 최대 (   )의 값을 반환할 수 있으며, 값을 반환하지 않는 경우 void로 처리한다. 함수에서는 (   )을 사용하여 값을 반환하는데, 이 문장이 실행되면 함수는 종료된다.

6 함수의 호출 문장에서 함수의 매개변수로 전달하는 값을 (   ), 또는 (   )라고 하는데, 자료형을 매개변수와 정확히 일치시키는 것이 좋다.

7 함수는 호출되기 전에 반드시 선언되어야 하는데, 만약 다른 소스 파일에 위치한 함수를 사용하고자 한다면 호출 전에 (   )을 선언해야 한다. 다른 소스 파일에 위치한 함수를 사용하는 가장 좋은 방법은 (   )을 사용하는 것이다.

8 C++에서는 (   )을 허용해 동일한 이름의 여러 함수를 만들 수 있는데, 이름은 같더라도 (   )은 달라야 한다. 컴파일러는 인수의 자료형에 따라 적절한 함수를 연결해 준다.

9 C++에서는 함수의 매개변수에 대한 기본 값을 지정할 수 있는데, 이것을 (   )라 한다. 만약 함수 호출에서 인수가 생략되면 이 값이 매개변수에 복사된다. 주의할 점은 기본 값을 (   ) 순서대로 채워서만 정의할 수 있는 것이다.

10 C++에서는 매크로로 함수와 동일하게 효율적으로 동작하지만 완전한 함수의 형태를 제공해 매개변수의 자료형을 검사하는 (   )를 지원한다. 이 함수들은 (   ) 키워드를 사용하는데, 사실 이것은 컴파일러에게 요청하는 것일 뿐이고, 결정은 컴파일러가 한다.

11 난수 발생을 위한 라이브러리 함수로는 (   ), (   ) 등이 있고, 현재 시각 측정을 위해서는 (   ) 함수를 사용할 수 있다.

12 변수는 의미를 갖는 범위에 따라 지역변수와 전역변수로 나눌 수 있다. 지역변수는 (   )에서 만들어지고 (   )의 끝나면 소멸된다. 전역변수는 변수가 선언 위치 이후부터 파일의 끝까지 어떤 함수나 블록에서도 접근이 가능한데, (   )이 시작할 때 만들어지고, (   )이 끝나야 없어진다.

13 다른 파일에 있는 전역변수를 사용하고자 할 때에는 사용 전에 그 변수를 반드시 (   )으로 선언해야 한다.

14 static으로 선언한 지역변수를 (   )라고 하는데, 이들은 (   )와 동일한 생존기간을 갖는다.

15 전역변수나 함수를 static으로 처리하는 경우는 의미가 완전히 달라지는데, "생존기간(lifetime)"이 아니라 (   )의 문제가 되어, 그 변수나 함수를 "(   )에서만 사용한다"는 의미가 된다.

| 연습문제 |

1. 다음 프로그램에서 모든 오류를 찾아 정정하라.

(1)
```cpp
int func1 (int n, m) {
    return n + m;
}
void func2 (int n) {
    return n * n;
}
int inc (int n) {
    int n;
    return n+1;
}
```

(2)
```cpp
int sum (int n) {
    int total=0;
    for( int i=1; i<n ; i++ )
        total += i;
}
void main () {
    sum(10.5);
}
```

(3)
```cpp
int add (int m, int n);
void main () {
    int x = add(10);
}
int add (int m, int n = 0) {
    return m+n;
}
```

| Hint | 디폴트 매개변수 선언 위치

(4)
```cpp
int sub (int m=10, int n);
void main () {
    int x = add(20);
}
int sub (int m, int n) {
    return m+n;
}
```

(5)
```cpp
int mult (int m, int n) {
    return m*n;
}
float mult (int m, int n) {
    return (float)m*n;
}
void main () {
    int x = mult(10, 20);
    float y = mult(10.0f, 20.f);
}
```

(6)
```cpp
extern double square (double m);
void main () {
    double x = square(10.0);
}
inline double square (double m); {
    return m*m;
}
```

| Hint | inline 선언 위치

2. 다음 프로그램의 실행 결과를 적어라.

(1)
```cpp
#include <cstdio>
#define SQUARE(x) x * x
inline int Square(int a) {
    return a * a;
}
void main ()
{
    int s1 = SQUARE(2+3);
    int s2 = Square(2+3);
    printf("s1=%d s2=%d\n", s1,s2);
}
```

(2)
```cpp
#include <cstdio>
int v = 10;
int inc ( ) {
    int n = 20;
    static int m = 30;
    v++; n++; m++;
    printf("v=%d n=%d m=%d", v,n,m);
    printf("\n");
}
void main () {
    inc();
    inc();
}
```

3. 다음과 같은 기능을 하는 함수의 원형(prototype)을 선언하고 매개변수와 반환형의 의미를 설명하라.

예) 어떤 수가 짝수인지를 판단하는 isEven() 함수

    bool isEven(int num);
- 반환형: bool (짝수이면 true, 홀수이면 false를 반환)
- 매개변수: num (전달되는 수는 정수이어야 하므로 int형)

(1) 두 자연수의 최대공약수를 구해 반환하는 함수 gcd()
(2) 첫 번째 수가 두 번째 수보다 큰지를 비교하는 함수 isBiggerThan()
(3) 영어 알파벳 소문자를 대문자로 변환하는 함수 toUpperCase()

4. 다음 함수 선언 중에서 잘못된 것을 모두 찾아라.

① bool f1(int a, int b, int c);
② int f2(int a, int b=1, int c);
③ void f3(int a=0, double b, int c=0);
④ double f4(int a=0, int b=1, int c=2);

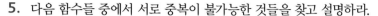

5. 다음 함수들 중에서 서로 중복이 불가능한 것들을 찾고 설명하라.

① int add(int a, int b);

② float add(int a);

③ float add(float a, float b);

④ int add(double a, double b);

⑤ double add(int a, int b);

6. 다음은 두 정수의 차이를 반환하는 함수 Diff()이다.

```
int Diff (int a, int b) {
    if( a>b ) return a-b;
    else return b-a;
}
```

(1) 이 함수를 삼항 연산자를 이용하여 다시 구현하라.

(2) 이 함수를 매크로(macro) 함수로 구현하라.

(3) 이 함수를 인라인(inline) 함수로 구현하라.

7. 다음 코드에서 변수 a, b, c, d의 가시 범위를 사각형으로 그려라.

```
#include <cstdio>
int a;
void func(int b){
    int c;
}
void main(){
    int d;
}
```

8. 다음과 같은 프로그램은 권장되지는 않지만 영역 규칙의 이해를 돕기 위해 제시되었다. 이
   코드의 출력 결과를 적어라.

```cpp
#include <cstdio>
int a = 10;
void main()
{
    printf("here1 = %d\n", a);
    int a = 20;
    printf("here2 = %d\n", a);
    {
        printf("here3 = %d\n", a);
        int a = 30;
        printf("here4 = %d\n", a);
    }
    printf("here5 = %d\n", a);
}
```

| 실습문제 |

1. 가장 큰 unsigned short 값을 찾아 반환하는 함수 maxUShortValue()를 구현하려고 한다. 반복문으로 오버플로 발생 상황을 만들어 최댓값을 찾도록 이 함수를 구현하라.

2. 정수를 입력받아 각 자리 숫자를 역순으로 만들어 반환하는 함수 reverse()를 작성하라. 예를 들어 reverse(12345)는 54321을 반환한다. 이 함수와 이를 사용하는 프로그램을 그림 3.5와 같이 네 가지 방법으로 구현하고 결과가 동일한지 확인하라.

3. 두 실수와 연산자(+, -, *, / 중 하나)를 입력받아 연산을 하고 결과를 출력하는 프로그램을 작성하라. 연산은 반드시 다음과 같은 함수를 만들어 사용해야 한다.

```
double calculate( double x, double y, char op ); // x op y를 반환하는 함수
```

4. singNationalAnthem()이란 함수를 호출할 때마다 애국가가 1절부터 한절씩 순서대로 출력되도록 하려고 한다. 단, 전역변수를 사용하지 않아야 하며, 4절까지 출력된 다음에는 다시 1절로 순환하여 출력되어야 한다. 이 함수를 구현하라.

5. 3.8절의 러시안 룰렛 게임을 다음과 같이 확장하라.
   (1) 6연발 권총이 아니라 n-연발 권총이다. n은 사용자로부터 입력받는다.
   (2) 모든 총알이 발사될 때까지 게임을 진행한다. 예를 들어, 5명이 2발의 총알을 넣어 게임을 한다면 두 명이 총알을 맞는다.

6. 3.8절의 스피드 구구단 게임을 다음과 같이 확장하라.
   (1) 여러 자리의 덧셈 문제를 출제하고 맞히는 함수를 playGuguOnce()를 참고하여 작성하라.
   (2) 마찬가지로 두 자리 수 곱셈 문제를 함수로 구현하라.
   (3) 프로그램이 시작되면 게임을 선택하도록 한다. 예를 들어, 1: 구구단, 2: 두 자리 수 곱셈, 3~9: 3~9자리 수 덧셈 문제가 선택된다.

CHAPTER

04

배열, 구조체와 파일

4.1 대용량 자료의 처리

4.2 배열

4.3 배열과 함수

4.4 구조체

4.5 구조체와 함수

4.6 값에 의한 호출(call by value)

4.7 파일 입출력

4.8 응용: 랭킹 관리 프로그램

4.9 응용: 4x4 퍼즐 게임

학습목표

- 배열의 개념을 이해하고, 배열의 선언 및 활용 능력을 기른다.
- 함수 호출에서 배열의 전달 방법을 이해한다.
- 문자열이 다른 배열들과 다른 점들을 이해한다.
- 구조체를 이해하고 구조체 객체의 활용 능력을 기른다.
- 구조체와 관련된 함수의 호출과 반환을 이해한다.
- 텍스트 파일과 이진 파일을 이해하고, 관련 함수를 사용하는 능력을 기른다.
- 랭킹 처리를 위한 자료의 정렬 개념을 이해한다.

4×4 퍼즐게임

이제 조금 게임다운 게임을 만들어 보자. 숫자 맞추기 퍼즐 게임이다. 먼저 4×4 퍼즐에서 마지막 한 자리만 비우고 모든 자리에 1부터 15까지의 퍼즐 조각들을 순서대로 채운다. 빈자리를 이용해 퍼즐 조각들을 움직일 수 있다.

맨 처음에는 퍼즐을 섞어야 한다. 이때, 난수 발생을 이용할 수 있다. 섞여진 퍼즐은 게이머가 다시 순서대로 맞추어야 한다. 퍼즐 조각을 움직이기 위해 화살표 키들을 사용하고, 다 맞춰지면 게임이 종료된다. 퍼즐을 맞추기 실력을 평가하기 위해 조각을 움직인 전체 횟수와 퍼즐을 맞추는데 걸린 시간을 계산한다.

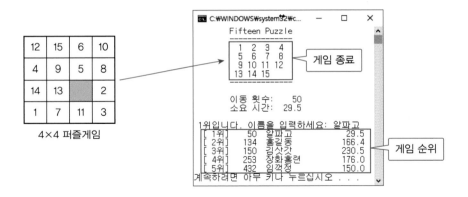

4×4 퍼즐게임

게임도 게임이지만 한 가지를 더 구현한다. 고득점 순위를 관리하도록 하는 것이다. 게임이 끝나면 점수를 계산하고, 점수에 따라 랭킹을 갱신한다. 수정된 랭킹 정보는 파일에 다시 저장되어야 한다. 다음에 다시 게임을 할 때 순위 정보를 읽어오기 위해서이다.

퍼즐 맵은 2차원 배열을 사용하고, 난수 발생과 시간 측정 함수도 계속 사용된다. 구조체를 만들어 사용하는 것과, 함수를 만드는 것에도 익숙해져야 한다. 화살표 키 입력을 처리하는 방법도 알아야 한다. 파일 입출력 방법에 대해서도 알아야 한다. 관련 내용들을 공부하면서 이 게임을 어떻게 구현할 수 있을지 생각해 보자.

4 배열, 구조체와 파일

4.1 대용량 자료의 처리

프로그램에는 많은 변수들이 사용되는데, 각 변수에는 하나의 값이 저장된다. 예를 들어, 번호 맞히기 게임에서 사용자가 예측한 값이나 정답, 전체 게임의 횟수 등이 각각의 변수에 저장되었다. 그렇다면 한꺼번에 많은 값을 다루어야 하는 경우는 어떻게 처리할까? 다음 상황을 생각해 보자.

- 학생들의 성적처리를 위해서 45명의 성적을 저장하는 방법
- 주소록을 만들기 위해 친구들의 다양한 정보(이름, 전화번호, 주소, 이메일 등)를 통합하여 저장하는 방법

반 학생들의 성적처리   친구 주소록 만들기

| 그림 4.1 한꺼번에 많은 자료 처리가 필요한 경우

이와 같이 프로그램에서 한꺼번에 많은 자료를 표현해야 하는 경우 **배열**(array)이나 **구조체**(struct)를 사용할 수 있다. 이들은 많은 프로그래밍 언어에서 지원된다. 만약 이들 데이터를 컴퓨터에 저장하고 싶다면 **파일**(file)을 사용해야 한다.

▪ 배열이란?

배열(array)은 여러 개의 동일한 자료형의 데이터를 한꺼번에 만들 때 사용한다. 그림 4.2 와 같이 6명의 성적에 대한 합을 구하는 방법을 생각해 보자. (a)는 6개의 변수를 선언하 여 사용하였고, (b)는 배열을 이용하였다.

여러 개의 변수를 사용하면 변수 각각을 다른 이름으로 접근을 해야 한다. 따라서 연산이 나 자료의 교환 등이 매우 불편하다. 만약 처리해야 할 학생의 수가 50명쯤 된다면 코드가 어떻게 될까? 생각만 해도 끔찍하다.

이에 비해, 배열은 하나의 이름을 사용하면서 **인덱스(index)**로 각 항목을 접근할 수 있다. 특히 (b)와 같이 반복문을 활용할 수 있다! 코드의 길이가 학생의 수와 관련이 없어 학생 이 매우 많더라도 전혀 문제가 없다.

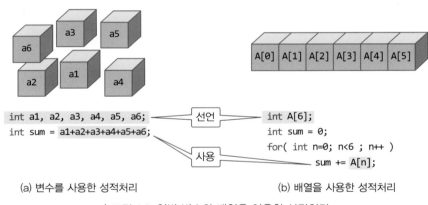

(a) 변수를 사용한 성적처리   (b) 배열을 사용한 성적처리

| 그림 4.2 일반 변수와 배열을 이용한 성적처리

▪ 구조체란?

일반적으로 복잡한 객체들은 앞의 성적처리에서와 같이 동일한 자료형으로만 이루어져 있 지 않다. 예를 들어, 고득점 게임들의 랭킹 관리 프로그램을 생각해 보자. 한 번의 게임 결 과를 표현하기 위해 다양한 정보가 저장되어야 하는데, 예를 들어 게이머의 이름, 최종 점 수, 게임의 레벨, 그리고 소요시간이 필요하다고 하자. 이름은 문자열로 나타낼 수 있을 것 이고, 점수와 시간은 실수로 레벨은 정수로 표현해야 할 것이다. 만약 이들 요소들을 각각 의 변수로 선언해 관리한다면 여러 변수가 필요해 매우 불편할 것이다.

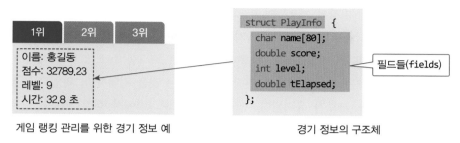

| 그림 4.3 구조체 표현의 예

구조체(structure)는 이와 같이 서로 다른 여러 가지의 다른 유형의 데이터를 묶는 방법을 제공해 준다. 구조체 내의 각 데이터를 **필드(field)**라고 부르며, 구조체의 배열을 선언해 사용하는 경우도 많다. 그림 4.3은 구조체 표현의 예를 보여준다. 구조체는 C언어에서 struct 키워드를 사용해 표현하는데, C++에서는 객체지향 개념이 추가된 class로 확장된다. 이 장에서는 구조체의 C언어적인 부분만을 살펴본다. 구조체를 선언하고 활용하는 방법들에 익숙하다면 6장부터 공부할 클래스의 개념과 필요성 등을 쉽게 이해할 수 있을 것이다.

■ 배열, 구조체와 파일

배열과 구조체는 모두 프로그래밍의 핵심이므로 매우 중요하다. 이들의 공통점은 모두 메모리의 연속적인 공간에 만들어진다는 것이다. 다음은 그림 4.2와 4.3의 배열과 구조체에 대한 메모리 구조와, 용량을 보여준다.

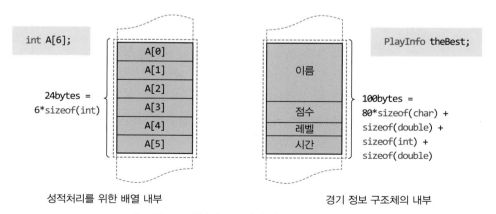

| 그림 4.4 배열과 구조체의 메모리 내부와 용량

배열과 구조체 객체에 저장된 자료들의 또 다른 공통점은 이들이 일시적인 데이터라는 것이다. 즉, 프로그램이 종료되면 모두 사라지는 자료이다. 만약 프로그램이 끝나도 자료를 컴퓨터에 저장하고 싶다면 **파일(file)**을 사용해야 한다. 프로그램 소스 코드와 헤더 파일은 모두 하드디스크와 같은 장치에 파일로 저장되어야 하는 것을 기억하라. 파일로 저장되면 컴퓨터 전원이 꺼져도 자료가 유지된다. 만약, 게임 프로그램에서 랭킹을 계속 관리하고 싶다면 랭킹 정보를 파일에 저장해야 한다.

4.2 배열

■ 배열의 선언

배열도 사용하기 전에 먼저 선언해야 하는데, 방법은 다음과 같다.

```
자료형  배열이름[배열의_크기];
```

- **자료형**: 배열 항목들의 자료형. 모든 항목들이 동일한 자료형을 가짐
- **배열이름**: 배열의 항목에 접근할 수 있는 유일한 이름
- **배열의_크기**: 배열 항목들의 개수를 나타내는 정수. 배열 항목의 인덱스는 0부터 배열의_크기 - 1임에 유의할 것

그림 4.5는 6개의 항목을 가지는 int 배열을 선언하는 문장과 배열의 구조를 보여주고 있다. 이 선언에서 배열의 첫 번째 항목은 A[0]이고 마지막 항목은 A[5]이다. A는 배열의 시작 주소를 나타내는데, 항목 A[0]의 주소와 동일하다. 다음 항목들의 주소는 그림과 같이 기본 주소로부터 일정하게 계산된다. int의 크기(sizeof(int))가 4이고, A[0]의 주소가 0x1000번지라면 A[1]는 0x1004번지에 위치한다(0x는 16진수를 의미한다).

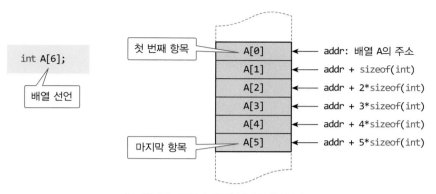

```
int A[6];
```
배열 선언

첫 번째 항목 → A[0]   ← addr: 배열 A의 주소
A[1]   ← addr + sizeof(int)
A[2]   ← addr + 2*sizeof(int)
A[3]   ← addr + 3*sizeof(int)
A[4]   ← addr + 4*sizeof(int)
마지막 항목 → A[5]   ← addr + 5*sizeof(int)

| 그림 4.5 배열 선언과 각 항목의 주소

배열을 선언할 때 배열의 크기는 반드시 상수이어야 한다. 다음 배열 선언들 중에 마지막 문장은 size가 변수이므로 잘못된 배열 선언으로 컴파일 오류가 발생한다.

```
const int DIM = 10;        // 상수 DIM
int size = 20;             // 변수 size를 선언하고 초기화 함
int days[12];              // OK. 12개의 int값을 저장할 배열 선언
char name[50];             // OK. 50개의 char값을 저장할 배열 선언
float cost[DIM];           // OK. DIM개의 float 값을 저장할 배열 선언
int score[size];           // 오류! size가 상수가 아니라 변수임
```

■ 배열의 활용

배열의 각 항목은 배열이름에 **인덱스 연산자 "[ ]"** 를 사용해 접근할 수 있다. 배열은 인덱스를 이용해 반복문을 사용할 수 있어 프로그램을 매우 간략하게 구현할 수 있다. 물론 인덱스의 시작은 0이다.

```
cost[3] = 3.14f;           // cost 배열의 3번 인덱스의 요소에 3.14f를 복사
name[2] = 'c';             // name 배열의 2번 인덱스의 요소에 'c'를 복사
for( int i=0 ; i<7 ; i++ )
    days[i] = 24;          // days 배열의 모든 요소에 24를 복사
```

배열은 대부분 선언한 후 값들을 초기화하지만, 다음과 같이 선언과 동시에 초기화할 수도 있다. 이때 제공된 초깃값은 0번 항목부터 순서대로 적용되고, 남은 항목들은 모두 0

으로 초기화된다.

```c
int A[6] = {50, 60, 70, 80};   // 배열을 선언하면서 동시에 초기화 함
```

이 문장에서 A[0]에서 A[3]까지는 각각 50, 60, 70, 80이, 그리고 A[4]와 A[5]는 모두 0으로 초기화된다.

2.6절에서 살펴본 근로소득세 계산 프로그램을 배열을 이용해 구현해 보자. 먼저 소득 구간과 세율을 각각 배열로 선언하고, 초기화 할 수 있다. 구간과 세율이 배열에 저장되면 이제 반복문을 사용할 수 있다. 프로그램 2.11의 반복적인 부분(10~25행)을 반복문으로 구현한 소득세 계산 프로그램은 다음과 같다.

프로그램 4.1   근로소득세 계산 프로그램 Version 3

```c
01   #include <stdio.h>
02   double calcTax(int income)
03   {
04       const int NumSteps = 5;
05       int amount[NumSteps] = { 0, 1200, 4600, 8800, 15000 };
06       double tax = 0, rate[NumSteps] = { 0.06, 0.15, 0.24, 0.35, 0.38 };
07
08       for (int i = NumSteps - 1; i>0 ; i--) {
09           if (income > amount[i]) {
10               tax += rate[i] * (income - amount[i]);
11               income = amount[i];
12           }
13       }
14       tax += income*rate[0];
15       return tax;
16   }
17
18   void main()
19   {
20       int income;
21       double tax;
22       printf("연봉을 입력하세요 ==> ");
```

```
23      scanf("%d", &income);
24      tax = calcTax(income);
25      printf(" 전체세금은 %7.1f만원입니다.\n", tax);
26          printf(" 순수소득은 %7.1f만원입니다.\n", income - tax);
27  }
```

코드 설명

2~16행 연봉을 받아 소득세를 구하는 함수.

5~6행 소득 구간과 구간별 세율을 각각 배열로 선언함. NumSteps는 상수임.

8~13행 프로그램 2.11의 10~26행을 반복문으로 변경함. for 문과 배열의 인덱스 사용에 유의할 것.

15행 계산된 세금을 반환함.

구간과 세율이 배열에 저장되지 않으면 반복문을 사용할 수 없다. 반복문의 사용으로 코드의 길이가 짧아진 것을 확인하라. 특히 이 프로그램은 소득 구간이 더 세분화되거나 세율이 변경되더라도 배열만 수정하면 된다. 스스로 이 프로그램을 구현할 수 있다면 프로그램 2.10이나 2.11에 비해 엄청나게 발전한 것이다.

변수는 대입 연산자를 이용해 복사가 가능하다. 그렇다면 배열의 경우는 어떨까? 불행히도 안 된다. 다음은 잘못된 문장이다.

```
int A[4] = {50, 60, 70, 80}, B[4];
B = A;   // 오류. 배열은 한꺼번에 복사할 수 없다.
```

기본적으로 배열의 복사를 위해서는 다음과 같이 항목을 각각 복사해야 함을 명심하라(물론 memcpy()와 같은 함수를 사용하면 한꺼번에 복사할 수도 있다).

```
for( int i=0 ; i<4 ; i++ )
    B[i] = A[i];
```

■ 다차원 배열

2차원 배열은 1차원 배열이 여러 개 모여서 이루어진다. 2차원 배열에서 가로줄을 행(row), 세로줄을 열(column)이라고 하는데, 다음과 같이 선언한다.

```
자료형  배열이름[행의_개수][열의_개수];
```

- **배열이름**: 2차원 배열의 이름
- **행의_개수**: 2차원 배열의 가로줄의 개수
- **열의_개수**: 2차원 배열의 세로줄의 개수

그림 4.6은 4행 3열을 갖는 int형 2차원 배열을 선언하는 문장과 항목들의 위치를 보여준다. 2차원 배열에서 각 항목의 위치는 개념적으로 그림의 (a)와 같이 생각할 수 있다. 그러나 실제 메모리는 하나의 주소체계로 되어 있으므로 항목들이 (b)와 같은 순서로 저장된다.

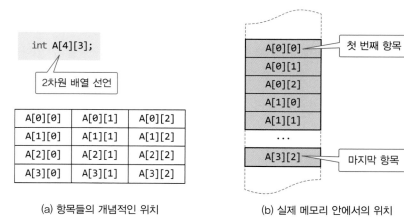

(a) 항목들의 개념적인 위치   (b) 실제 메모리 안에서의 위치

| 그림 4.6 2차원 배열의 선언과 항목의 위치

2차원 배열도 선언과 함께 초기화 할 수 있고, 데이터가 일부만 주어지면 앞에서부터 초기화된다.

```
int A[4][3]= { {1,2,3}, {4,5,6}, {7,8,9}, {10,11,12} };
```

다차원 배열도 마찬가지이다. 다음은 3차원 배열을 선언하고 사용하는 문장이다.

```
int A[4][3][5];        // 3차원 배열 A를 선언함
A[0][0][0] = 10;       // 3차원 배열 A의 요소 A[0][0][0]에 10을 복사
A[3][2][4] = 20;       // 3차원 배열 A의 요소 A[3][2][4]에 20을 복사
A[i][j][k] = 0;        // 변수 인덱스를 사용한 요소 접근
```

■ 문자열: 특별한 1차원 배열

문자열은 char형의 요소를 갖는 1차원 배열이다. 문자 배열도 다음과 같이 선언과 동시에 초기화할 수 있다.

```
char msg[12] = { 'g', 'a', 'm', 'e', ' ', 'o', 'v', 'e', 'r' };
```

그러나 문자열은 더 편리한 초기화가 다음과 같이 가능하다.

```
char s[12] = "game over";
```

이 문장은 앞의 문장과 중요한 차이가 있다. 문자열의 끝을 나타내는 NULL 문자 '\0'이 자동으로 추가된다는 것이다. 그림 4.7은 이 문장을 처리 후 문자열 s의 메모리 구조를 보여준다.

	s[0]	s[1]	s[2]	s[3]	s[4]	s[5]	s[6]	s[7]	s[8]	s[9]	s[10]	s[11]
s	'g'	'a'	'm'	'e'	' '	'o'	'v'	'e'	'r'	'\0'		

| 그림 4.7 문자열 s의 메모리 구조

s[4]의 공백 문자 ' '가 문자열의 끝을 나타내는 것이 아니라는 것에 유의하라. 단순히 문자열에 포함된 하나의 문자일 뿐이다. 문자열의 끝은 '\0'의 위치가 결정한다.

```
printf("%s", s);
```

이 문장의 출력 결과는 "game"이 아니라 "game over"이다. 만약 s[10]의 값이 '!'이라면 어떻게 출력될까? 처음 나타나는 NULL 문자 이후의 모든 내용은 문자열에 포함되지 않는다. 즉, "game over!"가 아니라 "game over"가 출력된다.

일반적인 배열은 비교나 복사, 길이 측정 등을 위한 함수가 제공되지 않는다. 그러나 특별한 1차원 배열인 문자열은 표준 라이브러리에서 여러 가지 함수들이 제공된다.

- 문자열 처리 함수를 사용하기 위해 **<string.h>**나 **<cstring>**을 포함해야 한다.
- **strlen()**(문자열의 길이 반환), **strcmp()**(두 문자열의 비교), **strcpy()**(문자열의 복사) 등 다양한 함수가 제공된다.
- C++에서는 문자열을 위한 클래스 **string**을 제공하는데, 문자열의 결합이나 비교 등을 좀 더 편리하게 할 수 있다. 이 클래스를 사용하려면 **<string.h>**가 아닌 **<string>**을 포함시켜야 한다. **string**은 6장에서 자세히 알아본다.

다음은 문자열 처리 함수의 사용 예를 보여준다.

프로그램 4.2 문자열 처리 함수 사용 예

```
01  #include <stdio.h>
02  #include <string.h>
03  void main()
04  {
05      char s1[] = "game", s2[20], s3[20];
06
07      strcpy(s2, "over");
08      sprintf(s3, "%s %s !", s1, s2);
09      printf("strlen(%s) = %d\n", s1, strlen(s1));
10      printf("strlen(%s) = %d\n", s2, strlen(s2));
11      printf("strlen(%s) = %d\n", s3, strlen(s3));
12      printf("strcmp(%s,%s) = %d\n", s1, s2, strcmp(s1,s2));
13      printf("strcmp(%s,game) = %d\n", s1, strcmp(s1, "game"));
14  }
```

```
C:\WINDO...        —    □    ×
strlen(game) = 4
strlen(over) = 4
strlen(game over !) = 11
strcmp(game,over) = -1
strcmp(game,game) = 0
```

코드 설명

7행 strcpy()는 문자열을 복사하는 함수.

8행 sprintf()는 화면이 아니라 문자열에 출력하는 함수. 매개변수가 하나 추가된 점을 제외하면 printf()와 사용법이 동일함.

9~11행 strlen()은 문자열의 길이를 구하는 함수.

12~13행 strcmp()는 문자열이 같은지 비교하는 함수. 같으면 0을 반환하고 s1이 사전적으로 s2보다 앞에 있는 문자열이면 -1을, 아니면 1을 반환하는 것에 특히 유의할 것.

4.3 배열과 함수

■ 함수로 배열을 전달

배열도 함수의 매개변수로 전달할 수 있다. 배열을 함수의 매개변수로 전달할 때 반드시 명심해야 하는 것들이 있다.

- 배열의 이름은 **배열의 시작 주소**이다. 즉 배열의 첫 번째 항목의 주소이다. 함수로 배열의 이름을 전달하는 것은 배열의 주소를 전달하는 것이고, 따라서 호출된 함수에서는 이 주소를 이용해 배열의 모든 항목을 접근할 수 있다.
- **배열의 길이도 전달**해야 한다. 배열의 이름은 그 배열의 시작 주소일 뿐이고, 배열 길이에 대한 정보는 전혀 없다. 따라서 함수로 배열을 전달할 때에는 배열의 길이도 반드시 함께 전달해야 한다.
- **문자열**의 경우 길이를 전달할 필요가 없다. 이것은 약속 때문이다. 문자열은 끝을 나타내기 위해 NULL 문자 '\0'을 사용하기로 "약속"했다. 따라서 문자열이 아무리 길더라도 맨 처음 NULL 문자가 나오면 문자열이 끝난 것으로 생각한다. 따라서 함수로 길이를 전달할 이유가 없다.

프로그램 4.3은 int 배열과 문자열에서 각각 가장 큰 값을 찾아 반환하는 함수를 보여주고 있다. findMaxValue()에서는 매개변수로 반드시 배열의 길이가 있어야 한다. 이에 반해 findMaxChar()에서는 배열의 길이가 필요 없다. 약속에 따라 문자열을 길이를 알 수 있기 때문이다.

프로그램 4.3	함수로 배열을 전달

```
01  #include <cstdio>
02  #include <cstring>
03  int findMaxValue(int a[], int len) {
04      int maxVal = a[0];
05      for (int i = 1; i<len; i++)
06          if (maxVal < a[i]) maxVal = a[i];
07      return maxVal;
08  }
```

```
09    char findMaxChar(char a[]) {
10        char maxChar = a[0];
11        for (int i = 1; i<strlen(a); i++)
12            if (maxChar < a[i]) maxChar = a[i];
13        return maxChar;
14    }
15    void main() {
16        int arr[10] = { 3, 24, 82, 12, 34, 7, 53, 17, 26, 51 };
17        char str[] = "geme over !";
18        printf("max val = %d\n", findMaxValue(arr, 10));
19        printf("max char = %c\n", findMaxChar(str));
20    }
```

```
C...    —    □    ×
max val = 82
max char = v
```

코드 설명

3~8행 int 배열에서 최댓값을 찾아 반환하는 함수. 배열의 길이를 반드시 전달해야 함. 최댓값 찾기 알고리즘을 확인할 것.

9~14행 문자열에서 최댓값을 찾아 반환하는 함수. 문자열의 경우 길이를 전달할 필요가 없음. strlen() 함수로 문자열의 길이를 알 수 있음.

배열의 이름이 배열의 시작 주소이므로 호출된 함수에서 배열의 값을 바꿀 수도 있을 것이다. 만약 함수에서 배열 항목을 변경하지 않도록 하고 싶다면 const 키워드를 사용할 수 있다. 예를 들어, 프로그램 4.3의 최댓값 검사에서는 배열의 내용이 변경되면 안 되므로 이 프로그램의 각 함수 헤더(3행과 9행)를 다음과 같이 수정하는 것이 개념적으로는 더 안전하다고 볼 수 있다.

```
03    int findMaxValue(const int a[], int len){    // 함수 몸체에서 배열 항목의
09    char findMaxChar(const char a[]) {           // 수정이 불가능 함
```

■ 함수로부터의 배열 반환

배열의 항목들을 역순으로 만들어 반환하는 함수를 구현해보자. 함수에서 배열을 반환하기 위해 다음과 같은 함수를 만들 수 있을까?

```
int[] copyArray( const int a[], int len);          // 오류
```

앞에서 배열을 한꺼번에 대입연산자를 이용해 복사할 수 없는 것처럼 이 문장은 허용되지
않는다. 만약 배열을 역순으로 만들어 반환하려면 두 개의 배열을 인수로 전달해야 한다.
즉, 원래의 배열과 역순으로 재배치한 결과를 저장할 배열이다. 다음은 int 배열과 문자열
을 역순 재배치한 배열을 만들기 위한 프로그램을 보여주고 있다. 배열의 내용을 화면으로
출력하기 위한 printArray() 함수도 추가하였다.

프로그램 4.4 역순 배열을 구하는 함수

```c
01  #include <cstdio>
02  #include <cstring>
03  void printArray(const int a[], int len, char msg[] = "Array") {
04      printf("%s: ", msg);
05      for (int i = 0; i < len; i++)
06          printf("%3d", a[i]);
07      printf("\n");
08  }
09  void reverseArray(const int a[], int b[], int len) {
10      for (int i = 0; i < len; i++)
11          b[len-i-1] = a[i];
12  }
13  void reverseString(const char src[], char dst[]) {
14      int len = strlen(src);
15      for (int i = 0; i < len; i++)
16          dst[len - i - 1] = src[i];
17      dst[len] = '\0';
18  }
19  void main()
20  {
21      int a[10] = { 3, 24, 82, 12, 34, 7, 53, 17, 26, 51 };
22      int b[10];
23      char src[] = "game over !", dst[40];
24
25      reverseArray(a, b, 10);
26      reverseString(src, dst);
27      printArray(a, 10, "배열 a");
28      printArray(b, 10, "배열 b");
29      printf("src = %s\n", src);
30      printf("dst = %s\n", dst);
31  }
```

```
C:\WINDOWS\system32\cmd.exe       —    □    ×
배열 a:   3 24 82 12 34  7 53 17 26 51
배열 b:  51 26 17 53  7 34 12 82 24  3
src = game over !
dst = ! revo emag
```

코드 설명

3~8행 int 배열을 화면에 출력하는 함수. 디폴트 매개변수가 사용되었음.

9~12행 int 배열 a의 항목들을 역순으로 배열 b에 복사함. 배열 b는 내용이 변경되어야 하므로 const로 선언하면 안 됨.

13~18행 문자열 src의 역순 문자열을 dst에 복사함. dst는 const로 선언하면 안 됨. 17행과 같이 마지막에 NULL 문자를 반드시 추가해야 함.

■ 다차원 배열의 매개변수 전달

약간 더 어려운 문제이다. 프로그램 4.3을 이차원 배열로 확장해 보자. 예를 들어, 이차원 배열로 구성된 영상에서 밝기 값이 최대인 화소를 찾는 함수를 만드는 것이다. findMaxValue()를 2차원으로 확장한 함수 findMaxPixel()는 이차원 배열에서 가장 큰 요소를 찾아 반환한다. 문제는 매개변수의 자료형이다.

첫 번째 매개변수를 a[][]형으로 선언할 수 있으면 문제가 없다. 그러나 이차원 배열을 매개변수로 보낼 때 반드시 **a[][5]**와 같이 열(영상의 가로)의 크기가 지정되어야 한다. 이렇게 되면 이 함수는 행의 크기가 5인 이차원 배열에 대해서만 동작하는 함수가 된다. 즉 임의의 크기의 영상에는 적용할 수 없는 엉터리 함수이다.

실제 응용에서 행렬이나 영상과 같이 이차원 배열 형태의 자료를 다루는 경우가 흔히 발생한다. 그때마다 가로 크기를 제한하여 함수를 만드는 것은 매우 비효율적이다. 따라서 이차원 배열은 좀 다른 방법으로 처리하는 것이 좋다. 어려운 내용이지만 동적 할당과 이중 포인터에서 답을 찾을 수 있다. 이차원 배열의 동적 할당과 해제는 8장에서 자세히 공부하도록 한다.

프로그램 4.5 영상에서 가장 밝은 화소를 찾아 밝기 값을 반환하는 함수의 예

```
01    int findMaxPixel( int a[][5], int h, int w ) {
02        int maxVal = 0;
03        for( int i=0 ; i<h ; i++ )
04        for( int j=0 ; j<w ; j++ )
05            if( maxVal < a[i][j] )
06                maxVal = a[i][j];
```

```
07        return maxVal;
08    }
09    #include <cstdio>
10    void main()
11    {
12        int img[3][5]= {  {  3, 24, 82, 12, 22},
13                          { 99,  7, 65, 73, 58},
14                          { 20,  7,  9, 48, 29} };
15        int maxPixel = findMaxPixel( img, 3, 5 );
16        printf( "영상의 최대 밝기 = %d\n", maxPixel );
17    }
```

C:\WINDOWS... — □ ×
영상의 최대 밝기 = 99

코드 설명

1~8행 한 행의 길이가 5인 이차원 배열에서 최댓값을 찾아 반환하는 함수.

12~14행 이차원 배열을 선언하고 초기화 함.

15행 배열에서 최댓값을 찾아 반환하는 함수 호출. img는 행의 크기가 5인 이차원 배열이어야 함.

Lab 게임 순위 관리를 위한 내림차순 정렬

대부분의 게임에는 그림 4.8과 같이 순위 또는 랭킹을 관리하는 기능이 있는데, 일정한 수의 고득점 게임에 대한 정보를 출력한다. 게임의 랭킹 관리를 위한 프로그램을 다음 조건에 따라 구현해 보자.

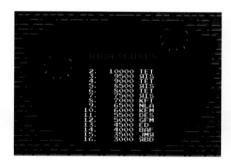 

| 그림 4.8 게임 순위표의 예

- 5등까지의 점수만을 내림차순으로 출력한다. 이를 위해, 점수 배열을 만들고 맨 처음에는 모두 0으로 초기화한다.
- 0~99 사이의 점수를 무작위로 발생하여 배열에 추가한다. 이때, 배열에는 가장 높은 점수 5개만 내림차순으로 정렬되어 들어있어야 한다.
- 이 과정을 8회 반복하고, 반복할 때 마다 전체 배열의 내용을 화면에 출력한다.
- 정렬된 점수 배열에 내림차순으로 새로운 점수를 추가하는 함수를 구현한다.

분석 및 설계

- 점수 발생은 rand()%100을 사용하면 되고, int 배열을 화면에 출력하는 것은 프로그램 4.4의 printArray() 함수를 그대로 사용한다.
- 배열이 항상 내림차순으로 정렬되어 있도록 새로운 점수를 추가하는 함수를 설계하는 것이 문제다. 배열 주소(a)와 길이(len), 그리고 새로운 점수(val)를 함수로 전달해야 할 것이다. 만약 새로운 점수가 등록 가능한 점수이면 원래 배열의 항목들이 변경된다. 따라서 함수에서 값을 반드시 반환할 이유는 없다. 이를 바탕으로 다음과 같이 함수 원형을 설계할 수 있다.

```
void addDescending( int a[], int len, int val );
```

- 이제 알고리즘을 설계하자. 내림차순으로 정렬되어 있으므로 배열의 마지막 항목이 항상 가장 작다. 그렇다면 먼저 val과 마지막 항목을 비교하여 val이 더 작거나 같으면 고득점 랭킹에 추가될 수 없다.
- 만약 val이 더 크면 일단 val을 마지막 항목에 복사한다. 이후 반복문으로 앞의 항목과 비교하면서 val이 더 크면 앞뒤 항목을 교환한다.

구현

프로그램 4.6	정수를 무작위로 발생시켜 내림차순으로 정렬하는 프로그램

```
01   #include <cstdio>
02   #include <cstdlib>
03   // 프로그램 4.4의 3~8행의 printArray()함수 추가
04   void printArray(const int a[], int len, char msg[] = "Array") { ... }
```

```
05  void addDescending( int a[], int len, int val ) {
06      if( val > a[len-1] ) {
07          a[len-1] = val;
08          for( int i=len-1 ; i>0 ; i-- ) {
09              if( val < a[i-1] ) return;
10              a[i] = a[i-1];
11              a[i-1] = val;
12          }
13      }
14  }
15  void main()
16  {
17      int score[5] = {0,0,0,0,0};
18      for( int i=0 ; i<8 ; i++ ) {
19          int newScore = rand()%100;
20          addDescending( score, 5, newScore );
21          printf("[%2d] ", newScore);
22          printArray( score, 5, "순위" );
23      }
24  }
```

코드 설명

4행 프로그램 4.4의 3~8행의 printArray() 함수 추가.

5~14행 랭킹 배열에 새로운 값 val 추가 함수.

17행 점수 배열 생성 및 0으로 초기화.

19~20행 난수(0~99) 발생 및 랭킹 배열에 등록.

- 이 코드는 일반적인 내림차순 정렬과는 다른데, 배열에는 항상 최고 점수 5개만 저장되어야 하고, 새로운 점수가 등록되면 기존의 5등은 사라져야 한다. 그래도 알고리즘은 다소 복잡하다.
- srand()를 사용하지 않아 실행할 때마다 결과가 동일하다.
- 이 방법을 잘 활용하면 실제 게임의 랭킹 관리를 구현할 수 있을 것이다.
- 실제 게임에서는 점수뿐 아니라 경기자를 포함한 그 게임의 다양한 정보가 추가되어야 할 것이다. 이 경우 구조체의 배열이 사용되어야 할 것이다.

4.4 구조체

■ 구조체의 선언

C++에서는 C언어와의 호환을 위해 구조체(struct)를 지원한다. 그런데 이것은 클래스
(class)와 거의 차이가 없다. 객체지향적인 class를 자세히 공부하기 전에 먼저 구조체의
C언어적인 측면, 즉 다양한 자료의 모음으로서의 struct를 살펴보자.

struct는 서로 다른 자료형의 변수들을 묶어 새로운 자료형, 즉 유도 자료형을 정의하는
방법을 다음과 같이 제공한다.

```
struct   구조체명 {
      자료형1   변수명1;
      자료형2   변수명2;
      ...
};
```

- **구조체명**: 구조체의 이름. C++에서는 이 이름이 새로운 자료형이 됨
- **자료형**: 구조체 각 구성 요소(변수)의 자료형
- **변수명**: 구조체 각 구성 요소의 이름

예를 들어, 그림 4.3과 같이 한 번의 게임 결과를 저장하기 위해 필요한 자료들을 생각해
보자. 다음과 같은 정보가 필요할 것이고, 이들은 각각 다음과 같은 변수로 선언할 수 있
을 것이다.

- 게이머의 이름: 문자열로 표현 ==> char name[80];
- 게임 점수: 실수로 표현 ==> double score;
- 게임 레벨: 정수로 표현 ==> int level;
- 게임 소요 시간: 실수로 표현 ==> double score;

한 경기의 정보가 여러 변수에 나누어져 있으므로 사용이 불편하다. 따라서 이들을 구
조체로 그림 4.9와 같이 모을 수 있다. 이때, 구조체의 각 항목(변수)들을 **멤버 변수**
(member variable), 또는 **데이터 멤버**(data member)라고 한다.

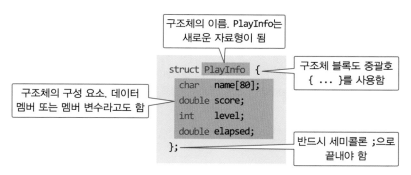

| 그림 4.9 게임을 위한 경기 정보 구조체의 예

■ 구조체 변수의 생성과 활용

새로운 구조체가 정의되면 **구조체 변수**(variable) 또는 **객체**(object)를 만들 수 있다. 구조체 변수는 기본 자료형의 변수를 선언하는 것과 동일한 방법으로 선언할 수 있다. 특히 C 언어와는 달리 C++에서는 구조체의 이름 자체가 하나의 새로운 자료형이 되는 것에 유의하라. 다음은 `PlayInfo` 구조체의 변수를 선언하는 문장이다.

```
struct PlayInfo best;   // C언어 방식의 객체 선언
PlayInfo challenger;    // C++에서 추가로 허용하는 방법
```

구조체 변수도 한 줄에 여러 개를 선언할 수도 있고, 배열로도 선언할 수 있다. 그리고 다음과 같이 생성하면서 초기화 할 수도 있다.

```
PlayInfo a, b;          // 경기 정보 객체 a와 b를 생성함
PlayInfo list[10];      // 경기 정보 10개를 저장할 배열을 생성함
PlayInfo challenger = { "Rafael Nadal", 90.0, 9, 30.5 };
```

초깃값들은 구조체에서 멤버 변수를 나열한 순서와 동일한 순서로 제공해야 한다. 마지막 문장에서 초깃값들이 `PlayInfo`의 멤버 변수 선언 순서와 동일하게 문자열(char*), double, int, double의 순으로 제공된 것에 유의하라.

구조체 객체가 생성되어 초기화되면, 그 객체의 멤버 변수들은 어떻게 참조할 수 있을까? **항목 선택 연산자**(membership operator) '.'를 사용하면 된다. 객체의 이름 바로 뒤에 '.'을 첨가한 후 멤버 변수의 이름을 적으면 그 객체의 해당 멤버 변수에 접근할 수 있다.

```
challenger.score = 93.5;
challenger.level = 9;
challenger.elapsed = 27.5;
challenger.name = "Andy Murray";          // 오류: 문자열 복사에 '=' 사용 불가
strcpy (challenger.name, "Andy Murray");  // OK: 문자열의 복사 함수 사용
```

특히 문자열의 복사에 대입 연산자를 사용할 수 없음에 유의하라. 반드시 함수를 이용해 복사해야 한다.

■ 구조체와 연산자

수학에서 복소수는 실수부와 허수부로 이루어진다. 다음과 같이 복소수를 나타내는 구조체를 정의하고 객체 a와 b를 생성하는 코드를 보자.

```
struct Complex {          // 복소수 구조체 정의
    double real;          // 실수부
    double imag;          // 허수부
};
Complex a = {1.0, 2.0};   // 복소수 객체 a를 선언하고 초기화함
Complex b = {3.0, 4.0};   // 복소수 객체 b를 선언하고 초기화함
```

만약 복소수 객체 a를 b에 복사하고 싶다면 다음과 같은 대입 연산이 가능할까?

```
b = a;                    // OK: 객체 a를 b에 복사하는 연산? 가능함
```

만약 이것이 가능하지 않다면 다음과 같이 각 멤버별로 복사해야 할 것이다.

```
b.real = a.real;          // b의 real를 a의 real에 복사
b.imag = a.imag;          // b의 imag를 a의 imag에 복사
```

C++에서는 유도 자료형의 객체에 대해서도 대입 연산자를 제공한다. 즉, b = a;와 같은 문장을 사용해도 된다. 다른 연산자들은 어떨까? 예를 들어, 크기 비교 연산을 생각해 보자. 다음 문장은 컴파일 오류를 발생시킨다.

```
if( a > b )              // 오류: a가 b보다 크면? 복소수의 크기 비교?
    printf("a가 b보다 크다.");
```

왜 그럴까? 그것은 "복소수의 크기 비교"의 의미가 명확하지 않기 때문이다. 실수부가 크기로 비교할 수도 있고, 허수부가 크기로도 비교할 수 있다.

- 컴파일러는 유도 자료형에 대해서도 대입 연산자 =를 기본적으로 제공한다.
- 다른 연산자들은 제공하지 않는다. 비교 연산자는 물론이고 심지어 +=나 *=과 같은 다른 대입 연산자들도 지원하지 않는다.

그렇다면 복소수 크기는 어떻게 비교할 수 있을까? 개발자가 직접 비교 함수를 작성하여야 한다. 다음은 복소수 비교 함수의 예이다.

```
// a의 실수부가 b의 실수부보다 크면 true를 반환하고 아니면 false를 반환하는 함수
bool compare(Complex a, Complex b) {
    if( a.real > b.real ) return true;   // 연산 결과에 따라 true/false 반환
    else return false;
}
void main()
{
    Complex a = { 1.0, 2.0 };
    Complex b = { 3.0, 4.0 };
    if( compare(a, b) )
        printf("a의 실수부가 b의 실수부보다 큼\n");
}
```

이 코드에서 compare() 함수에는 중복적인 표현이 있다. 연산 (a.real > b.real)의 결과 자체가 bool형인데, 이 결과를 검사하여 다시 true나 false를 반환한다. 따라서 중복을 없애면 다음과 같이 코드가 간단해진다.

```
bool compare(Complex a, Complex b) {
    return ( a.real > b.real );          // 연산 결과(bool)를 바로 반환함
}
```

동일한 기능이면 짧은 코드가 대부분의 경우 훨씬 바람직하다. 물론 다음과 같이 한 줄로 구현할 수도 있다.

```
bool compare(Complex a, Complex b) { return ( a.real > b.real ); }
```

이 책에서는 코드를 줄이고 지면을 아끼기 위해 이와 같이 압축적인 함수 표현을 많이 사용할 것이다. 이해가 어렵다면 여러 줄로 구현하는 것도 좋다.

4.5 구조체와 함수

■ 구조체를 이용한 함수 호출과 반환

구조체도 함수 호출에서 인자로 사용하거나 함수의 반환 값으로 사용할 수 있다. 복소수 구조체를 선언하고 다음과 같이 몇 가지 함수를 구현해 보자.

- 출력 함수: 복소수를 보기 좋게 화면으로 출력함
- 입력 함수: 사용자로부터 실수부와 허수부를 읽어 결과 복소수를 반환함
- 덧셈 함수: 두 복소수의 합을 구해 결과 복소수를 반환함

프로그램 4.7은 이 프로그램을 구현한 예를 보여주고 있다. 각 함수 매개변수의 자료형과 반환형에 유의하라.

프로그램 4.7	복소수를 매개변수로 전달하고 반환받는 함수 예

```
01  #include <cstdio>
02  struct Complex {
03      double real;
04      double imag;
05  };
06  void printComplex(Complex c, char* msg = "복소수") {
07      printf(" %s %4.2f + %4.2fi\n", msg, c.real, c.imag);
08  }
```

```
09    Complex readComplex(char* msg="복소수") {
10        Complex c;
11        printf(" %s ", msg);
12        scanf("%lf%lf", &c.real, &c.imag);
13        return c;
14    }
15    Complex addComplex(Complex a, Complex b) {
16        Complex c;
17        c.real = a.real + b.real;
18        c.imag = a.imag + b.imag;
19        return c;
20    }
21    void resetComplex(Complex a) { a.real = a.imag = 0.0; }    // ???
22
23    void main()
24    {
25        Complex a, b, c;
26        a = readComplex("a(입력) = ");
27        b = readComplex("b(입력) = ");
28        c = addComplex(a, b);
29        printComplex(a, " a =");
30        printComplex(b, " b =");
31        printComplex(c, " a+b =");
32        resetComplex(c);
33        printComplex(c, "reset(c)=");          // ???
34    }
```

```
C:\WINDO...   —   □   ×
a(입력) =  1 2
b(입력) =  3 4
     a   = 1.00 + 2.00i
     b   = 3.00 + 4.00i
    a+b  = 4.00 + 6.00i
reset(c)= 4.00 + 6.00i
```

코드 설명

2~5행 복소수 구조체 선언.

6~8행 복소수를 화면에 출력하는 함수. 첫 번째 매개변수의 자료형이 Complex인 것에 유의할 것. 두 번째 매개변수는 출력할 복소수의 설명을 위한 것으로 디폴트 매개변수가 사용되었음.

9~14행 사용자로부터 실수부와 허수부를 읽어 결과 복소수를 반환함. 함수의 반환형이 Complex인 것에 유의할 것. 읽은 결과를 반환해야 함. 입력할 복소수의 설명을 위해 매개변수가 하나 사용되었음.

15~20행 두 복소수를 전달받아 합을 구해 반환하는 함수. 매개변수와 반환형에 모두 Complex가 사용되었음.

26~27행 두 복소수를 읽고 각각 a와 b에 복사함(구조체의 대입 연산자 사용).

28행 a와 b의 합을 구해 결과를 c에 복사함(구조체의 대입 연산자 사용).

29~31행 각 복소수를 화면에 출력.

21, 33행 복소수를 0으로 초기화하고 출력하려는 문장으로 문제가 있음.

이 프로그램은 기본적으로 잘 동작한다. `printComplex()`는 매개변수 c를 화면에 출력한다. 입력 함수 `readComplex()`는 사용자 입력을 이용해 복소수를 설정하고 반환한다. 덧셈을 위해서는 두 개의 복소수를 매개변수로 받아 이를 더한 다음 결과를 반환한다. 실행 결과를 보면 구조체를 함수의 매개변수로 전달하거나 반환하는 것도 일반 자료형과 다르지 않다는 것을 알 수 있다.

이 프로그램에는 한 가지 의도대로 되지 않는 코드가 있다. 실수부와 허수부를 모두 0으로 초기화하기 위한 `resetComplex()`이다. 마지막 줄이 0으로 초기화된 결과가 아니라 원래의 복소수 c가 그대로 출력된 결과이다. 왜 그럴까?

4.6 값에 의한 호출

C언어에서와 같이 C++에서도 기본적으로 함수의 호출에 **값에 의한 호출**(call-by-value) **방식**이 적용된다. 이것은 매개변수의 자료형에 상관없이 모든 함수에서 동일하게 적용된다. `resetComplex()`가 의도대로 동작하지 않는 이유를 다음 그림으로 살펴보자.

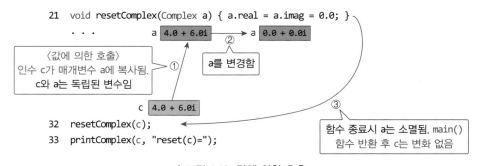

| 그림 4.10 값에 의한 호출

32행에서 함수를 호출할 때 인수 c가 `resetComplex()`의 매개변수 a로 복사된다. 이것이 "값에 의한 호출"이다. 인수의 **값**을 매개변수에 복사하는 방법이다. 중요한 것은 매개변수 a가 c와 동일한 변수가 아니라는 것이다. 자체적인 메모리를 갖는 독립된 변수이다. 따라

서 함수 몸체 ②에서 복소수 a를 변경하더라도 정작 c의 내용은 변하지 않는다. 그리고 함수가 종료되면 매개변수 a는 사라진다. ③과 같이 원래의 함수로 되돌아왔을 때 c의 값은? 물론 전혀 변화가 없다. 결국 resetComplex()는 복소수를 초기화(reset)하지 못하는 잘못 설계된 함수이다.

그렇다면 함수를 이용해 복소수를 초기화하는 방법은 없을까? 하나의 방법은 readComplex()와 같이 함수에서 초기화된 복소수를 만들어 반환하는 방법이다. 이 경우는 함수의 매개변수가 필요 없고 대신에 Complex를 반환해야 한다.

```
Complex resetComplex() {
    Complex a;
    a.real = a.imag = 0.0;
    return c;
}
```

물론 호출 문장도 다음과 같이 수정되어야 한다. 함수의 이름이 약간 적절하지 않아 보인다.

```
c = resetComplex();
```

그렇다면 함수의 매개변수를 통해서 복소수를 전달하고, 이것을 변경할 수 있는 방법은 없을까? 다음 장에서 공부할 포인터나 참조형을 함수의 매개변수로 사용해야 한다. 이것은 다음 장에서 자세히 다루도록 하자. 이것만은 기억하자. 함수의 호출은 기본적으로 **값에 의한 호출**이다.

4.7 파일 입출력

배열이나 구조체를 이용하면 많은 자료들을 한꺼번에 처리할 수 있는 것을 알았다. 그런데 프로그램이 종료되면 이들 자료들은 어떻게 될까? 당연히 메모리에 저장되어 있던 모든 자료들이 사라질 것이다. 다음에 다시 프로그램을 실행하더라도 이 전의 자료나 처리 결과를 복원할 수 없다.

어떻게 하면 프로그램을 종료했다가 다시 실행해도 이전에 사용하던 데이터를 복원하여 사용할 수 있을까? **파일**(file)을 사용해야 한다. 프로그램이 종료되기 전에 필요한 자료를 파일의 형태로 저장하여야 한다. 파일은 컴퓨터가 꺼져도 그대로 남아있기 때문이다. 파일은 저장되는 방법에 따라 **텍스트 파일**(text file)과 **이진 파일**(binary file)로 나누어진다.

- **텍스트 파일**은 자료들을 모두 문자열로 변환하여 저장한다. 대부분의 문서 편집기에서 내용을 읽을 수 있다.
- **이진 파일**은 자료들이 메모리에 있는 그대로를 저장한다. 따라서 보통의 문서 편집기에서 그 내용을 알 수 없다.

파일 처리를 위해 C언어에서 제공하는 표준 라이브러리를 사용해 보자. C++에서도 물론 사용할 수 있다. C++에서 제공하는 파일 입출력 관련 클래스는 6장에서 소개할 것이다.

■ 파일 열기와 닫기

파일 입출력을 위해서는 먼저 파일을 열어야 한다. 다음 함수를 사용한다.

```
FILE * fopen ( const char * filename, const char * mode);
```

- **반환형**: 이 함수는 파일의 포인터를 반환하고, 자료형은 FILE*이다. 만약 파일 열기를 실패하면 NULL을 반환하는데, 항상 이것을 점검하는 것이 좋다.
- **filename**: 처리하려는 파일의 이름을 전달한다.
- **mode**: 파일 처리의 종류를 지정한다. 읽기와 쓰기 모드는 각각 "r"와 "w"를 사용한다. "a" 추가 쓰기 모드로 파일이 있으면 이전 파일의 가장 뒤부터 파일에 추가한다. 이 외에도 "r+", "w+", "a+" 모드가 있다.

열린 파일에 대한 처리가 끝나면 닫아 주는 것을 잊지 말아야 한다. 다음 함수를 사용한다.

```
int fclose ( FILE* fp );
```

- **반환형**: 성공시 0을 반환하고 실패하면 −1을 반환한다.
- **fp**: 닫고자 하는 파일의 파일 포인터이다.

파일을 성공적으로 열면 열린 파일의 "주소"가 반환되고, 그 "주소"를 통해 파일에 자료를 읽거나 쓸 수 있다. 이때, **텍스트 모드**(text mode)와 **이진 모드**(binary mode)를 선택할 수 있다. 즉, 동일한 자료라도 두 가지 모드를 선택해 저장할 수 있는 것이다. 대표적인 입출력 함수들을 살펴보자.

■ 텍스트 모드의 파일 입출력

텍스트 모드는 자료들을 모두 문자열로 변환하여 저장한다. 따라서 대부분의 문서 편집기에서 내용을 읽을 수 있다. 지금까지 키보드에서 입력을 받아들이고, 화면으로 문자열을 출력하기 위해 scanf()와 printf() 함수를 사용하였다. 이들을 약간만 변형하면 텍스트 모드의 파일 저장에 사용할 수 있다. 물론 <stdio.h>를 포함해야 한다.

```
int fprintf( FILE*, const char *, ... );
int fscanf( FILE*, const char *, ... );
```

이 두 함수는 첫 번째 매개변수로 열린 파일의 "주소"가 추가된 점을 제외하고는 완전히 printf()나 scanf()와 동일하다. 첫 번째 매개변수는 물론 fopen() 함수를 통해 열린 파일의 포인터를 말한다. 만약 이 함수의 첫 번째 매개변수로 각각 stdout, stdin이 전달되면 printf(), scanf() 함수와 전적으로 동일하게 동작한다.

```
fprintf(stdout, "값 = %d", 10);    // printf("값 = %d", 10);와 동일
fscanf(stdin, "%d", &val);         // scanf("%d", %val);와 동일
```

<stdio.h>에서 제공하는 stdin, stdout, stderr는 파일을 가리키는 포인터 상수로 **표준 파일**(standard file)이라고 한다.

- 표준 입출력 장치도 하나의 파일처럼 처리되는 것에 유의하라.
- **표준 입력**을 나타내는 stdin은 키보드 입력을 말한다.

- **표준 출력** stdout과 **표준 에러** stderr는 모두 모니터 화면으로 출력된다.
- 표준 출력과 표준 에러는 기본적으로 유사하게 사용되는데, 이들을 구분한 이유는 프로그램의 "처리 결과"로 화면에 출력되는 데이터와 프로그램의 "진행 상황"을 알려주기 위해 출력하는 것을 구분하기 위해서이다.

이 외에도 다양한 텍스트 모드 입출력 함수가 있지만, 이 두 함수로 대부분을 처리할 수 있다. 텍스트 모드로 값을 저장하면 동일한 자료형이라도 값에 따라 파일에 저장되는 크기가 달라지는 것에 유의하라. 예를 들어, int 값이라도 2는 하나의 문자(1바이트)로 저장되지만 123456은 6개의 문자(6바이트)로 저장될 것이다. 즉, 2는 문자열 "2"로 저장되고 123456은 문자열 "123456"으로 저장된다. 다음은 정수를 파일에 저장하고 읽는 프로그램의 예를 보여주고 있다.

프로그램 4.8 텍스트 모드로 정수 배열을 파일에 저장하고 읽는 프로그램

```
01  #include <stdio.h>
02  #include <stdlib.h>
03
04  void fprintArray(int a[], int len, FILE* fp = stdout) {
05      for (int i = 0; i < len; i++)
06          fprintf(fp, "%d ", a[i]);
07      fprintf(fp, "\n");
08  }
09  void main()
10  {
11      FILE *fp;
12      int a[10], b[10];
13
14      for (int i = 0; i < 10; i++) a[i] = rand();
15
16      printf(" 원본 데이터: ");
17      fprintArray(a, 10);
18
19      fp = fopen("아스키파일.txt", "w");
20      if (fp != NULL) {
21          fprintArray(a, 10, fp);
```

```
22          fclose(fp);
23      }
24      fp = fopen("아스키파일.txt", "r");
25      if (fp != NULL) {
26          for (int i = 0; i < 10; i++)
27              fscanf(fp, "%d", &(b[i]));
28          printf(" 아스키 파일: ");
29          fprintArray(b, 10);
30          fclose(fp);
31      }
32  }
```

```
C:\WINDOWS\system32\cmd.exe                              —    □    ×
원본 데이터: 41 18467 6334 26500 19169 15724 11478 29358 26962 24464  ⌃
아스키 파일: 41 18467 6334 26500 19169 15724 11478 29358 26962 24464  ⌄
```

코드 설명

4~8행 int 배열을 파일에 저장하는 함수. stdout은 표준 출력(화면)을 의미함. 디폴트 매개변수를 사용함. fprintf()를 이용해 파일에 출력함.

14행 난수를 발생하여 배열을 초기화 함.

17행 배열 a를 화면(stdout)으로 출력함.

19~23행 "아스키파일.txt"란 파일을 열고, 이 파일에 배열을 저장함. 파일 열기가 성공했는지를 검사해야 하며, 저장 후 반드시 파일을 닫아야 함.

24~31행 숫자를 저장한 "아스키파일.txt"란 파일을 열고, fscanf()를 이용해 숫자를 하나씩 읽어 배열 b에 저장함. 저장 결과를 화면을 출력함.

이 프로그램을 실행하고 나면 다음과 같은 파일이 만들어지는데, 일반적인 문서 편집기를 이용해 내용을 읽을 수 있다.

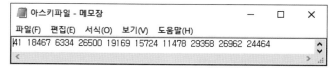

| 그림 4.11 텍스트 모드로 저장된 파일의 예

▪ 이진 모드의 파일 입출력

이진 모드는 이진수로 표현된 값 그대로 저장한다. 따라서 노트패드와 같은 보통의 문서 편집기에서 그 내용을 알 수 없다. 가장 대표적인 이진 모드의 파일 입출력 함수는 다음과 같다.

```
size_t fwrite( const void* ptr, size_t size, size_t count, FILE* fp );
size_t fread( void * ptr, size_t size, size_t count, FILE* fp );
```

- **ptr**: 입출력을 하고자 하는 프로그램 내의 데이터의 주소이다.
- **size**: 한꺼번에 입출력하려는 자료형의 크기를 바이트 단위로 나타낸다.
- **count**: 한꺼번에 입출력하려는 size 크기의 자료의 개수를 나타낸다.
- **fp**: 입출력을 위해 열린 파일 포인터를 나타낸다.
- **반환형**: 성공적으로 읽거나 저장한 항목의 개수를 반환한다.

텍스트 모드와 달리 이진 모드에서는 동일한 자료형은 값에 상관없이 모두 동일한 크기의 용량으로 저장된다. 예를 들어, 2를 저장하거나 123456을 저장하거나 모두 4바이트(=sizeof(int))로 저장된다. 다음은 프로그램 4.8을 이진 모드로 구현한 코드이다.

프로그램 4.9	이진 모드로 정수 배열을 파일에 저장하고 읽는 프로그램

```
01    // 1~18행은 프로그램 4.8의 코드와 동일

..    ...
18
19        fp = fopen("이진파일.bin", "w");
20        if (fp != NULL) {
21            fwrite(a, sizeof(int), 10, fp);
22            fclose(fp);
23        }
24        fp = fopen("이진파일.bin", "r");
25        if (fp != NULL) {
26            fread(b, sizeof(int), 10, fp);
27            printf(" 이진 파일: ");
```

```
28          fprintArray(b, 10);
29          fclose(fp);
30      }
31  }
```

```
C:\WINDOWS\system32\cmd.exe                             —    □    ×
원본 데이터: 41 18467 6334 26500 19169 15724 11478 29358 26962 24464
이진  파일: 41 18467 6334 26500 19169 15724 11478 29358 26962 24464
```

코드 설명

21행 이진 모드로 배열을 파일에 저장하는 코드. fwrite()를 이용해 정수 배열 a를 한꺼번에 파일에 저장하는 것에 유의할 것.

26행 이진 모드로 저장된 파일에서 숫자를 읽는 코드. fread()를 이용해 숫자를 한꺼번에 읽어 배열에 저장하는 것에 유의할 것.

이 프로그램을 실행하고 나면 "이진파일.bin" 파일이 만들어지는데, 메모장과 같은 일반적인 문서 편집기를 이용해 내용을 읽는 경우 내용일 알 수 없다. 다음은 이 파일을 메모장과 비주얼 C++의 편집기로 읽은 내용을 보여준다.

| 그림 4.12 이진 모드로 저장된 파일의 내용

4.8 응용: 랭킹 관리 프로그램

배열과 구조체, 그리고 파일 입출력이 모두 사용되는 프로그램을 구현해 보자. 그림 4.13은 아케이드 게임들에서 흔히 볼 수 있는 화면으로, 높은 점수로 플레이를 마친 용사들의 이름을 순위에 등록하고 있다. 다음 절에서 4×4 퍼즐 맞추기 게임을 구현하는데, 이 게임에 사용할 랭킹 관리 프로그램을 구현해보자.

| 그림 4.13 게임의 랭킹 등록 화면

한 번의 퍼즐 게임 결과는 다음과 같은 구조체로 표현한다. PlayInfo 구조체에는 다음과 같이 선수의 이름, 퍼즐 조각을 움직인 횟수 그리고 소요시간이 저장된다.

```
struct PlayInfo {          // 경기 결과 저장을 위한 구조체
    char    name[80];      // 선수 이름
    int     nMove;         // 퍼즐 조각을 움직인 횟수
    double  tElapsed;      // 경기 소요시간
};
```

랭킹은 퍼즐을 이동한 횟수를 기준으로 결정하자. 퍼즐을 가장 적게 움직여 맞춘 사람이 1위가 된다. 랭킹에는 1위부터 5위까지의 결과만 저장한다. 게임의 랭킹 정보는 파일에 저장되어야 하는데, 프로그램이 실행되면 이 파일에서 랭킹을 읽어 화면에 출력하고, 한 번의 게임이 끝나면 게임 결과를 이용해 현재 랭킹을 갱신한다. 그리고 프로그램이 종료되기 직전에 반드시 현재 랭킹을 다시 파일을 저장해야 한다. 만약 랭킹 파일이 없으면 최초의 기본 랭킹을 만들어야 한다. 이를 위해 필요한 함수들은 다음과 같다.

- void loadRanking(char *filename): 랭킹을 파일에서 읽음
- void storeRanking(char *filename): 현재 랭킹을 파일로 저장
- void printRanking(): 현재 랭킹을 화면에 출력

- int addRanking(int nmove, double elapsed): nmove를 확인하여 랭킹을 갱신함. 랭킹에 등록할 수 있는 결과이면 선수 이름을 추가로 입력 받고, 경기 결과를 랭킹에 등록함. 등수 반환
- void initRanking(): 파일이 없을 때 랭킹 데이터를 초기화하는 함수

구조체와 함수 원형들은 헤더 파일 Ranking.h에 저장하고, Ranking.cpp에 이들 함수를 구현한다. 랭킹 테스트를 위한 main() 함수를 먼저 구현해 보자. 프로그램이 시작되면 랭킹 파일을 읽고, 화면에 출력한 후, 난수를 5회 발생하여 랭킹을 갱신한다. 마지막으로 프로그램이 종료되면 현재 랭킹을 파일에 저장한다.

프로그램 4.10 랭킹 함수 테스트를 위한 프로그램(RankingBoard.cpp)

```cpp
01  #include "Ranking.h"
02  #include <stdlib.h>
03  #include <time.h>
04  void main()
05  {
06      srand((unsigned int)time(NULL));
07      loadRanking("ranking.txt");
08      printRanking();
09
10      for (int i = 0; i < 5; i++)
11          addRanking(rand() % 500, rand() % 1000 * 0.1);
12      storeRanking("ranking.txt");
13  }
```

■ 분석 및 설계

먼저 랭킹 파일을 위한 파일 저장 형식을 결정해야 한다. 각 경기의 결과는 랭킹 파일의 한 줄에 저장하도록 하자. 각 줄에는 [움직인 횟수] [선수 이름] [소요 시간]을 순서대로 저장한다. 특히 선수 이름은 문자열로 나타내는데, 프로그램의 복잡도를 줄이기 위해 이름에 공백 문자나 탭 등은 포함되지 않는다고 가정한다. 랭킹 파일 "ranking.txt"의 예는 다음과 같다.

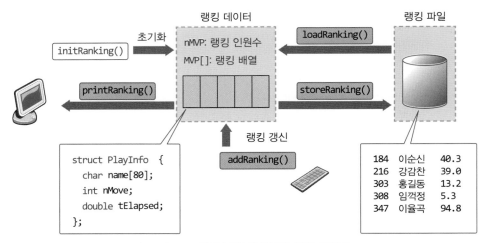

| 그림 4.14 랭킹 파일 "Ranking.txt"의 예

랭킹을 관리하기 위해서는 어떤 데이터가 필요할까? 먼저 최고의 경기들을 저장할 배열이 있어야 할 것이다. 즉, PlayInfo의 배열이 필요하다. 이 배열 이름은 MVP(Most Valuable Play)로 하고, 배열의 길이는 nMVP 변수에 저장하는데, 이 값은 5로 고정하자. 이들 배열과 변수들은 모두 전역변수로 선언하자. static만 잘 사용하면 전역변수를 사용해도 안정적인 코드를 만들 수 있다.

이제 전체 프로그램에서 이들 데이터와 함수들의 관계를 생각해 보자. 그림으로 그려보면 이해가 쉬울 것이다. 데이터를 가운데 놓고 필요한 연산들을 적절히 배치하고 자료의 흐름을 화살표로 나타내면 다음 그림과 같다.

| 그림 4.15 랭킹 관련 데이터와 처리 설계도

그림으로 전체 프로그램의 설계가 끝났으면 함수를 구현한다. 설계가 잘 되었으면 대부분의 함수 구현은 크게 어렵지 않을 것이다. 아무래도 가장 복잡한 함수는 addRanking()일 것이다. 랭킹의 정렬을 위해 프로그램 4.6에서 구현했던 알고리즘을 참고하여 다음과 같은 방법을 사용하자.

- 이동 횟수가 5등의 nMove보다 크면 등록이 안 되므로 무시한다.
- 그렇지 않으면 먼저 배열에서 현재 게임의 순위를 찾는다.
- 순위를 출력하고 게이머의 이름을 입력받아 게임 정보를 완성한다.
- 현재 게임 정보를 배열의 해당 순위의 항목에 저장하기 전에 반드시 해야 할 일이 있다. 그 순위 이하의 항목들을 모두 한 칸씩 뒤로 미는 것이다. 기존의 5등(MVP[4])은 이제 배열에서 사라진다.
- 마지막으로 현재 게임 정보를 해당 순위의 배열 항목에 복사한다.

■ 구현

먼저 Ranking.h에 다음과 같이 구조체를 정의하고, 랭킹 처리 함수들의 원형을 선언하고, 이들 함수를 Ranking.cpp에서 구현한다. 이때, initRanking()은 Ranking.cpp 내에서만 사용될 것이므로 static으로 선언하자. 정적 함수나 변수는 헤더 파일에서 제외해야 한다. 구현 결과는 다음과 같다.

프로그램 4.11 선수의 정보와 랭킹 처리를 위한 헤더 파일(Ranking.h)

```
01   #include <cstdio>
02
03   struct PlayInfo {
04       char    name[200];      // 선수의 이름
05       int     nMove;          // 퍼즐 조각을 움직인 횟수
06       double  tElapsed;       // 경기 소요 시간
07   };
08   extern void loadRanking(const char* filename);
09   extern void storeRanking(const char* filename);
10   extern void printRanking();
11   extern int addRanking(int nMove, double tElap);
```

프로그램 4.12 | 랭킹 처리를 위함 함수들(Ranking.cpp)

```cpp
01  #include "Ranking.h"
02  #define NUM_MVP 5
03  static PlayInfo MVP[NUM_MVP]; // 랭킹 배열
04  static int nMVP = NUM_MVP;      // 랭킹 배열의 길이
05
06  static void initRanking() {
07      PlayInfo noname = { "C++좋아요", 1000, 1000.0 };
08      for (int i = 0; i<nMVP; i++)
09          MVP[i] = noname;
10  }
11  void loadRanking(const char* fname) {
12      FILE* fp = fopen(fname, "r");
13      if (fp == NULL)
14          initRanking();
15      else {
16          for (int i = 0; i<nMVP; i++)
17              fscanf(fp, "%d%s%lf", &MVP[i].nMove,
18                  MVP[i].name, &MVP[i].tElapsed);
19          fclose(fp);
20      }
21  }
22  void storeRanking(const char* fname) {
23      FILE* fp = fopen(fname, "w");
24      if (fp == NULL) return;
25      for (int i = 0; i<nMVP; i++)
26          fprintf(fp, " %4d %-16s %-5.1f\n", MVP[i].nMove,
27              MVP[i].name, MVP[i].tElapsed);
28      fclose(fp);
29  }
30  void printRanking() {
31      for (int i = 0; i<nMVP; i++)
32          printf(" [%2d위] %4d %-16s %5.1f\n", i + 1, MVP[i].nMove,
33              MVP[i].name, MVP[i].tElapsed);
34  }
35  int addRanking(int nMove, double tElap) {
36      if (nMove < MVP[nMVP - 1].nMove) {
```

```
37          int pos = nMVP - 1;
38          for (; pos>0; pos--) {
39              if (nMove >= MVP[pos - 1].nMove) break;
40              MVP[pos] = MVP[pos - 1];
41          }
42          MVP[pos].nMove = nMove;
43          MVP[pos].tElapsed = tElap;
44          printf(" %d위입니다. 이름을 입력하세요: ", pos + 1);
45          scanf("%s", MVP[pos].name);
46          return pos + 1;
47      }
48      return 0;
49  }
```

코드 설명

6~10행 랭킹 배열을 초기화하는 함수. 모든 항목을 동일한 값으로 초기화. 9행에서 구조체 객체 간에 대입 연산자를 사용한 것에 유의할 것.

11~21행 파일에서 랭킹 정보를 읽어 랭킹 배열을 초기화하는 함수. 만약 파일이 없으면 14행과 같이 *initRanking()* 함수를 호출해 초기화함. 16~18행에서 각 순위의 정보를 fscanf()로 읽어 해당 배열 항목에 저장함.

19행 파일 처리가 끝나면 fclose()로 닫아야 하는 것에 유의할 것.

22~29행 현재의 랭킹 정보를 파일에 저장하는 함수. 이동횟수 이름 시간 순으로 저장함. 높은 순위부터 한 줄씩 저장함.

26~27행 fprintf() 함수를 이용해 저장한 부분에 유의할 것. 줄 맞추기 사용.

30~34행 현재의 랭킹 정보를 화면에 출력하는 함수.

35~49행 새로운 게임 정보를 랭킹에 등록하는 함수.

37~41행 등록할 위치를 찾고, 그 위치 이후의 항목들은 한 칸씩 뒤로 이동시킴. 마지막 등수의 정보는 이제 사라짐.

45~46행 경기 결과를 랭킹에 등록. 게이머의 이름은 키보드로 입력 받음.

랭킹 파일이 없는 상태에서 처음 프로그램을 실행시킨 결과와 다시 프로그램을 실행시킨 결과 및 최종 랭킹 파일의 예는 다음과 같다.

(a) 처음 실행 결과   (b) 두 번째 실행 결과

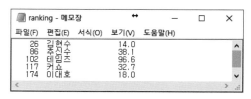

(c) 최종 랭킹 파일

| 그림 4.16 프로그램 실행 결과와 최종 파일

이 프로그램에서는 지금까지 공부한 많은 것들이 사용되었다. 구조체와 배열, 구조체 변수의 복사, 파일 입출력, 파일 형식 정의, 순위 정렬, 전역 변수와 함수의 static 설정 등이 핵심이다. 구현한 Ranking.h와 Ranking.cpp는 이제 다른 게임 프로그램에서도 손쉽게 사용될 수 있을 것이다.

그런데 약간 부족한 부분이 보인다. 그림 4.16과 같이 "ranking.txt" 파일을 열어보니 이름과 성적이 그대로 나와 있다. 만약 이 파일을 수정하면 등수를 조작할 수 있을 것이다. 조작이 어렵도록 할 수 있을까? 이진 파일을 사용해 보자!

Lab 랭킹 보드 프로그램(이진 파일)

앞에서 구현한 랭킹 프로그램에서 랭킹을 이진 파일에 저장할 수 있도록 코드를 변경한다. 앞에서 구현한 파일을 이진 모드로 변환하기 위해서는 loadRanking()과 writeRanking() 함수만 변경하면 된다.

분석 및 설계

앞에서 모두 구현했으니 큰 어려움은 없다. 파일의 이름을 "Ranking.bin"으로 바꾸자. 이진 파일을 읽고 저장하기 위해 fread()와 fwrite()를 사용하면 된다. 각각

storeRanking()에서 fprintf()를 사용한 부분과 readRanking()에서 fscanf()를 사용한 부분을 찾아 수정하면 된다.

구현

Ranking.cpp는 다음 함수만을 변경하면 된다.

프로그램 4.13　랭킹 파일을 이진 모드로 저장(Ranking.cpp 함수 수정)

```
01  void loadRanking(const char* filename) {
02      FILE* fp = fopen(filename, "r");
03      if (fp == NULL)
04          initRanking();
05      else {
06          fread(&MVP[0], sizeof(PlayInfo), nMVP, fp);
07          fclose(fp);
08      }
09  }
10  void storeRanking(const char* filename) {
11      FILE* fp = fopen(filename, "w");
12      if (fp == NULL) return;
13      fwrite(&MVP[0], sizeof(PlayInfo), nMVP, fp);
14      fclose(fp);
15  }
```

코드 설명

6행 프로그램 4.12의 16~18행을 이와 같이 한 줄로 바꾸면 된다. fread() 함수는 자료형의 개수를 매개변수로 받기 때문에 한꺼번에 5개의 객체 전체를 읽어 배열에 연속적으로 저장할 수 있다.

13행 프로그램 4.12의 25~27행도 마찬가지이다. fwrite() 함수도 객체의 개수가 인수로 들어가기 때문에 5개의 PlayInfo 객체를 한꺼번에 파일로 저장한다.

이진 파일도 크게 어렵지 않다. 이진 파일은 메모장으로는 보이지 않는다. 다음은 Visual C++의 편집기로 열어본 랭킹 파일이다. 이제 마음대로 랭킹을 조작하는 것이 어려울 것 같다.

| 그림 4.17 이진 모드로 저장된 랭킹 파일의 일부

4.9 응용: 4×4 퍼즐 게임

퍼즐 맞추기 게임을 구현한다. 4×4 퍼즐에는 16개의 자리가 있는데, 1부터 15까지의 퍼즐 조각들을 채우고, 나머지 한 자리는 비어 있다. 빈자리를 이용해 퍼즐 조각들을 움직여 모든 조각들이 제자리를 찾도록 맞추는 게임이다. 15퍼즐(Fifteen puzzle) 게임이라고도 불리는 이 게임을 다음 조건이 만족되도록 구현해 보자.

| 그림 4.18 4x4 퍼즐 게임

- 처음에는 퍼즐 조각들이 모두 제 위치에 있어야 한다. 엔터를 누르면 퍼즐 조각을 섞는다. 난수 발생을 이용하면 된다. 이때, 퍼즐이 섞이는 과정을 화면에서 확인할 수 있도록 출력에 시간 지연을 준다. 시간 지연을 위해 <windows.h>에 선언되어 있는 Sleep() 함수를 사용할 수 있다.
- 퍼즐이 원하는 횟수만큼 섞이면 엔터를 눌러 게임을 시작한다. 퍼즐 조각의 이동에는 화살표 키들을 사용하고, 키를 누르면 바로 반응하도록 한다.
- 모든 퍼즐 조각들이 제자리를 찾으면 게임이 종료된다.
- 퍼즐을 맞추기 위해 퍼즐 조각을 움직인 전체 횟수와 맞추는데 걸린 시간을 계산한다.
- 이동 횟수와 소요시간을 매개변수로 전달하여 랭킹을 갱신하고, 현재 랭킹을 화면에 출력한다. 물론 랭킹은 파일에 저장되어야 한다.

■ 분석 및 설계

먼저 게임을 위해 필요한 데이터를 생각해 보자. 퍼즐 맵을 표현하는 것과, 현재 빈 칸의
위치, 이동 횟수와 시작 시각 등이 필요할 것이다. 퍼즐 맵은 4×4의 2차원 배열을 사용하
면 된다. 이들 데이터는 모두 정적 전역변수로 선언하여 편리하게 사용하면서도 게임 파일
에서만 보이도록 한다. 그림 4.19는 이들 데이터와 처리 함수들을 보여주고 있다.

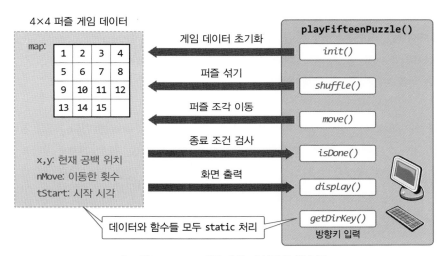

| 그림 4.19 4x4 퍼즐 게임 데이터와 함수들

함수들을 살펴보자. 불필요한 정보의 외부 노출을 제한하기 위해 한 번의 퍼즐 게임을 위
한 주 함수는 playFifteenPuzzle()로 하고, 이 함수만 외부에 제공한다. 다른 함수들은
모두 static으로 처리해 외부에서는 보이지 않도록 하고, 모두 FifteenPuzzle.cpp 파일
에서 구현한다. 게임을 위해서는 그림 4.19와 같이 init(), shuffle(), move(), isDone(),
getDirKey(), display() 등과 같은 함수들이 필요할 것이다.

- **init()**: 맵의 1~15번 위치에 해당 숫자를 저장하고, 마지막 위치에는 빈칸 나타내는
  0을 저장한다. 빈자리 (x, y)의 초깃값은 (3, 3)이다. 시작 시각과 이동 횟수를 초기
  화 한다.
- **display()**: 맵과 이동 횟수, 소요시간 등 게임 상황을 화면으로 출력한다.
- **move()**: 이동 함수이다. 상하좌우의 방향키를 입력받고, 그 방향으로 퍼즐 조각을

움직일 수 있는지를 검사한다. 움직일 수 있는 방향이면 퍼즐 조각을 움직이고, 빈
칸의 위치를 갱신하며, 이동 횟수를 증가시킨다. 성공하면 true를 반환하고, 이동이
불가능(빈칸이 배열 밖으로 나갈 수는 없음)하면 false를 반환한다.

- **shuffle()**: 퍼즐을 섞는다. 난수(0~3)를 발생하여 상하좌우 임의의 방향으로 빈칸
  을 이동한다. 이동을 위해서는 move() 함수를 사용한다. 퍼즐을 섞는 횟수는 매개
  변수로 전달받고 이 횟수만큼 빈칸을 이동해 퍼즐을 섞는다. Sleep() 함수를 이용
  해 시간을 지연시켜 퍼즐이 섞이는 과정을 볼 수 있도록 한다.
- **isDone()**: 모든 숫자가 제 위치에 있는지(종료 조건)를 검사한다.
- **getDirKey()**: 방향키를 입력받는 함수이다. getch() 함수를 사용하여 키가 입력되
  면 바로 반응하도록 구현한다.

playFifteenPuzzle() 함수에서 이들을 적절히 호출하여 게임을 진행한다. 랭킹 처리는 프
로그램 4.11~4.12에서 구현한 코드를 그대로 사용하면 되는데, 프로그램이 시작되면 랭킹
파일을 읽어 현재 랭킹을 초기화하고 프로그램이 종료되기 직전에 랭킹을 파일에 저장한
다. 매 게임이 종료되면 게임 결과를 이용해 랭킹을 갱신한다.

■ 구현

프로그램 4.14 4×4 퍼즐 게임(FifteenPuzzle.cpp)

```
01  #include "Ranking.h"
02  #include <windows.h>        // Sleep() 함수를 위해 포함
03  #include <stdlib.h>
04  #include <conio.h>
05  #include <string.h>
06  #include <time.h>
07  #define DIM 4               // 4x4 퍼즐
08
09  enum Direction { Left = 75, Right = 77, Up = 72, Down = 80 };
10  static int DirKey[4] = { Left, Right, Up, Down };
11  static int map[DIM][DIM];   // 퍼즐 맵
12  static int x, y;            // 빈칸의 위치 (행:y, 열:x)
13  static int nMove;           // 이동한 횟수
14  static clock_t tStart;      // 기준 시각
```

```
15
16  static void init() {
17      for(int i=0 ; i<DIM*DIM-1 ; i++ )
18          map[i/DIM][i%DIM] = i+1;
19      map[DIM-1][DIM-1] = 0;
20      x = DIM-1; y = DIM-1;
21
22      srand(time(NULL));        // 난수 발생 시작 설정
23      tStart = clock();         // 기준 시각 설정
24      nMove = 0;                // 이동 횟수 초기화
25  }
26  static void display() {
27      system("cls");
28      printf("\tFifteen Puzzle\n\t");
29      printf("--------------\n\t");
30      for (int r = 0; r<DIM; r++) {
31          for (int c = 0; c<DIM; c++) {
32              if (map[r][c]>0)
33                  printf("%3d",map[r][c]);
34              else printf("    ");
35          }
36          printf("\n\t");
37      }
38      printf("--------------\n\t");
39      clock_t t1 = clock();
40      double d = (double)(t1 - tStart) / CLOCKS_PER_SEC;
41      printf("\n\t이동 횟수:%6d\n\t소요 시간:%6.1f\n\n", nMove, d);
42  }
43  static bool move( int dir ) {
44      if( dir == Right && x>0 ) {         // → : 맨 왼쪽 열인지 검사
45          map[y][x] = map[y][x-1];
46          map[y][--x] = 0;
47      }
48      else if( dir == Left && x<DIM-1 ) { // ← : 맨 오른쪽 열인지 검사
49          map[y][x] = map[y][x+1];
50          map[y][++x] = 0;
51      }
52      else if( dir == Up && y<DIM-1 ) {   // ↑ : 맨 아래행인지 검사
```

```
53          map[y][x] = map[y+1][x];
54          map[++y][x] = 0;
55      }
56      else if( dir == Down && y>0 ) {      // ↓ : 맨 윗행인지 검사
57          map[y][x] = map[y-1][x];
58          map[--y][x] = 0;
59      }
60      else return false;
61
62      nMove++;
63      return true;
64  }
65  static void shuffle( int nShuffle ) {
66      for(int i=0 ; i<nShuffle ; i++ ) {
67          int key = DirKey[rand()%4];
68          if( move(key) == false) { i--; continue; }
69          display();
70          Sleep(50);
71      }
72  }
73  static bool isDone() {
74      for (int r = 0; r<DIM; r++) {
75          for (int c = 0; c<DIM; c++) {
76              if (map[r][c] != r * DIM + c + 1)
77                  return (r == DIM-1) && (c == DIM-1);
78          }
79      }
80      return true;
81  }
82  static int getDirKey() { return getche()==224 ? getche() : 0 ; }
83  int playFifteenPuzzle() {
84      init();
85      display();
86      printRanking ( );
87      printf("\n 퍼즐을 섞어주세요(엔터)...");
88      getche();
89      shuffle( 100 );          // 퍼즐 조각을 100번 이동해 섞음
90      printf("\n 게임이 시작됩니다...");
```

```
91        getche();

93        nMove = 0;                     // 이동 횟수 초기화
94        tStart = clock();              // 기준 시각을 재설정
95        while( !isDone() ) {           // 게임 종료 검사
96           move(getDirKey());          // 키를 받아 퍼즐조각 이동
97           display();                  // 현재 상태를 화면에 출력
98        }
99        clock_t t1 = clock();          // 현재 시각
100       double d = (double)(t1 - tStart) / CLOCKS_PER_SEC;
101       return addRanking( nMove, d ); // 랭킹 갱신
102   }
```

코드 설명

9행 방향 키에 대한 아스키코드.

10행 0~3을 방향키에 대한 아스키코드로 바꾸기 위한 테이블

10~14행 게임을 위한 전역변수(모두 static으로 처리함)

16~25행 초기화 함수. 모든 퍼즐 조각을 제자리로 보냄. 마지막 자리가 빈칸이 됨(x=y=3). 난수 발생과 기준 시각, 이동 횟수도 초기화 함.

26~42행 퍼즐을 화면에 보기 좋게 출력하는 함수. 이동 횟수와 소요시간을 계산하여 함께 출력해 줌. map[r][c]가 0이면 공백이고, 아니면 해당 조각 번호를 출력함.

43~64행 화살표 키의 아스키 코드를 dir로 전달받아 해당 방향으로 퍼즐 조각을 움직이는 함수. 퍼즐 조각을 움직이면 공백 위치가 반대로 움직여야 하며, 공백 위치를 나타내는 변수 x 또는 y가 갱신되어야 함. 경계 조건을 검사해야 하는데, 예를 들어 오른쪽 화살표가 눌러졌는데 공백이 맨 왼쪽 열(x==0)이면 오른쪽으로 움직일 조각이 없으므로 이동할 수 없음. 모든 방향에 대해 이 조건을 검사해서 처리해야 함.

65~72행 퍼즐 조각을 섞는 횟수를 입력받아 무작위로 빈칸을 움직여 퍼즐을 섞는 함수. 난수를 발생하여 이동 방향을 결정하고 이동을 시도함.

68행 만약 이동할 수 없는 방향이면 move()에서 false를 반환하므로 다시 섞도록 함(i를 감소).

70행 섞이는 과정을 볼 수 있도록 50msec 기다림. 더 천천히 움직이려면 더 큰 값으로 Sleep()하면 됨. 단위는 msec임.

73~81행 퍼즐이 다 맞추어졌는지를 검사하는 함수. 모든 조각이 제자리에 있고 마지막에 공백이 있으면 게임 완료.

82행 방향 키를 받아들이는 함수. 키를 누르면 바로 반응함.

83~102행 4×4 퍼즐 주 함수. 엔터를 누르면 퍼즐이 100번 섞임. 종료 조건이 될 때까지 게임을 진행하고, 종료되면 랭킹 등록을 시도함. 랭킹 관련 함수는 프로그램 4.6과 4.7을 그대로 사용함.

프로그램 4.15   4×4 퍼즐 게임(4x4Main.cpp)

```cpp
01  #include "Ranking.h"
02  extern int playFifteenPuzzle();
03  void main()
04  {
05      loadRanking("ranking.txt");
06      int rank = playFifteenPuzzle();
07      printRanking();
08      storeRanking("ranking.txt");
09  }
```

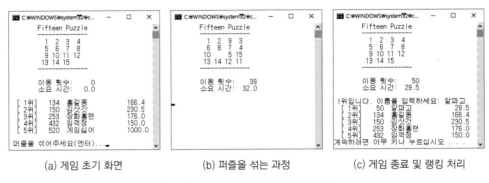

(a) 게임 초기 화면   (b) 퍼즐을 섞는 과정   (c) 게임 종료 및 랭킹 처리

| 그림 4.20 4x4 퍼즐 게임 실행 결과

▪ 고찰

이차원 배열을 이용해 퍼즐 맵을 표현하였다. 많은 게임에서 이차원 배열이 사용될 것이다. 랭킹 함수들을 사용하는 것은 크게 어렵지 않았다. 역시 함수를 잘 만들어 놓으면 재사용성이 뛰어나 다음에 쉽게 사용할 수 있다.

맵이나 빈칸의 위치 등 여러 함수에서 사용하는 데이터들을 전역변수로 선언하고, static 처리를 하였다. 전역변수를 사용하지 않고 필요한 값들을 매개변수로 전달하고 반환할 수도 있지만, 이 경우 함수 원형들이 더 복잡해진다. 사실 이렇게 구현한 가장 중요한 이유는 6장부터 공부할 클래스의 필요성과 장점을 쉽게 이해할 수 있도록 하기 위해서이다. 이 게임에 더 추가할 수 있는 기능은 없을까?

- 퍼즐 맵의 크기를 변경시킬 수 있으면 더 일반적인 게임이 될 것이다.
- 사용자가 움직인 동작을 기억하고 리플레이(replay)하는 기능이 있어도 재미있을 것 같다.
- 랭킹에서 현재는 이동 횟수만을 이용했지만, 이동 횟수와 소요시간을 조합해 점수를 계산할 수도 있을 것이다.
- 화면을 좀 더 화려하게 꾸미는 방법도 있을 것이다. 나중에 이 게임을 윈도우 프로그래밍으로 다시 구현하는 것도 재미있을 것 같다. 이렇게 한다면 퍼즐 조각에 숫자 뿐 아니라 그림 조각이 들어갈 수도 있다.

배열은 그래도 생각하기 쉬운데 구조체는 좀 복잡해 보입니다. 거기에 파일 입출력 내용까지 포함되어 있어 어려운데, 이 장에서 가장 중요하게 공부해야 할 부분은 어디일까요?

미안하지만 모든 부분이 중요합니다. 일단 너무 어렵다면 파일 부분은 제외해도 좋습니다. 6장에서 C++의 파일 입출력 방법이 다시 설명됩니다.

구조체를 정의하고 활용하는 방법은 너무너무 중요합니다. 클래스는 구조체의 확장입니다. 만약 구조체가 어렵다고 포기한다면 클래스는 당연히 포기해야 하고, 궁극적으로 C++이나 Java와 같은 언어들을 절대 정복할 수 없습니다. 구조체를 정의하고, 구조체 변수를 생성하며, 멤버 변수에 접근하는 방법을 알아야 합니다. 또한 구조체 객체를 함수로 전달하는 방법에도 익숙해져야 합니다. 다음 장에는 포인터(pointer)나 참조자(reference)를 이용해 함수에 구조체 객체를 전달하는 방법도 공부합니다. 이들은 약간 복잡해 보일 수는 있지만 충분히 이해할 수 있는 내용입니다.

이미 C언어를 공부해 본 학생들도 구조체를 자세히 다루어보지는 못했을 것입니다. 따라서 어렵게 느껴지겠지만, 구조체를 충분히 이해하지 못하면 클래스에 대한 설명을 이해하기는 더 어려워지는 것이 사실입니다. 이 장에서는 구조체가 가장 중요합니다.

요약

1 (   )은 여러 개의 동일한 자료형의 데이터를 한꺼번에 만들 때 사용되는데, 하나의 이름을 사용하면서 (   )로 각 항목을 접근할 수 있다. 구조체는 서로 다른 여러 가지의 다른 유형의 자료를 묶는 방법을 제공하는데, 구조체 내의 각 데이터를 (   ) 또는 (   )라고 부른다. 만약 배열이나 구조체의 자료들을 프로그램이 끝나도 컴퓨터에 저장하고 싶다면 (   )을 사용해야 한다.

2 배열을 선언할 때 크기는 반드시 (   )이어야 한다. 배열을 선언하는 int A[6]; 문장에서 배열의 첫 번째 항목은 (   )이고 마지막은 (   )이다. A는 배열의 시작 주소를 나타내는데, (   )의 주소와 동일하다.

3 문자열은 (   )형의 항목을 갖는 1차원 배열로, 맨 처음 나타나는 (   )가 문자열의 끝을 의미한다.

4 strlen(), strcmp()와 같은 문자열 처리 함수를 사용하기 위해서는 헤더 파일 (   )를 포함해야 한다. C++에서는 문자열을 위한 클래스 (   )을 제공하는데, 문자열의 결합이나 비교 등을 더 편리하게 할 수 있다.

5 배열도 함수의 매개변수로 전달할 수 있다. 함수 호출에서 배열의 이름과 함께 배열의 (   )도 반드시 전달해야 한다. 문자열은 끝을 나타내기 위한 "약속"이 있으므로 이것을 전달할 필요가 없다.

6 C++에서는 C언어와의 호환을 위해 구조체(struct)를 지원하는데, 사실 이것은 (   )와 거의 차이가 없다. 이들은 서로 다른 자료형의 변수들을 묶어 새로운 자료형, 즉 (   )을 정의하는 방법을 제공한다.

7 구조체 객체에서 멤버 변수들을 참조하기 위해서는 (   )를 사용한다.

8 컴파일러는 유도 자료형에 대해서도 (   )를 기본적으로 제공한다. 다른 연산자들은 지원하지 않으므로 필요시 관련 함수를 만들어 사용해야 한다.

9 C언어에서와 같이 C++에서도 함수의 호출에 (   ) 방식이 기본적으로 사용된다. 이것은 인수의 값을 매개변수에 복사하는 방법이다.

10 파일은 저장되는 방법에 따라 텍스트 파일(text file)과 이진 파일(binary file)로 나누어진다. (   )은 자료들을 모두 문자열로 변환하여 저장하여 문서 편집기에서 내용을 읽을 수 있지만, (   )은 자료들이 메모리에 있는 그대로를 저장하기 때문에 보통의 문서 편집기에서 그 내용을 알 수 없다.

11 파일을 처리하기 위해서는 먼저 파일을 (   ) 하고, 처리가 끝나면 반드시 (   ) 한다. 열린 파일에 대한 입출력 함수로 텍스트 모드에는 (   )와 (   ) 등이 있고, 이진 모드에는 (   )와 (   )가 있다.

정답

1. 배열, 인덱스(index), 필드(field), 멤버 변수(member variable), 파일(file) 2. 상수, A[0], A[5], A[0] 3. char, NULL 문자 '\0' 4. 〈string.h〉, string 5. 길이 6. 클래스(class), 유도 자료형 7. 항목 연산자 . 8. 대입 연산자 = 9. 값에 의한 호출(call-by-value) 10. 텍스트 파일, 이진 파일 11. 열어야, 닫아 주어야, fscanf(), fprintf(), fread(), fwrite()

| 연습문제 |

1. 다음 배열 선언 중에서 잘못된 것을 모두 찾아라.

① `int array[6];`   ② `float list[];`

③ `int array[3] = (1, 2, 3 );`   ④ `float list[] = {1, 2, 3 };`

⑤ `unsigned char image[480][];`

⑥ `char msg[][8] = {"left", "right", "up", "down" };`

2. 다음 함수 선언 중에서 잘못된 것을 모두 찾아라.

① `bool f1( int[] a, int len );`

② `int f2( int a[R][C], int rows, int cols );`

③ `void f2( int a[][], int rows, int cols );`

④ `void f3( int a[][C], int rows, int cols );`

3. 다음과 같은 기능을 하는 함수의 원형(prototype)을 선언하고 매개변수와 반환형의 의미를 설명하라(3장 연습문제의 예를 참고할 것).

(1) 임의의 크기의 double 배열에서 최솟값을 찾아 그 값을 반환하는 함수 findMinValue()

(2) 임의의 크기의 double 배열에서 최댓값의 위치를 찾아 반환하는 함수 findMaxPos()

(3) 문자열을 입력받아 문자열의 길이를 반환하는 함수 myStringLen()

(4) 두 점 (x1,y1)와 (x2,y2)로 이루어진 직선의 방정식을 구하는 함수 calcLineEq(). 단, 좌표 값들은 모두 정수형이고, 직선의 방정식은 y=ax+b이며, 이때 a와 b는 실수 값이 됨

| Hint | 반환 받을 값의 주소 사용

4. 다음과 같은 구조체가 있을 때 다음 중 사용이 잘못된 문장을 모두 찾아라.

```
struct Player {
    char name[80];
    int age;
    int ranking;
    double avgScore;
} top, MVP[10];
```

① top.name = "Justin";   ② top.age = 16;

③ top->avgScore = 95.3;   ④ MVP[3].ranking = 4;

⑤ MVP.age = 21;   ⑥ strcpy(MVP[0].name, "Justin");

5. 4번 문제에서 다음의 자료형을 적어라.

① top.name   ② top.age   ③ &top.avgScore

④ MVP[3]   ⑤ &(MVP[0].age)   ⑥ &top

6. 정수 100을 텍스트 파일과 이진 파일에 저장한다면 파일에는 각각 어떤 값이 저장되는가? 텍스트 파일 저장은 fprintf(), 이진 파일 저장은 write() 함수를 사용한다고 가정하라.

7. 다음과 같은 프로그램이 수행되었을 때 배열 arr에 저장되어 있는 값을 구하라.

```
#include <cstdio>
void main() {
    int arr[8];
    for(int i=0; i<8; i++)
        arr[i] = (i+2)*2;
    arr[5] /= 2;
    int temp = arr[7];
    arr[7] = arr[2];
    arr[2] = temp;
}
```

	[0]	[1]	[2]	[3]	[4]	[5]	[6]	[7]
arr								

8. 다음과 같은 정보 저장을 위한 구조체 Friend를 선언하라.

1	김유신	서울	성동구	560604	123-5432
2	이순신	수원	화서동	661123	212-5423
3	홍길동	천안	동남구	770228	162-4454
4	안중근	부산	동래구	801224	233-4456

9. 키보드로 20개의 정수를 입력하면 다음 배열을 순서대로 채우는 프로그램을 작성하라. 또한 이 배열을 화면에 출력하는 함수를 작성하여 결과를 확인하라. 단, 배열이 함수의 매개변수로 전달되어야 한다.

```
int matrix[5][4];
```

| 실습문제 |

1. double 배열을 받아 다음의 처리를 하는 함수를 구현하고 테스트 프로그램을 작성하라.

   (1) 배열을 평균과 표준 편차를 구하는 함수를 각각 구현하라.

   ```
   double average( double array[], int len );
   double deviation( double array[], int len );
   ```

   (2) 배열에서 최댓값을 찾아 반환하는 함수와, 최솟값의 위치를 반환하는 다음 함수를 각각 구현하라.

   ```
   double findMaxValue( double array[], int len );
   int findMinPosi( double array[], int len );
   ```

   (3) 배열을 역순으로 만드는 함수를 구현하라.

   ```
   void reverse( double array[], int len );
   ```

2. 5×5 크기의 체커 보드와 관련된 다음 프로그램을 작성하라.

   (1) 5×5 크기의 2차원 배열에 0과 1을 임의로 채우는 함수를 구현하라.

   ```
   void randomMap( int map[5][5] );
   ```

   (2) 체커 보드를 보기 좋게 화면에 출력하는 함수를 구현하라.

   ```
   void printMap( int map[5][5] );
   ```

   (3) 가로나 세로 또는 대각선이 모두 0이거나 1인 부분을 찾아 화면으로 출력하는 함수를 구현하라.

   ```
   void checkMap( int map[5][5] );
   ```

3. 텍스트 파일을 읽어 문자의 수와 라인의 수를 세는 프로그램을 작성하라.

4. 4.8절의 4×4 퍼즐 게임을 다음과 같이 확장하라.

(1) 퍼즐 맵의 크기 확장: 게임을 3×3과 5×5로 확장하라.

(2) 리플레이(replay) 기능: 경기가 끝나고 나면 게이머가 움직인 내용들을 다시 순서대로 보여준다. 이를 위해, 최초의 섞인 퍼즐 맵을 저장해두어야 해야 하며, 게이머의 움직임들도 모두 저장해야 한다.

(3) 게임 저장 기능: 경기 중에 현재 게임 상태를 파일에 저장하고 경기를 종료하는 기능을 구현하라. 물론 현재까지 퍼즐 조각을 움직인 횟수나 시각 정보도 저장되어야 한다.

(4) 저장된 게임 이어가기 기능: 저장된 경기를 계속 이어서 진행할 수 있는 기능을 구현하라. 물론 시작 시각과 중간에 종료한 시각도 저장되어야 한다.

(5) 그림 퍼즐 기능: 퍼즐 조각에 숫자가 아니라 문자가 출력되도록 해 보라. 이를 위해 1장을 참조해 간단한 아스키 아트로 4×4 그림을 만들어야 할 것이다.

(6) 4.7절의 랭킹 보드 프로그램을 참고하여 상위 10개의 게임을 랭킹 파일에 저장하라. 단, 파일 저장은 이진 모드로 한다.

05

함수의 진화

5.1 포인터

5.2 주소에 의한 호출

5.3 참조형(reference type)

5.4 참조에 의한 호출

5.5 심화 학습: 재귀 함수

5.6 심화 응용: 지뢰 찾기 게임

학습목표

- 포인터의 개념과 활용 능력을 기른다.
- 배열과 포인터의 관계와 포인터 연산의 개념을 이해한다.
- 주소에 의한 호출의 개념을 이해하고 활용할 수 있는 능력을 기른다.
- 참조자의 개념을 이해한다.
- 참조에 의한 호출이 값에 의한 호출과 어떻게 다른지를 이해하고 활용할 수 있는 능력을 기른다.
- 순환 호출의 개념을 이해하고 게임 구현에 활용해 본다.

지뢰 제거 게임

좀 복잡한 게임을 구현하자. 윈도우에서 인기 있던 지뢰 제거(Mine Sweeper) 게임이다. 대부분 게임의 방식은 잘 알고 있을 것이다. 이차원 공간에 매설된 지뢰를 터트리지 않고 모두 안전하게 찾아내야 한다.

지뢰 맵을 위해서는 이차원 배열을 사용해야 할 것이다. 지뢰의 매설은 난수를 사용하면 되고, 지뢰가 없는 각 칸에는 인접한 8칸에 있는 지뢰의 수가 저장되어야 한다. 원하는 칸의 위치를 지시하는 방법도 고민해야 한다. 어떤 칸을 팠는데, 인접한 8칸에 지뢰가 하나도 없으면 (그림에서 숫자가 없는 빈칸) 이들 이웃 칸들도 모두 지뢰가 아니므로 연쇄적으로 모두 파내는 기능도 필요하다. 이를 위해 재귀 호출을 사용한다. 전체적으로 꽤나 복잡한 게임이다. 그렇지만 하나씩 분석하면서 설계하고 구현하면 극복할 수 있을 것이다.

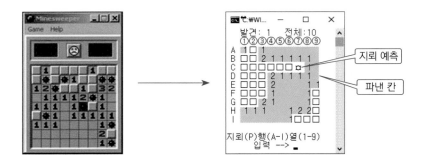

이 장에서는 포인터와 참조형, 재귀 함수 등을 공부하고, 여러 가지 함수의 호출 방법을 공부한다. 포인터도 나오고 지금까지에 비해 어렵게 느껴질 것이다. 그렇지만 누구나 어렵다는 것에 위안을 갖고, 내용을 공부하면서 지뢰 찾기 게임을 어떻게 구현할 수 있을지 생각해 보자.

5 함수의 진화

5.1 포인터

■ 포인터(Pointer)란?

우리가 사용하는 편지 봉투에는 수신인 주소란이 있다. 주소란에는 편지를 받을 사람의 위치가 기록된다. 여기에 다른 주소를 적으면 다른 곳으로 편지가 배달된다. 컴퓨터를 보

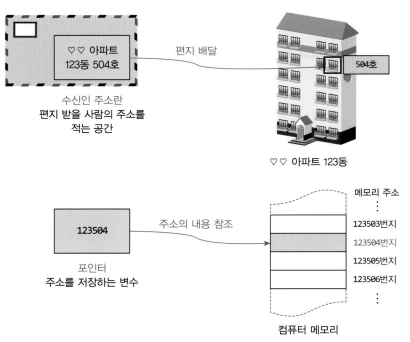

| 그림 5.1 편지 봉투의 주소를 적는 부분과 포인터 변수

자. 중앙처리장치(CPU)와 메모리(memory)는 컴퓨터의 핵심 요소이고 모든 메모리는 **주소(address)**를 갖는다. **포인터 변수(pointer variable)**는 이러한 메모리 주소를 저장하기 위해 사용되는 변수를 말한다. 포인터 변수를 간단히 **포인터(pointer)**라고도 부른다.

편지 봉투의 주소란이 어떤 건물의 주소를 가리키듯이 포인터는 어떤 자료가 들어있는 메모리의 번지를 값으로 가진다(가리킨다). 일반적인 변수에는 정수나 실수, 문자 또는 구조체의 값이 저장되는데 비해 포인터에는 이들의 **주소**가 저장되는 것에 유의하라. 메모리는 보통 바이트 단위로 구성되어 있고 그림 5.1과 같이 순차적으로 주소가 매겨져 있다. 이러한 주소 값은 보통 16진수로 표현한다.

■ 포인터 변수의 선언

포인터 변수를 선언하는 기본 형식은 다음과 같다.

```
자료형  * 포인터변수명;
```

어떤 변수의 주소 값을 알아내려면 **주소 연산자 &**를 사용한다. 지금까지 scanf() 함수에서 이 연산자를 많이 사용했다. 다음 코드를 보자.

```
int x, y;          // int형 변수 x와 y를 선언하는 문장
char c;            // char형 변수 c를 선언하는 문장
int* px;           // int형 포인터 변수 px를 선언하는 문장
px = &x;           // 변수 x의 주소를 추출하여 px에 복사하는 문장
y = *px;           // 포인터 변수 px가 가리키는 곳의 값을 y에 복사
scanf("%d", &y);   // scanf() 함수 호출. 변수 y의 주소를 매개변수로 전달
```

포인터 px의 자료형은 int*이다. **&x는 변수 x의 주소**를 나타내고, *px는 포인터 변수 **px가 가리키는 곳의 객체**, 즉 변수 x를 말한다. 따라서 x와 *px는 전적으로 동일하다. 이때 *를 **역참조(deference) 연산자**라고 한다. 동일한 * 문자가 포인터 선언문에서와 역참조를 위해 다른 의미로 사용되고 있음에 유의하라. 포인터 변수를 선언할 때 *는 다음과 같이 어느 쪽에 붙어도 상관없다.

```
char* p;          // 자료형+*, p는 char*형 변수
char *p;          // *+변수, p는 char*형 변수
```

의미적으로는 첫 번째 방법이 훨씬 우수하다. 변수 이름이 p이고 자료형이 char*인 것이
명확히 나타난다. 그러나 한 문장으로 여러 개의 포인터를 선언할 때에는 두 번째 방법을
사용하는 것이 좋다.

```
char* p, q, r;       // p는 char* 변수, q와 r은 char 변수
char *p, *q, *r;// p, q, r 모두 char*형 변수
```

포인터는 다음과 같이 여러 가지 자료형에 대해 선언할 수 있다.

```
void* p;           // 임의 자료형의 주소를 저장하기 위한 포인터
int* pi;           // int 변수의 주소를 저장하기 위한 포인터
float* pf;         // float 변수의 주소를 저장하기 위한 포인터
char* pc;          // char 변수의 주소를 저장하기 위한 포인터
Player* pp;        // Player 객체의 주소를 저장하기 포인터
void (*f)(int);    // 함수 포인터(매개변수가 int이고 반환이 없는 함수 주소 저장용)
```

void *p는 아무것도 가리키지 않는 포인터를 의미한다. void 포인터는 필요할 때마다 다음
과 같이 다른 포인터로 바꾸어서 사용한다.

```
pi = (int*)p;        // p를 정수 포인터로 변경하여 pi로 대입
```

■ 다중 포인터

때로는 포인터 변수의 값이 어떤 변수의 주소가 아니라 다른 포인터 변수의 주소인 경우도
있다. 다음 문장을 보자. 자료형의 차이에 유의하라.

```
int x;             // int형 변수 x와 y를 선언하는 문장
int* px = &x;      // int형 포인터 변수 px를 선언하는 문장
int** ppx = &px;   // int형 이중 포인터 변수 ppx를 선언하는 문장
```

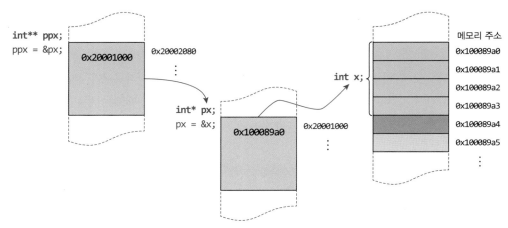

| 그림 5.2 이중 포인터 변수 ppx 선언의 예

포인터 변수 **px**의 자료형은 int*이고, 이 변수를 **가리키는** 이중 포인터 변수 **ppx**의 자료형은 int**가 된다. 같은 방법으로 3중이나 4중 포인터를 만들 수 있지만 이중 포인터 이상은 잘 사용되지 않는다. 그림 5.2의 각 변수들의 자료형과 동일한 표현은 표 5.1과 같다.

| 표 5.1 다중 포인터 변수의 표현과 자료형

표현	자료형	동일한 표현
x	int	*px, **ppx
px	int*	*ppx, &x
ppx	int**	&px

프로그램 5.1은 포인터를 사용한 예를 보여주는데, 동일한 표현에 대해 같은 결과를 나타내는 것을 알 수 있다.

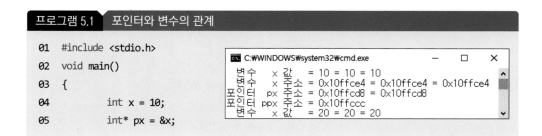

```
06          int** ppx = &px;
07          printf(" 변수 x 값 = %d = %d = %d\n", x, *px, **ppx);
08          printf(" 변수 x 주소 = 0x%x = 0x%x = 0x%x\n", &x, px, *ppx);
09          printf("포인터 px 주소 = 0x%x = 0x%x\n", &px, ppx);
10          printf("포인터 ppx 주소 = 0x%x\n", &ppx);
11          *px = 20;
12          printf(" 변수 x 값 = %d = %d = %d\n", x, *px, **ppx);
13     }
```

■ 포인터 연산

포인터도 연산이 가능하다. 그러나 포인터 연산은 보통의 연산과 다른 의미를 지닌다. 다음은 배열 A와 포인터 p를 선언하고, p에 배열의 두 번째 항목의 주소를 복사하는 문장이다.

```
int A[5], *p;
p = &A[2];
```

배열의 주소가 그림 5.3과 같다고 할 때, p-1과 p+2의 값은 어떻게 될까? p-1은 p가 가리키는 객체 하나 앞에 있는 객체를 가리키고 p+2는 p가 가리키는 객체 두 번째 다음에 있는 객체를 가리킨다. 즉, p+2은 A[4]의 주소를, p-1은 A[1]의 주소를 가리킨다. 단순히 주소 값을 1 증가하거나 감소하는 것이 아님에 유의하라. 항목의 크기(포인터의 자료형)에 따라 증감하는 크기가 달라진다.

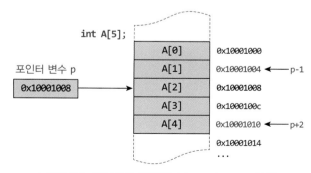

| 그림 5.3 포인터의 연산(주소는 16진수로 표현함)

포인터에 증감 연산자를 적용할 수도 있다. p++과 p--는 각각 p가 가리키는 주소를 다음 항목이나 이전 항목의 주소로 변경한다. 배열의 이름은 포인터의 역할을 하지만 주소 값을 변경할 수 없는 **상수 포인터**임에 유의하라. 따라서 A+1은 가능하지만 A++와 같이 배열의 이름이 가리키는 주소를 바꿀 수는 없다.

■ 포인터와 배열

포인터는 배열과 거의 동일하게 사용할 수 있다. 배열의 이름이 포인터의 역할을 하는데, 이때는 상수 포인터로 주소 값의 변경이 불가능하다. 포인터가 어떤 유효한 메모리의 주소를 가리킨다면 이제 포인터를 배열처럼 사용하는 것이 가능하다. 함수의 매개변수 전달과 반환에서도 마찬가지이다. 프로그램 5.2는 배열과 포인터의 관계를 보여준다. 배열 이름(주소)을 포인터에 복사할 수도 있고(5행), 포인터에 항목 추출 연산자 []를 적용할 수도 있다 (13행).

프로그램 5.2	포인터와 배열의 관계

```
01    #include <stdio.h>
02    void main()
03    {
04        int list[5] = { 1, 2, 3, 4, 5 };
05        int *p = list, sum=0;
06
07        printf("list= ");
08        for (int i = 0; i < 5; i++)
09            printf("%d ", *p++);        // 포인터 연산
10
11        p = list;                       // 포인터에 배열 주소 복사
12        for (int i = 0; i < 5; i++)
13            sum += p[i];                // 포인터에 항목 추출 연산자 적용
14        printf("\nsum = %d\n", sum);
15    }
```

```
C.                    —    □    ×
list= 1 2 3 4 5
sum = 15
```

포인터가 가리키는 배열의 항목을 참조하기 위해 9행과 같은 포인터 연산을 사용할 수 있다. 그렇지만 13행과 같이 인덱스 연산자를 사용하는 것이 훨씬 편리할 것이다. 예전에는

실행 효율을 생각해서 9행과 같이 사용한 적도 있었지만, 요즘은 컴파일러도 똑똑해졌고, 하드웨어 속도도 빨라져서 이렇게 사용하는 것이 의미가 없어졌다. 따라서 대부분 인덱스 연산자를 사용한다.

■ 포인터의 초기화

포인터를 잘못 사용하면 흔히 실행 오류가 발생하므로 조심해야 된다. 포인터가 어떤 변수를 가리키고 있지 않을 때는 반드시 NULL로 설정해야 하며, 초기화되지 않은 포인터나 NULL 포인터가 가리키는 곳의 자료를 접근하면 오류가 발생함을 명심하라. 예를 들어 다음 코드는 실행 오류를 발생시킨다.

```
int *px;        // 포인터 pc는 초기화가 안 되어 있음
*px = 10;       // 매우 위험한 코드
```

지금까지 설명한 내용들을 충분히 이해한다면 포인터를 잘 이해하고 있는 것이다. 만약 그렇지 않더라도 너무 실망하지 말자. 포인터는 어렵다. 항상 메모리를 같이 생각해야 한다. 포인터는 문법만 외운다고 되는 것이 아니다. 어렵고 중요한 포인터의 개념은 반드시 예제들을 통해 익혀야 한다. 이 장에서 제시하는 예제들을 통해 포인터에 자신감을 가져보자.

5.2 주소에 의한 호출

함수의 매개변수로 포인터를 전달할 수 있다. 다음은 배열에서 가장 큰 값을 찾는 findMaxValue() 함수(프로그램 4.3)의 매개변수를 포인터로 변환한 코드로, 사용 방법이나 실행 결과가 완전히 동일함을 알 수 있다.

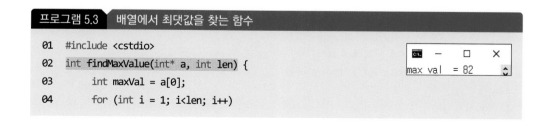

프로그램 5.3	배열에서 최댓값을 찾는 함수

```
01    #include <cstdio>
02    int findMaxValue(int* a, int len) {
03        int maxVal = a[0];
04        for (int i = 1; i<len; i++)
```

max val = 82

```
05          if (maxVal < a[i]) maxVal = a[i];
06      return maxVal;
07  }
08  void main() {
09      int arr[10] = { 3, 24, 82, 12, 34, 7, 53, 17, 26, 51 };
10      printf("max val = %d\n", findMaxValue(arr, 10));
11  }
```

▪ 포인터 매개변수

findMaxValue()를 참고해 최댓값과 최솟값을 동시에 찾는 함수를 구현해 보자. 함수는 최대 1개의 값만을 반환하므로 두 값을 동시에 return 할 수는 없다. 전역변수에 결과를 저장하는 방법도 있겠지만 물론 좋지 않다. 가장 좋은 방법은?

매개변수로 반환받을 값을 저장할 변수의 주소(포인터)를 전달하는 방법이 무난하다. 이것은 scanf()의 매개변수와 동일한 방법이다. 즉, 최댓값과 최솟값을 저장할 변수(min, max)를 선언하고, 그 변수의 주소(&min, &max)를 함수의 매개변수로 전달하는 것이다. 이렇게 되면 반환은 필요 없다. 프로그램 5.4는 포인터를 전달하여 배열에서 최댓값과 최솟값을 동시에 읽어오는 함수를 구현한 예이다.

프로그램 5.4 | 배열에서 최댓값과 최솟값을 찾는 함수(포인터 방식)

```
01  #include <cstdio>
02  void findMinMax(int* a, int len, int* pmin, int* pmax) {
03      if (pmin != NULL) {
04          *pmin = a[0];
05          for (int i = 1; i < len; i++)
06              if (*pmin > a[i]) *pmin = a[i];
07      }
08      if (pmax != NULL) {
09          *pmax = a[0];
10          for (int i = 1; i < len; i++)
11          if (*pmax < a[i]) *pmax = a[i];
12      }
13  }
```

```
14   void main()
15   {
16       int arr[10] = { 3, 24, 82, 12, 34, 7, 53, 17, 26, 51 };
17       int min, max;
18
19       findMinMax(arr, 10, &min, &max);
20       printf("최소~최대: %2d~ %2d\n", min, max);
21
22       findMinMax(arr, 10, &min, NULL);
23       printf("최솟값: %2d\n", min);
24
25       findMinMax(arr, 10, NULL, &max);
26       printf("최댓값: %2d\n", max);
27   }
```

```
C:\WIN...      —    □    ×
최 소 ~ 최 대 :   3~  82
최 솟 값 :    3
최 댓 값 :  82
```

코드 설명

2~13행 int 배열에서 최솟값과 최댓값을 동시에 찾아 반환하는 함수. pmin과 pmax의 자료형에 유의할 것.

3~7행 pmin이 NULL이 아닌 경우에만 최솟값을 찾음.

8~12행 pmax가 NULL이 아닌 경우에만 최댓값을 찾음.

17행 값을 돌려받을 변수를 미리 선언함.

19행 최댓값과 최솟값을 모두 찾도록 호출함.

22행 최솟값만을 찾도록 호출함.

23행 최댓값만을 찾도록 호출함.

---

findMaxValue()와 비교해보면 findMinMax()는 포인터 매개변수가 2개 추가되었고 그리고 반환형이 없어졌다. 또한 역참조 연산자 *가 사용되어 코드가 약간 복잡해 보인다. 물론 한 꺼번에 두 값을 구해 반환할 수 있는 것은 큰 장점이다. 이 함수의 또 다른 장점은 필요한 경우 최댓값이나 최솟값을 골라서도 찾을 수 있다는 것이다.

■ 주소 값에 의한 호출

4장에서 복소수 변수를 초기화하기 위한 다음의 코드가 원하는 대로 작동하지 않음을 알 았다(프로그램 4.7). 그리고 그 원인이 기본적으로 함수의 "값에 의한 호출"에 있다는 것을 공부했다.

```
21    void resetComplex(Complex a) { a.real = a.imag = 0.0; }
```

함수의 매개변수에 포인터를 사용하면 이 문제를 해결할 수 있다. 매개변수의 자료형이 Complex에서 Complex*로 바뀌는 사소한 차이이지만 결과는 완전히 다르다. 다음은 복소수를 초기화하는 함수의 예를 보여준다. 구조체 객체의 포인터를 사용하면 또 하나의 큰 차이가 있다. 포인터를 통해 객체의 멤버를 참조하기 위해서는 '.' 연산자가 아니라 '->' 연산자를 항목 추출 연산자로 사용해야 한다는 것이다.

프로그램 5.5 복소수를 매개변수로 전달하고 반환받는 함수 예

```
01    #include <cstdio>
02    struct Complex {
03        double real;
04        double imag;
05    };
06    void printComplex(Complex c, char* msg = "복소수") {
07        printf(" %s %4.2f + %4.2fi\n", msg, c.real, c.imag);
08    }
09    void resetComplex(Complex* a) { a->real = a->imag = 0.0; }
10
11    void main()
12    {
13        Complex c;
14        resetComplex(&c);
15        printComplex(c, "reset(c)=");
16    }
```

```
C:\WINDOWS\system3...      —    □    ×
reset(c)= 0.00 + 0.00i
```

코드 설명

9행 복소수의 실수부와 허수부를 0으로 초기화하는 함수. 이제 a는 복소수의 포인터임. 포인터로부터 구조체의 멤버를 접근하기 위해 항목 추출 연산자 ->가 사용된 것에 유의할 것.

14행 함수의 호출에 복소수가 아니라 복소수의 주소가 전달되어야 함에 유의할 것.

이 방법은 완전히 다른 방식으로 인수를 전달할까? 아니다. 여전히 "값에 의한 호출"에 따라 처리된다. 이전의 함수와의 차이는 "복소수 객체" 값을 복사하는 것이 아니라 "복소수 객체의 주소" 값이 매개변수로 복사되는 것뿐이다. 그림 5.4는 이 함수의 호출 과정을 설명하고 있다.

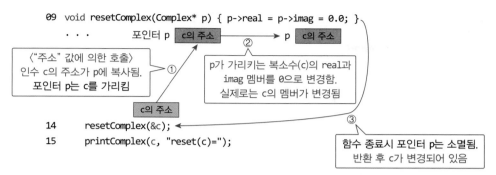

| 그림 5.4 포인터를 이용한 "주소" 값에 의한 호출

그렇다면 printComplex()와 같은 다른 함수들도 이 방법을 사용할 수 있을까? 물론이다. printComplex()에서는 전달하는 복소수의 값이 변경될 필요가 없기 때문에 프로그램 5.5의 6행과 같이 복소수를 전달할 수도 있고 다음과 같이 복소수의 주소를 전달하도록 구현할 수도 있다.

```
06   void printComplex(Complex* pc, char* msg = "복소수") {
07      printf(" %s %4.2f + %4.2fi\n", msg, pc->real, pc->imag);
08   }
```

그렇다면 어떤 방법이 더 좋을까? 장단점이 있다. 만약 구조체의 크기가 크다면 값을 복사하는 것이 주소를 복사하는 것에 비해 비효율적일 것이다. 반면에 주소를 전달하면 전달되는 주소를 통해 함수에서 객체를 의도하지 않게 수정하는 오류를 범할 수 있으므로 조심해야 한다.

■ 주소를 반환하는 함수

함수가 주소를 직접 반환할 수도 있다. 정수 배열을 역순으로 변환하는 함수(프로그램 4.4의 reverseArray())를 다른 방법으로 구현해 보자. 프로그램 5.6에서 reverseArray1()은 입력 배열 a와 길이를 인수로 전달한다. 함수 내에서 배열 b를 선언해 a의 항목들을 역순으로 복사하고, 최종적으로 b를 반환한다. 이때 함수의 반환형은 int*가 되어야 하고, 반환된 주소 값은 포인터 변수에 저장되어야(27~28행) 하는 것에 유의하라. 그러나 이 함수는 사실 다른 문제가 있다. 실행 결과를 보면 이상한 결과(배열 c)가 출력된다. 왜 그럴까?

프로그램 5.6 역순 배열을 구해 주소를 반환하는 함수

```
01  #include <cstdio>
02  #include <cstring>
03  // 프로그램 4.4의 3~8행의 printArray() 함수 추가
04  void printArray(const int a[], int len, char msg[] = "Array") { ... }
05  void reverseArray(const int a[], int b[], int len) {
06      for (int i = 0; i < len; i++)
07          b[len-i-1] = a[i];
08  }
09  int* reverseArray1(const int a[], int len) {
10      int b[100];
11      for (int i = 0; i < len; i++)
12          b[len-i-1] = a[i];
13      return b;       // 잘못된 구현 방법
14  }
15  int* reverseArray2(const int a[], int len) {
16      static int b[100];
17      for (int i = 0; i < len; i++)
18          b[len-i-1] = a[i];
19      return b;       // 여전히 문제가 있는 방법
20  }
21  void main()
22  {
23      int a[10] = { 3, 24, 82, 12, 34, 7, 53, 17, 26, 51 };
24      int b[10], *c, *d;
25
26      reverseArray(a, b, 10);
27      c = reverseArray1(a, 10);
28      d = reverseArray2(a, 10);
29
30      printArray(a, 10, "배열 a");
31      printArray(b, 10, "배열 b");
32      printArray(c, 10, "배열 c");
33      printArray(d, 10, "배열 d");
34  }
```

```
C:\WINDOWS\system32\cmd.exe                                    ↔    —    □    ×
배열 a:    3 24 82 12 34  7 53 17 26 51
배열 b:   51 26 17 53  7 34 12 82 24  3
배열 c: 9434812943459676 47232  1  1  1   3262473320163256889434564
배열 d:   51 26 17 53  7 34 12 82 24  3
```

코드 설명

3~8행 프로그램 4.4의 3~12행의 printArray()와 reverseArray() 함수 추가.

9~14행 int*를 반환하는 함수. b가 지역변수이므로 잘못된 구현임.

16행 b를 정적 지역변수이므로 선언함.

문제는 b가 지역변수라는 것이다. 즉, 함수가 종료되면 사라지는 변수이고, 반환되어 출력하려고(32행) 할 때에는 이미 없는 자료이다. 이 문제를 해결하려면 함수가 종료되더라도 b가 사라지지 않도록 해야 한다. b를 전역변수로 선언하거나 정적(static) 지역변수로 선언하면 된다. 물론 16행과 같이 정적 지역변수로 선언하는 것이 더 좋은 방법이다. 그러나 이방법도 잠재적인 문제가 있다. 입력 배열의 길이가 16행에서 선언한 배열의 길이보다 큰 경우 실행 오류가 발생하는 것이다. 따라서 이와 같은 함수의 구현을 위해 가장 좋은 방법은 원래의 함수(5~8행)와 같이 결과를 저장할 배열을 매개변수에 추가하는 것이다.

5.3 참조형(reference type)

C++에서는 C언어에서는 없었던 새로운 여러 가지 기능들을 제공한다. 이들 중에서 가장 중요한 것 중 하나가 **참조형(reference type)**이다. 참조형을 **레퍼런스**라고도 하는데, 기존의 메모리 공간에 별명을 붙이는 방법을 말한다. 이것은 C언어에서와는 달리 하나의 변수에 여러 개의 이름을 붙이는 것을 말하며, 일반 변수의 선언과 명확히 구분되어야 한다.

■ 참조자의 선언

참조형 변수를 보통 **참조자**라 하는데, 이를 선언하는 형식은 다음과 같다.

```
자료형 & 참조변수명 = 앞에서_선언된_변수명;
```

참조자의 자료형은 미리 선언되어 참조하려고 하는 변수의 자료형에 &를 추가한 것이다. 이때 사용된 **&**를 **참조 연산자**라고 한다.

```
int var = 10;          // int형 변수 var을 선언하고 10으로 초기화하는 문장
int& ref = var;        // 변수 var의 별명인 참조 변수 ref를 선언
ref = 20;              // var의 별명 ref에 20을 복사했으므로 val이 20이 됨
```

이 문장에서 ref는 변수 var에 대한 별명(alias)으로 이후로 var과 ref는 동일하게 사용된다. 주의해야 할 점은 참조형은 선언과 동시에 초기화되어야 한다는 것이다. 만약 그렇지 않다면 컴파일 오류를 발생시킨다.

```
int& ref;              // 컴파일 오류: 별명은 선언과 동시에 초기화되어야 함
ref = var;             // 컴파일 오류: 선언 이후에 변경할 수 없음
```

■ 참조자의 활용

그렇다면 변수의 이름을 그냥 사용하면 되지 왜 변수에 대한 별명이 필요할까? 다음 세 가지를 생각할 수 있다.

- 기존 변수들을 보다 간편하게 사용하기 위해
- 함수의 매개변수로 사용하기 위해
- 함수의 반환형으로 사용하기 위해

두 번째와 세 번째는 함수와 관련된 것으로 다음 절에서 공부하고, 첫 번째 이유를 좀 구체적으로 생각해 보자. 일반 변수에 별명을 붙여 사용하는 것은 다음과 같이 큰 의미는 없다.

```
int totalNumberOfGameCharacters = 1;
int& x = totalNumberOfGameCharacters;
printf("전체문자수 = %d\n", x);                        // 1 출력
x = 5;
printf("전체문자수 = %d\n", totalNumberOfGameCharacters);   // 5 출력
```

배열을 항목을 접근하기 위해서는 어떨까? 2차원 배열을 사용하는 코드를 보자.

```
// 2차원 배열의 항목에 대한 참조
int map[3][3] = { 1, 2, 3, 4, 5, 6, 7, 8, 9 };
int sum = 0;
for (int i = 0; i < 3; i++)
for (int j = 0; j < 3; j++) {
    int& elem = map[i][j];       // map[i][j[]에 대한 별명을 elem이라 함
    elem = i * 3 + j + 1;        // map[i][j] = ...;
    sum += elem;                 // elem += map[i][j];
    printf(" %d", elem);         // map[i][j]를 출력
}
printf("\nsum = %d\n", sum);
```

2차원 배열의 항목 접근 코드 map[i][j]는 약간 복잡해 보인다. 만약 이 항목에 대한 간단한 별명을 elem이라 한다면 코드가 좀 더 단순해질 것이다. map[i][j]가 필요한 부분에 별명 elem을 적으면 되기 때문이다.

구조체와 관련해서도 비슷한 상황이 가능하다. 앞 장에서 구현한 PlayInfo 구조체와 관련된 다음 코드에서 참조자를 사용하였다.

```
PlayInfo teamKorea[4] = { { "김현수", 20, 20.0 }, { "오승환", 30, 30.0 },
                          { "추신수", 40, 40.0 } };
for (int i = 0; i < 3; i++) {
    PlayInfo& play = teamKorea[i];
    printf("%s %d %4.1f\n", play.name, play.nMove, play.tElapsed);
}
```

만약 참조자를 사용하지 않으면 print() 함수는 다음과 같이 다소 복잡해진다.

```
printf("%s %d %4.1f\n", teamKorea[i].name, teamKorea[i].nMove,
                        teamKorea[i].tElapsed);
```

항목 teamKorea[i]에 대한 별명 play를 만들어 이를 이용해 구조체의 멤버에 접근한다. 물론 다음과 같이 구조체 객체의 멤버에 대한 참조도 가능하다.

```
PlayInfo& play = teamKorea[3];
int& move = play.nMove;
strcpy(play.name, "추신수");
move = 50;
play.tElapsed = 50.0;
printf("%s %d %4.1f\n", play.name, play.nMove, play.tElapsed);
```

이러한 용도는 편리해 보이기는 하지만 없으면 안 될 정도는 아니다. 함수와 관련하여 참조자가 필요한 이유를 알아보자.

5.4 참조에 의한 호출

참조자의 가장 중요한 용도는 함수의 매개변수에서이다. 지금까지 구현했던 모든 프로그램에서 함수의 호출 과정에 **값에 의한 호출**(call-by-value) 방식이 사용되었다. 즉, 인수 값을 매개변수로 복사하는 방식이다. 그런데 참조형은 완전히 새로운 방법을 제공한다. 참조자는 어떤 변수의 별명이라는 것을 기억하라. 어떤 사람이 새로운 별명을 갖는다고 해서 새로운 사람이 생기는 것은 아니다. 함수의 매개변수에서도 마찬가지이다.

■ 참조에 의한 호출(call-by-reference)

배열에서 최댓값과 최솟값을 찾는 함수를 참조자를 이용해 다시 구현해 보자. 대부분의 코드는 앞에서와 비슷하지만 포인터 대신에 매개변수가 참조자로 변경된다. 코드는 프로그램 5.7과 같다.

프로그램 5.7	배열에서 최댓값과 최솟값을 찾는 함수(참조자 방식)

```
01   #include <cstdio>
02   void findMinMax(int* a, int len, int& min, int& max) {
03       min = a[0];
04       for (int i = 1; i < len; i++)
05           if (min > a[i]) min = a[i];
06
```

```
07        max = a[0];
08        for (int i = 1; i < len; i++)
09            if (max < a[i]) max = a[i];
10   }
11   void main()
12   {
13        int arr[10] = { 3, 24, 82, 12, 34, 7, 53, 17, 26, 51 };
14        int x, y;
15
16        findMinMax(arr, 10, x, y);
17        printf("최소~최대: %2d~ %2d\n", x, y);
18   }
```

최소~최대: 3~82

- findMinMax()의 매개변수 min과 max가 이제 포인터가 아니다. 참조자는 일반 변수와 같은 방법으로 사용된다(3, 5, 7, 9행).
- 함수를 호출할 때(16행) 변수의 주소가 아니라 변수 자체를 전달한다.

이 프로그램은 어떻게 동작할까? 16행의 함수 호출 부분과 함수 헤더(2행)의 매개변수 부분만을 정확히 이해하면 된다. 매개변수가 참조자이므로 함수 호출에서 인자로 사용된 x와 y 변수가 매개변수 min과 max에 복사(값에 의한 호출)되는 것이 아니다. 단지 min은 x의 새로운 이름이고, max는 y의 별명이 되는 것뿐이다. 이것을 **참조에 의한 호출**(call-by-reference)이라고 한다.

값에 의한 호출의 경우와 달리 min과 max가 새로운 변수가 아님을 이해하라. 단지 기존 변수에 대한 "별명" 또는 "참조"이다. 따라서 min과 max를 변경하면 실제로 변경되는 것은 x와 y이다. 따라서 17행의 x와 y에는 변경된 값이 들어있다.

이 코드를 포인터를 사용한 프로그램 5.4와 비교해보라. 확실히 간단하다. 참조자 매개변수를 잘 사용하면 코드가 간결해진다. 그렇지만, 사실 이 함수는 포인터를 이용한 구현에 비해 한 가지 약점이 있다. 함수에서 최댓값이나 최솟값 중 한 가지만을 찾도록 호출할 수는 없는 점이다. 포인터 매개변수로는 NULL을 전달할 수 있지만 참조자 매개변수에는 반드시 변수(상수는 안 됨)를 인수로 전달해야 한다는 것을 명심하라.

구조체도 마찬가지이다. 구조체 변수의 참조자를 매개변수로 사용할 수 있다. 포인터를 사용한 프로그램 5.5를 참조자로 다시 구현하면 프로그램 5.8과 같다. 이 프로그램은 앞에서와 정확히 동일하게 동작한다. 9행의 매개변수 자료형과 멤버의 접근 방법에 유의하라. a는 인수 c의 별명일 뿐이며 새로운 변수가 아니다. 14행의 함수 호출 부분도 주소가 아니라 구조체 객체를 직접 인수로 전달하면 된다.

프로그램 5.8   복소수를 매개변수로 전달하고 반환받는 함수 예

```
01  // 프로그램 5.5의 1~8행 코드 추가
..
08
09  void resetComplex(Complex& a) { a.real = a.imag = 0.0; }
10
11  void main()
12  {
13      Complex c;
14      resetComplex(c);
15      printComplex(c, "reset(c)=");
16  }
```

```
C:\WINDOWS\system3...   —   □   ×
reset(c)= 0.00 + 0.00i
```

그림 5.5는 이 함수의 호출 과정을 보여주고 있다. 참조자 매개변수 a를 위한 새로운 메모리 공간이 없는 것에 유의하라. a는 인수 c와 동일한 구조체 변수를 말한다.

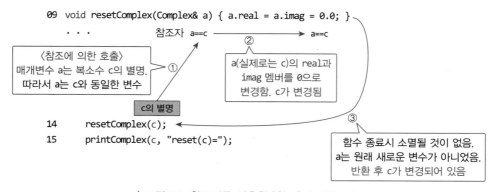

```
09  void resetComplex(Complex& a) { a.real = a.imag = 0.0; }
    · · ·                참조자  a==c  ───────────→  a==c
```

〈참조에 의한 호출〉
매개변수 a는 복소수 c의 별명.
따라서 a는 c와 동일한 변수

c의 별명

② a(실제로는 c)의 real과 imag 멤버를 0으로 변경함. c가 변경됨

③ 함수 종료시 소멸될 것이 없음. a는 원래 새로운 변수가 아니었음. 반환 후 c가 변경되어 있음

```
14      resetComplex(c);
15      printComplex(c, "reset(c)=");
```

| 그림 5.5 참조자를 이용한 "참조"에 의한 호출

■ **참조자의 반환**

함수에서 참조자를 반환할 수도 있다. 매개변수에서와 같이 참조자를 반환하면 반환 과정에 복사가 일어나지 않고, **"참조"**가 일어난다. 물론 이때 반환되는 변수는 함수가 끝나도 자동으로 소멸되지 않아야 한다. 함수를 호출한 횟수를 반환하기 위한 다음 코드를 보자.

```
int getCount() {
    static int count = 0;      // 정적 지역변수 count 선언 및 초기화
    count++;
    // ... 함수 내에서 처리할 코드
    return count;
}
```

이 함수는 1부터 시작하여 호출할 때마다 1씩 증가된 값을 반환한다. 주의할 것은 count를 정적 지역변수로 선언해야 함수를 호출할 때마다 증가된 값을 얻을 수 있다는 것이다. 만약 count가 일반 변수이면 이 함수의 반환 값은 항상 1이다.

만약 프로그램을 실행하다가 getCount() 내의 정적 지역변수 count를 다시 0으로 초기화하고 싶다면 어떻게 할까? 가능할 것 같지 않지만 함수의 반환형을 참조형을 바꾸어주면 이것이 가능해진다. 프로그램 5.9를 보자.

프로그램 5.9   참조자를 반환하는 함수

```
01  #include <cstdio>
02
03  int& getCount() {
04      static int count = 0;
05      count++;
06      // ... 함수 내에서 처리할 코드
07      return count;
08  }
09  void main()
10  {
11      for(int i=0 ; i<5 ; i++)
12          printf("count = %d\n", getCount());
13      getCount() = 10;        // getCount()내의 정적 변수 count에 10을 복사
```

```
14          for(int i=0 ; i<5 ; i++)
15              printf("count = %d\n", getCount());
16      }
```

getCount() 함수의 반환형에 주목하라. 이 함수는 정적 지역변수 count의 복사본을 반환하는 것이 아니라 그 변수의 다른 이름을 반환한다. 이것은 그 변수 자체를 반환하는 것과 동일한 의미이다. 따라서 다음과 같이 이 함수가 대입 연산자의 왼쪽 피연산자(l-value)가 될 수 있다! 그리고 이 문장은 함수 내의 정적 지역변수 count에 0을 복사하는 문장과 동일하다.

getCount() = 0;

이와 같은 참조자의 반환은 다음과 같이 다차원 배열의 항목에 간편한 방법으로 접근하기 위한 인라인 함수 등에서 많이 사용된다.

```
int MazeGameMap[480][640];
inline int& Map(int x, int y) { return MazeGameMap[y][x]; }
```

이와 같이 선언하면 전역변수로 선언된 배열의 항목 **MazeGameMap[y][x]**에 접근하기 위해 **Map(x,y)**와 같은 문장을 사용할 수 있다. 반환형이 참조형이므로 **Map(x,y)=0;**와 같이 사용할 수도 있다.

참조자는 C++에서 추가로 지원되는 기능으로 포인터만을 사용하던 C언어에 비해 코드를 더 간결하고 이해하기 쉽게 구현할 수 있도록 한다. 이런 장점 때문에 최근에는 적극적으로 사용되는 분위기이다. 함수와 관련한 참조자의 의미를 정확히 이해하고 활용할 줄 알아야 프로그램의 구현이 더 쉬워지는 것을 명심하라.

5.5 심화 학습: 재귀 함수

재귀 함수(recursive function)는 어떤 함수가 자기 자신을 직접 또는 간접적으로 다시 호출하는 함수를 말한다. 이것은 매우 흥미로운 기법으로, 문제에 따라 매우 직관적이고 자연스러운 해결 방법을 제공한다. 예를 들어, 트리와 같은 자료구조에서 이러한 기법의 함수 호출이 흔히 사용된다. 게임에서도 이러한 개념이 적용될 수 있는데, 다음 장에서 구현할 지뢰 찾기 게임에서도 사용된다.

▪ 간단한 재귀 문제들

함수의 재귀 호출로 해결할 수 있는 간단한 문제들을 알아보자. 먼저 정수의 팩토리얼 (Factorial)은 다음과 같이 정의된다.

$$n! = \begin{cases} 1 & n=1 \\ n^*(n-1)! & n>1 \end{cases}$$

이 정의에서 팩토리얼 $n!$을 정의하는데 다시 팩토리얼 $(n-1)!$이 사용된 것에 주목하라. $n!$은 $(n-1)!$을 계산할 수 있다면 그 결과에 n을 곱하면 된다. 이제 남은 문제는 $(n-1)!$를 구하는 것이고, 이 문제는 $n!$에 비해 약간 쉬워졌다. $(n-1)!$도 마찬가지 방법으로 계산할 수 있다. 이러한 방법으로 정의된 문제들은 다음과 같이 재귀 함수로 간단히 해결할 수 있다.

프로그램 5.10	재귀적인 팩토리얼 계산 함수

```
01  int factorial(int n)
02  {
03      if( n == 1 ) return 1;              // 종료 조건 검사 코드
04      else return (n * factorial(n-1) );  // 재귀 호출 코드
05  }
```

이 코드는 정의를 그대로 C++ 코드로 옮긴 것으로 놀랍게도 문제없이 동작한다. 모든 재귀 함수에는 **종료 조건 검사**와 **재귀 호출** 코드가 있는데, 이들만 잘 설계하면 잘 동작하는 함수가 된다.

일반적으로 재귀 함수는 어렵지 않게 반복문으로 변경할 수도 있다. 팩토리얼은 다음과 같이 반복적으로도 정의된다.

$$n! = \begin{cases} 1 & n=1 \\ n*(n-1)*(n-2)*\cdots*1 & n>1 \end{cases}$$

반복적인 정의는 다음과 같이 반복문을 이용해 구현하는 것이 자연스럽다.

프로그램 5.11   반복적인 팩토리얼 계산 함수

```
01   int factorial(int n)
02   {
03       int result=1;
04       for( int k=n ; k>0 ; k-- )
05           result = result * k;
06       return result;
07   }
```

두 함수의 실행 결과는 동일하다. 그렇다면 재귀 호출과 반복문 중에서 어떤 방법이 더 바람직할까?

- 정의가 재귀적으로 된 경우, 재귀 호출이 코드가 더 간단하고 이해하기 쉽다.
- 대부분의 경우 반복적인 코드가 실행시간 측면에서 더 효율적이다.
- 때로는 순환을 사용하지 않으면 도저히 프로그램을 작성하기가 아주 힘들어지는 경우도 자주 발생한다.

약간 더 복잡한 문제를 살펴보자. 피보나치(Fibonacci)수열은 다음과 같이 정의된다.

$$fib(n) = \begin{cases} 0 & n=0 \\ 1 & n=1 \\ fib(n-2)+fib(n-1) & otherwise \end{cases}$$

즉 일반적인 경우, 앞의 두 개의 숫자를 더해서 뒤의 숫자를 만들면 된다. 정의에 따라 수열을 만들어 보면 다음과 같다.

0, 1, 1, 2, 3, 5, 8, 13, 21, 34, 55, 89, ...

피보나치수열도 정의가 재귀적이다. 이 정의를 이용하면 자연스럽게 다음과 같이 함수를 구현할 수 있다.

프로그램 5.12   재귀적인 피보나치수열 함수

```
01  int fibonacci(int n)
02  {
03      if( n==0 ) return 0;
04      if( n==1 ) return 1;
05      return (fibonacci(n-1) + fibonacci(n-2));
06  }
```

사실 이 함수는 효율적이지는 않지만 함수의 구현은 매우 단순하고 이해하기 쉽다. 하나의 함수에서 같은 함수가 두 번 호출된 것에 유의하라.

피보나치수열을 반복문을 이용해서도 계산할 수 있을까? 물론 가능하다. 그러나 반복문으로 구현하기 위해서는 약간 복잡한 알고리즘이 필요하다. 가장 최근의 두 숫자를 계속 갱신해야 한다. 다음은 반복을 사용한 피보나치수열 계산 함수이다.

프로그램 5.13   반복문을 사용한 피보나치수열 계산 함수

```
01  int fibonacci(int n)
02  {
03      if( n < 2 ) return n;
04      else {
05          int tmp, current=1, last=0;
06          for( int i=2 ; i<=n ; i++ ) {
07              tmp = current;
08              current += last;
09              last = tmp;
10          }
11          return current;
12      }
13  }
```

확실히 이 코드는 재귀 호출로 구현한 함수에 비해 복잡하고, 알고리즘이 한 눈에 들어오지 않는다. 물론 효율성 측면에서는 이 함수가 훨씬 우수하다.

■ 영역 채색(Component Labelling) 문제

영상처리 분야에는 **영역 채색**(blob coloring), 또는 **연결화소 분석법**(connected component labelling)이라 불리는 알고리즘이 있다. 이것은 그림 5.6의 (a)와 같은 흑과 백의 화소 값만을 갖는 이진 영상(binary image)에서 "연결된" 물체를 찾는 방법이다.

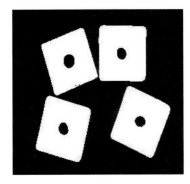

| (a) 이진영상   (b) 영역 채색 결과: 연결된 객체가 같은 색으로 채색됨

| 그림 5.6 이진 영상의 영역 채색

(a)에는 4개의 연결된 영역이 있는데, 이들을 (b)와 같이 각각 고유한 값으로 채색할 수만 있으면 각 영역들의 크기와 위치, 형태 등을 쉽게 계산할 수 있다. 따라서 영역 채색은 영상처리에서 매우 중요한 연산이다. 재귀 호출을 이용하면 어렵지 않게 이 문제를 해결할 수 있다.

먼저 영상은 unsigned char형의 2차원 배열로 나타내고, 선언과 함께 초기화하는 방법을 사용한다. 영상에는 "c++"를 적절히 넣는데, 배경은 0, 전경(물체 영역)은 9로 초기화하자. 재귀 호출을 이용해 인접한 전경 영역을 모두 같은 색으로 칠하는 함수를 label()이라 하자. 이 함수는 매개변수로 영상과, 현재 전경 화소의 위치, 그리고 칠할 색을 받아야 한다. 따라서 함수 원형은 다음과 같다.

```
void label(unsigned char img[HEIGHT][WIDTH], int x, int y, int color);
```

이 함수는 어떻게 구현할까? 종료 조건과 재귀 호출 부분을 생각해 보자.

- **종료 조건**: 현재 좌표(x,y)가 영상의 밖이거나 영상의 (x,y) 위치가 전경색이 아닌 경우. 바로 반환하면 됨
- **반복 호출**: 종료 조건이 아니면 현재 좌표 (x,y)를 color로 칠하고, 상하좌우 4 방향 의 이웃에 대해 같은 color로 label()을 재귀적으로 호출함

영역 채색을 위한 주 함수 blobColoring()는 추가적으로 구현해야 한다. 이 함수는 영상 의 왼쪽 상단 화소부터 스캔하면서 화소 값이 전경이면 재귀 함수 label()을 호출한다. 이 함수가 한번 호출되면 연결된 모든 영역이 color로 칠해진다. 한 영역에 대한 채색이 끝나 면 color 값을 증가시킨다. 구현된 영역 채색 프로그램은 다음과 같다.

프로그램 5.14　영역 채색 프로그램

```
01  #include <cstdio>
02  #define WIDTH 17
03  #define HEIGHT 5
04  void label(unsigned char img[HEIGHT][WIDTH], int x, int y, int color) {
05      // 종료 조건
06      if (x<0 || y<0 || x >= WIDTH || y >= HEIGHT || img[y][x] != 9 )
07          return;
08      img[y][x] = color;              // label로 화소 값을 바꾸고
09      label(img, x - 1, y, color);    // 재귀 호출: 좌측 이웃화소
10      label(img, x, y - 1, color);    // 재귀 호출: 상측 이웃화소
11      label(img, x + 1, y, color);    // 재귀 호출: 우측 이웃화소
12      label(img, x, y + 1, color);    // 재귀 호출: 하측 이웃화소
13  }
14  void blobColoring(unsigned char img[HEIGHT][WIDTH]) {
15      int color = 1;                  // label은 1부터 시작함
16      for (int y = 0; y<HEIGHT; y++)  // 영상의 모든 화소에 대해
17          for (int x = 0; x<WIDTH; x++) {
18              if (img[y][x] == 9)     // 처리가 안 된 전경 화소이면
19                  label(img, x, y, color++);  // 연결 화소 채색 시작
20          }
21  }
```

```
22   void printImage(unsigned char img[HEIGHT][WIDTH], char *msg) {
23       printf("%s\n", msg);
24       for (int y = 0; y<HEIGHT; y++) {
25           for (int x = 0; x<WIDTH; x++) {
26                   if (img[y][x] == 0) printf(".");
27                   else printf("%d", img[y][x]);
28           }
29           printf("\n");
30       }
31       printf("\n");
32   }
33   void main()
34   {
35       unsigned char image[HEIGHT][WIDTH] = {  // 입력: c++
36           0, 0, 0, 0, 0, 0, 0, 0, 0, 0, 0, 0, 0, 0, 0, 0, 0, 0,
37           0, 9, 9, 9, 9, 0, 0, 0, 9, 0, 0, 0, 0, 0, 9, 0, 0, 0,
38           9, 9, 0, 0, 0, 0, 9, 9, 9, 9, 9, 0, 9, 9, 9, 9, 9, 9,
39           0, 9, 9, 9, 9, 0, 0, 0, 9, 0, 0, 0, 0, 0, 9, 0, 0, 0,
40           0, 0, 0, 0, 0, 0, 0, 0, 0, 0, 0, 0, 0, 0, 0, 0, 0, 0
41       };
42       printImage(image, "<Original image>");
43       blobColoring(image);
44       printImage(image, "<Labelled image>");
45   }
```

```
<Original image>
..................
.9999...9.....9..
99....99999.99999
.9999...9.....9..
..................

<Labelled image>
..................
.1111...2.....3..
11....22222.33333
.1111...2.....3..
..................
```

코드 설명

2~3행 영상의 가로와 세로 크기를 고정함.

4행 2차원 배열 영상에 대한 재귀적인 색칠 함수. 영상의 좌표와 색상이 매개변수로 전달됨.

6~7행 종료 조건 검사. 현재 좌표가 영상 밖이거나 처리가 안 된 전경 화소가 아니면 return.

8~12행 화소 값을 color로 색칠하고, 4 방향의 인접 화소들에 대해 label()을 재귀적으로 호출함. 칠하는 색상은 동일함.

14~21행 영역 채색 주 함수. 색상은 1부터 시작하고, 전체 영상을 스캔하여 전경이 나타나면 재귀 함수를 호출해 채색함. 채색 후 color를 증가시킴.

22~32행 현재의 영상 정보를 화면에 보기 좋게 출력하는 함수.

35~41행 테스트에 사용한 영상. "c++"의 형태임.

42~44행 원 영상을 먼저 화면에 출력하고, 영역 채색한 후 결과 영상 출력.

프로그램의 실행 결과를 보면, 입력 영상에서 "c++"의 각 연결 영역들(c, +, +)이 각각 동일한 색으로 채색되어 전체 3개의 물체가 검출된 것을 알 수 있다. 채색된 영상을 이용하면 물체의 위치나 크기 등의 정보를 쉽게 계산할 수 있을 것이다.

이 알고리즘은 사실 작은 영상에 대해서는 잘 동작하지만 영상의 크고, 연결된 물체 하나의 면적이 커지면 실행속도가 급격히 느려지고, 심한 경우 스택 오버플로가 발생할 수 있다. 이것은 함수 호출에 따른 오버헤드 때문이다. 따라서 일반적으로는 주사선 알고리즘(scanline algorithm)을 사용한다. 주사선 알고리즘은 빠르지만 코드가 상당히 복잡하다.

이 프로그램에서 더 추가할 수 있는 기능으로는 어떤 것이 있을까?

- 각 영역의 위치와 면적을 계산하는 기능을 추가할 수 있다.
- 이 프로그램에서는 고정된 크기의 2차원 배열을 사용하였다. 임의의 크기의 영상에 대해서도 동작하는 함수로 확장하는 것이 좋을 것이다. 이를 위해서는 동적 할당을 이용해야 한다. 동적 할당은 8장에서 자세히 다룬다.

5.6 심화 응용: 지뢰 찾기 게임

좀 더 복잡한 게임을 만들어보자. 그림 5.7은 윈도우용 지뢰 찾기, 또는 지뢰 제거(Mine Sweeper) 게임 화면이다. 게임의 규칙은 다음과 같다.

- Width x Height 개의 칸으로 이루어진 이차원 공간에 군데군데 지뢰가 매설되어 있다. 지뢰의 매설은 난수를 발생하여 처리한다.
- 사용자는 하나의 위치를 선택하는데, 그 위치에 지뢰가 있다고 생각하면 깃발을 꽂고(mark), 안전한 위치라고 생각하면 땅을 판다(dig).
- 사용자가 선택해서 파버린 위치에 지뢰가 있으면 게임은 실패로 종료된다. 만약 지뢰 위치가 아니면 숫자가 나타나는데, 이것은 인접한 8칸에 숨어있는 지뢰의 개수를 나타낸다.
- 만약 이 값이 0이면 인접한 8칸이 모두 지뢰가 아니다. 따라서 이들 위치를 모두 자동으로 파내야 한다. 이 과정은 연결된 모든 0인 위치까지 진행되어야 한다. 재귀 호

출을 사용하면 어렵지 않게 구현할 수 있다.

- 열려진 숫자들을 근거로 숨어 있는 모든 지뢰를 정확하게 찾아내야 한다.
- 아직 열지 않은 칸의 수와 깃발의 합이 전체 지뢰의 수와 같으면 게임은 성공으로 종료된다.
- 첫 번째 선택에서는 아무런 정보가 없으므로 운이 없으면 지뢰를 열어서 게임이 바로 끝날 수도 있다.

| 그림 5.7 윈도우용 지뢰 찾기 게임

■ 분석 및 설계

사용자 입력 방법

대부분의 프로그램에서는 입력을 처리하는 것부터 해결해야 한다. 콘솔 응용 프로그램에서는 마우스를 사용할 수 없고, 따라서 지뢰의 위치를 키보드로 입력할 수밖에 없다. 단순화를 위해 맵의 크기는 9×9로 제한하자. 영어 알파벳과 숫자의 조합으로 원하는 칸의 위치를 다음과 같이 나타내자.

- 지뢰가 없는 자리를 선택할 때: 행(A-I) 열(1-9) 순으로 입력
- 깃발을 꽂을 위치를 선택할 때: 'P' + 행(A-I) 열(1-9) 순으로 입력

예를 들어, 3행 4열 위치는 지뢰가 아니라고 확신하면 "C4"를 입력한다. 만약 그 자리에 지뢰가 있는 것 같아 깃발을 꽂으려면 "PC4"를 입력한다. getch()를 이용해 엔터키 없이 바로 동작하도록 구현하자.

게임 데이터

게임을 위해 어떤 자료들이 필요할까? 먼저 2차원 배열 형태의 맵이 있어야 한다. 동일한 크기의 2개의 맵이 필요한데, 지뢰 맵(mine map)과 마스크 맵(mask map)이라 하자.

- **MineSweeperLabel[][]**: 지뢰 맵이다. 해당 위치에 지뢰가 있으면 9를 저장하고, 없으면 인접한 8칸의 지뢰의 수를 계산해 그 숫자(0~8)를 저장한다. 다음과 같은 **나열형(enumerated type)**으로 LabelType을 선언한다. 이것은 상수 Empty과 Bomb을 선언한 것과 유사하다.

  ```
  enum LabelType { Empty = 0, Bomb = 9 };
  ```

- 지뢰 맵은 처음에 모두 0으로 초기화한다. 다음으로 지뢰를 매설할 좌표를 무작위로 발생시켜 지뢰를 매설한다(값을 Bomb로 설정). 매설할 지뢰의 수는 프로그램이 시작할 때 사용자로부터 입력받는다.
- 지뢰 매설이 끝나면 지뢰가 아닌 모든 칸에서 인접한 8칸의 지뢰의 수를 계산해 저장한다. 예를 들어, 인접한 8칸에 지뢰가 3개 있으면 그 칸의 값을 3, 1개 있으면 1을 저장한다. 결국 따라서 지뢰 맵 MineSweeperLabel[][]의 모든 항목은 0~9사이의 값으로 초기화되는데, 9는 지뢰가 있는 칸이고, 0은 인접한 칸이 모두 안전하다.
- 한번 초기화된 맵은 변경되지 않는다.
- **MineSweeperMask[][]**: 마스크 맵이다. 해당 위치가 열렸는지, 깃발이 꽂혔는지, 아니면 아직 건드리지 않았는지를 나타낸다. 맵의 크기는 지뢰 맵과 동일해야 한다. 최초에는 모두 건드리지 않은 것(Hide)으로 표시한다. enum을 이용하여 세 가지 모드의 값을 정의한다.

  ```
  enum MaskType { Hide = 0, Open = 1, Flag = 2 };
  ```

- 맵과 함께, 맵의 크기(nx, ny), 전체 지뢰의 수(nBomb)를 선언한다.

주요 함수

필요한 데이터가 정의되면 이들을 처리하는 함수들을 설계한다. 그림 5.8은 게임 데이터와 주요 함수들의 관계를 보여준다.

- **init()**: 지뢰 맵을 만들고 지뢰를 매설한다. 또한 마스크 맵과 게임의 전체 변수들을 초기화한다. 어떤 칸 (x,y)의 이웃에 있는 지뢰의 수 계산하기 위해 countNbrBombs(x,y) 함수를 구현해 사용한다.
- **mark()**: (x,y) 칸에 깃발을 꽂는다. 마스크 맵의 해당 칸을 Flag로 변경한다.

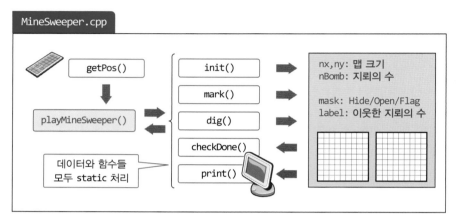

| 그림 5.8 지뢰 찾기 게임의 데이터와 함수 설계

- **dig()**: (x,y) 칸을 파낸다. 칸을 파면 마스크 맵의 해당 칸은 Open 상태가 된다. 이때, 만약 그 자리의 값이 0이라면 모든 이웃에 지뢰가 없는 경우이므로 모든 이웃 칸들도 파낸다. 이때 재귀(recursion) 호출을 사용한다. 이러한 재귀 호출은 영역 채색 문제에서와 유사하게 더 이상 인접한 0이 없을 때 까지 진행된다.
- **checkDone()**: 종료 조건을 검사한다. 다음과 같은 세 가지 상황이 있다.
  - 이미 열린 칸에 지뢰가 있는 경우: 게임은 실패로 종료. −1 반환
  - 열리지 않은(Hide) 칸의 수와 깃발(Flag)의 수가 전체 지뢰의 수(nBomb)인 경우: 게임은 성공으로 종료. 1 반환
  - 이 두 가지 상황이 아닌 경우: 게임을 계속 진행. 0 반환
- **getPos()**: 키보드에서 좌표와 명령을 받는다. 좌표 (x,y)를 반환받아야 하므로 참조자를 매개변수로 전달한다. 포인터보다는 코드가 간단해질 것이다. 깃발을 꽂는(mark) 명령이면 true를 반환하고 파는(dig) 명령이면 false를 반환하도록 하자. 함수 원형은 다음과 같다.

```
bool getPos(int& x, int& y);
```

- **print()**: 현재의 게임 정보와 맵을 화면에 출력한다.
- 다양한 inline 함수들도 활용한다.
  - int& mask(int x, int y): MineMapMask의 해당 항목의 별명을 반환
  - int& label(int x, int y): MineMapLabel의 해당 항목의 별명을 반환
  - bool isValid(int x, int y): (x,y) 좌표가 유효한지를 검사함. 맵의 내부에 있는 위치이어야 유효함
  - bool isBomb(int x, int y): (x,y) 좌표에 지뢰가 있는지 검사함
  - bool isEmpty(int x, int y): (x,y) 좌표가 Empty 상태인지를 검사함
- **playMineSweeper()**: 전체 게임의 인터페이스를 담당하는 함수이다. main()에서 호출되는데, init()으로 초기화한 후 사용자 입력을 받아 처리한다. mark()나 dig()을 처리하고 종료 조건을 검사한다.

■ 구현

전체 프로그램의 소스 코드는 게임과 관련된 헤더 파일과 구현 파일 및 main() 함수를 위한 MineSweeperMain.cpp로 나누어진다. 헤더 파일 MineSweeper.h에는 여러 가지 라이브러리 함수들을 사용하기 위한 라이브러리 헤더들을 포함하고, 게임 주 함수에 대한 함수 원형을 선언한다.

프로그램 5.15	지뢰 찾기 헤더 파일

```
01    #pragma once
02    #include <stdio.h>
03    #include <stdlib.h>
04    #include <string.h>
05    #include <conio.h>
06    #include <memory.h>
07    #include <time.h>
08    #include <ctype.h>
09    extern void playMineSweeper( int nBomb = 13 );
```

게임 프로그램의 주 함수인 main()은 다음과 같이 간단하게 구현한다. 전체 지뢰의 수를
사용자로부터 받아서, playMineSweeper()의 인수로 전달하면 끝이다.

프로그램 5.16 지뢰 찾기 게임 메인 함수

```
01    #include "MineSweeper.h"
02    void main()
03    {
04        int total;
05        printf(" <Mine Sweeper>\n");
06        printf(" 매설할 총 지뢰의 개수 입력 : ");
07        scanf("%d", &total);
08        playMineSweeper( total );
09    }
```

게임의 핵심 코드인 MineSweeper.cpp는 다음과 같이 다소 복잡하게 구현된다.

프로그램 5.17 지뢰 찾기 구현 파일

```
01   #include "MineSweeper.h"
02   #define DIM 9
03
04   enum LabelType  { Empty = 0, Bomb = 9 };
05   enum MaskType   { Hide = 0, Open, Flag };
06   static int   MineMapMask[DIM][DIM];      // Hide, Open, Flag
07   static int   MineMapLabel[DIM][DIM];     // 0~8, 9(Bomb)
08   static int   nx=DIM, ny=DIM;
09   static int   nBomb=DIM;
10
11   // 여러 가지 작은 함수들. 매우 중요함
12   inline int& mask(int x, int y){ return MineMapMask[y][x]; }
13   inline int& label(int x, int y){ return MineMapLabel[y][x]; }
14   inline bool isValid(int x, int y){ return (x>=0 && x<nx && y>=0 && y<ny); }
15   inline bool isBomb(int x, int y){ return isValid(x,y) && label(x,y)==Bomb; }
16   inline bool isEmpty(int x, int y){ return isValid(x,y) && label(x,y)==Empty;}
17
```

```
18  static void dig(int x, int y) {          // (x,y)를 파는(여는) 함수
19      if (isValid(x,y) && mask(x,y)!=Open ) {
20          mask(x,y) = Open;
21          if (label(x,y) == 0) {
22              dig(x - 1, y - 1);
23              dig(x - 1, y);
24              dig(x - 1, y + 1);
25              dig(x, y - 1);
26              dig(x, y + 1);
27              dig(x + 1, y - 1);
28              dig(x + 1, y );
29              dig(x + 1, y + 1);
30          }
31      }
32  }
33  static void mark(int x, int y) {          // (x,y)에 깃발을 꽂는 함수
34      if (isValid(x,y) && mask(x,y)==Hide )
35          mask(x,y) = Flag;
36  }
37  static int getBombCount() {               // 깃발의 수를 계산하는 함수
38      int count = 0;
39      for (int y=0 ; y<ny ; y++)
40      for (int x=0 ; x<nx ; x++)
41          if (mask(x,y) == Flag) count++;
42      return count;
43  }
44  static void print() {                     // 지뢰 맵의 화면 출력 함수
45      system("cls");
46      printf(" 발견:%2d 전체:%2d\n", getBombCount(), nBomb);
47      printf(" ①②③④⑤⑥⑦⑧⑨\n");
48      for (int y=0; y<ny; y++) {
49          printf("%2c ", 'A' + y);
50          for (int x = 0; x < nx; x++) {
51              if ( mask(x,y) == Hide)  printf("□");      // 파지 않은 곳
52              else if ( mask(x,y) == Flag) printf("¤");  // 지뢰예상 자리
53              else {                                     // 판 자리
54                  if (isBomb(x,y)) printf("※");          // 9: 폭발!!
55                  else if (isEmpty(x,y)) printf(" ");    // 0: 빈칸 표시
```

```
56                   else printf("%2d", label(x,y));      // 1~8: 숫자 표시
57              }
58          }
59          printf("\n");
60      }
61  }
62  static int countNbrBombs(int x, int y) {  // 인접한 지뢰의 수 계산 함수
63      int count = 0;
64      for( int yy=y-1 ; yy<=y+1 ; yy++ )
65      for( int xx=x-1 ; xx<=x+1 ; xx++ )
66          if( isValid(xx,yy) && label(xx,yy) == Bomb )
67              count++;
68      return count;
69  }
70  static void init( int total = 9 ) {
71      srand((unsigned int)time(NULL));
72      for (int y=0 ; y<ny ; y++)
73      for (int x=0 ; x<nx ; x++) {        // 지뢰 맵, 마스크 초기화
74          mask(x,y) = Hide;
75          label(x,y) = 0;
76      }
77      nBomb = total;
78      for (int i=0; i<nBomb ; i++) {      // 지뢰 매설(total개)
79          int x, y;
80          do {
81              x = rand() % nx;
82              y = rand() % ny;
83          } while (label(x,y) != Empty);
84          label(x,y) = Bomb;
85      }
86      for (int y=0 ; y<ny ; y++)          // 인접한 지뢰의 수 계산
87      for (int x=0 ; x<nx ; x++)
88          if (label(x,y) == Empty)
89              label(x, y) =countNbrBombs(x,y);
90  }
91  static bool getPos(int& x, int& y) {    // 키보드 좌표 입력 함수
92      printf("\n지뢰(P)행(A-I)열(1-9)\n 입력 --> ");
93      bool isBomb = false;
```

```
94        y = toupper(getch()) - 'A';        // 'a' -> 'A' 'A' --> 0
95        if( y == 'P'-'A' ) {
96            isBomb = true;
97            y = toupper(getche()) - 'A';    // 'a' -> 'A' 'A' --> 0
98        }
99        x = getch() - '1';                  // '1' --> 1
100       return isBomb;
101   }
102   static int checkDone() {                // 게임 종료 검사 함수
103       int count = 0;
104       for (int y=0 ; y<ny ; y++)
105       for (int x=0 ; x<nx ; x++) {
106           if(mask(x,y) != Open) count++;
107           else if(isBomb(x,y) ) return -1;
108       }
109       return (count == nBomb) ? 1 : 0;
110   }
111   void playMineSweeper( int total ) {     // 지뢰 찾기 주 함수
112       int x, y, status;
113       init( total );                       // 지뢰 맵과 마스크 초기화
114       do {
115           print();
116           bool isBomb = getPos(x,y);       // 위치 입력
117           if(isBomb) mark(x,y);            // 깃발 위치이면 ==> mark() 호출
118           else       dig(x, y);            // 아니면 ==> dig() 호출
119           status = checkDone();            // 게임 종료 상황 검사
120       } while ( status == 0 );             // 진행 중이면 반복
121       print();
122       if( status < 0 )                     // 실패/성공 출력
123           printf("\n실패: 지뢰 폭발!!!\n\n");
124       else    printf("\n성공: 탐색 성공!!!\n\n");
125   }
```

코드 설명

4~5행 나열형 선언. Open과 Flag는 각각 1과 2로 설정된다.

6~9행 게임을 위한 정적 전역변수 선언.

12~16행 전역변수를 접근하기 위한 inline 함수들. mask()와 label() 함수의 반환형이 참조형인 것에 유의할 것.

18~32행 좌표를 입력 받아 그 자리를 파는 함수. 만약 값이 0이면 인접한 8칸도 순환적으로 모두 파냄.

33~36행 지뢰 위치로 의심되는 칸에 깃발을 꽂음.

37~43행 현재 꽂아놓은 깃발의 수를 계산해서 반환하는 함수.

44~61행 현재의 맵을 보기 좋게 화면에 출력하는 함수.

62~69행 (x,y)와 인접한 칸의 지뢰의 개수를 계산하여 반환하는 함수.

70~90행 게임의 초기화 함수. 디폴트 매개변수 사용. 난수 초기화. 지뢰 맵과 마스크의 초기화한 후 total개의 지뢰를 무작위로 매설함. 마지막으로 매설된 지뢰를 바탕으로 비 매설 지역에서 인접한 지뢰의 수를 계산하여 맵에 저장함.

91~101행 키보드를 이용한 좌표 입력 함수. "P행열"이나 "행열"의 순으로 좌표를 입력받음. 지뢰 위치이면 true를 아니면 false를 반환함. 이때, 좌표 값을 반환하기 위해 매개변수로 참조형이 선언된 것에 유의할 것.

102~110행 게임의 종료 조건을 검사함. 한 칸이라도 지뢰 칸이 열려 있으면 실패로 종료한 상황이며(-1 반환), 열리지 않은 칸의 숫자가 전체 지뢰의 수와 같으면 성공으로 종료된 상황임(1 반환). 아직 진행 중이면 0을 반환.

111~125행 **지뢰** 제거 게임의 주 함수. 초기화 이후 좌표를 입력받아 게임을 진행하면서 종료 조건을 검사함.

게임의 실행 예는 다음과 같다. (a)는 초기 상태를 보여주고, (b)는 지뢰가 매설된 칸을 열어 게임이 실패로 종료된 경우이다. (c)는 모든 지뢰를 성공적으로 탐색하는 과정의 일부이다.

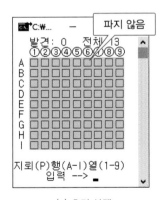

(a) 초기 상태

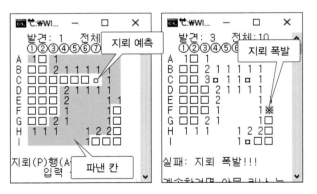

(b) 실패한 경우

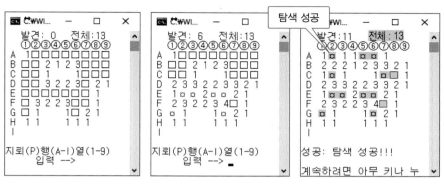

(c) 성공한 경우

| 그림 5.9 지뢰 찾기 게임 주요 화면

■ 고찰

이 게임의 소스 코드는 특히 상당히 길고, 어렵게 느껴질 것이다. 약간만 게임다운 프로그램을 만들기 위해서도 많은 부분이 필요함을 알 수 있다. 프로그래밍은 눈으로 하는 것이 아니다. 본문의 코드를 구현해 실행하면서, 각 함수와 부분들의 의미를 다시 생각해 보자. 게임을 실행하면서 코드를 이해하고, 변경도 해 보기 바란다. 이러한 과정을 통해 한 단계 업그레이드 된 자신을 발견할 수 있을 것이다.

(1) 게임은 잘 동작하지만 키보드로 좌표를 입력하는 것이 약간 불편하다. 향후 윈도우 프로그래밍으로 구현하고 마우스 이벤트를 사용하면 더 재미있게 사용할 수 있을 것이다.

(2) 맵의 크기를 9×9로 지정하였지만 프로그램을 수정하여 맵의 크기를 더 늘리는 것은 큰 문제가 없다. 또한, 동적 할당을 사용하면 더 좋을 것이다.

(3) 문제는 역시 좌표의 입력인데, 좌표가 두 자릿수(10) 이상이 되면 좌표 입력 방법을 약간 수정해야 할 것이다. 행과 열 번호를 입력하고 엔터키를 누르는 방법을 사용하면 된다. 화면에 맵을 출력하는 함수도 수정해야 한다.

(4) 많은 문법들이 코드에 사용되었다. 각 부분을 찾아 의미를 생각해 보라.

- 참조형 매개변수와 참조자의 반환
- 인라인 함수와 디폴트 매개변수

- 재귀 호출(어려운 개념임. 책의 다른 코드에는 사용되지 않음)
- 정적 함수와 정적 전역변수
- 나열형 enum과 bool 반환 함수 및 문자 처리 함수 toupper()

이 장에서는 포인터와 참조자도 어렵게 공부했는데, 재귀 함수도 나오고, 특히 응용 프로그램인 지뢰 찾기 게임 코드를 보니 절망감이 듭니다. 이런 제가 정상인가요?

정말 미안합니다. 그리고 C++를 공부하는 대부분의 학생들이 그렇게 느낄 것으로 생각됩니다.

약간의 희망을 드리겠습니다. 재귀 함수는 자료구조나 알고리즘을 공부하면 다시 나올 것입니다. 완벽히 이해하지 못했다고 해도 이 책을 공부하는 데는 전혀 지장이 없습니다. 이 책에서 재귀 함수를 설명한 것은 지뢰 찾기 프로그램에서 그 기능이 필요했기 때문입니다. 즉, 파낸 자리의 값이 0이면 인접한 8칸이 모두 지뢰가 아니므로 연속적으로 모두 파는 기능을 추가하기 위해서입니다.

지뢰 찾기 게임은 필요한 데이터도 많고, 필요한 기능도 많은 매우 복잡한 프로그램입니다. 심지어 재귀 함수까지 사용해야 되고요. 지금까지 공부한 내용만으로 이 코드를 구현할 수 있거나 모두 이해할 수 있다면 당신은 이미 고수이거나 프로그래밍적인 DNA가 뛰어난 사람입니다. 대부분의 학생들은 그렇지 못할 것입니다. 따라서 이 코드가 쉽게 이해 안 되는 것은 당연하다고 생각하면 됩니다. 그리고 이 프로그램이 아마 이 책에서 가장 복잡한 코드가 될 것입니다.

보통의 C++ 도서들은 어떤 기능을 설명하고, 작은 예제 코드로 그 기능을 설명합니다. 이것은 기능을 하나하나 이해하기에는 좋은 방법일 것입니다. 그러나 작게는 실습 시간에, 크게는 취업을 위한 프로그래밍 시험에서 주어진 문제를 해결해야 할 때 이들 작은 예제들이 잘 생각나지 않는다는 함정이 있습니다.

저자는 C++를 이용해 문제를 해결할 수 있는 능력을 기르기 위해 이 책을 만들었습니다. 작은 예제들의 모임이 아니라 기억에 남을 만 한 재미있고 약간 규모가 있는 게임 코드를 통해 공부한 내용을 기억하고 활용할 수 있도록 하려고 합니다. 재귀 함수가 나오면 지뢰 찾기를 떠올려야 합니다. 정적 전역변수와 함수는 4×4 퍼즐 게임에서 무엇을 위해 사용했는지를 생각해 보면 됩니다.

재귀 함수와 지뢰 찾기 게임은 어려워서 적당히 이해하고 넘어가더라도 포인터와 참조자, 주소에 의한 호출, 참조에 의한 호출 등은 정확히 이해하고 다음 장으로 넘어가시길 기대합니다.

요약

1   컴퓨터에서 모든 메모리는 주소를 갖는데, (   )는 이러한 주소를 저장하기 위해 사용되는 변수를 말한다.

2   어떤 변수의 주소 값을 알아내려면 (   ) 연산자 (   )를 사용하고, 포인터가 가리키는 곳의 객체를 참조하고자 할 때에는 (   ) 연산자 (   )를 사용한다.

3   만약 포인터 변수 px의 자료형이 int*라면, 이 변수를 가리키는 이중 포인터 변수 ppx의 자료형은 (   )가 된다.

4   포인터도 연산이 가능한데, 포인터 연산은 보통의 연산과 다른 의미를 지닌다. 만약 int*형 포인터 p에 100번지 저장되어 있다면 p+1은 단순히 101번지가 아니라 p가 가리키는 항목 (   )의 주소인 104번지가 된다 (((   )가 4인 경우). 포인터에도 항목 추출 연산자 []를 적용할 수 (   ).

5   포인터가 어떤 값을 가리키고 있지 않을 때는 반드시 (   )로 설정하는 것이 좋으며, 초기화되지 않은 포인터가 가리키는 곳의 자료에 접근하면 (   ).

6   함수의 매개변수에 포인터를 사용하더라도 여전히 "값에 의한 호출"에 따라 처리된다. 복사되는 값이 변수 또는 객체가 아니라 (   )인 것이 다를 뿐이다.

7   함수에서 변수의 주소를 반환하는 것에는 신중해야 하는데, 반환되는 주소에 있는 변수나 객체가 함수가 종료되더라도 (   ) 한다.

8   C++에서는 (   )라는 방법을 제공하는데, 기존의 변수에 별명을 붙이는 방법을 말한다. 이것은 선언과 동시에 반드시 (   )되어야 한다.

9   참조자의 가장 중요한 용도는 함수의 매개변수로, "값에 의한 호출"이 아니라 (   ) 방법을 제공한다. 이것은 값에 의한 호출의 경우와 달리 인수를 매개변수로 "복사"하는 것이 아니라 인수에 대한 "별명"을 사용하는 것이다.

10 함수에서 참조자를 반환할 수도 있는데, 이 경우에도 반환되는 변수가 함수가 끝나도 (   ) 한다.

11 (   )는 어떤 함수가 자기 자신을 직접 또는 간접적으로 다시 호출하는 함수를 말한다. 이 함수에서는 (   ) 검사 부분과 재귀 호출 부분을 잘 설계해야 하며, 많은 경우 반복문으로도 변경하여 구현할 수도 있다.

정답

1. 포인터 변수(pointer variable) 또는 포인터 2. 주소, &, 역참조(deference), * 3. int** 4. 바로 다음 항목, sizeof(int), 있다 5. NULL, 절대 안 된다 6. 변수 또는 객체의 주소 7. 사라지지 않아야 8. 참조형(reference type) 또는 레퍼런스, 초기화 9. 참조에 의한 호출(call-by-reference) 10. 자동으로 소멸되지 않아야 11. 재귀 함수(recursive function), 종료 조건

| 연습문제 |

1. 다음 프로그램에서 모든 오류를 찾아라.

(1)
```
int *p;
*p = 5;
```

(2)
```
int n=10;
int& r;
r = n;
```

(3)
```
int n;
double *pd;
pd = &n;
```

(4)
```
int A[4];
int& r=A[1];
int *p=A[2];
```

2. 다음 각 문장과 정확히 동일한 다른 표현을 적어라.

```
int arr[5] = {1, 2, 3, 4, 5};
int *p = arr, **pp;
```

① p+1

② *(p+3)

③ &p[4];

④ *(arr+2)

3. 다음의 변수나 상수 또는 연산의 최종 자료형(data type)을 정확히 적어라(컴파일 오류가 발생하는 문장은 "오류"로 표시할 것).

```
struct Complex {
    double real, imag;
};
Complex r1, r2, *pc, list[10];
```

① r1

② &r1

③ r1=r2

④ r1<r2

⑤ r1.real

⑥ r2->imag

⑦ list + 3

⑧ list[2]->real

⑨ list[2].imag

⑩ &(pc->imag)

4. 3번과 같은 복소수 구조체가 있을 때, 다음과 같은 기능을 하는 함수의 원형을 선언하고 매개변수와 반환형의 의미를 설명하라.

   (1) 두 복소수를 더하고 결과를 반환하는 함수 addComplex()

   (2) 복소수의 실수부와 허수부를 모두 0으로 초기화하는 함수 resetComplex()

   (3) 이차 방정식의 근을 구하는 함수 solveQuad(). 함수의 반환형은 int로 근의 개수를 반환함

   (4) 4장 연습문제 3번 (4)의 직선의 방정식을 구하는 함수에서 참조형 매개변수를 이용한 경우의 함수 원형

5. 시(hour), 분(min), 초(sec), 밀리초(msec)를 묶어 관리할 수 있는 구조체 MyTime을 선언하라. 멤버들은 모두 정수형 자료이어야 한다.

6. 5번 문제에서 MyTime 객체 멤버를 모두 0으로 초기화할 수 있는 함수를 다음의 두 가지 방법으로 구현하라.

(1)
```
void resetTime ( MyTime& t ) {

}
```

(2)
```
void resetTime ( MyTime* pt ) {

}
```

7. 1부터 n 사이의 모든 홀수를 더하는 함수를 반복문과 재귀 호출을 이용하여 각각 구현하라.

(1)
```
int addOddIter ( int n ) {

}
```

(2)
```
int addOddRecur ( int n ) {

}
```

8. 다음의 식을 이용하여 π의 근사값을 구하는 재귀 함수를 작성하라.

$$\pi = 4\left(\frac{1}{1} - \frac{1}{3} + \frac{1}{5} - \frac{1}{7} + \cdots + \frac{1}{2n-1} - \frac{1}{2n+1}\right)$$

| 실습문제 |

1. 초(sec) 단위의 실수형(double) 시간을 입력받아 연습문제 5번의 MyTime 구조체로 변경하여 반환하는 함수를 구현하라.

```
MyTime convertTime ( double duration );
```

2. MyTime 객체를 화면에 다음과 같이 출력하는 함수를 구현하라.
   예) 1시간 2분 34초 567 ==> 01:02:34:567

```
void printTime ( MyTime duration );
```

3. 두 개의 시간을 더하는 다음 함수를 다음과 같이 세 방법으로 구현하라. 각 방법의 차이를 설명하라.

```
MyTime addTime ( MyTime t1, MyTime t2 );
void addTime ( MyTime t1, MyTime t2, MyTime& t3 );
void addTime ( MyTime t1, MyTime t2, MyTime* pt );
```

4. 5.6절의 지뢰 찾기 게임을 다음과 같이 확장하라.
   (1) 게임이 시작되면 지뢰 맵의 크기(가로×세로)를 사용자로부터 입력받는다. 맵의 최대 크기는 가로 80 세로 40으로 한다. 이를 위해, 동적 할당 방법을 사용할 수도 있지만, 정적으로 충분히 큰 배열을 선언해서 사용한다. 예를 들어, 지뢰 맵과 마스크 맵을 다음과 같이 선언하고, 이 중 일부만 사용할 수 있다.

```
static int MineMapMask[40][80];
static int MineMapLabel[40][80];
```

   (2) 매설할 지뢰의 개수도 입력받고, 맵에 지뢰를 무작위로 매설한다.
   (3) 현재 맵의 출력 함수가 수정되어야 한다. 가로와 세로축에 모두 숫자를 사용해 맵의 "열"과 "행" 번호를 표시해야 한다.

(4) 사용자 입력 방법도 수정되어야 한다. 이제 "열 번호", "행 번호"를 먼저 표시하고, 깃발을 표시할 경우 "P"를 입력한다.

예) 입력 --> 20 10 <enter>   // 10행 20열 위치를 파냄(dig)
　　입력 --> p 20 10 <enter>   // 10행 20열 위치에 Flag 표시

나머지 모든 동작은 프로그램 5.15~5.17과 동일하게 되도록 한다.

06

클래스: 구조체의 진화

6.1 클래스: 구조체의 진화

6.2 객체지향 프로그래밍의 주요 특징

6.3 클래스의 선언과 활용

6.4 사례: Complex의 다양한 변신

6.5 UML 클래스 다이어그램

6.6 응용: 기존 게임의 클래스 변환

6.7 C++ 표준 라이브러리 클래스

6.8 응용: Hangman 게임

학습목표

- 객체지향 프로그래밍의 개념과 클래스와 객체를 이해한다.
- 객체지향의 주요 개념들을 이해한다.
- 클래스와 객체의 선언과 활용 방법을 이해한다.
- 클래스를 구현하는 다양한 방법을 이해한다.
- UML과 클래스 다이어그램을 이해한다.
- C++ 표준 라이브러리에서 제공하는 입출력 객체와 파일 처리, string 클래스를
  이해하고 활용할 수 있는 능력을 기른다.

행맨(hangman) 게임

행맨(hangman)이란 영어 단어 맞히기 게임이 있다. 문제로 어떤 단어가 주어지고, 여기에 들어갈 알파벳을 하나씩 추측하여 그 단어를 맞히는 게임이다.

추측한 알파벳이 단어에 있으면 그 알파벳의 위치를 공개한다. 만약 단어에 없는 알파벳을 예측했으면 한번 틀린 것이 되고, 하나씩 틀릴 때마다 교수대에 캐릭터의 얼굴과 팔, 몸통, 다리가 순서대로 하나씩 매달리게 된다. 교수형을 시키는 것이다. 제한된 횟수 만에 맞히지 못하면 결국 몸 전체가 매달리게 되고, 게임은 실패로 끝이 난다. 이 게임을 만들어보자. 물론 이 게임은 단어가 아니라 영어 문장에 대해 진행할 수도 있고, 여러 사람이 돌아가면서 게임을 진행하여 먼저 맞히는 사람이 이기는 경쟁 모드로 구현할 수도 있다.

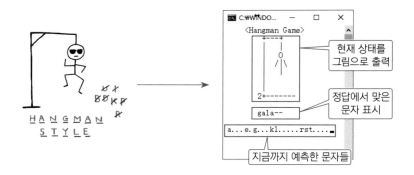

이 게임을 구현하기 위해 C++ 표준 라이브러리에서 제공하는 문자열 처리 클래스인 string을 이용한다. 본격적으로 클래스를 구현하는 방법을 공부하기 전에 이미 만들어진 클래스를 어떻게 사용하는지를 먼저 알아보려는 것이다. 이제 본격적으로 객체지향 프로그래밍이 시작된다. 클래스를 공부하면서 이 게임을 어떻게 구현할 수 있을지 생각해 보자.

6 클래스: 구조체의 진화

6.1 클래스: 구조체의 진화

지금까지 우리는 C++에 포함된 "절차지향 프로그래밍" 요소들을 공부했다. 이제 본격적으로 "객체지향 프로그래밍"을 공부해 보자. C++는 소프트웨어 개발에 모듈성, 유연성, 재사용성을 높이기 위해 추상화, 캡슐화, 상속, 다형성 등의 개념을 지원한다. 따라서 절차지향에 비해 개념이 다소 복잡하다. 특히 개념을 이해하더라도 이것을 실제 프로그래밍에 활용하는 것은 더욱 간단하지 않다. 따라서 개념과 함께 실질적인 예제를 통해 객체지향 프로그래밍을 공부해 보자.

■ 객체지향 프로그래밍이란?

논리회로를 구성하는 간단한 부품 중에 그림 6.1과 같은 AND 게이트가 있다. 이 부품은 두 입력(A와 B)이 모두 1인 경우에만 1이 출력되고(Y), 그렇지 않은 경우에는 모두 0을 출력한다. 프로그램에서 논리 연산자를 사용하는 것처럼 실제 회로에서 이 반도체 칩을 사용하는 것은 어렵지 않다. 그렇다면 이 칩의 내부는 어떨까? 이렇게 간단한 부품의 내부는 오른쪽 그림과 같이 트랜지스터와 다이오드, 저항 등을 포함한 복잡한 회로로 구성되어 있다. 반도체 부품들은 이와 같이 복잡한 내부 회로들은 완벽히 감추고 사용자가 꼭 사용해야만 하는 부분들만을 외부로 노출시킨다.

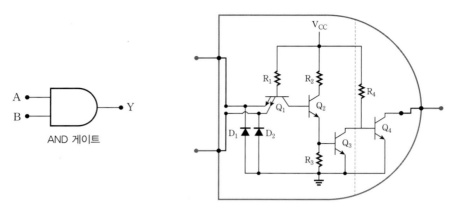

| 그림 6.1 AND 게이트(좌)와 실제 내부 구현 회로(우)

객체지향 프로그래밍의 핵심은 "클래스"이고, 이것은 "구조체"의 개념이 확장된 것이다. 객체지향에서는 클래스를 통해 소프트웨어를 반도체 부품처럼 만들고자 한다. 복잡한 내부를 감추고 사용자가 필요한 기능들만을 쉽게 사용할 수 있도록 외부 인터페이스를 단순화한다. 표 6.1은 반도체와 클래스의 관계를 보여준다.

| 표 6.1 반도체 부품과 클래스와의 관계

반도체 부품	클래스와 객체
복잡한 기능의 회로를 개발하기 위해 반도체 부품들을 사용한다.	복잡한 소프트웨어를 개발하기 위해 클래스의 객체들을 사용한다.
칩의 내부 회로가 복잡하더라고 사용 방법은 간단하다.	클래스의 구현 코드가 길고 복잡하더라도 사용하는 방법은 간단하다.
칩 내부에 다양한 전압과 전류 값이 있지만 외부에서 이들을 직접 접근하지 못한다. 외부로 노출된 단자들만을 이용해서 칩을 사용한다.	클래스의 내부에 많은 변수나 함수가 있지만 외부에서는 이들을 모두 직접 접근할 수는 없다. 외부로 공개된 함수나 변수만을 이용한다.
사용자가 실수할 수 있는 부분들을 감출 수 있으므로 칩의 오작동 가능성을 줄인다.	사용자가 잘못 사용할 수 있는 변수나 함수를 외부로부터 감추어 프로그램의 오류 발생 가능성이 줄인다.
동일한 기능을 가진 더 좋은 부품이 나오면 그 부품만을 교체하여 전체 회로를 그대로 사용할 수 있다.	기능을 개선한 클래스가 나오면 그 클래스만 바꾸어 프로그램을 빌드하면 전체 프로그램이 그대로 동작한다.

객체지향 프로그래밍(object-oriented programming, OOP)은 우리가 살고 있는 세상과 비슷하게 다양한 객체(object)들을 이용해 소프트웨어를 개발하고자 한다. 이것은 다양한 작은 소프트웨어 모듈들을 먼저 만들고, 이들을 조합하여 더 큰 프로그램을 개발해 나

가는 상향식(bottom-up) 프로그래밍 기법이다. 이때 소프트웨어 모듈의 핵심이 클래스이다.

그렇다면 "절차지향" 방식에 비해 "객체지향"이 더 프로그래밍하기가 쉬울까? 이것은 개발자와 사용자의 두 가지 관점에 따라 달라진다.

- **클래스의 개발자**는 이전보다 할 일이 더 많아진다. 기능과 성능의 구현은 물론이고 더 안전하고 쓰기 쉬운 클래스를 설계하고 구현해야 한다. 자신을 포함한 미래의 클래스 사용자가 잘못 사용할 수 있는 부분을 예상하여 적절히 감추고, 필요한 부분을 공개해야 한다.
- **클래스의 사용자**는 대부분 작업이 더 쉬워진다. 반도체 부품을 사용하는 것이나 같다. 사용할 클래스 내부의 복잡한 동작을 꼭 알아야 할 필요는 없다. 단지 어떤 기능을 갖고 어느 정도의 성능인지 정도만을 이해하면 된다. 그리고 클래스에서 외부로 제공되는 인터페이스들을 어떻게 사용하는지만 공부하면 된다.

우리는 어떤 입장일까? 물론 개발자와 개발자의 양쪽 입장을 모두 갖는다. 작은 프로그래밍 과제를 하거나, 개발된 코드를 혼자 사용하기 위해서는 절차지향 방법이 더 쉽다고 생각할 수도 있다. 그러나 규모가 커지고 다른 사람들과의 협업이 필요한 프로젝트라면 당연히 객체지향적 방법을 사용하는 것이 유리하다.

■ 구조체, 클래스, 객체

4장에서 우리는 구조체를 공부했다. 이제 구조체를 더 확장해 보자. 다음은 "뭉치"란 이름의 불독을 보여주고 있다. 뭉치는 개(dog)의 한 **객체(object)**이다.

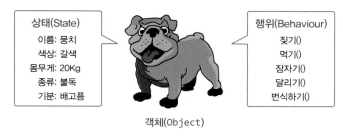

| 그림 6.2 객체는 상태와 속성을 가짐

모든 개는 이름과 색상, 몸무게, 종류, 현재 기분 등의 **상태(state)**를 가진다. 또한 다양한 **행위(behaviour)**를 할 수 있다. 그리고 상태와 행위들은 밀접하게 연관되어 있다. 예를 들어, "먹기()"를 자주하면 "몸무게"가 늘어나고 "기분"은 "좋아"진다. "달리기()"를 하면 "몸무게"가 줄어들고 "기분"이 "피곤"해질 것이다.

절차지향적 접근: 구조체와 일반 함수

개와 관련된 프로그램을 지금까지와 같이 절차지향적으로 구현해 보자. 그림 6.3과 같이 상태를 표현하기 위해서는 구조체를 사용할 것이고, 개의 상태를 변경하는 행위들은 일반 함수로 구현될 것이다.

이 방법의 가장 큰 문제점은 데이터와 함수가 분리되어 있다는 것이다. 즉, 개의 상태(구조체)를 변경시키는 행위(함수)들이 printf()나 rand()와 같이 전역 함수로 구현되어 있다. 그런데 이들 행위는 개들에게만 적용되고 의미를 갖는다는 점에서 printf()와 같은 일반 함수와 구분되어야 한다. 즉, 해당 구조체와만 관련이 있으므로 외부에서 마음대로 사용할 수 있는 전역 함수로 만들 필요가 없는 것이다. 전역변수와 마찬가지로 불필요한 전역 함수가 많아지는 것도 프로그램이 복잡해지고 오류가 발생할 수 있다는 점에서 좋지 않기 때문이다.

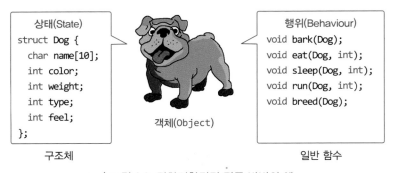

| 그림 6.3 절차지향적 접근 방법의 예

객체지향적 접근: 클래스와 멤버 함수

그렇다면 어떤 해결책이 있을까? 구조체 데이터와 함수들을 묶는 것이다. 클래스(class)는 기본적으로 C언어의 구조체에 함수를 포함시킨 하나의 틀이다. 물론 더 많은 기능이 있지만, 단순하게 생각하면 클래스는 구조체와 관련된 함수들을 그 구조체 선언의 내부로 옮긴 것을 말한다. 이때, 클래스에 포함된 데이터를 멤버 변수 또는 **필드**라 하고, 함수를 **멤버 함수**(member function) 또는 **메소드**(method)라고 한다. 다음은 절차지향적 프로그래밍에서의 구조체와 함수들을 하나의 틀에 넣은 클래스의 예를 보여주고 있다.

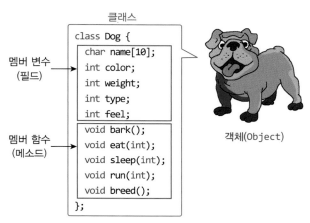

| 그림 6.4 클래스는 구조체에 함수를 포함시킨 하나의 틀이다.

그림 6.3의 일반 함수에 비해 그림 6.4의 클래스 멤버 함수에서 매개변수가 하나 줄어든 것에 주목하라. 일반 함수의 경우 어떤 객체에 그 행위를 할 것인지를 매개변수로 전달해야 하지만, 멤버 함수인 경우 자신에 대해 처리한다. 즉, 행위의 대상이 자신이다.

객체: 클래스의 사례

그렇다면 객체지향의 핵심인 **객체**(object)는 정확히 무엇일까? 객체는 클래스의 사례(instance)이다. 단순하게 생각하면 "클래스"가 자료형이고 "객체"는 그 자료형의 변수이다. 즉, 객체는 int x;에서 x와 동일한 의미를 갖는다.

```
int      x;        // 자료형이 int인 변수 x를 선언
Dog      mungchi;  // Dog의 객체 뭉치(mungchi)를 선언
Dog      bato;     // Dog의 객체 bato를 선언
Complex  a;        // Complex의 객체 a를 선언
```

| 그림 6.5 클래스와 객체

객체지향 프로그래밍은 다양한 클래스를 구현하고 클래스의 객체들을 이용하여 원하는 소프트웨어의 기능들을 구현하는 기법이다.

6.2 객체지향 프로그래밍의 주요 특징

객체지향 프로그래밍의 중요 개념들을 알아보자. 핵심은 추상화, 캡슐화, 상속, 다형성으로 볼 수 있다.

| 그림 6.6 객체지향 프로그래밍의 주요 특징

■ 추상화(abstraction)

소프트웨어의 개발과 유지보수에 있어서 가장 중요한 문제는 "어떻게 소프트웨어 시스템의 복잡성을 관리할 것인가"이다. 이러한 복잡성에 대처하기 위한 새로운 방법론들이 개발되었는데, 그 핵심이 **추상화(abstraction)**이다. 추상화란 복잡한 시스템에서 핵심적인 개념이나 기능을 뽑아내는 것으로 그 시스템에 대한 간략화 된 기술이나 명세를 말한다. 이것은 시스템의 정말 핵심적인 구조나 동작에만 집중하는 것으로, 좋은 추상화는 사용자에게 중요한 정보는 강조하고 중요하지 않은 세부 구현 사항들은 감춘다. 그림과 같이 스마트폰의 내부가 아무리 복잡하더라도 사람들은 스마트폰의 추상적인 구조와 핵심적인 동작들만 이해하면 충분히 잘 사용할 수 있다.

| 그림 6.7 추상화와 캡슐화의 개념

■ 캡슐화(encapsulation)

캡슐화는 소프트웨어를 전자 부품과 같이 만드는 개념과 동일하다. 어릴 때 감기에 걸려 가루약을 한번 먹어본 사람은 가루약을 캡슐에 넣어 만든 캡슐 약 하나를 먹는 것이 얼마나 고마운지를 이해할 수 있을 것이다. 물론 가지고 다니기도 편리하다. 스마트폰의 내부가 아무리 복잡하더라도 케이스에 넣어 하나로 관리하면 쉽고 편리하게 사용할 수 있다.

캡슐화를 통해 **정보 은닉(information hiding)**의 장점을 활용할 수 있다. 이것은 외부에 공개할 필요가 없는 데이터나 함수를 불필요하게 외부로 노출하지 않는 것이다. 만약 스마트폰 내부의 복잡한 회로들을 사용자가 직접 건드릴 수 있도록 허용한다면 많은 스마트폰이 불안해지고 오류가 발생할 것이다. 가루약의 경우는 매번 약을 먹을 때마다 양이 달라질 수 있다. 캡슐화를 통해 외부에서 알 필요가 없는 부분은 숨기고, 외부에서 반드시 사용해야 하는 부분들만을 노출시키면 이와 같이 잘못 사용할 가능성이 훨씬 적어진다.

C언어에서도 정보은닉의 개념을 사용할 수는 있었다. 정적 전역변수나 정적 함수를 사용하는 것이다. 그러나 이것은 파일 범위에만 국한되는 제한적인 방법임을 명심하라. 객체지향에서는 보다 일반적인 방법을 제공한다.

■ 상속(Inheritance)

상속은 이미 작성된 클래스를 이용하여 새로운 클래스를 만드는 방법이다. 이때 기존 클래스를 **부모 클래스**, 새로운 클래스를 **자식 클래스**라고 부른다. 자식 클래스는 부모 클래스의 모든 속성과 동작을 물려받기 때문에, 자식 클래스에서 구현해야 하는 코드는 부모 클래스와는 다른 추가적인 속성이나 동작에 국한된다. 이것은 기존 코드의 재활용을 극대화한다.

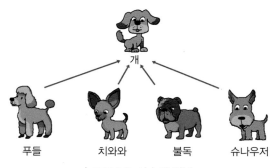

개

푸들　　　치와와　　　불독　　　슈나우저

| 그림 6.8 상속의 개념

만약 개를 나타내는 Dog 클래스가 있다면 다양한 개를 위한 클래스를 손쉽게 정의할 수 있다. 푸들이나 치와와, 불독, 슈나우저와 같은 품종에 대한 클래스를 만들기 위해 일반적인 개 클래스인 Dog을 상속할 수 있다. 자식 클래스는 부모의 모든 속성과 동작을 물려받기 때문에 자식 클래스인 푸들이나 치와와 등에서는 그 종의 특별한 속성이나 행위만을 추가하면 된다. 이것은 모든 자식 클래스가 개의 일반적인 속성과 동작을 위한 "코드"를 각각 가지는 것에 비해 매우 유리하다.

- 전체적인 코드의 길이가 줄어든다. 예를 들어, 개의 일반적인 속성과 행동을 위해 100줄의 코드가 필요하고 각 종류별로 독특한 속성과 행동을 표현하기 위해 추가로

10줄씩의 코드가 필요하다고 하자.

- 상속을 사용하지 않는 경우는 각 클래스(Poodle, Chihuahua, Bulldog, Schnauzer)마다 100+10줄의 코드가 필요하다. 따라서 전체 코드의 길이는 440줄이다.
- 상속을 사용하면 클래스가 한 개 늘어난다. 부모 클래스인 **Dog**이 필요한 것이다. **Dog**의 코드 길이는 100줄이다. 나머지 클래스는 **Dog**을 상속하여 구현한다. 각 자식 클래스는 각각 10줄의 추가적인 코드만 필요하다. 따라서 전체 코드의 길이는 100+10×4 = 140줄이다. 클래스의 수는 늘어나지만 코드의 길이는 크게 줄어든다.

- 코드의 유지보수가 용이해진다. 개의 일반적인 특성에 변화가 생겨서 수정하려고 할 때 상속을 사용하면 **Dog** 클래스만 수정하면 된다. 상속을 사용하지 않으면 모든 클래스에서 해당 부분을 찾아 수정해야 한다.

■ 다형성(Polymorphism)

다형성은 동일한 메소드나 함수가 상황에 따라 다른 코드를 실행하는 것을 말한다. 이것은 동일한 함수에 대해 객체가 취하는 동작이 상황에 따라 달라지는 것을 의미하는데, 앞에서 공부한 **함수 중복**(overloading)도 다형성의 일종이다. 객체지향에서는 보다 진보된 다형성을 제공하는데, 가장 중요한 개념은 **동적 바인딩**(dynamic binding)으로 10장에서 자세히 공부한다. 이것은 컴파일 과정이 아니라 실행시간에 객체의 타입에 따라 적절한 함수가 실행되도록 연결하는 것을 말한다. 예를 들어, 화면에 선이나 원 등을 그릴 수 있는 그래픽 편집기를 구현할 때, 각 그래픽 요소들을 그리는 방법이 서로 다르다고 소스 코드에서 객체의 종류를 일일이 확인해서 적절한 함수를 호출해야 한다면 개발자는 매우 번거로울 것이고, 코드도 복잡해질 것이다. 다형성은 이를 단순화시켜준다. 개발자는 객체의 종류와 상관없이 가상 함수를 호출하기만 하면 되고, 실행시간에 객체의 종류(클래스)에 따라 적절한 함수가 자동으로 선택되어 호출된다.

6.3 클래스의 선언과 활용

■ 클래스의 선언

객체지향언어인 C++는 구조체를 확장하여 객체 지향의 핵심 개념인 **클래스**(class)를 지원

한다. 클래스는 객체를 정의하는 틀 또는 설계도이다. 클래스는 다음과 같이 속성을 나타
내는 **멤버 변수**와 동작을 나타내는 **멤버 함수**로 이루어진다.

```
class 클래스명 {        // 새로운 클래스를 선언
private:              // 멤버 접근 지정자(public, private, protected)
    멤버변수1;          // 멤버 변수는 객체의 속성을 나타냄
    멤버변수2;
    ...
public:              // 멤버에 대한 접근 지정자
    멤버함수1;          // 멤버 함수는 객체의 동작을 나타냄
    멤버함수2;
    ...
};                   // 세미콜론(';')을 잊지 말아야 함
```

멤버 접근 지정자

클래스의 멤버에 대한 접근을 제한하는 C++ 키워드이다. 다음의 세 가지가 있다.

- **private**: 전용 멤버 선언. 현재 클래스의 멤버에서만 접근이 가능함
- **protected**: 보호 멤버. 현재 클래스와 이 클래스의 자식 클래스에서만 접근이 가능
  함(상속 관계에서만 의미를 가짐).
- **public**: 공용 멤버 선언. 외부로 공개한 인터페이스. 어떤 클래스나 함수에서도 이
  멤버를 접근할 수 있음

클래스 선언 블록

클래스의 선언에는 보통 class 키워드를 사용지만 struct를 사용해도 된다. 이들은 멤버
들에 대한 기본 접근 지정자가 각각 전용(private)과 공용(public)이라는 점을 제외하고는
정확히 동일하다.

- 멤버 변수와 멤버 함수를 클래스 블록에 포함시킨다. 멤버 변수는 구조체의 필드와
  동일하며, 멤버 함수는 새롭게 추가된 기능이다.
- 멤버에 대한 접근 지정자를 사용해 외부에서의 멤버 접근을 제한한다. class로 선언
  된 클래스에서 접근 지정자 선언이 없으면 모든 멤버는 private이다. 한번 public으
  로 변경되면 이후의 코드들은 다른 지정자가 나오기 전까지 모두 public이 된다.

- 블록 내에서 멤버를 선언한 위치에 상관없이 멤버 함수에서 멤버 변수나 함수들을 사용할 수 있다. 이것은 일반 변수와 함수의 경우 반드시 사용 전에 미리 선언되어 야 하는 것과 차이가 있다.
- 클래스 선언 블록이 끝나면 반드시 세미콜론(;)을 넣어야 한다.

| 그림 6.9 struct와 class는 동일하게 사용된다.

멤버 접근 지정자는 "정보 은닉"의 핵심이다. 객체의 어떤 부분은 감추고 원하는 부분만을 외부에 제공하여 사용할 수 있도록 한다. 따라서 정보 은닉의 효과를 충분히 살리려면 외부 노출이 필요 없는 멤버들은 모두 private이나 protected를 사용해 감추는 것이 좋다.

■ 객체의 생성

클래스가 만들어지면 이제 객체를 만들 수 있다. **클래스**는 하나의 **새로운 자료형**이고 **객체**는 **변수**이다. 따라서 다음과 같이 클래스의 객체를 생성할 수 있다. 객체를 클래스의 사례, 또는 인스턴스(instance)라고도 한다.

```
클래스명 변수명1, 변수명2, ...;
```

변수가 메모리 공간을 가지듯이 모든 객체도 메모리를 갖는다. 그림 6.10은 복소수 클래스를 정의하고 사용하는 예를 보여주고 있다. Complex 클래스의 멤버 변수들은 멤버 함수들에게는 전역변수와 같은 역할을 한다. 따라서 set(), print(), mag()에서 다시 선언하지 않고 바로 사용한다. main() 함수에서는 두 개의 복소수 객체를 생성하였다. 따라서 a와 b를 위한 독립적인 공간이 각각 만들어진다.

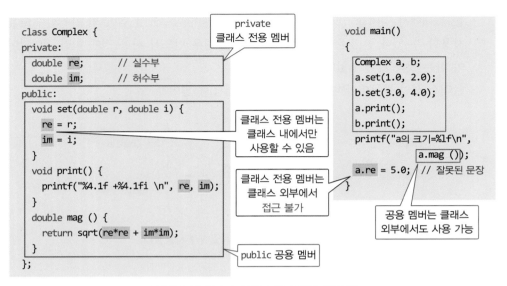

| 그림 6.10 복소수 클래스의 선언과 활용 예

■ 객체 멤버의 접근

객체의 멤버를 접근하는 방법은 다음과 같이 구조체에서와 전적으로 동일하다.

> 클래스의_객체명.멤버변수

객체명 바로 뒤에 '.'을 첨가하고 멤버 이름을 적는 방법으로 객체의 해당 멤버(변수 또는 함수)를 접근할 수 있다. 이때 사용하는 '.'을 **항목 연산자**(membership operator)라고 한다.

메소드도 클래스의 멤버이므로 객체를 통해 접근할 수 있다. 다음과 같이 멤버 변수의 접근과 같은 방법이다.

> 클래스의_객체명.멤버함수(매개변수)

이것은 좀 다른 의미로도 해석할 수 있다. 객체에게 메시지(message)를 보내는 것이다. 예를 들어, 그림 6.10의 main() 함수에서 a.set(1.0, 2.0); 문장은 다음과 두 가지로 해석할 수 있다.

- 인수로 전달하는 값을 이용해 객체 a의 멤버 변수들을 설정하도록 **멤버 함수 set을 호출함**
- **객체 a에게** 인수들을 이용해서 멤버들을 설정하라는 **set 메시지를 보냄**

객체지향 프로그래밍에서는 객체들이 메시지를 통해 다른 소프트웨어 객체들과 통신하고 서로 상호 작용한다. 앞의 프로그램에서 **a.print()**는 객체 a에게 내용을 출력하라는 메시지를 전달하는 것이고, **a.mag()**는 객체 a에게 자신의 크기를 계산해 반환하라는 메시지를 보내는 것이다. 멤버 함수의 매개변수는 메시지를 보낼 때 필요한 추가적인 정보를 제공하는 것이다.

6.4 사례: Complex의 다양한 변신

객체지향적으로 소프트웨어를 모델링하고 구현하는 것은 생각보다 어렵고 다양한 경험이 필요할 것이지만, C언어로 잘 만들어진 구조체와 관련 함수들을 클래스로 변경하는 것 자체는 크게 어렵지 않다. Complex 구조체와 관련 함수를 클래스로 변경해 보자. 다음과 같이 네 가지 방법으로 구현할 것이다.

- Complex V1: 구조체와 일반 함수로 구현한 복소수
- Complex V2: 복소수를 클래스로 전환(데이터 + 함수)
- Complex V3: 멤버 이름의 단순화
- Complex V4: 모든 멤버 함수를 inline으로 구현

특히 매개변수에 유의하고, 코드를 각각 어떤 파일에 구현하는지도 확인하라.

■ Complex V1: 복소수 구조체 버전

그림 6.11은 복소수를 구조체와 일반 함수로 구현한 예를 보여주고 있다. 구조체에서는 기본적으로 모든 필드가 public이므로 멤버 변수인 real와 imag는 외부 함수에서 마음대로 접근하여 사용할 수 있다.

- 복소수 구조체의 멤버를 설정하는 setComplex() 함수는 인라인으로 구현하였다. inline 함수는 헤더 파일에 두는 것이 바람직하다.
- 표준 입력에서 복소수를 읽는 readComplex() 함수와 두 복소수를 더하는 함수 addComplex()는 복소수를 반환해야 한다. readComplex()는 사용자로부터 읽은 복소수 객체를 반환해야 하고, addComplex()는 매개변수로 전달된 복소수 합을 다른 복소수에 저장하고 이를 반환한다. 따라서 반환형을 Complex로 한다.
- 복소수를 출력하는 함수는 당연히 매개변수로 출력할 복소수를 받아야 한다.
- setComplex()는 전달되는 복소수 객체의 내용을 바꾸는 함수이다. 따라서 참조에 의한 호출을 사용하자. 첫 번째 매개변수를 참조형으로 선언한다. 물론 포인터를 사용할 수도 된다. 사실 구조체 Complex의 멤버들은 모두 외부에서 접근할 수 있고, 변경도 가능하므로 이 함수가 반드시 있어야 할 필요는 없다. 그러나 다음의 클래스 버전에서는 중요한 의미를 갖는다.
- readComplex()와 printComplex()에서는 디폴트 매개변수를 사용했다. 복소수를 읽고 출력할 때 화면에 출력할 메시지를 전달한다.

이것은 지금까지 프로그래밍 하던 방식과 동일하다. 절차 지향적 접근 방법이다. main()에서 이 함수들을 일반 함수와 동일한 방법으로 사용하였다. 크게 어렵지 않다.

Complex.h

```
#pragma once
#include <cstdio>
struct Complex {          ← Complex
  double real;              구조체 선언
  double imag;
};
                                      ← inline 함수 선언
inline void setComplex(Complex &c, double r, double i){
  c.real = r;
  c.imag = i;                ← 함수 원형 선언
};
extern Complex readComplex(char* msg = " 복소수 =");
extern void printComplex(Complex c, char* msg = "복소수 = ");
extern Complex addComplex(Complex a, Complex b);
```

Complex.cpp

```
#include "Complex.h"
Complex readComplex(char* msg) {
    Complex c;
    printf(" %s ", msg);
    scanf("%lf%lf", &c.real, &c.imag);
    return c;
}
void printComplex(Complex c, char* msg) {
    printf(" %s %4.2f + %4.2fi\n", msg, c.real, c.imag);
}
Complex addComplex(Complex a, Complex b) {
    Complex c;
    c.real = a.real + b.real;
    c.imag = a.imag + b.imag;
    return c;
}
```

복소수 객체 입력 함수

복소수 객체 출력 함수

두 객체의 합을 구해
반환하는 함수

ComplexTest.cpp

```
#include "Complex.h"
void main()
{
    Complex a, b, c;
    a = readComplex ( "A =" );
    b = readComplex("B =");
    c = addComplex(a, b);
    printComplex( a, " A = ");
    printComplex( b, " B = ");
    printComplex( c, " A+B = ");
}
```

Complex 객체 생성

복소수 객체 a와 b의 정보 입력

복소수 덧셈 연산
c = a + b

복소수 객체 출력

| 그림 6.11 구조체와 일반 함수로 구현한 복소수(Complex V1)

▪ Complex V2: 복소수 클래스로의 전환

그림 6.12는 앞의 코드를 클래스로 변환한 동일한 프로그램이다. 복소수 관련 함수들을
클래스 안에 넣었다. 여러 가지의 큰 변화가 생긴다.

Complex.h

```cpp
#pragma once
#include <cstdio>
class Complex
{
  double real;
  double imag;
public:
  void setComplex( double r, double i ) {
    real = r;
    imag = i;
  }
  void readComplex( char* msg = " 복소수 = " );
  void printComplex( char* msg = "복소수 = " );
  void addComplex ( Complex a, Complex b );
};
```

데이터 멤버. 모두
private로 선언됨

inline 으로 구현된 멤버 함수.
매개변수가 하나 줄고, 코드도 단순해짐

멤버 함수들

모든 멤버 함수에 범위 연산자(::)가 적용됨.
모두 Complex 클래스의 멤버 함수임을 나타냄

Complex.cpp

```cpp
#include "Complex.h"
void Complex::readComplex( char* msg ) {
  printf(" %s ", msg);
  scanf("%lf%lf", &real, &imag);
}
void Complex::printComplex( char* msg ) {
  printf(" %s %4.2f + %4.2fi\n", msg, real, imag);
}
void Complex::addComplex( Complex a, Complex b ) {
  real = a.real + b.real;
  imag = a.imag + b.imag;
}
```

반환형이 void로 바뀜.
scanf() 의 인수가 단순해짐

매개변수가 줄어듦.
직접 real, imag 사용

반환형이 void로 바뀜.
직접 real, imag 사용

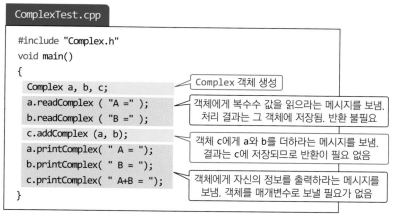

ComplexTest.cpp

```cpp
#include "Complex.h"
void main()
{
    Complex a, b, c;
    a.readComplex ( "A =" );
    b.readComplex ( "B =" );
    c.addComplex (a, b);
    a.printComplex( " A = " );
    b.printComplex( " B = " );
    c.printComplex( " A+B = " );
}
```

> Complex 객체 생성

> 객체에게 복수수 값을 읽으라는 메시지를 보냄.
> 처리 결과는 그 객체에 저장됨. 반환 불필요

> 객체 c에게 a와 b를 더하라는 메시지를 보내고,
> 결과는 c에 저장되므로 반환이 필요 없음

> 객체에게 자신의 정보를 출력하라는 메시지를
> 보냄. 객체를 매개변수로 보낼 필요가 없음

| 그림 6.12 클래스로 구현한 복소수(Complex V2)

- class의 디폴트 접근 지정자는 private이다. 따라서 real와 imag는 전용 멤버가 된다. public이 선언된 이후의 멤버들은 모두 공용이다. 모든 메소드를 공용으로 선언하였다.
- 멤버 함수들에게 멤버 변수 real과 imag는 전역변수와 같다. 함수 내에서 선언 할 필요가 없이 바로 사용할 수 있고, 모든 함수들에게 공유된다.
- setComplex()는 클래스 내부에서 함수를 구현했다. 이것은 inline으로 구현된 것을 말하는데, 클래스 정의 블록 내에서는 inline을 생략한다. 이 함수 이외의 모든 함수는 소스 파일 Complex.cpp에서 구현한다.
- setComplex()와 printComplex()의 매개변수에 유의하라. 이제 이들은 일반 함수가 아니고 멤버 함수이다. 항상 어떤 복소수 객체에서 호출되고, 복소수 "자신"이 있다. 따라서 setComplex()는 객체 자신의 속성인 real와 imag를 바꾸면 되고, printComplex()는 이들을 화면으로 출력하면 된다. 따라서 매개변수가 하나 줄어들었다. 이것은 대부분의 멤버 함수들에서 나타나는 공통적인 특징이다.
- readComplex()와 addComplex()에서는 객체를 반환할 필요가 없다. 결과를 반환하지 않고 자기 "자신"에 저장만 하면 되기 때문이다. 즉, 메소드간에 공유되는 real과 imag에 결과를 저장하는 것을 말한다.
- 소스 파일 Complex.cpp에서 멤버 함수들을 구현할 때 범위 연산자(scope operator) ::가 사용된 것에 유의하라. "Complex::"는 "Complex 안에 있는"의 의미이다. 이것을 생략하면 절대 안 된다. 멤버 함수가 아니라 일반 함수가 된다.

- main()에서 복소수 객체를 만드는 것은 일반 변수 생성과 방법이 동일하다.
- main()에서 복소수 멤버 함수들의 호출 방법에 유의하라. 객체 이름 바로 뒤에 항목 연산자 '.'을 넣고 멤버 함수를 호출하였다.
- 멤버 함수의 호출은 개념적으로 객체에 메시지를 보내는 것으로 생각할 수 있다고 했다. main() 함수는 다음과 같이 해석할 수 있다.
  - a와 b에게 키보드로 입력을 받아 자신을 설정하라는 메시지를 보낸다.
  - c에게 a와 b의 합을 구하라는 메시지를 보냈다. 결과는 c에 저장된다.
  - 마지막으로 각 객체에게 자신의 정보를 출력하라는 메시지를 보낸다.

코드가 많이 줄어들지는 않았다. 그렇지만 함수들을 캡슐에 넣었고, 특히 멤버 변수들은 외부에서 직접 접근할 수 없도록 보호했다.

■ Complex V3: 멤버 함수 이름의 단순화

함수의 이름은 매우 중요하다. 만약 일반 함수를 구현하면 함수 이름에 어떤 자료를 어떻게 처리하는 함수인지를 알 수 있도록 작명하는 것이 좋다. 물론 함수 중복을 사용할 수도 있지만, 동일한 이름의 함수가 너무 많으면 사용할 때 실수할 가능성이 많아 좋지 않다. 그런 측면에서 그림 6.11의 함수 이름들은 매우 훌륭하다. 그런데 함수가 클래스 안으로 들어가면 상황은 달라진다. 어차피 Complex의 멤버 함수인데 "함수 이름"에 꼭 Complex를 넣어야 할까? 불필요한 중복이다.

- Complex 클래스의 멤버 함수이므로 모든 함수 이름에서 Complex를 생략하였다. 약간의 차이지만 그림 6.12에 비해 코드가 한결 간결하다.
- main() 함수에서도 이에 따라 메시지 이름이 단순화되었다. 역시 의미를 이해하는데 전혀 문제가 없고 간결해 보인다.

Complex.h

```
#pragma once
#include <cstdio>
class Complex
{
  double real;
  double imag;
public:
  void set ( double r, double i ) {
    real = r;
    imag = i;
  }
  void read ( char* msg = " 복소수 = " );
  void print ( char* msg = " 복소수 = " );
  void add ( Complex a, Complex b );
};
```

> 일반 멤버 함수들의 이름을 단순하게 변경함.
> 이 클래스에서만 의미가 있으므로,
> 예를 들어 readComplex() 대신에
> read()만 하더라도 의미가 명확함

Complex.cpp

```
#include "Complex.h"
void Complex::read ( char* msg ) {
  printf(" %s ", msg);
  scanf("%lf%lf", &real, &imag);
}
void Complex::print ( char* msg ) {
  printf(" %s %4.2f + %4.2fi\n", msg, real, imag);
}
void Complex::add ( Complex a, Complex b ) {
  real = a.real + b.real;
  imag = a.imag + b.imag;
}
```

> 함수 이름 단순화에
> 따른 수정

ComplexTest.cpp

```
#include "Complex.h"
void main()
{
  Complex a, b, c;
  a.read ( "A =" );
  b.read ( "B =" );
  c.add (a, b);
  a.print ( " A = " );
  b.print ( " B = " );
  c.print ( " A+B = ");
}
```

> 멤버 함수 이름의 단순화에
> 따라 호출 코드도 간단해짐

| 그림 6.13 클래스로 구현한 복소수: 멤버 함수 이름 단순화(Complex V3)

■ Complex V4: 모든 멤버 함수의 inline 구현

모든 멤버 함수를 헤더 파일에 넣을 수도 있다. 이것은 모든 함수를 inline으로 구현한다는 의미이다. 다음은 이 방법의 클래스 헤더파일을 보여준다. 복소수 테스트 코드 ComplexTest.cpp는 그림 6.13에서와 동일하다.

```
Complex.h

#pragma once
#include <cstdio>
class Complex
{
  double  real;
  double  imag;
public:
  void set ( double r, double i ) {            모든 멤버 함수를 inline으로
    real = r;                                  구현. Complex.cpp가 필요 없음
    imag = i;
  }
  void read ( char* msg = "복소수 = ") {
    printf(" %s ", msg);
    scanf("%lf%lf", &real, &imag);
  }
  void print ( char* msg " 복소수 = ") {
    printf(" %s %4.2f + %4.2fi\n", msg, real, imag);
  }
  void add ( Complex a, Complex b ) {
    real = a.real + b.real;
    imag = a.imag + b.imag;
  }
};
```

| 그림 6.14 클래스로 구현한 복소수: inline 구현(Complex V4)

이제 소스 파일 Complex.cpp이 필요 없다. 모든 함수가 Complex.h에서 구현되었기 때문이다. 전체 코드가 매우 간결하다. 이 책에서는 많은 클래스에서 이와 같이 인라인 멤버 함수를 사용한다. 이것은 구현할 내용이 크게 복잡하지 않고, 소스 파일의 수를 줄이며 Java 등 다른 언어들과 비슷한 방법으로 구현하기 위해서이다. 3장에서 설명한 바와 같이 inline은 컴파일러에게 요청하는 사항일 뿐이다. 결정은 점점 똑똑해지고 있는 컴파일러

가 한다. 컴파일러는 반복문이나 static 변수 등을 가진 함수와 같이 inline으로 처리하는 것이 부담스럽다고 판단되면 알아서 일반 함수로 변경해 준다. 따라서 컴파일러를 믿고 편리한 방식으로 코딩하면 된다. 왜 꼭 그림 6.12와 같이 복잡하게 코딩해야 할까? 저자는 인라인 방식을 선호하며, 이 책에서 대부분의 클래스를 그림 6.14와 같이 인라인으로 구현할 것이다.

6.5 UML 클래스 다이어그램

객체지향 프로그래밍에서는 많은 클래스를 사용하고, 설계하며 구현해야 한다. 따라서 클래스의 구성과 클래스들 사이의 관계를 나타내는 효율적인 방법이 있다면 매우 유용할 것이다. UML은 통합 모델링 언어(Unified Modeling Language)의 약자로 소프트웨어 개발에서 시스템의 구조와 상호 작용, 컴포넌트의 관계, 객체 간의 메시지 전달, 업무 흐름 등을 표현하는 객체지향 개발 표준 통합 모델링 언어이다. UML은 다양한 설계 기법을 제공하는데, 클래스 다이어그램(class diagram), 순서도(sequence diagram), 상태도(state diagram)나 유스 케이스(use case)와 같은 방법들을 제공한다. 이 책은 UML에 대해 자세히 다루지는 않는다. 그러나 클래스의 구성과 클래스 사이의 관계를 나타내기 위해 **클래스 다이어그램(class diagram)**만을 간략히 알아보자.

하나의 클래스를 나타내기 위한 UML 표기법은 매우 간단하다. 클래스는 하나의 상자로 표시된다. 상자는 세 부분으로 나누어진다.

- 맨 위쪽 상자에는 **클래스 이름**이 들어간다.
- 가운데 상자에는 클래스의 **데이터 멤버(class field)**들을 나타낸다. 데이터 멤버에 이어 :(colon)과 함께 자료형을 표시한다.
- 맨 아래 상자에는 **클래스의 연산(method)**들을 표현한다. 마찬가지로 연산에 이어 :(colon)과 함께 연산의 반환형을 표시할 수 있다. 반환이 없으면 생략할 수 있다.

데이터 멤버와 메소드의 표현에서 맨 앞 문자는 접근 범위를 나타낸다.

- -는 멤버의 접근 범위가 private임을 나타낸다.
- +는 멤버의 접근 범위가 public임을 나타낸다.
- #는 멤버의 접근 범위가 protected임을 나타낸다.

하나의 프로그램에서 여러 개의 클래스가 사용되면 이들 사이의 관계를 UML 연결자 (connector)들을 이용해서 표현할 수 있다. 클래스의 연결자에는 의존(dependency), 집합(aggregation), 상속(inheritance), 합성(composition), 연관(association), 방향성 연관(directed association), 인터페이스 자료형 구현(interface type implementation) 등 여러 가지 심벌들이 있다. 대부분의 클래스 다이어그램은 상속 관계만을 표현하기 위해 사용된다. 다음은 UML 연결자 중에서 상속과 집합 관계를 나타내는 심벌을 보여준다.

| 표 6.2 클래스 사이의 관계를 나타내는 UML 심벌들

관계	UML Symbol	의미	예
inheritance	⟶▷	is-a	A book is a printed resource.
aggregation	⟶◇	has-a	A book has a publisher.

예를 들어, 그림 6.13이나 6.14의 **Complex** 클래스를 UML 클래스 다이어그램으로 나타내면 다음과 같다.

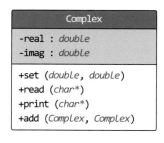
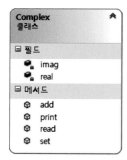

| 그림 6.15 Complex의 UML 클래스 다이어그램(좌)과 Visual C++에서
자동으로 생성해주는 클래스 다이어그램

그림에서 오른쪽은 같은 코드에 대해 Visual C++에서 자동으로 생성해주는 클래스 다이어그램을 보여준다. 자료형은 생략하고 변수와 함수의 이름만을 나타내는 것을 알 수 있다. 프로그램을 개발할 때에는 먼저 클래스를 이와 같은 다이어그램으로 설계한 후 이를 바탕으로 구현하는 것이 좋다. 설계는 컴퓨터가 아니라 종이에 연필로 하는 것을 권장한다. 설계하는 것, 생각하는 것이 어려운 일이지 잘 설계된 것을 구현하는 일은 비교적 단순하기 때문이다. 반드시 그렇지는 않겠지만 대기업에서는 설계를 할 것이고 하청업체에서는 설계된 대로 구현을 할 것이다. 설계하는 사람이 되자!(대기업에 꼭 가야된다는 말은 절대 아니다.)

6.6 응용: 기존 게임의 클래스 변환

사실 소프트웨어를 객체지향적으로 잘 설계하는 것은 매우 어려운 일이고, 프로그래밍 개발 분야에서의 많은 경험이 필요하다. 아무리 개념을 이해된다고 해도 그것을 프로그래밍에 적용하는 것은 쉽지 않다. 현실적인 방법은 먼저 클래스를 사용한 프로그래밍에 익숙해지는 것이다. 따라서 앞에서 함수로 구현한 몇 가지 게임들을 클래스로 변경해 보자. 이러한 과정을 통해 객체지향 프로그래밍의 편리함을 조금씩 느끼게 될 것이다.

Lab 스피드 구구단 게임의 클래스 변환

먼저 3장에서 구현한 스피드 구구단 게임을 클래스로 변경해 보자. 프로그램 3.16과 3.17을 하나의 클래스로 만들려고 한다. 클래스 이름은 SpeedGuguGame으로 하고, 모든 멤버 함수들을 인라인으로 구현해 그림 6.14와 같이 SpeedGuguGame.h에 클래스의 모든 부분을 정의하자. 물론 기능은 동일해야 한다.

- SpeedGugu.h에 포함했던 모든 헤더 파일들은 SpeedGuguGame.h에도 포함한다.
- SpeedGugu.cpp에 선언한 모든 전역변수들은 모든 SpeedGuguGame 클래스의 멤버 변수로 선언한다. 이때, 정적 전역변수들은 private로 나머지는 public으로 선언한다.
- 함수들도 마찬가지이다. 정적 함수들은 모두 클래스의 private로 멤버 함수로, 나머지는 public 멤버 함수로 선언한다.
- 함수의 이름을 단순화하자. playSpeedGugu()는 단순하게 play()로 한다.

프로그램 6.1 스피드 구구단 게임 클래스(SpeedGuguGame.h)

```
01  #include <cstdio>                  // 포함하는 헤더 파일은 동일함
02  #include <cstdlib>
03  #include <ctime>
04
05  class SpeedGuguGame {
06      int NumGames = 0;              // VS2013:OK, VS2010:Error
07      int NumWins = 0;
08      double Score = 0;
09      bool playGuguOnce() {...}      // 프로그램 3.16의 함수와 코드 동일
10  public:
11      double tElapsed = 0;
12      double play(int nPlay) { ... } // 프로그램 3.16의 함수와 코드 동일
13  };
```

코드 설명

1~3행 헤더 파일의 포함은 동일함.

5행 새로운 클래스 SpeedGuguGame를 선언.

6~8행 정적 전역변수를 클래스에서 private 멤버 변수로 선언. 선언과 함께 초기화하는 문장은 C++11 이후만 가능함. 이전 버전에서는 생성자(다음 장)를 사용해서 초기화해야 함.

9행 정적 함수는 private 멤버 함수로 변환. 프로그램 3.16과 코드 동일.

11행 일반 전역변수는 public 멤버 변수로 변환. 외부에서 사용 가능함.

12행 스피드 구구단 주 함수. 프로그램 3.16의 playSpeedGugu() 함수의 이름을 단순하게 바꾸어 구현함. 함수 몸체의 코드는 프로그램 3.16과 동일.

이 클래스를 사용하는 것은 프로그램 3.18을 수정한 다음 코드와 같다.

프로그램 6.2 스피드 구구단 메인 함수(SGGame.cpp)

```
01  #include "SpeedGuguGame.h"        // 클래스 헤더 파일 포함
..      // 프로그램 3.18의 2~13행 추가(코드 동일)
13
14      SpeedGuguGame game;
15      double score = game.play(nPlay);
16      printf("\n점수 = %4.1f점(총 %4.1f초)\n", score, game.tElapsed);
17  }
```

코드 설명

1행 클래스 헤더 파일을 포함함.

2~13행 프로그램 3.18의 코드와 동일.

14행 클래스의 객체를 먼저 하나 생성해야 함.

15행 객체에 play() 메시지를 보냄. nPlay번 게임을 한 후 결과를 반환함.

16행 점수 출력. tElapsed(public 멤버)에 접근할 수 있는 것에 유의할 것.

프로그램의 실행 결과는 전적으로 동일하다. 6~8행과 11행의 멤버 변수 초기화 문장에 유의하라. 이 문장은 C++11 이후의 컴파일러에서만 가능하다. 이 문장이 가능하지 않은 버전(예를 들어, MSVC 2010)에서는 생성자에서 이들 변수를 초기화해야 한다. 만약 이러한 컴파일러를 사용한다면 초기화 부분을 삭제하고 약간 이상해 보이는 다음 함수를 public 멤버로 추가하면 된다.

```
SpeedGuguGame(): NumGames(0), NumWins(0), Score(0), tElapsed(0) { }
```

그림 6.16은 UML 클래스 다이어그램과 Visual C++에서 자동으로 생성해주는 클래스 다이어그램을 보여주고 있다. 클래스를 설계할 때 왼쪽 그림과 같이 매개변수와 반환형 등을 자세히 설계한다면 구현은 더욱 간단해진다.

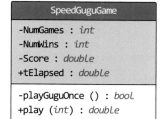

| 그림 6.16 SpeedGuguGame 클래스 다이어그램

함수로 구현한 코드(프로그램 3.16~3.17)에 비해 클래스로 구현하면 추가적인 장점이 있다. 전역변수와 함수로 구현한 경우에는 전역변수가 하나이기 때문에 한꺼번에 여러 게임을 실행할 수 없다. 그러나 클래스로 구현한 경우는 모든 변수가 클래스의 멤버 변수이므

로, 객체가 생성될 때 마다 각각의 변수가 만들어진다. 따라서 한꺼번에 여러 개의 게임 객체를 만들고 실행할 수 있는 장점이 있다.

Tip

C++ 표준은 계속 큰 변화가 없다가 2011년에 다소 많은 변화를 가졌다. ISO에 의해 2011년에 승인된 C++ 프로그래밍의 표준을 C++11이라고 부른다. C++11에는 기존의 C++98과의 호환성을 유지하면서 표준 라이브러리를 이용하여 새로운 기능을 추가하고, 더 편리한 프로그래밍을 위한 여러 가지 변화를 채택하였다. final 과 같은 새로운 키워드가 추가되었고, auto의 사용이 확장되어 템플릿 등에서 많이 사용될 수 있도록 기능이 강화되었다. 멤버 초기화 방법도 보다 편리하게 변경되었는데, 기존에 허용하지 않던 멤버 변수의 직접적인 초기화도 허용한다. 마이크로소프트의 Visual Studio 2010은 C++11 이전에 개발된 제품이므로 새로운 변화가 반영되지 않았지만 Visual Studio 2013 및 그 이후 제품에서는 이들이 충분히 반영되었다.

Lab 랭킹 처리 프로그램의 클래스 변환

4장에서 공부한 랭킹 처리 프로그램을 클래스로 구현해보자. 랭킹 처리 클래스가 있다면 게임에서 매우 유용하게 사용할 수 있을 것이다. 랭킹 관리를 담당하는 클래스의 이름을 RankingBoard라고 하고, RankingBoard.h에 구현하는데, 모든 멤버함수를 인라인으로 처리하자. 이미 4장에서 구조체와 일반 함수로 구현해 보았으므로 크게 어렵지 않을 것이다.

- 경기 정보를 저장하기 위한 구조체 PlayInfo는 그대로 사용한다. 구조체를 사용하면 기본적으로 모든 멤버가 public이 되는 것을 기억하라.
- 정적 전역변수들(MVP 배열과 nMVP)은 모두 클래스에 private 멤버 변수로 선언한다.
- 정적 일반 함수 initRanking()은 private 멤버 함수 init()으로, 나머지 함수들 loadRanking(), storeRanking(), printRanking(), addRanking()들은 각각 public 멤버 함수 load(), store(), print(), add()로 이름을 단순화하여 구현한다.

이를 바탕으로 RankingBoard 클래스로 변경한 코드는 다음과 같다. 각 함수의 기능에 대해서는 프로그램 4.11~4.12를 참고하라.

프로그램 6.3   랭킹 처리를 위한 RankingBoad 클래스

```
01  #include <stdio.h>
02  #define NUM_MVP 5
03  struct PlayInfo {
04      char name[200];
05      int nMove;
06      double tElapsed;
07  };
08  class RankingBoard {
09      PlayInfo MVP[NUM_MVP];
10      int nMVP = NUM_MVP;        // VS2013:OK, VS2010:Error
11      void init() {...}          // initRanking()과 동일
12  public:
13      RankingBoard(): nMVP(NUM_MVP) {}      // VS2010 이하인 경우 추가
14      void load(char* fname) {...}          // loadRanking()과 동일
15      void store(char* fname) {...}         // storeRanking()과 동일
16      void print() {...}                    // printRanking()과 동일
17      int add(int nMove, double tElap){...} // addRanking()과 동일
18  };
```

이 클래스를 사용하는 코드는 다음과 같다. 프로그램의 실행 결과는 프로그램 4.10과 전적으로 동일하다.

프로그램 6.4   랭킹 함수 테스트를 위한 프로그램

```
01  #include "RankingBoard.h"  // 클래스 헤더 파일 포함
..      // 프로그램 4.10의 2~6행 추가(코드 동일)
07      RankingBoard board;
08      board.load("ranking.txt");
09      board.print();
10
11      for (int i = 0; i < 5; i++)
12          board.add(rand() % 500, rand() % 1000 * 0.1);
13      board.store("ranking.txt");
14  }
```

이 클래스들을 UML 클래스 다이어그램으로 나타내면 다음과 같다. RankingBoard는
PlayInfo의 배열을 가지므로, "집합" 연결자를 사용해 두 클래스의 관계를 나타냈다.

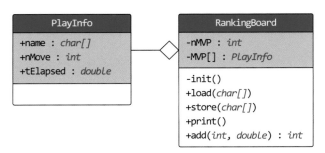

| 그림 6.17 랭킹 보드의 UML 클래스 다이어그램

Lab 4×4 퍼즐 게임의 클래스 변환

4장에서 구현한 4×4 퍼즐 게임을 클래스로 변경하자. 변수와 함수들이 조금 많지만 걱정
할 필요는 없다. 클래스의 이름은 FifteenPuzzle이라 하자.

- 기존의 전역변수인 퍼즐 맵과 빈칸의 위치, 이동 횟수, 기준 시각(map[][], x, y,
  nMove, tStart)이 클래스의 멤버 변수가 된다.
- 퍼즐 관련 함수들을 모두 클래스 내부로 옮긴다.
- playFifteenPuzzle() 함수는 play()로 이름을 단순화한다. 이 함수를 제외한 모든
  함수들은 private 범위에 넣고, 이 함수는 public으로 구현한다.
- 랭킹의 출력이나 새로운 기록의 추가도 함수 호출 방식이 변경된다. 모두 ranking에
  게 해당 메시지를 보내는 것으로 구현한다.

이 프로그램에 대한 클래스 다이어그램은 다음 그림과 같다.

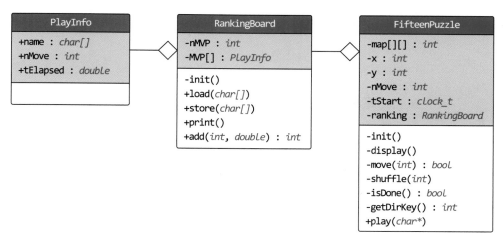

| 그림 6.18 FifteenPuzzle의 클래스 다이어그램

프로그램 6.5   4×4 퍼즐 게임을 위한 FifteenPuzzle 클래스

```
01  #include "RankingBoard.h"  // 프로그램 6.3의 랭킹 처리 클래스 포함
02  #include <windows.h>
03  #include <stdlib.h>
04  #include <conio.h>
05  #include <string.h>
06  #include <time.h>
07  #define DIM 4
08  enum Direction { Left = 75, Right = 77, Up = 72, Down = 80 };
09  const int DirKey[4] = { Left, Right, Up, Down };
10
11  class FifteenPuzzle {
12      int map[DIM][DIM];
13      int x, y;
14      int nMove;
15      clock_t tStart;
16      RankingBoard ranking;
17      void init() { ... }              // init()와 동일
18      void display() { ... }           // display()와 동일
19      bool move(int dir) { ... }       // move()와 동일
20      void shuffle(int nShuffle) { ... }  // shuffle()와 동일
21      bool isDone() { ... }            // isDone()와 동일
22      int getDirKey() { ... }          // getDirKey()와 동일
```

```
23   public:
24       void play( char* filename ) {
25           ranking.load(filename);      // 게임이 시작되면 랭킹을 읽음
26           init();
27           display();
28           ranking.print();             // 현재 랭킹을 출력
29           ...                          // 프로그램 4.14의 play() 함수 내용 추가
30
31           ranking.add(nMove, d);       // 랭킹에 게임 결과 추가
32           ranking.store(filename);     // 현재 랭킹을 파일에 저장
33       }
34   };
```

이 클래스를 사용하는 main() 함수에서는 코드가 다음과 같이 간결해진다. 먼저 게임 객체를 하나 만들고 그 객체에 play() 메시지를 전달하는 방법으로 게임을 호출하면 된다. 실행 결과는 앞에서와 동일하다.

| 프로그램 6.6 | 4×4 FifteenPuzzle 클래스 사용 프로그램 예 |

```
01   #include "FifteenPuzzle.h"
02   void main()
03   {
04       FifteenPuzzle game;
05       game.play("ranking.txt");
06   }
```

6.7 C++ 표준 라이브러리 클래스

지금까지 클래스에 대한 기본적인 개념을 공부했다. 본격적으로 클래스의 다양한 기능들을 학습하기 전에 C++ 표준 라이브러리에서 제공하는 클래스들을 사용하는 방법을 간략히 알아보자. 물론 이 클래스들은 꽤 복잡하게 구현되어 있을 것이다. 그러나 잘 추상화되어 우리는 어렵지 않게 사용할 수 있다. 이 절에서는 잘 만들어진 클래스를 사용하는 사용자 입장에서 클래스를 바라본다.

▪ 표준 입출력 객체와 이름 공간(namespace)

많은 C++ 교재가 cin과 cout을 사용하는 것부터 시작한다. 저자는 앞에서 printf()와 scanf() 함수의 중요성을 강조했고, 지금까지의 프로그램에서 사용하였다. 이제 cin과 cout도 사용해 보자.

- **cin**은 표준 입력을 담당하는 istream 클래스의 객체이다.
- **cout**은 표준 출력을 담당하는 ostream 클래스의 객체이다.
- 이들을 사용하기 위해서는 입출력에 필요한 클래스와 전역 객체들을 정의한 헤더파일 <iostream>을 프로그램에 포함하여야 한다.
- cin과 cout은 각각 >>와 <<의 시프트 연산자를 이용하여 입력과 출력할 대상을 지정한다.

프로그램에서는 수많은 이름들이 사용된다. C++에서는 이들을 분리하여 사용하기 위해 **이름 공간**(name space)이라는 것을 이용한다. cin과 cout은 "**std**"란 이름 공간에 선언되어 있다. 따라서 다음과 같이 이 이름 공간을 사용한다는 것을 표시하여야 한다.

```
using namespace std;
```

이 문장을 사용하면 컴파일러가 어떤 이름(식별자)을 찾을 때 "std"란 이름 공간에 있는 이름들도 함께 찾는다. 만약 이 문장을 사용하지 않으면 소스 코드에서 cout은 바로 사용할 수 없다. 범위 연산자 ::를 이용하여 **std::cout**과 같이 "**어느 공간에 있는**"을 표시해 주어야 한다.

다음은 표준 입출력 객체를 사용하는 예를 보여준다. 주석으로 표시한 C언어의 표준 입출력 함수를 사용하는 방법과 비교하면 %d와 같이 자료형에 따른 처리를 해 줄 필요가 없다는 편리함이 있다. 그러나 자료형은 여전히 중요하다.

프로그램 6.7 | 표준 입출력 객체를 사용하는 예

```
01   #include <iostream>                    // #include <stdio.h>
02   using namespace std;
03
04   void main()
05   {
06       int x, y;
07       cout << "두 정수 입력: ";           // printf("두 정수 입력: ");
08       cin >> x >> y;                      // scanf("%d%d", &x, &y);
09       cout << " x=" << x << " y=" << y    // printf(" x=%d y=%d x+y=%d\n",
10           << " x+y=" << x+y << endl;      // x, y, x+y);
11   }
```

```
C.      —    □    ×
두 정수 입력: 3 6
x=3 y=6 x+y=9
```

다음은 표준 입출력 객체를 사용하는 다양한 방법을 보여주고 있다.

```
cin >> x >> y;               // stdin으로 부터 x와 y를 읽음
cout << "x=" << 3 << endl;   // stdout으로 한 라인(endl) 출력
cerr << x << y << flush;     // stderr로 출력하고 출력 버퍼를 비움(flush)
c = cin.get();               // c = getchar(); 한 문자 입력
cin.get(c);                  // char를 읽음. 한 문자 입력
cin.getline(s, n, '\n');     // '\n'(default)까지 한 라인을 읽어 char 배열 s에 저장
if (cin)                     // 파일의 끝이 아닌지 검사 (not EOF?)
```

> **Tip**
>
> 3장에서 전역 변수나 함수에 static만 잘 사용하면 객체지향 프로그래밍의 장점인 정보 은닉(information hiding)이 부분적으로 가능하다고 했다. 그러나 이것은 파일 범위에서만 가능하다. namespace를 이용하면 3장에서와 비슷한 개념으로 필요한 정보를 은닉할 수 있다. 그리고 이것은 보다 일반적인 방법이다. 따라서 최근의 C++에서는 정적 전역변수나 정적 함수보다는 namespace를 이용할 것을 권장한다.

■ 입출력 조작자

화면에 실수를 출력하고자 할 때 전체 숫자의 자릿수와 소수점 이하 자릿수 등을 지정하고 싶을 때가 있다. 이와 같이 입출력 객체를 사용할 때 특정한 형식을 사용하기 위해서는 **입출력 조작자**(manipulator)를 사용해야 한다. 그리고 이들 정보는 헤더파일 <iomanip>

에 정의되어 있다. 다음은 입출력 조작자를 이용해 특정한 형식으로 출력하는 코드의 예를 보여준다.

```
#include <iomanip>
...
cout << 2017 << endl;          // "2017"을 출력
cout << setw(8) << 2017 << endl;  // "    2017"을 출력
cout << fixed;                 // 고정 소수점 표기 설정
cout << setw(8)                // 8자리로 표기
    << setprecision(3)        // 소수점 이하 3자리
    << setfill('0')           // 빈 자리에 0을 채움
    << 3.14159 << endl;       // "0003.142"를 출력
```

이와 같이, 특정한 형식으로 출력하기 위해 때로는 입출력 객체를 사용하는 것이 기존의 함수를 사용하는 것 보다 불편할 수도 있다. 예를 들어, 저자에게는 printf()를 사용해 실수를 특별한 형식으로 출력하는 것이 더 편리하다.

■ **파일 스트림 처리**

파일 스트림 관련 클래스를 이용하면 cin과 cout과 비슷하게 파일 입출력을 처리할 수 있다. 프로그램 6.8은 입출력 스트림을 사용한 파일 처리의 예이다.

프로그램 6.8	파일 입출력 스트림을 사용하는 예

```
01  #include <iostream>
02  #include <fstream>
03  using namespace std;
04
05  void main()
06  {
07      int x=1, y=2;
08      char s[100];
09
10      ofstream f1("tmp.txt");        // 저장을 위한 파일 열기
11      if (f1) {                      // 정상적으로 열렸으면
12          f1 << x << " " << y <<endl; // 파일로 int 값 저장
```

```
13          f1 << "Game Over !\n\n";      // 파일로 문자열 저장
14      }
15      f1.close();                      // 파일 닫기
16
17      ifstream f2("tmp.txt");          // 읽기를 위한 파일 열기
18      if (f2) {                        // 정상적으로 열렸으면
19          f2 >> x >> y;                // 파일에서부터 x와 y 읽기
20          f2 >> s;                     // 파일에서부터 문자열 읽기
21          cout << " x=" << x << " y=" << y << endl;
22          cout << s << endl;
23      }
24      f2.close();                      // 파일 닫기
25  }
```

| 그림 6.19 실행 결과 파일 내용(좌)과 결과 창

이 프로그램에서는 먼저 결과를 저장할 tmp.txt 파일에 대한 ofstream 객체 f1을 만든다. f1이 정상적으로 만들어지면 cout과 같은 방법으로 사용하면 된다. 파일에 저장된 내용은 예상대로이다. 파일의 사용이 끝나면 close() 메시지를 보내 닫아야 하는 것에 유의하라. 전체적으로 파일 출력은 크게 어려움이 없다. 10행과 17행 코드가 이상하게 보일 수 있는데, 이것은 "생성자"라는 함수를 사용한 것으로 다음 장에서 공부한다.

파일 입력도 유사한 방법으로 처리할 수 있다. 먼저 읽을 파일 tmp.txt에 대한 ifstream 객체 f2를 만든다. 다음으로 cin과 비슷한 방법으로 f2를 사용하여 파일에서부터 값을 읽고 변수 x, y, s에 저장한다. 파일 입력도 크게 어렵지 않다.

그런데 실행 결과를 자세히 보면 파일 내용과 결과 창의 내용이 약간 다른 것을 알 수 있다. 문자열이 파일에 저장된 것은 "Game Over !"인데, 출력된 문자열은 "Game"이다. 왜 그럴까? 그것은 >> 연산자를 이용해 문자열을 입력받을 때 공백 문자가 있으면 문자열의 끝으로 생각하고 입력을 중단하기 때문이다. 이것은 scanf()를 사용해도 마찬가지이다. 만약 하나의 라인 전체를 읽으려면 getline()과 같은 다른 함수를 사용해야 한다.

■ 문자열 클래스(string)

문자열은 거의 대부분의 프로그램에서 사용되는 중요한 자료형이다. 지금까지는 4장에서 본 바와 같이 문자열을 특별한 1차원 배열로 생각하고 문자열 처리 함수들을 이용하여 프로그램을 구현하였다.

C++에서는 보다 편리한 문자열 처리를 위해 **string 클래스**를 제공한다. 이 클래스는 가변 길이(variable sized) 문자열로 고정된 크기의 배열로 문자열을 처리할 때 발생하는 문제들을 클래스가 알아서 처리해주어 매우 편리하다. 다음 코드를 참고하라. 주석을 보면 어느 정도 클래스의 동작을 이해할 수 있을 것이다.

프로그램 6.9	string 클래스 사용 예

```
01  #include <iostream>
02  #include <fstream>
03  #include <string>
04  using namespace std;
05  void main()
06  {
07      string s1, s2 = "Game";          // string 객체 생성 및 초기화
08      s1.size(), s2.size();            // 문자열의 길이: 0, 5
09      s1 = s2 + ' ' + "Over";          // 문자열을 연결함: "Game Over"
10      if (s1 == "Game Over")           // 문자열의 비교 (<, >, !=, 등도 가능함)
11          cout << s1 << "가 맞습니다\n";
12      cout << s1.find("Over") << endl; // 문자열의 처음부터 "Over" 검색. 위치 반환
13                                       // 없으면 string::npos (또는 -1) 반환
14      cout << s1.find("e", 4) << endl; // 4번 위치부터 "e"검색. 위치 반환
15                                       // 없으면 string::npos (또는 -1) 반환
16      cout << s1[0] << endl;           // 0번째 요소 'G'
17      cout << s1.substr(5, 4) << endl; // s1[5]부터 시작하는 길이 4의 문자열 추출
18      printf("s1 = %s\n", s1.c_str()); // string에서 문자 배열 주소(char*) 추출
19      getline(cin, s1);                // 표준 입력에서 '\n'로 끝나는 한 줄 입력
20      cout << s1 << endl;
21  }
```

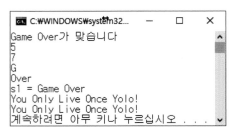

| 그림 6.20 실행 결과

이 책에서는 이들 클래스에 대한 완전한 매뉴얼을 제공하지는 않는다. 더 자세한 정보는 MSDN(Microsoft Developer Network)이나 클래스에 대한 참조 설명서(reference manual)를 찾아보기 바란다. 이 책에서는 Hangman 게임을 이용해 앞의 예제들에서 사용된 범위 내에서 이들 클래스를 활용해 본다.

6.8 응용: Hangman 게임

행맨(hangman)이란 영어 단어 맞히기 게임이 있다. 문제로 주어지는 단어에 들어갈 알파벳을 하나씩 추측하는데, 틀릴 때마다 교수대에 얼굴부터 팔과 몸, 다리가 순서대로 매달린다. 제한된 횟수(7번)만에 맞히지 못하면 결국 몸 전체가 교수대에 매달리고, 게임은 실패로 끝이 난다. 이 게임을 만들어보자.

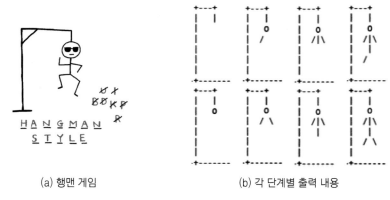

(a) 행맨 게임   (b) 각 단계별 출력 내용

| 그림 6.21 Hangman 게임

먼저, 게임에서는 각 단계별로 그림 6.21의 (b)와 같이 다른 상태를 출력해야 한다. 이러한 여러 가지 출력 상태를 프로그램에 직접 넣을 경우 코드가 불필요하게 복잡해진다. 또한 출력 상태를 다른 재미있는 형태로 바꾸기도 쉽지 않다. 그렇다면 어떻게 하는 것이 좋을까? 파일에 저장하자! 이렇게 되면 프로그램을 수정하지 않고도 이 파일만을 문서 편집기로 편집해서 프로그램에서 읽으면 다양한 상태의 출력이 가능하다. 이 게임의 전체적인 조건은 다음과 같다.

- 문자열 처리와 파일 입출력은 C++의 표준 입출력 라이브러리에서 제공하는 클래스들을 이용한다.
- 그림 6.21의 (a)와 같이 정답 단어의 모든 알파벳 자리를 표시하고, 이미 맞힌 자리에는 해당 문자를 출력한다.
- 이미 예측한 문자를 한 눈에 알 수 있도록 'A'부터 'Z'까지 모든 알파벳을 위한 자리에 '_'문자를 출력하고, 예측된 알파벳 자리에는 해당 문자를 출력한다.
- 게임이 종료되면 "성공" 또는 "실패"를 출력한다.

■ 분석 및 설계

이 게임에도 getch() 함수를 사용하여 키를 입력하는 순간 바로 처리되도록 한다. 그림의 (b)와 같은 각 단계별 화면 출력 데이터를 위해 단계마다 8줄의 문자열을 사용하고, 이를 순서대로 파일에 저장한다. 한 번씩 틀릴 때 마다 다르게 출력되어야 하므로, 총 8가지의 상태가 필요하고, 따라서 파일에는 64(=8×8)개의 문자열을 저장한다. 상태 파일의 예는 다음과 같다. 첫 줄은 파일 설명을 위해 추가했다.

 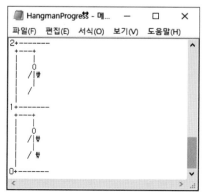

| 그림 6.22 "HangmanProgress.txt"파일(출력 상태 파일) 내용

이 파일 HangmanProgress.txt를 읽어 프로그램에서 사용하기 위해 string의 배열을 사용하자. 각 줄을 하나의 string에 저장하려면 길이가 64인 string 배열이 사용되어야 한다.

파일 입력에는 ifstream 클래스를 사용하는데, 프로그램 6.8을 참고하라. 특히 파일에서 한 라인씩을 읽기 위해 getline() 함수를 사용한다.

게임 클래스 이름을 Hangman이라 하고, 이들 멤버 변수들을 설계해 보자.

- **string progress[64]**: 각 단계별 화면 출력용 문자열의 배열
- **string problem**: 정답 단어를 보관하는 문자열
- **string answer**: 현재 예측 중인 문자열. 최초에는 정답의 길이만큼 '−' 문자를 저장하고, 예측된 문자 중에서 해당 문자가 있으면 그 문자를 표시함
- **string guessed**: 전체 알파벳의 예측 상황을 나타내는 문자열. 기본적으로 24개의 문자('a' ~ 'z')들로 이루어짐. 최초에는 이들도 모두 '_' 문자로 초기화되고, 해당 문자가 예측되면 그 문자를 보여줌
- **int nTries**: 전체 실패 횟수. 최초에는 0

외부에서 호출할 수 있는 함수로 **play()**를 제공하고, 나머지는 모두 private로 선언하여 감춘다. 클래스 다이어그램은 다음과 같다.

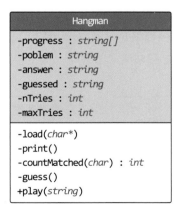

| 그림 6.23 Hangman의 클래스 다이어그램

- **load()**: 파일 "HangmamProgress.txt"에서 상태 출력용 문자열을 읽음

- **print()**: 현재의 상태를 화면에 출력함
- **countMatched()**: 예측한 문자가 정답내의 문자와 일치되는 개수를 반환함
- **guess()**: 하나의 문자를 읽어 정답 단어에 없으면 실패 횟수를 증가시킴
- **play()**: 게임의 주 함수. 매개변수로 정답 단어의 문자열을 받음. 상태 출력을 위한 파일을 읽고 problem, answer, guessed 멤버 변수를 초기화 함. 최대 허용 횟수만큼 알파벳을 추측하고, 출력하는 등 게임을 진행함

게임 클래스가 만들어지면 main() 함수는 매우 간단하게 구현된다. Hangman 객체를 생성하고, 이 객체에게 정답 문자열을 인자로 전달하면서 게임을 진행하라는 메시지를 보낸다. 이 예제에서는 "galaxy"란 단어를 맞추어야 한다.

프로그램 6.10　행맨 게임 메인 함수(HangmanGame.cpp)

```
01  #include "Hangman.h"
02  void main( )
03  {
04      Hangman game;
05      game.play("galaxy");
06  }
```

■ 구현

프로그램 6.11　행맨 클래스(Hangman.h)

```
01  #include <iostream>     // cout 사용
02  #include <fstream>      // 파일 입력을 위해 사용
03  #include <string>       // string 클래스 사용
04  #include <conio.h>      // getch() 사용
05  using namespace std;    // std 이름 공간 사용
06
07  class Hangman {
08      string progress[64];    // 행맨 진행 상태 출력 그림
09      string problem;         // 문제 단어
10      string answer;          // 현재 진행 중인 단어
```

```
11        string guessed;          // 전체 알파벳의 현재까지 예측 상황
12        int nTries;              // 현재까지 틀린 횟수
13        const int maxTries = 7;  // 최대 허용 시도 횟수 제한
14
15        void load(char* progName = "HangmanProgress.txt") {
16            ifstream fs(progName);
17            if (fs) {
18                getline(fs, progress[0]);     // 첫 번째 행은 주석
19                for (int i = 0; i < 64; i++)
20                    getline(fs, progress[i]);
21            }
22        }
23        void print() {
24            system("cls");
25            cout << " <Hangman Game>\n";
26            for (int i = 0; i < 8; i++)
27                cout << '\t' << progress[nTries * 8 + i] << endl;
28            cout << "\n\t" << answer;
29            cout << "\n\n " << guessed;
30        }
31        int countMatched(char ch) {
32            int nMatched = 0;
33            for (int pos = -1 ; ; ) {
34                pos = problem.find(ch, pos + 1);
35                if (pos < 0) break;
36                answer[pos] = ch;            // 현재 단어를 갱신(맞힌 문자 열기)
37                nMatched++;
38            }
39            return nMatched;
40        }
41        void guess() {
42            char ch = getch();
43            if (ch >= 'a' && ch <= 'z') {
44                int pos = guessed.find(ch);
45                if (pos < 0) {                // 아직 추측하지 않은 문자
46                    guessed[ch-'a'] = ch;     // 예측한 문자 해당 위치 열기
47                    if (countMatched(ch) == 0) nTries++;    // 실패 횟수 증가
48                }
```

```
49              }
50          }
51  public:
52      void play( string prob ) {
53          load();
54          problem = prob;
55          answer = string(problem.length(), '-');    // 생성자 사용(7장)
56          guessed = string(24, '.');                 // 생성자 사용(7장)
57          nTries = 0;
58          while (nTries < maxTries && answer != problem) {
59              print();
60              guess();
61          }
62          print();
63          cout << "\n\t" << ((nTries == maxTries) ? "실패" : "정답") << endl;
64      }
65  };
```

코드 설명

1~3행 C++의 표준 입출력 클래스를 사용하기 위해 포함.

5행 std 이름 공간을 사용을 선언.

7행 Hangman 게임 클래스 선언.

8~12행 멤버 변수 선언. 모든 멤버는 기본적으로 private임.

13행 상수 멤버 선언. 비주얼 스튜디오 2013 이후 버전(C++11)에서는 초기 값을 지정할 수 있음. 이전 버전에서는 전역에서 상수 값을 선언하거나 "생성자"에서 처리해야 함. 생성자는 7장에서 학습함.

15~22행 파일에서 행맨의 단계별 출력 내용을 파일에서 읽음. 8가지 상태이고 각각 8행으로 출력하므로 전체 64 행을 읽어야 함. 파일의 첫 번째 행은 주석 행으로 무시함.

23~30행 화면 출력 함수. 먼저 화면을 지우고, nTries에 따라 해당 단계의 상태를 화면에 출력함. 이후 answer와 알파벳의 추측 상태를 출력.

31~40행 매개변수로 전달되는 알파벳이 정답에 몇 번 나타나는지를 찾아 횟수를 반환. 정답 problem의 어떤 위치 에 그 문자가 있으면 answer의 그 위치 문자를 그 알파벳으로 대치함.

41~50행 키보드에서 하나의 문자를 입력받고, 아직 추측하지 않은 문자이면 먼저 guessed 문자열의 해당 위치 값을 그 문자로 변경. countMatched() 함수를 호출하여 정답 문자열에서 하나도 매칭이 되지 않으면 실패 횟수 증가.

54행 string 객체는 대입 연산자로 복사할 수 있음. 문자열에서는 불가함.

55~56행 problem 문자열의 길이만큼 '–' 문자를 채운 새로운 문자열을 만들어 answer에 복사하고, 모든 알파벳 (24문자) 길이만큼 '.' 문자를 채운 문자열을 만들어 guessed에 복사함. string의 생성자를 사용하였는데. 다음장에서 생성자를 공부함.

58~63행 추측을 반복하여 답이 맞히거나 maxTries번 틀리면 반복문을 빠져나와 결과를 출력함.

이 프로그램의 실행 결과의 예는 그림 6.24와 같다. 정답 단어를 제한된 예측 횟수 내에 맞힌 결과를 보여준다.

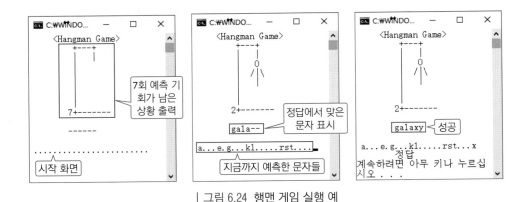

| 그림 6.24 행맨 게임 실행 예

▪ 고찰

이 프로그램은 지뢰 찾기 게임보다는 쉬워 보이지만, 표준 C++ 라이브러리에서 제공하는 클래스들을 처음 사용해 보았으므로 생각보다 어렵다.

- string과 관련해서는 간단한 사용은 쉬웠지만 55~56행과 같은 방법으로 객체를 만드는 것은 익숙하지가 않다. 이것은 생성자를 사용하는 방법으로 다음 장에서 자세히 살펴본다.
- string에서 find() 함수를 이용하였는데, 사용법만 알면 크게 문제는 없다. 또한 인덱스 연산자 []를 이용해(46행) string의 각 문자에 접근할 수 있는 것도 재미있다.
- 파일 입력을 위한 ifstream 클래스도 프로그램 6.8과 같이 사용하면 문제없다 잘 만들어진 클래스를 사용하는 것은 크게 어렵지 않은 것을 알 수 있다.

이 프로그램도 잘 변형하면 재미있게 활용할 수 있을 것이다. 어떻게 확장할 수 있을까?

- 이 프로그램은 정답이 항상 "galaxy"로 고정되어 있다. 물론 이것을 확장해야 할 것이다. 하나의 방법은 자신이 외우고 있는 단어를 모두 하나의 파일에 저장하고, 이 파일을 읽어 임의의 위치에 있는 단어를 문제로 사용할 수 있을 것이다. 이렇게 되면

영어 단어도 공부하고, 게임도 할 수 있다.

- 인터넷을 찾아보면 아기 이름 목록과 같은 다양한 이름이나 단어가 파일에 들어있는 것을 구할 수 있다. 이러한 파일을 읽고 자동으로 임의의 단어를 선택해 게임하도록 수정할 수 있다.

- 단어가 아니라 영어로 된 간단한 숙어나 격언을 맞출 수 있도록 변경할 수 있다. 이 경우도 정답은 하나의 string으로 처리하고, 공백 문자로 단어들을 분리하면 될 것이다.

- 예측이 틀렸다고 교수대에 캐릭터를 매다는 것은 좀 심하다. 게임 진행 상황 파일(그림 6.22)을 다른 재미있는 그림으로 바꿀 수 있다.

Q

클래스에 대해 어느 정도 이해한 것 같습니다. 복소수를 다양한 방법으로 구현할 수 있다는 것도 알았습니다. 대부분의 클래스를 inline으로 구현해도 될까요? 그리고, C++의 표준 라이브러리 클래스들을 사용해도 행맨 게임을 구현하는 것이 간단하지가 않네요. 왜 그럴까요?

A

확실히 클래스를 inline으로 구현하면 헤더 파일만 있으면 되고, 코드도 더 간단해집니다. 그리고 전 세계적으로 가장 활용률이 높은 언어의 하나인 Java와도 비슷합니다. 따라서 저자는 이 방법을 선호합니다. 물론 클래스의 소스 파일이 반드시 필요한 경우도 있지만, 그렇지 않은 경우에는 일부러 복잡하게 개발할 필요는 없으니까요. 컴파일러를 믿어봅시다.

행맨 게임도 아주 어려웠을 것입니다. 이 게임에서는 어떤 부분이 힘들었을까요? 물론 전체 게임을 위한 절차를 설계하고, 멤버 함수를 어떻게 나눌 것인가에 가장 많은 시간을 할애해야 합니다. 다음으로는 사용할 클래스에서 어떤 기능들이 제공되는지를 잘 찾는 것이 어려웠을 것입니다. ifstream과 string 클래스에서는 다음 장에서 공부할 생성자 함수를 미리 사용해 보았고, string 클래스의 find() 메소드가 있다는 것도 알아야 했습니다. 심지어 11장에서 공부할 인덱스 연산자 [ ]에 대한 중복정의 함수도 string 객체에서 임의의 항목을 참조하기 위해 사용되었습니다. 어떤 부분인지 코드에서 한 번 찾아보세요.

기존의 클래스를 사용할 때 가장 중요한 것은 클래스들이 제공하는 기능들을 잘 찾는 것입니다. MFC나 Java 언어 등에서는 기본적으로 활용할 수 있는 많은 클래스들이 있습니다. 과거와는 달리 필요한 클래스와 기능들을 잘 찾아 활용하는 것이 프로그래머에게 매우 중요한 능력이 되어가고 있습니다.

| 요약 |

1   객체지향 프로그래밍은 우리가 살고 있는 세상이 다양한 (   )들로 구성되어 있는 것처럼 소프트웨어를 개발하고자 하는 방법으로 작은 소프트웨어 모듈들을 먼저 만들고, 이들을 조합하여 더 큰 프로그램을 개발해 나가는 (   ) 프로그래밍 기법이다.

2   클래스(class)는 C언어의 구조체(데이터)와 관련된 함수들을 그 구조체 선언의 내부로 옮긴 하나의 틀로 볼 수 있는데, 클래스에 포함된 "속성" 또는 데이터를 (   )라 하고, "행위" 또는 함수를 (   )라고 한다.

3   객체는 클래스의 (   )인데, "클래스"를 "자료형"으로 "객체"를 그 자료형의 "변수"로 생각할 수 있다.

4   (   )란 복잡한 자료, 모듈, 시스템 등으로부터 핵심적인 개념이나 기능을 간추려 내는 것을 말한다. 즉, 어떤 시스템에 대한 간략화 된 기술이나 명세를 말하는데, 시스템의 정말 핵심적인 구조나 동작에만 집중하는 것이다.

5   캡슐화를 통해 (   )의 장점을 활용할 수 있는데, 이것은 외부에 공개할 필요가 없는 데이터나 함수를 불필요하게 노출하지 않는 것을 말한다.

6   (   )은 이미 작성된 클래스를 이용하여 새로운 클래스를 만드는 방법인데, 이때 기존 클래스를 부모 클래스, 새로운 클래스를 자식 클래스라고 부른다. 상속은 기존 코드의 (   )을 극대화시킨다.

7   (   )은 동일한 함수가 상황에 따라 다른 코드를 실행하는 것을 말하는데, 함수 중복(overloading)도 이것의 일종이다.

8   클래스의 멤버에 대한 접근을 제한하는 C++ 키워드에는 (   ), (   ) 및 (   )의 세 가지가 있다. 이러한 멤버 접근 지정자는 "정보 은닉"의 핵심이다.

9   a.set(1.0, 2.0);과 같은 문장은 객체 a의 멤버 변수들을 설정하도록 멤버 함수 set()을 호출한다고 해석할 수도 있지만, 객체 a에게 set()이라는 (   )으로 해석할 수도 있다. 이때 매개변수는 메시지를 보낼 때 필요한 추가적인 정보를 제공하는 것이다.

10   객체지향 프로그래밍에서는 많은 클래스를 사용하고, 설계하며 구현해야 하기 때문에 클래스의 구성과 클래스들 사이의 관계를 나타내는 효율적인 방법이 필요한데, 이를 위해 (   )을 사용한다.

11   C++ 표준 라이브러리에서 제공하는 cin은 표준 입력을 담당하는 (   ) 클래스의 객체이며, cout은 표준 출력을 담당하는 (   ) 클래스의 객체이다. 이들을 사용하기 위해서는 (   )을 프로그램에 포함하여야 한다.

12   C++에서는 수많은 이름들을 분리하여 사용하기 위해 (   )이라는 것을 이용하는데, 예를 들어, cin과 cout은 "std"란 (   )에 선언되어 있다.

13   cout을 사용할 때 특정한 형식으로 출력하기 위해서는 (   )를 사용해야 하며, 이를 위해 〈iomanip〉를 포함해야 한다. 경우에 따라 이 방법이 printf()보다 훨씬 불편할 수도 있다.

14 C++ 표준 라이브러리에서는 파일 스트림 처리를 위해 (   )과 (   ) 클래스를 제공하는데, 입출력 객체를 만들어 cin 및 cout과 비슷하게 파일 입출력을 처리할 수 있다. 사용이 끝나면 (   ) 메시지를 보내 파일을 닫아야 한다.

15 C++에서는 편리한 문자열 처리를 위해 (   ) 클래스를 제공하는데, 이 클래스는 (   ) 문자열로 고정된 크기의 배열로 문자열을 처리할 때 발생하는 문제들을 클래스가 알아서 처리해주어 매우 편리하다.

정답

1. 객체(object), 상향식(bottom-up) **2.** 멤버 변수 또는 필드, 멤버 함수 또는 메소드 **3.** 사례(instance) **4.** 추상화 **5.** 정보 은닉(information hiding) **6.** 상속, 재활용 **7.** 다형성 **8.** private, protected , public **9.** 메시지를 보내는 것 **10.** UML 클래스 다이어그램(class diagram) **11.** istream, ostream, 〈iostream〉 **12.** 이름 공간(name space), 이름 공간 **13.** 입출력 조작자(manipulator) **14.** ifstream, ofstream, close() **15.** string, 가변길이(variable sized)

| 연습문제 |

1. 다음 중 잘못된 설명을 모두 골라라.

   ① 클래스는 객체를 찍어내는 틀이다.

   ② struct와 class는 멤버들의 기본 접근 지정자를 제외하고 동일하다.

   ③ 클래스 블록 내에서 반드시 변수들을 먼저 선언해야 그 다음에 선언되는 멤버 함수에
   서 이들을 사용할 수 있다.

   ④ 클래스 선언 블록이 끝나면 반드시 세미콜론(;)을 넣어야 한다.

   ⑤ class로 선언된 클래스에서 기본 접근 지정자는 public이다.

   ⑥ 클래스에서 가급적 private이나 protected를 사용하지 않는 것이 안전하다.

2. 다음 프로그램에서 모든 오류를 찾고, 그 이유를 설명하라.

   (1)
   ```cpp
   class MyClass {
        private int x;
   public:
        MyClass(int x) {};
   }
   ```

   (2)
   ```cpp
   class Mp3Player {
        int volume;
   public:
        void setVolume(int level);
        int getVolume();
   };
   void main() {
        Mp3Player player;
        player.volume = 20;
        Mp3Player.setVolume(60);
   }
   ```

3. 다음의 질문에 자세히 답하라.

   (1) C++에서의 캡슐화에 대해 설명하고, 정보 은닉의 장점을 기술하라.

   (2) private, protected, public 세 키워드의 차이점을 설명하라.

   (3) cin과 cout을 사용하기 위해 std란 이름 공간을 선언하는 문장을 적어라.

4. 분수를 표현하기 위해 Fraction 클래스를 작성하려고 한다. 물음에 답하라.

　(1) 분자와 분모를 나타내는 top, bottom을 private 멤버로 선언하라.

　(2) 클래스의 멤버 top, bottom을 초기화하는 set() 함수를 public 멤버로 구현하라.

　(3) 분수 객체의 내용을 화면에 보기 좋게 출력하는 print() 함수를 public 멤버로 구현하라.

5. 애완견을 나타내기 위한 Dog 클래스를 다음과 같이 작성하라.

　(1) 이름, 나이, 몸무게, 품종 등을 멤버 변수로 가지는 클래스를 정의하라. 단, 이들은 모두 private로 정의한다.

　(2) 모든 멤버변수에 대한 접근자와 설정자 함수를 정의하라. 설정자 함수를 통해 각 멤버 변수의 값을 설정할 수 있어야 하고, 접근자 함수를 통해 각 멤버 변수의 값을 읽어올 수 있어야 한다.

　(3) 이 클래스에 대한 UML 다이어그램을 그려라.

6. 다음 프로그램에서 각 출력 문장의 출력 결과를 적어라.

```cpp
string s1 = "Game";
string s2 = "Over";
string s3 = s1 + " " + s2;
int i = s2.find("v", 0);
cout << s3 << endl;        // ①
cout << i << endl;         // ②
s3.erase(3, 2);
cout << s3 << endl;        // ③
```

7. 다음 코드의 test.txt 파일 출력 결과를 예상하라.

```cpp
#include <iostream>
#include <fstream>
using namespace std;
void main(){
    ofstream f1("test.txt");
    if (f1){
        for (int i = 0; i < 3; i++){
```

```
        f1 << i + 1 << "번째 라인" << endl;
      }
    }
    f1.close();
}
```

8. 7번의 **test.txt** 결과를 다시 읽어 들이기 위한 코드를 작성하라.

9. 다음의 구조체(struct)를 클래스(class)로 구현하라.

(1)
```
struct School {
    char name[20];
    int    studentNum;
public:
    School ();
private:
    int tuition;
}
```

(2)
```
struct Info {
    Info();
private:
    char name[20];
    char number[20];
    int birthday;
}
void main(){
    Info i[5];
}
```

| 실습문제 |

1. 5장 연습문제 5~6과 5장 실습문제 1~3에서 구현한 MyTime 구조체를 클래스로 다시 구현하라.

   (1) 멤버 변수들은 5장과 동일하고 모두 **private**로 처리한다. 멤버 함수들은 모두 **public**이고 **inline**으로 구현하는데, 다음과 같이 간략화하라.

   ```
   void convert( double duration );   // 초 단위의 시간을 변환
   void print( );                     // 01:02:34:567와 같이 출력
   MyTime add ( MyTime t);            // t3 = t1.add(t2)와 같이 사용
   void reset ( );                    // t.reset()와 같이 사용
   ```

   (2) 이 클래스에 대한 UML 클래스 다이어그램을 그려라. 그리고 멤버 함수들의 매개변수와 반환형이 5장의 일반 함수들과 변경된 이유에 대해 설명하라.

   (3) 멤버함수 print()를 표준 출력 객체 cout을 이용해 다시 구현하라. 자릿수를 0으로 채우기 위해 입출력 조작자를 사용해야 할 것이다(예: **setfill()** 등).

   (4) 사용자로부터 시간 정보를 입력받는 멤버 함수 read()를 표준 입력 객체 cin을 이용하여 구현하라. 입력 함수에서는 사용자에게 입력할 정보에 대한 메시지를 적절히 출력해야 하는데, 이때 cout을 사용하라.

   (5) MyTime 클래스를 그림 6.13과 같이 헤더 파일(**MyTime.h**)과 구현 파일(**MyTime.cpp**)로 나누어 구현하라. 모든 멤버 함수는 **MyTime.cpp**에서 구현한다.

2. 나만의 단어장 클래스를 만들고자 한다. 다음을 구현하라.

   (1) 하나의 영어 단어와 한글 설명을 나타내기 위한 WordPair란 클래스를 다음과 같이 **struct**를 이용하여 구현하라. 모든 멤버가 **public**이 된다.

   ```
   struct WordPair {        // 하나의 단어 쌍을 위한 클래스
       string eng;          // 영어 단어
       string kor;          // 한글 설명
   };
   ```

(2) 자신만의 위한 **MyDic** 클래스를 다음과 같이 구현하라. 모든 멤버 함수는 **public**이
며 **inline**으로 구현하라.

```cpp
class MyDic {
    WordPair words[MAXWORDS];      // 저장된 단어 배열
    int nWords;                    // 현재 등록된 단어의 수
public:
    void add(string eng, string kor);   // 하나의 단어 추가
    void load(string filename);         // 파일에서 단어 읽기
    void store(string filename);        // 파일에 모든 단어 저장
    void print();                       // 모든 단어를 화면에 출력
    string getEng(int id);              // id번째의 영어단어 반환
    string getKor(int id);              // id번째의 한글 설명 반환
};
```

- add(): 하나의 WordPair를 단어장에 추가한다.
- load(): 단어장 파일에서 모든 단어를 읽는다. 각 줄은 영어 단어 + 한글 설명으
  로 되어 있으며, 파일이 종료될 때까지 모든 단어를 읽어 words 배열에 저장한다.
- store(): 현재의 단어장을 파일에 저장한다. 하나의 영어 단어와 한글 설명을 한
  줄에 출력한다.
- print(): 현재의 단어장을 화면에 보기 좋게 출력한다.
- getEng(), getKor(): id번째의 항목에 대한 영어 단어 또는 한글 설명을 반환한다.

(3) 적절한 main() 함수를 구현하여 단어를 등록하고, 파일을 저장하고, 파일에서 읽는
기능을 테스트하라.

3. 6.8절의 행맨(hangman) 게임을 다음과 같이 확장하라.

(1) 2번 문제에서 구현한 MyDic 클래스를 이용한다. 프로그램이 시작되면 자신의 단어장
파일을 읽어 들이고, 난수를 발생해 영어 단어를 선택한다.

(2) 영어 단어가 선택되면 행맨 게임을 진행한다.

(3) 게임이 종료되면 정답 영어 단어와 한글 설명을 화면에 출력한다.

(4) 자신만의 상태 출력을 화면을 만든다. 이를 위해 게임 진행 상황 파일(그림 6.22)을
변경한다.

07

객체의 생성과 소멸

7.1 객체의 생성과 소멸을 도와주는 함수

7.2 생성자

7.3 멤버 초기화 리스트

7.4 소멸자

7.5 생성자와 소멸자의 호출 순서

7.6 객체의 복사와 복사 생성자

7.7 함수의 설계와 객체의 복사

7.8 응용: MonsterWorld

학습목표

- 생성자와 소멸자의 의미를 이해한다.
- 생성자와 일반 멤버 함수의 유사점과 차이점을 이해한다.
- 다양한 생성자를 활용할 수 있는 능력을 기른다.
- 멤버 초기화 리스트의 용도와 필요한 상황들을 이해한다.
- 복사 생성자의 의미와 복사 생성자가 호출되는 상황을 이해한다.
- 함수의 설계와 복사 생성자의 관계를 이해한다.
- 소멸자가 필요한 상황을 이해한다.
- 몬스터 세상 프로그램의 구조와 클래스들을 이해한다.

몬스터 월드 1(어지러운 세상)

몬스터 세상을 만들어 보자. 2차원 평면에서 몬스터들이 무작위로 움직이면서 세상을 어지
럽힌다. 몬스터는 클래스로 구현하고, 세상에는 여러 몬스터 객체들이 만들어져 돌아다니
게 된다. 이러한 몬스터들이 사는 세상은 2차원 배열로 이루어지고, 배열의 각 칸에는 맨 처
음에 아이템이 하나씩 놓인다. 몬스터는 각기 다른 모양으로 화면에 출력된다. 몬스터들이
움직이면서 아이템을 먹는데, 현재의 위치에서 인접한 8방향의 이웃 칸들 중에 하나를 무
작위로 선택한다. 따라서 몬스터마다 아이템을 먹은 수가 달라진다. 몬스터가 움직일 때 마
다 현재 맵의 상태와 각 몬스터의 현재 상태 등을 보기 좋게 출력한다.

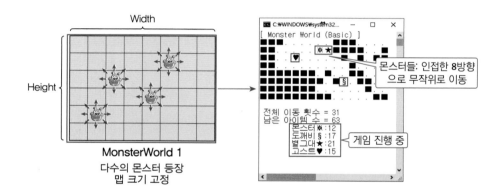

이 프로그램은 게임은 아니지만 많은 유사한 게임들에 대한 아이디어를 제공한다. 클래스를
어떻게 설계하고, 객체들이 생성되고 소멸될 때 어떤 일을 해야 하는지, 맵은 어떻게 구현하
고 화면 출력은 어떻게 해야 할지 등을 고민해야 한다. 구현을 위해 3개의 클래스를 만들 것
이다. 여러 개의 클래스를 동시에 사용해서 약간 부담스러울 수도 있겠지만, 이제 클래스에
익숙해져야 한다. 그리고 이 프로그램은 다음 장에서도 계속 확장하여 객체지향의 개념을
공부하는데 사용될 것이다. 이 장에서 객체의 생성과 소멸 과정의 여러 기법들을 공부하면서
몬스터 세상을 어떻게 만들 수 있을지 생각해 보자.

7 객체의 생성과 소멸

7.1 객체의 생성과 소멸을 도와주는 함수

새로운 집을 만들기 위해서는 지붕이나 창문 등을 조립하는 등 해야 할 일이 많다. 집이 너무 낡아 살 수 없으면 이제 허물어 없애야 하는데 이때에도 폐기물 처리 등 여러 가지 복잡한 처리가 필요하다. 객체도 마찬가지이다. 새로운 객체가 생성될 때 이를 도와주고, 소멸될 때 뒤처리를 해 주는 함수가 있다면 매우 편리할 것이다. 생성자와 소멸자는 이런 기능을 하는 특별한 함수이다.

| 그림 7.1 생성자와 소멸자의 개념

■ 생성자(constructor)

모든 변수나 객체는 사용되기 전에 초기화되어야 한다. 기본 자료형의 변수들은 선언과 함께 다음과 같이 초기화할 수 있다.

```
int x = 10, y = 20;      // 변수 x, y를 생성하면서 초기화하는 문장
double sum = 0.0;        // 변수 sum을 생성하면서 초기화하는 문장
```

객체는 어떨까? 복소수 클래스의 경우 다음과 같은 방법으로 초기화할 수 있다.

```
Complex a, b;        // 복소수 객체 a, b를 생성하는 문장
a.real = 10;         // 객체 a의 실수부를 초기화
a.imag = 20;         // 객체 a의 허수부를 초기화
b.real = 30;         // 객체 b의 실수부를 초기화
b.imag = 40;         // 객체 b의 허수부를 초기화
```

그런데 이 문장은 매우 번거롭다. 만약 클래스가 더 복잡하다면 객체 하나를 초기화 할 때마다 긴 코드가 필요할 것이다. 좀 더 편리한 방법이 없을까? 초기화 함수를 사용할 수 있다. 만약 set()이란 초기화 함수가 있다면 코드는 다음과 같이 개선된다.

```
Complex a, b;        // 복소수 객체 a, b를 생성하는 문장
a.set(10,20);        // 복소수의 멤버 함수 set()을 이용해 a를 초기화
b.set(30,40);        // 복소수의 멤버 함수 set()을 이용해 b를 초기화
```

개선은 되었지만 더 좋은 방법이 있다. **"생성자(constructor)"**로 불리는 객체의 초기화를 위한 특별한 멤버 함수를 사용하는 것이다. 생성자가 있다면 객체를 다음과 같이 생성하면서 초기화할 수 있다.

```
Complex a(10,20), b(30,40);   // 생성자를 이용해 a, b를 초기화
```

객체의 선언 문장에 함수 호출에 사용되는 괄호 연산자 ()가 사용된 것에 유의하라. 객체도 Complex a = {10,20};와 같이 초기화할 수도 있지만 생성자는 훨씬 더 강력한 기능을 제공한다.

■ 소멸자(destructor)

3장에서 변수의 생존 기간에 대해 공부했다. 예를 들어, 블록 내에서 선언된 지역변수는 블록이 끝나면 사라진다. 블록 내에서 선언된 객체도 마찬가지이다. 그런데 때로는 객체가 사라지기 전에 반드시 어떤 일을 처리해야 하는 경우가 생긴다. 이것은 주로 객체가 동적으로 생성된 메모리를 가리키고 있는 경우에 발생하는데, 객체가 소멸되기 전에 반드시 이들 동적 생성 메모리를 해제해주어야 하기 때문이다. 동적 할당과 해제는 8장에서 자세히

공부하겠지만, 이러한 처리 과정은 의외로 매우 번거롭다. 또한, 제대로 처리하지 않으면 메모리 누수(leakage)가 생기고 프로그램이 불안해진다. 이런 문제의 해결을 위해 "**소멸자(destructor)**"라 불리는 특별한 함수를 사용할 수 있다. 소멸자는 객체가 소멸될 때마다 자동으로 호출되는 함수로, 객체 소멸과 관련된 여러 가지 폐기물 처리 역할을 담당할 수 있다.

다행인 것은 대부분의 클래스에서는 특별히 소멸자의 구현을 신경 쓸 필요가 없다는 것이다. 개발자가 구현하지 않으면 컴파일러가 자동으로 제공하기 때문이다. 그렇지만 객체가 생성될 때에는 항상 생성자가 호출되고, 소멸될 때에는 소멸자가 반드시 호출된다는 것을 명심해야 한다.

7.2 생성자

생성자도 클래스의 멤버 함수인 것은 확실하다. 그러나 다른 멤버 함수와는 구별되는 여러 가지 특징을 갖는다. 다음은 복소수 클래스에 생성자를 구현한 예를 보여주는데, 4행은 매개변수가 없는 기본 생성자를 구현한 코드이고, 5~8행은 매개변수를 갖는 생성자를 구현한 것이다.

프로그램 7.1	복소수 클래스의 생성자 선언 예

```
01   class Complex {
02       double real, imag;              // 멤버 변수. 실수부와 허수부
03   public:
04       Complex() { real=imag=0.0; }    // 기본 생성자
05       Complex(double r, double i) {   // 매개변수가 있는 생성자
06           real = r;                   // r을 멤버 변수 real에 복사
07           imag = i;                   // i를 멤버 변수 imag에 복사
08       }
09       ...                             // 여러 가지 멤버 함수 추가
10   };
```

■ 생성자와 일반 멤버 함수의 차이점

생성자는 일반적인 멤버 함수에 비해 다음과 같은 차이가 있다.

- 생성자는 반환형이 없다. void도 사용할 수 없다.
- 함수의 이름이 클래스와 동일하다.
- 생성자는 객체가 생성될 때 오직 한 번만 호출된다. 다른 멤버 함수와는 달리 일단 생성된 객체에서 다시 생성자를 호출할 수는 없다.
- 생성자가 하나도 정의되어 있지 않으면 컴파일러가 자동으로 기본 생성자(default constructor)를 제공한다.
- 대부분의 경우 생성자는 공용 접근 권한 public을 갖도록 구현한다.
- 멤버 초기화 리스트(member initialization list)를 사용할 수 있다.

다음은 잘못된 생성자의 예이다.

```
void Complex() { real=imag=0.0; }      // 오류: 반환형이 없어야 함
Complex1() { real=imag=1.0; }          // 오류: 생성자 이름 오류
```

생성자를 이용해 객체를 생성하는 코드는 다음과 같다.

```
Complex c1;              // 기본 생성자 호출(real=0, imag=0)
Complex c2(1.0,2.0);     // 매개변수가 있는 생성자(real=1.0, imag=2.0)
```

만약 생성자들이 공용(public)이 아니라면 main()에서 위와 같은 문장을 사용할 수 없다. 호출해야 할 생성자 함수의 접근이 안 되기 때문에 컴파일 오류가 발생된다. 이미 생성된 객체에 대해 생성자를 호출하려는 다음 코드도 잘못된 시도이다.

```
Complex c3;         // 기본 생성자 호출(real=0, imag=0)
c3(4.0,5.0);        // 오류: 생성자 호출 문장이 아님. c3()란 함수를 호출하는 문장이 됨
```

특히 두 번째 문장은 생성자를 호출하는 문장이 아니라 c3()란 함수를 호출하는 문장으로 해석된다. c3은 기본 생성자로 생성되었고, 일단 생성된 이후에는 어떤 생성자도 다시 호출할 수 없다.

만약, 프로그램 7.1에서 기본 생성자(4행)가 없다면 어떻게 될까? 매개변수가 있는 생성자만을 선언한 것이다. 컴파일러는 생성자가 하나도 없으면 기본 생성자를 제공하지만, 하나라도 있다면 이를 제공하지 않는다. 즉, 기본 생성자가 없는 것을 개발자의 의도로 생각한다. 따라서 다음 문장이 의외로 컴파일 오류를 발생시킨다.

`Complex c1;`   // 오류: 다른 생성자가 있으면 기본 생성자를 컴파일러가 기본으로 제공하지 않음!

■ 생성자와 일반 멤버 함수의 유사점

이 외에는 일반 멤버 함수와 동일한 방법으로 사용된다.

- 클래스의 멤버 변수와 멤버 함수를 마음대로 사용할 수 있다.
- 함수 중복을 사용할 수 있다
- 디폴트 매개변수도 당연히 지원한다. 특히 디폴트 매개변수에 주목하라. 일반 함수에서도 마찬가지이지만 디폴트 매개변수는 여러 생성자를 한꺼번에 정의하는 강력한 효과가 있다.

다음은 프로그램 7.1의 두 생성자를 한꺼번에 정의한 예이다.

프로그램 7.2 　디폴트 매개변수를 사용한 생성자 선언

```
01  class Complex {
02      double real, imag;
03  public:
04      Complex(double r=0, double i=0){   // 디폴트 생성자 겸용 생성자
05          real = r;                      // r을 멤버 변수 real에 복사
06          imag = i;                      // i를 멤버 변수 imag에 복사
07      }
08      ...
09  };
```

7.3 멤버 초기화 리스트

생성자의 가장 큰 특징의 하나인 **멤버 초기화 리스트**(member initialization list)는 생성자 함수 헤더와 함수 몸체 사이에 :를 넣고 클래스의 멤버 변수와 매개변수를 "멤버(매개변수)"의 형태로 나열하는 것이다. 만약 초기화 할 멤버 변수가 여러 개라면 계속 나열할 수 있다. 프로그램 7.2의 복소수 생성자는 다음과 같이 멤버 초기화 리스트를 이용하여 구현할 수도 있다.

프로그램 7.3 멤버 초기화 리스트를 사용한 생성자 선언

```
01   class Complex {
02       double real, imag;
03   public:
04       Complex(double r=0, double i=0) : real(r), imag(i) { }
05       ...
06   };
```

4행의 real(r)은 r을 인수로 double의 생성자를 호출하라는 의미로, 기본 자료형에서 이것은 단순히 값의 복사를 의미한다. 즉, real = r와 같이 동작한다. 이제 함수 블록에는 멤버의 초기화 코드가 필요 없게 된 것에 유의하라.

이 방법은 얼핏 보면 초기화 방법의 변경에 지나지 않는 것이라고 보이지만 사실 매우 중요한 용도가 있다. 다음과 같이 반드시 멤버 초기화 리스트를 사용해야만 하는 상황이 있다.

- 클래스의 상수 멤버나 참조자 멤버를 초기화하기 위해
- 다른 클래스의 객체를 멤버로 갖는 경우 이들을 초기화하기 위해
- 상속 관계에서 부모 클래스의 생성자를 이용하기 위해

두 번째와 세 번째 용도가 매우 중요한데, 마지막 상황은 9장에서 자세히 다루고, 여기서는 앞의 두 가지 상황에 대해 알아보자.

■ 상수나 참조자 멤버의 초기화

꼭 그렇게 사용할 필요는 없겠지만 클래스에 상수 멤버나 참조형 멤버를 선언하고 싶다면
할 수는 있다. 문제는 이들을 어떻게 초기화하는가이다. 이들은 모두 선언과 동시에 반드
시 초기화되어야 하는 특징이 있다. 6장에서 언급한 바와 같이 다음 코드는 C++11 이후
버전의 컴파일러에서만 사용이 가능하다(프로그램 6.1과 6.3참조).

```cpp
class Complex {
    double real, imag;
    const int version=1;        // 상수 멤버 선언 및 초기화(C++11 이후 버전)
    double& imaginary=imag;     // 참조자 멤버 선언 및 초기화(C++11 이후 버전)
    ...
};
```

그렇다면 C++11 이전의 컴파일러에서 다음과 같은 초기화가 가능할까?

```cpp
class Complex {
    double real, imag;
    const int version;          // 상수 멤버
    double& imaginary;          // 참조자 멤버
public:
    Complex() {
        version = 1;            // 오류: 상수 멤버 생성 후 초기화
        imaginary = imag;       // 오류: 참조자 멤버 생성 후 초기화
    ...
};
```

이 클래스는 컴파일 오류를 발생시킨다. 함수 블록 안에 들어오면 이미 멤버가 생성된 것
이기 때문이다. 결국, 다음과 같이 멤버 초기화 리스트를 사용하는 것 외에 다른 방법이
없다.

```cpp
Complex() : version(1), imaginary(imag) { }
```

사실 클래스의 멤버로 상수나 참조자를 꼭 사용해야 할 이유는 별로 없다. 또한 최신 버전
의 컴파일러를 사용한다면 위의 내용을 꼭 알아야 할 필요도 없다.

■ 다른 클래스 객체 멤버의 초기화

객체의 멤버로 다른 클래스의 객체가 포함되는 상황은 흔히 발생한다. 예를 들어, 화면과 같은 2차원 평면상에 정의되는 점과 선분 클래스를 생각해 보자.

- Point: 2차원 평면상의 한 점 (x,y)를 표현
- Line: 평면상의 두 점 p1와 p2를 연결한 선분

이들을 클래스로 구현해 보자. Point는 모든 멤버를 공용으로 사용할 수 있도록 struct로 선언하고, Line은 두 개의 Point 객체를 포함한다. 만약 멤버 초기화 리스트를 사용하지 않으면 Point 클래스는 다음과 같이 정의할 수 있다.

```cpp
struct Point {          // 화면상의 점을 표현하는 클래스
    int x, y;           // 점의 x와 y 좌표 값
    Point(int xx = 0, int yy = 0) {
        x = xx;
        y = yy;
    }
};
```

매개변수의 이름이 멤버 변수의 이름과 중복되지 않도록 한 것에 유의하라. Line 클래스도 다음과 같이 정의할 수 있다.

```cpp
class Line {            // 화면상의 선분을 표현하는 클래스
    Point  p1, p2;      // 선분의 양 끝점
public:
    Line(int x1, int y1, int x2, int y2) {
        p1.x = x1;
        p1.y = y1;
        p2.x = x2;
        p2.y = y2;
    }
};
```

멤버 초기화 리스트를 사용하면 생성자 함수들이 다음과 같이 단순화된다.

Point(int xx = 0, int yy = 0) : x(xx), y(yy) { }
Line(int x1, int y1, int x2, int y2): p1(x1,y1), p2(x2,y2) { }

특히 Line의 생성자에 유의하라. 멤버 변수인 p1와 p2를 각각 멤버 초기화 리스트를 이용
해 초기화하였다. 각 클래스에 출력 함수를 추가한 전체 프로그램은 다음과 같다.

프로그램 7.4 점과 선분 클래스

```
01  #include <iostream>
02  using namespace std;
03
04  struct Point {          // 화면상의 점을 표현하는 클래스
05      int x, y;           // 점의 x와 y 좌표 값
06      Point(int xx = 0, int yy = 0) : x(xx), y(yy) { }
07      void print() { cout << "\t(" << x << "," << y << ")\n"; }
08  };
09
10  class Line {            // 화면상의 선분을 표현하는 클래스
11      Point  p1, p2;      // 선분의 양 끝점
12  public:
13      Line(int x1, int y1, int x2, int y2): p1(x1,y1), p2(x2,y2) {}
14      void print() {
15          cout << "Line:\n";
16          p1.print();
17          p2.print();
18      }
19  };
20
21  void main()
22  {
23      Point p(1, 2);
24      Line l(3, 4, 5, 6);
25      p.print();
26      l.print();
27  }
```

```
     (1,2)
Line:
     (3,4)
     (5,6)
```

코드 설명

4~8행 Point 클래스 선언. struct로 선언되어 모든 멤버가 공용(public)임.

6행 Point 클래스의 생성자. 디폴트 매개변수를 사용함.

10~19행 Line 클래스 선언. 두 개의 Point 객체 p1과 p2를 멤버로 가짐.

13행 Line의 생성자. 멤버 초기화 리스트를 사용함.

- Line의 생성자 함수의 몸체 안에서 p1과 p2의 초기화를 위해 Point 생성자를 호출할 수 있을까? 안 된다. 생성자 함수 몸체에 들어왔을 때는 이미 p1과 p2가 생성되어 어떤 값으로든 초기화 된 상태이다. 따라서 당연히 Point 생성자를 호출할 수 없다.
- 만약 Point의 생성자가 여러 개라면 선택해서 호출할 수 있다. "만들 때 잘 만들어라. 일단 만들어지면 바꾸는 것이 번거롭다!"
- 실행의 효율성 측면에서도 멤버 초기화 리스트가 우월하다. 만약 Line 클래스에서 멤버 초기화 리스트를 사용하지 않으면 p1과 p2는 Point 클래스의 기본 생성자에 의해 초기화된다. 즉, 함수 몸체로 들어왔을 때 이미 p1과 p2가 초기화되어 있는 상태이며, 이것을 다시 변경하는 것이다. 즉 두 번 초기화 하는 것이다.

7.4 소멸자

소멸자는 객체가 소멸될 때 자동으로 호출되는 멤버 함수이다. 소멸자는 클래스 이름 앞에 ~를 붙인 함수이다. 반환형은 지정하지 않으며, 매개변수도 없다. Point 클래스에 소멸자를 추가하는 예는 다음과 같다.

```
~Point() { cout << "Point소멸자 호출\n"; }
```

객체가 소멸될 때에는 반드시 소멸자가 호출된다. 소멸자는 다음과 같은 특징을 갖는다.

- 생성자와 달리 소멸자는 한 가지뿐이다. 함수 중복이 불가능하다.
- 개발자가 소멸자를 생략하면 컴파일러가 디폴트 소멸자를 제공한다. 이 소멸자는 "아무런 일을 하지 않는 일"을 한다.

- 객체 내부에 동적으로 할당된 멤버가 있거나 상속을 사용한 경우에는 소멸자에 신중해야 한다. 그렇지 않은 대부분의 경우는 생략해도 된다.

■ 생성자와 소멸자는 항상 호출된다

객체가 생성될 때에는 반드시 생성자가, 소멸될 때에는 반드시 소멸자가 호출된다는 것을 확인하도록 다음과 같이 클래스를 구현한다. 생성자와 소멸자 함수 몸체에 출력문을 추가하였다.

프로그램 7.5 점과 원 클래스(Shape.h)

```cpp
01  #pragma once
02  #include <iostream>
03  using namespace std;
04
05  struct Point {          // 화면상의 점을 표현하는 클래스
06      int x, y;           // 점의 x와 y 좌표 값
07      Point(int xx = 0, int yy = 0) : x(xx), y(yy)
08          { cout << "점(" << x << "," << y << ") 생성자\n"; }
09      ~Point() { cout << "점(" << x << "," << y << ") 소멸자\n"; }
10  };
11
12  class Circle {          // 원을 표현하는 클래스
13      Point center;       // 원의 중심
14      int radius;         // 원의 반경
15  public:
16      Circle(int cx=0, int cy=0, int r=0) : center(cx, cy), radius(r)
17          { cout << "원(반지름=" << radius << ") 생성자\n"; }
18      ~Circle(){ cout << "원(반지름=" << radius << ") 소멸자\n"; }
19  };
```

코드 설명

7행 Point 생성자. 디폴트 매개변수와 멤버 초기화 리스트를 사용함.

8~9행 Point 생성자와 소멸자 함수 몸체에 각각 출력문을 추가함.

12~19행 Circle 클래스. 멤버로 중심(center)과 반지름(radius)을 가짐.

16행 Circle 생성자에서 디폴트 매개변수와 멤버 초기화 리스트를 사용함.

17~18행 Circle 생성자와 소멸자 함수 몸체에 각각 출력문을 추가함.

다음 프로그램의 실행 결과는 무엇일까? Point 객체를 하나 선언한 것뿐이지만 이 프로그램은 다음과 같은 결과를 출력한다. 생성자와 소멸자를 호출하는 것이다.

```cpp
01  #include "Shape.h"
02  void main()
03  {
04      Point p(1, 2);
05  }
```

■ 아무런 일을 하지 않는 main() 함수

만약 프로그램을 다음과 같이 수정하면 어떻게 될까?

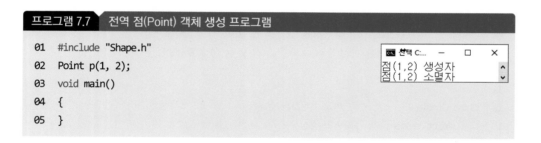

```cpp
01  #include "Shape.h"
02  Point p(1, 2);
03  void main()
04  {
05  }
```

이 프로그램은 main()에 아무런 코드가 없는 약간 이상해 보이는 코드이지만 놀랍게도 실행 결과는 프로그램 7.6과 동일하다. 실행 순서는 다음과 같다.

- 프로그램이 실행되면 전역 객체 p의 생성을 위해 생성자가 호출된다.
- main() 함수를 실행한다. 아무 코드가 없다.
- main()이 종료될 때 전역 객체 p의 소멸을 위한 소멸자가 호출된다.

이 예제를 통해 알 수 있는 것은 지역이든 전역이든 상관없이 모든 객체는 생성될 때 반드시 생성자가 호출되고 소멸될 때 반드시 소멸자가 호출된다는 것이다. 좀 이상해 보이는 이와 같은 방법들이 사용되는 곳들이 있다. 대표적인 분야가 MFC(Microsoft Foundation Class)를 이용한 윈도우 프로그래밍이다. `main()` 함수가 숨겨져 있어 개발자는 `main()` 함수에는 전혀 신경을 쓰지 않는다. 윈도우 관련 이벤트를 처리하는 클래스들만을 구현한다. 생성자와 소멸자가 이것을 가능하게 한다.

7.5 생성자와 소멸자의 호출 순서

간단한 프로그램으로 생성자와 소멸자가 호출되는 순서를 확인해 보자. 프로그램 7.5에서 구현한 클래스들을 그대로 사용한 다음 `main()` 함수는 어떤 결과를 출력할지 예측해보라.

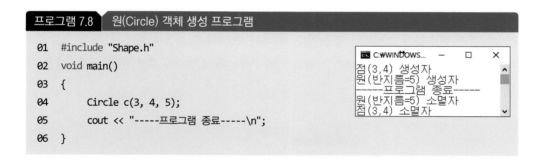

```
프로그램 7.8    원(Circle) 객체 생성 프로그램
01    #include "Shape.h"
02    void main()
03    {
04        Circle c(3, 4, 5);
05        cout << "-----프로그램 종료-----\n";
06    }
```

실행 결과를 보면 이 프로그램이 생각보다 많은 문장을 출력하는 것을 알 수 있다. 그림 7.2는 Circle 객체의 생성 과정을 보여준다. 먼저 Circle의 생성자가 호출되면 해당 생성자의 함수 몸체를 실행하기 전에 멤버들을 초기화한다. 이때 Point 객체인 center도 초기화해야 하는데, 이를 위해 Point의 생성자가 자동으로 호출된다. 결국 Point 생성자의 함수 몸체가 먼저 실행되고, 이어서 Circle의 몸체가 실행된다.

```
struct Point {
  int      x, y;
public:
  Point( int xx=0, int yy=0 ): x(xx), y(yy) { /* 몸체1 */ }
    ...                                          ③
};
class Circle {
  Point    center;
  int      radius;
public:
  Circle(int cx=0, int cy=0, int r=0) : center(cx, cy), radius(r) { /* 몸체2 */ }
    ...                                                              ④
};                       ①
Circle c (3, 4, 5);
```
                                                              ②

| 그림 7.2 Circle 객체의 생성 과정

함수가 종료되면 모든 지역변수들이 소멸된다. 따라서 Circle객체 c도 소멸되어야 한다. 이때 Circle의 소멸자가 호출된다. 소멸자의 호출에서는 먼저 함수 몸체를 호출하고, 이어서 각 멤버 변수들의 소멸자가 호출된다. 따라서 Circle의 소멸자 함수 몸체가 호출되고 이어서 Circle의 멤버인 center의 소멸을 위해 Point의 소멸자가 호출된다. 그림 7.3은 이 과정을 보여주고 있다.

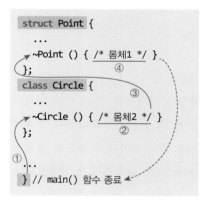

```
struct Point {
    ...
  ~Point () { /* 몸체1 */ }
};                ④
class Circle {
    ...          ③
  ~Circle () { /* 몸체2 */ }
};                ②
  ...
①
} // main() 함수 종료
```

| 그림 7.3 Circle 객체의 소멸 과정

객체의 배열을 선언하면 어떻게 될까? 모든 배열의 항목에 대해 기본 생성자가 호출된다.

다음 문장은 Point의 기본 생성자를 10번 호출할 것이다. 물론 배열이 소멸될 때에도 배열의 각 항목마다 소멸자가 각각 호출된다.

```
Point list[10];      // Point의 기본 생성자가 10번 호출됨
```

포인터는 어떨까? 객체의 포인터나 참조자를 선언하는 것은 새로운 객체를 만드는 것이 아니므로 생성자나 소멸자와 관련이 없다. 다음 문장들은 모두 객체가 생성되는 문장이 아니고, 따라서 생성자도 호출되지 않는다.

```
Point& q = p;      // Point의 참조자(별명)
Circle* pc;        // Circle의 포인터 변수
Point* plist[10];  // Point의 포인터 변수 배열
```

7.6 객체의 복사와 복사 생성자

같은 자료형의 변수들을 복사하는 것과 같이 객체도 서로 복사할 수 있다. 다음은 대입 연산자(=)를 사용해 일반 변수와 객체를 복사하는 문장이다.

```
int x=10, y;       // int 변수 선언.
Point a(1,2), b;   // Point 객체 선언.
y = x;             // 대입 연산자를 이용한 변수 복사
b = a;             // 대입 연산자를 이용한 객체 복사
```

대입 연산자를 사용하지도 않았는데도 복사가 이루어지는 경우도 있다. 이것은 주로 함수와 관련된 상황으로 다음 코드를 보자.

```
int max(int a, int b) { return (a > b) ? a : b; }
void main() {
    int x = 10, y = 20, z;
    z = 30 + max(x, y);   // 매개변수 전달과 반환 값 복사
}
```

- 인수 x와 y를 매개변수 a와 b로 전달(값에 의한 호출)하는 과정에 x를 a로, y를 b로 복사가 일어난다.
- 함수에서 객체를 반환하는 경우에도 복사가 일어난다. max()에서 결과 값을 호출한 곳으로 반환할 때 int 값을 복사한다.

객체에서도 동일한 복사가 이루어진다. 다음 프로그램을 보자.

프로그램 7.9 대입 연산자가 없이도 객체가 복사되는 상황

```
01  #include <iostream>
02  using namespace std;
03
04  struct Point {
05      int x, y;
06      Point(int xx = 0, int yy = 0) : x(xx), y(yy) { }
07  };
08
09  Point readPoint() {
10      Point p;
11      cout << "좌표를 입력해주세요(x,y): ";
12      cin >> p.x >> p.y;
13      return p;
14  }
15  void printPoint(Point p, char* str = "Point") {
16      cout << str << "= (" << p.x << "," << p.y << ")\n";
17  }
18  void main()
19  {
20      Point a;
21      a = readPoint();
22      printPoint(a, "입력 좌표");
23  }
```

```
C:\WINDOWS\system32\...   —   □   ×
좌표를 입력해주세요(x,y): 1 2
입력 좌표= (1,2)
```

코드 설명

9~14행 표준 입력에서 좌표를 받아 Point 객체를 생성해 반환하는 함수. 반환형에 유의할 것. 반환시 Point 객체의 복사가 이루어짐.

15～17행 Point 객체를 화면으로 출력하는 함수. 첫 번째 매개변수에 유의할 것. 인수를 매개변수로 복사하는 과정에 Point 객체의 복사가 이루어짐. 객체의 설명을 위해 str을 추가로 전달받는데, 디폴트 매개변수를 사용함.

21행 Point 객체를 읽어 들이는 함수를 호출해 반환된 객체를 a에 복사함. 이 과정에 대입 연산자가 사용됨.

22행 Point 객체 a를 화면에 출력하는 함수를 호출함.

이 프로그램에서 중요한 것은 22행에서 객체 a를 함수 printPoint()의 매개변수 p로 전달하는 과정과, 13행에서 객체 p를 호출한 위치인 21행으로 반환하는 과정에 객체의 복사가 일어난다는 것이다. 이러한 복사를 위해 대입 연산자가 사용되지 않았음에 유의하라. 이것은 21행에서 반환된 객체를 a로 복사할 때 대입 연산자가 사용된 것과 비교하면 차이가 확실하다. 어떻게 복사되었을까? 이것은 "복사 생성자"라 불리는 특별한 생성자에 의해 이루어진다.

■ 복사 생성자

복사 생성자(copy constructor)는 다음과 같이 특정한 매개변수를 갖는 생성자를 부르는 이름이다.

```
클래스명 ( const 클래스명 & 참조객체명 ) { ... }
```

매개변수의 자료형에 유의하라. 반드시 자신과 같은 클래스의 참조형이어야 한다. const는 있어도 되고 없어도 된다. Point와 Circle 클래스로 돌아가 보자. 각 클래스에 대한 복사 생성자는 다음과 같이 정의된다.

```
Point( const Point& p) : x(p.x), y(p.y) { }
Circle( const Circle& c) : center(c.center), radius(c.radius) { }
```

복사 생성자는 객체의 복사본을 만들기 위해 호출되는 생성자로, 다음의 세 가지 경우에 호출된다.

- **다른 객체로부터 새로운 객체를 생성할 때**: 예) Point p2(p1);
- **함수의 매개변수로 객체가 전달될 때**: 프로그램 7.9의 22행 → 15행
- **함수가 객체를 반환할 때**: 프로그램 7.9의 13행 → 21행

첫 번째 경우는 크게 중요하지 않다. 중요한 것은 두 번째와 세 번째 경우이다. 일단은 다행인 것은 개발자가 복사 생성자를 생략하면 컴파일러가 알아서 만들어 제공해 준다는 것이다. 이것은 대입 연산자(=)도 마찬가지이다. 따라서 많은 경우 복사 생성자를 특별히 신경 쓸 필요가 없다. 그렇지만 때로 이 생성자를 구현하지 않으면 심각한 문제가 발생하는 경우도 있다. 이것은 8장에서 공부할 "깊은 복사" 문제와 관련되어 있다.

저자는 특별한 경우가 아니면 컴파일러가 제공하는 복사 기능, 즉 디폴트 복사 생성자와 디폴트 대입 연산자를 이용하라고 권장한다. 이를 위해서는 함수 원형의 설계가 중요하며, 5장에서 공부한 "값에 의한 호출"과 "참조에 의한 호출"의 정확한 이해가 필요하다.

■ 디폴트 복사 방법: 얕은 복사

그렇다면 컴파일러는 어떻게 이러한 복사 기능을 제공할 수 있을까? 컴파일러가 내가 만든 클래스의 용도나 멤버 변수나 함수의 기능을 정확히 이해하고 있을까? 사실 컴파일러는 내 클래스가 무엇을 하는지를 전혀 모르고 관심도 없다. 그러나 클래스의 크기가 얼마인지는 안다. "객체의 복사"라는 측면에서 컴파일러가 할 수 있는 것은 객체가 차지한 메모리 영역을 그대로 다른 객체의 메모리로 복사하는 것이다. 컴파일러는 복사하는 값이 초기화된 값인지 쓰레기 값인지, 또는 자료형이 double인지 int인지 등을 전혀 생각하지 않는다. 단지 어떤 크기의 메모리 영역을 복사할 뿐이다. 그림 7.4와 같은 이러한 복사를 **"얕은 복사"**라고도 하는데, 디폴트 복사 생성자와 디폴트 대입 연산자가 이러한 방법으로 동작한다.

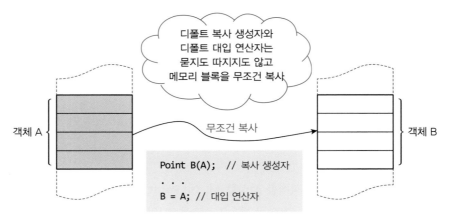

| 그림 7.4 무조건적인 복사(얕은 복사)

때로는 무조건적인 복사가 아니라 특별한 방법의 복사가 필요한 경우가 있다. 예를 들어, 객체 전체를 복사할 필요 없이 일부 멤버들만을 복사하면 되는 경우도 있다. 8장에서 공부 하겠지만, 어떤 클래스는 얕은 복사를 하면 절대 안 되는 경우도 있다. 이런 경우는 어떻게 처리해야 할까?

- 디폴트 복사 생성자가 적절하지 않으면 복사 생성자를 구현해주면 된다.
- 디폴트 대입 연산자가 적절하지 않으면 11장에서 공부할 연산자 중복(operator overloading)을 사용하여 대입 연산자를 함수로 구현할 수 있다.

이러한 방법에 대해서는 다음 장에서 다시 살펴볼 것이다.

7.7 함수의 설계와 객체의 복사

같은 기능의 함수라도 매개변수와 반환형을 다양한 방법으로 정의할 수 있고, 이에 따라 복사 생성자나 대입 연산자의 필요성이 달라진다. 다음과 같이 복소수 클래스 **Complex**가 정의되었을 때, 두 복소수를 더하는 add() 함수를 어떻게 설계할 수 있고, 각각의 차이가 무엇인지 알아보자.

```
struct Complex {
    double real, imag;      // 복소수의 실수부와 허수부
    Complex(double r=0, double i=0) : real(r), imag(i) { }
    ...
};
...
Complex a(1,2), b(3,4), c; // 복소수 객체들
```

복소수 객체 a와 b를 더해 c에 저장하려고 한다. 물론 계산 후 a와 b는 변경이 되면 안 될 것이다. 이를 위한 함수는 크게 절차지향적인 방법(일반 함수)과 객체지향적인 방법 (Complex의 멤버 함수)으로 구현할 수 있다.

두 복소수를
더하는 함수를
어떻게 만드는 것이
좋을까?

c = a + b;

```
Complex a, b, c;
add(a, b, c);
add(&a, &b, &c);
c=add(a, b);
c.add(a, b);
c=a.add(b);
...
```

| 그림 7.5 두 복소수를 더하는 다양한 방법

■ 일반 함수로 구현

덧셈을 위한 입력 a와 b는 반드시 매개변수로 전달되어야 할 것이다. 결과 반환을 위해 객체 c를 매개변수로 전달할 수도 있고, 함수가 결과를 직접 반환할 수도 있다.

먼저 c를 매개변수로 전달하는 방법을 생각해 보자. 값이 변경되지 않아야 하는 a와 b는 객체(Complex)나 포인터(Complex*)나 또는 참조자(Complex&) 중 어느 형태로 전달해도 상관 없다. 그러나 c는 반드시 Complex*나 Complex&로 전달해야 한다. 표 7.1은 다양한 함수 원형과 사용 방법을 보여주는데, 대입 연산자는 사용되지 않는다. 객체(Complex)로 전달하는 경우 복사 생성자가 호출되는 것에 유의하라. 두 번째나 네 번째 방법으로 구현하면 복사 생성자와 대입 연산자가 전혀 호출되지 않는다.

| 표 7.1 일반 함수로 add()를 구현하는 방법들(결과를 반환하지 않음)

함수 원형 설계	사용 방법	복사 생성자	대입 연산자
void add (*Complex*, *Complex*, **Complex***);	add (a, b, &c);	2	0
void add (Complex*, Complex*, **Complex***);	add (&a, &b, &c);	0	0
void add (*Complex*, *Complex*, **Complex&**);	add (a,b, c);	2	0
void add (Complex&, Complex&, **Complex&**);	add (a,b, c);	0	0

만약 add()가 결과를 반환하도록 하려면 방법은 표 7.2와 같다. 유의할 점은 반환하는 값의 자료형은 반드시 객체(Complex)가 되어야 한다는 것이다. 객체의 주소나 참조자를 함수에서 반환하기 위해서는 그 함수가 끝나도 소멸되지 않는 객체이어야만 한다. 이러한 함수를 사용하려면 또한 반드시 대입 연산자가 사용되어야 한다. 그리고 매개변수와 반환형에 있는 Complex의 수 만큼의 복사 생성자가 호출된다.

| 표 7.2 일반 함수로 add()를 구현하는 방법들(결과 반환)

함수 원형 설계 (일반 함수)	사용 방법	복사 생성자	대입 연산자
Complex add (*Complex*, *Complex*);	c = add(a,b);	3	1
Complex add (Complex*, Complex*);	c = add(&a,&b);	1	1
Complex add (Complex&, Complex&);	c = add(a,b);	1	1

어떤 방법이 가장 좋을까? 취향의 차이지만, 저자는 가능하면 복사 생성자와 대입 연산자를 사용하지 않는 방법을 추천한다. 특히 최근에는 코드의 복잡도를 줄이기 위해 포인터보다는 참조자가 더 인기가 있는 것 같다. 따라서 표 7.1의 네 번째 방법이 가장 마음에 든다. 이것을 구현한 코드는 다음과 같다.

```
void add( Complex& a, Complex& b, Complex& c ) {
    c.real = a.real + b.real;
    c.imag = a.imag + b.imag;
}
```

■ 멤버 함수로 구현

Complex의 멤버 함수로도 구현할 수 있다. 멤버 함수도 마찬가지로 값을 반환하도록 설계할 수도 있고 그렇지 않도록 할 수도 있다. 먼저 반환하지 않는다면 표 7.3과 같은 방법이 있다. 이들을 사용하는 방법은 동일하지만 첫 번째 방법에서는 매개변수의 전달 과정에 복사 생성자가 호출된다. 물론 포인터를 전달할 수도 있지만 특별한 장점은 없으므로 제외한다.

| 표 7.3 멤버 함수로 add()를 구현하는 방법들(결과를 반환하지 않음)

함수 원형 설계 (Complex 클래스의 멤버 함수)	사용 방법	복사 생성자	대입 연산자
void add (*Complex*, *Complex*);	c.add(a,b);	2	0
void add (Complex&, Complex&);	c.add(a,b);	0	0

마지막으로 복소수 객체를 반환하고자 한다면 표 7.4와 같은 방법이 있다. 모든 함수 호출에서 복사 생성자가 호출되고, 대입 연산자도 사용된다. 특히 세 번째 방법은 11장에서 공부할 연산자 중복정의 기법을 사용하였다.

| 표 7.4 멤버 함수로 add()를 구현하는 방법들(결과 반환)

함수 원형 설계 (Complex 클래스의 멤버 함수)	사용 방법	복사 생성자	대입 연산자
Complex add (*Complex*);	c = a.add(b);	2	**1**
Complex add (*Complex&*);	c = a.add(b);	1	**1**
Complex operator + (*Complex&*);	c = a + b;	1	**1**

복소수를 더하기 위해 이렇게 다양한 방법이 가능한 것을 보고 약간 놀랐을 수도 있다. 멤버 함수로 구현할 때에는 어떤 방법이 가장 좋을까? 사용 방법 측면에서는 연산자 중복을 사용한 마지막 방법이 가장 멋있어 보인다. 다른 방법들 중에서 저자는 표 7.3의 두 번째 방법을 선호한다. 이유는? 예상하겠지만 복사 생성자와 대입 연산자가 사용되지 않았기 때문이다. 이 방법을 클래스 안에서 인라인 함수로 구현한다면 다음 코드와 같다.

```
void add( Complex& a, Complex& b ) {
    real = a.real + b.real;
    imag = a.imag + b.imag;
}
```

■ 객체의 복사와 함수 설계에 대한 제안

복사 생성자와 대입 연산자는 모두 개발자가 구현하지 않으면 컴파일러가 제공해 준다. 따라서 앞의 Complex와 같은 대부분의 클래스에서는 이것을 사용하면 된다. 그러나 때로는 이러한 디폴트 복사 함수를 사용하면 문제가 생기는 경우가 있다. 따라서 다소 다른 의견들이 있을 수 있지만 저자는 함수의 설계에 대해 다음을 강조하고자 한다.

- 가능한 한 복사 생성자의 호출을 피하는 방법으로 구현하는 것이 안전하다. 예를 들어, c.add(a,b);가 c = a.add(b);보다 유리하고 안전하다.
- 매개변수로 객체(*Complex*)를 보내는 것 보다는 참조자(*Complex&*)가 유리하다. 그리고 전달된 객체를 수정하지 못하도록 상수형(*const Complex&*)으로 선언하는 것이 가장 좋다.
- 11장에서 공부할 연산자 중복을 이용하면 두 객체를 더하기 위해 c = a + b;와 같은 문장을 사용할 수도 있다. 그러나 이를 위해서는 객체의 반환이 필요하다. 이와

같은 방법은 제한적으로 사용하는 것이 바람직하며, 함수는 가능하면 단순하고 안전하게 구현하는 것이 좋다.

- 복사 생성자가 필요한 경우에도 대부분은 디폴트 복사 생성자를 사용하면 된다. 그러나 "깊은 복사"가 필요한 경우는 디폴트 복사 생성자를 사용할 수 없으며 개발자가 구현해 주어야 한다. 이것은 다음 장에서 다룬다.

7.8 응용: MonsterWorld

무작위 행보 또는 **랜덤 워크(random walk)**는 수학, 컴퓨터 과학, 물리학 분야에서 임의 방향으로 향하는 연속적인 걸음을 나타내는 수학적 개념이다. 대표적인 예로는 브라운 운동이 있는데, 현실에서는 도박의 승률이나 주가의 변동을 예측하거나 동물의 이동 경로를 연구하는 등의 다양한 분야에서 사용되고 있다. 게임에서는 보통 괴물들이 무작위로 움직이면서 주인공을 괴롭힌다.

여러 마리의 몬스터가 세상에 등장해 무작위로 움직이며 아이템을 먹는 **몬스터 월드 (MonsterWorld)** 프로그램을 만들어보자. 조건은 다음과 같다.

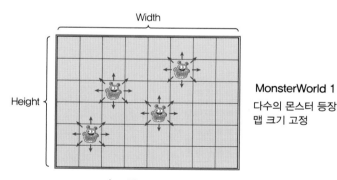

| 그림 7.6　MonsterWorld 1

- 몬스터가 사는 세상, 또는 맵(map)은 `Width` × `Height` 개의 칸으로 이루어진 이차원 배열로 주어지고, 각 방에는 아이템이 하나씩 들어 있다.
- 다수의 몬스터가 맵 내부의 무작위 위치에서 만들어진다.
- 몬스터는 인접한 8방향으로 무작위로 움직인다. 이때 하나의 방향을 선택할 확률은

동일하다. 움직이려는 방향이 맵의 외부이면 움직이지 않는다.
- 몬스터가 이동한 칸에 아이템이 있으면 그 몬스터가 아이템을 먹는다. 이제 그 칸에는 더 이상 아이템이 없다.
- 각 몬스터별로 먹은 아이템의 수를 저장하고 출력한다.
- 각 몬스터는 각기 다른 모양을 갖도록 하여 화면에 출력할 때 다른 몬스터와 구별이 되도록 한다.
- 몬스터가 움직일 때 마다 전체 이동 횟수와 현재 이차원 맵을 출력한다.
- 모든 칸의 아이템이 없어지거나 몬스터의 이동 횟수가 최대 한도가 되면 프로그램은 종료된다.

이 프로그램은 게임은 아니지만 여러 게임들의 기본 동작들을 이해할 수 있다. 지금까지 공부한 여러 가지 C++의 기능들을 적극적으로 사용해서 구현해 보자.

■ 게임 화면 설계

전체 프로그램의 출력 화면을 먼저 설계하고 클래스를 설계하자. 그림 7.7은 전체 게임 화면으로 몬스터 세상을 보여주는 맵 출력부와 현재 진행되고 있는 통계 자료를 보여주는 상태 출력부으로 나눠진다.

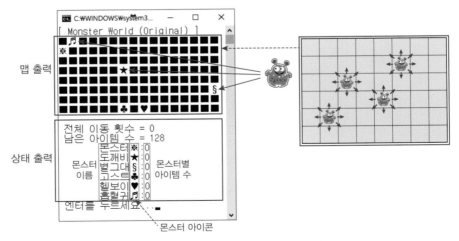

| 그림 7.7 MonsterWorld의 화면 설계

- 몬스터가 움직일 때마다 화면을 지우고 맵과 상태를 순서대로 다시 출력한다.
- **맵 출력부**의 각 칸에는 3가지의 상태가 있다. 아이템이 있는 경우와 없는 경우, 그리고 그 칸에 몬스터가 있는 경우이다. 몬스터가 있으면 무조건 몬스터의 아이콘이 출력되어야 한다. 몬스터는 "※", "★", "§" 등과 같은 문자열(2바이트 문자)로 표시되는 아이콘을 갖는다. 몬스터가 없는 자리의 경우는 아이콘 유무에 따른 문자를 출력한다. 가시성을 높이기 위해 하나의 칸에 일반적인 1바이트 아스키 코드가 아니라 2바이트 문자, 즉 문자열을 사용하는 것에 유의하라.
- **상태 출력부**에서는 전체 게임 통계 자료와 각 몬스터의 이름과 아이콘, 그리고 먹은 아이템 수를 출력한다.

■ 클래스 설계 및 구현

이제 클래스를 설계해 보자. 어떤 문제를 해결하기 위해 클래스의 설계는 매우 어렵고, 많은 경험이 필요하다. 클래스들은 가급적 독립적인 모듈로 동작되도록 설계를 하는 것이 중요하다. 클래스 구조를 잘못 설계해 나중에 코드를 다시 모두 바꾸는 경우도 흔히 발생한다. 따라서 일단은 이 책의 흐름을 따라 필요한 클래스들을 정의해 보자.

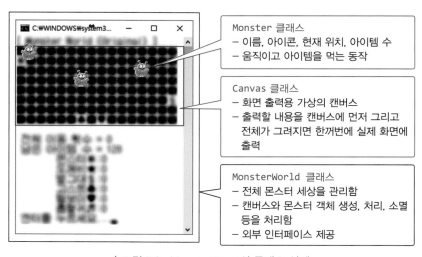

| 그림 7.8 MonsterWorld의 클래스 설계

그림 7.8은 게임 화면을 바탕으로 구현할 클래스들을 나누고 있다. 먼저 몬스터를 위한 클래스(Monster)가 있어야 할 것이다. 그리고 전체 게임을 관리하는 클래스(MonsterWorld)도 있어야 한다. 문제는 화면 처리를 어떻게 할 것인가이다. 상태 출력부는 일반적인 표준 출력을 이용하면 되겠지만, 2차원 맵에서 몬스터가 돌아다닐 수 있는 맵 영역을 화면에 출력하기 위해서는 고민이 필요하다.

Canvas 클래스

게임 구현을 위해 윈도우 프로그래밍을 이용한다면 화면의 임의의 위치에 아이콘을 그리고 문자열들을 출력하는 것이 어렵지 않다. 그러나 cout이나 printf()를 이용해 화면에 출력하는 콘솔 응용 프로그램에서는 화면의 임의의 위치에 어떤 문자를 출력하는 것이 용이하지 않다. 그렇다면 어떻게 할까? 여러 가지 방법이 있겠지만, 여기서는 **캔버스(canvas)**의 개념을 사용한다. 캔버스는 가상의 화면으로 다음과 같이 동작하도록 한다.

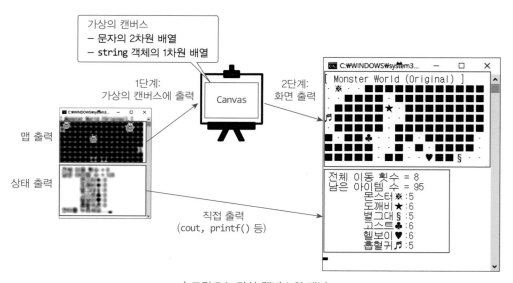

| 그림 7.9 가상 캔버스의 개념

- 먼저 맵 출력을 위한 가상 화면인 캔버스 클래스 Canvas를 만든다. Canvas의 각 화소들을 위해 char형 2차원 배열(char map[H][W])을 사용하거나, 각 줄을 나타내는 string의 1차원 배열(string line[H])로 구현할 수 있다.
- **1단계**: 맵 출력부의 임의의 위치에 어떤 문자를 출력하고 싶으면 직접 출력하지 않고 캔버스의 해당 위치에 저장한다. 화면의 임의의 위치에 출력하는 것은 어렵지만, 가상의 캔버스의 임의의 위치에 저장하는 것은 쉽다.
- **2단계**: 모든 그림이 캔버스에 그려지면 캔버스의 내용을 전체를 모니터에 한꺼번에 출력한다. "임의의 위치"가 아니라 "순서대로" 출력하므로 cout이나 printf()를 이용해 간단히 출력할 수 있다.

이러한 가상의 캔버스 클래스 Canvas는 다음과 같은 속성들을 가진다.

- **가로 세로 크기(xMax, yMax)**: 생성자의 매개변수로 받아 설정한다.
- **화소 데이터(line)**: string 배열을 사용한다. 배열의 각 항목(string 객체)이 화면의 한 줄에 해당한다.

Canvas에서 필요한 멤버 함수들은 다음과 같다.

- **생성자와 소멸자**: 생성자는 캔버스의 크기를 받아 설정한다. 소멸자는 반드시 있어야 할 필요는 없으므로 생략한다.
- **draw(*int x, int y, string val*)**: 캔버스의 임의의 위치 (*x, y*)에 있는 화소 값을 *val*로 변경하는 함수이다. 좌표가 캔버스 내부인지를 확인해야 한다.
- **clear(*string val*)**: 캔버스의 모든 화소 값을 *val*로 변경하는 함수이다. 캔버스를 지우고 다시 그리기 위해 사용된다.
- **print()**: 현재의 캔버스를 모니터에 한꺼번에 출력하는 함수이다. 먼저 화면을 system("cls");를 사용해 지운 다음 캔버스의 모든 줄을 출력한다.

프로그램 7.10   Canvas 클래스(Canvas.h)

```cpp
01  #pragma once
02  #include <iostream>
03  #include <string>
04  #define MAXLINES 100
05  using namespace std;
06
07  class Canvas {
08      string line[MAXLINES];    // 화면 출력을 위한 문자열
09      int xMax, yMax;           // 맵의 크기
10  public:
11      Canvas(int nx = 10, int ny = 10) : xMax(nx), yMax(ny) {
12          for (int y = 0; y < yMax; y++)
13              line[y] = string(xMax * 2, ' ');
14      }
15      void draw(int x, int y, string val) {
16          if (x>=0 && y>=0 && x<xMax && y<yMax)
17              line[y].replace(x * 2, 2, val);
18      }
19      void clear(string val = ". ") {     // 디폴트 매개변수: 점과 공백문자 하나씩
20          for (int y = 0; y < yMax; y++)
21              for (int x = 0; x < xMax; x++)
22                  draw(x, y, val);
23      }
24      void print(char *title = "<My Canvas>") {
25          system("cls");
26          cout << title << endl;
27          for (int y = 0; y < yMax; y++)
28              cout << line[y] << endl;
29          cout << endl;
30      }
31  };
```

코드 설명

4행 캔버스의 최대 높이(라인 수)를 100으로 설정.

7행 Canvas 클래스 선언

11행 생성자. 디폴트 매개변수와 멤버 초기화 리스트를 사용.

13행　각 라인에 대한 string 객체 초기화. string 생성자를 이용해 무명 객체를 만든 후 대입 연산자를 이용해 line[y]에 복사함. 문자열의 길이를 xMax가 아니라 xMax*2로 초기화 하는 것에 유의할 것. 각 칸의 표현을 위해 2바이트 문자를 사용함.

15~18행　가상 화면의 임의의 위치(x,y)에 val를 복사하는 함수. string 클래스의 replace() 함수를 사용함. 인덱스 계산 방법에 유의할 것. 캔버스의 모든 화소는 2byte로 저장됨. 좌표가 캔버스 외부인 경우 출력 않음.

19~23행　캔버스의 모든 화소를 동일한 val로 저장하는 함수.

24~30행　현재의 캔버스를 모니터에 출력하는 함수. 화면을 지우고, 제목을 출력한 후 string 배열을 순서대로 출력함.

Monster 클래스

각각의 몬스터들은 다음과 같은 속성이 있어야 할 것이다.

- **이름(name), 아이콘(icon)**: 몬스터의 이름과 화면으로 출력될 아이콘
- **현재 위치(x,y)**: 맵에서 몬스터의 위치를 저장한다. 몬스터가 움직일 때마다 위치가 갱신되어야 한다.
- **아이템의 수(nItem)**: 몬스터가 먹은 아이템의 개수를 저장한다.

몬스터의 동작에는 어떤 것들이 있을까?

- **생성자와 소멸자**: 생성자는 몬스터의 이름과 아이콘, 생성 위치를 매개변수로 받아 설정한다. 소멸자에서는 몬스터가 사라진다는 메시지만 출력한다.
- **move(int map[DIM][DIM], int maxx, int maxy)**: 몬스터는 움직일 수 있어야 한다. 무작위 이동에는 난수를 사용하여 인접한 8칸 중의 하나로 움직인다. 이동 후에는 clip()과 eat() 함수를 호출해 나머지 처리를 완료한다.
- **clip(int maxx, int maxy)**: 무작위 이동하면 몬스터의 위치가 맵의 외부가 될 수 있다. 따라서 이것을 검사해 몬스터가 맵 밖으로 나가지 않도록 한다.
- **eat(int map[DIM][DIM])**: 이동한 칸에 아이템이 있으면 이것을 먹어야 한다. 아이템을 먹으면 속성인 nItem이 1 증가한다.
- **draw(Canvas &canvas)**: 몬스터를 캔버스에 출력한다. 이것은 몬스터의 아이콘을 캔버스의 몬스터 위치에 그리는 것이다.
- **print()**: 현재 몬스터의 정보를 화면에 출력한다. 그림 7.7의 "상태 출력" 부분에 몬스터 이름, 아이콘과 먹은 아이템의 수를 출력한다.

프로그램 7.11   Monster 클래스(Monster.h)

```cpp
01  #pragma once
02  #include "Canvas.h"
03  #define DIM 40
04
05  class Monster {
06      string name, icon;      // 몬스터 이름과 화면 출력용 아이콘
07      int x, y, nItem;        // 현재 위치와 먹은 아이템 수
08
09      void clip(int maxx, int maxy) {
10          if (x < 0) x = 0;
11          if (x >= maxx) x = maxx - 1;
12          if (y < 0) y = 0;
13          if (y >= maxy) y = maxy - 1;
14      }
15      void eat(int map[DIM][DIM]) {
16          if (map[y][x] == 1) {
17              map[y][x] = 0;
18              nItem++;
19          }
20      }
21  public:
22      Monster(string n = "나괴물", string i = "※", int px = 0, int py = 0)
23          : name(n), icon(i), x(px), y(py), nItem(0) {}
24      ~Monster() { cout << "\t" << name << icon << " 물러갑니다~~\n"; }
25
26      void draw(Canvas &canvas) { canvas.draw(x, y, icon); }
27      void move(int map[DIM][DIM], int maxx, int maxy) {
28          switch (rand() % 8) {
29              case 0: y--; break;
30              case 1: x++; y--; break;
31              case 2: x++; break;
32              case 3: x++; y++; break;
33              case 4: y++; break;
34              case 5: x--; y++; break;
35              case 6: x--; break;
36              case 7: x--; y--; break;
37          }
```

```
38          clip(maxx, maxy);
39          eat(map);
40      }
41      void print() { cout << "\t" << name << icon << ":" << nItem <<endl; }
42  };
```

코드 설명

9~14행 현재 위치가 맵의 외부이면 안쪽으로 다시 옮기는 함수.

15~20행 맵의 현재 위치에 아이템이 남아 있으면 아이템을 먹고 맵의 내용과 먹은 아이템 수를 갱신함.

22~23행 몬스터의 생성자. 멤버 초기화 리스트를 사용함. 디폴트 매개변수를 이용해 매개변수가 없으면 몬스터의 위치는 (0,0)이 되고 이름은 "나괴물", 아이콘은 "※"이 됨.

24행 몬스터의 소멸자. 이름과 아이콘, 그리고 사라진다는 메시지를 출력함.

26행 몬스터를 캔버스에 그리는 함수. 캔버스의 draw() 함수를 호출함.

27~40행 몬스터를 무작위로 이동시키는 함수. 난수를 발생하여 다음 위치를 결정하고, 새로운 위치가 결정되면 clip()과 eat()을 호출하여 위치를 맵의 내부로 옮기고 아이템이 남아있으면 먹음.

41행 몬스터의 정보를 화면에 출력하는 함수.

MonsterWorld 클래스

전체 게임을 위한 클래스이다. 다음과 같은 속성이 있어야 한다.

- **map[][], xMax, yMax**: 2차원 배열로 선언한 몬스터 맵과 맵의 크기이다. 맵은 일단 충분히 큰 2차원 배열(100×100)로 선언하고 그 중 일부분(**xMax × yMax**)만을 사용한다. 동적 할당을 사용하면 더 효율적으로 구현할 수 있는데, 이것은 다음 장에서 공부한다.
- **monster[], nMonsters**: 몬스터를 저장할 배열과 현재 몬스터의 수를 저장한다.
- **nMove**: 전체 이동 횟수. play()에서 한번 반복될 때 마다 이 값을 증가한다.
- **canvas**: 몬스터 세상을 출력할 캔버스 객체이다.

전체 게임을 위한 동작들은 어떤 것이 있을까?

- **생성자와 소멸자**: 생성자는 캔버스를 포함한 여러 속성들을 초기화한다. 특히 최초

에는 맵의 모든 칸에 하나씩의 아이템을 둔다. 소멸자에서는 프로그램이 종료된다는 메시지만 출력한다.

- **add(*Monster& m*)**: 몬스터 세상에 새로운 몬스터를 추가하는 함수이다.
- **countItems()**: 몬스터 맵에 아직 남아 있는 아이템의 수를 반환한다.
- **isDone()**: 맵에 남은 아이템 수가 0이면 게임이 종료된 것을 나타낸다.
- **print()**: 현재의 몬스터 세상을 화면에 출력한다. 다음의 과정이 필요하다.
  - 캔버스를 지우고 현재의 맵 상태를 그린다.
  - 캔버스에 모든 몬스터의 아이콘을 그린다.
  - 현재 캔버스 내용을 모두 화면으로 출력한다(맵 출력부).
  - 현재의 상태와 각 몬스터별 아이템 수를 출력한다(상태 출력부).
- **play()**: 전체 게임 진행 함수이다. 초기 맵을 화면에 출력하고, 엔터를 누르면 종료 상황이 되기 전까지 각 몬스터를 이동하고, 화면을 갱신하는 과정을 반복한다. 최대 허용 이동횟수, 그리고 화면이 너무 빨리 움직이는 것을 방지하기 위해 Sleep() 함수에 넣을 지연 시간을 매개변수로 받는다.

정보 은닉을 위해 생성자와 소멸자, add(), play()를 제외한 나머지 모든 멤버들은 private로 선언한다.

프로그램 7.12 MonsterWorld 클래스(MonsterWorld.h)

```
01  #pragma once
02  #include "Canvas.h"
03  #include "Monster.h"
04  #include <windows.h>
05  #define DIM 40
06  #define MAXMONS 20
07
08  class MonsterWorld {
09      int map[DIM][DIM];
10      int xMax, yMax, nMon, nMove;
11      Monster mon[MAXMONS];
12      Canvas canvas;
13
```

```cpp
14      int& Map(int x, int y) { return map[y][x]; }
15      bool isDone() { return countItems() == 0; }
16      int countItems() {
17          int nItems = 0;
18          for (int y = 0; y < yMax; y++)
19          for (int x = 0; x < xMax; x++)
20              if (Map(x, y) > 0) nItems++;
21          return nItems;
22      }
23      void print() {
24          canvas.clear();
25          for (int y = 0; y < yMax; y++)
26          for (int x = 0; x < xMax; x++)
27              if (Map(x, y) > 0) canvas.draw(x, y, "■");
28          for (int i = 0; i < nMon ; i++)
29              mon[i].draw(canvas);
30          canvas.print("[ Monster World (Basic) ]");
31
32          cerr << " 전체 이동 횟수 = " << nMove << endl;
33          cerr << " 남은 아이템 수 = " << countItems() << endl;
34          for (int i = 0; i < nMon; i++)
35              mon[i].print();
36      }
37  public:
38      MonsterWorld(int w, int h) : canvas(w, h), xMax(w), yMax(h) {
39          nMon = 0;
40          nMove = 0;
41          for (int y = 0; y < yMax; y++)
42          for (int x = 0; x < xMax; x++) Map(x, y) = 1;
43      }
44      ~MonsterWorld() { }
45      void add( Monster m) {
46          if (nMon < MAXMONS) mon[nMon++] = m;
47      }
48      void play(int maxwalk, int wait) {
49          print();
50          cerr << " 엔터를 누르세요...";
51          getchar();
```

```
52          for (int i = 0; i < maxwalk; i++) {
53              for (int k = 0; k < nMon ; k++)
54                  mon[k].move(map, xMax, yMax);
55              nMove++;
56              print();
57              if (isDone()) break;
58              Sleep(wait);
59          }
60      }
61  };
```

코드 설명

9행 몬스터 맵은 충분한 크기의 2차원 배열로 선언함. 실제로는 배열의 일부분만을 사용함.

11행 몬스터 객체 배열도 충분한 크기로 선언함.

14행 몬스터 맵의 항목을 접근하기 위한 함수. 참조자를 반환하는 것에 유의할 것. map[y][x]는 이제 Map(x,y)와 정확히 동일함. x와 y의 위치를 바꾼 것에 유의할 것.

16~22행 몬스터 맵에 남아 있는 아이템의 수를 반환하는 함수.

23~36행 현재 상태를 화면에 출력하는 함수. 캔버스를 초기화하고, 아이템이 있는 위치에 "■"를 그리고, 몬스터 위치마다 해당 아이콘을 그린 후 30행에서 캔버스를 화면에 출력함. 나머지 문장들은 상태 출력부 내용을 출력함.

38~43행 MonsterWorld 생성자. 디폴트 매개변수와 멤버 초기화 리스트를 사용함. 특히 canvas 멤버의 생성자를 선택하여 호출하는 것에 유의할 것. 처음에는 맵의 모든 칸에 아이템을 놓음.

44행 MonsterWorld 소멸자.

45~47행 세상에 몬스터를 추가하는 함수. 디폴트 대입 연산자에 의해 m이 몬스터 배열에 복사됨.

48~60행 게임의 주 함수. 이동의 최대 허용 한도와 반복시 지연 시간을 매개변수로 받음. 엔터를 누르면 게임이 종료될 때 까지 몬스터들을 이동시키고, 화면으로 출력하고, 종료 조건을 검사하는 과정을 반복함.

이 클래스들을 클래스 다이어그램으로 나타내면 그림 7.10과 같다.

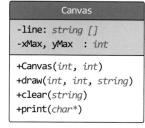

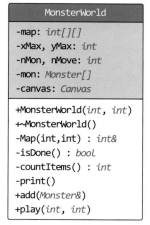

| 그림 7.10 MonsterWorld 클래스 다이어그램

main() 함수

클래스가 모두 완성되면 **main()** 함수는 매우 간단하게 구현한다. 몬스터 세상 객체를 만들고, 각각의 몬스터를 만들어 추가한 후 실행하면 된다.

프로그램 7.13   몬스터 월드 메인 함수(MonsterWorldGame.cpp)

```
01  #include "MonsterWorld.h"
02  #include <time.h>
03  void main()
04  {
05      srand((unsigned int)time(NULL));
06      int w = 16, h = 8;
07
08      MonsterWorld game(w, h);
09      Monster m("몬스터", "※", rand() % w, rand() % h);
10      game.add(m);
11      game.add(Monster("도깨비", "§", rand() % w, rand() % h));
12      game.add(Monster("별그대", "★", rand() % w, rand() % h));
13      game.add(Monster("고스트", "♥", rand() % w, rand() % h));
14      game.play(500, 10);
15      printf("------게임 종료------------------\n");
16  }
```

코드 설명

8행 몬스터 세상 객체 생성. 맵의 크기(16x8)를 인수로 전달함.

9~10행 하나의 몬스터 객체를 세상에 추가하는 코드. 객체를 만들고, 이를 추가함. 이 문장은 11~13행과 같이 한 줄로 처리할 수도 있음. 11행의 밑줄 친 부분은 이름이 없이 생성자를 이용해 객체를 만들어 함수로 전달하였음. 이와 같이 이름이 없이 사용된 객체를 무명 객체라 함.

14행 몬스터 객체들의 추가가 끝나면 게임 시작. 최대 500번 반복하고, 각 반복마다 10msec 기다리도록 함.

그림 7.11은 프로그램 실행 결과를 나타낸다. 16×8의 몬스터 세상을 만들어 4개의 몬스터를 풀어놓았고, 이들이 각각 무작위로 움직이면서 아이템을 먹어치운다.

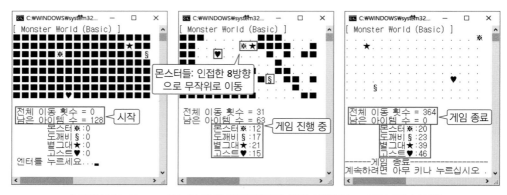

| 그림 7.11 MonsterWorld 게임 화면들(게임 시작, 진행 중, 그리고 종료 상황)

■ 고찰

몬스터 세상을 구현하였다. 클래스가 3개나 되고, 캔버스 등 새로운 개념을 사용하여 상당히 어려워 보인다. 이제 본격적으로 클래스에 익숙해져야 한다. 그렇지 않으면 객체지향 언어를 공부한 의미가 없어진다. 중요한 순간이다.

(1) 클래스의 멤버 함수들은 모두 inline으로 구현되었고, 앞에서 공부한 다음 내용들이 활용되었다.
- 클래스 설계 및 구현. public, private 접근 권한
- 생성자와 소멸자. 디폴트 매개변수와 멤버 초기화 리스트
- 참조형 매개변수와 참조자 반환 함수

• 무명 몬스터 객체의 생성과 디폴트 대입 연산자를 이용한 객체 복사

(2) 이 프로그램은 게임은 아니다. 엔터만 치면 몬스터들이 알아서 하기 때문이다. 이 프로그램은 다음 장들에서 조금씩 실제 게임에 가깝게 변경될 것이다. 객체지향의 기능들을 설명하기 위해 계속 업그레이드 된다.

(3) 이 프로그램을 더 개선할 수 있는 방향은 다음과 같다.

• 현재 구현에서도 맵의 크기를 변경할 수 있지만, 기본적으로 큰 2차원 배열을 사용하여 약간은 변칙적으로 구현되었다. 동적 할당을 사용하면 정상적인 방법으로 임의의 크기의 맵을 생성하고 사용할 수 있을 것이다. 8장에서 동적 할당을 공부한다.

• 몬스터가 한 종류뿐이다. 세상에는 다양한 몬스터가 있으므로 이것을 반영한 프로그램의 개발하면 좋을 것이다. 9장의 상속에서 다양한 종류의 몬스터 클래스를 만들게 될 것이다. 물론 상속을 사용한다.

• 사실 게임이 되려면 사용자가 움직일 수 있는 기능이 추가되어야 한다. 사람과 몬스터가 같이 돌아다니고 아이템을 먹는 형태가 되면 더 게임에 가깝다고 볼 수 있다. 10장에서 이러한 방법들을 고민해 본다.

• 게임처럼 된다면 당연히 랭킹도 필요하다. 랭킹 파일을 읽으려는데 파일이 없거나 저장하려는데 저장이 안 되는 예외 상황이 발생할 수 있다. 12장에서 예외 상황의 처리를 생각해 본다.

• 13장과 14장에서는 템플릿을 공부하고, 표준 템플릿 라이브러리를 이 프로그램에서 사용할 수 있는 방법을 알아본다.

이 장에는 몬스터 월드 프로그램이 제시되었습니다. 엄밀히 말하면 게임이 아닌데, 이 프로그램을 선택한 이유가 무엇입니까?

저자는 대학시절에 친구와 "보글보글(bubble bubble)"이란 게임에 심취해 있었던 적이 있습니다. 많은 게임들이 어떤 제한된 공간이 주어지고, 주인공 캐릭터가 도처에 도사리고 있는 괴물들을 피해 다니면서 아이템을 먹거나 서로 싸우는 이야기를 갖습니다. 몬스터 월드는 이러한 게임들을 구현하는 방법에 대한 기본적인 아이디어를 제공합니다. 따라서 이 프로그램을 잘 이해한다면 유사한 게임에 대한 이야기를 만들고 구현할 수도 있을 것입니다.

이 프로그램에서는 클래스를 어떻게 설계하고, 객체를 생성하며, 맵을 어떻게 구현하고 화면으로 출력하는 방법은 어떤 것이 있는지 등 다양한 부분을 고민해야 합니다. 특히 이 책이 끝날 때까지 각 장에서 몬스터 월드는 계속 업그레이드 됩니다. 객체지향의 중요한 개념들을 공부하면서 몬스터 월드에 어떻게 반영되는지를 알아볼 예정입니다. 즉, C++의 중요 개념들을 몬스터 월드의 각 상황과 연관시키려고 합니다. 이것이 복잡한 C++ 문법을 활용하고 문제 해결 능력을 기르는데 위해 훨씬 좋은 방법이라 생각합니다.

요약

1 (   )는 객체의 초기화를 위한 멤버 함수로 데이터 멤버를 초기화하는 용도로 사용된다. (   )는 객체
　가 소멸될 때마다 자동으로 호출되는데, 객체 소멸과 관련된 여러 가지 처리를 추가할 수 있다.

2 생성자는 함수의 이름이 (   )와 동일하며 (   )이 없다. 생성자는 (   )를 사용할 수 있는데, 객체가
　생성될 때 오직 한 번만 호출된다.

3 생성자는 일반 멤버 함수와 같이 클래스 내의 멤버 변수와 함수들을 마음대로 사용할 수 있으며, (   )과
　(   )도 당연히 지원한다.

4 멤버 초기화 리스트는 생성자 (   ) 사이에 ':'를 넣고 클래스의 멤버 변수와 매개변수를 (   )의 형태로
　나열하는 것으로, 중요한 용도로는 상수나 참조자 멤버의 초기화, (   ) 멤버의 초기화, 그리고 상속 관계
　에서 (   )하기 위해 사용된다.

5 객체가 소멸될 때에는 반드시 소멸자가 호출되는데, 생성자와 달리 소멸자는 한 가지 뿐으로 (   )이 불
　가능하다. 객체 내부에 (   )가 있는 경우에는 소멸자에 신중해야 하지만 많은 경우 생략해도 된다.

6 생성자가 하나도 정의되어 있지 않으면 컴파일러가 자동으로 (   )를 제공하고, 개발자가 소멸자를 생략
　하면 디폴트 소멸자를 제공한다. 이들은 모두 "아무런 일을 하지 않는 일"을 한다.

7 객체의 생성과 소멸 과정에는 반드시 생성자와 소멸자가 호출되기 때문에 생성자나 소멸자가 구현된 클래
　스의 (   )가 있다면 main()에 아무런 코드가 없는데 원하는 일을 하는 프로그램을 만들 수 있다.

8 복사 생성자는 객체의 복사본을 만들기 위해 호출되는 생성자로, 다른 객체로부터 새로운 객체를 생성할
　때, 함수의 (   )될 때, 그리고 함수가 (   )할 때 호출된다.

9 기본 생성자, 소멸자와 마찬가지로 개발자가 (   )와 (   )를 생략하면 컴파일러가 알아서 만들어 제공
　해 준다. 이 경우 컴파일러는 객체가 차지한 메모리 영역을 그대로 다른 객체의 메모리로 복사하는데, 이것
　을 (   )라고도 한다.

10 (   )는 수학, 컴퓨터 과학, 물리학 분야에서 임의 방향으로 향하는 연속적인 걸음을 나타내는 수학적 개
　념으로, 몬스터 세상 프로그램에서 괴물들이 무작위 방향으로 움직이는데 사용되었다.

11 콘솔 응용 프로그램에서는 화면의 임의의 위치에 문자를 출력하는 것이 용이하지 않기 때문에 몬스터 월
　드에서는 (   )라는 가상 화면을 사용하였다. 화면의 어떤 위치에 어떤 문자를 출력하고 싶으면 (   )의
　해당 위치에 먼저 문자를 저장하고, 모든 그림이 완성되면 이것을 실제 모니터에 출력한다.

정답

1. 생성자, 소멸자 2. 클래스, 반환형, 멤버 초기화 리스트 3. 함수 중복, 디폴트 매개변수 4. 함수 헤더와 함
수 몸체, 멤버(매개변수), 다른 클래스의 객체, 부모 클래스의 생성자를 호출 5. 함수 중복, 동적으로 할당된 멤
버 6. 기본 생성자 7. 전역 객체 8. 매개변수로 객체가 전달, 객체를 반환 9. 복사 생성자, 대입 연산자(=), 얕
은 복사 10. 랜덤 워크(random walk) 11. 캔버스, 캔버스

| 연습문제 |

1. 다음 중 잘못된 설명을 모두 골라라.

① 생성자명은 클래스 이름과 동일하다.

② 생성자는 여러 개 만들 수 있다.

③ 객체가 소멸될 때 생성자가 호출되지 않을 수도 있다.

④ 소멸자는 매개변수를 지정할 수 없고 오직 하나만 만들 수 있다.

⑤ 멤버 초기화 리스트는 소멸자에서도 사용할 수 있다.

⑥ 생성자와 소멸자는 항상 개발자가 정의해주어야 한다.

⑦ 생성자에 함수 중복과 디폴트 매개변수를 사용할 수 있다.

⑧ 기본 복사 생성자와 기본 대입 연산자도 컴파일러가 제공한다.

⑨ main() 함수에 코드가 없는 프로그램은 아무것도 실행되지 않는다.

⑩ 어떤 클래스에 포함된 다른 클래스의 객체는 생성자가 호출되지 않는다.

2. 다음 프로그램에서 모든 오류를 찾고, 그 이유를 설명하라.

(1)
```cpp
class Cat {
    int age, weight;
    const int avgLifeExp;
public:
    Cat() { avgLifeExp = 10; }
};
```

(2)
```cpp
class Mp3Player {
    int volume;
public:
    Mp3Player() { volume = 10; }
    Mp3Player(int v=0): volume(v) { }
    ~Mp3Player() { }
    int getVolume(){ return volume; }
};
```

(3)
```cpp
class Cat {
    int age, weight;
    int& species;
public:
    Cat(int sp) { species = sp; }
};
```

3. 생성자와 소멸자가 일반 멤버 함수와 다른 점을 자세히 설명하라.

4. 다음과 같은 Point 클래스가 정의되었을 때, x값이 2, y값이 3인 객체를 생성하는 문장을 적어라.

```
class Point{
    int x, y;
public:
    Point(int xx, int yy){ x = xx; y = yy; }
};
```

5. 다음 프로그램의 출력 결과를 적어라.

```
#include <iostream>
class Sample{
public:
    Sample(){ std::cout << "생성자" << endl; }
    ~Sample(){ std::cout << "소멸자" << endl; }
};
Sample a;
void main() { }
```

6. 5번과 같은 Sample 클래스가 있을 때, 다음 코드의 출력 결과를 적어라.

```
// 5번의 sample class 코드 추가
void main(){
    Sample a;
    Sample *b;
    Sample *c[10];
}
```

7. 다음 코드에서 잘못된 부분을 찾아 수정하고 프로그램의 출력 결과를 적어라.

```cpp
class Test{
public:
    int x;
    Test(int x) { x = x; }
}
// 5번의 sample class 코드 추가
void main(){
    Sample a;
    Test t(10);
    std::cout << t.x << endl;
}
```

8. 다음과 같은 클래스가 있을 때, 다음 물음에 답하라.

```cpp
class Point{
public:
    int x, y;
    Point(){}
    Point(int xx, int yy) { x = xx; y = yy; }
}
class Rectangle{
    Point p;
    int width, height;
public:
    Rectangle(int x, int y, int w, int h) {
        p.x = x; p.y = y; width = w; height = h;
    }
};
```

(1) Rectangle의 생성자를 멤버 초기화 리스트를 이용하여 다시 구현하라. 생성자 함수 몸체에는 코드가 없어야 한다.

(2) Rectangle에 "가로 width 세로 height인 사각형이 사라집니다."라는 문장을 화면에 출력하는 소멸자를 추가하라.

(3) main()에서 Rectangle r;이라는 코드가 실행될 수 있도록 Rectangle 클래스에 코드를 추가하라.

9. 다음 각 프로그램의 실행 결과를 적어라. 단, Point와 Circle 클래스는 프로그램 7.5의 Shape.h를 사용하는데, 이 헤더 파일이 포함되었다고 가정하라.

   (1) void main() { Point p; }
   (2) void main() { Point p[3]; }
   (3) void main() { Circle* line[3]; }
   (4) void main() { Point *p = new Point(5, 6); }

10. 다음 프로그램에서 복사 생성자와 대입 연산자가 호출되는 부분을 각각 모두 골라라. 또한 각 함수의 몸체를 의미에 맞도록 모두 구현하라.

```
#include "Shape.h"
// p1에서 p2를 뺀 결과 Point를 반환하는 함수
Point sub1( Point p1, Point p2 ) { ... }
// p1에서 p2를 뺀 결과 p3가 가리키는 객체에 저장하는 함수
void sub2( Point p1, Point p2, Point* p3 ) { ... }
// p1에서 p2를 뺀 결과 p3가 가리키는 객체에 저장하는 함수
void sub3( Point& p1, Point& p2, Point& p3 ) { ... }
// p의 x와 y 성분 부호를 모두 바꾼 결과를 반환하는 함수
Point negate( Point p ) { ... }
void main() {
    Point a(1,2), b(3,4), c, d, e, f;
    c = sub1(a, b);
    sub2(a, b, &d);
    sub3(a, b, e);
    f = negate(a);
}
```

| 실습문제 |

1. 6장 실습문제 1번의 MyTime 클래스에 생성자를 추가하라. 매개변수로 시, 분, 초, 밀리초 값이 전달되어야 한다. 만약 매개변수가 없으면 모든 멤버를 0으로 초기화하라. 멤버 초기화 리스트를 사용한 경우와 사용하지 않은 경우에 대해 모두 작성해 보라.

```
MyTime( int h, int m, int s, int ms );
```

2. 1번 문제에서 매개변수로 실수형(double) 시간이 입력되면 이를 이용해 멤버 변수들을 초기화하도록 함수 중복을 이용해 다음 생성자를 구현하라.

```
MyTime( double duration );
```

3. 7.8절의 MonsterWorld 프로그램을 다음과 같이 확장하라.
  (1) 프로그램 7.11의 Monster 클래스에 "에너지"를 저장하는 속성(int nEnergy;)을 추가하라.
  (2) 맨 처음에는 모든 몬스터 객체의 에너지가 100이 되도록 생성자의 멤버 초기화 리스트를 이용해 초기화하라.
  (3) Monster 클래스의 eat() 함수를 다음과 같이 수정하라.
    – 아이템을 먹으면 에너지가 8 증가됨
    – 아이템을 먹지 못하면 에너지가 1 감소됨. 에너지의 최솟값은 0
  (4) Monster 클래스의 print() 함수를 수정하여 다음과 같이 현재의 에너지 레벨이 출력되도록 하라.

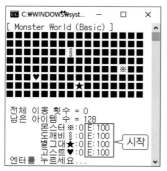
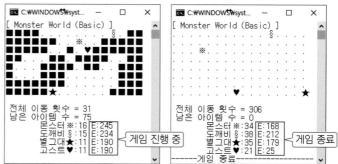

08

객체와 포인터

8.1 객체와 포인터

8.2 동적 메모리 할당과 해제

8.3 객체의 얕은 복사 문제

8.4 동적 메모리와 깊은 복사

8.5 this 포인터

8.6 정적 멤버

8.7 심화 응용: 2차원 배열의 동적 할당

8.8 응용: MonsterWorld 2: 조절되는 세상

학습목표

- 객체와 포인터의 관계를 이해한다.
- 동적 메모리 할당과 해제를 이해하고 활용할 수 있도록 한다.
- 깊은 복사와 복사 생성자의 관계를 이해한다.
- this 포인터를 이해한다.
- 정적 멤버 변수와 정적 멤버 함수를 이해한다.
- 2차원 배열을 동적으로 할당하는 방법을 이해한다.

몬스터 월드 2(조절되는 세상)

몬스터 월드의 크기를 마음대로 조절할 수 있도록 하자. 몬스터 맵의 크기를 지정하면 동적으로 메모리를 할당하여 맵을 만든다. 몬스터들도 동적으로 생성한다. 이제 몬스터의 수와 세상의 크기를 클래스의 사용자가 마음대로 결정할 수 있다. 동적으로 할당한 메모리는 반드시 동적으로 해제해야 한다.

이를 위해 포인터와 객체의 관계, 그리고 동적 할당을 공부한다. 정적 멤버의 개념과 2차원 배열을 동적으로 할당하는 방법도 알아야 한다. 포인터와 동적 할당이 나오면 일단은 어렵다. 이제 객체의 복사본을 만들기 위해 "깊은 복사"를 사용해야 하는 상황도 발생한다. 이장의 내용들은 지금까지보다 어려울 것이지만, 반드시 완벽하게 마스터해야 한다는 부담은 갖지 말자. 지금까지 이 방법들을 몰랐어도 많은 프로그램을 만들 수 있었던 것을 기억하라.

이 장의 내용들을 차근차근 공부하면서 몬스터 세상을 어떻게 조절할 수 있을지를 생각해 보자.

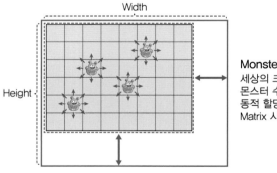

MonsterWorld 2
세상의 크기 조절
몬스터 수 조절
동적 할당과 해제
Matrix 사용

8 객체와 포인터

8.1 객체와 포인터

포인터 또는 포인터 변수는 어떤 **주소를 저장하기 위한 변수**를 말한다. 그림 8.1과 같이 포인터는 다음과 같은 요소들이 있다.

- **이름**: 포인터 변수도 적절한 이름을 갖는다.
- **주소**: 포인터도 변수이므로 메모리 공간이 있고, 그 공간의 주소가 있다.
- **값**: 메모리 공간에 들어 있는 값으로, 다른 변수나 객체의 주소가 저장된다.

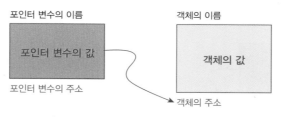

| 그림 8.1 포인터 변수와 객체의 관계

화면상의 점과 원을 위한 클래스가 다음과 같이 정의되었다고 생각해 보자.

```
struct Point {
    int x, y;
    Point(int xx = 0, int yy = 0) : x(xx), y(yy) { }
};
class Circle {
    Point center;
```

```
    int radius;
public:
    Circle(int cx=0, int cy=0, int r=0) : center(cx, cy), radius(r) {}
    double perimeter() { return 2*3.14159*radius; }
};
```

Circle 객체를 생성하고, 그 객체의 주소를 저장하는 포인터 변수를 선언하는 코드는 다음과 같다.

```
Circle cir(10,20,5);        // 중심이 (10,20)이고 반지름이 5인 Circle 객체 cir 생성
Circle* ptr = &cir;         // Circle의 포인터 ptr을 생성하고 cir의 주소를 복사
```

&는 객체(또는 변수)의 주소를 추출하는 연산자이다. 그림 8.2와 같이 Circle 객체 cir와 포인터 ptr은 각각의 메모리를 갖는다. 메모리의 크기와 내용이 서로 다른 것에 유의하라. 객체와 포인터를 정확히 구분할 수 있어야 한다. ptr에는 객체 cir의 주소가 저장되었고, 이제 ptr을 통해 객체 cir의 모든 멤버에 접근할 수 있다.

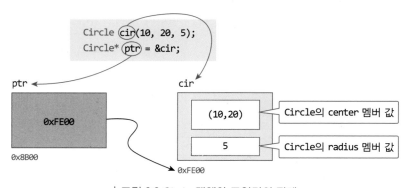

| 그림 8.2 Circle 객체와 포인터의 관계

▪ 포인터와 객체의 멤버 접근

객체에서 멤버를 선택하기 위해 "."을 사용한다. 객체의 포인터에서는 멤버 추출을 위해 "->"를 사용해야 한다. 멤버 함수를 호출할 때도 마찬가지이다. 객체 cir의 둘레를 계산하기 위한 다음 두 문장은 정확히 동일하다.

```
double peri = cir.perimeter();      // 객체를 통해 멤버 함수 호출
double peri = ptr->perimeter();     // 객체의 포인터를 통해 멤버 함수 호출
```

만약 **Circle**의 모든 멤버 변수들이 public으로 선언되었다면(앞에서는 private로 선언됨) 다음의 두 문장은 정확히 동일하게 해당 멤버의 값을 변경한다.

```
cir.radius = 10;                    // 객체를 통한 접근(radius가 public인 경우)
ptr->radius = 10;                   // 포인터를 통한 접근(radius가 public인 경우)
```

Point 클래스에서는 모든 멤버가 public으로 선언되어 있다. 따라서 멤버 항목 선택 연산자를 이용한 멤버 변수의 접근이 가능하다.

```
Point center(10,20);                // (10,20)인 Point 객체 생성
Point* pCenter = &center;           // Point의 포인터 변수 pCenter를 생성하고
                                    // center의 주소를 복사
center.x = 40;                      // Point 객체 center의 x좌표 수정
pCenter->x = 40;                    // pCenter가 가리키는 객체(center)의 x좌표 수정
```

**역참조 연산자 ***는 포인터와 함께 사용되는데, 그 포인터(주소)에 들어있는 값을 반환(역참조)한다. 예를 들어, 객체를 가리키는 포인터인 pCenter에 이 연산자를 적용할 경우 객체 자체를 반환한다. 즉 *pCenter와 center는 정확히 동일하다.

| 그림 8.3 포인터의 역참조 연산자(*)와 주소 추출 연산자(&)

따라서 다음 문장들도 모두 정확히 같다.

```
center.x == pCenter->x == (*pCenter).x == (&center)->x
```

각 **문장들의 의미**를 정확히 이해하라. 그리고 **자료형**도 정확히 이해하라. center의 자

료형은 Point이고, center.x는 int, pCenter는 Point*, *pCenter는 Point, &center는 Point*, (&center)->x는 int형 등이다. 물론 center->x나 pCenter.y는 잘못된 문장이다. 그냥 넣어보고 오류가 나지 않으면 사용하는 것이 아니다. 마지막으로 &pCenter의 자료형은 Point**가 될 것이다.

> **Tip**
> 포인터와 관련된 **문장들의 자료형**을 정확히 이해하라. 각 표현의 자료형만 정확히 말할 수 있다면 포인터 공부의 절반은 이미 성공한 것이다. 연습문제를 활용하라.

■ 포인터와 동적 메모리 할당

프로그램에서 사용되는 변수나 객체들은 모두 자신만의 메모리를 갖는다. 그리고 필요한 메모리의 크기를 예측할 수 있다. 다음은 그러한 문장들이다.

```
int x, arr[10];
char name[] = "I Love C++";
Complex c, list[10];
```

그런데 필요한 메모리의 크기를 미리 결정할 수 없는 상황들이 흔히 발생한다. 예를 들어, 성적처리 프로그램에서 학생의 수를 미리 예측할 수 없을 때나, 몬스터 월드에서 세상의 크기를 미리 알 수 없는 경우 등이 이에 해당한다. 이러한 상황에 대응할 수 있는 가장 좋은 방법은 **동적 메모리 할당**(dynamic memory allocation)이다. 이것은 프로그램 실행 도중에 메모리를 할당하는 것으로, 다음과 같은 절차를 거친다.

- 프로그램 실행 중에 필요한 메모리의 크기를 결정하고 시스템에 요청한다.
- 시스템은 **힙**(heap)이라고 부르는 큰 공간을 관리하고 있는데, 프로그램에서 요청하는 공간을 확보(할당)하여 **시작 주소**를 돌려준다.
- 할당된 메모리 시작 주소는 반드시 어딘가에 저장되어야 한다. 이때 포인터가 사용된다. 이제 이 포인터를 이용해 할당된 메모리를 사용한다. 이 주소를 잃어버리면 절대 안 된다.
- 사용이 끝나면 할당된 메모리를 시스템에 돌려주어야 한다.

| 그림 8.4 정적 메모리 할당과 동적 메모리 할당

이 방법은 필요한 만큼만 할당하여 사용하고 반납하기 때문에 메모리를 매우 효율적으로 사용할 수 있지만, 개발자가 메모리의 생성과 해제를 직접 관리해야 하는 어려움이 있다. 그렇지만 다양한 입력에 대응하는 일반적인 프로그램을 구현하기 위해서는 반드시 알고 활용할 수 있어야 한다. 만약 동적 할당을 위해 다음 코드가 가능하다면 매우 편리할 것이다.

```cpp
int x;
cin >> x;        // x를 입력 받음
int arr[x];      // 동적으로 배열 할당? (ERROR!)
```

그러나 마지막 문장에서 컴파일 오류가 발생한다. 컴파일러 입장에서 x가 얼마로 입력될지 예측할 수 없기 때문이다. 따라서 다른 방법이 필요하다.

8.2 동적 메모리 할당과 해제

C언어에서는 메모리를 동적 할당과 해제를 위해 malloc(), calloc(), free() 등의 함수를 제공한다. 이러한 함수들은 물론 C++에서도 사용할 수 있다. 그러나 C++에서는 보다 편리한 방법을 제공한다. 이제 동적 메모리 관련 C언어 함수들은 모두 잊어라.

■ new

new는 동적으로 메모리를 할당하여 주소를 반환하는 연산자이다.

```
new data_type;
new data_type(인수1, 인수2, ...);
```

new는 *data_type* 크기의 메모리 블록을 할당하여 그 블록의 시작 주소를 반환한다. 만약 *data_type*이 클래스이면 생성자 인자를 추가로 공급할 수 있다. 중요한 것은 new에서 반환되는 주소를 반드시 어디엔가 저장해야 한다는 것이다. 저장하지 않으면 방금 할당한 메모리를 잃어버리게 된다. 따라서 실제로는 다음과 같이 **포인터 변수와 함께 사용**된다.

```
int* pi = new int;
float* pf = new float;
```

첫 번째 문장은 int를 저장할 수 있는 크기의 메모리를 할당하고, 주소를 포인터 변수 **pi**에 복사하는 문장이다. 두 번째 문장도 float 크기의 메모리를 할당해 주소를 **pf**에 복사한다. 포인터 변수의 자료형에 유의하라. new에서 반환되는 자료형과 정확히 일치되어야 한다. 동적 메모리의 할당은 클래스에 대해서도 동일하게 적용된다.

```
Complex* pc1 = new Complex;
Complex* pc2 = new Complex(2, 3);
```

첫 번째 문장은 Complex 객체를 동적으로 할당하는데, 이때 기본 생성자가 적용된다. 그리고 생성된 객체의 주소를 포인터 **pc1**에 복사한다. 두 번째 문장도 동일하지만, 적용되는 생성자가 다르다. 즉, 매개변수로 두 개의 int를 받는 생성자를 호출해 생성하는 것이다. 생성 후의 처리는 동일하다.

할당된 메모리를 사용하는 것인 일반적인 포인터에서와 동일하다.

```
*pi = 10;              // pi가 가리키는 곳에 10을 복사
*pf = 3.14f;           // pf가 가리키는 곳에 3.14f를 복사
pc1->real = 1.0;       // pc1이 가리키는 복소수 객체의 real 멤버에 1.0을 복사
cout << pc2->imag;     // pc2가 가리키는 복소수 객체의 imag 멤버를 출력
```

new는 여러 개의 객체를 한꺼번에 동적으로 할당하는 방법도 제공한다.

```
new data_type [size];
```

이 문장에서는 size개의 *data_type*을 저장할 수 있는 연속된 메모리를 찾아 할당하고 그 메모리 블록의 시작 주소를 반환한다. 마찬가지로 반환된 주소 값은 반드시 포인터 변수에 저장되어야 사용할 수 있다.

```
int* pa = new int;          // int형 1개의 메모리 할당
int* pi = new int[10];      // int형 10개의 메모리 할당
float* pf = new float[10];  // float형 10개의 메모리 할당
```

여러 개를 한꺼번에 할당하더라도 반환 값을 저장하는 포인터의 자료형이 동일한 것에 유의하라. 한 개이든 열 개이든 어떤 자료형의 객체가 들어 있는 메모리의 주소인 것은 마찬가지이다. 다음과 같이 클래스의 객체를 한꺼번에 할당하는 경우 생성자의 호출은 어떻게 될까?

```
Complex* pc = new Complex[5];    // Complex 객체 5개의 메모리 할당
```

이 문장에서도 당연히 생성자가 호출된다. 물론 **Complex**의 기본 생성자가 호출되고, 그것도 무려 5번이나 호출된다! 이렇게 한꺼번에 할당된 메모리는 다음과 같이 일반 배열처럼 인덱스 연산자 []를 사용해 편리하게 사용하면 된다.

```
*pi = 10;         // pi가 가리키는 주소에 int 값 10을 복사
pf[3] = 3.14f;    // pf가 가리키는 곳에서 3번째 다음 주소에 float 값 3.14f를 복사
pc[2].real = 30;  // pc[2]의 real 멤버에 int 값 30을 복사
```

pc는 복소수 포인터형(Complex*형)이지만 pc[2]는 복소수 객체(Complex)이다.

■ delete

delete는 동적으로 할당되었던 메모리 블록을 시스템에 반납한다. 메모리 동적 해제 방법은 다음과 같다.

```
delete 포인터;       // 하나의 객체로 할당된 메모리 해제
delete [] 포인터;    // []를 이용해 배열로 할당된 메모리 해제
```

주의해야 할 것은 한꺼번에 여러 개의 객체를 동적으로 할당한 경우에는 해제 시에도 이를 반영해주어야 한다는 것이다. 즉, []를 사용하여 정확한 크기의 메모리 해제가 이루어지도록 해야 한다.

```
int* pa = new int;              // int형 1개의 메모리 할당
char* pf = new float[10];       // float형 10개의 메모리 할당
Complex* pc = new Complex[5];   // Complex 객체 5개의 메모리 할당
...
delete pa;                      // int형 객체 1개의 메모리 해제
delete [] pf;                   // float 배열의 메모리 해제
delete [] pc;                   // Complex 배열의 메모리 해제
```

■ 정적/동적 메모리 할당의 비교

그림 8.5를 이용해 동적 할당과 정적 할당(일반 변수나 배열)을 비교해 보자. 표 8.1은 정적 할당을 이용하는 자동 변수와 동적 할당을 비교한 표이다.

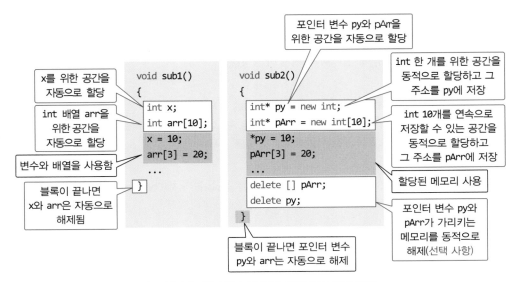

| 그림 8.5 자동 변수와 동적 할당 메모리의 차이

| 표 8.1 정적 메모리 할당과 동적 할당 메모리 할당 비교(그림 8.5)

정적 메모리 할당(x와 arr)	동적 메모리 할당(py와 pArr)
x와 arr은 자동 변수이다. x는 int형 변수이고 arr는 배열이다.	new를 사용해 동적으로 할당된 메모리 공간의 주소를 저장하는 포인터 변수이다.
arr의 크기는 상수로만 입력해야 한다.	pArr의 크기는 변수로 입력할 수 있다.
x와 arr1은 함수 내에서만 사용할 수 있다.	메모리의 주소만 알면 함수 외부에서도 자유롭게 사용할 수 있다.
블록이 끝나면 자동으로 컴파일러가 없앤다. 개발자가 신경을 쓸 필요가 없다.	할당된 메모리는 자동으로 없어지지 않는다. 사용이 끝나면 delete를 이용해 사용자가 직접 해제해야 한다.
arr와 pArr 모두 인덱스 연산자를 사용해 항목을 참조할 수 있다.	

Lab Vector 클래스

동적 할당이 필요한 자료를 생각해 보고 클래스로 구현해 보자. 벡터(Vector)는 크기와 방향을 가지고 있는데, 크기만을 갖는 스칼라(scalar)와 함께 수학이나 물리학에서 사용되는 대표적인 물리량의 한 형태이다. 먼저 스칼라는 크기만을 갖기 때문에 컴퓨터에서 이를 표현하는 데는 큰 어려움이 없다. double이나 float와 같은 실수형 기본 자료형을 사용하면 될 것이기 때문이다.

벡터는 어떨까? 그렇게 단순하지 않다. 벡터에는 "차원"이 있다. 일반적으로 n차원 벡터를 $(x_1, x_2, ..., x_n)$과 같이 나타낸다. 이때 x_i는 실수로 표현된다. 따라서 벡터를 표현하기 위해서는 **새로운 유도 자료형**, 즉 **클래스**가 필요하다.

이제 벡터 클래스를 만들어보자. 차원이 정해진 벡터가 아니라 임의의 차원의 벡터를 만드는 것이다. 따라서 동적 메모리 할당이 필요하다. 먼저 멤버 변수로는 어떤 것이 필요할까?

- **int dim**: 벡터의 "차원"으로, 정수 값을 가지므로 int 변수를 사용한다.
- **double* arr**: 벡터의 항목(각 차원 데이터)으로 실수 값을 갖는다. 차원이 얼마가 될지 예측할 수 없으므로 정적 배열을 사용할 수 없다. 따라서 double형 포인터 변수를 사용한다.

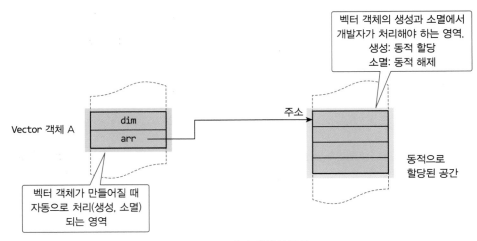

| 그림 8.6 벡터 객체의 구조

그림 8.6은 벡터 객체의 구조를 나타내고 있는데, 멤버 변수는 모두 왼쪽 공간에 나타나 있다. 특히 벡터의 각 차원 데이터를 위한 공간이 멤버 변수에 나타나 있지 않음에 유의하라. 객체에는 단지 포인터 변수만 있을 뿐이다. 실제 데이터는 오른쪽과 같이 또 다른 메모리 공간에 존재하게 된다. 물론 동적으로 할당해야 한다.

이러한 벡터 클래스에 몇 가지 함수를 제공하자.

- **생성자**: 벡터의 차원을 받아 그림의 오른쪽 부분과 같이 동적으로 메모리를 할당하고, 그 주소를 arr에 복사한다.
- **소멸자**: 동적으로 할당된 공간이 없다면 소멸자를 구현하지 않아도 된다. 그러나 벡터 객체에는 동적으로 할당된 메모리가 있고, 이 주소를 arr이 알고 있다. 따라서 소멸자에서 이 공간을 반드시 동적으로 해제해야 한다. 만약 그렇지 않으면 벡터 객체 A가 소멸된 다음에도 그림의 오른쪽 공간이 남게 되고, 결국 주소를 몰라 사용하지도 못하면서 자리를 차지하고 있어 메모리가 낭비되기 때문이다.
- **print(*char *str*)**: 벡터의 내용을 편리하게 확인할 수 있도록 객체 내용을 화면으로 출력하기 위한 함수이다. 벡터에 대한 설명을 매개변수로 받는다.
- **setRand(*int max*)**: 벡터의 모든 항목들을 난수로 초기화하는 함수이다. 소수점 한 자리까지 생성하며, 최댓값을 매개변수로 받는다.

이러한 벡터 클래스를 구현한 전형적인 코드는 프로그램 8.1과 같다. 설명은 복잡하지만 관련 코드는 생각보다는 복잡하지 않다.

프로그램 8.1	동적 할당을 이용한 벡터 클래스

```
01  #include <iostream>
02  using namespace std;
03
04  class Vector {
05      int dim;        // 벡터의 차원
06      double* arr;    // 벡터의 각 차원 데이터
07  public:
08      Vector(int d = 0) : dim(d) { arr = new double[dim]; }
09      ~Vector() { delete[] arr; }
10
11      void setRand(int max = 100) {
12          for (int i = 0; i<dim; i++)
13              arr[i] = rand() % (max * 10) / 10.0;
14      }
15      void print(char *str = "Vector") {
16          cout << str << "[" << dim << "] = < ";
17          for (int i = 0; i < dim; i++)
18              cout << arr[i] << " ";
19          cout << ">\n";
20      }
21  };
22  void main()
23  {
24      Vector u(3), v(5), w;
25      u.setRand();
26      v.setRand();
27      u.print(" U ");
28      v.print(" V ");
29      w.print(" W ");
30  }
```

```
C:\WINDOWS\system32\cmd....    —    □    ×
U [3] = < 4.1 46.7 33.4 >
V [5] = < 50 16.9 72.4 47.8 35.8 >
W [0] = < >
```

코드 설명

5~6행 데이터 멤버. 벡터의 차원과 각 차원의 데이터를 위한 포인터 변수.

7행 이후의 멤버들은 모두 공용(public)으로 설정함.

8행 벡터의 생성자. 디폴트 매개변수를 사용해 디폴트 생성자를 겸함. 멤버 초기화 리스트에서 dim을 초기화하고, 함수 몸체에서 반드시 동적 할당을 통해 arr값을 초기화해야 함.

9행 벡터의 소멸자. 반드시 동적 해제가 필요함.

11~14행 벡터의 내용을 무작위로 초기화하는 함수. 디폴트 매개변수를 사용하였으며, 소수점 한 자리를 만들기 위해 10배 큰 난수를 만들어 10으로 나눔. 13행과 같이 포인터 arr에 대해 인덱스 연산자 []를 적용해 벡터의 각 항목들을 편리하게 접근할 수 있음.

15~20행 벡터의 내용을 화면에 보기 좋게 출력하는 함수. 디폴트 매개변수를 사용했으며 벡터의 이름과 차원을 출력한 후 벡터 내용을 출력함.

24행 벡터 객체 생성. u는 3차원 v는 4차원, w는 0차원으로 초기화 되며, 생성자에서 동적 할당이 이루어짐.

25~26행 난수를 발생시켜 u와 v를 초기화 함.

27~29행 각 벡터를 화면에 출력함.

30행 모든 벡터 u, v, w를 제거하기 각각의 소멸자가 호출됨. 이때 동적으로 할당된 메모리를 해제함.

벡터 클래스에는 지금까지 공부한 다른 어떤 클래스에도 없었던 중요한 특징이 있다. 동적으로 할당된 메모리를 가리키는 포인터를 갖는 것이다. 따라서 생성자와 소멸자에서 동적할당과 해제가 필요하다. 그렇지만 print()나 setRand()와 같은 다른 함수에서는 동적할당을 전혀 신경 쓸 필요가 없음에 유의하라. 포인터인 **arr**를 배열처럼 그냥 사용하기만하면 된다. 즉, 동적 할당을 사용하는 클래스도 그렇게 심각하게 어렵지는 않다.

그렇다고 다 끝난 것은 아니다. 이제 가장 어려운 부분의 하나인 "깊은 복사"에 가까이 왔다. 왜 벡터 클래스는 "깊은 복사"가 필요한지 알아보자.

8.3 객체의 얕은 복사 문제

앞에서 구현한 벡터 클래스는 잘못 사용하면 프로그램 실행 오류가 빈번히 발생한다. 프로그램 8.1의 **main()** 함수를 다음과 같이 약간 수정하면 어떤 결과가 나타날지 예상해 보라.

프로그램 8.2   대입 연산에 의한 실행 오류(프로그램 8.1 수정)

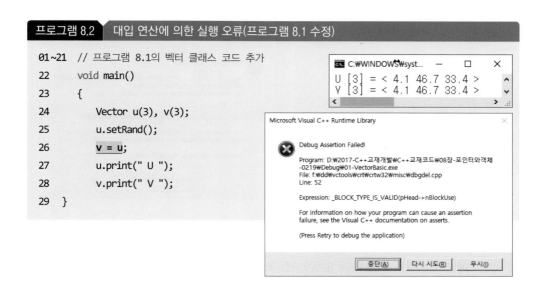

```
01~21   // 프로그램 8.1의 벡터 클래스 코드 추가
22      void main()
23      {
24          Vector u(3), v(3);
25          u.setRand();
26          v = u;
27          u.print(" U ");
28          v.print(" V ");
29      }
```

결과는 제대로 나오는 것처럼 보이지만 이 프로그램은 그림과 같이 실행 오류가 발생한다. 왜 그럴까? 26행의 **대입 연산자 때문**이다. 대입 연산자 "="는 구조체나 클래스의 객체 대해서도 사용할 수 있다고 했었는데, 이건 어떻게 된 상황일까? 지금까지 공부한 Complex, Point, Circle 등 어떤 클래스에서도 이런 문제가 발생하지 않았음을 기억하라.

다른 경우도 있다. 벡터 클래스에 두 벡터를 더하는 멤버 함수를 추가해보자. 물론 두 벡터를 더하기 위해서는 벡터의 차원이 같아야 한다. 프로그램 8.3은 벡터 클래스에 add() 함수를 추가하고, main()을 수정한 코드이다.

프로그램 8.3   복사 생성자에 의한 실행 오류(프로그램 8.1 수정)

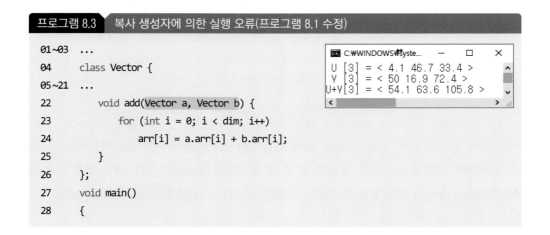

```
01~03   ...
04      class Vector {
05~21   ...
22          void add(Vector a, Vector b) {
23              for (int i = 0; i < dim; i++)
24                  arr[i] = a.arr[i] + b.arr[i];
25          }
26      };
27      void main()
28      {
```

```
29        Vector u(3), v(3), w(3);
30        u.setRand();
31        v.setRand();
32        u.print(" U ");
33        v.print(" V ");
34        w.add(u, v);
35        w.print("U+V");
36  }
```

> Microsoft Visual C++ Runtime Library   ✕
>
> ⊗ Debug Assertion Failed!
>
>   Program: ...017-C++교재개발\C++교재코드\08장-포인터와객체
>   -0219\Debug\03-VectorBasic2.exe
>   File: f:\dd\vctools\crt\crtw32\misc\dbgdel.cpp
>   Line: 52
>
>   Expression: _BLOCK_TYPE_IS_VALID(pHead->nBlockUse)
>
>   For information on how your program can cause an assertion
>   failure, see the Visual C++ documentation on asserts.
>
>   (Press Retry to debug the application)
>
>   [중단(A)]   [다시 시도(R)]   [무시(I)]

이 프로그램도 결과는 제대로 나오는 것처럼 보이지만 결국 실행 오류가 발생한다. 앞에서와 같이 대입 연산자도 사용하지 않았는데 왜 그럴까? 이번에는 함수로 인수를 전달하는 과정에 호출되는 **복사 생성자가 문제**이다.

이제 원인을 차분히 분석해 보자. 컴파일러는 개발자가 구현해주지 않으면 기본 복사 생성자와 기본 대입 연산자를 자동으로 제공해 준다. 그리고 이러한 복사는 모두 무조건적인 복사, 즉 "얕은 복사"로 이루어진다(7.6절). 그림 8.7의 **Point** 클래스와 같이 대부분의 클래스에서는 이러한 방법으로 복사해도 전혀 문제가 없었다.

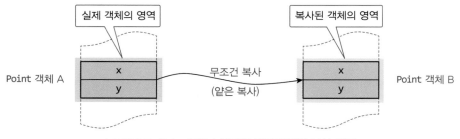

| 그림 8.7 Point 클래스에서의 무조건적인 복사 결과

Vector 객체에서는 상황이 달라진다. 동적으로 할당된 메모리 공간이 있기 때문이다. 컴파일러는 이 공간을 알지 못한다. 단지 벡터 클래스의 크기만큼의 메모리를 다른 벡터 객체로 복사한다. 그림 8.8은 얕은 복사를 한 후의 메모리를 보여주고 있다. 벡터 객체 A의 전체 영역(**dim, arr**)이 객체 B로 복사된다. 그런데, 문제는 그림과 같이 B의 **arr**이 객체 A의 **arr**과 같은 곳을 가리킨다는 것이다.

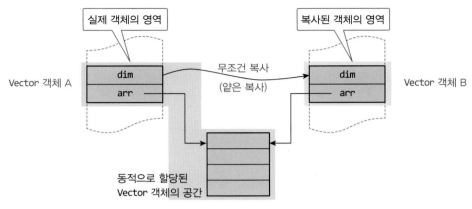

실제 객체의 영역

복사된 객체의 영역

무조건 복사
(얕은 복사)

Vector 객체 A

dim

arr

Vector 객체 B

dim

arr

동적으로 할당된
Vector 객체의 공간

| 그림 8.8 벡터 클래스에서의 무조건적인 복사(얕은 복사)

여기까지도 크게 문제가 없을 것 같다. 그런데, 이 상태에서 호출된 함수가 종료되어 복사된 객체 B가 소멸될 때 문제가 발생한다. 그림 8.9에서 객체 B가 먼저 소멸된 후에 A가 소멸된다고 가정해 보자. B가 소멸되면서 Vector의 소멸자가 호출되고, 여기서 B의 arr가 가리키는 곳의 메모리를 동적으로 해제한다. 즉, 복사된 객체 B가 소멸되면서 객체 A의 동적으로 할당된 공간을 해제하는 것이다! 이제 객체 A의 arr가 가리키는 곳은 유효하지 않다. 이미 해제된 메모리 공간이다. 이 부분을 이전처럼 사용하면 당연히 정상이 아닌 값이 나오거나 오류가 발생한다. 마지막으로 A가 소멸되면서 소멸자에서 이 영역을 해제하려하면 프로그램은 실행 오류를 발생시킨다. 프로그램 8.2와 8.3은 각각 디폴트 대입 연산자와 디폴트 복사 생성자를 이용한 얕은 복사의 문제로 객체 A의 소멸자 호출 과정에 발생한 오류이다.

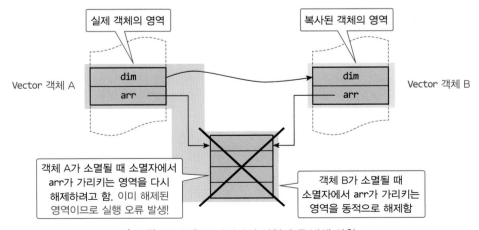

실제 객체의 영역

복사된 객체의 영역

Vector 객체 A

dim

arr

Vector 객체 B

dim

arr

객체 A가 소멸될 때 소멸자에서
arr가 가리키는 영역을 다시
해제하려고 함. 이미 해제된
영역이므로 실행 오류 발생!

객체 B가 소멸될 때
소멸자에서 arr가 가리키는
영역을 동적으로 해제함

| 그림 8.9 얕은 복사에서의 실행 오류 발생 상황

8.4 동적 메모리와 깊은 복사

그렇다면 이를 해결하는 방법은 없을까? 다소 소심한 해결 방법과 근본적인 해결 방법이 있다. 저자는 소심한 해결 방법을 권장한다.

■ 소심한 해결 방안

가장 간단한 방법은 Vector와 같은 클래스의 객체들에서 대입 연산자나 복사 생성자가 호출되지 않도록 하는 것이다. **저자는 이 방법을 권장**한다. 7.7절을 복습하라.

먼저 매개변수 전달에 따른 복사 생성자를 생각해 보자. 가장 간단한 방법은 매개변수를 참조형으로 변경하는 것이다. 참조자는 새로운 객체가 아니라 기존 객체의 별명이므로 새로 객체가 만들어지지 않고, 따라서 복사 생성자도 호출되지 않는다. 프로그램 8.3은 22행만 다음과 같이 수정하면 된다.

```
22    void add(Vector& a, Vector& b) {
```

C언어에서 사용하는 전통적인 방법을 사용할 수도 있다. 이것은 객체가 아니라 포인터를 전달하는 것이다. 이 경우 복사되는 것도 "객체"가 아니라 "주소"이다. "객체"와 "객체의 주소"를 정확히 구분하라. 주소를 복사한다고 복사 생성자가 호출되지는 않는다. 프로그램 8.3을 포인터로 수정한 코드는 다음과 같다.

프로그램 8.4　　포인터를 매개변수로 사용하는 방법(프로그램 8.3 수정)

```
01~03   ...
04      class Vector {
05~21       ...
22          void add(Vector* a, Vector* b) {
23              for (int i = 0; i < dim; i++)
24                  arr[i] = a->arr[i] + b->arr[i];
25          }
26      };
27      void main()
28      {
```

```
29        Vector u(3), v(3), w(3);
30~33     ...
34        w.add(&u, &v);
35~36     ...
```

```
C:\WINDOWS\Syste...   —  □  ×
U [3] = < 4.1 46.7 33.4 >
V [3] = < 50 16.9 72.4 >
U+V[3] = < 54.1 63.6 105.8 >
```

프로그램 8.2와 같은 대입 연산자는 이렇게 간단하게 해결되지 않는다. 이런 경우 대입 연산자를 사용하는 대신에 특별한 함수를 만들어 객체를 복사하는 방법이 흔히 사용된다. 많은 클래스에서 이와 같은 용도로 clone()이란 이름의 멤버 함수를 제공한다. 다음은 clone() 함수를 만들어 객체를 복사하는 코드이다.

프로그램 8.5 clone() 함수를 이용한 객체 복사(프로그램 8.1 수정)

```
01~03  ...
04     class Vector {
05~21  ...
22         void clone(Vector& a) {
23             if (dim > 0) delete[] arr;
24             dim = a.dim;
25             arr = new double[dim];
26             for (int i = 0; i < dim; i++)
27                 arr[i] = a.arr[i];
28         }
29     };
30     void main()
31     {
32        Vector u(3), v(3);
33        u.setRand();
34        v.clone(u);
35        u.print(" U ");
36        v.print(" V ");
37     }
```

```
C:\WINDOWS\syst...   —  □  ×
U [3] = < 4.1 46.7 33.4 >
V [3] = < 4.1 46.7 33.4 >
```

clone() 함수는 전달되는 객체의 차원만큼 메모리를 동적으로 할당한다. 그리고 할당된 메모리의 내용도 모두 복사한다. 이와 같은 객체의 복사를 **"깊은 복사"**라고 하는데, 그림

8.10은 벡터 객체 A를 깊은 복사 방법으로 복사한 객체 B를 보여주고 있다. 각 객체가 서로 다른 동적 할당 공간을 가리키는 것에 유의하라.

객체 A와 B가 소멸되는 과정을 생각해 보자. 그림 8.8과 같은 "얕은 복사"에서는 이 과정에 실행 오류가 발생했다. 깊은 복사를 사용한 그림 8.10에서는 A와 B 중에서 어떤 객체가 먼저 소멸되던지 남은 객체를 없애기 위한 소멸자 호출에 문제가 없다. 각 객체가 자신만의 공간을 가리키고, 이 공간을 해제할 것이기 때문이다.

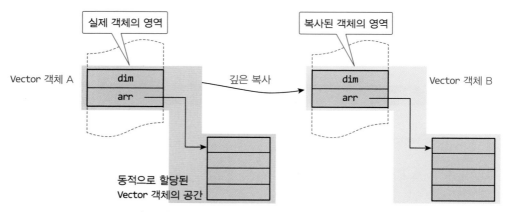

| 그림 8.10 clone() 함수의 복사 방식: 깊은 복사

■ 근본적인 해결 방법

프로그램 8.2와 8.3을 해결하는 완전한 방법은 각각 깊은 복사를 하도록 대입 연산자와 복사 생성자를 개발자가 구현하는 것이다. 이것은 컴파일러가 제공하는 복사 기능을 사용하는 대신 개발자가 구현한 것을 사용하는 방법이다. 만약 프로그램 8.5와 같이 구현된 clone() 함수가 있다면 프로그램 8.6과 같이 복사 생성자와 대입 연산자를 clone()을 이용해 간단히 구현하면 된다.

프로그램 8.6   복사 생성자와 대입 연산자 추가(프로그램 8.5 수정)

```
01~28  ...
29        void add(Vector a, Vector b) {
30            for (int i = 0; i < dim; i++)
31                arr[i] = a.arr[i] + b.arr[i];
32        }
33        void operator = (Vector& a) { clone(a); }
34        Vector(Vector& a) : dim(0) { clone(a); }
35    };
36    void main()
37    {
38        Vector u(3), v, w(3);
39        u.setRand();
40        v = u;
41        w.add(u, v);
42        u.print(" U ");
43        v.print(" V ");
44        w.print("U+V");
45    }
```

```
C:\WINDOWS\system3...         □   ×
U  [3] = < 4.1 46.7 33.4 >
V  [3] = < 4.1 46.7 33.4 >
U+V[3] = < 8.2 93.4 66.8 >
```

34행의 복사 생성자에서는 이미 구현된 clone() 함수를 호출하기만 하면 된다. 대입 연산자는 33행과 같이 연산자 중복(operator overloading)이란 기법을 사용해야 한다. 연산자 중복은 11장에서 다루는데, 함수 이름만 operator=를 사용하는 것으로 함수의 구현 방법은 복사 생성자에서와 동일하다.

이제 벡터 클래스에서도 40행과 같은 대입 연산자를 이용해 벡터 객체를 복사할 수 있다. 또한 29행과 같이 객체를 매개 변수로 전달하여 복사 생성자가 실행되더라도 문제없다. 깊은 복사를 이용한 함수들을 구현해주었기 때문이다. 앞 장에서 나왔던 Complex나 Point, Circle 등의 클래스에서는 이런 함수가 없어도 문제가 없었음을 기억하라. 동적 할당된 멤버가 없었기 때문이다.

■ 깊은 복사와 관련된 설계 방법

7.7절에서 동일한 기능의 함수를 구현하는 다양한 방법 중에서 어떤 것이 더 쉬운지에 대

해 알아보았다. 만약 클래스에 동적 할당 멤버가 있다면 함수의 설계에 더욱 신중해야한다.

- 동적 할당이 사용되지 않은 클래스에서는 컴파일러가 제공하는 기본 복사 생성자와 대입 연산자를 사용하면 된다. 아무런 문제가 없다.
- 동적 할당을 이용하는 멤버가 있는 객체의 경우 가능한 한 복사 생성자나 대입 연산자가 호출될 필요가 없도록 함수를 설계하는 것이 좋다. 잠재적인 문제를 만들지 않는 방법이다.
- 이러한 방법은 처리 시간 측면에서도 유리하다. 실행 시간에 메모리의 동적으로 할당하기 위해서는 메모리 관리자가 사용할 수 있는 메모리를 찾고 관리해야 하므로 시간이 걸린다. 따라서 가능한 한 동적 메모리 할당 횟수를 줄이는 것이 바람직하다. 이를 위해, 가능한 한 참조자이나 포인터를 사용해 객체가 복사되어야 하는 상황을 줄이는 것이 유리하다.
- 벡터와 같이 동적 할당을 사용하는 클래스에서 연산자 중복을 이용해 더 화려하고 직관적인 코드를 구현하고 싶다면 깊은 복사를 이용하는 복사 생성자와 대입 연산자를 구현하면 된다. 물론 코드가 복잡해지고 처리 시간이 길어질 수 있다.

8.5 this 포인터

this는 클래스의 멤버 함수에서 객체 자신(그 함수를 실행하는 현재 객체)의 메모리상의 주소를 나타내는 포인터로 C++의 키워드 중 하나이다. 대부분의 경우 멤버 함수에서 멤버 변수를 직접 사용하면 된다. 그러나 때로는 this를 사용해야 하는 경우도 있다. 프로그램 8.7을 보자.

프로그램 8.7   this 포인터의 사용 예

```
01  #include <cstdio>
02  class Point {
03      int x, y;
04  public:
05      Point(int x = 0, int y = 0) {
```

```
06          this->x = x;
07          this->y = y;
08       }
09       void print(char* msg = "P=") {
10          printf("%s(%d,%d)\n", msg, this->x, this->y);
11       }
12       void whereAmI() {
13          printf("주소=%x\n", this);
14       }
15    };
16    void main()
17    {
18       Point  p(1, 2), q(3, 4);
19       p.print(" P = ");
20       p.whereAmI();
21       q.print(" Q = ");
22       q.whereAmI();
23    }
```

```
C:...      —     □     ×
P = (1,2)
주소=e5f8cc
Q = (3,4)
주소=e5f8bc
```

코드 설명

5~8행 Point 클래스의 생성자. 매개변수의 이름이 멤버 변수와 같은 것에 유의할 것. 이들을 구분하기 위해서는 6~7행과 같이 this를 사용해야 함.

12행 현재 객체의 주소를 화면에 출력하는 함수. this를 반드시 사용해야 함.

생성자에서 매개변수의 이름이 멤버 변수와 동일한 것에 유의하라. 좋지 않은 방법이다. 이들을 구분하기 위해서는 반드시 this를 사용해야 한다. 생성자 몸체에서 **x**란 변수는 **매개변수**를 말하고 this->x는 **멤버 변수**를 말한다. 물론 this는 포인터이므로 ->를 이용해 멤버에 접근해야 한다. 사실 더 간단하고 좋은 방법은 매개변수의 이름을 멤버 변수의 이름과 다르게 짓는 것이다. 문제를 일부러 복잡하게 만들 필요는 없다.

12행은 멤버 함수를 호출한 객체 자신의 주소를 화면에 출력하는 함수이다. 이를 위해서는 this를 사용하는 것 외의 방법은 없다. 예를 들어, 다양한 자료구조들 중에 **연결 리스트**란 것이 있는데, 연결 리스트의 노드(Node) 클래스를 구현할 때 멤버 함수에서 자신의 주소가 필요한 경우가 종종 발생하고, 이때 this를 사용한다. 다른 일반적인 경우에는 this를 꼭 사용해야 할 필요가 많지 않다.

마지막으로 약간 어려운 내용을 생각해 보자. 프로그램 8.6의 벡터 클래스 프로그램에서
`w = v = u;`와 같은 대입 연산이 가능할까? 대입 연산자의 결합 방향을 찾아보아야 한다.
2장을 보면 =는 우에서 좌로 연산하는 것을 알 수 있다. 따라서 `v = u`를 먼저 실행할 것이
고 다음으로 그 결과를 w에 대입하는 연산을 실행할 것이다. 그러나 이 문장은 다음과 같
은 컴파일 오류를 발생시킨다.

| 그림 8.11 `w = v = u;` 문장에서 발생한 컴파일 오류

문제는 `v = u` 연산의 결과이다. 프로그램 8.6의 대입 연산자(33행)는 아무것도 반환하지
않는다(반환형이 `void`). 따라서 `w = (v = u);`와 같이 `v = u` 연산을 한 다음에 `void`를 w에
대입하는 연산에서 문제가 발생한다. 결국 이와 같은 연산을 이용하기 위해서는 대입 연
산자 중복 함수의 반환형이 바뀌어야 한다. 이 함수는 `Vector` 객체나 객체의 참조자를 반
드시 반환해야 한다. `v = w`의 연산 결과는 v 자신이 되어야 하기 때문이다. 그렇다면 무엇
을 반환해야 객체 자신이 반환될까? `this`를 사용하는 것 외에는 방법이 없다. `this`가 객
체 자신을 가리키는 포인터이므로 이곳에 있는 내용, 즉 `*this`가 온전한 객체 자기 자신이
된다.

따라서 33행의 대입 연산자 중복함수는 다음과 같이 수정되어야 한다.

```
33    Vector& operator = (Vector& a) { clone(a); return *this; }
```

이와 같은 특별한 경우를 제외하고 대부분의 경우는 `this->`를 생략하는데, 상속과 함수
재정의(overriding)를 사용할 때 가끔 필요한 경우가 있다.

8.6 정적 멤버

■ 정적 멤버 변수

지금까지 클래스에서 선언했던 모든 멤버 변수들은 **"객체 단위의 멤버"**로 객체들 마다 각기 다른 값을 가질 수 있는 독립된 변수이다. 예를 들어, 그림 8.12와 같이 세 개의 Point 객체를 선언하면 각 객체 p1, p2, p3를 위한 메모리 공간이 생긴다. 각 객체의 공간에는 멤버 변수 x와 y가 들어 있는데, 이들은 모두 서로 다른 변수이다.

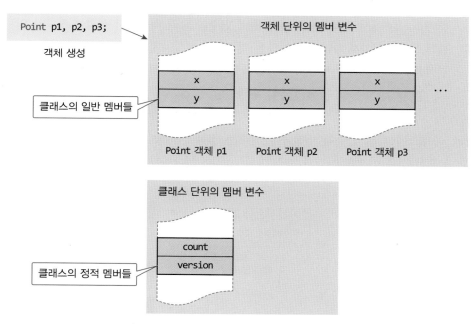

| 그림 8.12 클래스의 일반 멤버와 정적 멤버

C++에서는 **"클래스 단위의 멤버"**를 선언할 수 있는데, 객체마다 하나씩 존재하는 것이 아니라 클래스 단위로 하나씩 존재한다. 물론 선언하는 방법이나 사용 방법에 약간 차이가 있다.

그렇다면 예를 들어, Point 클래스에서는 어떤 경우에 이러한 멤버가 필요할까?

- 프로그램에서 Point 클래스의 객체가 현재 몇 개인지 알고 싶을 때
- Point 클래스의 버전이나 개발 정보를 클래스에 남기고 싶을 때

멤버 변수 x와 y는 Point 객체들마다 서로 다른 값을 가져야 하지만, Point 객체의 수는 어떨까? 클래스를 대표하는 하나의 값만 있으면 될 것이다. 버전이나 개발 정보도 마찬가지이다.

이와 같은 "**클래스 단위**"의 정보를 관리할 수 있는 좋은 방법이 없을까? 전역변수를 사용할 수 있다. 그렇지만 Point에만 의미 있는 자료가 Point 클래스 외부에서 일반 전역 변수로 선언되는 것은 추상화 관점에서 좋은 설계가 아니다. C++에서는 이를 위해 **정적 (static) 멤버**를 제공한다.

- 클래스 내부에서 정의하지만 일반 멤버 변수와 달리 객체마다 생기는 자료가 아니라 클래스에 유일하게 하나만 존재하는 변수이다.
- 전역변수와 비슷하게 사용되지만 클래스 내부에 선언되어 보다 객체지향적인 설계이고, 클래스의 이름을 통해 접근할 수 있다.

Point 클래스에 객체의 수와 버전을 나타내는 정적 멤버를 추가하는 방법은 그림8.13과 같다. 중요한 것은 이제 클래스의 소스 파일(.cpp)이 필요하다는 것이다.

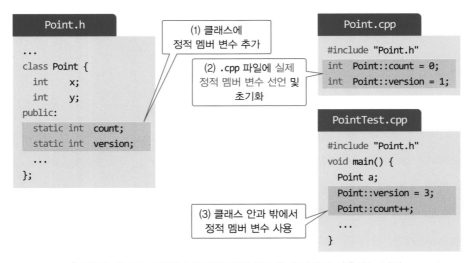

| 그림 8.13 Point 클래스에 정적 멤버 변수를 추가하고 사용하는 과정

- **Point.h**: static 키워드를 사용하여 클래스에 정적 멤버 변수를 추가한다.

- **Point.cpp**: 소스 파일(.cpp)에 실제 정적 멤버 변수를 선언하고 초기화하는 문장을 추가한다. 만약 이 문장을 헤더 파일에 넣으면 어떻게 될까? Point.h가 여러 소스 코드에 포함된다면 문제가 발생한다. 동일한 변수가 여러 소스파일에 만들어지게 되고, 링크 오류가 발생한다. 따라서 반드시 .cpp 파일에 있어야 한다. 이 책에서는 지금까지 클래스의 모든 멤버를 inline으로 처리하여 .cpp 파일을 만들지 않았던 것을 기억하라. 만약 클래스의 정적 멤버를 사용하려면 .cpp 파일을 만드는 것이 바람직하다. 물론 이 문장을 main() 함수가 있는 소스 파일에 넣을 수도 있지만, 개념적으로 바람직하지 않다. 정적 멤버 변수를 사용하려면 반드시 그 클래스의 소스 파일(.cpp)을 만들 것을 권장한다.
- **PointTest.cpp**: 정적 멤버를 사용하는 것은 일반적인 전역변수를 사용하는 것과 비슷하지만 중요한 차이가 있다. 변수 앞에 클래스명과 범위 연산자 :: (클래스명::)가 붙는다는 것이다. "Point::count"는 "Point 클래스에 선언된 정적 변수 count"를 말한다. 물론 해당 클래스의 멤버 함수에서는 Point::를 생략할 수 있다. 함수 자체가 그 클래스의 멤버이기 때문이다.

그림 8.12의 아래쪽은 이러한 정적 멤버를 나타내고 있다. 정적 멤버 변수는 객체의 수와 상관없이 하나만 만들어진다. 이것은 심지어 Point 객체를 하나도 선언하지 않아도 존재한다. 전역변수와 같이 프로그램이 시작되면 만들어지고 프로그램이 종료되면 사라지는 변수이다.

객체의 크기는 어떨까? 일반 멤버 변수들에 의해서만 결정된다. 클래스 내에 멤버 변수가 아무리 많더라도 sizeof(**Point**)에 영향을 주지 않는다.

■ 정적 멤버 함수

C++에서는 삼각함수를 위한 sin(), cos() 등의 함수를 제공한다. 이들은 모두 일반 함수이며, 수학적인 정의에 따라 결과 값이 나온다. 그런데, C++보다 순수 객체지향 언어에 더 가까운 Java언어에는 이러한 일반 함수란 개념 자체가 없다. 모든 함수가 멤버 함수가 되어야 한다. 그렇다면 sin(), cos() 등의 함수는 어떻게 제공할까?

Java에서는 이를 위해 Math란 클래스를 제공한다. 삼각함수를 사용하기 위해서 Math 클래스의 객체 a를 먼저 만들고 a.sin()과 같이 호출할 수 있다. 그런데 이건 어쩐지 좀 이상하다. 동일한 각도에 대해 a 객체에서의 sin() 값과 b 객체에서의 sin() 값이 다른가? 이 문제를 Java에서는 **정적 멤버 함수**를 이용해서 해결한다. Java에서 sin()을 호출하고 싶다면 Math::sin()과 같이 객체를 통하지 않고 바로 호출할 수 있는데, 정적 멤버 함수로 구현되었기 때문이다.

C++에서도 Java에서와 동일한 의미의 정적 멤버 함수를 지원한다. 기존의 멤버 함수들과 같이 어떤 함수를 구현하고 반환형 앞에 static만 붙이면 된다. 정적 멤버 함수를 사용할 때에는 반드시 다음을 명심해야 한다.

- 정적 멤버 함수는 객체에서 호출되지 않으므로 함수 내에서 "나" 또는 "내 객체"가 없다. 따라서 일반 멤버 변수를 사용하거나 일반 멤버 함수를 호출할 수 없다. 왜냐하면 이들은 "나"가 있어야 의미를 갖기 때문이다.
- 동일한 이유로 this 포인터를 사용할 수 없다.
- 클래스의 상속에서 함수의 재정의(overriding)를 사용할 수 없다. 상속은 다음 장에서 살펴본다.

`Lab` Point 객체의 개수

정적 멤버를 사용하면 프로그램이 실행되고 있는 도중에 몇 개의 객체가 사용되고 있는지를 알 수 있다. Point 클래스에 객체의 수를 나타내는 정적 멤버 변수 count를 추가하자. 그리고 이것을 화면으로 출력하는 정적 멤버 함수를 구현한다. 객체의 개수를 정확히 계산하기 위해서는 약간의 고민이 필요하다.

- 맨 처음에는 Point::count 변수를 0으로 초기화해야 한다.
- 객체가 생성될 때 마다 반드시 생성자가 호출된다. 따라서 모든 생성자의 함수 몸체에 count를 1 증가시키는 문장을 추가한다.
- 객체는 소멸될 때마다 반드시 소멸자를 호출한다. 따라서 소멸자 함수 몸체에 count를 1 감소시키는 문장을 넣는다. 소멸자는 하나뿐이다.

| 프로그램 8.8 | 정적 멤버를 이용한 객체의 수 관리 프로그램 |

```cpp
01  #include <cstdio>
02  class Point {
03      int x, y;
04      static int count;       // Point 객체의 개수
05  public:
06      static void printCount() { printf("PtCount=%d\n", count); }
07
08      Point(int xx = 0, int yy = 0) : x(xx), y(yy) { count++; }
09      ~Point() { count--; }
10      void print(char* msg = "P=") {
11          printf("%s(%d,%d)\n", msg, x, y);
12      }
13      void add(Point a, Point b) {
14          x = a.x + b.x;
15          y = a.y + b.y;
16      }
17  };
18  int Point::count = 0;       // Point 객체의 개수
19
20  void main()
21  {
22      Point p(1, 2), q(3, 4), r;   Point::printCount();   // 3
23      p.print(" P = ");
24      q.print(" Q = ");
25      Point* pPt;                  Point::printCount();   // 3
26      pPt = new Point(5, 6);       Point::printCount();   // 4
27      pPt->print("pPt= ");
28      delete pPt;                  Point::printCount();   // 3
29
30      r.add(p, q);                 Point::printCount();   // 3
31      r.print("P+Q= ");
32  }
```

```
Version=1
PtCount=3
 P = (1,2)
 Q = (3,4)
PtCount=3
PtCount=4
pPt= (5,6)
PtCount=3
PtCount=1    3?
P+Q= (4,6)
```

코드 설명

4행 정적 멤버 변수 선언. private로 처리함.

6행 정적 멤버 함수. 객체의 수 count를 화면에 출력함. 이 함수에서 x나 y와 같은 일반 멤버 변수를 사용할 수 없음에 유의할 것.

8행 생성자에서 count를 증가시킴.

9행 소멸자에서 count를 감소시킴.

10~12행 Point 객체의 내용을 화면에 출력하는 함수.

13~16행 두 Point 객체를 더하는 함수. 매개 변수의 자료형에 유의할 것.

18행 정적 멤버 변수의 실제 정의 코드. 0으로 초기화 함.

22행 Point 객체를 3개 선언. 현재 개수는 3이 되어야 함.

24행 Point 객체의 주소를 저장할 포인터 변수에 선언. 객체를 생성하는 것이 아니므로 객체의 수는 증가하지 않음.

26행 동적으로 Point 객체를 생성하여 주소를 포인터 변수에 저장함. 새로운 객체가 생성되었으므로 Point 객체의 수는 4가 됨.

27행 동적으로 할당된 객체를 화면에 출력함. 포인터이므로 -> 연산자를 사용.

28행 pPoint가 가리키고 있는 동적으로 할당된 객체를 동적으로 해제함. 소멸자가 호출되고, 객체의 수는 3이 됨.

30행 add() 함수를 호출함. 객체의 생성과 소멸이 없어보이므로 객체의 수가 3이 되어야 함. 그런데 결과에서 1이 출력이 됨. 왜 그럴까?

32행 main()이 종료되면서 p, q, r 객체를 모두 삭제함. 소멸자 3번 호출로 개수가 3 감소함.

이 프로그램은 크게 문제가 없어 보인다. 그런데 main() 함수의 30행을 지나면 갑자기 객체가 1개로 줄어든다! 왜 그럴까? add()의 매개변수 자료형을 보자. add()에서 두 번의 복사 생성자가 호출될 것이다. 그런데 복사 생성자로 컴파일러가 제공하는 기본 복사 생성자가 사용되고, 따라서 객체의 개수를 2개 증가시킬 기회를 놓친 것이다. 소멸자는 하나뿐이므로 복사 생성자로 생성된 객체가 소멸되면서 객체의 수를 줄인다. 결국 3이 아니라 1을 출력하게 된다.

그렇다면 어떻게 해야 정상적인 결과가 출력될까? 당연히 복사 생성자를 구현해야 한다. 그리고 함수 몸체에 개수를 증가시키는 코드를 넣어야 한다. 다음 생성자를 Point 클래스에 추가하면 예측하는 값과 동일한 결과가 나온다.

```
Point(const Point& p) : x(p.x), y(p.y) { count++; }
```

8.7 심화 응용: 2차원 배열의 동적 할당

처리해야 할 자료가 2차원 배열이 형태가 되는 분야는 매우 다양하다. 예를 들어, 수학에서 사용되는 행렬(matrix)이나 카메라로 촬영된 영상은 모두 2차원 배열의 형태로 표현되는 것이 자연스럽다. 앞에서 구현한 게임 프로그램들에서도 2차원 배열이 많이 사용되었다. 4×4 퍼즐이나 지뢰 찾기, 몬스터 세상 등에서 기본적으로 2차원 형태의 맵(map)을 사용했고, 2개의 인덱스를 이용해 map[i][j]와 같이 편리하게 배열의 항목들을 사용하였다.

배열의 크기를 생각해 보자. 4×4 퍼즐 게임에서는 가로와 세로의 크기가 4로 고정되어 있었다. 그러나 일반적으로는 크기가 고정되어 있지 않은 경우가 대부분이다. 퍼즐 게임도 5×5나 6×6과 같이 다른 크기로 확장할 수 있을 것이기 때문이다. 지뢰 찾기나 몬스터 세상에서도 마찬가지이다. 영상처리나 행렬 연산에서는 더욱 심각해진다. 우리가 사용하는 많은 영상들은 가로와 세로 크기가 제각각이다. 행렬도 행과 열의 수가 정해져 있지 않은 경우가 대부분이다.

그렇다면 크기가 정해져 있지 않은 2차원 자료는 어떻게 처리할 수 있을까? 당연히 동적 메모리 할당을 사용해야 한다. 앞에서 new 연산자를 이용해 1차원 배열 을 손쉽게 동적으로 할당할 수 있었다. 그렇다면 2차원 배열은 어떻게 할까? 임의의 크기의 2차원 배열을 동적으로 할당하기 위해 다음 코드를 사용할 수 있을까?

```
int **arr = new int [rows][cols];      // 잘못된 코드
arr[i][j] = 0;                         // 가능한 코드
...
delete [][] arr;                       // 잘못된 코드
```

이차원 배열은 위와 같이 이중 포인터로 나타내는 것이 좋다. 왜냐 하면 arr[i][j]와 같이 인덱스 연산자로 항목들에 접근할 수 있기 때문이다. 그러나 불행히도 C++에서는 이와 같은 방법을 제공하지 않는다. 단지 1차원 배열 형태의 동적 할당과 해제 방법만을 제공한다. 그렇다면 영상 처리나 행렬 연산 등에서 흔히 사용되는 2차원 배열 형태의 자료를 동적으로 할당할 수 없을까?

또 다른 문제를 생각해 보자. 우리는 4.3절에서 다차원 배열을 함수의 매개변수로 전달하는데 문제가 있는 것을 알았다. 정적으로 선언한 2차원 배열을 처리하기 위해 우리가 만들 수 있는 함수는 다음과 같이 열의 개수가 정해진 경우로 국한된다(프로그램 4.5).

```
int findMaxPixel( int a[][5], int h, int w );
```

이 함수는 int형 2차원 배열 중에서 열의 크기가 5인 배열에 대해서만 동작하는 함수이다. 따라서 일반적인 영상처리를 위해서 절대 사용할 수 없는 엉터리 함수이다. 그렇다면 모든 크기의 2차원 배열에 대해 처리할 수 있도록 함수를 설계할 수 없을까? 다음과 같은 방법이 있다. 첫 번째 매개변수를 **int형의 이중 포인터**로 바꾸는 것이다.

```
int findMaxPixel( int** a, int h, int w );
```

갑자기 어려워진 것 같다. 그러나 생각보다 어렵지 않다. 이러한 형태가 제대로 된 함수이며, 임의의 크기의 영상 처리가 가능하다. 이 문제를 해결할 수 있는 방법은 2차원 배열의 동적 할당에 있다. 약간 복잡하지만 이것을 이해하고 활용할 수 있다면 포인터의 정복에 이제 거의 가까이 온 것이다.

■ 2차원 배열의 동적 할당

2차원 배열을 한 문장으로 할당할 수는 없다. 기본적인 개념은 다음과 같다.

- 각 행의 데이터에 대해 각각 1차원 배열을 동적으로 할당한다. 이때 각 배열의 길이는 열의 개수(영상의 경우 가로 크기)가 된다.
- 동적으로 할당된 각 행의 주소들은 어딘가에 저장되어야 한다. 이를 또 다른 포인터 배열을 할당한다. 이 배열의 길이는 행의 개수(영상의 세로 길이)이다.
- 실제로는 포인터 배열이 먼저 할당되어야 한다. 그래야 각 행을 할당한 주소를 저장할 수 있기 때문이다.

다음 그림은 2차원 배열을 동적으로 할당하는 과정을 그림으로 보여주고 있다. 기본 개념은 여러 번의 1차원 배열을 동적으로 할당하는 것과, 주소를 적절히 포인터 배열에 저장하는 것이다. 행과 열의 크기가 각각 rows와 cols인 int 행렬 mat를 동적으로 할당하는 과정은 다음과 같다.

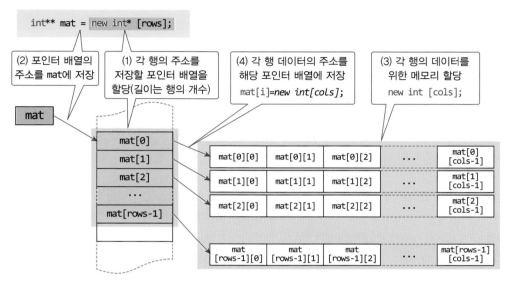

| 그림 8.14 2차원 배열 동적 할당 방법

① int*형 데이터를 저장할 공간 rows개를 동적으로 할당한다. 이 공간의 주소는 이중 포 인터 변수 mat에 저장한다. mat의 자료형에 주의하라.

```
int** mat = new int* [ rows ];
```

② 행렬의 i번째 행의 요소를 저장하기 위한 int형 배열을 동적으로 할당하여 그 주소를 mat[i]에 저장한다. 이때 요소(한 줄)의 크기는 cols이다.

```
mat[i] = new int [cols];
```

③ 모든 행에 대해 ②번 과정을 반복한다.

다음은 이러한 과정을 구현한 2차원 배열의 동적 할당 함수이다.

프로그램 8.9   2차원 배열 동적 할당 함수

```
01   int** alloc2DInt (int rows, int cols)
02   {
03      int** mat = new int* [ rows ];    // 포인터 변수를 저장할 배열
04      for (int i=0 ; i<rows ; i++ )
05       mat[i] = new int [cols];         // 실제 각 행의 데이터를 저장할 배열
06      return mat;
07   }
```

코드 설명

1행 행의 수 rows와 열의 수 cols를 받아 2차원 배열을 동적으로 할당하고 그 결과를 반환하는 함수.

3행 먼저 행렬의 각 행에 해당하는 배열의 주소를 저장하기 위한 배열 mat (이중 int 포인터 형, int**)를 동적으로 할당.

4~5행 행렬의 각 행에 대해, 배열의 각 항목에 대해 실제 데이터가 들어갈 배열을 할당하여 그 주소를 복사.

6행 함수의 반환형은 int**가 됨. mat를 반환.

이때 행렬을 나타내는 것은 **mat** 변수이고, **mat**의 자료형은 int**로 이중 포인터 변수이다! 걱정하지 말자. 사용하는 방법은 쉽다.

■ 2차원 배열의 동적 해제

할당 과정에서 **new** 연산자가 여러 번 사용되었으므로 해제 과정에서도 **new** 연산자가 사용된 횟수만큼 delete 연산자가 호출되어야 한다. 해제는 할당과정의 역순으로 다음과 같다.

① 각 행에 대해 할당된 메모리를 동적으로 해제한다. 이것은 행렬의 모든 행의 인덱스 **i**에 대해 delete [] mat[i];를 호출하면 된다.

② 이제 포인터를 저장한 배열 **mat** 메모리를 해제한다. delete [] mat;

다음은 이 과정을 함수로 구현한 예이다.

프로그램 8.10 | **2차원 배열 동적 해제 함수**

```
01   void free2DInt ( int **mat, int rows, int cols=0)
02   {
03        for( int i=0 ; i<rows ; i++ )
04           delete [] mat[i];
05        delete [] mat;
06   }
```

코드 설명

1행 행의 수 rows와 열의 수 cols를 받아 2차원 배열을 동적으로 해제하는 함수. cols는 사용되지 않으므로 디폴트 매개변수 처리를 함.

3~4행 먼저 동적으로 할당된 각각의 데이터 mat[i] (int 배열)를 없앰.

5행 최종적으로 포인터 배열 (mat)을 해제함.

2차원 배열의 동적 할당은 약간 복잡해 보이지만, 사용하는 방법은 일반 2차원 배열의 경우와 동일하다. 예를 들어, i행의 j열 자료에 접근하고 싶다면 mat[i][j]와 같이 사용하면 된다.

이제 2차원 배열을 처리하는 함수를 일반적인 크기를 처리하도록 만들 수 있다. 프로그램 8.9의 방법으로 만들어진 2차원 배열을 처리할 수 있도록 findMaxPixel() 함수를 다음과 같이 다시 설계할 수 있다.

```
int findMaxPixel( int** a, int rows, int cols );
```

임의의 크기의 영상 mat에 대해 다음과 같이 호출하여 사용할 수 있다.

```
int maxVal = findMaxPixel( mat, rows, cols );
```

Lab Matrix 클래스

행렬은 실제로 많은 응용에서 활용된다. 2차원 배열의 동적 할당을 이용하여 int를 저장하는 행렬 클래스 Matrix를 만들어 보자.

먼저 행렬의 속성에는 행과 열의 크기를 갖는 rows와 cols가 있어야 하며, 동적으로 할당

된 메모리의 주소를 가리킬 포인터 변수가 필요하다. 이 포인터 변수 **mat**의 자료형은 int**
이어야 한다. 멤버 함수는 **Vector**를 참고하여 유사하게 다음과 같이 설계한다.

- **생성자와 소멸자**: 생성자는 행과 열의 크기를 인수로 받아 동적으로 행렬을 생성한다. 소멸자에서 할당된 메모리를 해제해야 한다.
- **print()**: 화면에 행렬 내용을 출력 함수이다.
- **setRand()**: 행렬의 각 항목들을 무작위로 초기화하는 함수이다.
- **기타 함수들**: 데이터 멤버들은 모두 private로 선언한다. 따라서 외부 함수에서 이들을 읽거나 쓰기 위한 함수가 필요하다. **elem()**을 이용해 각 항목에 접근할 수 있도록 하고, **Rows()**와 **Cols()**를 통해 크기를 반환하도록 한다. **Data()**는 이중 포인터 변수 **mat**를 반환한다.

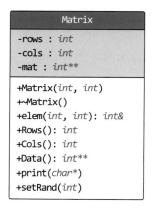

| 그림 8.15 Matrix의 클래스 다이어그램

그림 8.15는 행렬의 클래스 다이어그램이고, 프로그램 8.11은 구현된 클래스이다.

| 프로그램 8.11 동적 할당을 이용한 행렬 클래스 |

```
01  #pragma once
02  #include <iostream>
03  #include <iomanip>
04  using namespace std;
05
```

```cpp
06   class Matrix {
07       int rows, cols;    // 행과 열의 크기
08       int** mat;         // 실제 행렬 데이터
09   public:
10       Matrix(int r = 0, int c = 0) : rows(r), cols(c), mat(NULL) {
11           mat = new int*[rows];
12           for (int i = 0; i<rows; i++)
13               mat[i] = new int[cols];
14       }
15       ~Matrix() {
16           if (mat != NULL) {
17               for (int i = 0; i<rows; i++)
18                   delete[] mat[i];
19               delete[] mat;
20           }
21       }
22       int& elem(int x, int y) { return mat[y][x]; }
23       int Rows() { return rows; }
24       int Cols() { return cols; }
25       int** Data(){ return mat; };
26       void print(char *str = "Mat") {
27           cout << str << " " << rows << "x" << cols << endl;
28           for (int i = 0; i<rows; i++) {
29               for (int j = 0; j<cols; j++)
30                   cout << setw(4) << mat[i][j];
31               cout << "\n";
32           }
33       }
34       void setRand(int val = 100) {
35           if (mat != NULL) {
36               for (int i = 0; i<rows; i++)
37               for (int j = 0; j<cols; j++)
38                   mat[i][j] = (rand() % val);
39           }
40       }
41   };
```

코드 설명

3행 입출력 조작자를 사용하기 위해 포함.

7~8행 Matrix 클래스의 데이터 멤버. 행렬의 크기와 항목 배열의 포인터.

10~14행 생성자. 디폴트 매개변수를 사용해 디폴트 생성자를 겸함. 멤버 초기화 리스트에서 데이터 멤버들을 초기화하고 함수 몸체에서 그림 8.14와 같은 방법으로 동적 할당을 함.

15~21행 소멸자. 행렬 객체가 소멸될 때 반드시 메모리 해제를 해야 함. 프로그램 8.10과 동일한 방법을 사용함.

22~25행 행렬의 각 속성들을 반환하는 함수들. 속성들을 외부에서 사용하거나 보다 편리하게 사용할 수 있도록 선언함. 행렬의 항목을 반환하는 elem()의 반환형에 유의할 것. 참조자를 반환하므로 l-value로 사용이 가능함.

26~33행 행렬을 화면에 보기 좋게 출력. 디폴트 매개변수를 사용함.

34~40행 항목들을 무작위 값으로 초기화하는 함수. 디폴트 매개변수를 사용.

행렬 클래스를 테스트하는 프로그램은 다음과 같다.

프로그램 8.12 행렬 클래스 사용 프로그램의 예

```
01  #include "Matrix.h"
02  int findMaxPixel(int** a, int rows, int cols) {
03      int max = a[0][0];
04      for (int i = 0; i < rows; i++)
05      for (int j = 0; j < cols; j++)
06          if (max < a[i][j]) max = a[i][j];
07      return max;
08  }
09  void main()
10  {
11      Matrix u(3, 6);
12      u.setRand();
13      u.print(" U = ");
14      cout << "Max Pixel Value = "
15              << findMaxPixel(u.Data(), u.Rows(), u.Cols())
16              << endl;
17  }
```

```
C:\WINDOWS\syste...    —    □    ×
U  =  3x6
   41  67  34   0  69  24
   78  58  62  64   5  45
   81  27  61  91  95  42
Max Pixel Value = 95
```

코드 설명

2~8행 2차원 배열에서 가장 큰 값을 찾아 반환하는 함수. 매개변수의 자료형에 유의할 것. 임의의 크기의 2차원 배열에 대해서 동작함.

11행 3행 6열의 행렬 객체(가로 6, 세로 3) u를 생성함.

12~13행 u를 난수를 발생시켜 초기화 하고, 화면에 출력함.

14~16행 u에서 최댓값을 찾아 화면에 출력함.

이 클래스는 항목의 자료형만 수정하면 행렬이나 영상처리 등 다양한 분야에서 사용할 수 있는 유용한 클래스이다. 다른 방법으로 이차원 배열을 동적으로 할당할 수 있을까? 물론 가능하다. 다음을 시도해 보라.

- new 연산자를 두 번만 사용하고도 동일한 2차원 배열 구조를 할당할 수 있다. 행렬 전체 항목들에 대한 공간을 한꺼번에 할당하고, 주소를 잘 계산하여 포인터 배열에 저장하는 것이다. delete도 이를 고려해야 한다.
- new를 한번만 사용하여 필요한 모든 데이터를 먼저 한꺼번에 동적으로 할당하고도 동일한 기능을 구현할 수도 있다.

8.8 응용: MonsterWorld 2: 조절되는 세상

앞 장에서 구현한 몬스터 월드 프로그램에 동적 할당과 해제를 적용해 보자. 다른 조건들은 모두 7장에서와 동일하다. 추가적인 조건은 다음과 같다.

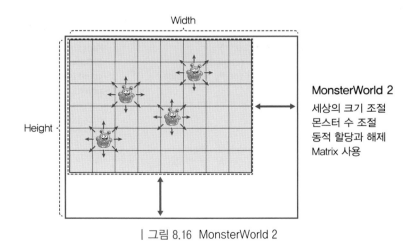

| 그림 8.16 MonsterWorld 2

- 몬스터 맵의 크기를 지정하면 동적으로 할당하여 맵을 만든다.
- 몬스터도 동적으로 할당한다. 따라서 몬스터 배열이 아니라 몬스터 객체의 주소를 저장하는 몬스터 포인터의 배열을 사용한다.
- 게임이 종료되면 동적으로 할당한 맵을 해제한다. 동적으로 할당한 몬스터들도 동적으로 해제한다.
- 맵의 구현을 위해서는 앞 절에서 구현한 Matrix 클래스를 사용한다.
- 전체 프로그램의 동작과 화면 구성은 7장과 동일하다.

■ 클래스 수정

동적 할당이 추가되기 했지만 이미 모든 부분을 구현했으니 변경해야 할 부분은 많지 않다. 먼저 전체 클래스 다이어그램은 다음과 같다. Matrix 클래스가 추가되어야 하고, 이에 따라 Monster와 MonsterWorld 클래스에서 약간의 수정이 필요하다.

7장에서는 몬스터 맵을 정적으로 선언한 2차원 배열을 사용하였다. 이제 몬스터 맵은 행렬 객체인 world가 담당한다. 그리고 몬스터들은 동적 할당을 통해 생성될 예정이므로 이

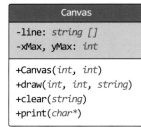
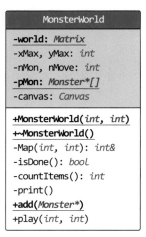

| 그림 8.17 MonsterWorld 2 클래스 다이어그램

들을 저장하기 위해서도 객체(**Monster**)가 아니라 포인터(**Monster***)의 배열이 필요하다. 이에 따라 관련된 클래스의 몇 가지 함수들을 수정한다. **Canvas** 클래스는 수정이 필요 없다. 그림 8.17은 전체 클래스 다이어그램을 보여주는데, 7장에서 변경되는 부분들은 밑줄로 표시하였다.

Monster 클래스

몬스터 맵을 이제 동적 배열을 이용한 행렬을 사용하므로 7장의 **Monster** 클래스에서 다음함수들이 수정되어야 한다.

```
void eat(int map[DIM][DIM]);
void move(int map[DIM][DIM], int maxx, int maxy);
```

매개변수의 자료형을 이제 이중 포인터로 변경해야 한다. 함수의 헤더, 즉 프로그램 7.10의 15행과 27행을 다음과 같이 수정한다.

```
15    void move(int** map, int maxx, int maxy) {
27    void eat(int** map) {
```

이제 **maxx**나 **maxy**의 크기와 상관없이 잘 동작하는 훌륭한 함수처럼 보인다. 그렇다면 함수 몸체를 수정해야 할까? 수정할 부분이 없다. 2차원 배열로 선언한 경우와 이중 포인터를 사용하는 경우 사용하는 측면에서는 차이가 없다.

MonsterWorld 클래스

이 클래스에서 변화가 좀 발생한다. 먼저 데이터 멤버로 2차원 배열 **map[][]**이 아니라 **Matrix**의 객체 **world**를 갖도록 한다. 이를 위해서 **Matrix.h**을 포함해야 한다. 몬스터의 배열도 몬스터의 포인터 배열로 수정해야 한다.

- 멤버 변수에 **Matrix**의 객체 **world**를 넣어야 한다. 또한 **Monster**의 배열 **mon**이 아니라 **Monster***의 **pMon**을 사용한다.
- 생성자에서 반드시 **world**를 초기화해야 한다. 이를 위해 멤버 초기화 리스트를 사용한다.

- 소멸자 모든 몬스터를 직접 해제해야 한다. 각 몬스터는 pMon 배열의 항목들이 가리키고 있다.
- 맵의 임의의 위치에 있는 항목을 반환하는 Map()도 수정되어야 한다. 함수의 구현 방법이 달라지더라도 인터페이스에는 변화가 없음에 유의하라. 사용자는 수정된 내용을 몰라도 되고, Map() 구현 부분만 수정하면 된다.
- print(), add(), play() 함수들도 수정되어야 한다.

이들을 바탕으로 수정한 MonsterWorld 클래스는 다음과 같다.

프로그램 8.13 MonsterWorld 클래스(MonsterWorld.h)

```
01  #pragma once
02  #include "Canvas.h"
03  #include "Monster.h"
04  #include "Matrix.h"
05  #include <windows.h>
06  #define MAXMONS 8
07
08  class MonsterWorld
09  {
10      Matrix world;
11      int xMax, yMax, nMon, nMove;
12      Monster* pMon[MAXMONS];
13      Canvas canvas;
14
15      int& Map(int x, int y) { return world.elem(x,y); }
16      bool isDone() { ... /* 코드 동일 */ }
17      int countItems() { ... /* 코드 동일 */ }
18      void print() {
19          canvas.clear(". ");
20          for (int y = 0; y < yMax; y++)
21              for (int x = 0; x < xMax; x++)
22                  if (Map(x, y) > 0) canvas.draw(x, y, "■");
23          for (int i = 0; i < nMon ; i++)
24              pMon[i]->draw(canvas);
25          canvas.print("[ Monster World (Dynamic World) ]");
```

```
26
27          cerr << " 전체 이동 횟수 = " << nMove << endl;
28          cerr << " 남은 아이템 수 = " << countItems() << endl;
29          for (int i = 0; i < nMon; i++)
30              pMon[i]->print();
31      }
32
33  public:
34      MonsterWorld(int w,int h): world(h,w), canvas(w,h), xMax(w), yMax(h){
35          ... /* 코드 동일 */
36      }
37      ~MonsterWorld() {
38          for (int i = 0; i < nMon; i++)
39              delete pMon[i];
40      }
41      void add( Monster* m) {
42          if (nMon < MAXMONS)
43              pMon[nMon++] = m;
44      }
45      void play(int maxwalk, int wait) {
46          print();
47          cerr << " 엔터를 누르세요...";
48          getchar();
49          for (int i = 0; i < maxwalk; i++) {
50              for (int k = 0; k < nMon ; k++)
51                  pMon[k]->move(world.Data(), xMax, yMax);
52              nMove++;
53              print();
54              if (isDone()) break;
55              Sleep(wait);
56          }
57      }
58  };
```

코드 설명

4행 행렬 클래스를 사용하기 위해 헤더 파일 Matrix.h을 포함해야 함.

10행 Matrix 객체 world를 멤버 변수에 추가함.

12행 몬스터 객체도 동적으로 할당할 예정이므로, 이제 몬스터 포인터 배열이 필요함. pMon 배열의 자료형에 유의할 것.

15행 몬스터 맵의 항목 접근 방법이 달라짐. Map()의 인터페이스는 동일하지만 구현이 변경됨. 사용자 입장에서는 구현 내용이 변경된 것을 몰라도 됨.

24, 30, 51행 pMon[i]가 몬스터 객체를 가리키는 포인터이므로 해당 몬스터의 멤버 함수를 호출하기 위해 ─〉 연산자가 사용되어야 함.

25행 타이틀을 약간 바꾸어줌.

24행 생성자. 멤버 초기화 리스트에서 Matrix 객체 world를 초기화해야 함. 특히 생성자 호출의 인수 순서(행의 수, 열의 수)에 유의할 것.

37~40행 소멸자에서 동적으로 생성되었던 각 몬스터들을 해제하는 것을 잊지 말아야 함. Matrix 객체 world는 자동으로 생성자가 호출되어 해제 됨.

41~44행 add()의 매개변수 자료형이 달라짐. 동적으로 생성된 객체의 주소를 pMon 배열에 저장함. 이제 43행은 객체의 복사가 아니라 주소의 복사임.

---

main() 함수

main() 함수는 몬스터 객체를 동적으로 생성해 add() 함수로 전달하는 방식으로 수정하면 된다. 몬스터 객체들은 다음과 같이 생성자를 이용해 생성하고 주소를 add() 함수로 전달하면 된다.

```
Monster* pm = new Monster("몬스터", "※", rand() % w, rand() % h);
game.add(pm);
```

물론 이 문장은 다음과 같이 한 줄의 무명 객체로 처리하는 것이 더 간편하다.

```
game.add( new Monster("몬스터", "※", rand() % w, rand() % h) );
```

프로그램 8.14 몬스터 월드 메인 함수(MonsterWorldGame.cpp)

```
01   #include "MonsterWorld.h"
02   #include <time.h>
03   void main()
04   {
05       srand((unsigned int)time(NULL));
06       int w = 16, h = 8;
```

```
07        MonsterWorld game(w, h);
08
09        game.add( new Monster("몬스터", "※", rand() % w, rand() % h));
10        game.add( new Monster("도깨비", "§", rand() % w, rand() % h));
11        game.add( new Monster("별그대", "★", rand() % w, rand() % h));
12        game.add( new Monster("고스트", "♥", rand() % w, rand() % h));
13        game.play(500, 10);
14        printf("------게임 종료------------------\n");
15   }
```

▪ 고찰

전체 코드를 빌드하여 실행하면 7장과 정확히 동일하게 동작하는 것을 알 수 있다. 그러나 이 프로그램은 다음과 같은 특징이 있다.

- 세상의 크기를 마음대로 변경할 수 있다. 동적 메모리 할당을 이용하였다.
- 몬스터도 동적으로 생성해 추가할 수 있다. 이것은 게임이 진행되는 도중에 몬스터를 추가하거나 기존의 몬스터를 제거할 수 있는 틀을 제공한다.
- 행렬 클래스 Matrix와 MonsterWorld에는 동적 할당을 사용하는 멤버 변수가 있지만 대입 연산자나 복사 생성자를 사용하지 않았다. 만약 이들을 사용한다면 컴파일러가 제공하는 기본 복사를 사용할 수 없고 깊은 복사를 이용하는 이들 함수를 구현해주어야 한다.
- 정적 멤버 변수와 함수를 이용해 현재 몬스터의 수를 관리할 수도 있다.

포인터도 어려운데, 동적 할당과 특히 2차원 배열의 동적 할당과 해제는 잘 이해되지 않습니다. 모든 프로그램이 이렇게 동적 할당을 사용해야 할까요?

포인터와 동적 할당은 어렵고, 프로그램에서 오류를 발생시키기 쉬운 것은 사실입니다. 2차원 배열의 동적 할당도 마찬가지입니다. 물론 동적 할당을 적절히 사용하는 것이 훨씬 일반적인 프로그램이 된다고 볼 수 있습니다.

그러나 저자는 포인터나 동적 할당을 사용하지 않고도 많은 프로그램을 구현할 수 있다는 것을 강조하고 싶습니다. 예를 들어, 앞에서 구현한 4x4 퍼즐 게임이나 지뢰 탐색 게임에서 동적 할당이 사용되지 않았습니다만 매우 그럴 듯한 게임을 만들 수 있었습니다. 충분한 메모리를 배열로 잡아두면 퍼즐의 개수나 맵의 크기를 게이머가 변경할 수 있도록 구현할 수도 있습니다.

때로는 동적 할당을 고의로 사용하지 않는 경우도 많이 있습니다. 빈번한 동적 할당과 해제는 프로그램의 속도를 느리게 합니다. 따라서 속도가 중요한 프로그램들에서는 일단 처음에 많은 메모리를 확보한 다음 프로그래머가 직접 메모리 관리를 하는 방법을 사용합니다. 따라서 저자는 동적 할당을 반드시 사용해야 좋은 프로그램이 되는 것은 아니라고 생각합니다.

요약

1 객체에서 멤버를 선택하기 위해서는 (   ) 연산자를 사용하는데, 객체의 포인터에서 멤버를 참조하기 위해서는 (   ) 연산자를 사용해야 한다. 역참조 연산자 (   )는 포인터와 함께 사용되는데, 그 포인터에 들어있는 값을 반환한다.

2 흔히 포인터는 (   )으로 할당된 객체를 가리키기 위해 사용된다. 또, 포인터는 객체지향의 중요한 특징인 (   )을 구현하기 위해 반드시 필요하다.

3 필요한 메모리의 크기를 미리 결정할 수 없어 프로그램이 실행되는 도중에 메모리를 할당해 사용하는 것을 (   )이라고 한다. 필요한 만큼만 할당해 사용하기 때문에 메모리를 매우 효율적으로 사용할 수 있지만, 개발자가 (   )를 직접 관리해야 하는 어려움이 있다.

4 C++에서는 동적 메모리의 할당을 위해 (   ) 연산자를, 해제를 위해 (   ) 연산자를 제공한다. 할당된 메모리의 주소를 반드시 어딘가에 저장되어야 하는데, 이때 (   ) 변수를 사용한다.

5 (   )으로 할당된 메모리는 해당 블록을 벗어나서도 주소만 기억한다면 소스 코드의 어느 위치에서도 사용할 수 있다. 또한 배열과 동일하게 (   )를 사용하여 항목들을 참조할 수 있다.

6 벡터와 같이 포인터를 멤버로 갖는 클래스에서는 객체의 복사를 위해 컴파일러에서 제공하는 (   )와 (   )를 사용하면 문제가 생길 수 있다. 이들은 모두 무조건적인 복사, 즉 "얕은 복사"로 처리되기 때문이다. 이 문제를 해결하는 방법은 개발자가 (   )로 처리되도록 이들 함수를 구현해주는 것이다.

7 컴파일러가 제공하는 대입 연산자를 사용하지 않고 개발자가 구현해 주기 위해서는 C++에서 제공하는 (   )이란 방법을 사용해야 한다.

8 C++의 키워드인 (   )는 클래스의 멤버 함수에서 객체 자신(그 함수를 실행하는 현재 객체)의 메모리 주소를 나타내는 일종의 포인터이다.

9 C++에서는 객체 단위의 멤버가 아니라 클래스 단위의 멤버를 선언할 수 있다. 이를 (   )라고 하는데, (   ) 키워드를 사용한다.

10 정적 멤버 함수에서는 일반 멤버 변수를 사용하거나 일반 멤버 함수를 호출할 수 (   ). 이들은 객체가 있어야 의미를 갖기 때문이다. 정적 멤버 함수에서는 "나"가 없으므로 (   ) 포인터도 사용할 수 없다.

정답

1. .. ->, * 2. 동적, 다형성 3. 동적 메모리 할당, 메모리 생성과 해제 4. new, delete, 포인터 5. 동적, 인덱스 연산자 6. 기본 복사 생성자, 기본 대입 연산자, 깊은 복사 7. 연산자 중복(operator overloading) 8. this 9. 정적 멤버, static 10. 없다, this

| 연습문제 |

1. 다음의 자료형을 정확히 적어라(컴파일이 안 되는 문장은 "오류"로 표시).

```
class Complex {
public:
    double real, imag;
} ;
Complex r1, r2, *pc, list[10];
```

① r1   ② &r1   ③ r1.real
④ r2->imag   ⑤ pc   ⑥ &pc
⑦ list   ⑧ list[3]   ⑨ list + 3
⑩ list[2]->real   ⑪ (list+3)->imag   ⑫ list[3].imag
⑬ r1=r2   ⑭ r1<r2   ⑮ &(pc->imag)
⑯ pc+3

2. 다음 동적 할당 문장의 자료형을 적어라(Complex 클래스는 1번 문제와 동일).

① new int;   ② new float[10];
③ new Complex;   ④ new Complex(2,3);
⑤ new Complex[10];

3. 다음에서 잘못된 동적 해제 문장을 모두 찾아 정정하라.

```
int* pi = new int;              // int형 1개의 메모리 할당
char* pf = new float[10];       // float형 10개의 메모리 할당
Complex* pc = new Complex[5];   // Complex 객체 5개의 메모리 할당
...
```

① delete pi;   ② delete pi(3);
③ delete pf;   ④ delete [] pf;
⑤ delete [5] pc;

4. 다음 클래스에 대한 물음에 답하라.

```
class Test {
    int num;
public:
    Test() { num = 10; cout << num << " "; }
    Test(int x) { num = x; cout << num << " "; }
    Test(int x,int y) { num = x+y; cout << num << " "; }
    Test(int x,int y,int z) { num = x*y*z; cout << num << " "; }
    int getNum() { return num; }
};
```

(1) Test t[4];를 실행할 때 출력되는 결과는 무엇인가?

(2) Test t2[2][3] = { {Test(1,2), Test(2,3), Test(3,4,5)}, {Test(6,7), Test(8), Test()} };를 실행할 때 출력되는 결과는 무엇인가?

(3) (1)에서 선언된 t의 모든 원소를 객체 포인터를 사용하여 출력하는 문장을 작성하라.

(4) (2)에서 선언된 t2의 모든 원소를 객체 이름을 사용하여 모든 원소의 합을 출력하는 문장을 작성하라.

5. Point 클래스가 있다고 가정하고, 다음 물음에 답하라.

(1) Point 클래스의 포인터 변수 p를 선언하는 코드를 적어라.

(2) Point 객체를 동적으로 할당하여 주소를 p에 저장하는 코드를 적어라.

(3) 크기가 5인 Point 객체 배열을 동적으로 할당하여 주소를 p에 저장하는 코드를 적어라.

6. 다음 중 this에 관한 옳은 설명을 모두 골라라.

① this는 생성자와 소멸자에서는 사용이 불가능하다.

② this는 함수를 실행하는 객체 자신의 주소를 나타내는 일종의 포인터이다.

③ 멤버 함수에서 this를 반환할 수는 없다.

④ static 멤버 함수에서는 this를 사용할 수 없다.

7. 객체의 깊은 복사가 필요한 경우를 제시하고 이유를 자세히 설명하라.

8. class에서 static 키워드를 사용하는 이유를 말하라.

9. 학생들의 키를 저장하기 위한 float형 배열 Height가 있다. Height의 3번째 위치에 173.2를 저장하려고 할 때, 사용할 수 있는 여러 방법을 생각해보고 각각의 방법으로 작성하라.

| 실습문제 |

1. 다음과 같은 코드가 있을 때, 다음 물음에 답하라.

```cpp
class Sample {
    char *name;
public:
    Sample(){ }
    Sample(const char * name){ }
};
void main() {
    Sample a("sample");
    Smaple b(a);
}
```

(1) Sample 객체의 개수를 관리하는 정적 변수 count와 출력을 해주는 함수 printCount()를 구현하라.

(2) 생성자 Sample(const char* name)에서 클래스 sample의 name을 this와 new 키워드를 이용하여 초기화하라.

(3) 클래스 Sample의 소멸자 ~Sample()을 만들어라. 소멸자에는 char* name을 동적해제 시켜주는 코드를 작성하라.

(4) 클래스 Sample의 복사 생성자를 만들어라.

2. 수학 공부와 관련된 클래스 StudyMath를 만들려고 한다. 다음에 답하라.

(1) 다음과 같은 수학 상수들을 정적 멤버 변수로 추가하고 초기화하라. 단, 이 변수들은 private로 선언하라.

종류	변수 이름	값
Archimedes' constant	Pi	3.14159
Euler's number	e	2.71828
Pythagoras' constant	sqRoot2	1.41421

(2) 이들 정적 변수 값을 반환하는 접근자 함수들을 구현하라. 예를 들어, 함수의 이름 은 getPi(), getE(), getSqRoot2()와 같이 정하면 된다.

(3) 이 클래스에 정의된 정적 멤버 변수를 이용해 원의 면적과 구의 부피를 계산해 반환 하는 정적 함수를 구현하라. 원의 면적은 getCircleArea(double radius), 구의 부 피 계산 함수는 getSphereVolume(double radius)로 하라. 각 함수의 매개변수는 원과 구의 반지름이다.

3. 8.8절의 MonsterWorld 프로그램을 다음과 같이 확장하라.

(1) 이 프로그램의 Monster 클래스에 실습문제 7.3과 같이 "에너지"를 나타내는 속성을 추가하고, 관련 함수들을 수정하라. Monster의 생성자와 eat(), print() 함수를 수 정하면 된다.

(2) Monster 클래스에 "에너지" 값을 반환하는 getEnergy() 함수를 추가하라. 이 함수 는 private 멤버인 nEnergy를 반환한다.

(3) 이제 에너지가 0이 되면 몬스터가 사라지도록 프로그램을 수정하라. 이를 위해 MonsterWorld 클래스에 checkStarvation() 함수를 추가하라. 이 함수에서는 모 든 몬스터의 에너지 레벨을 검사하여 0인 몬스터들을 모두 동적으로 해제한다. 특히 pMon 배열에서 삭제할 항목의 처리에 유의해야 한다.

| Hint | k번째 항목을 삭제하는 경우 맨 마지막 항목을 k번째 항목에 복사하고 몬스터의 수를 1 감소하면 된다.

(4) Monster 클래스에 몬스터의 수를 나타내는 정적 멤버 변수를 추가하라. 또한 생성자 와 소멸자에서 이 멤버 변수의 값을 적절히 갱신하고, 현재 몬스터의 수를 출력하는 정적 멤버 함수 printCount()를 구현하라. 화면을 갱신할 때 마다 이 함수를 호출하 여 전체 몬스터의 수를 출력한다(이 정적 변수의 값은 MonsterWorld의 nMon과 동일 하도록 유지되어야 한다).

(5) 화면 출력은 다음의 예를 참고하여 구성하라.

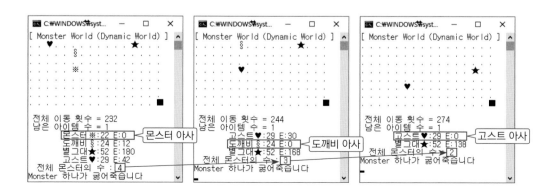

CHAPTER

상속

9.1 클래스의 상속

9.2 상속의 방법과 접근 지정자

9.3 상속에서의 생성자와 소멸자

9.5 멤버의 재정의

9.5 응용: 그래픽 에디터

9.6 다중 상속

9.7 응용: MonsterWorld 3: 세상의 모든 귀신

학습목표

- 클래스 상속의 개념을 이해한다.
- 상속과 protected 멤버의 의미를 이해한다.
- 여러 가지 상속 방법을 이해한다.
- 상속에서 생성자, 소멸자의 호출 순서를 이해한다.
- 멤버 함수의 재정의를 이해하고 활용할 수 있도록 한다.
- 다중 상속의 문제점을 이해한다.

몬스터 월드 3: 세상의 모든 귀신

몬스터 월드에 다양한 종류의 몬스터를 출연시키자. 추가할 몬스터는 좀비, 뱀파이어, 강시, 처녀귀신이다. 이들은 몬스터와 동일한 속성과 행위를 갖지만 이동 특성만은 서로 다르다. 좀비는 일반적인 몬스터와 동일하게 움직이지만 뱀파이어는 전후좌우 네 방향으로만 움직인다. 강시는 좌우나 상하로 직선 운동만 가능하고, 처녀귀신은 무섭게 어디든 갑자기 튀어나온다.

이들은 모두 각각의 클래스로 구현된다. 이때 상속을 이용하면 매우 간편하게 여러 클래스를 만들 수 있다. 물론 앞 장에서 구현한 몬스터 클래스를 상속하면 될 것이다. 각 몬스터 클래스의 이동 특성이 다른 것은 멤버 함수의 재정의를 통해 해결할 수 있다.

드디어 상속을 공부한다. 앞 장의 포인터 관련 내용에 비해 어렵지는 않을 것이지만, 객체지향의 중요한 특징이고, 코드이 재활용을 극대화하므로 잘 이해야 한다. 이 장에서 관련 내용을 공부하면서 각각의 몬스터들을 어떻게 구현할 수 있을지를 생각해 보자. 그리고 자신만의 몬스터도 설계해 보자.

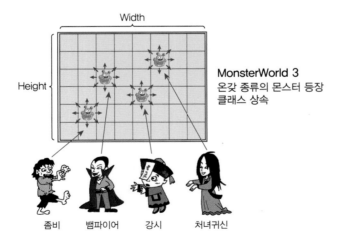

9 상속

9.1 클래스의 상속

■ 상속이란?

현실 세계에서 상속에 관심이 없는 사람은 별로 없을 것이다. "금수저"로 불리는 사람들은 부자 부모로부터 많은 재산을 물려받아 금방 안정된 생활을 누릴 수 있다. 이에 비해 "흙수저"들은 물려받은 것이 거의 없이 모든 것을 자신이 노력해서 얻어야 한다.

객체지향 프로그래밍에서도 이와 비슷한 개념이 존재한다. 기존에 어떤 클래스가 잘 만들어져 있으면 이를 상속받아 새로운 클래스를 만드는 것이다. 이때 상속을 해 준 클래스를 **부모**(parent) 클래스, **수퍼**(super) 클래스 또는 **기반**(base) 클래스라고 한다. 상속 받아서 만든 새로운 클래스는 **자식**(child) 클래스, **서브**(sub) 클래스 또는 **파생**(derived) 클래스라고 한다. 만약 부모 클래스가 많은 기능을 갖고 있다면 이를 상속한 자식들은 많은 코드를 넣지 않아도 금방 강력한 기능을 가진 클래스가 된다. 금수저 클래스이다. 이와 반대로 부모 클래스가 빈약하고, 자신에게 필요한 많은 기능이 구현되어 있지 않다면 자식 클래스에서 많은 코드를 고생해서 구현해야 한다.

그림 9.1의 왼쪽과 같이 현실 세계의 상속에서는 부모가 가진 것 중에 일부를 자식에게 물려준다. 물론 물려주면 더 이상 부모에게는 없다. 동일한 재산을 나누지 않고서는 두 명의 자식에게 물려줄 수도 없다. 그러나 객체지향에서의 상속은 현실 세계와는 좀 차이가 있다. 상속을 하면 일부가 아니라 부모의 모든 것을 물려받는다. 특히 상속을 하더라도 부모 클래스에서 상속된 멤버가 없어지는 것이 아니다. 물론 여러 자식들에게 물려줄 수도 있다. 자식 클래스는 부모 클래스의 모든 멤버를 상속받으며, 자신의 멤버를 추가할 수 있다.

| 그림 9.1 현실 세계에서의 상속과 객체지향 언어에서의 상속

객체지향에서 상속을 이용하는 가장 큰 이유는 복잡한 기능의 클래스를 빨리 쉽게 만들기 위함이다. 대표적인 예가 MFC를 이용한 윈도우 프로그래밍이다. MFC에서 제공하는 클래스를 상속하면 금방 자신만의 멋진 화면을 갖는 클래스를 만들 수 있다.

현실에서 자식이 부모를 골라서 태어나거나 바꿀 수는 없다. 프로그래밍에서는 개발자가 마음대로 부모 클래스를 선택할 수 있다. 부모를 잘 선택해서 새로운 자식 클래스를 만들면 복잡한 프로그램을 쉽게 구현할 수 있다.

■ 파생 클래스

상속(inheritance)은 기존에 잘 동작하는 클래스를 확장하여 새로운 파생 클래스를 만드는 방법이다. 상속을 이용하여 새로운 클래스를 정의하는 방법은 다음과 같다.

```
class 파생클래스명 : public 기반클래스명
{
    // 새로운 특징들 (새로운 멤버 변수 또는 멤버 함수)
}
```

- 문자 ':'는 상속을 나타낸다.
- ':' 다음의 public은 private나 protected가 될 수도 있다. 대부분 public을 사용하므로 이 부분을 빠트리지 않도록 조심해야 한다. 만약 이 부분을 빠트리면 private로 인식한다.
- 파생 클래스에는 기반 클래스의 모든 멤버가 포함된다.
- 파생 클래스도 다른 클래스의 기반 클래스가 될 수 있다.
- 하나의 클래스는 여러 클래스로 상속할 수 있다.

그림 9.2는 다양한 운송 수단들을 보여주고 있다.

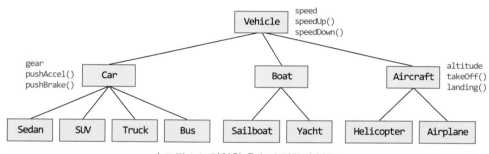

| 그림 9.2 다양한 운송 수단들의 분류

- 모든 탈것(Vehicle)에는 속도(speed)라는 상태가 있다. 그리고 속도를 높이는 동작(speedUp())과 줄이는 동작(speedDown())이 필요하다.
- 탈것(Vehicle)들은 다시 자동차, 배, 비행기로 나눌 수 있다.
- 자동차에는 기어(gear)가 있고 엑셀과 브레이크를 밟는 동작(pushAccel(), pushBrake())을 할 수 있다.
- 비행기에는 고도(altitude)라는 속성이 추가되어야 하고, 이륙(takeOff())과 착륙(landing())이라는 동작이 필요하다.

자동차나 항공기는 모두 운송 수단의 일종이므로 당연히 "속도"라는 상태가 있어야 하고, "가속"과 "감속"의 동작이 필요하다. **상속을 이용**하여 이들 세 클래스를 작성하면 다음과 같다.

```cpp
class Vehicle {
protected:
    int speed;
public:
    void speedUp() { ... }
    void speedDown() { ... }
};

class Car: public Vehicle {
    int gear;
public:
    void pushAccel() { ... }
    void pushBrake() { ... }
};

class Aircraft : public Vehicle {
    int altitude;
public:
    void takeOff() { ... }
    void landing() { ... }
};
```

자식 클래스의 객체를 만들면 구조는 어떻게 될까? 그림 9.3은 Car와 Aircraft 객체의 내부를 보여주고 있다. yourCar나 myAirplane에는 기본적으로 Vechcle 객체가 하나 들어있고, Car나 Aircraft 클래스만의 특화된 멤버가 추가된다.

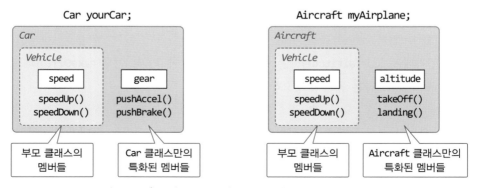

| 그림 9.3 Car와 Aircraft 객체의 내부

상속을 사용하지 않고도 이들 클래스를 구현할 수 있다. 다음은 **상속을 사용하지 않고 구현**한 Car와 Aircraft 클래스를 보여주고 있다.

```
class Car {
    int speed;
    int gear;
public:
    void speedUp()   { ... }
    void speedDown() { ... }
    void pushAccel() { ... }
    void pushBrake() { ... }
};

class Aircraft {
    int speed;
    int altitude;
public:
    void speedUp()   { ... }
    void speedDown() { ... }
    void takeOff() { ... }
    void landing() { ... }
};
```

이 방법의 문제점은 동일한 멤버 변수 speed와 멤버 함수 speedUp(), speedDown() 등이 각 클래스에 중복되어 나타난다는 것이다. 이러한 중복은 다음과 같은 문제를 발생시킨다.

- **코드의 길**이가 길어진다. 동일한 코드가 여러 번 복사되기 때문이다. 만약 그림 9.2의 모든 클래스를 만든다면 동일 코드의 많은 복사가 필요하다.
- 중복된 코드는 **유지관리**를 어렵게 한다. 만약 speedUp()의 내용이 수정되어야 한다면 상속을 사용하는 경우는 하나의 함수만 수정하면 된다. 그러나 상속을 사용하지 않으면 모든 클래스의 speedUp() 함수를 수정해야 한다.
- 운송 수단과 관련된 객체들의 관리기 힘들어진다. 상속을 사용하면 다양한 Vehicle 및 자식 클래스의 객체들을 매우 **효율적으로 관리**할 수 있다. 이것은 다음 장에서 자세히 다룬다.

■ 언제 상속을 사용할까?

그림 9.2를 보자. 자동차와 배, 그리고 비행기는 탈것의 일종이다. 세단이나 SUV, 트럭, 버스는 모두 자동차의 일종이다. 이런 관계에서 **"상속"**이 사용된다. 즉 자식 클래스와 부모 클래스간에 "is a" 또는 "is a kind of"의 관계가 있는 경우 상속을 사용한다. 다음은 상속이 자연스러운 관계이다.

- "포유류"는 "동물"의 일종이다.
- "트럭"은 "자동차"의 일종이다.
- "배"는 "탈 것"의 일종이다.
- "좀비"는 "괴물"의 일종이다.

클래스들 사이에 "has a" 관계가 있다면 상속이 자연스럽지 않다. 이런 관계는 **"포함"**으로 처리하는 것이 바람직하다.

- "자동차"는 "4개의 타이어"를 가지고 있다.
- "자동차"는 "소유주"가 있다.
- "선분"은 "2개의 점"으로 표현된다(가지고 있다).
- "원"은 중심을 나타내는 "점"을 가지고 있다.

프로그램 7.4~7.5의 Point, Line, Circle 클래스를 생각해 보자. 점, 선, 원은 상속의 관계가 없다. 선은 양 끝점을 가지고(has-a) 있다. 원도 중심점을 가지고 있다. 따라서 Line 은 두 개의 Point를 멤버 변수로 가지며, Circle은 멤버 변수로 하나의 Point 객체를 포함한다.

9.2 상속의 방법과 접근 지정자

▪ 접근 지정자

클래스의 세 가지 멤버 접근 지정자들 중에서 지금까지는 public과 private만을 사용하였다. 이제 protected가 필요하게 되었다. 클래스의 상속 관계에서이다.

- **protected**: 보호 멤버를 나타낸다. 이것은 현재 클래스와 이 클래스의 모든 자식 클래스에서 접근할 수 있다는 것을 의미한다. 상속을 사용하지 않으면 이것은 private와 동일한 의미로 사용된다(예: 집안의 보물).
- **private**: 전용 멤버로 오직 현재 클래스에서만 접근이 가능하다(예: 자식에게도 알리고 싶지 않은 나만의 비밀).
- **public**: 공용 멤버로 위치와 관계없이 접근이 가능하다(예: 누구나 사용할 수 있는 공중 화장실).

다음은 Vehicle 클래스와 이를 상속하여 구현한 Car 클래스를 보여주고 있다. Vehicle의 멤버 변수들 중에서 **serial**은 private로, **speed**는 protected로, 그리고 **price**는 public으로 선언되었다.

프로그램 9.1 상속을 이용해 구현한 Car 클래스

```
01  #include <cstdio>
02
03  class Vehicle {
04      int serial;
05  protected:
06      int speed;
07  public:
08      int price;
09      Vehicle(int s = 0) : serial(s), speed(0), price(0) { }
10      void speedUp() { speed++; }
11      void speedDown() { speed--; }
12      void print() {
13          printf("[Vehicle] serial=%d, speed=%d, price=%d\n",
```

```
14                serial, speed, price);
15        }
16  };
17
18  class Car : public Vehicle {
19        int gear;
20  public:
21        Car(int g=0) : gear(g) {}
22        void pushAccel() { speed += 5; }
23        void pushBrake() { speedDown(); }
24        void setGear(int g) { gear = g; }
25        void printCarInfo(char* msg="car") {
26            printf("%s", msg);
27            //printf(" serial=%d", serial);
28            printf(" speed=%d,", speed);
29            printf(" gear=%d,", gear);
30            printf(" price=%d\n", price);
31        }
32  };
33
34  void main() {
35        Car myCar(2), yourCar(3);
36
37        // myCar.serial = 20170118;
38        // yourCar.speed = 20;
39        myCar.pushAccel();
40        myCar.price = 3000;
41        yourCar.price = 2500;
42
43        myCar.print();
44        yourCar.print();
45
46        myCar.printCarInfo ("[My Car]");
47        yourCar.printCarInfo("[YourCar]");
48  }
```

```
C:\WINDOWS\system32\cm...   —   □   ×
[Vehicle] serial=0, speed=5, price=3000
[Vehicle] serial=0, speed=0, price=2500
[My  Car] speed=5, gear=2, price=3000
[YourCar] speed=0, gear=3, price=2500
계속하려면 아무 키나 누르십시오 . . .
```

- **price**(8행): 공용 멤버로 선언되었으므로 클래스 내부(14행), 자식 클래스(30행) 및 외부(40행)에서 모두 마음대로 접근할 수 있다.
- **speed**(6행): 보호 멤버로 선언되어 클래스 내부(10행)와 자식 클래스(28행)에서는 사용할 수 있지만 외부(38행)에서는 접근할 수 있다. 38행의 주석 표시를 제거하면 다음과 같은 컴파일 오류가 발생한다.

| 그림 9.4 protected 멤버 접근에 따른 오류 메시지 예

- **serial**(4행): Vehicle 클래스의 전용 멤버로 클래스 내부(14행)에서는 사용할 수 있지만 자식 클래스(27행)에서나 외부(37행)에서는 접근할 수 없다. 만약 접근하면 다음과 같은 컴파일 오류가 발생한다.

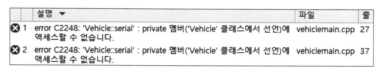

| 그림 9.5 private 멤버 접근에 따른 오류 메시지 예

부모 클래스의 전용 변수 **serial**은 자식 클래스의 멤버 함수에서조차 접근할 수 없다. 이것은 비록 그 변수가 자식 객체의 내부에 있다고 하더라도 직접 접근할 수 없음을 말한다. 따라서 상속을 통해 자식들도 활용할 수 있는 멤버를 선언할 때는 protected가 가장 적절하다.

■ 부모 클래스를 상속받는 방법들(심화)

지금까지 코드에서 모든 상속은 다음과 같이 public으로 처리하였다.

```
class Car: public Vehicle { ... }
class Aircraft : public Vehicle { ... }
```

앞에서 public 대신에 private나 protected를 넣어 상속할 수도 있다고 했다. 물론 대부분의 경우는 public이다. 이 부분을 생략하면 private로 상속하는 것이다. 따라서 public

을 넣는 것을 잊으면 안 된다. 클래스 상속에 public 외의 다른 접근 권한을 사용하면 클래스 멤버들의 접근 권한이 다음 표와 같이 변경된다.

| 표 9.1 상속의 종류

부모 클래스의 접근 지정자	private 상속	protected 상속	public 상속
private	자식에서 직접 접근 불가 private 멤버가 됨	자식에서 직접 접근 불가 private 멤버가 됨	자식에서 직접 접근 불가 private 멤버가 됨
protected	자식에서 직접 접근 가능 **private 멤버로 변함**	자식에서 직접 접근 가능 protected 멤버	자식에서 직접 접근 가능 protected 멤버
public	자식에서 직접 접근 가능 **private 멤버로 변함**	자식에서 직접 접근 가능 **protected 멤버로 변함**	자식에서 직접 접근 가능 public 멤버

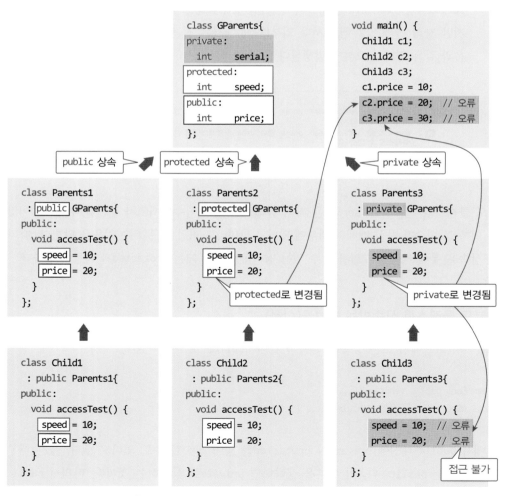

| 그림 9.6 세 가지 방법의 상속과 접근 권한 변경

그림 9.6은 세 가지 방법으로 상속한 프로그램을 보여주고 있다. 이 프로그램을 컴파일 하면 4가지 오류가 발생하는데, Parent3의 speed와 price가 private로 변경되기 때문에 Child3의 멤버 함수에서 이들에 접근하면 오류가 발생한다. 물론 외부에서 Child3의 price를 접근할 수도 없다. Parent2의 경우 이전에 public이던 멤버 price가 protected로 변경된다. 따라서 외부에서 이 멤버를 더 이상 접근할 수 없다.

```
❌ 1  error C2248: 'GParents::speed' : 액세스할 수 없음 멤버('GParents' 클래스에서
      선언)에 액세스할 수 없습니다.
❌ 2  error C2247: 'GParents::price'에 액세스할 수 없습니다. 이는 'Parents3'이(가)
      'private'을(를) 사용하여 'GParents'에서 상속하기 때문입니다.
❌ 4  error C2247: 'GParents::price'에 액세스할 수 없습니다. 이는 'Parents3'이(가)
      'private'을(를) 사용하여 'GParents'에서 상속하기 때문입니다.
❌ 3  error C2247: 'GParents::price'에 액세스할 수 없습니다. 이는 'Parents2'이(가)
      'protected'을(를) 사용하여 'GParents'에서 상속하기 때문입니다.
```

| 그림 9.7 private와 protected 상속에 따른 오류 메시지 예

이와 같은 세 가지 상속 방법은 다소 복잡해 보이지만 걱정할 필요는 없다. 별로 중요하지 않다. 대부분의 경우 public을 사용한다. 필요한 경우 찾아보면 된다. 상속에서 항상 public을 넣는 것을 잊지 말자.

9.3 상속에서의 생성자와 소멸자

■ 생성자의 호출 순서

모든 객체는 생성될 때 생성자를 호출한다. 상속 관계에서도 마찬가지이다. 그림 9.6에서 Child1 클래스의 객체가 만들어지면 당연히 Child1의 생성자를 호출할 것이다. 그렇다면 부모 클래스의 생성자는 어떻게 될까? 부모 클래스의 생성자도 호출이 되어야 한다.

그림 9.8은 Vehicle, Car, Bus 클래스를 구현한 코드를 보여주고 있다. Car는 Vehicle의 자식 클래스이고, Bus는 Car에서 상속한 클래스이다. 다음과 같이 Bus 객체를 생성하는 코드에서 생성자가 호출되는 과정을 알아보자.

```
Bus myCar;
```

① Bus 클래스의 기본 생성자를 호출한다.

② Bus 클래스의 생성자 함수의 몸체로 들어가기 전에 부모 클래스의 생성자를 호출한다. 멤버 초기화 리스트에 부모 클래스의 생성자에 대한 아무런 명시가 없으면 부모 클래스 Car의 기본 생성자를 호출한다.

③ Car의 기본 생성자로 호출되었으므로 g는 디폴트값이 된다. Car의 생성자 몸체로 들어가기 전에 다시 부모 클래스의 생성자를 호출한다. Vehicle 생성자에 대한 명시가 없으므로 Vehicle의 기본 생성자를 호출한다.

④ 역시 기본 생성자로 호출되어 s=0이 된다. 멤버 초기화 리스트의 speed를 처리하고 더 이상 부모 클래스가 없으므로 드디어 생성자 몸체(/*몸체1*/)로 들어간다. 모든 처리가 끝나면 그림과 같이 Car 클래스로 되돌아간다.

⑤ 이제 Car 클래스의 생성자 몸체(/*몸체2*/)를 처리하고 처리가 끝나면 다시 Bus 클래스로 되돌아온다.

⑥ Bus의 생성자 몸체(/*몸체3*/)를 처리한다. 처리가 모두 끝나면 myBus 객체 생성 문장으로 되돌아온다.

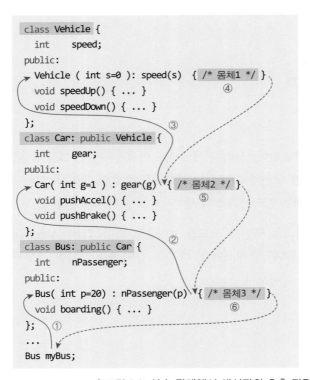
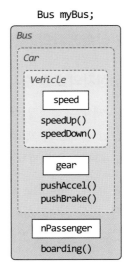

| 그림 9.8 상속 관계에서 생성자의 호출 과정과 Bus 객체 구조

그림을 통해 따라가 보면, 실제로 생성자 함수 몸체의 처리 순서는 생성자가 호출되는 순서의 역순이라는 것이다. 즉 부모 클래스부터 자식으로 내려오면서 생성자 몸체가 실행된다. 그림에서는 Vehicle → Car → Bus의 순이다.

■ 부모 클래스 생성자의 명시적 호출

앞에서는 모든 생성자를 기본 생성자로 호출하였다. 부모 클래스의 생성자를 골라서 명시적으로 호출할 수도 있다. 이를 위해서는 반드시 **멤버 초기화 리스트를 사용**해야 한다. 그림 9.9는 멤버 초기화 리스트에서 부모 클래스의 생성자를 골라 명시적으로 호출하는 예를 보여주고 있다.

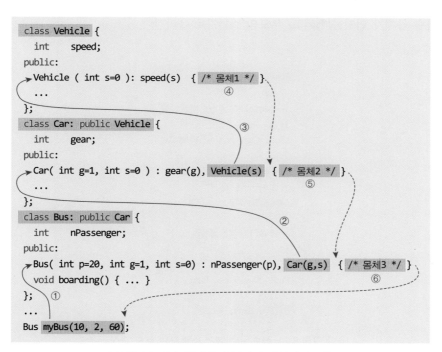

| 그림 9.9 상속 관계에서 명시적 생성자의 호출

Bus의 생성자 몸체로 들어가기 전에 ②와 같이 Car(g,s)를 호출하고, Car 생성자 몸체를 실행하기 전에 마찬가지로 ③과 같이 Vehicle(s)를 호출하여 Vehicle 생성자로 들어간다. Vehicle은 부모 클래스가 없으므로 speed를 초기화한 후 생성자 함수 몸체를 ④와 같이

수행한다. 함수가 끝나면 Car로 되돌아오고, Car의 생성자 몸체 ⑤로 들어가 처리한 후 마지막으로 Bus로 돌아오고, 생성자 몸체를 마지막으로 실행한다. 역시 생성자 몸체의 호출 순서는 상속의 가장 부모 클래스부터이며 자식 클래스로 내려가면서 순서적으로 호출된다.

■ 소멸자의 호출 순서

소멸자의 경우도 살펴보자. 소멸자는 생성자와 달리 함수 중복도 허용되지 않고 매개변수도 없다. 따라서 다음 그림과 같이 버스 객체의 소멸자가 호출되면 먼저 Bus의 소멸자 함수 몸체가 처리된다. 그 다음에 부모 클래스의 소멸자를 호출한다. Car도 마찬가지이다. 따라서 상속 관계에서 소멸자의 처리 순서는 생성자와 정확히 반대방향이다. 자식 클래스의 소멸자 함수 몸체가 먼저 실행되고, 부모의 소멸자로 올라간다.

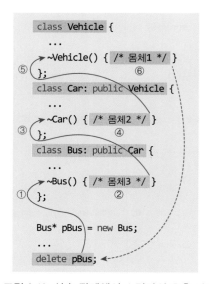

| 그림 9.10 상속 관계에서 소멸자의 호출 과정

9.5 멤버의 재정의

상속에서 때로는 부모 클래스의 멤버를 다시 자식 클래스에서 다시 정의 할 수 있다. 이것을 **재정의**(overriding)라 한다. 재정의는 보통 멤버 함수에 대해 적용하지만 멤버 변수에 대해서도 적용할 수 있다.

■ 멤버 변수의 재정의

상속을 잘 이해하지 못한 학생들이 가끔 부모와 자식 클래스에 동일한 멤버 변수를 넣는 경우가 있다. 다음 코드를 보자.

```cpp
class Vehicle {
    int speed;
    ...
};
class Car : public Vehicle {
    int speed;
    int gear;
    ...
};
```

Vehicle의 멤버 변수인 speed를 Vehicle을 상속한 자식 클래스인 Car에서 다시 선언한 것이다. 이것이 **멤버 변수의 재정의**이다. 이것은 가능은 하지만 매우 좋지 않은 사용이다. 이 경우 그림 9.11과 같이 Car 객체에는 실제로 두 개의 speed 변수가 존재한다.

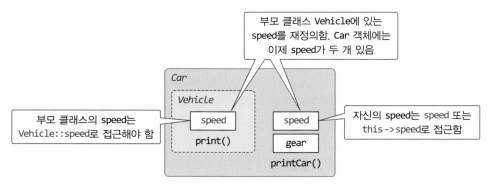

| 그림 9.11 멤버 변수의 재정의(사용하지 말아야 할 방법)

만약 Car의 멤버 함수에서 자신의 speed에 접근하고 싶다면 그냥 speed 또는 this->speed라고 사용하면 된다. 그렇다면 Car의 멤버 함수에서 부모의 speed에 접근하고 싶다면 어떻게 할까? **범위 연산자 ::를 사용**해야 한다. 즉 Vehicle::speed는 부모 클래스의 speed를 말한다. 결론적으로, 멤버 변수의 재정의는 바람직하지 않고, 개발자를 혼란스럽게 할 가능성이 많으므로 사용하지 않는 것이 좋다.

■ 멤버 함수의 재정의

멤버 변수와는 달리 **멤버 함수의 재정의**는 실제로 매우 중요하고 많이 사용되므로 잘 알고 있어야 한다. 부모 클래스에서 어떤 멤버 함수가 있으면 보통은 자식 클래스에서 그 함수를 그대로 사용한다. 그러나 때로는 다른 동작이 필요한 경우가 있다.

오리너구리(platypus)란 동물이 있다. 이 동물은 포유류에 속하지만 알을 낳아 번식한다. 포유류의 일반적인 번식 특성이 새끼를 낳는 것이므로, Mammal 클래스의 breeding() 함수에서는 새끼를 낳아 번식하는 동작을 할 것이다. 개나 고양이, 사람과 같은 대부분의 클래스는 포유류의 일반적인 번식 특성을 가지므로 breeding() 함수를 다시 만들 필요가 없이 부모 클래스의 함수를 그대로 사용하면 된다. 그러나 오리너구리는 상황이 다르다. 부모 클래스의 breeding() 함수를 사용하면 안 되므로 다시 정의하여야 한다. 동작이 다르기 때문이다. 이것이 멤버 함수의 재정의이다.

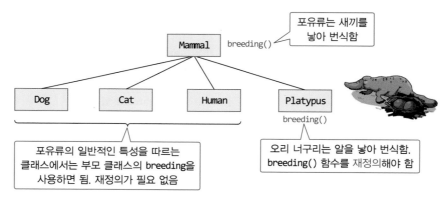

| 그림 9.12 멤버 함수의 재정의 (오리너구리의 번식 방법)

재정의(overriding)는 **중복 정의**(overloading)와 구분되어야 한다.

- 중복 정의는 같은 이름의 매개변수가 다른 함수를 여러 개 만드는 것이다.
- 재정의는 부모 클래스의 멤버 함수에서 몸체만을 교체하는 것이다. 즉 부모 클래스의 멤버 함수와 이름, 매개변수, 반환형이 모두 같아야 한다.

만약 부모 클래스의 멤버 함수와 이름은 같지만 매개변수가 다른 경우는 어떻게 될까? 이것은 재정의가 아니다. 자식 클래스에 새로운 멤버 함수를 추가한 것이다. 멤버 함수의 재정의는 매우 중요하고, 다음 장에서 공부할 다형성의 핵심이다.

■ 멤버 함수의 호출 순서

재정의는 상속 관계에 있는 클래스들이 동일한 함수를 여러 개 갖는 것이다. 그렇다면 실제로 어떤 멤버 함수가 호출될까? 그림 9.13의 Shepherd의 멤버 함수에서 breeding() 함수가 호출된 상황을 생각해 보자.

(1) 먼저 그 클래스에 breeding() 함수가 있는지를 찾는다.
(2) 만약 없으면 찾을 때 까지 계속 부모 클래스로 올라간다.
(3) 만약 어떤 부모 클래스에도 없다면 마지막으로 전역함수에서 찾는다.

Shepherd의 멤버 함수에서는 breeding()을 찾아 올라가다가 가장 가까운 Mammal 클래스에서 찾게 되고, 이 함수를 실행한다. 만약 Eagle 클래스의 멤버 함수에서 speaking() 함수를 호출하면 Bird와 Animal 클래스를 순서대로 찾는데, 이들에는 없으므로 최종적으로 전역 함수 speaking()을 실행한다. 만약 전역 함수도 없다면 오류를 발생한다.

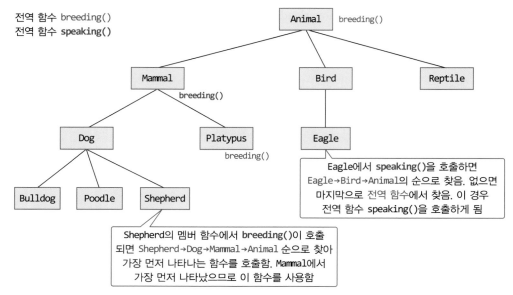

| 그림 9.13 다양한 동물 클래스의 상속 관계와 멤버 함수 재정의

만약 Shepherd 클래스의 멤버 함수에서 Mammal이 아니라 Animal 클래스의 breeding() 함수를 호출하려면 어떻게 할까? **범위 연산자 ::**를 사용하면 된다. 즉, "클래스명::함수명 ()"을 해당 클래스의 멤버 함수가 호출된다.

```
Animal::breeding();     // Animal 클래스의 breeding 함수를 호출
```

만약 클래스의 멤버 함수에서 전역 함수 breeding()을 호출하려면 어떻게 할까? 클래스명 이 없이 범위 연산자를 사용하면 된다. 즉, "::함수명()"과 같은 문법이다.

```
::breeding();           // 전역 함수 breeding()을 호출
```

■ 상속되지 않는 함수들

상속은 부모 클래스의 대부분의 멤버 함수들을 자식 클래스에서 사용할 수 있도록 한다. 그러나 상속되지 않는 함수들도 있다.

- 부모 클래스의 private 멤버 함수들은 당연히 자식 클래스에서 직접 호출할 수 없다.

- 생성자도 상속되지 않는다. 예를 들어 `Mammal(int)`라는 생성자가 있다고 `Dog puppy(10);`과 같은 문장을 사용할 수 있는 것은 아니다. `Dog(int)`라는 생성자가 있어야 한다.
- 물론 복사 생성자도 상속되지 않는다. 자식 클래스에서 구현하지 않으면 부모 클래스의 복사 생성자가 아니라 컴파일러가 제공하는 기본 복사 생성자를 사용한다.
- 대입 연산자 중복 함수도 상속되지 않는다. 복사 생성자와 동일하다.
- 소멸자도 상속되지 않는다. 물론 기본 생성자, 복사 생성자, 대입 연산자와 같이 소멸자도 구현하지 않으면 컴파일러가 기본으로 제공해준다.

9.5 응용: 그래픽 에디터

파워포인트와 같은 2D 그래픽 편집기는 선이나 원, 사각형과 같은 다양한 2차원 그래픽 원형(graphic primitives)들을 화면에서 그리고 편집할 수 있다. 이와 같은 그래픽 편집기를 위한 2차원 형태(shape)들을 클래스로 구현해 보자.

그림 9.14는 전체 클래스들의 관계를 보여주고 있다. 먼저 그래픽 객체들을 화면에 출력하기 위해서는 몬스터 월드에서 구현한 캔버스 클래스(Canvas)를 사용한다. 콘솔 응용 프로그램에서는 임의의 화면 위치에 출력하는 것이 어렵기 때문에 그래픽 객체들을 캔버스에 먼저 그리고 이를 출력하는 방법을 사용한다.

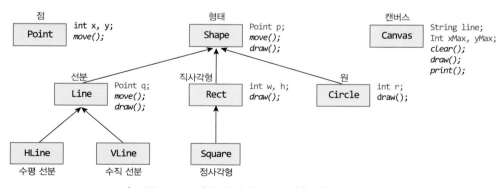

| 그림 9.14 그래픽 편집기 프로그램을 위한 클래스들

■ 그래픽 원형들의 설계

2D 그래픽 편집기에서는 2차원 좌표가 흔히 사용된다. 따라서 Point 클래스를 사용한다. 이제 그래픽 원형들을 설계하자. 선, 원, 사각형 등 다양한 클래스가 필요하다. 물론 상속이 가장 좋은 답이다.

- 부모 클래스는 무엇이 되어야 할까? 일단 "형태"라는 추상적인 개념의 Shape 클래스를 정의한다.
- 선분(Line)이나 사각형(Rectangle), 원(Circle) 등은 2차원 형태(Shape)의 일종이다. 따라서 Shape을 상속하여 특화시킬 수 있다. 이들 사이에는 is-a 또는 is a kind of 관계가 성립한다.
- 수평 선분(HLine)이나 수직 선분(VLine)은 특별한 방향을 갖는 선분이다. 따라서 이들은 선분을 상속하여 구현하는 것이 바람직하다. 정사각형(Square)은 사각형의 특수한 형태이므로 Rectangle을 상속한다.
- 점(Point)은 어떨까? 모든 2차원 형태는 "위치"라는 속성이 있어야 한다. 즉 Shape은 하나의 Point를 "갖고" 있다. 분명히 Shape이 Point의 한 종류인 것은 아니다. 따라서 Shape에 Point 객체를 하나 포함하면 된다.

이와 같은 분석에 따라 클래스 다이어그램을 설계하면 그림 9.15와 같다. 클래스 다이어그램에서 집합이나 연관과 같은 다른 연결자들은 생략하는 경우가 많지만 대부분의 통합 개발 환경에서 상속 관계는 반드시 표시한다. 그림 9.16은 비주얼 스튜디오에서 자동으로 생성해주는 클래스 다이어그램을 보여주고 있는데, 각 클래스의 내용을 펼치면 Canvas 클래스와 같이 보다 자세한 클래스 내용을 보여준다.

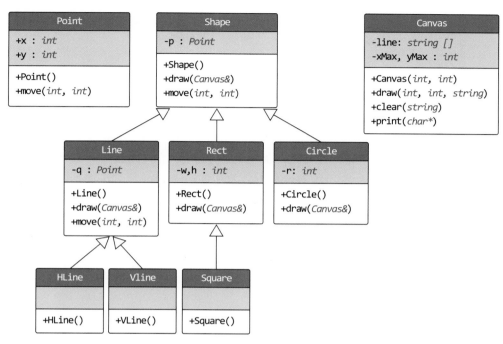

| 그림 9.15 그래픽 편집기의 클래스 다이어그램

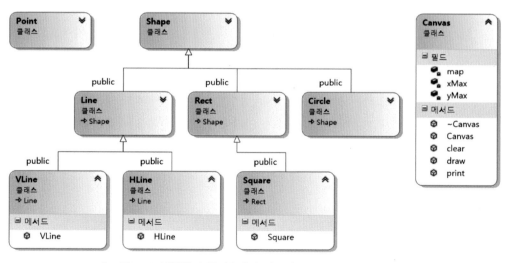

| 그림 9.16 비주얼 스튜디오에서 만들어주는 클래스 다이어그램

각 클래스는 가능한 한 작은 기능만을 갖도록 구현하고, 화면에 그릴 수 있는 방법도 생각해 보자.

- **Point**: 화면상의 점을 표현하기 위해 좌표(x, y)를 갖는다. 생성자와 함께 점을 움직이기 위한 move()를 추가로 제공한다.
- **Shape**: 부모 클래스이다. 모든 2차원 객체들은 위치(Point p;)를 갖는다. 편집기에서 모든 형태들은 이동시킬 수 있고(move()), 화면에 그릴(draw())수도 있다.
- **Line**: Shape을 상속한 선분 클래스이다. 선분은 양 끝점의 정의가 필요하다. Shape에 선언된 p를 시작점으로 사용하면 끝점을 위한 멤버 변수가 추가되어야 한다. 이를 q라 하자. 화면에 선분을 그리는 방법은 다른 형태들과 다르다. 따라서 draw() 함수를 반드시 재정의해야 한다. 선분을 화면에 그리는 것은 생각보다 복잡하다. 선분을 이동하기 위해서는 양 끝점을 모두 이동해야 한다. 따라서 move() 함수도 재정의하여 p와 q를 모두 이동할 수 있도록 한다.
- **Rect**: Shape을 상속한다. 사각형은 위치와 함께 가로(w)와 세로(h) 길이가 정의되어야 한다. 사각형을 화면에 그리는 방법도 Shape이나 Line과 다를 것이다. 따라서 draw()를 재정의한다. 사각형을 이동하는 것은 객체의 위치만을 이동하면 되므로 move()는 부모 클래스의 함수를 이용하면 된다.
- **Circle**: 원도 마찬가지이다. 위치와 함께 반경(radius)이란 속성이 필요하므로 변수를 추가한다. 원을 그리는 방법도 독특하므로 draw()를 재정의한다. move()는 재정의가 필요 없다.
- **VLine, HLine, Square**: 수직, 수평 선분은 선분의 일종이므로 추가적인 데이터 멤버는 필요 없다. 그리는 것이나 이동하는 방법도 선분과 동일하다. 생성자만 추가해주면 된다. 생성자의 매개변수의 개수가 달라질(줄어들) 것이다. 선분을 정의하기 위해서는 두 점의 좌표가 필요하지만 수직 선분을 정의하기 위해서는 시작점 좌표와 길이만 있으면 된다. 정사각형도 비슷하다.

상속은 모두 public으로 한다. 그리고 자식 클래스에서 부모의 생성자를 잘 선택해 명시적으로 호출한다.

■ 클래스 구현

구현된 그래픽 에디터 프로그램은 다음과 같다. 클래스와 상속의 형태에 집중하라. 사실 그리기 함수들은 생각보다 복잡하다.

프로그램 9.2 그래픽 에디터를 위한 클래스들(Shapes.h)

```
01  #pragma once
02  #include "Canvas.h"
03
04  class Point {
05  public:
06      int x, y;      // 점의 좌표
07      Point(int xx = 0, int yy = 0) : x(xx), y(yy) {}
08      void move(int dx, int dy) { x += dx; y += dy; }
09  };
10  class Shape {
11  protected:
12      Point p;        // 형태의 위치
13  public:
14      Shape(int x = 0, int y = 0) : p(x,y) {}
15      void draw(Canvas& canvas, string color = "★") {
16          canvas.draw(p.x, p.y, color);
17      }
18      void move(int dx, int dy) { p.move(dx, dy); }
19  };
20
21  // 선분과 관련된 클래스들 -------------------------------------------------
22  inline int Abs(int x) { return x > 0 ? x : -x; }
23  inline int Max(int x, int y) { return x > y ? x : y; }
24  inline int Round(double x) { return (int)(x+0.5); }
25  class Line : public Shape {
26      Point q;        // 선분의 다른 쪽 끝점 (한쪽 끝점은 p임)
27  public:
28      Line(int x1 = 0, int y1 = 0, int x2 = 0, int y2 = 0)
29          : Shape(x1,y1), q(x2,y2) { }
30      void draw(Canvas& canvas, string color = "선") {
31          int len = Max(Abs(q.x - p.x), Abs(q.y - p.y));
```

```cpp
32          double x = p.x, y = p.y;
33          double dx = (q.x-p.x)/(double)len, dy=(q.y-p.y)/(double)len;
34          for (int i = 0; i <= len; i++) {
35              canvas.draw(Round(x), Round(y), color);
36              x += dx;
37              y += dy;
38          }
39      }
40      void move(int dx, int dy) { p.move(dx, dy); q.move(dx,dy); }
41  };
42
43  class HLine : public Line {
44  public:
45      HLine(int x = 0, int y = 0, int len = 0) : Line(x, y, x + len, y) { }
46  };
47  class VLine : public Line {
48  public:
49      VLine(int x = 0, int y = 0, int len = 0) : Line(x, y, x, y + len) { }
50  };
51
52  // 사각형과 관련된 클래스들 -------------------------------------------------
53  class Rect : public Shape {
54      int w, h;        // 사각형의 가로와 세로 길이 (시작점은 p임)
55  public:
56      Rect(int x = 0, int y = 0, int ww = 0, int hh = 0)
57          : Shape(x, y), w(ww), h(hh) { }
58      void draw(Canvas& canvas, string color = "■") {
59          for (int i = p.x; i <= p.x + w; i++) {
60              canvas.draw(i, p.y, color);          // 사각형의 윗변
61              canvas.draw(i, p.y+h, color);        // 사각형의 아랫변
62          }
63          for (int i = p.y; i <= p.y + h; i++) {
64              canvas.draw(p.x, i, color);          // 사각형의 좌변
65              canvas.draw(p.x+w, i, color);        // 사각형의 우변
66          }
67      }
68  };
69  class Square : public Rect {
```

```
70   public:
71       Square(int x = 0, int y = 0, int w = 0) : Rect(x, y, w, w) { }
72   };
73
74   // 원 클래스 --------------------------------------------------------------
75   class Circle : public Shape {
76       int r;      // 원의 반지름 (중심은 p를 사용)
77   public:
78       Circle(int x = 0, int y = 0, int rr = 0)
79           : Shape(x, y), r(rr) { }
80       void draw(Canvas& canvas, string color = "◎") {
81           Line(p.x, p.y, p.x, p.y + r).draw(canvas, color);
82           Line(p.x, p.y, p.x, p.y - r).draw(canvas, color);
83           Line(p.x, p.y, p.x+r, p.y).draw(canvas, color);
84           Line(p.x, p.y, p.x - r, p.y).draw(canvas, color);
85       }
86   };
```

코드 설명

2행 Canvas에 그래픽 객체를 그려 화면으로 출력하기 위해 클래스 포함.

4~9행 Point 클래스 선언.

8행 점을 이동하는 함수. 변위(dx,dy)만큼 위치를 이동시킴.

10~19행 Shape 클래스 선언. 형태의 위치 p는 protected로 선언하여 자식 클래스에서 직접 접근할 수 있도록 함. Line에서는 한쪽 끝점으로, Rect에서는 시작점으로, Circle에서는 중심으로 사용됨.

22~24행 inline 함수들. Line 클래스의 멤버 함수에서 사용됨.

25행 Shape을 상속하여 Line 클래스를 정의함

26행 선분의 다른 끝점을 멤버 변수에 추가.

28~29행 멤버 초기화 리스트에서 부모 클래스의 생성자와 멤버 q의 생성자를 선택해 명시적으로 호출하여 초기화 함.

30~39행 draw() 함수를 재정의. 선분을 그리는 것은 복잡함. 여기서는 가장 간단한 DDA(Digital Differential Analyzer) 알고리즘을 사용함.

40행 선분의 이동을 위해서는 양 끝점을 모두 이동해야 함. 따라서 재정의함.

43~50행 Line 클래스를 상속하여 VLine, HLine 클래스를 선언. 생성자만 구현하고 나머지는 모두 부모 클래스의 멤버를 사용하면 됨.

52~68행 Shape을 상속하여 Rect 클래스를 정의함. 사각형의 가로 세로 크기를 멤버 변수로 추가. 생성자에서 부모 클래스의 생성자를 명시적 호출.

58~67행 draw() 함수를 재정의. 사각형을 그리는 것은 크게 어렵지 않음.

69~72행 정사각형 클래스.

75~86행 Shape을 상속하여 Circle 클래스를 정의함. 원의 반지름을 멤버 변수로 추가. 생성자를 제공함.

80~85행 draw() 함수를 재정의. 원을 그리는 것도 상당히 복잡함. Midpoint Circle 알고리즘 등을 사용할 수도 있지만, 여기서는 상하 좌우로 선분을 그리는 것으로 단순화 함.

사실 화면에 선분을 하나 그리는 것도 단순하지 않다. 컴퓨터 그래픽스 도서를 찾아보면 Bresenham 알고리즘 등 여러 방법이 있는데, 이 코드에서는 가장 간단한 DDA 알고리즘을 사용하였다. 이것은 그림 9.17과 같이 양 끝점을 이용해 x와 y 방향으로의 증가분을 계산하고, 이를 반복적으로 더하는 방법을 사용한다. 원을 그리는 것도 어려운데, 이 코드에서는 원을 그리지 않고 '+' 모양을 그리는 것으로 단순화하였다. 그래픽 객체를 그리는 알고리즘에 대해서는 관련 컴퓨터 그래픽스 도서를 참고하기 바란다.

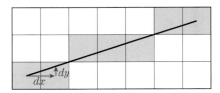

| 그림 9.17 DDA(Digital Differential Analyzer) 선분 그리기 개념

만약 선분을 그릴 수 있다면 사각형을 그리는 것은 간단하다. 사각형의 네 변에 대한 선분 객체를 만들고 이들을 그리면 되기 때문이다. 따라서 사각형 그리기 함수는 다음과 같이 수정할 수 있다.

```
void draw(Canvas& canvas, string color = "■") {
    Line(p.x, p.y, p.x, p.y + h).draw(canvas, color);
    Line(p.x + w, p.y, p.x + w, p.y + h).draw(canvas, color);
    Line(p.x, p.y, p.x + w, p.y).draw(canvas, color);
    Line(p.x, p.y + h, p.x + w, p.y + h).draw(canvas, color);
}
```

이제 이 클래스들을 사용하여 그림을 그려보자. 몇 가지 객체들을 화면에 그리고 엔터를 누르면 무작위 방향으로 움직이도록 하였다.

프로그램 9.3   그래픽 에디터 프로그램(GraphicEditor.cpp)

```cpp
01   #include "Shapes.h"
02
03   void main()
04   {
05       Canvas myCanvas(25,15);
06       Line    l(2, 2, 8, 4);
07       Rect    r(2, 9, 6, 3);
08       HLine   h(1, 7, 23);
09       VLine   v(12, 1, 13);
10       Square  s(17, 1, 4);
11       Circle  c(19, 11, 2);
12
13       do {
14           myCanvas.clear();
15           l.draw(myCanvas, "●");
16           r.draw(myCanvas, "◙");
17           v.draw(myCanvas, "‖");
18           h.draw(myCanvas, "--");
19           s.draw(myCanvas, "■");
20           c.draw(myCanvas);
21           myCanvas.print("나의 사랑스런 그림판");
22
23           l.move(rand()%3-1, rand()%3-1);
24           r.move(rand()%3-1, rand()%3-1);
25           s.move(rand()%3-1, rand()%3-1);
26           c.move(rand()%3-1, rand()%3-1);
27       } while (getchar() != 'q');
28   }
```

엔터를 누를 때마다
객체들이 무작위로 움직임

코드 설명

5행 25×15의 캔버스 객체 생성.

6~11행 다양한 객체 생성.

14~21행 캔버스를 지우고, 객체들을 다시 그린 후에 캔버스를 화면에 출력.

23~26행 수평, 수직 선분을 제외하고 모두 무작위로 인접 방향으로 움직임.

27행 키가 입력될 때 마다 반복. 입력된 키가 'q'이면 종료.

■ 고찰

실행 결과를 보면 화면 가운데 가로와 세로 선분을 그리고, 각 사분면에 선분과 직사각형, 정사각형 및 원을 단순화한 '+' 모양이 출력되는 것을 알 수 있다. 엔터를 누르면 각 사분면의 객체들이 무작위 방향으로 이동한다.

- 상속을 이용하면 다양한 클래스를 효율적으로 만들 수 있다.
- 자식 클래스에서 부모 클래스와 다른 동작을 하는 멤버 함수들은 재정의하는데, draw() 함수가 대표적인 예이다. 그렇지 않은 경우는 부모 클래스의 함수를 그대로 사용하면 된다(예: move() 함수).
- 각 클래스 객체들의 크기는 어떻게 될까? 기본적으로 객체의 크기는 멤버 변수들과 관련이 있다. 물론 상속이 되면 부모 클래스의 크기가 추가된다.

```
- sizeof(Point) == sizeof(int) * 2                    // x, y
- sizeof(Shape) == sizeof(Point)                      // p
- sizeof(Line) == sizeof(Shape) + sizeof(Point)       // q 추가
- sizeof(VLine) == sizeof(HLine) == sizeof(Line)      // 변수 추가 없음
- sizeof(Rect) == sizeof(Shape) + sizeof(int) * 2     // w, h 추가
- sizeof(Square) == sizeof(Rect)                      // 변수 추가 없음
- sizeof(Circle) == sizeof(Shape) + sizeof(int)       // r 추가
```

이 프로그램에서는 8~13행에서 선분과 원, 그리고 사각형 객체를 하나씩 순서대로 만들어 동작을 테스트했다. 파워포인트와 같은 실제 그래픽 에디터에서는 어떻게 될까? 아마 프로그램의 사용자는 그래픽 객체들을 순서 없이 마음대로 그릴 것이다. 따라서 이들 프로그램에서는 main()에서 사용자의 입력을 받고, 객체들을 동적으로 생성하고, 어딘가에 저장하는 코드가 있어야 할 것이다. 저장된 객체들을 선택해서 움직이거나 모두 화면으로 출력하는 등의 다양한 편집 작업도 구현될 것이다.

그렇다면 이들 객체들을 어떻게 관리할까? 가장 간단한 방법은 각각의 그래픽 원형마다 각각 배열을 만들고 사용자가 입력할 때마다 해당 객체의 배열에 저장하는 것이다. 만약 그릴 수 있는 그래픽 객체의 종류가 20가지라면 20개의 배열을 관리해야 한다. 사실 이것은 매우 번거로운 일이다. 모든 그래픽 객체를 하나의 배열에 통합하여 관리할 수 있다면 소스 코드가 간결해질 것이다. 그 방법은 상속에서의 형 변환과 다형성에서 찾아야 한다. 이것은 다음 장에서 공부한다.

9.6 다중 상속

다중 상속(multiple inheritance)은 하나의 클래스가 여러 개의 부모 클래스로부터 직접 상속을 받는 것을 말한다. C++에서는 다중 상속을 허용한다. 다중 상속의 문법은 다음과 같다.

```
class 자식클래스명 : public 부모클래스1, 부모클래스2, ...
{
    ...    // 자식 클래스에서 추가된 멤버들
};
```

그러나 다중 상속은 잠재적인 문제가 있어 가능한 한 사용하지 않는 것이 바람직하다. 그림 9.18과 같은 클래스들을 생각해 보자. 오리너구리에는 오리의 특성과 너구리의 특성이 있을 것이다. 따라서 그림과 같이 오리너구리 클래스 Platypus를 너구리 클래스인 Racoon과 오리 클래스 Duck을 동시에 상속받아 구현할 수 있다. 이것이 다중 상속이다. 그렇다면 여기에 어떤 문제가 생길 수 있을까?

오리너구리 클래스의 멤버 함수에서 move()를 호출해 보자. 이 함수는 양쪽 직계 부모인 Racoon과 Duck에 모두 구현되어 있다! 그렇다면 어떤 함수를 호출해야 할까? 컴파일러가 결정할 수 없다. 따라서 컴파일 오류가 발생한다.

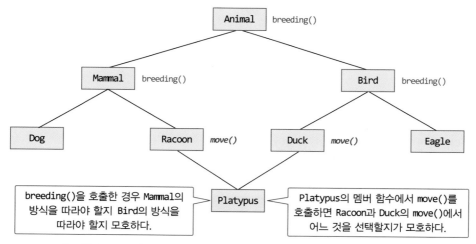

| 그림 9.18 오리너구리가 너구리(Racoon) 클래스와 오리(Duck) 클래스를 모두 상속받은 경우. 모호성이 발생함

다중 상속은 잘 사용하면 보다 간편하게 코드를 작성할 수 있겠지만 이와 같은 잠재적인 문제를 가지고 있다. 이것은 자동으로 해결될 수 없는 근본적인 문제이며, 클래스와 상속 관계가 복잡해질수록 치명적인 문제가 된다. 따라서 Java를 비롯한 대부분의 객체지향 언어에서는 다중 상속을 허용하지 않는다. 저자도 가급적 다중 상속을 사용하지 말 것을 권장한다.

9.7 응용: MonsterWorld 3: 세상의 모든 귀신

상속을 공부했으니 이제 몬스터 월드에 온갖 종류의 귀신을 출연시키자.

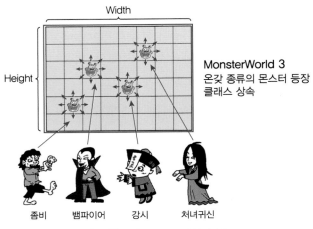

| 그림 9.19 MonsterWorld 3

일단 추가할 몬스터는 그림과 같이 좀비, 뱀파이어, 강시, 처녀귀신으로 한다. 이들은 각각 표 9.2와 같은 고유의 특성을 갖는다. 이들을 반영하여 클래스를 작성하고 프로그램을 실행한다. 화면 구성은 8장에서와 동일하게 한다.

| 표 9.2 몬스터별 특성

몬스터 종류	특징
좀비 (Zombi)	정신없이 돌아다닌다. - 현재 위치에서 인접한 8방향으로 무작위로 움직인다.

뱀파이어 (Vampire)	약간은 정신을 차리고 돌아다닌다. – 상하좌우로 인접한 4방향으로만 움직인다.
강시 (Jiangshi)	한쪽 방향으로만 열심히 달린다. 반대 방향으로 갈 수도 있다. – 좌우로 움직이거나 상하로만 움직인다. – 한꺼번에 여러 칸을 움직일 수 있다.
처녀귀신 (KGhost, Korean Unmarried Woman ghost)	갑자기 나타난다. 즉, 공간 이동을 할 수 있다. – 현재 좌표에 상관없이 다음에 어디든 갈 수 있다.

▪ 몬스터 클래스 설계

표 9.2의 캐릭터들을 모두 몬스터의 일종으로 생각하고, 이들을 `Monster`를 상속하여 구현하자. 부모 클래스인 `Monster` 클래스에서 한 가지 수정이 필요하다. 모든 자식 클래스에서 `Monster`의 데이터 멤버들을 직접 참조할 수 있도록 protected로 변경한다. 그림 9.20의 클래스 다이어그램에서 `Monster`의 모든 데이터 멤버들과 `clip()`, `eat()` 함수가 protected(#)로 변경된 것을 확인하라.

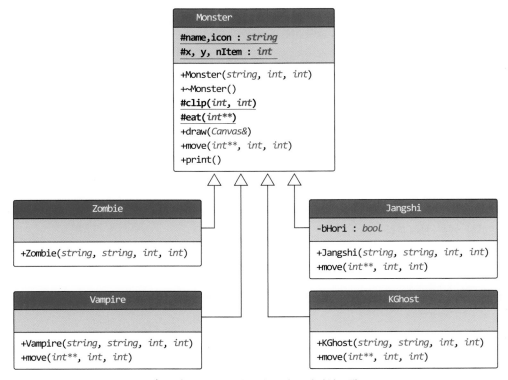

| 그림 9.20 몬스터들의 클래스 다이어그램

다른 몬스터 클래스는 이제 Monster를 상속받아 정의한다. 몬스터와 관련된 대부분의 속성과 동작들은 이미 Monster에서 구현했으므로 추가될 부분은 많지 않다. 여러 개의 클래스를 만든다고 걱정할 필요는 없다. 생각보다 쉽다.

- 강시는 추가적인 데이터 멤버가 필요하다. 이것은 강시가 수평으로 움직이는지 수직으로 움직이는지를 나타내기 위한 변수로 bool형을 사용한다.
- 좀비를 제외한 모든 자식 몬스터 클래스에서 Monster의 move() 함수를 재정의(overriding) 해야 한다. 좀비는 Monster와 동일한 움직임을 갖기 때문에 재정의가 필요 없고 Monster의 move()를 그대로 사용한다. 다른 몬스터들은 다음과 같은 이동 특성을 갖도록 move()를 재정의 하자.
  - 뱀파이어: 상하좌우로만 움직이므로 0에서 3 사이의 난수를 발생시켜 각 방향으로 이동한다.
  - 강시: 상하 또는 좌우로만 움직이므로 난수로 0이나 1을 발생시키면 된다. 한 번에 여러 칸을 움직이는 특징을 위해 추가로 난수를 발생하여 움직이는 거리를 조절한다.
  - 처녀귀신: 갑자기 나타난다. 다음 이동할 위치가 현재 좌표와는 상관이 없다. 맵 안이라면 어디라도 갈 수 있도록 x와 y축 방향으로 각각 난수를 발생하여 다음으로 이동할 좌표를 생성한다.
- 생성자는 상속되지 않으므로 모든 몬스터 클래스에서 생성자를 구현해야 한다. 물론 멤버 초기화 리스트에서 Monster의 적절한 생성자를 호출할 것이다.

■ 구현

클래스 다이어그램이 설계되면 구현은 생각보다 쉽다. 프로그램 9.4는 각 몬스터 클래스를 구현한 예를 보여준다.

프로그램 9.4	Monster 클래스(VariousMonsters.h)

```
01  #pragma once
02  #include "Monster.h"
03
04  class Zombie : public Monster{
```

```
05   public:
06       Zombie(string n = "허접좀비", string i = "§", int x = 0, int y = 0)
07           : Monster(n, i, x, y) {}
08       ~Zombie() { cout << " Zombie"; }
09   };
10
11   class Vampire : public Monster{
12   public:
13       Vampire(string n = "뱀파이어", string i = "★", int x=0, int y=0)
14           : Monster(n, i, x, y) {}
15       ~Vampire() { cout << " Vampire"; }
16
17       void move(int** map, int maxx, int maxy) {
18           int dir = rand() % 4;
19           if (dir == 0) x--;
20           else if (dir == 1) x++;
21           else if (dir == 2) y--;
22           else y++;
23           clip(maxx, maxy);
24           eat(map);
25       }
26   };
27
28   class KGhost : public Monster{
29   public:
30       KGhost(string n = "처녀귀신", string i = "♥", int x=0, int y=0)
31           : Monster(n, i, x, y) {}
32       ~KGhost() { cout << " KGhost"; }
33
34       void move(int** map, int maxx, int maxy) {
35           x = rand() % maxx;
36           y = rand() % maxy;
37           clip(maxx, maxy);
38           eat(map);
39       }
40   };
41
42   class Jiangshi : public Monster{
```

```
43        bool bHori;
44    public:
45        Jiangshi(string n="대륙강시", string i="↔", int x=0, int y=0, bool bH=true)
46            : Monster(n, i, x, y), bHori(bH) {}
47        ~Jiangshi() { cout << " Jiangshi"; }
48
49    void move(int** map, int maxx, int maxy) {
50            int dir = rand() % 2;
51            int jump = rand() % 2 + 1;
52            if (bHori) x += ((dir == 0) ? -jump : jump);
53            else y += ((dir == 0) ? -jump : jump);
54            clip(maxx, maxy);
55            eat(map);
56        }
57    };
```

코드 설명

4행 좀비 클래스를 Monster를 상속받아 구현함.

5~8행 좀비의 생성자와 소멸자. 생성자에서 디폴트 매개변수와 멤버 초기화 리스트 사용하고, 부모 Monster의 생성자를 호출한 것에 유의할 것.

11행 뱀파이어 클래스를 Monster를 상속받아 구현함. 생성자와 소멸자는 좀비의 경우와 동일함.

17~26행 뱀파이어는 현재 위치에서 상하좌우 네 방향으로만 움직일 수 있도록 move() 함수를 재정의 함.

28행 Monster를 상속받아 처녀귀신 클래스를 구현함.

34~39행 처녀귀신은 공간 이동을 어느 곳에든 갑자기 나타날 수 있음. move() 함수를 재정의.

42행 Monster를 상속받아 강시 클래스를 구현함.

43행 강시의 경우 상하나 좌우로만 움직이므로. 움직이는 방향을 나타내기 위한 멤버 변수 선언. bHori가 true이면 좌우로만 움직이고, false이면 상하로만 움직임.

45~46행 생성자를 구현함. 생성자에서 움직임 방향 필드도 초기화하는 것에 유의할 것.

49~56행 강시는 상하나 좌우로만 움직임. 대신 한 번에 최대 2칸까지 움직일 수 있도록 함.

---

main() 함수는 프로그램 8.4와 같이 각각의 몬스터 객체를 동적으로 생성해 add() 함수로 전달하는 방식으로 구현하면 된다. 문제는 add() 함수의 매개변수 자료형이다. 다음 장에서 자세히 알아보겠지만, 자식 클래스의 포인터를 부모 클래스로 변경하는 것은 자동으로 이루어진다. 따라서 add() 함수의 변경 없이 main() 함수를 다음과 같이 수정해 보자.

프로그램 9.5　몬스터 월드 메인 함수(MonsterWorldGame.cpp)

```cpp
01  #include "MonsterWorld.h"
02  #include "VariousMonsters.h"
03  #include <time.h>
04
05  void main()
06  {
07      srand((unsigned int)time(NULL));
08      int w = 16, h = 8;
09      MonsterWorld game(w, h);
10
11      game.add(new Zombie("허접한좀비", "§", rand()%w, rand()%h));
12      game.add(new Vampire("뱀파이어짱", "★", rand()%w, rand()%h));
13      game.add(new KGhost("어쩌다귀신", "♥", rand()%w, rand()%h));
14      game.add(new Jiangshi("못먹어도고", "↔", rand()%w, rand()%h, true));
15      game.add(new Jiangshi("못먹어세로", "↕", rand()%w, rand()%h, false));
16      game.play(500, 10);
17      printf("------게임 종료-------------------\n");
18  }
```

코드 설명

2행 다양한 몬스터 클래스를 포함함.

11~15행 다양한 종류의 몬스터를 동적으로 할당해 몬스터 세상에 추가함. 부모 클래스로의 자동 형 변환을 사용함. 예를 들어, 11행의 경우 new Zombie(...)의 자료형은 Zombie*이지만 add() 함수의 매개변수 자료형 Monster*로 자동으로 변환됨. 이를 상향 형 변환이라 함.

16행 게임을 진행함.

다양한 클래스를 추가했지만 정작 MonsterWorld 클래스는 수정하지 않았다. 그렇다면 11~15행이 정상적으로 동작할까? 예를 들어, 11행의 **add()** 함수 호출에서 다음 인수의 자료형은 **Monster***가 아니라 **Zombie***형이다.

```cpp
new Zombie("허접한좀비", "§", rand()%w, rand()%h)
```

프로그램 8.13의 MonsterWorld 클래스 멤버 함수 add()의 매개변수의 자료형은 Monster* 이다(41행). 다음 장에서 자세히 다루겠지만, 자식 객체의 주소(Zombie*)를 부모 클래스의 포인터(Monster*)에 복사하는 것은 자동으로 이루어진다. 이를 **상향 형 변환**(up-casting)이라고 한다.

일단 프로그램 8.13의 MonsterWorld 클래스를 그대로 사용해도 전체 프로그램은 문제없이 컴파일 된다. 그런데 프로그램을 실행하여 자세히 관찰하면 결과가 좀 이상한 것을 발견할 수 있을 것이다. 여러 클래스의 객체를 만들었지만, 모두 부모인 Monster와 같은 방법으로 움직이는 것이다! 왜 그럴까? MonsterWorld 클래스의 play() 함수의 다음 코드에 문제가 있다.

```
50      for (int k = 0; k < nMon ; k++)
51          pMon[k]->move(world.Data(), xMax, yMax);
```

pMon[k]의 자료형은 여전히 Monster*이고, 따라서 프로그램 8.13의 51행에서 호출되는 move()함수는 자식이 아니라 Monster에서부터 찾게 된다. Monster에 move()가 구현되어 있으므로 결국 모든 객체에 대해 이 함수가 호출되고, 모든 몬스터는 Monster처럼 움직인다.

그렇다면 어떻게 해야 할까? 각각의 pMon[k]에 대해 원래 할당된 객체가 속한 클래스의 move() 함수를 사용해야 한다. 그래야 pMon[k]마다 각기 다른 움직임이 가능하기 때문이다. 결국 MonsterWorld의 play() 멤버 함수의 50~51행은 다음과 같이 강제 형 변환을 이용하여 원래 클래스의 함수가 move() 실행되도록 수정되어야 한다. 슬픈 일이지만 더 이상 반복문을 사용할 수 없다!

```
((Zombie*)pMon[0])->move(world.Data(), xMax, yMax);
((Vampire*)pMon[1])->move(world.Data(),xMax, yMax);
((KGhost*)pMon[2])->move(world.Data(), xMax, yMax);
((Jiangshi*)pMon[3])->move(world.Data(),xMax,yMax);
((Jiangshi*)pMon[4])->move(world.Data(),xMax,yMax);
```

이 부분을 수정해서 실행해 보면 각각의 몬스터가 다른 방법으로 움직이는 것을 알 수 있다. 그림 9.21은 이 프로그램의 실행 결과의 일부인데, 초기 화면, 몬스터들이 각각 100번 이동한 후, 그리고 종료된 상황의 화면을 보여준다.

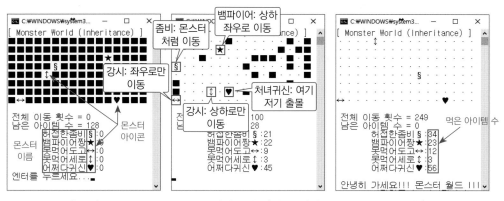

| 그림 9.21 MonsterWorld 3 게임 화면들(시작, 진행 중, 그리고 종료 상황)

시간 지연을 충분히 넣어 프로그램을 천천히 실행해 보면 각 객체의 움직임이 8장과는 다른 것을 알 수 있다. 아이템을 먹는 개수를 살펴보면, 대부분의 경우 순간이동을 하는 처녀귀신이 상대적으로 많은 아이템을 먹고, 가로와 세로로 이동이 제한되는 강시가 가장 적은 아이템을 먹는 것을 알 수 있다.

■ 고찰

다양한 몬스터 클래스를 구현하고 동작시키는 것은 생각보다 어렵지 않고, 약간 재미있다. 상속을 사용하면 다양한 클래스를 손쉽게 구현할 수 있다. 그런데 사실 이 프로그램은 문제가 많은 코드이다.

- 가장 큰 문제는 강제 형 변환이다. 즉, main() 함수에서 객체를 동적으로 생성해 add()한 순서대로 MonsterWorld의 play() 함수에서 강제로 형 변환한 후 move() 함수를 호출해야 한다는 것이다. 이렇게 되면 MonsterWorld는 정해진 순서와 개수의 몬스터만이 움직이는 매우 제한된 세상이 된다.
- 이 프로그램은 객체의 소멸에도 문제가 있다. 자식 몬스터 클래스로 생성된 객체들이 소멸될 때에는 모두 부모 몬스터 객체로 취급되고 소멸된다. 이것은 메모리의 누수(leakage)를 발생하게 된다.

사실 이러한 문제는 앞에서 살펴본 그래픽 에디터 프로그램에서도 동일하게 발생한다. 정해진 그래픽 객체를 출력할 수는 있지만 사용자가 임의로 입력하는 그래픽 객체를 관리하는 것이 어려운 것이다. 다음 장에서는 이러한 문제를 해결하기 위한 중요한 기법을 공부한다. 동적 바인딩을 사용하는 다형성이 문제 해결의 핵심이다. 결론적으로는 상속과 함께 다형성을 사용해야 가장 간결하고 완전한 프로그램이 가능하다.

상속은 생각보다 어렵지 않고 재미있는 것 같습니다? 다중 상속은 문제가 많아 사용을 권장하지 않았는데, 정말 사용하면 안 되나요?

저자는 대학 내의 어떤 조직에서 "교수부장"이란 보직을 맡은 적이 있습니다. 만약 "교수"란 클래스가 있고 "부장"이란 클래스가 있다면 "교수부장"은 이 이 두 클래스를 상속하여 만드는 것이 가장 자연스러울 것입니다. 그런데 여기에는 함정이 있습니다. 만약 "교수"와 "부장" 클래스가 완전히 독립적으로 만들어졌고, 멤버들도 서로 다르다면 이 방법이 전혀 문제가 없을 것입니다. 만약 "교수"와 "부장"이 모두 같은 "직원" 클래스를 상속해 만들어졌다면 문제가 심각해집니다. "교수부장"에서 사용한 어떤 멤버가 "교수"의 것인지 "부장"의 것인지를 판단하기가 모호해지기 때문입니다.

결론적으로 저자는 이렇게 생각합니다. 상속할 두 클래스에 동일한 내용을 나타내는 멤버가 있어 모호성이 조금이라고 발생할 수 있다면 무조건 다중 상속을 사용하지 않겠습니다. 만약 전혀 별개의 클래스라면 다중 상속을 사용하겠습니다. Java에서와는 달리 엄연히 C++에서 지원하는 기능이고, 잘 사용하면 편리할 것이기 때문입니다.

요약

1 (   )은 기존에 잘 동작하는 클래스를 확장하여 새로운 클래스를 만드는 방법이다.

2 부모 클래스를 public, private, 또는 protected로 상속할 수 있는데, 이를 명시하지 않으면 (   ) 상속이
   된다. 대부분 (   ) 상속을 사용하므로 이 부분을 빠트리지 않도록 조심해야 한다.

3 파생 클래스에는 (   )의 모든 (   )가 포함되고, 이 클래스도 다시 다른 클래스의 기반 클래스가 될 수
   있다. 또한 하나의 클래스가 여러 클래스로 상속될 수도 있다.

4 자식 클래스와 부모 클래스간에 (   ) 또는 (   )의 관계가 있는 경우 상속을 사용하는 것이 자연스럽
   고, (   ) 관계가 있다면 상속이 아니라 "포함"으로 처리하는 것이 바람직하다.

5 클래스의 멤버 접근 지정자들 중에서 상속 관계에서 의미가 있는 것은 (   )이다.

6 모든 객체는 생성될 때 생성자를 호출하는데, 자식 클래스의 객체가 생성될 때에는 (   )의 생성자 함수
   몸체가 먼저 실행되고 난 다음에 (   )의 생성자가 실행된다. 또한, 부모 클래스의 여러 생성자 중에서 하
   나를 골라서 명시적으로 호출할 수도 있는데, 이를 위해서는 반드시 (   )를 사용해야 한다.

7 소멸자는 생성자와 반대로, (   )의 소멸자 함수 몸체가 먼저 실행되고, (   )의 소멸자가 실행된다.

8 자식 클래스에서는 보통 부모 클래스에서 멤버를 그대로 사용하지만 때로는 부모와 다른 동작이 필요한
   경우가 있다. 이 경우 부모 클래스의 멤버를 다시 정의 할 수 있는데 이것을 (   )라 한다. 이것은 보통 멤
   버 함수에 대해서만 적용하고, 멤버 변수는 적용할 수 있기는 하지만 사용하지 않는 것이 좋다.

9 재정의는 중복 정의와 구분되어야 하는데, 부모 클래스의 멤버 함수에서 몸체만을 교체하는 것으로, 부모
   클래스의 멤버 함수와 (   ), (   ), (   )이 모두 같아야 한다.

10 자식 클래스의 멤버 함수에서 재정의된 멤버 함수가 아니라 부모 클래스의 멤버 함수를 호출하고 싶을 때
   에는 (   )를 사용하면 된다.

11 클래스에서 (   ), (   ), (   ) 등은 자식 클래스로 상속되지 않는다.

12 C++에서는 하나의 클래스가 여러 개의 부모 클래스로부터 직접 상속을 받는 (   )을 허용한다. 그러나
   다중 상속은 잠재적인 문제가 있기 가능한 한 사용하지 않는 것이 바람직하다.

13 몬스터 월드에서는 Monster 클래스를 상속해 움직이는 방법이 서로 다른 다양한 클래스를 만들었는데, 각
   자식 클래스에서 (   ) 함수를 재정의 하였다.

정답

1. 상속 2. private, public 3. 기반 클래스, 멤버 4. is a, is a kind of, has a 5. protected 6. 부모 클래스, 자
식 클래스, 멤버 초기화 리스트 7. 자식 클래스, 부모 클래스 8. 재정의(overriding) 9. 이름, 매개변수, 반환형
10. 범위 연산자 : : 11. 생성자, 대입 연산자, 소멸자 12. 다중 상속(multiple inheritance) 13. move()

| 연습문제 |

1. 클래스를 상속 받아서 만든 새로운 클래스를 부르는 명칭이 아닌 것은?
   ① 자식 클래스   ② 기반 클래스
   ③ 서브 클래스   ④ 파생 클래스

2. 다음 중 틀린 것을 모두 골라라.
   ① 부모 클래스는 자식 클래스의 부분 집합이다.
   ② 생성자도 그대로 상속된다.
   ③ 부모 클래스의 생성자 함수 몸체가 자식 클래스보다 늦게 호출된다.
   ④ 부모 클래스의 소멸자 함수 몸체는 자식 클래스보다 늦게 호출된다.
   ⑤ 부모 클래스에서 정의된 정적 멤버 함수도 재정의 할 수 있다.

3. 다음과 같이 Pet과 Dog 클래스가 정의되었다. 다음 프로그램에서 모든 오류를 찾고, 그 이유를 설명하라.

```
01   class Pet {
02   private:     int age;
03   protected:   int weight;
04   public:      int price;
05   };
06   class Dog : public Pet {
07   private:
08       int size;
09       void run() { weight--; }
10   public:
11       int noiseLevel;
12       void aging() { age++; }
13       void eat() { weight++; }
14       int value() { return price; }
15   };
16   void main() {
17       Pet mypet;
```

```
18        Dog mangchi;
19        mypet.age = 10;
20        mypet.weight = 16;
21        mypet.price = 100;
22        mangchi.size = 32;
23        mangchi.run();
24        mangchi.aging();
25        mangchi.price = 200;
26        mangchi.noiseLevel = 100;
27  }
```

4. 다음이 가능한지 설명하라.

```
class Sample1 : public Sample2, Sample3
{
};
```

5. 다중 상속을 할 경우의 문제점을 설명하라.

6. 오버라이딩과 오버로딩의 차이점을 설명하라.

7. 다음은 부모 클래스를 상속받는 3가지 방법이다. 각각 다른 방법으로 상속 받을 때 부모 클래스의 접근 권한이 어떻게 되는지 각 빈칸을 채워라.

상속 방법	부모 클래스의 public 멤버	부모 클래스의 protected 멤버	부모 클래스의 private 멤버
public으로 상속	public		
protected으로 상속		protected	
private으로 상속			접근 불가

8. 아래의 코드를 보고 물음에 답하라.

```cpp
01  #include <iostream>
02  using namespace std;
03
04  class Point2d {
05  public:
06      int x, y;
07      Point2d() { x = 10; y = 10;}
08      Point2d(int x1, int y1) { x = x1; y = y1;}
09  };
10  class Point3d : public Point2d {
11  public:
12      int z;
13      Point3d() { z = 10;};
14      Point3d(int x1, int y1, int z1) { z = z1;}
15  };
16  void main(){
17      Point3d p(1, 2, 3);
18      cout << "(" << p.x << ", " << p.y << ", "<< p.z << ")" << endl;
19  }
```

(1) 위 프로그램의 실행 결과를 적고, 결과 값이 왜 그렇게 나왔는지 설명하라.

(2) 실행 결과로 (1, 2, 3)으로 출력되도록 하려면 어떤 부분을 수정해야 할까? 수정해야 할 부분을 찾고, 수정하라.

9. 다음 문장들 중에서 상속과 개념적으로 거리가 가장 먼 것을 찾아라.

① 컬러 TV로 흑백방송을 시청할 수 있다.

② 리무진은 승용차의 일종이다.

③ 철수는 아버지에게 차를 물려받아 몰고 다닌다.

④ 호랑이는 고양이과 동물이다.

10. 다음 코드의 출력 결과를 적어라.

```cpp
#include <iostream>
using namespace std;

class A{
public:
    A() { cout << "클래스 A 생성자 " << endl; }
    ~A() { cout << "클래스 A 소멸자 " << endl; }
};
class B : public A{
public:
    B() { cout << "클래스 B 생성자 " << endl; }
    ~B() { cout << "클래스 B 소멸자 " << endl; }
};
class C : public B{
public:
    C() { cout << "클래스 C 생성자 " << endl; }
    ~C() { cout << "클래스 C 소멸자 " << endl; }
};
void main(){
    C c;
}
```

| 실습문제 |

1. 다음과 같이 Point라는 클래스가 정의되었다. 물음에 답하라.

```cpp
class Point {
protected:
    int x, y;
public:
    Point(int xx, int yy) : x(xx), y(yy){ }
    void draw() {
        std::cout << x << "," << y << "에 점을 그려라.\n";
    }
};
```

(1) 이 클래스를 상속하여 Rectangle 클래스를 정의하라. Rectangle에는 가로와 세로 길이를 나타내는 width와 height라는 멤버가 추가되어야 한다.

(2) 생성자에서 Point의 x, y와 Rectangle의 width, height를 초기화하라. 이때, 멤버 초기화 리스트를 사용하라.

(3) Rectangle 클래스에서 Point클래스에 있는 draw함수를 재정의 하라. 예를 들어, "2,3에 가로 100 세로 200인 사각형을 그려라"를 출력하면 된다.

(4) Point 클래스의 protected 키워드를 private로 바꾸면 어떻게 되는지 설명하라.

2. 9.7절의 MonsterWorld 3 프로그램을 다음과 같이 확장하라.

(1) 대각선으로만 움직일 수 있는 스몸비(Smombi) 클래스를 추가하라.

(2) 강시의 동작이 너무 제한적이어서 아이템을 먹는데 다소 불리하다. 일정한 시간이 되면 움직이는 방향(가로세로)을 바꿀 수 있는 수퍼 강시, 샹시(Siangshi) 클래스를 추가하라. 단, 이 클래스는 반드시 기존의 강시(Jiangshi) 클래스를 상속해서 구현해야 한다.

(3) 다른 몬스터 클래스를 상속해 자신만의 몬스터 클래스를 만들어라.

(4) main() 함수에서 추가된 클래스의 객체들을 생성하여 몬스터 월드에 추가하고 테스트하라.

CHAPTER 10

다형성

10.1 다형성이란?

10.2 응용: 상호작용이 가능한 그래픽 에디터

10.3 상속에서의 형 변환

10.4 가상 함수와 동적 바인딩

10.5 상속에서의 객체 크기

10.6 가상 소멸자

10.7 응용: MonsterWorld 4: 실행시간 다형성

10.8 순수 가상 함수와 추상 클래스

10.9 응용: MonsterWorld 5: 신인류의 탄생

학습목표

- 다형성의 종류와 실행시간 다형성의 의미를 이해한다.
- 상속에서의 상향 형 변환에 대해 이해한다.
- 가상 함수와 동적 바인딩을 이해한다.
- 상속에서 클래스의 크기가 어떻게 되는지를 이해한다.
- 가상 소멸자의 필요성을 이해한다.
- 순수 가상 함수와 추상 클래스를 이해한다.

몬스터 월드 4~5: 실행시간 다형성과 신인류의 탄생

지금까지 구현한 몬스터 세상을 게임이라고 보기는 좀 부족하다. 게이머가 조작할 수 있는 것이 전혀 없기 때문이다. 이제 약간은 게임처럼 바꿔보자. 게이머가 몬스터 월드에 참여하는 것이다. 등장인물에 "신인류"를 넣자. 몬스터들의 세상에 이제 "인류"가 들어간다. 그리고 몬스터들과 아이템을 먹기 위해 경쟁한다.

사실 신인류는 "몬스터의 일종"이라고 보기는 어렵다. 그렇지만 몬스터 세상에 출연하는 새로운 종이므로 몬스터의 일종으로 보고 상속을 사용하자. 이렇게 구현하는 것이 가장 간단한 방법이다. "신인류" 클래스를 구현하는 데는 사용자 입력 처리를 제외하고는 크게 어려운 점은 없다.

이 장에서 가장 중요한 부분은 실행시간 다형성을 이해하고 활용하는 것이다. 이를 위해 상속에서의 형 변환 개념도 공부해야 한다. 이장의 내용들을 공부하면서 몬스터 월드에 실행시간 다형성을 추가하고, 새로운 인류를 넣는 방법을 생각해 보자.

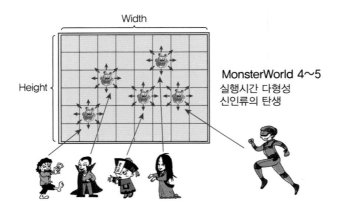

10 다형성

10.1 다형성이란?

다형성(Polymorphism)이란 동일한 종의 생물이지만 모습이나 고유한 특징이 다양하게 나타나는 성질을 말한다. 프로그래밍에서는 다양한 종류의 객체에게 동일한 메시지를 보내더라도 각 객체들이 서로 다르게 동작을 하는 특성을 말한다. 예를 들어, 동일한 이름의 함수를 호출하더라도 매개변수에 따라 다른 함수가 실행되는 함수 중복도 다형성의 일종이다. 상속 관계에서 함수 재정의도 다형성을 보여주는데, 함수의 이름과 매개변수가 같더라도 메시지를 보내는 객체의 타입에 따라 다른 동작이 가능하도록 허용한다. 이러한 다형성은 객체지향 프로그래밍의 강력한 기법 중 하나이므로 매우 중요하다. 그림 10.1은 C++에서 제공하는 여러 종류의 다형성을 보여준다.

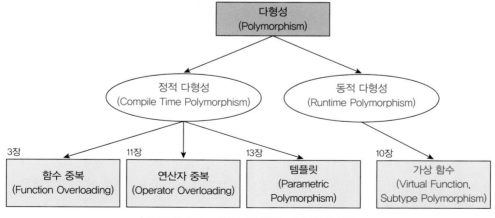

| 그림 10.1 C++에서 제공하는 다형성의 분류

- **함수 중복**은 동일한 이름의 함수를 호출하더라도 인수의 개수와 자료형에 따라 여러 가지 함수가 실행될 수 있도록 한다. 함수 중복은 소스 코드를 컴파일 하는 과정에 실제로 어떤 함수가 실행되어야 할지를 알 수 있어 그 함수를 연결해주기 때문에 **컴파일 시간(compile-time) 다형성**이라 불리며, **정적 바인딩(static binding)**을 사용한다.
- **연산자 중복(overloading)**은 동일한 연산자를 다양한 용도로 사용하는 방법을 제공한다. 컴파일 시간 다형성이며 기본적인 동작은 함수 중복과 유사하다. 11장에서 연산자 중복을 자세히 다룬다.
- 클래스가 객체를 만드는 틀이라면 **템플릿(template)**은 클래스를 만드는 틀이다. 템플릿은 타입 매개변수에 따라 새로운 클래스를 만드는 방법을 제공하고, 따라서 **파라메터형 다형성(Parametric polymorphism)**이라고 한다. 템플릿도 컴파일 시간 다형성인데, 13장에서 자세히 다룬다.
- 이상의 방법들은 모두 컴파일 과정에 실제로 호출될 함수가 결정되는 컴파일 시간 다형성이다. 객체지향 언어인 C++에서는 **실행시간(runtime) 다형성**을 제공한다. 이것은 **가상 함수(virtual function)**를 통한 **동적 바인딩(dynamic binding)**을 이용하는 기법으로 서브타입(subtype) 다형성이라고도 한다. 이 방법의 특징은 컴파일 시에 실제로 어떤 함수가 실행되어야 할지 결정할 수가 없다는 것이다. 따라서 실행 시에 결정할 수밖에 없다.

이 장에서는 상속에서의 형 변환과 실행시간 다형성에 대해 자세히 알아본다. 먼저 이러한 개념이 필요한 이유를 생각해 보자.

10.2 응용: 상호작용이 가능한 그래픽 에디터

9장에서 상속을 이용해 간단한 그래픽 편집기 프로그램을 구현해보았다. **Shape** 클래스를 만들고 이를 상속해 다양한 그래픽 원형들을 자식 클래스로 구현하였다. 그리고 각 클래스의 객체들을 만들고 화면에 출력해보았다(프로그램 9.2~9.3). 사실 이 프로그램은 미리 정한 객체만을 화면에 그려주는 제한된 프로그램이다. 이제 이것을 확장하여 일반적인 그래픽 편집기와 같이 사용자가 마음대로 원하는 그래픽 객체를 그릴 수 있는 프로그램을 만들어 보자. 좋은 소식은 9장의 클래스들(프로그램 9.2)을 그대로 사용한다는 것이다. main() 함수만을 다시 작성하여 내 마음대로 객체들을 화면에 출력할 수 있는 프로그램을 구현해 보자.

| 그림 10.2　상호작용이 가능한 그래픽 편집기

■ 사용자 입력 처리

파워포인트로 선이나 사각형을 그리는 과정을 생각해 보라. 메뉴(menu)나 툴바(toolbar), 마우스 이벤트 등 윈도우의 다양한 입력 방법을 사용할 수 있다. 그러나 콘솔 응용 프로그램에서는 모든 입력을 키보드로만 처리해야 한다. 따라서 키보드를 이용해 다양한 객체를 입력하는 방법을 먼저 결정해야 한다. 표 10.1과 같이 객체를 입력하자.

| 표 10.1　키보드를 이용한 객체 입력 방법

객체	의미	입력 방법
선분	(x1,y1)과 (x2,y2)를 양 끝점으로 하는 선분	l x1 y1 x2 y2 〈엔터〉 예) l 10 10 20 30 〈엔터〉
사각형	시작 좌표가 (x,y)이고 가로가 width, 세로가 height인 사각형	r x y width height 〈엔터〉 예) r 10 20 40 20 〈엔터〉
원	중심이 (x,y)이고 반경이 radius인 원	c x y radius 〈엔터〉 예) c 10 20 5 〈엔터〉
수평 선분	점 (x,y)을 시작으로 길이가 len인 수평 선분	h x y len 〈엔터〉 예) h 10 20 5 〈엔터〉
수직 선분	점 (x,y)을 시작으로 길이가 len인 수직 선분	v x y len 〈엔터〉 예) v 10 20 5 〈엔터〉
정사각형	시작 좌표가 (x,y)이고 변의 길이가 len인 정사각형	s x y len 〈엔터〉 예) s 10 20 5 〈엔터〉
종료	프로그램 종료	q 〈엔터〉

- 모든 명령은 한 라인 단위로 구성되고, 엔터가 입력되면 명령을 처리한다. gets()를 사용하면 표준 입력에서 한 줄을 읽어 문자열에 저장할 수 있다.
- 읽은 문자열에서 사용자가 원하는 명령을 처리하기 위해서는 문자열을 분석해야 한다. 모든 명령들이 항상 맨 앞에 명령의 종류(type)가 나오고, 이어 숫자들이 나타난다. 숫자는 최대 4개이다. 따라서 sscanf()를 사용할 수 있다. 이 함수는 키보드가 아니라 문자열이 입력 소스가 되는 것 외에는 scanf()와 사용 방법이 동일하다. 또한 정확히 읽혀진 값들의 개수를 반환하는 점도 동일한데, 이것을 이용하면 각 명령에 추가된 정보들을 읽을 수 있다.

■ 객체의 저장과 관리 방법

사용자 입력 처리가 해결되면 다음으로 생성되는 객체들을 저장하고 관리하는 방법을 결정해야 한다. 가장 간단한 방법은 그림 10.3과 같이 처리하는 것이다.

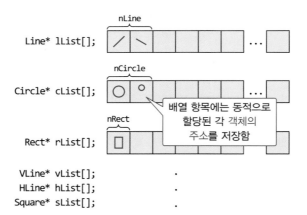

| 그림 10.3 각 그래픽 원형의 클래스마다 배열을 만들어 객체들을 저장하는 방법

- 사용자의 명령에 따라 모든 객체는 동적으로 생성한다.
- 동적 생성된 선, 사각형, 원 등 각 객체의 주소를 저장하기 위한 배열을 만든다. 각 그래픽 원형들 마다 하나씩의 배열이 있어야 한다.
- 각 그래픽 원형들의 개수를 저장할 변수를 선언한다. 처음에는 이들을 모두 0으로 초기화해야 한다.
- 사용자가 객체를 추가할 때마다 해당 클래스의 객체를 만들고(동적으로 할당) 해당

클래스의 배열에 저장한다. 물론 객체의 수도 증가시켜야 한다.

- 전체 화면을 그리기 위해서는 캔버스를 지우고 모든 배열의 객체들을 모두 캔버스에 다시 그린 후 캔버스를 화면에 출력한다.

객체들을 저장하고 관리하기 위해 포인터 배열이 사용되어야 하는 것에 유의하라. 실행 시에 객체들이 동적으로 할당되고, 주소를 각 배열에 저장하기 때문이다. 프로그램이 종료되면 모든 객체를 동적으로 해제해야 한다.

■ 구현

구현된 전체 프로그램은 다음과 같다. 9장에서 구현한 Shapes.h와 Canvas.h가 포함되어야 한다.

프로그램 10.1	사용자 상호작용이 가능한 그래픽 에디터

```
01  #include "Shapes.h"
02  void main()
03  {
04      Canvas myCanvas(25,15);
05      Line*   lList[100];
06      VLine* vList[100];
07      HLine* hList[100];
08      Rect*  rList[100];
09      Square* sList[100];
10      Circle* cList[100];
11      int nLine = 0, nVLine = 0, nHLine = 0;
12      int nCircle = 0, nRect = 0, nSquare = 0;
13
14      while (true) {
15          myCanvas.print(" < 내 마음대로 그릴 수 있는 나의 그래픽 편집기 >");
16          char str[200], type;
17          int v[4];
18          printf("Input ==> ");
19          gets(str);
20          int ret = sscanf(str, "%c%d%d%d%d", &type, v,v+1,v+2,v+3);
```

```
21
22          if (type == 'l' && ret == 5)
23              lList[nLine++] = new Line(v[0], v[1], v[2], v[3]);
24          else if (type == 'v' && ret == 4)
25              vList[nVLine++] = new VLine(v[0], v[1], v[2]);
26          else if (type == 'h' && ret == 4)
27              hList[nHLine++] = new HLine(v[0], v[1], v[2]);
28          else if (type == 'c' && ret == 4)
29              cList[nCircle++] = new Circle(v[0], v[1], v[2]);
30          else if (type == 'r' && ret == 5)
31              rList[nRect++] = new Rect(v[0], v[1], v[2], v[3]);
32          else if (type == 's' && ret == 4)
33              sList[nSquare++] = new Square(v[0], v[1], v[2]);
34          else if (type == 'q') break;
35
36          myCanvas.clear(". ");
37          for (int i = 0; i < nLine; i++) lList[i]->draw(myCanvas,"●");
38          for (int i = 0; i < nVLine; i++) vList[i]->draw(myCanvas,"‖");
39          for (int i = 0; i < nHLine; i++) hList[i]->draw(myCanvas,"--");
40          for (int i = 0; i < nCircle; i++) cList[i]->draw(myCanvas,"◎");
41          for (int i = 0; i < nRect; i++) rList[i]->draw(myCanvas,"▣");
42          for (int i = 0; i < nSquare; i++) sList[i]->draw(myCanvas,"■");
43      }
44      for (int i = 0; i < nLine; i++) delete lList[i];
45      for (int i = 0; i < nVLine; i++) delete vList[i];
46      for (int i = 0; i < nHLine; i++) delete hList[i];
47      for (int i = 0; i < nCircle; i++) delete cList[i];
48      for (int i = 0; i < nRect; i++) delete rList[i];
49      for (int i = 0; i < nSquare; i++) delete sList[i];
50  }
```

코드 설명

4행 화면 출력을 위한 캔버스 객체 생성. 프로그램 7.9의 Canvas.h는 이미 Shapes.h에 포함되어 있음.

5~10행 각 그래픽 객체 저장을 위한 포인터 배열 선언.

11~12행 각 그래픽 객체의 수를 저장하기 위한 변수. 모두 0으로 초기화.

14~43행 무한 반복 루프. 34행의 종료 조건이 되면 빠져나옴(break)함.

15행 현재의 캔버스를 화면에 출력함. 화면의 이름도 함께 출력.

19행 일단 한 라인의 입력을 받음. gets() 함수 사용.

20행 sscanf()를 이용해 입력 문자열에 있는 정보를 분리. 맨 처음에 하나의 문자를 꺼내 명령의 종류인 type 변수에 저장하고, 이어서 최대 4개의 int를 읽어 배열에 넣음. 이 함수는 정상적으로 입력된 입력의 수를 반환하는 것을 명심할 것. 만약 명령 type과 4개의 숫자를 모두 정상적으로 읽었으면 5를 반환하고, 숫자를 3개만 읽었으면 4를 반환함.

22~34행 명령 분석 코드.

22~23행 선분 그리기 'l'이고 숫자 4개가 모두 정상적으로 읽어지면, 새로운 Line 객체를 동적으로 생성함. 생성된 객체의 주소를 배열에 저장하고 선분의 개수 nLine을 증가시킴.

24~27행 수직 선분과 수평 선분은 명령 문자와 함께 3개의 숫자가 필요함. 각 객체를 동적으로 생성하고 동일한 방법으로 처리.

28~29행 원의 경우도 3개의 숫자가 필요함. 원 객체를 동적으로 생성한 후 주소를 원의 포인터 배열에 저장함.

30~33행 사각형과 직사각형도 동일한 방법으로 처리.

34행 종료 명령. while 문을 빠져나옴.

36행 캔버스를 모두 지움. 즉, 모든 화소에 ". "를 저장. 점(.)과 공백 문자 하나로 이루어진 문자열임.

37~42행 캔버스에 모든 배열의 내용을 화면에 그림. 리스트들이 모두 포인터의 배열이므로 -> 연산자를 이용한 것에 유의할 것. (예: lList[i]->draw())

44~49행 각 배열의 모든 객체들을 동적으로 해제함. 모든 객체들이 각각 동적으로 할당되었으므로 해제도 각각에 대해 처리해야 함에 유의할 것.

이 프로그램의 실행 결과는 그림 10.4와 같다. 9장에서와는 달리 이제 프로그램 실행 중에 내가 원하는 객체를 마음대로 그릴 수 있다.

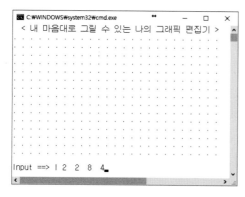
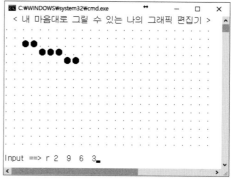

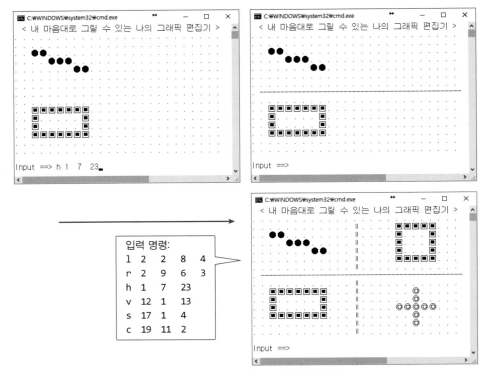

| 그림 10.4 프로그램 10.1 실행 결과 예

■ 고찰

이 코드는 잘 동작하지만 약간의 문제가 있다.

- 코드에 많은 중복이 보인다. 배열의 선언(5~10행)과 객체의 개수(11~12행), 그리기 함수 호출(37~42행), 동적 소멸(44~49행) 부분에서 특히 코드가 중복되어 있다.
- 만약 그래픽 객체의 종류가 더 많아진다면 이러한 코드의 중복이 더욱 심각하게 나타날 것이다. 또한 객체를 이동하거나 편집하는 등의 연산 함수가 추가될 때마다 이와 같은 코드의 중복이 계속될 것이다. 코드의 중복을 줄일 수 있는 좋은 방법은 없을까?
- 모든 객체가 잘 출력은 되었지만, 출력 순서가 객체를 입력한 순서와 다르다. 코드(37~42행)를 보면 객체의 출력이 입력 순서가 아니라 항상 선분 → 수직 선분 → 수평 선분 → 원 → 사각형 → 정사각형의 순이다. 객체를 입력과 것과 동일한 순서로 출력할 수는 없을까?

이러한 문제를 해결할 수 있는 방법이 가상 함수와 다형성에 있다. 그러나 이러한 다형성을 활용하기 위해 반드시 **형 변환**(type casting)을 잘 이해해야 한다. 특히 클래스의 상속 관계에서의 형 변환을 이해해야 한다. 먼저 형 변환을 알아보고 동적 바인딩을 공부하자.

10.3 상속에서의 형 변환

■ 기본 자료형에 대한 형 변환

형 변환이란 특정한 자료형에 속하는 값을 다른 자료형의 값으로 변환하는 것을 말한다. 다음은 int 값을 double로 변환하는 형 변환이 이루어지는 문장이다.

```
int x = 10;
double y = x;        // 자동 형 변환
```

int 형 자료가 double로 문제없이 복사되고 컴파일이나 실행에 문제가 없다. 만약 반대가 되면 어떨까? 다음 문장을 보자.

```
double y = 3.14;        // 자동 형 변환
int x = y;              // 문제가 있는 형 변환
```

double형 자료를 int 변수에 저장하는 문장에서 다음과 같은 경고(warning)가 발생한다.

```
warning C4244: '초기화 중' : 'double'에서 'int'(으)로 변환하면서 데이터가 손실될 수 있습니다.
```

원인은 자료형의 크기와 관련이 있다. int로 표현할 수 있는 자료에 비해 double이 훨씬 더 큰 자료를 표현할 수 있다. 보통 int는 4바이트를 double은 8바이트를 사용한다. 따라서 아무리 큰 int 값이라도 double 변수에 저장하는 것은 전혀 문제가 없다. 반대로 2장에서 공부한 것과 같이 아주 큰 값을 작은 크기의 변수에 저장하면 제대로 저장되지 않고 오버플로가 발생한다. 코끼리를 냉장고에 넣었다고 생각하고 문을 닫으면 실제로 냉장고 안에는 코끼리의 전체가 아니라 일부만 들어 있을 것이다. 따라서 컴파일 시에 경고가 발

생한다. 만약 경고를 없애려면 다음과 같이 **명시적(explicit) 형 변환**이 필요하다.

```
int x = (int)y;        // 명시적 형 변환
```

이 문장은 경고는 없애주지만 그렇다고 x의 크기를 늘려 문제를 해결하는 것이 아님을 명심해야 한다. 이렇게 해도 y가 int 범위를 넘는 값이라면 오버플로가 생기는 것은 마찬가지이다.

■ 포인터의 형 변환

포인터에서도 형 변환이 사용된다. 다음 문장을 보자.

```
int x = 10;
int *pi = &x;
float *pf = (float*)pi;    // 포인터의 형 변환
*pf = 3.14f;               // 사용은 가능. 바람직하지 않음
cout << *pf << endl;       // 3.14 출력
cout << x << endl;         // 이상한 값이 출력됨
```

pi는 int 변수 x의 주소를 갖는 포인터 변수인데, 이것을 float 변수의 주소라고 명시적으로 형 변환하여 pf에 저장할 수 있다. 그리고 바람직하지는 않지만 *pf = 3.14f;와 같은 문장을 통해 실제로 변수 x가 있는 메모리 공간에 float 값을 저장할 수 있다. *pf 출력하면 정상적으로 3.14가 출력될 것이지만 x를 그대로(정수로) 출력하면 이상한 값이 출력된다. 동일한 공간의 데이터를 float와 int로 다르게 해석해 출력하기 때문이다.

C++에서는 네 가지 형 변환 연산자를 제공한다. 이것은 다음 장에서 공부하고, 여기서는 C언어에서와 같은 명시적 형 변환만 이용해 설명한다. 이제 상속 관계에서의 형 변환을 살펴보자.

■ 상속에서의 상향 형 변환

여러 가지 클래스의 객체들을 하나의 배열로 관리하기 위해서는 기본적으로 형 변환을 사용해야 한다. 그림 10.5는 프로그램 9.2의 클래스들 중에서 Shape과 이를 상속한 자식 클래스 Line, Circle, Rect의 내부 구조를 보여준다. 모든 Line, Circle 및 Rect 객체는 각

각 내부에 하나의 Shape 객체를 가지므로 자식 객체의 크기는 항상 부모인 Shape 객체 크기 이상이다. 그렇다면 다음 문장이 문제가 없을까?

```
Line line;
Shape* ps = &line;        // 자동 형 변환
```

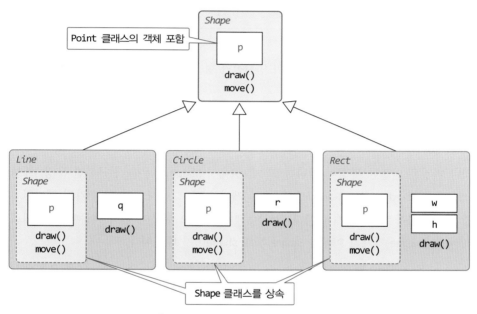

| 그림 10.5 클래스들의 내부 구조

부모 클래스(Shape)의 포인터 ps가 자식 객체(line)를 가리킨다. 전혀 문제가 없다. 이 과정은 자동으로 형 변환이 이루어진다. ps를 통해 Shape의 멤버 변수나 함수에 접근하는 것도 가능하다. line은 Shape의 객체를 포함하는 더 큰 객체이기 때문이다. 이것을 **상향 형 변환(up-casting)**이라고 한다. 상속 관계에서는 이와 같은 변환을 흔히 사용하는데, 실행시간 다형성은 기본적으로 이와 같은 상향 형 변환을 기반으로 한다.

■ 명시적인 하향 형 변환

그렇다면 반대의 경우는 어떨까? 자식 클래스의 포인터 변수에 부모 객체를 대입하는 다음 문장을 보자.

```
Shape shape;
Line* pl = &shape;        // 자동 형 변환이 안 됨 ==> 컴파일 오류
```

자식 클래스의 포인터 pl이 부모 객체를 가리키는데 문제가 있다. 다음과 같이 컴파일 오류가 발생한다.

```
오류 4 error C2440: '초기화 중' : 'Shape *'에서 'Line *'(으)로 변환할 수 없습니다.
```

컴파일 오류만 회피하려면 다음과 같이 명시적인 형 변환을 사용할 수 있다.

```
Shape shape;
Line* pl = (Line*)&shape;        // 명시적 형 변환. 컴파일은 됨
```

그러나 이것은 안전한 문장이 아니다. 만약, pl에서 Shape 부분을 접근하면 문장, 예를 들어, pl->p나 pl->draw(), pl->move() 등은 문제가 없다. 그러나 Line의 추가된 멤버인 p2를 접근하면 문제가 있다. 현재 pl이 가리키는 객체에는 p2 부분이 없기 때문이다. 실제로 만들어진 것은 Line 객체가 아니라 Shape 객체 shape이기 때문이다.

이와 같은 형 변환을 **하향 형 변환**(down-casting)이라고 하는데, 원한다면 사용할 수는 있지만 바람직하지 않은 방법이다. 자식 클래스들 간의 형 변환도 마찬가지이다. 다음은 Circle 객체를 Line의 포인터 변수로 형 변환하는 예인데, 컴파일은 되지만 잘못 사용할 수 있는 여지가 많은 좋지 않은 코드이다.

```
Circle cir;
Line* pl = (Line*)&cir;        // 명시적 형 변환. 컴파일은 됨
```

결론적으로 상속 관계에서 형 변환은 대부분의 경우 상향 형 변환만을 사용한다. 또한 이것은 명시적 형 변환이 없어도 자동으로 처리된다.

Lab 형 변환을 이용한 그래픽 에디터

프로그램 10.1을 상향 형 변환을 이용하여 다시 구현해 보자. 이제 모든 객체들은 Shape의 포인터 배열로 관리한다. 객체의 개수를 저장하는 변수도 하나만 사용하면 된다.

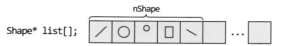

| 그림 10.6 상향식 형 변환을 이용한 그래픽 객체들의 관리

이제 그림 10.6과 같이 포인터 배열 list에는 다양한 선분이나 원, 직사각형 등 다양한 객체에 대한 주소가 섞여있다. 프로그램 10.1을 수정한 코드는 다음과 같다.

프로그램 10.2 사용자 상호작용이 가능한 그래픽 에디터(형 변환 이용)

```
01  #include "Shapes.h"
02  void main()
03  {
04      Canvas myCanvas(25, 15);
05      Shape* list[100];
06      int nShape = 0;
07
08      while (true) {
09          myCanvas.print(" < 내 마음대로 그릴 수 있는 나의 그래픽 편집기 >");
10          char str[200], type;
11          int v[4];
12          printf("Input ==> ");
13          gets(str);
14          int ret = sscanf(str, "%c%d%d%d%d", &type, v,v+1,v+2,v+3);
15
16          if (type == 'l' && ret == 5)
17              list[nShape++] = new Line(v[0], v[1], v[2], v[3]);
18          else if (type == 'v' && ret == 4)
19              list[nShape++] = new VLine(v[0], v[1], v[2]);
20          else if (type == 'h' && ret == 4)
21              list[nShape++] = new HLine(v[0], v[1], v[2]);
22          else if (type == 'c' && ret == 4)
23              list[nShape++] = new Circle(v[0], v[1], v[2]);
24          else if (type == 'r' && ret == 5)
25              list[nShape++] = new Rect(v[0], v[1], v[2], v[3]);
26          else if (type == 's' && ret == 4)
27              list[nShape++] = new Square(v[0], v[1], v[2]);
```

```
28          else if (type == 'q') break;
29
30          myCanvas.clear(". ");
31          for (int i = 0; i < nShape; i++)
32              list[i]->draw(myCanvas);
33      }
34      for (int i = 0; i < nShape; i++)
35          delete list[i];
36 }
```

코드 설명

5행 모든 객체를 Shape의 포인터에 저장하기 위해 list 배열을 선언.

6행 이제 객체의 수를 관리하기 위해 하나의 변수 nShape만 필요함.

17, 19, 21, 23, 25, 27행 동적으로 생성된 객체는 모두 list 배열에 저장하고 객체의 수 nShape을 증가시킴.

31~32행 화면 출력하기 위해서도 이제 list의 모든 항목들만 출력하면 됨.

34~35행 소멸자도 list의 항목들만들 처리하면 됨.

확실히 이 코드는 프로그램 10.1에 비해 중복된 부분이 많이 없어졌다. 이제 그래픽 객체의 종류가 더 다양해지더라도 코드가 더 복잡해지지 않을 것이다. 객체의 출력 순서도 16~27행에서 삽입한 순서대로 31행에서 출력될 것을 예상할 수 있다. 이제 다 끝난 것인가? 아니다. 중요한 부분이 남았다. 프로그램을 실행하면 화면에 출력되는 결과가 프로그램 10.1과 다른 것을 알 수 있다.

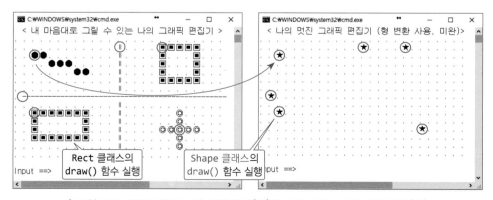

| 그림 10.7 프로그램 10.1의 실행 결과(좌)와 프로그램 10.2의 실행 결과(우)

- 수정한 프로그램에서는 선분을 그렸는데, 선분이 출력되지 않고 하나의 점이 출력된다. 다른 객체들도 마찬가지이다. 그림 10.7에서 오른쪽에 출력된 점들의 위치를 왼쪽 결과에도 표시하였다. 왜 그럴까?
- 이러한 출력 결과는 모든 객체가 자식 클래스의 draw()가 아니라 부모 클래스 Shape의 draw()를 호출했기 때문이다(32행). 즉, list[i]의 자료형이 Shape*이기 때문인데, list[i]->draw() 문장은 Shape에서 draw()를 찾아 처리한다! 자식 클래스에서부터 draw()를 찾지는 않는다.

그렇다면 list[i]->draw();를 호출하였을 때 list[i] 자체의 자료형(Shape*)이 아니라 실제로 생성된 객체의 자료형(Line*, Rect* 등)에 따라 draw() 함수가 호출될 수는 없을까? 이것을 해결해 주는 것이 **가상 함수**와 **동적 바인딩**이다.

10.4 가상 함수와 동적 바인딩

■ 가상 함수와 동적 바인딩의 의미

가상(virtual)은 사전적으로 "(표면상이나 명목상은 그렇지 않으나) 사실상의"라는 의미를 가진 형용사이다. **가상(virtual) 함수**는 실제로는 어떤 함수가 실행될지 결정되기도 전에 미리 사용되었다고 해서 가상이라는 이름을 얻었다. 가상 함수는 실행시간 다형성을 구현하는 방법으로, 소프트웨어의 재사용을 위한 중요한 도구이다.

함수를 가상으로 선언하는 것은 개발자가 컴파일러에게 "나는 어떤 함수가 호출되어야 할지 모르겠으니 함수 결정을 미루어라. 실행시간에 실제로 객체가 만들어지고 난 다음 결정하라"라고 알려주는 것이다. 그렇다면 앞에서 구현한 그래픽 에디터 프로그램에서 어떤 함수를 "가상 함수"로 만들어야 할까? 다른 함수들은 모두 미리 결정할 수 있지만 32행의 draw() 함수는 결정하기 어렵다.

```
32      list[i]->draw(myCanvas);
```

list[i]는 자료형은 Shape*이지만, 16~27행과 같이 실제로는 Line이나 Rect와 같이 Shape의 자식 클래스로 생성된 객체들을 가리키고 있다. 따라서 만약 실행 시에 list[i]의 실제 클래스를 찾아 해당 클래스에서 draw()를 실행할 수 있다면 완벽할 것이다. 이를 위한 처리 과정은 다음과 같다.

- **Shape** 클래스에서 draw()를 가상 함수로 선언한다. 부모가 가상 함수로 선언한 멤버 함수는 자식 클래스서 자동으로 가상 함수가 된다.
- **Shape**의 자식 클래스 Line, Circle 및 Rectangle에서는 draw()를 재정의하고, 해당 클래스의 특징에 따라 화면에 출력하는 함수를 구현한다.
- 실행시간에 list[i]->draw(); 문장을 만났을 때, draw()가 가상 함수이면 list[i]가 실제로 어느 클래스에서 생성되었는지를 먼저 확인한다. 그리고 그 클래스에서부터 draw() 함수를 찾아 실행한다.

이러한 방법을 **동적 바인딩(dynamic binding)** 또는 사후 바인딩(late binding)이라 한다. 함수 중복을 포함해서 지금까지 공부한 모든 함수들은 정적 바인딩(static binding), 즉 컴파일 과정에 실행할 함수를 결정한다는 것을 명심하라. C++에서는 가상 함수가 아닌 모든 함수들에 정적 바인딩을 적용한다.

■ 가상 함수 선언

이제 실제로 가상 함수를 구현해 보자. C++에서는 가상 함수를 위해 virtual이란 키워드를 제공한다. 그래픽 에디터 프로그램에서 **draw()** 함수를 가상 함수로 만드는 방법은 매우 간단하다.

- 부모 클래스인 Shape의 draw() 선언 시 다음과 같이 맨 앞에 virtual 키워드를 넣어준다.

```
virtual void draw() { ... }
```

- 이제 **draw()** 함수는 가상 함수이다. Shape을 상속받은 모든 자식 클래스에서 이 함수를 virtual로 선언하지 않더라도 자동으로 가상 함수가 된다. 자식 클래스에서는 이 함수를 재정의하여 자신만의 기능을 구현한다.

Lab 그래픽 에디터 프로그램 완성

이제 프로그램 10.2의 결과가 제대로 나오도록 수정해보자. 이를 위해 프로그램 10.2를 수정할 필요는 없다. 가장 부모가 되는 그래픽 객체 클래스인 Shape에서 멤버함수 draw() 앞에 virtual만 넣어주면 된다.

프로그램 10.3	프로그램 9.2의 Shape 클래스 수정(Shapes.h)

```
..  ...
10  class Shape {
11  protected:
12      Point p;        // 형태의 위치
13  public:
14      Shape(int x = 0, int y = 0) : p(x,y) {}
15      virtual void draw(Canvas& canvas, string color = "★") {
16          canvas.draw(p.x, p.y, color);
17      }
18      void move(int dx, int dy) { p.move(dx, dy); }
19  };
..  ...
```

Shape 클래스의 draw() 함수를 virtual로 선언한 후 프로그램 10.2를 다시 컴파일하여 실행하고, 동일한 객체를 입력하면 결과는 다음과 같다.

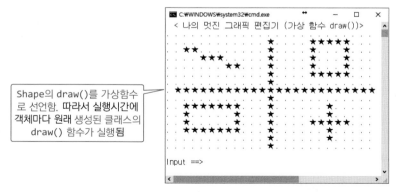

> Shape의 draw()를 가상함수로 선언함. 따라서 실행시간에 객체마다 원래 생성된 클래스의 draw() 함수가 실행됨

| 그림 10.8 가상 함수 draw() 사용 시 프로그램 실행 결과

그림 10.4의 결과와 다른 부분은 그려진 객체의 화소 값(문자 모양)이다. 프로그램 10.1의 37~41행에서는 각 그래픽 원형들마다 다른 값(색)으로 화면에 출력할 수 있었지만, 이제 하나의 배열로 관리하므로 프로그램 10.2의 31행과 같이 모든 객체들을 하나의 값으로 출력하였다.

만약 각 객체마다 다른 색(문자)으로 출력하려면 어떻게 할까? 약간은 더 복잡해진다. 부모 클래스 Shape에 다양한 속성(attribute)들을 추가하고 이를 바탕으로 캔버스에 그리는 방법이 많이 사용된다. 예를 들어, 그래픽 객체들은 색이나 선 두께, 선의 스타일, 면의 색 등과 같은 다양한 속성을 정의할 수 있는데, 이러한 정보를 Shape 클래스에 추가하고, draw() 함수에서 이를 반영하여 그림을 그린다면 더 다양한 출력이 가능한 그래픽 편집기로 확장할 수 있다.

10.5 상속에서의 객체 크기

상속을 하면 객체들의 크기는 어떻게 될까? 모든 자식 클래스의 객체에는 상속받은 부모의 영역이 있다. 따라서 자식 클래스의 크기는 부모의 크기에 자신이 추가한 데이터 멤버의 크기가 더해질 것이다. 그림 10.9는 그래픽 에디터 프로그램에서 사용된 클래스들의 크기를 보여준다. 이 결과는 클래스에 가상 함수가 하나도 없는 경우의 크기라는 것을 명심하라. 정적 멤버를 제외한 멤버 변수들의 크기만 계산하면 된다.

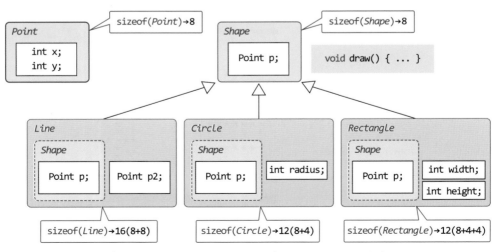

| 그림 10.9 상속과 클래스의 크기(가상 함수가 없는 경우)

- Point의 크기: sizeof(int) + sizeof(int) = 8
- Shape의 크기: sizeof(Point) = 8
- Line의 크기: sizeof(Shape) + sizeof(Point) = 16
- Circle의 크기: sizeof(Shape) + sizeof(int) = 12
- Rect의 크기: sizeof(Shape) + sizeof(int) + sizeof(int) = 16
- VLine, HLine의 크기: sizeof(Line) = 16
- Square의 크기: sizeof(Rect) = 16

■ 가상 함수와 객체의 크기

가상 함수를 사용하기 위해 컴파일러가 어떻게 동작하는지 우리가 정확히 알 필요는 없다. 이것도 정보 은닉의 장점이다. 가상 함수를 처리하는 대략적인 방법만 알아보자. 클래스에 가상 함수가 하나라도 있으면 컴파일러는 그 클래스에 대해 **가상 함수 테이블**(virtual function table)을 만들고 각 가상 함수에 대한 포인터를 저장한다. 그리고 가상 함수들이 호출되면 실행시간에 이 테이블을 참조하여 실제로 처리해야 할 함수를 찾는다.

이러한 과정은 자동으로 동작하기 때문에 우리가 신경 쓸 필요는 없다. 그렇지만 클래스에 가상 함수가 하나라도 있으면 모든 객체에 가상 함수 테이블을 위한 포인터가 추가된다는 것은 알아야 한다. 이것은 포인터 하나의 크기만큼 객체의 크기가 늘어나는 것을 말한다. 다음은 draw() 함수를 가상 함수로 선언한 Shape 클래스의 크기를 보여주고 있다.

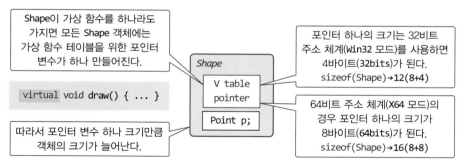

| 그림 10.10 가상 함수가 있는 경우 Shape 클래스의 크기

이것은 모든 자식 클래스에도 동일한 방법으로 적용된다. 그림 10.11은 가상 함수를 사용하지 않은 경우와 draw()를 가상 함수로 만든 경우에 대해 주요 클래스의 크기를 sizeof

연산자를 이용해 구한 결과를 비교하여 보여주고 있다. 가상 함수가 없는 **Point**는 영향을 받지 않지만 **Shape**과 모든 자식 클래스들은 4바이트씩 크기가 늘어난 것을 확인할 수 있다.

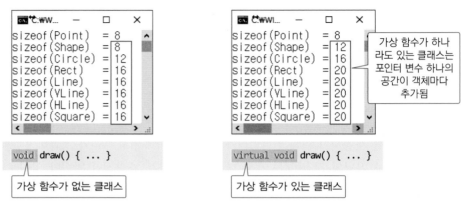

| 그림 10.11 가상 함수가 있는 경우와 없는 경우의 클래스들의 크기

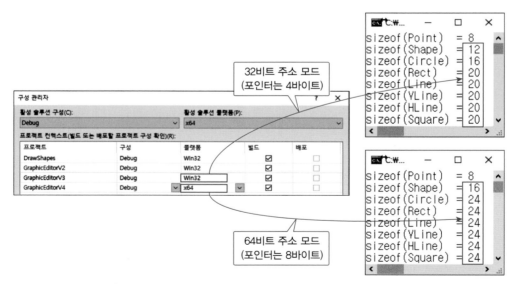

| 그림 10.12 Win32와 X64 플랫폼에 따른 클래스의 크기 차이

최근에 메모리 가격이 떨어지면서 컴퓨터의 주 메모리가 대부분 4GBytes를 넘었다. 이에 따라 64비트 운영체제가 많이 사용된다. 비주얼 스튜디오에서도 그림 10.12와 같이 구성

관리자에서 각 프로젝트별로 플랫폼을 설정할 수 있다. 플랫폼을 Win32로 설정하면 32비트 주소 체계를 사용하고 x64로 설정하면 64비트 주소체계를 사용한다. 이러한 주소 체계에 따라 포인터 변수의 크기가 4바이트 또는 8바이트가 될 수 있고, 따라서 클래스의 크기도 달라질 수 있다. 동일한 코드를 두 가지 다른 플랫폼으로 설정하여 각각 컴파일하고 실행해 보라. 그림 10.12와 같은 차이를 확인할 수 있을 것이다.

■ 참조자와 다형성

보통 동적 바인딩은 포인터를 사용해서 구현하지만 참조자를 사용할 수도 있다. 이 경우도 포인터를 사용하는 것과 정확히 동일하게 동작한다. 프로그램 10.2의 31행을 보자.

```
for (int i = 0; i < nShape; i++)
    list[i]->draw();
```

이 문장은 다음과 같이 참조자를 이용해 구현할 수 있다. 물론 실행 결과는 정확히 동일하다.

```
for (int i = 0; i < nShape; i++) {
    Shape& s = *list[i];
    s.draw();
}
```

참조자가 객체를 참조하기 때문에 포인터인 list[i]가 아니라 list[i]가 가리키는 곳의 내용, 즉 객체 (*list[i])를 참조해야 함에 유의하라. 또한, 포인터가 아니라 객체의 참조자를 통해 객체의 멤버를 접근하기 위해서는 "->" 연산자가 아니라 "." 연산자가 사용되어야 하는 것도 명심하라.

10.6 가상 소멸자

그래픽 에디터 프로그램에서 마지막으로 한 가지 수정해야 할 부분이 남아 있다. 객체의 소멸자과 관련된 것이다. 프로그램 10.2에서는 프로그램이 종료될 때 다음과 같이(34~35행) 객체들을 동적으로 해제하였다.

```
34   for (int i = 0; i < nShape; i++)
35       delete list[i];
```

객체가 다양한 클래스로 생성되었으므로 소멸도 생성되었던 클래스의 소멸자를 이용해 처리되어야 한다. 즉, list[i]가 선분 객체로 생성되었으면 ~Line()을, 원 객체이면 ~Circle()을 사각형 객체이면 ~Rect()이 호출되어야 동적 생성과 정확히 치하는 소멸이 이루어지는 것이다. 이것을 테스트하기 위해 프로그램 9.2의 각 클래스들에 다음과 같은 소멸자를 추가하자.

```
~Shape()  { cout << "Shape 소멸자\n"}
~Line()   { cout << "Line 소멸자\n"}
~Circle() { cout << "Circle 소멸자\n"}
~Rect()   { cout << "Rect 소멸자\n"}
~VLine()  { cout << "VLine 소멸자\n"}
~HLine()  { cout << "HLine 소멸자\n"}
~Square() { cout << "Square 소멸자\n"}
```

이 소멸자들은 모두 가상 함수로 선언되지 않았다. 만약 10.4와 동일한 명령을 입력하면 객체가 동적으로 소멸될 때 어떤 문장이 화면으로 출력될까? 기대와는 다르게 모든 객체들이 소멸될 때 "**Shape 소멸자\n**" 문장을 출력한다. 왜 그럴까?

이것도 역시 list[i]의 자료형이 Shape*이기 때문에 list[i]가 가리키는 객체가 Shape 객체라고 생각하고 그 클래스의 소멸자를 호출하기 때문이다. 즉 ~Line(), ~Circle(), ~Rect() 등이 아니라 ~Shape()만을 호출한다. 실제로 이것은 보기보다 심각한 문제를 야기할 수 있다. 예를 들어, Line의 생성자에서 동적으로 할당하는 다른 멤버가 있다면 소멸자 ~Line()에서 반드시 이것을 해제해주어야 한다. 그런데, 만약 생성은 Line으로 하고, 소멸은 Shape으로 한다면 이들 동적 메모리의 해제 과정이 생략되며, **메모리 누수**가 발생한다. 이것은 예를 들어, 16바이트를 해제해야 하는데 8바이트만 해제해서 남은 8바이트가 사용하지도 않으면서 메모리를 차지하고 있는 상황을 말한다. 메모리 누수가 쌓이면 시스템에 심각한 오류가 생긴다. 결국 이 문제를 해결하기 위해서는 소멸자도 반드시 가상 함수가 되어야 한다. 다음은 소멸자를 가상 함수로 선언하는 문장이다.

```
virtual ~Shape() { ... }
```

역시 **Shape**의 소멸자에만 virtual을 붙이면 자식의 소멸자들은 자동으로 가상 함수가 된다. 그래픽 에디터에서 가상 소멸자를 사용한 경우와 그렇지 않은 경우를 비교하면 그림 10.13과 같다.

- 일반 소멸자를 사용한 경우 모든 list[i] 객체의 소멸을 위해 **Shape**의 소멸자가 ~Shape()가 호출된다.
- 가상 소멸자의 경우 실제로 객체가 속한 클래스의 소멸자가 호출된다.
- 소멸자의 호출 순서는 자식 클래스에서 부모 클래스 방향이다. 예를 들어, **VLine** 객체의 경우 (1) **VLine**의 소멸자 함수 몸체, (2) **Line**의 소멸자 함수 몸체, (3) **Shape**의 소멸자 함수 몸체의 순으로 호출된다.

클래스에서 가상 함수를 하나라도 사용한다면 소멸자도 가상 함수로 만들어주는 것이 좋다. 이것이 메모리 누수와 같은 잠재적인 문제를 없애는 확실한 방법이다.

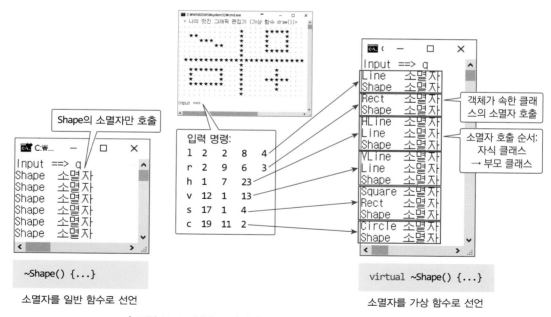

| 그림 10.13 일반 소멸자와 가상 소멸자의 결과 비교

10.7 응용: MonsterWorld 4: 실행시간 다형성

9장에서 구현한 몬스터 월드 프로그램에 실행시간 다형성을 추가해보자. 다형성의 개념은 다소 복잡하지만 코드를 수정할 부분은 별로 없다.

▪ 몬스터 클래스

몬스터 클래스에서 어떤 함수를 추상 함수로 만들어야 할까? 그림 9.20의 몬스터 클래스 다이어그램을 보면 쉽게 알 수 있다. 생성된 객체에 따라 다르게 처리되어야 할 멤버 함수들은 다음과 같다.

- **move()**: 몬스터 종류별 다른 움직임을 위해 **move()**를 재정의 하였는데, 이것이 가상 함수가 되어야 한다. 이를 위해서는 부모 클래스인 **Monster**만 수정하면 된다. 자식 클래스들은 자동으로 가상 함수가 된다.
- **소멸자**: 몬스터의 소멸자도 가상 함수가 되어야 한다. 몬스터가 소멸될 때 생성되었던 클래스의 소멸자가 사용되어야 하기 때문이다.

코드의 수정은 **Monster.h**에서만 필요하다. 두 함수 앞에 virtual을 추가한다. 그리고 소멸자에 간단한 출력문을 추가하였다. 변경된 코드는 다음과 같으며 각 멤버 함수의 몸체는 프로그램 7.11에서와 동일하다.

프로그램 10.4	Monster 클래스(프로그램 7.11의 Monster.h 수정)

```
01  #pragma once
02  #include "Screen.h"
03  class Monster{
04  protected:
05      string name;
06      string icon;
07      int posX, posY;
08      int nItem;
09      void clip(int maxx, int maxy) {...}
10      void eat(int** map) { ... }
```

```
11    public:
12        Monster(string n = "무명괴물", string i = "※", int px = 0, int py = 0)
13            : name(n), icon(i), posX(px), posY(py), nItem(0) {}
14        virtual ~Monster() {cout << " " << name << icon << "사라집니다\n";}
15
16        void draw(Screen &scr) {...}
17        virtual void move(int** map,int maxx,int maxy) {...}
18        void print() {...}
19    };
```

코드 설명

14행 가상 소멸자 추가. 소멸자에 출력문을 추가하였음.

17행 move()를 가상 함수로 선언함.

■ 몬스터 월드 클래스와 main() 함수

main() 함수는 전혀 수정이 필요 없다. 9장에서 MonsterWorld 클래스의 play() 함수에서 반복문을 사용하지 못하고 다음과 같은 강제 형 변환을 사용하였다.

```
((Zombie*)pMon[0])->move(world.Data(), xMax, yMax);
((Vampire*)pMon[1])->move(world.Data(),xMax, yMax);
...
```

이제 다시 이전처럼 반복문이 가능하다. move()가 가상 함수이므로 강제 형 변환이 없이도 실행시간에 생성되었던 클래스를 찾고, 해당 move()가 실행되기 때문이다. 따라서 다음과 같이 이전처럼(8장) 수정되어야 한다.

```
for (int k = 0; k < nMon ; k++)
    pMon[k]->move(world.Data(), xMax, yMax);
```

프로그램의 실행 결과는 9장과 동일하다. 프로그램 9.9와 비교해 보면 가상 함수를 사용한 코드가 훨씬 간결한 것을 알 수 있다. 그렇다면 실행 효율은 어떨까? 물론 가상 함수를 사용하는 쪽이 실행 중에 어느 함수를 호출해야 할지 결정하는 과정이 포함되어야 하므로 약간은 더 느릴 것이다.

Java에는 virtual이란 키워드 자체가 없다. 기본적으로 모든 함수가 가상 함수이다. C++에서는 virtual을 선언해야 가상 함수가 되는 것을 명심하라. 실행시간 다형성과 가상 함수를 잘 이해했으면 이제 객체지향과 C++의 끝이 보인다.

10.8 순수 가상 함수와 추상 클래스

■ 순수 가상 함수

모든 그래픽 객체들은 화면에 그리는 방법이 각기 다르다. 선분이나 사각형, 원을 그리는 알고리즘은 각기 다르다. 따라서 draw() 함수에서 어떤 일을 해야 할지가 명확하다. 그런데 Shape 클래스는 좀 다르다. 분명히 모든 자식 클래스들이 draw()라는 동작을 가져야 하므로 부모 클래스에서 이 함수를 가상으로 선언했다. 그런데 Shape의 draw()에서는 무엇을 그려야 할까? 선분이나 원이면 그려야 할 것이 명확하지만 Shape은 명확하지 않다. 앞에서는 점을 찍었다.

C++에서는 상속을 위한 설계의 목적으로 함수를 선언하지만 부모 클래스에서는 구현하지 않는 방법이 있다. 즉 함수의 헤더만 존재하고 몸체가 없는 함수를 만드는 것이다. 이것을 **순수 가상 함수**(pure virtual function)라고 한다. 다음은 순수 가상 함수를 선언하는 문장이다.

```
virtual 반환형 함수이름(매개변수리스트) = 0;
```

예를 들어, Shape의 draw()를 순수 가상 함수로 선언하는 문장은 다음과 같다.

```
virtual void draw() = 0;
```

■ 추상 클래스

멤버 함수들 중에 순수 가상 함수가 하나라도 있는 클래스를 **추상 클래스**(abstract class)라고 부른다. 추상 클래스는 다음과 같은 특징을 갖는다.

- 클래스가 완전하지 않으므로 객체를 생성할 수 없다. 즉 Shape s;와 같이 Shape의 객체를 만드는 문장은 컴파일 오류를 발생시킨다.
- 객체를 생성할 수 없다고 포인터 변수를 선언할 수 없는 것은 아니다. Shape* ps;와 같은 문장은 문제없이 사용할 수 있다. 참조자도 마찬가지이다.

Shape이 추상 클래스가 되어도 프로그램 10.2는 잘 빌드되고 실행된다. 5행에서 다음과 같이 Shape 객체가 아니라 포인터를 배열로 만들어 사용했기 때문이다.

```
Shape* list[100];      // OK. Shape 포인터의 배열을 선언
```

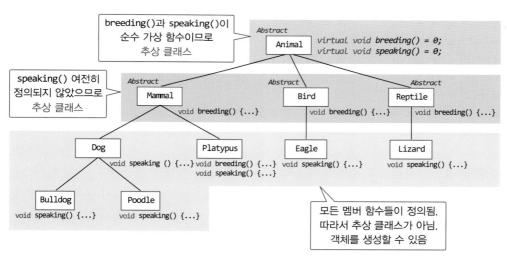

| 그림 10.14 동물 클래스들의 계층도. 모든 순수 가상 함수가 구현되어야 추상 클래스가 아닌 일반 클래스가 되어 객체를 생성할 수 있음

조금 더 복잡한 상황을 생각해 보자. 그림 10.14는 동물과 관련된 클래스들의 계층 구조의 예를 보여주고 있다. Animal 클래스에 breeding()과 speaking()이 순수 가상 함수로 선언되었으므로 Animal은 추상 클래스이다. 따라서 정적으로나 동적으로나 객체를 생성할 수 없다.

```
Animal dongmul;            // Error! (Animal 객체 생성 불가. 정적)
Animal* pa;                // OK 포인터 선언은 가능
Animal* pa = new Animal(); // Error! (Animal 객체 생성 불가. 동적)
```

Animal의 자식 클래스들도 Animal의 순수 가상 함수들이 모두 구현되어야 객체를 생성할 수 있다. Animal을 상속받은 Mammal, Bird, Reptile 클래스에서는 breeding()만을 구현하였으므로 여전히 speaking()은 순수 가상 함수이다. 따라서 이들도 역시 추상 클래스이다. 이들의 자식 클래스에서 speaking()까지 모두 구현이 되면 드디어 일반 클래스고, 객체를 생성할 수 있다.

```
Bulldog  mungchi;          // OK
Poodle   noeul;            // OK
dog bato;                  // OK
Mammal   poyou;            // Error! (Mammal 객체 생성 불가)
Mammal*  pm = &noeul;      // OK (포인터 선언은 가능함)
Animal&  myPet = bato;     // OK (참조자 사용도 가능함)
Animal*  aList[5];         // OK (포인터 배열도 가능)
aList[0] = new Eagle;      // OK (객체 동적 할당)
aList[1] = new Bird;       // Error !(추상 클래스 Bird는 객체 생성 불가)
aList[2] = new Lizard;     // OK
aList[3] = new Poodle;     // OK
aList[4] = new Dog;        // OK
```

추상 클래스는 클래스의 설계를 체계적으로 할 수 있는 방법을 제공한다. 추상 클래스는 무엇인가 덜 구체화된 것을 명시할 수 있다. 자식 클래스들에서는 반드시 있어야 할 것 같은데, 현재 클래스에서는 구체화하기 어려운 것들을 명시한다. 예를 들어, Animal 클래스에서의 breeding()은 "모든 동물들은 번식을 한다. 따라서 이 행위가 반드시 있어야 한다"는 것을 의미한다. 그런데, 일반적인 동물의 "번식" 방법이란 것은 구체화할 수 없다. 따라서 순수 가상 함수로 만든다.

이 방법의 장점은 무엇일까? 자식 클래스에서는 무엇을 구현해야 할 것인지가 명확해진다. 부모 클래스에서 자식들이 구현해야 할 일들을 설계해두었기 때문이다. 자식이 모든 순수 가상 함수들을 모두 구현하면 드디어 완전한 클래스가 된다. 객체를 만들 수 있다.

어떤 문제를 해결할 때 실제 구현에 앞서 그림 10.14와 같이 사용할 클래스를 도출하고 이들의 관계를 바탕으로 상속 관계를 먼저 만들어야 한다. 물론 UML의 클래스 다이어그램을 사용하는 것이 좋다. 필요시 순수 가상 함수를 이용해 자식 클래스에서 반드시 구현해야 할 함수들을 미리 설계하는 것이 중요하다. 특히 대규모의 소프트웨어의 개발에서는 이와 같은 과정에 많은 시간을 투자하여야 한다.

10.9 응용: MonsterWorld 5: 신인류의 탄생

지금까지 구현한 몬스터 세상은 게임이라고 하기는 좀 부족하다. 게이머가 조작할 수 있는 것이 전혀 없었기 때문이다. 이제 약간은 더 게임처럼 바꿔보자. 게이머가 몬스터 월드에 참여하는 것이다. 등장인물에 "신인류"를 넣자. 각종 몬스터들의 세상에 "인류"가 들어간다. 그리고 몬스터들과 아이템을 먹기 위해 경쟁한다. 다른 몬스터들은 모두 각각의 이동 방법이 있다. "인류"는 게이머의 의지에 따라 화살표 키보드를 이용해 움직인다. 물론 키보드를 열심히 빨리 누를수록 더 많은 아이템을 먹게 될 것이다.

어떻게 구현할 수 있을까? 생각보다 쉽다. 10.7절에서 구현된 프로그램에서 미래의 인류 클래스를 추가하고 `main()` 함수에서 인류 객체를 추가하기만 하면 된다.

- 미래의 인류 클래스 **Human**을 추가한다. 사실 "인류"가 몬스터의 일종이라 보기는 어렵지만 코딩의 간편화를 위해 **Monster**를 상속하여 구현한다.
- **MonsterWorld**에 "인류" 객체를 하나 추가한다. `main()` 함수에서 "인류" 객체를 만들어 **MonsterWorld**의 `add()` 함수를 이용해 추가하면 된다.

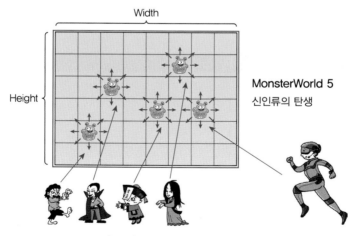

| 그림 10.15 MonsterWorld 5

▪ Human 클래스

지금까지 공부한 상속과 다형성을 이용해 Human 클래스 자체를 만드는 것은 어렵지 않다. 입력 처리가 문제이다.

만약 키보드 입력을 받기 위해 getchar()와 같은 함수를 사용한다면 어떻게 될까? 프로그램이 이 함수를 만나면 키보드 입력을 기다린다. 만약 입력이 없다면 어떻게 될까? 그냥 계속 키 입력을 기다린다. 즉 프로그램이 멈춘 것과 같이 다른 몬스터들도 전혀 움직이지 못하게 된다. 게이머가 키를 입력하지 않더라도 다른 몬스터는 열심히 세상을 돌아다닐 수 있어야 한다. 어떤 방법으로 이것을 구현할 수 있을까? 키가 눌렸는지를 확인하는 함수를 사용하면 된다.

- kbhit()는 현재 키보드를 확인하여 키가 눌렸으면 1을 아니면 0을 반환한다. 이 함수는 단지 키가 눌렸는지 만을 확인한다. 키 값을 읽어오지는 않는다. 또한 키가 눌리지 않았다고 키 입력을 계속 기다리지 않는다.
- 이 함수를 사용하기 위해서는 <conio.h>를 포함해야 한다.
- 키나 눌려지면 키 값을 받아 화살표 키 입력을 확인하는 부분은 4×4 퍼즐 프로그램에서 사용한 것과 동일하다.

프로그램 10.5   미래의 인류 Human 클래스(Human.h)

```cpp
01  #pragma once
02  #include "Monster.h"
03  #include <conio.h>
04  enum Direction { Left = 75, Right = 77, Up = 72, Down = 80 };
05
06  class Human : public Monster{
07  public:
08      Human(string n = "미래인류", string i = "Q", int px = 0, int py = 0)
09          : Monster(n, i, px, py) {}
10      ~Human() { cout << " [Human ]"; }
11      int getDirKey() { return getche() == 224 ? getche() : 0; }
12      void move(int** map, int maxx, int maxy) {
13          if (kbhit()) {
```

```
14              char ch = getDirKey();
15              if (ch == Left) x--;
16              else if (ch == Right) x++;
17              else if (ch == Up) y--;
18              else if (ch == Down) y++;
19              else return;
20              clip(maxx, maxy);
21              eat(map);
22          }
23      }
24  };
```

코드 설명

10행 소멸자. 출력문을 추가함.

11행 입력된 키가 화살표이면 화살표 키 값을 반환하는 코드. 아니면 0 반환.

13행 키보드가 눌려졌으면 if 문 안의 블록을 실행함. 아니면 바로 move() 함수를 종료하게 됨.

14~21행 키보드가 눌려졌으면 화살표 키의 방향에 따라 인류의 현재 위치를 갱신하고, clip()과 eat() 함수를 호출함.

■ **전체 프로그램**

MonsterWorld 클래스는 수정할 부분이 없다. main() 함수에서 Human 객체를 추가하는 다음 한 줄만 추가하면 된다.

```
game.add(new Human("미래의인류", "♀", rand()%xMax,rand()%yMax));
```

프로그램의 실행 결과는 앞에서와 비슷하지만, 이제 게이머가 키보드로 열심히 아이템이 남은 쪽으로 움직여야 한다. 모든 아이템이 없어지면 게임은 종료된다. 다음은 프로그램의 실행 결과이다.

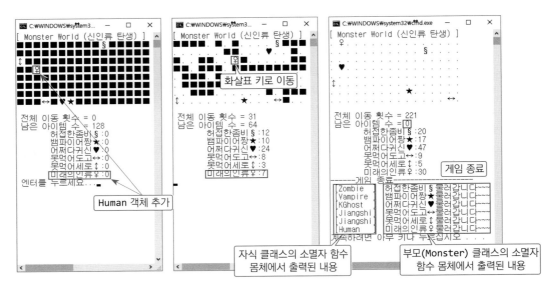

| 그림 10.16 프로그램 실행 결과. 미래의 인류가 아이템을 먹기 위해서는
화살표 키를 이용해 열심히 움직여야 함

■ 고찰

- 게이머가 열심히 화살표를 움직이면 움직인 만큼의 아이템을 먹을 수 있다. 물론 다른 몬스터가 이미 지나가지 않은 자리로 열심히 움직여야 한다.
- 게임이 종료되면 객체들이 소멸되는데, 자식의 소멸자가 먼저 호출된 다음 부모의 소멸자가 호출된 것을 확인할 수 있다.
- 게임 결과에서 여전히 처녀 귀신이 아이템 먹는데 유리한 것을 알 수 있다. 가장 먼 거리를 움직일 수 있기 때문이다. 움직이는 거리에 제한을 두거나 많이 움직이면 에너지가 줄어들도록 할 수도 있을 것이다.
- 두 사람이 경쟁할 수 있도록 구현하는 것도 재미있을 것 같다.

다형성도 생각보다 어렵지 않고 특히 코드를 수정해야 하는 부분이 많지 않아 너무 좋습니다. 모든 멤버 함수를 가상 함수로 선언하는 것도 좋은 방법이 아닐까요?

실행시간 다형성과 가상 함수가 잘 이해되었다면 정말 객체지향의 끝이 보입니다. Java에는 virtual이란 키워드 자체가 없는데, 기본적으로 모든 함수가 가상 함수로 동작합니다. C++에서는 이것을 사용자가 선택할 수 있도록 한 것이고요.

모든 멤버 함수를 가상 함수로 선언할 수도 있을 것입니다. 그러나 처리시간 측면에서는 가상 함수가 불리하다는 것을 기억하십시오. 당연히 결정될 수 있는 함수들도 실행시간에 결정하는 것은 속도 측면에서 당연히 손해입니다.

결론적으로 처리시간이 중요한 프로그램에서는 필요한 부분만을 가상 함수로 처리하는 것이 좋을 것입니다. 이것이 C++에서 추구하는 방식이고요. 만약 처리시간이 크게 중요하지 않고, 컴퓨터도 충분히 빠르고, Java 코드와의 혼란을 줄이기를 원한다면 모든 멤버 함수를 가상 함수로 선언하는 것이 좋을 것입니다. 그 선택은 여러분의 몫이 될 것 같습니다.

| 요약 |

1   (   )이란 동일한 종의 생물이지만 모습이나 고유한 특징이 다양하게 나타나는 성질을 말하는데, 객체지향 프로그래밍에서는 다양한 종류의 객체에게 동일한 메시지를 보내더라도 각 객체들이 서로 다르게 동작을 하는 특성을 말한다.

2   함수 중복이나 연산자 중복은 동일한 이름의 함수나 연산자를 사용하더라도 인수의 개수나 자료형에 따라 실행해야 할 함수를 컴파일 과정에 결정할 수 있다. 따라서 (   ) 다형성이라 불리며, (   ) 바인딩을 사용한다.

3   템플릿은 타입 매개변수에 따라 (   )를 만드는 방법을 제공하기 때문에 파라메터형 다형성(parametric polymorphism)이라고도 한다.

4   C++에서는 컴파일 과정에 실제로 호출될 함수를 결정할 수 없는 경우를 위해 (   ) 다형성을 제공하는데, (   )를 통한 동적 바인딩을 이용하는 방법이다.

5   상속에서는 부모와 자식 클래스의 포인터 사이의 (   )이 자동으로 이루어진다. 이것은 자식 클래스의 포인터가 부모 클래스의 포인터로 자동으로 변환되는 것을 말하는데, 기본적으로 실행시간 다형성은 이러한 형 변환을 기반으로 한다.

6   (   ) 함수는 실제로는 어떤 함수가 실행될지 결정되기도 전에 미리 사용되었다고 해서 그러한 이름을 얻었다. 이것은 실행시간 다형성을 구현하는 방법으로, 개발자가 컴파일러에게 "나는 어떤 함수가 호출되어야 할지 모르겠으니 어떤 함수가 실행될지 결정하는 것을 미루어라. 나중에 실제로 객체가 만들어지고 난 다음에 결정하라"라고 알려주는 것이다. C++에서는 이를 위해 (   )이란 키워드를 제공한다.

7   클래스에 가상 함수가 하나라도 있으면 모든 객체에 (   )을 위한 포인터가 추가되는데, 이것은 포인터 하나의 크기만큼 객체의 크기가 늘어나는 것을 의미한다.

8   비주얼 스튜디오에서 포인터 하나의 크기는 프로젝트의 플랫폼에 따라 달라질 수 있다. 64비트 운영체제를 사용하는 경우 Win32 플랫폼을 사용하면 32비트 주소 체계가, x64로 설정하면 64비트 주소체계가 사용된다. 따라 포인터 변수의 크기도 (   ) 또는 (   )가 될 수 있다.

9   클래스에서 가상 함수를 하나라도 사용한다면 (   )도 가상 함수로 만들어주는 것이 메모리 누수와 같은 잠재적인 문제를 없애는 확실한 방법이다.

10 상속을 위한 설계의 목적으로 함수를 선언하지만 부모 클래스에서는 구현하지 않는 방법이 있는데, 즉 함수의 헤더만 존재하고 몸체가 없는 함수를 (   )라고 한다.

11 멤버 함수들 중에 순수 가상 함수가 하나라도 있는 클래스를 (   )라고 부르는데, 이 클래스는 완전하지 않으므로 (   )를 생성할 수 없다. 이를 상속한 자식이 모든 순수 가상 함수들을 모두 구현하면 드디어 완전한 클래스가 되고, (   )를 만들 수 있다.

12 몬스터 월드에서 게이머가 키를 누르지 않아도 몬스터들이 움직이고, 키를 누르면 신인류도 같이 움직이도록 하기 위해 (   ) 함수를 사용하였다. 이 함수는 단지 키가 눌렸는지 만을 확인한다. 키 값을 읽어오지는 않는다.

정답

1. 다형성(Polymorphism) 2. 컴파일 시간, 정적 3. 새로운 클래스 4. 실행시간(runtime), 가상 함수 5. 상향 형 변환(up-casting) 6. 가상(virtual), virtual 7. 가상 함수 테이블 8. 4바이트, 8바이트 9. 소멸자 10. 순수 가상 함수(pure virtual function) 11. 추상 클래스(abstract class), 객체, 객체 12. kbhit()

| 연습문제 |

1. 다음 중 동적 다형성에 해당하는 것은?

   ① 함수 중복　　　　② 연산자 중복　　　　③ 가상 함수　　　　④ 템플릿

2. 다음과 같은 프로그램이 있을 때, 빈칸에 들어갈 다음 문장들 중에서 오류를 발생하는 문장을 찾고 이유를 설명하라.

   ```cpp
   class Parent { };
   class Child : public Parent { };
   void main() {

       _____

   }
   ```

   ① Parent a;　　　　　　　　　② Child b;
   ③ Parent* pa = new Parent;　　④ Child* pb = new Child;
   ⑤ Parent* pa = new Child;　　⑥ Child* pb = new Parent;

3. 다음과 같은 프로그램이 있을 때, 빈칸에 들어갈 다음 문장들 중에서 오류를 발생하는 문장을 찾고 이유를 설명하라.

   ```cpp
   class Parent2 {
   public:
       virtual void sub() = 0;
   };
   class Child2 : public Parent2 {
   public:
       void sub() { }
   };
   void main() {

       _____

   }
   ```

① Parent2 c;   ② Child2 d;

③ Parent2* pc = new Parent2;   ④ Child2* pd = new Child2;

⑤ Parent2* pc = new Child2;   ⑥ Child2* pb = new Parent2;

4. 모든 함수를 가상으로 선언하는 것은 좋은 프로그래밍 습관인지 생각해보라.

5. 다음 코드의 출력을 예상하라.

```cpp
#include <iostream>
using namespace std;
class Sample1 {
public:
    Sample1() { }
    ~Sample1() { cout << "sample1 종료" << endl; }
};
class Sample2 : public Sample1 { };
void main() { sample2 a; }
```

6. 다음 코드의 출력을 예상하라.

```cpp
#include <iostream>
using namespace std;
class Sample1 {
public:
    Sample1(){ }
    virtual ~Sample1() { cout << "sample1 종료" << endl; }
};
class Sample2 : public Sample1{
public:
    Sample2() { }
    ~Sample2(){ cout << "sample2 종료" << endl; }
};
void main() { sample2 a; }
```

7. 소멸자에 virtual을 써야 하는 이유를 생각하라.

8. 다음 코드를 보고 물음에 답하라.

```
01  #include <iostream>
02  using namespace std;
03  class Sample1{
04  public:
05      Sample1() { }
06      void play() { cout << "1번 sample" << endl; }
07  };
08  class Sample2 : public Sample1 {
09  public:
10      Sample2() { }
11      void play(){ cout << "2번 sample" << endl; }
12  };
13
14  class Sample3 : public Sample1 {
15  public:
16      Sample3() { }
17      void play(){ cout << "3번 sample" << endl; }
18  };
19  class Sample4 : public Sample1 {
20  public:
21      Sample4() { }
22      void play(){ cout << "4번 sample" << endl; }
23  };
24  void main(){
25      Sample1* arr[4];
26      Sample1* a = new Sample1();
27      Sample2* b = new Sample2();
28      Sample3* c = new Sample3();
29      Sample4* d = new Sample4();
30      arr[0] = a;
31      arr[1] = b;
32      arr[2] = c;
33      arr[3] = d;
34      for (int i = 0; i < 4; i++) arr[i]->play();
35  }
```

(1) 이 프로그램의 출력 결과를 적어라.

(2) 6행의 **play()** 함수를 가상 함수로 수정한다면 어떤 결과가 출력될지 예상하라.

(3) 6행의 **play()**가 가상 함수라고 하자. 이 코드에서 만약 main()의 배열 **arr**의 자료형이 **Sample1***가 아니라 **Sample2***일 때 출력 결과를 예상하라.

| 실습문제 |

1. 10.9절의 MonsterWorld 5 프로그램을 두 사람이 경쟁하면서 게임을 할 수 있도록 다음과
    같이 확장하라.

    (1) 한 사람(오른쪽)은 화살표 키를 사용하고, 다른 사람(왼쪽)은 상하좌우를 위해 'w',
        's', 'a', 'd'키를 사용한다.

    (2) 왼쪽 사람과 오른쪽 사람의 아이콘은 각각 "좌"와 "우"로 한다.

    (3) Human을 상속한 Tuman 클래스를 만들고, 인간의 움직임만을 위한 moveHuman() 함
        수를 추가한다. 이 함수는 move()과 비슷하지만 입력되는 문자에 따라 움직이는 함
        수이며, 함수 안에서 kbhit()를 사용하지 않아야 한다.

    (4) 몬스터 월드에 일반 몬스터를 모두 추가한 후 마지막으로 두 개의 Tuman 객체를 추가
        한다. 이제, pMon[nMon-2]는 왼쪽 경기자가 되고, pMon[nMon-1]은 오른쪽 경기자가
        된다.

(5) MonsterWorld의 play() 함수를 수정하여 두 명 플레이가 되도록 수정한다. 다음 코드를 참고하라.

```
...
for (int k = 0; k < nMon-2 ; k++)
    pMon[k]->move(world.Data(), xMax, yMax);
if (kbhit()) {
    unsigned char ch = getche();
    if (ch == 224) {
        ch = getche();
        ((Tuman*)(pMon[nMon-1]))->move(world.Data(), xMax, yMax, ch);
    }
    else ((Tuman*)(pMon[nMon-2]))->move(world.Data(), xMax, yMax, ch);
}
...
```

11 CHAPTER

프렌드와 연산자 중복

11.1 프렌드 선언

11.2 연산자 중복

11.3 연산자 중복의 종류

11.4 특별한 연산자 중복

11.5 깊은 복사와 연산자 중복

11.6 응용: MonsterWorld 6: 여유 있는 삶

학습목표

- friend의 의미와 친구 클래스, 친구 함수를 이해한다.
- 연산자 중복의 개념과 잠재적인 문제점을 이해한다.
- 연산자 중복에서 friend의 필요성을 이해한다.
- 다양한 연산자 중복 함수를 구현하는 능력을 기른다.

몬스터 월드 6(여유 있는 삶)

몬스터 세상에는 "미래의 인류"가 들어가니 약간 게임과 비슷한 프로그램이 되었다. 그런데 지금까지 결과를 보면 "신인류"를 제외하고는 처녀귀신이 대부분의 경우 가장 많은 아이템을 먹는 것을 알 수 있다. 왜 그럴까? 다른 몬스터가 인접한 위치로만 움직일 수 있는데 비해 처녀귀신은 무작위로 먼 거리를 한꺼번에 움직일 수 있기 때문일 것이다. 즉, 처녀귀신이 그라운드에서 가장 활동량이 많다.

좀 더 공평한 제한을 두자. 많은 거리를 움직이면 그 만큼 에너지가 많이 소비될 것이므로 일정 시간을 쉬도록 하자. 이제 각 몬스터마다 움직인 거리를 계산해야 하고, 누적 거리가 기준 이상이면 일정 시간을 쉰다. 쉬고 나면 다시 누적 거리는 초기화된다. 이제 몬스터들은 보다 "여유 있는 삶"을 살게 된다. "신인류"는 스스로 판단하므로 거리와 상관없이 쉬지 않도록 한다.

화면상의 좌표를 나타내기 위해 Point 클래스를 사용할 것이다. 또한 Point의 여러 가지 연산을 연산자 중복으로 구현할 것이다. 이 과정에 프렌드 함수도 사용하게 된다. 이 장의 내용을 공부하면서 몬스터에게 보다 여유 있는 삶을 주는 방법을 생각해 보자.

11 프렌드와 연산자 중복

11.1 프렌드 선언

■ 프렌드 클래스

C++에서는 public, private, protected의 세 가지의 멤버 접근 지정자를 제공한다. public 멤버들은 클래스의 외부에서도 접근이 가능하지만 private나 protected는 멤버에 대한 접근을 제한한다. 그러나 어떤 경우에는 클래스가 "외부"에 자신의 내부 데이터까지 사용할 수 있도록 허용하고 싶은 경우가 있다. 이때 "외부"는 어떤 함수나 클래스를 말한다. C++에서는 friend 키워드를 이용하여 이것을 지원한다.

| 그림 11.1 프렌드 선언의 개념

C++에서 친구 클래스(friend class)를 선언하는 방법은 다음과 같다.

```
class 허용해주는_클래스명 {
    friend class 허용받는_클래스명;
    ...
};
```

- friend 선언은 클래스 내의 어떤 위치도 상관없다.
- 허용 받는 클래스는 허용해주는 클래스의 모든 멤버를 접근할 수 있다.
- 반드시 허용해주는 클래스에서만 선언할 수 있다.

9장의 그래픽 편집기 프로그램에서는 **Point**의 멤버 x와 y를 public으로 선언했다. 만약 이들을 프로그램 11.1과 같이 private로 변경하면 **Shape**이나 자식 클래스들에서 이들을 직접 접근할 수 없게 된다. 물론 이들을 사용하기 위해 접근자(getter)나 설정자(setter) 함수들을 만들어 이용할 수 있지만 무척 번거로운 일이다. 이때 간편한 방법이 있다. **Point**에서 **Shape**을 friend로 선언하는 것이다. 이제 **Shape**은 **Point**의 친구 클래스가 되어 **Point**의 모든 멤버를 사용할 수 있다.

Shape의 자식 클래스인 **Line**에서는 어떨까? friend 선언은 상속되지 않는다. 따라서 만약 **Line**의 멤버 함수에서 **Point**의 보호 멤버인 x와 y에 접근하려면 **Line**도 친구로 **Point**의 허락을 받아야 한다.

프로그램 11.1 friend 클래스 선언과 활용 예

```
01  #pragma once
02  #include <cstdio>
03
04  class Point {
05      int x, y;          // private 멤버
06      friend class Shape;
07      friend class Line;
08  public:
09      Point(int xx = 0, int yy = 0) : x(xx), y(yy) { }
10      void print(char *s = "점") { printf("%s(%d,%d)", s, x, y); }
```

```
11    };
12
13    class Shape {
14    protected:
15        Point p;        // 위치
16    public:
17        Shape(int x=0, int y= 0) : p(x, y) { }
18        void draw() { printf("[ 형태 ] 위치=(%d,%d)\n", p.x, p.y); }
19    };
20
21    class Line : public Shape {
22        Point  q;
23    public:
24        Line(int x1=0, int y1=0, int x2=0, int y2=0) : Shape(x1, y1), q(x2, y2) { }
25        void draw() {
26         printf("[ 선분 ] P1=(%d,%d) P2=(%d,%d)\n", p.x, p.y, q.x, q.y);
27        }
28    };
29    void main() {
30        Line l(3, 4, 5, 6);
31        l.draw();
32    }
```

```
C:\WINDOWS\system32\cmd.exe          —   □   ×
[ 선분 ] P1=(3,4) P2=(5,6)
계속하려면 아무 키나 누르십시오 . . .
```

코드 설명

5행 Point의 멤버 변수 x와 y는 이제 private로 변경됨. 이렇게 되면 18행과 26행과 같이 외부에서 이들에 직접 접근하려는 시도는 컴파일 오류를 발생시킴.

6~7행 friend를 사용하여 Shape과 Line이 Point의 친구임을 선언함. 앞의 오류 발생 문제가 해결됨. 만약 Shape만 친구로 허락하면 friend는 상속되지 않으므로 26행에서 다시 오류가 발생함.

friend는 객체지향의 정보 은닉의 개념에 반하는 방법이다. 따라서 friend 클래스를 무절제하게 사용하는 것은 좋지 않다.

■ 프렌드 함수

어떤 클래스가 다른 클래스의 멤버 함수가 아니라 일반 함수에서 많이 사용되는 경우가 있다. 예를 들어, 두 점 사이의 거리를 구하고, 여러 점의 x값이나 y값의 평균을 구하는 함

수를 일반 함수로 구현한다면, 이들 함수에서는 Point의 여러 멤버들에 접근해야 할 것이다. friend는 이와 같이 일반 함수에게도 클래스의 private이나 protected 멤버의 접근을 허용할 수 있다. 다음 프로그램을 보자.

프로그램 11.2 friend 함수 선언과 활용 예

```
01  #pragma once
02  #include <cstdio>
03
04  class Point {
05      int x, y;        // private 멤버
06  public:
07      Point(int xx = 0, int yy = 0) : x(xx), y(yy) { }
08      void print(char *s = "점") { printf("%s(%d,%d)", s, x, y); }
09
10      friend double avgPointX(Point* list, int n);    // 평균 x값 계산하는 일반 함수
11      friend Point addPoint(Point& p, Point& q) {      // 두 Point를 더하는 일반 함수
12          Point r;
13          r.x = p.x + q.x;
14          r.y = p.y + q.y;
15          return r;
16      }
17      friend Point subPoint(Point& p, Point& q) {      // 두 Point를 빼는 일반 함수
18          return Point(p.x - q.x, p.y - q.y);
19      }
20  };
21  // double Point::avgPointX(...)가 아님
22  double avgPointX(Point* list, int n) {               // friend 함수는 일반 함수임
23      double sum=0;
24      for (int i = 0; i < n; i++)
25          sum += list[i].x;
26      return sum / n;
27  }
28
29  void main()
30  {
31      Point arr[5] = { Point(0, 1), Point(2, 3), Point(4, 5) };
32      arr[3] = addPoint(arr[0], arr[1]);
```

```
C:\WINDOWS\system32\cmd.exe       —    □    ×
점(0,1)점(2,3)점(4,5)점(2,4)점(2,2)
Average X = 2.000000
계속하려면 아무 키나 누르십시오 . . .
```

```
33          arr[4] = subPoint(arr[2], arr[1]);
34          for (int i = 0; i < 5; i++)
35              arr[i].print();
36          printf("\nAverage X = %lf\n", avgPointX(arr, 5));
37      }
```

코드 설명

10행 avgPointX() 함수를 friend로 선언함. 이제 avgPointX() 함수는 x와 y를 포함한 Point의 모든 멤버에 접근할 수 있음. avgPointX()는 멤버 함수가 아니라 일반 함수임에 유의할 것.

11~16행 addPoint()도 friend로 선언됨. 13~14행과 같이 Point의 모든 멤버에 접근하는 것이 가능함. addPoint()도 Point의 멤버 함수가 아니라 inline으로 구현된 일반 함수라는 것에 유의할 것.

17행 subPoint()도 addPoint()와 동일함. addPoint()와 subPoint()의 구현 방법의 차이에 유의할 것.

29~37행 main()에서 Point 객체의 배열을 선언하면서 처음 세 개의 항목을 초기화 함. 다음 항목들은 addPoint()와 subPoint()를 호출해 각각 합과 차를 구하고 화면에 출력함. 마지막으로 Point 배열의 평균 x좌표를 계산해 출력함.

이 프로그램에서 반드시 기억해야 하는 것이 있다. 앞에 friend가 붙은 모든 함수는 Point의 멤버 함수가 아니라 일반 함수라는 것이다. 심지어 addPoint()와 subPoint()도 Point의 멤버 함수가 아니다. inline으로 구현된 **일반 함수**이다. 비록 클래스 안에서 구현된 함수라도 friend가 선언되면 이것은 **멤버가 아니라 일반 함수**이다. 혼동하기 쉬우므로 반드시 명심해야 한다.

subPoint()가 addPoint()에 비해 훨씬 간결하게 구현되어 있다. 이것은 두 좌표의 x와 y성분의 차를 각각 구하고 이 값들을 Point 생성자의 인수로 사용하여 임시 Point 객체를 생성하고 바로 반환하도록 하였다. 이에 비해 addPoint()는 결과를 저장할 Point 객체 r을 기본 생성자로 먼저 생성한 다음에 멤버의 값을 바꾼 것이다. 물론 addPoint() 함수 몸체도 다음과 같이 압축해서 구현할 수 있다.

```
return Point(p.x + q.x, p.y + q.y);
```

앞에서 friend 클래스는 가급적 사용하지 말 것을 권장하였다. friend 함수도 마찬가지의 문제가 있기는 하지만 friend 클래스와는 약간 다르다. 클래스 내에서 friend로 선언되어 inline으로 구현되는 일반 함수들은 다음 절에서 공부할 연산자 중복 정의에서 매우 흔하게 사용된다. 따라서 friend 함수의 의미를 정확히 알아두어야 한다.

11.2 연산자 중복

■ 연산자 중복이란?

프로그램에서는 다양한 자료형과 연산자들이 사용된다. 두 값을 더하는 다음 코드를 보자.

```
int i=1, j=2, k;        // int형 변수 선언
double a=1.0, b=2.0, c; // double형 변수 선언
k = i + j;              // 정수의 덧셈
c = a + b;              // 실수의 덧셈
```

정수의 덧셈과 실수의 덧셈이 같은 방법으로 같은 회로에서 처리될까? 물론 아니다. 정수 덧셈에 비해 실수 덧셈은 매우 복잡하다. **부동 소수점**(floating-point) 처리가 필요하기 때문이다. 이것은 같은 기호 +라고 무조건 동일한 일을 하는 것이 아니라 피연산자의 자료형에 따라 다양한 일을 수행할 수 있음을 의미하는데, 이를 **연산자 중복**(operator overloading)이라 한다. 이미 우리는 연산자 중복을 사용하고 있었다!

복소수 클래스를 생각해 보자. 복소수(complex number) 공간에서는 다양한 종류의 연산이 가능하다. 그림 11.2는 복소수 공간과 덧셈, 뺄셈, 켤레 복소수(conjugate) 등 몇 가지 연산을 보여주고 있는데, 이들 연산들은 이미 수학적으로 잘 정의되어 있다. 덧셈이나 뺄셈은 연산 항이 두 개인 이항 연산이고, 켤레 복소수는 단항 연산이다.

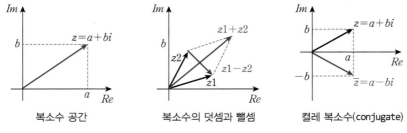

복소수 공간   복소수의 덧셈과 뺄셈   켤레 복소수(conjugate)

| 그림 11.2 복소수 공간과 여러 가지 연산들

두 복소수를 더하고 싶다면 함수를 만들어야 할 것이다. 우리는 7.7절에서 이와 같은 함수를 구현하는 방법이 다양하다는 것을 공부했다. 복소수 클래스 Complex의 객체 z1과 z2를 더해 결과를 z3에 저장하기 위해 다음과 같은 다양한 함수들이 가능할 것이다.

```
Complex z1(1,2), z2(3,4), z3;
z3.add(z1, z2);          // 방법 1: Complex의 멤버 함수, 반환이 필요 없음
z3 = add(z1, z2);        // 방법 2: 일반 함수, Complex를 반환함
z3 = z1.add(z2);         // 방법 3: Complex의 멤버 함수, Complex를 반환함
```

물론 모든 방법에서 연산을 한 후에 z1과 z2는 변경되지 않아야 하고, z3에는 z1과 z2의 합이 저장되어야 한다. 이제 **연산자 중복**이라는 새로운 방법을 사용해 보자. 이것은 어떤 연산자를 객체에 대해서도 적용할 수 있도록 중복하여 정의하는 것을 말하는데, 두 복소수를 더하기 위해 다음의 문장을 사용할 수 있다.

```
z3 = z1 + z2;            // 방법 4: 연산자 중복을 사용함
```

이 방법은 매우 직관적으로 보인다. 수학에서 사용하는 방법과 코드가 동일하기 때문이다. 문제는 C++는 클래스의 객체들에 대해 기본 대입 연산자만을 제공하고 다른 연산자는 제공하지 않는다는 것이다. 따라서 이 문장에서 =는 문제가 없지만 +는 자동으로 처리되지 않는다. 개발자가 반드시 구현해주어야 하는데, 이러한 함수를 연산자 중복 함수라고 한다. **연산자 중복 함수**의 형식은 다음과 같다.

```
반환형 operator 연산자 (매개변수목록) {
    ...    // 함수 몸체
};
```

함수의 이름을 제외하고 매개변수나 반환형, 함수의 구현 방법 등 모든 것은 기존의 함수와 동일하다. 프로그램 11.3은 복소수의 덧셈을 앞에서 설명한 네 가지 방법으로 구현한 예를 보여주는데, 방법 4가 연산자 중복 함수이다.

프로그램 11.3 복소수 덧셈 함수의 여러 가지 구현 방법

```cpp
01  #include <cstdio>
02
03  class Complex
04  {
05      double real;
06      double imag;
07  public:
08      Complex(double r=0.0, double i=0.0): real(r), imag(i) { }
09      void print(char* msg = "복소수 = ") {
10          printf(" %s %4.2f + %4.2fi\n", msg, real, imag);
11      }
12      // 방법 1: 멤버 함수
13      void add(Complex a, Complex b) {
14          real = a.real + b.real;
15          imag = a.imag + b.imag;
16      }
17      // 방법 2: 일반 함수
18      friend Complex add(Complex a, Complex b) {
19          return Complex(a.real + b.real, a.imag + b.imag);
20      }
21      // 방법 3: 멤버 함수
22      Complex add(Complex b) {
23          return Complex(real + b.real, imag + b.imag);
24      }
25      // 방법 4: 연산자 중복 함수 (멤버 함수로 구현)
26      Complex operator+(Complex b) {
27          return Complex(real + b.real, imag + b.imag);
28      }
29  };
30  void main()
31  {
32      Complex c1(1,2), c2(3,4), s1, s2, s3, s4;
33      s1.add(c1, c2);
34      s2 = add(c1, c2);
35      s3 = c1.add(c2);
36      s4 = c1 + c2;
37      s1.print("s1.add(c1,c2) : ");
```

```
38        s2.print("s2=add(c1,c2) : ");
39        s3.print("s3=c1.add(c2) : ");
40        s4.print("s4= c1 + c2 : ");
41  }
```

```
C:\WINDOWS\system32\cmd.exe          —    □    ×
s1.add(c1,c2) :    4.00 + 6.00i
s2=add(c1,c2) :    4.00 + 6.00i
s3=c1.add(c2) :    4.00 + 6.00i
s4= c1 + c2   :    4.00 + 6.00i
계속하려면 아무 키나 누르십시오 . . .
```

- **방법** 1은 멤버 함수로 구현되었고, 객체를 반환할 필요가 없다.
- **방법** 2에서 friend가 사용되었고, 따라서 일반 함수이다. 일반 함수이지만 Complex 에서 친구(friend)로 인정을 받았기 Complex의 private 멤버인 **real**과 **imag**를 직접 사용할 수 있다.
- **방법** 3과 방법 4는 모두 멤버 함수로 구현되었고, 매개변수와 반환형이 동일하다. 함수의 이름만 다르다.
- **방법** 4는 멤버 함수로 구현한 연산자 중복 함수이다. 방법 3과의 차이는 단지 함수 의 이름뿐인 것에 유의하라. 연산자 중복은 일반 함수로도 할 수 있는데, 이때에는 함수의 이름만 제외하면 방법 2와 동일하게 구현된다.

```
friend Complex operator +(Complex a, Complex b) {
    return Complex(a.real + b.real, a.imag + b.imag);
}
```

■ 연산자 중복 정의의 잠재적인 문제점

연산자 중복을 잘 사용하면 코드의 가독성이 좋아진다. 그렇지만 잠재적인 문제가 있다. 복소수의 사칙연산을 연산자 중복으로 구현하기 위해 연산자 +, -, *, /를 사용하는 것인 크게 문제가 없어 보인다. 그런데 만약 켤레 복소수를 구하는 연산을 연산자 중복으로 구 현하려면 어떤 연산자를 사용하는 것이 좋을까?

켤레 복소수는 허수부의 부호만 바뀌는 것이다. 이것을 위해 단항 연산자 '-'를 사용하는 것은 어떨까? 아마 대부분의 사람들은 복소수 객체 c에 -를 붙인 -c를 켤레 복소수보다는 실수부와 허수부의 부호를 모두 바꾸는 연산으로 생각할 것이다. 그렇다면 '!'를 사용하는 것은 어떨까? 또는 '~'를 사용하는 것은?

말풍선: 복소수의 덧셈, 뺄셈, 곱셈, 나눗셈에는 기본 자료형에서와 같이 +, −, *, /를 연산자로 사용하면 되겠네.

말풍선: 그런데… 켤레 복소수에는 어떤 연산자를 사용하지? −를 쓸까? !를 쓸까? 둘 다 좀 애매하네…

$$\overline{(a+bi)} = (a - bi)$$
켤레 복소수

| 그림 11.3 복소수 연산자 중복을 위한 연산자 결정

사실 어떤 단항 연산자도 사용할 수는 있다. 심지어 ++c도 가능하다. 문제는 중복한 연산자가 사람들이 쉽게 예상하는 것이 아닐 경우 매우 혼란스러워진다는 것이다. 예를 들어, 개발자가 켤레 복소수의 의미로 − 연산자를 사용해 -c로 표현한다면, 이 클래스의 사용자들 중 일부는 이것을 부정(negation)의 의미로 오해할 수 있는 것이다. 따라서 무절제한 연산자 중복의 사용은 프로그램에서 버그를 양산하는 지름길이다. 연산자 중복은 가능한 한 대부분의 사람들이 동일한 동작을 기대하는 연산자에 한하여 제한적으로 사용하는 것이 바람직하다.

11.3 연산자 중복의 종류

C++에서는 2장에서 공부한 대부분의 연산자를 중복할 수 있다. 연산자 중복은 잠재적인 문제가 있지만 잘 사용하면 코드가 깔끔해진다. 먼저 연산자 중복의 특징을 간단히 살펴보고, 복소수 클래스 Complex를 이용해 연산자 중복을 알아보자.

- 원래 정해져 있는 피연산자의 수를 변경할 수 없다. 예를 들어, 단항 연산자인 "!"를 a ! b와 같이 이항 연산자로 사용하거나, 단항 연산자 "++"을 a++b와 같이 사용할 수는 없다. 마찬가지로 이항 연산자인 "=="을 ==a와 같이 단항 연산자로 사용할 수 없다.
- 대부분의 연산자는 멤버 함수와 일반 함수로 모두 구현할 수 있다. 이항 연산자의 경우 왼쪽 피연산자가 속한 클래스의 멤버 함수로만 구현이 가능하다.
- 일부 연산자들은 멤버 함수로만 중복해야 한다. 여기에는 대입 연산자 "="와 함수 호출 연산자 "( )", 배열에서 원소의 참조 연산자 "[ ]"와 포인터에서 멤버를 참조하는

연산자 "->" 등이 있다.

- 연산자를 중복하더라도 2장에서 공부한 연산자의 우선순위와 결합 방향은 정확히 동일하게 유지된다.
- 범위 연산자 "::", 멤버 선택 연산자 "."와 유일한 3항 연산자 "? :" 등은 중복 함수를 만들 수 없다.
- 연산자 중복은 클래스의 객체가 포함된 연산에 대해서만 가능하다. 예를 들어, 3 + 4와 같은 기본 자료형의 연산에서 "+"와 같은 연산자를 중복할 수는 없다. a와 b가 Complex의 객체라면 a+b나 a+4, 3+b 등은 모두 중복이 가능하다.

■ 단항 연산자와 이항 연산자

어떤 연산자들은 단항 연산자로도 사용되고 이항 연산자로도 사용된다. 예를 들어, 뺄셈 연산자 -는 -z에서는 단항 연산자로 사용되었고 z-w에서는 이항 연산자로 사용되었다. 물론 두 가지로 모두 중복할 수 있지만 함수의 매개변수에 유의해야 한다.

먼저 **단항 연산자 -**를 Complex의 멤버 함수로 구현해 보자. 다음은 인라인 멤버 함수로 프로그램 11.3의 Complex 클래스에 추가될 연산자 중복 함수 코드이다.

```
Complex operator -() {
    return Complex(-real, -imag);
}
```

- 복소수의 부정(negation)은 실수부와 허수부의 부호를 모두를 바꾸는 것이다.
- -z 연산의 결과는 새로운 Complex 객체이다. -z 연산을 했는데 z가 변경되면 안 되는 것에 유의하라. 함수에서 real과 imag가 변경되지는 않았다.
- 이 함수는 매개변수가 필요 없다. 멤버 함수로 구현되었으므로 자신(this)의 속성 (real과 imag)만을 이용해 결과를 만들고 반환한다.

z-w와 같은 연산을 위한 **이항 연산자 "-"**를 멤버 함수로 구현하면 다음과 같다.

```
Complex operator -( Complex a ) {
    return Complex(real - a.real, imag - a.imag);
}
```

- 복소수의 뺄셈은 실수부와 허수부의 차를 이용한 복소수 객체이다.
- z-w의 결과도 새로운 Complex 객체이며, 연산 결과 z나 w가 변경되면 안 된다.
- 매개변수로 복소수 객체가 필요하다. z-w에서 z가 this이고 w가 매개변수로 전달되어야 한다. 매개변수의 자료형로 참조형을 사용할 수도 있다.

임시 객체를 만들고 반환하는 위 코드에 익숙해지기 바란다. 연산자 중복 함수는 실제 함수의 이름 (operator 연산자())으로도 호출될 수 있다. 다음은 정확히 동일한 함수 호출 방법이다.

```
-z == z.operator-()        // 단항 연산 -z
z - w == z.operator-(w)    // 이항 연산 z - w
```

■ 멤버 함수 구현과 일반 함수 구현

대부분의 연산자들은 멤버 함수와 일반 함수로 모두 구현할 수 있다. 복소수와 실수의 곱을 * 연산자를 중복해 구현해 보자. 다음은 복소수 객체와 실수를 곱하는 문장이다.

```
w = z * 0.5;               // 복소수 객체 * double
```

이 문장이 가능하도록 하려면 * 연산자를 중복해야 한다. 복소수 클래스에 다음과 같이 두 가지의 코드를 선택해 넣을 수 있다.

```
Complex operator* (double s) {                    // 멤버 함수로 구현
    return Complex(s*real, s*imag);
}
friend Complex operator* (Complex z, double s) {  // 일반 함수로 구현
    return Complex(z.real * s, z.imag * s);
}
```

- 복소수와 실수의 곱은 실수부와 허수부에 각각 실수를 곱하는 것이다.
- 일반 함수로 구현하기 위해 friend를 사용해야 한다. 클래스 내에서 friend로 선언된 모든 함수는 일반 함수이고, 그렇지 않으면 무조건 멤버 함수이다.
- 일반 함수를 friend로 선언하면 클래스의 모든 멤버를 접근할 수 있다.

- 멤버 함수로 구현하는 경우 항상 자신(this)이 있으므로 일반 함수로 구현하는 방법에 비해 매개변수가 하나 적다.

위와 같은 중복 함수가 구현되면 다음 문장을 사용할 수 있을까?

```
w = 0.5 * z;          // double * 복소수 객체
```

안 된다! 연산자는 같지만 피연산자의 위치가 다르다. 즉 복소수객체 * 실수와 실수 * 복소수객체는 비슷해 보이지만 완전히 다른 연산이다! 따라서 또 다른 연산자 중복 함수를 만들어야 한다. 이 연산을 멤버 함수로 구현할 수 있을까? 이것도 안 된다. 왼쪽 피연산자가 클래스의 객체가 아니기 때문이다. 결국 이 문장은 다음과 같이 일반 함수로만 중복할 수 있다.

```
friend Complex operator* (double s, Complex z) {      // 일반 함수로 구현
    return Complex(z.real * s, z.imag * s);
}
```

- 복소수와 실수를 곱하는 연산자 중복 함수가 있다고 해서 이것을 실수와 복소수의 곱에 사용할 수는 없다. 새로운 연산자 중복 함수가 필요하다.
- 실수와 복소수의 곱은 일반 함수로만 구현할 수 있다. 왼쪽 피연산자가 복소수 객체가 아니기 때문이다.

■ 유사한 의미의 연산자 중복

두 복소수가 같은지를 비교하기 위해 == 연산자를 중복해 구현해 보자.

```
bool operator==(Complex a) {          // 비교 연산
    return real==a.real && imag==a.imag;
}
```

이 중복 함수의 반환형으로는 bool이 적절할 것이다. 이제 (z==w)와 같은 복소수의 비교 연산이 가능하다. 이제 == 연산자가 구현되었으니 != 연산을 사용할 수 있을까? 역시 불가

능하다. ==가 구현되었다고 !=가 자동으로 동작하는 것이 아니다. 따라서 ==를 구현한다면 != 연산자도 구현해주는 것이 좋다.

```
bool operator!=(Complex a) {          // 비교 연산
    return real != a.real || imag != a.imag;
}
```

>나 <와 같은 크기 비교 연산자는 어떨까? 사실 복소수의 크기를 비교한다는 것은 의미가 확실하지 않다. 의미가 명확하지 않는 연산자들은 중복하지 않는 것이 훨씬 안전하다. 그리고 중요한 것은 연산자 >를 중복했다고 해서 <, >=, <= 등을 사용할 수 있는 것은 아니다. 각각에 대한 중복 함수가 필요하다.

Lab Complex의 연산자 중복 정의

Complex 클래스와 관련된 여러 연산자들을 정리해 보자. 프로그램 11.4는 구현된 클래스와 main() 함수에서의 사용 방법을 보여준다.

프로그램 11.4	복소수 클래스의 여러 가지 연산자 중복

```
01   #include <cstdio>
02
03   class Complex
04   {
05       double real;
06       double imag;
07   public:
08       Complex(double r=0.0, double i=0.0): real(r), imag(i) { }
09       void print(char* msg = "복소수 = ") {
10           printf(" %s %4.2f + %4.2fi\n", msg, real, imag);
11       }
12
13       // 산술 단항 - : -c(부정, negation)
14       Complex operator-() { return Complex(-real, -imag); }
15       // 산술 단항 ~ : ~c 켤레 복소수 (의미가 애매하므로 중복하지 않는 것이 더 좋음)
16       Complex operator~() { return Complex(real, -imag); }
```

```
17
18      // 산술 이항 - : a - b
19      Complex operator-(Complex b) {
20          return Complex(real - b.real, imag - b.imag);
21      }
22      // 산술 * : 복소수와 스칼라의 곱. c*s와 s*c 연산이 각각 다른 연산자에 의해 처리됨
23      Complex operator*(double s) { return Complex(s*real, s*imag); }
24      friend Complex operator*(double s, Complex c) {// 일반 함수임 !!!
25          return Complex(s*c.real, s*c.imag);
26      }
27
28      // 비교 : c1 == c2, c1 != c2
29      bool operator==(Complex a) { return real==a.real && imag==a.imag; }
30      bool operator!=(Complex a) { return real != a.real || imag != a.imag; }
31      // 다른 비교 연산자 >, <, >=, <=, 등은 개념이 애매함. 중복하지 않는 것이 바람직함
32
33      // 대입 : c1=c2, c1+=c2, c1-=c2
34      Complex& operator=(Complex a) { real=a.real; imag=a.imag; return *this; }
35      Complex& operator+=(Complex a) {real+=a.real; imag+=a.imag; return *this; }
36      Complex& operator-=(Complex a) {real-=a.real; imag-=a.imag; return *this; }
37      // 다른 대입 연산자 <<=, >>=, 등도 개념이 애매함. 중복하지 않는 것이 바람직함
38  };
39
40  void main()
41  {
42      Complex c1(1, 2), c2(3, 4), c3, c4, c5, c6, c7, c8;
43
44      c1.print("c1(1, 2) : ");
45      c2.print("c2(3, 4) : ");
46      c3 = -c1;
47      c3.print("c3 = -c1 : ");
48      c4 = ~c1;
49      c4.print("c4 = ~c1 : ");
50      c5 = c1 - c2;
51      c5.print("c5 = c1 - c2 : ");
52      c5 = c1 * 2.0;
53      c5.print("c5 = c1 * 2.0 : ");
54      c6 = 3.0 * c1;
```

```
C:\WINDOWS\system32\cmd.exe        —   □   ×
c1(1, 2)      :   1.00 + 2.00i
c2(3, 4)      :   3.00 + 4.00i
c3 = -c1      :  -1.00 + -2.00i
c4 = ~c1      :   1.00 + -2.00i
c5 = c1 - c2  :  -2.00 + -2.00i
c5 = c1 * 2.0 :   2.00 + 4.00i
c6 = 3.0 * c1 :   3.00 + 6.00i
c7 = c8 = c1  :   1.00 + 2.00i
c7 += c1      :   2.00 + 4.00i
c8 -= c1      :   0.00 + 0.00i
계속하려면 아무 키나 누르십시오 . . .
```

```
55        c6.print("c6 = 3.0 * c1 : ");
56        c7 = c8 = c1;
57        c7.print("c7 = c8 = c1 : ");
58        c7 += c1;
59        c7.print("c7 += c1 : ");
60        c8 -= c1;
61        c8.print("c8 -= c1 : ");
62  }
```

16행은 켤레 복소수를 구하기 위해 "~"를 중복한 함수이다. 이제 ~c는 복소수 c의 켤레 복소수이다. 중요한 사항은 이것은 일반적으로 통용되는 개념은 아니라는 것이다. 따라서 매우 신중하게 사용해야 한다.

34행은 대입 연산자 중복 함수로, 멤버 함수로만 구현이 가능하다. 대입 연산자의 반환형 Complex&에 주의하라. 이 함수가 반환을 하지 않도록 설계할 수도 있지만, 이 경우 다음과 같은 문장을 사용할 수 없다.

```
Complex a, b, c;
...
a = b = c;
```

35~36행의 대입 연산자 +=나 -=들도 마찬가지로 멤버 함수로만 구현할 수 있으며, 반환형을 Complex&로 하는 것이 바람직하다.

복소수 객체 사이의 직접적인 논리 연산은 의미가 모호하다. 예를 들어 두 복소수 c_1과 c_2가 있을 때 c_1 || c_2나 c_1 && c_2가 무엇을 의미할 수 있을까? 따라서 중복하지 않는 것이 더 자연스럽다. 비트 논리 연산도 마찬가지이다. c_1|c_2나 c_1&c_2에 어떤 의미를 줄 수 있을까? 따라서 이들도 중복하지 않는 것이 좋다.

~ 연산은 앞에서 켤레 복소수를 구하는 연산자로 중복되었다. 기본 자료형에 대한 원래의 의미와 완전히 달라진 의미로 사용하는 것이다. 따라서 이런 연산자 중복은 자연스럽지도 않고 바람직하지도 않다.

11.4 특별한 연산자 중복

유리수(Rational number)는 두 정수의 분수 형태로 나타낼 수 있는 실수를 말한다. 이때, 분모는 반드시 0이 아니어야 한다. 이에 반해 두 정수의 분수 꼴로 나타낼 수 없는 실수를 **무리수**라 한다. 유리수를 표현하기 위해 Rational 클래스를 만들자. 분모와 분자는 정수가 되어야 한다. 생성자에서 분자와 분모를 모두 제공할 수도 있고 분자만을 제공할 수도 있도록 하자. 이 경우 분모는 1이 된다.

```cpp
class Rational {
    int top;        // 유리수의 분자
    int bottom;     // 유리수의 분모(0이 아니어야 함)
public:
    Rational(int t = 0, int b = 1) : top(t), bottom(b) { }
    // 다양한 연산자 중복 함수 추가 ...
};
```

이 클래스를 이용해 몇 가지 특별한 연산자 중복을 공부해보자.

■ 증감 연산자

2장에서 단항 연산자로 연산항의 값을 1 증가하거나 감소하는 역할을 하는 증감 연산자 "++"와 "--"는 연산항의 위치에 따라 ++r과 같은 전치 연산과 r++와 같은 후치 연산으로 사용될 수 있음을 공부했다. 따라서 이와 같은 연산을 사용하기 위해서는 이들 각각에 대한 연산자 중복 함수가 필요하다.

어느 경우가 더 일반적일까? 다른 단항 연산자들과 비교하면 쉽다. 대부분의 단항 연산자는 -a, !b, ~c와 같이 피연산자 앞에 나타나는 전치 연산을 한다. 따라서 ++r가 일반적이다. 이 연산을 멤버 함수로 구현하면 다음과 같다.

```cpp
Rational& operator++() {
    top += bottom;
    return *this;
}
```

이 연산은 객체 자신을 변경하는 것에 유의하라. ++i는 i를 먼저 1 증가시키고 결과를 반환한다. 반환형에 유의하라. 대입 연산자 중복에서와 같은 이유에서 객체 자신을 반환해야 한다. 이것은 ++(++r)과 같은 연산을 가능하게 한다.

그렇다면 r++는 어떻게 중복 함수를 만들 수 있을까? 약간의 편법을 사용해야 한다. 이 연산의 중복 함수는 다음과 같다.

```
Rational operator++( int ) {
    top += bottom;
    return Rational(top - bottom, bottom);
}
```

매개변수로 불필요한 int가 추가된 것에 유의하라. ++r가 일반적인 방법이고, r++가 예외적인 사용임을 알 수 있다.

■ 비트 이동 연산자

C++의 표준 라이브러리에서 제공하는 입출력 연산자 cin, cout를 사용하기 위해 다음과 같이 비트 이동 연산자를 사용하였다.

```
cout << "value = " << 10 << endl;
cin >> x >> y ;
```

비트 이동 연산자를 중복하면 클래스의 객체도 동일한 방법으로 처리할 수 있다. 즉 다음과 같은 문장을 사용할 수 있도록 연산자 중복을 해 보자.

```
Rational r;
cout << "유리수의 분자와 분모를 입력하세요 = ";
cin >> r ;
cout << r << endl;
```

이를 위한 연산자 중복 함수를 어떻게 구현할까? 비트 이동 연산자 "<<"와 ">>"의 중복이 필요하다.

- 이 함수는 Rational의 멤버 함수로 구현할 수 없다. 왜냐하면 왼쪽 피연산자가 Rational의 객체가 아니라 ostream의 객체이기 때문이다. 이것은 표준 라이브러리에서 제공하는 것이고, 개발자가 이 클래스 자체를 수정할 수 없다. 따라서 일반 함수로 구현할 수밖에 없다.

- private 멤버를 이용해야 하므로 Rational에서 friend로 선언하는 것이 편리하다.

- 반환형에 유의해야 한다. 이 함수는 ostream&를 반환해야 한다. 왜냐하면 cout << r1 << r2; 연산을 수행했을 때, "cout << c1"이 먼저 실행되고 난 다음에 "cout << c2"가 이어서 실행되어야하기 때문이다. 따라서 "cout << c1" 연산의 결과가 cout 자체가 되어야 한다.

다음은 cout으로 복소수 객체를 출력할 수 있도록 일반 함수로 구현한 비트이동 연산자 <<의 중복 함수이다.

```
friend ostream& operator<<(ostream& os, const Rational& f) {
    os << f.top << "/" << f.bottom;
    return os;
}
```

표준 입력을 위한 ">>" 연산자도 마찬가지이다. 다음은 cin으로 복소수 객체를 입력받을 수 있도록 구현한 비트 이동 연산자 ">>"의 중복 함수이다.

```
friend istream& operator>>(istream& is, Rational& f) {
    is >> f.top >> f.bottom;
    return is;
}
```

이와 같은 비트 이동 연산자는 사실 비트의 이동과는 전혀 관련이 없다. 모든 연산자 중복 함수는 원래의 의미와 전혀 다르게 구현할 수도 있다. 물론 이렇게 되면 사용자가 매우 혼란스러워지는 것은 당연하다.

■ 형 변환 연산자

형 변환 연산자도 중복할 수 있다. 다음과 같이 Rational 객체 앞에 (double)을 붙여서 형 변환하는 것을 말한다.

```
operator double() {
    return (double)top/bottom;
}
```

이 중복 함수는 분수 형태의 유리수를 double로 반환하여 출력한다. 이 연산자 중복 함수에 반환형이 없는 것에 유의하라. 형 변환 연산자의 반환형은 자동적으로 그 자료형(type)이 된다. 동일한 방법으로 다른 자료형에 대한 형 변환 연산자를 구현할 수 있다. 이 연산자는 템플릿에서 자주 사용된다.

■ 인덱스, 함수 호출 연산자

인덱스 연산자 "[ ]"와 함수 호출 연산자 "( )"도 중복할 수 있다. 특히 이 함수들은 멤버함수로만 구현할 수 있다. Rational 객체 r이 있다고 할 때, r[0]과 r(0)을 객체 r의 top을 나타내고, r[1]과 r(1)은 bottom을 반환하도록 하자. 먼저 인덱스 연산자는 다음과 같이 구현된다.

```
int& operator[](int id) {
    if (id == 0) return top;
    else if (id == 1) return bottom;
    else exit(0);
}
```

인덱스가 0이나 1이면 top이나 bottom을 반환하지만, 다른 값이면 프로그램이 종료되도록 하였다. 반환형에 유의하라. 이제 유리수 객체 r의 분자와 분모를 초기화하기 위해 r[0] = 1; r[1] = 2;와 같은 문장을 사용할 수 있다.

이 연산자가 구현되면 함수 호출 연산자는 더 쉽게 구현할 수 있다.

```
int& operator()(int id) { return (*this)[id]; }
```

이 연산자는 앞에서 구현한 인덱스 연산자를 이용해 구현하였다. 이 연산자는 다른 연산자들과는 달리 매개변수의 개수가 정해져 있지 않다. 이것은 동일한 연산자를 다양하게 중복하여 사용할 수 있음을 의미한다. 따라서 인덱스 연산자보다 더 일반적인 사용이 가능하다. 사실 이러한 연산자들은 Vector나 Matrix와 같이 여러 개의 항목들을 가진 컨테이너(container) 클래스에서 더 효과적으로 사용될 수 있다.

■ Rational 클래스 구현

전체 Rational 클래스는 프로그램 11.5와 같다.

프로그램 11.5 연산자 중복을 이용한 Rational 클래스(Rational.h)

```
01  #pragma once
02  #include <iostream>
03  #include <string>
04  using namespace std;
05
06  class Rational
07  {
08      int top;        // 유리수의 분자
09      int bottom;     // 유리수의 분모(0이 아니어야 함)
10  public:
11      Rational(int t = 0, int b = 1) : top(t), bottom(b) { }
12      Rational& operator++() { top += bottom; return *this; }
13      Rational operator++(int) {
14          top += bottom;
15          return Rational(top - bottom, bottom);
16      }
17      friend ostream& operator<<(ostream& os, const Rational& f) {
18          os << f.top << "/" << f.bottom;
19          return os;
20      }
21      friend istream& operator>>(istream& is, Rational& f) {
22          is >> f.top >> f.bottom;
23          return is;
24      }
```

```
25      operator double() { return (double)top/bottom; }
26      int& operator[](int id) {
27          if (id == 0) return top;
28          else if (id == 1) return bottom;
29          else exit(0);
30      }
31      int& operator()(int id) { return (*this)[id]; }
32  };
```

코드 설명

11행 생성자에서 디폴트 매개변수를 사용한 생성자.

12행 증감 연산자 중복 함수. 전치 연산 ++r을 위한 중복 함수임.

17~20행 분수 객체를 화면으로 출력하기 위한 << 연산자 중복 함수. 일반 함수로만 구현할 수 있으며, friend를 사용함.

21~24행 표준 입력으로부터 분수 객체를 읽기 위한 >> 연산자 중복 함수. 분자와 분모를 순서대로 입력해야 함.

26~30행 인덱스 연산자 중복 함수. r[0]는 top, r[1]은 bottom을 반환함.

31행 함수 호출 연산자 중복 함수. 인덱스 연산자를 이용해 간편하게 구현함.

프로그램 11.6은 Rational 클래스를 사용하는 프로그램의 예이다.

프로그램 11.6 Rational 클래스의 사용 예

```
01  #include "Rational.h"
02
03  void main()
04  {
05      Rational a(4), b(6, 8), c, d;
06
07      c[0] = 3;
08      c(1) = 4;
09      cout << "a = " << a << " = " << (double)a << endl;
10      cout << "b = " << b << " = " << (double)b << endl;
11      cout << "c = " << c << " = " << (double)c << endl;
12      cout << "d 입력(top bottom) : ";
13      cin >> d;
```

```
14        cout << "d = " << d << endl;
15        cout << "a++ = " << a++ << endl;
16        cout << "  a = " << a << endl;
17        cout << "++b = " << ++b << endl;
18        cout << "  b = " << b << endl;
19   }
```

```
C:\WINDOW...  —  □  ×
a   = 4/1 = 4
b   = 6/8 = 0.75
c   = 3/4 = 0.75
d 입력(top bottom) : 1 2
d   = 1/2
a++  = 4/1
  a  = 5/1
++b  = 14/8
  b  = 14/8
```

코드 설명

5행 여러 Rational 객체를 생성함. 생성자 테스트.

7~8행 인덱스 연산자와 함수 호출 연산자를 이용한 멤버 변수 설정.

9~11행 << 연산자 중복 함수와 형 변환 연산자 사용 예.

13행 표준 입력을 위한 >> 연산자 중복 함수 사용 예.

15~18행 전치와 후치 연산을 이용하는 증감 연산자 사용 예.

11.5 깊은 복사와 연산자 중복

■ Vector 클래스 구현

연산자 중복은 매력적인 코드를 제공하지만 때로는 불필요한 코딩이 필요한 상황을 만든다. 동적 할당을 사용하는 벡터 클래스를 생각해 보자. 프로그램 11.7은 8.2절에서 공부한 벡터 클래스를 다시 구성한 코드로, 화면 출력을 위한 비트 이동 연산자와 항목 접근을 위한 인덱스 연산자 중복 함수를 추가하였다. 두 벡터의 덧셈을 위해 **add()** 함수를 제공하였다.

프로그램 11.7 벡터 덧셈 프로그램(연산자 중복 사용 않음)

```
01  #include <iostream>
02  using namespace std;
03
04  class Vector {
05      double* arr;
06      int dim;
```

```
07   public:
08        Vector(int d = 0) : dim(d), arr(NULL) { arr = new double[dim]; }
09        ~Vector() { delete[] arr; }
10        double& operator[] (int id){ return arr[id]; }
11        friend ostream& operator << (ostream& os, Vector& v) {
12             os << "<";
13             for (int i = 0; i < v.dim; i++)
14                  os << v.arr[i] << " ";
15             os << ">";
16             return os;
17        }
18        void add(Vector& u, Vector& v) {
19             for (int i = 0; i < dim; i++)
20                  arr[i] = u[i] + v[i];
21        }
22   };
23
24   void main()
25   {
26        Vector u(4), v(4), w(4);
27        for (int i = 0; i < 4; i++) {
28             u[i] = i*10.0;
29             v[i] = i;
30        }
31        cout << " u = " << u << endl;
32        cout << " v = " << v << endl;
33        w.add(u, v);
34        cout << "u+v = " << w << endl;
35   }
```

```
C:\WINDOW...     —     □     ×
u   = <0 10 20 30 40 >
v   = <0 1 2 3 4 >
u+v = <0 11 22 33 44 >
```

코드 설명

10행 인덱스 연산자와 중복 함수.

11~17행 표준 출력을 위한 << 연산자 중복 함수.

18~21행 두 벡터를 더하는 연산.

33행 벡터 u와 v를 더해 w에 저장함.

이 프로그램은 전혀 문제없이 잘 동작한다. 이제 코드에 멋을 내어서 덧셈을 연산자 중복 함수로 다음과 같이 구현하자. 프로그램 11.7의 18~21행의 add()를 대신해 operator+() 함수를 추가하고, 33행의 호출 부분도 수정한다.

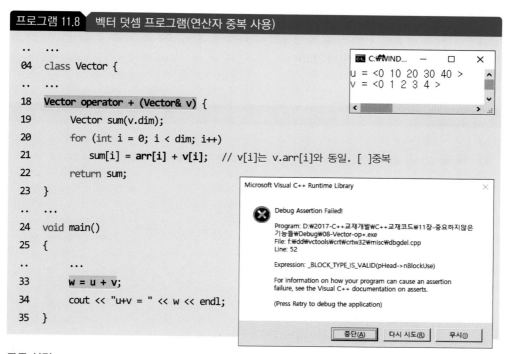

프로그램 11.8　벡터 덧셈 프로그램(연산자 중복 사용)

```
.. ...
04  class Vector {
.. ...
18  Vector operator + (Vector& v) {
19      Vector sum(v.dim);
20      for (int i = 0; i < dim; i++)
21          sum[i] = arr[i] + v[i];   // v[i]는 v.arr[i]와 동일. [ ]중복
22      return sum;
23  }
.. ...
24  void main()
25  {
..      ...
33      w = u + v;
34      cout << "u+v = " << w << endl;
35  }
```

코드 설명

18~23행　덧셈 연산자 중복 함수.

33행　연산자 중복을 이용해 벡터 u와 v를 더해 w에 저장함.

이 프로그램은 실행 오류가 발생한다. 왜 그럴까? 대입 연산자 때문이다. 33행에서 객체의 대입 연산자가 사용되었다.

- 프로그램 11.7의 **add()**에서는 참조자 매개변수를 사용하고 아무것도 반환하지 않으므로 복사 생성자나 대입 연산자를 호출하지 않는다.
- 연산자 중복을 사용하는 프로그램 11.8에서는 operator+() 함수가 **Vector** 객체를 반환한다. 따라서 결과를 대입 연산자를 이용해 다른 벡터에 복사해야 한다. 즉, 33 행과 같이 사용할 수밖에 없다. 그런데 대입 연산자를 중복하지 않았으므로 컴파일

러가 제공해주는 "얕은 복사"를 사용해 복사하고, 결국 실행 오류가 발생한다(8.4절 참조).

따라서 벡터와 같이 깊은 복사가 필요한 클래스에서 객체를 반환할 수밖에 없는 연산자를 중복하고 싶을 때에는 반드시 대입 연산자를 중복해야 한다. 프로그램 8.5의 clone() 함수를 이용하여 다음과 같이 대입 연산자를 구현하는 것이 가장 확실한 방법이다. 물론 복사 생성자도 함께 구현하는 것이 좋다.

프로그램 11.9 벡터 클래스에 복사 생성자와 대입 연산자 추가

```
01  ...
02  Vector& operator = (Vector& v) {        // 대입 연산자 중복
03      clone(v);
04      return *this;
05  }
06  void clone(Vector& a) {                 // 깊은 복사를 위한 clone 함수
07      if (dim > 0) delete[] arr;
08      dim = a.dim;
09      arr = new double[dim];
10      for (int i = 0; i < dim; i++)
11          arr[i] = a.arr[i];
12  }
13  Vector(Vector& v) : arr(NULL) { clone(v); }  // 복사 생성자
14  ...
```

이 프로그램은 이제 정상적으로 잘 동작한다. + 연산자의 중복을 위해 대입 연산자의 중복이 필요했음을 기억하라. 물론 함수를 다른 방법으로, 약간 멋이 없게, 설계한다면 이들은 신경 쓰지 않아도 된다. 코드에 멋이 중요할까? 판단은 개발자의 몫이다.

■ Matrix 클래스와 함수 호출 연산자

함수 호출 연산자 "( )"는 여러 개의 인덱스를 사용하여 항목에 접근하는 방법으로 사용할 수 있다. 다음은 2차원 배열의 동적 할당을 이용한 행렬 클래스(8.7절)에서 함수 호출 연산자를 이용해 행렬 요소에 접근하는 프로그램이다.

프로그램 11.10　행렬 클래스의 연산자 중복

```cpp
01  #include <iostream>
02  #include <iomanip>
03  using namespace std;
04
05  class Matrix {
06      int rows, cols;
07      int** mat;
08  public:
09      Matrix( int xMax=0, int yMax=0 ): rows(yMax), cols(xMax), mat(NULL) {
10          mat = new int*[rows];
11          for (int i = 0; i<rows; i++)
12              mat[i] = new int[cols];
13      }
14      ~Matrix( ) {
15          for (int i = 0; i<rows; i++)
16              delete[] mat[i];
17          delete[] mat;
18      }
19      int& operator()(int x, int y) { return mat[y][x]; }
20      void print ( char *str = "matrix" ) {
21          cout << str << " " << rows << "x" << cols << endl;
22          for( int i=0 ; i<rows ; i++ ) {
23              for( int j=0 ; j<cols ; j++ )
24                  cout << setw(4) << mat[i][j];
25              cout << "\n";
26          }
27      }
28  };
29  void main()
30  {
31      Matrix m(3, 2);
32      m(0, 0) = 0;   m(1, 0) = 1;   m(2, 0) = 2;
33      m(0, 1) = 3;   m(1, 1) = 4;   m(2, 1) = 5;
34      m.print();
35  }
```

19행에서 함수 호출 연산자의 매개변수가 2개인 것에 유의하라. 이들은 각각 행렬 요소의 열 번호와 행 번호이다. 만약 3차원 행렬이라면 3개의 매개변수를 사용하면 된다. 반환형으로 참조형을 사용하여 행렬의 해당 요소의 별명을 반환하도록 하였다. 이에 따라 32~33행과 같이 연산의 결과가 l-value가 되어 그 요소에 값을 복사할 수도 있다.

11.6 응용: MonsterWorld 6: 여유 있는 삶

10장에서 구현한 몬스터 세상에는 드디어 "미래의 인류"가 들어가 다른 몬스터들과 경쟁을 하면서 아이템을 먹는다. 따라서 조금은 더 게임에 가깝고, 이를 응용하면 여러 가지 게임들을 만들 수 있을 것이다.

그런데 지금까지 결과를 보면 "신인류"를 제외하고는 처녀귀신이 대부분 가장 많은 아이템을 먹는다. 왜 그럴까? 다른 몬스터가 인접한 위치로만 움직일 수 있는데 비해 처녀귀신은 무작위로 먼 거리를 한꺼번에 움직일 수 있기 때문일 것이다. 처녀귀신은 산소탱크를 가졌다. 이제 각 몬스터마다 움직인 거리를 계산해 보자. 특히 일정 거리 이상을 움직이면 에너지가 많이 소비될 것이므로 일정 시간을 쉬도록 만들어보자. 이제 몬스터들, 특히 처녀귀신은 보다 "여유 있는 삶"을 살게 된다. "신인류"는 게이머 스스로 판단하므로 거리와 상관없이 쉬지 않도록 한다.

| 그림 11.4 몬스터 세상(여유 있는 삶)

- **Monster와 자식 클래스**: 몬스터에 움직인 거리 계산과 쉬는 시간을 관리하기 위한 멤버 변수를 추가하고 관련 함수를 구현한다.

- **Point 클래스 사용**: 좌표를 표현을 위해 Point 클래스를 사용한다. 물론 여러 가지 연산자 중복을 통해 이 장에서 학습한 내용을 활용한다. Canvas 클래스에 출력할 좌표로 Point 객체를 전달받는 draw() 함수도 추가한다.

10장에서 구현한 프로그램에서 다른 부분(MonsterWorld.h, Matrix.h, main() 함수 등)들은 수정이 없이 그대로 사용될 것이다.

■ Point 클래스

화면은 2차원이며 정수 좌표를 갖는다. 이것을 클래스로 추가하자.

- 좌표를 표현할 때 x와 y 변수를 각각 사용하는 것보다는 Point 객체 하나를 사용하는 것이 더 편리할 것이다.
- Monster와 Canvas 클래스에서 좌표를 자주 사용할 것이므로 friend를 이용해 이들을 친구 클래스로 등록한다.
- 각종 연산자 중복함수를 제공해 편리하게 사용하도록 한다.

프로그램 11.11 Point 클래스(Point.h)

```
01  #pragma once
02  #include <iostream>
03  #include <cmath>
04  using namespace std;
05
06  class Point {
07      int x, y;                // 점의 x와 y 좌표 값
08      friend class Monster;    // Monster를 친구 클래스로 등록
09      friend class Canvas;     // Canvas를 친구 클래스로 등록
10  public:
11      Point(int xx = 0, int yy = 0) : x(xx), y(yy) { }
12      int& operator[] (int id) {   // 인덱스 연산자
13          if (id == 0) return x;
14          else if (id == 1) return y;
15          else exit(0);
16      }
```

```
17      operator double() { return sqrt((double)x*x + y*y); }
18      void operator()(int maxx, int maxy) {
19         if (x < 0) x = 0;
20         if (x >= maxx) x = maxx - 1;
21         if (y < 0) y = 0;
22         if (y >= maxy) y = maxy - 1;
23      }
24      Point operator- ()    { return Point(-x, -y); }
25      bool operator== (Point &p)   { return x == p.x && y == p.y; }
26      bool operator!= (Point &p)   { return x != p.x || y != p.y; }
27      Point operator- (Point &p)   { return Point(x - p.x, y - p.y); }
28      Point operator+ (Point &p)   { return Point(x + p.x, y + p.y); }
29      void operator+= (Point &p)   { x += p.x, y += p.y; }
30      void operator-= (Point &p)   { x -= p.x, y -= p.y; }
31   };
```

코드 설명

7행 점의 좌표를 위한 멤버 변수. private로 선언.

8~9행 Monster와 Canvas를 친구 클래스로 등록함. 이제 이들 클래스의 멤버 함수에서 Point의 모든 멤버에 대한 접근이 가능함.

12~16행 인덱스 연산자 중복. 인덱스 0과 1을 각각 x와 y로 사용함. 이 연산자를 통해 private으로 선언된 데이터 멤버를 외부에서 사용할 수 있음.

17행 double로의 형 변환 연산자. 원점에서부터의 유클리드 거리를 반환.

18행 함수 호출 연산자 중복 함수. 현재 좌표 (x,y)가 항상 유효 범위 ($0 \sim maxx-1$, $0 \sim maxy-1$) 내에 있도록 수정함. Monster의 clip()에서 사용.

24~30행 다양한 산술 연산자 중복 함수.

▪ Monster 클래스

Monster 클래스는 변경되어야 할 부분이 많다.

- 현재 위치를 나타내던 변수 x와 y 대신에 Point 객체 p를 사용한다.
- 거리 계산 및 휴식 처리를 위한 데이터 멤버와 관련 함수들도 수정해야 한다.
- Point의 다양한 연산자 중복 함수를 사용하도록 멤버 함수를 수정한다.

프로그램 11.12 Monster 클래스(Monster.h)

```cpp
01  #pragma once
02  #include "Canvas.h"
03  #include "Point.h"
04
05  class Monster{
06  protected:
07      string name, icon;     // 몬스터 이름과 화면 출력용 아이콘
08      int nItem;             // 먹은 아이템 수
09      Point q, p;            // 추가: 이전 위치(q)와 현재 위치(p)
10      int nSleep;            // 추가: 쉬어야 하는 횟수
11      double dist;           // 추가: 쉬고 난 다음 움직인 거리
12      double total;          // 추가: 총 움직인 거리
13
14      void clip(int maxx, int maxy) { p(maxx, maxy); }
15      void eat(int** map) {
16          if (map[p.y][p.x] == 1) {
17              map[p.y][p.x] = 0;
18              nItem++;
19          }
20          dist += (double)(p - q);
21          total+= (double)(p - q);
22          q = p;
23          if (dist > 20) {
24              dist = 0;
25              nSleep = 10;
26          }
27      }
28      bool isSleep() {
29          if (nSleep > 0) {
30              nSleep--;
31              return true;
32          }
33          else return false;
34      }
35  public:
36      Monster(string n = "무명괴물", string i = "※", int x = 0, int y = 0)
```

```
37              : name(n), icon(i), nItem(0),
38                p(x,y), q(x,y), nSleep(0), dist(0.0), total(0.0) {}
39          virtual ~Monster() { cout << icon << nItem << "거리:" << total << endl; }
40
41          void draw(Canvas &canvas) { canvas.draw(p, icon); }
42          virtual void move(int** map, int maxx, int maxy) {
43              if (!isSleep()) {
44                  int num = rand() % 9 + 1;    // 1 ~ 9
45                  p += Point(num % 3 - 1, num / 3 - 1);
46                  clip(maxx, maxy);
47                  eat(map);
48              }
49          }
50          void print() { cout<<"\t"<<name <<icon <<":"<<nItem <<":" <<nSleep<<endl; }
51      };
```

코드 설명

9~12행 추가된 멤버 변수. 움직인 거리 계산을 위해 이전 위치(q)와 현재 위치(p)가 필요하고, 전체 움직인 거리(total)과 쉬고 난 다음 움직인 거리(dist)를 추가함. 앞으로 쉬어야 하는 횟수(nSleep)도 추가함.

14행 clip()에서 Point의 함수 호출 연산자를 사용함.

16~17행 현재 좌표 위치의 map[][] 값에 접근하는 방법이 바뀜. Monster가 Point의 친구 클래스이므로 p.x, p.y와 같은 접근이 가능함.

20~26행 아이템을 먹은 후 이동 거리에 대한 처리를 하는 코드. dist와 total을 갱신하고, 현재 위치를 이전 위치에 복사함. 20~21행에서 Point클래스의 이항 연산자 −와 형 변환 연산자 (double)이 사용된 것에 유의할 것. dist가 20 이상이면 다시 쉬도록 함. 이를 위해 dist를 0으로 다시 초기화하고 nSleep을 10으로 설정해 10회 쉬도록 함.

28~34행 현재 쉬고 있는 상태인지를 검사함. 쉬고 있는 상태이면 nSleep를 하나 줄여주고 true를 반환하며, 그렇지 않으면 false를 반환.

38행 멤버 초기화 리스트에 새롭게 추가된 멤버에 대한 초기화 코드를 추가.

39행 소멸자에서 출력 내용을 수정함. 총 이동 거리를 출력함.

41행 draw()에서 매개변수가 (int,int)에서 Point로 변경된 함수 호출.

43행 이동 함수는 쉬고 있지 않는 경우에만 이동을 진행함.

44행 Point의 += 연산자를 이용하도록 코드를 수정함.

50행 상태 출력 내용 수정.

▪ Monster의 자식 클래스 수정

Monster의 자식 클래스도 약간의 변경이 필요하다.

- 현재 위치를 위해 Point 객체 p를 사용해야 한다.
- 그런데, Point에서는 Monster만을 친구로 등록했다. 자식 클래스들이 자동으로 친구가 되지 않는다. 따라서 다른 방법으로 Point의 private 멤버 x와 y에 접근해야 한다. 인덱스 연산자 중복 함수를 사용한다.
- move() 함수에서 현재가 쉬는 시간인지를 검사해야 한다. 자식 클래스들에서는 move() 함수만 수정하면 된다.

프로그램 11.13	Monster 자식 클래스들에서 move() 함수 수정

```
01  // Zombie 클래스는 변경 없음
02  ...
03  class Vampire : public Monster{
04      ...
05      void move(int** map, int maxx, int maxy) {
06          if (!isSleep()) {
07              int dir = rand() % 4;
08              if (dir == 0) p[0]--;
09              else if (dir == 1) p[0]++;
10              else if (dir == 2) p[1]--;
11              else p[1]++;
12              clip(maxx, maxy);
13              eat(map);
14          }
15      }
16  };
17  class KGhost : public Monster{
18      ...
19      void move(int** map, int maxx, int maxy) {
20          if (!isSleep()) {
21              p = Point(rand() % maxx, rand() % maxy);
22              clip(maxx, maxy);
23              eat(map);
```

```
24              }
25          }
26  };
27  class Jiangshi : public Monster{
28      ...
29      void move(int** map, int maxx, int maxy) {
30          if (!isSleep()) {
31              int dir = rand() % 2;
32              int jump = rand() % 2 + 1;
33              if (bHori)
34                  p[0] += ((dir == 0) ? -jump : jump);
35              else
36                  p[1] += ((dir == 0) ? -jump : jump);
37              clip(maxx, maxy);
38              eat(map);
39          }
40      }
41  };
42  class Human : public Monster{
43      ...
44      void move(int** map, int maxx, int maxy) {
45          if (kbhit()) {
46              char ch = getDirKey();
47              if (ch == Left) p[0]--;
48              else if (ch == Right) p[0]++;
49              else if (ch == Up) p[1]--;
50              else if (ch == Down) p[1]++;
51              else return;
52
53              clip(maxx, maxy);
54              eat(map);
55          }
56      }
57  };
```

코드 설명

1행 Zombie 클래스는 변경할 내용이 없음.

6, 20, 30행 Human을 제외한 모든 클래스에서는 먼저 현재가 쉬는 시간인지를 검사하고, 쉬는 시간이 아닌 경우에

만 기존의 무작위 이동을 진행함.

21행 Point의 생성자를 이용해 객체를 만들고 이를 현재 위치 p에 복사함.

8~11, 34, 37, 47~50행 Point의 private 멤버를 p.x, p.y와 같이 접근할 수 없음에 유의할 것. 인덱스 연산자[]를 사용해 접근함. p[0]은 p.x, p[1]은 p.y가 되도록 Point 클래스에서 중복 함수를 제공하는 것을 확인할 것.

이 코드는 지금까지의 코드에 비해 그렇게 더 깔끔해진 느낌은 없다. 특히 인덱스 연산자 중복이 그렇게 직관적으로 보이지는 않는다. 프로그램의 실행 결과는 다음과 같다. 이제 처녀귀신은 휴식을 자주 갖는다.

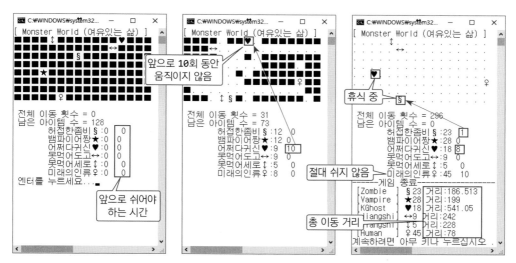

| 그림 11.5 몬스터 세상(여유 있는 삶) 실행 결과

■ 고찰

- 자동으로 움직이는 몬스터들은 일정 거리 이상 움직이면 10회 동안 쉰다. 인간은 스스로 판단하므로 쉬지 않는다.
- 처녀귀신이 보통 가장 멀리 움직이므로 쉬는 상황이 가장 자주 발생한다.
- 총 이동 거리에 비해 인간이 가장 효율적으로 아이템을 먹을 수 있다.
- 강시는 이렇게 해도 아이템을 가장 적게 먹는다. 움직임이 너무 제한적이기 때문인데, 일정 시간마다 다른 행이나 열로 이동할 수 있는 기회를 줄 수도 있을 것 같다.
- Point 클래스를 사용하고 다양한 연산자 중복과 friend 선언을 사용해보았다.

- 연산자 중복은 제한적으로 사용하는 것이 좋다. 예를 들어, x와 y 좌표를 참조하기 위해 [0], [1]과 같이 인덱스 연산자를 사용한 것은 직관적이지도 않고 사용도 매우 불편하다. 함수 호출 연산자를 clip()용으로 사용한 것도 약간은 억지스러워 보인다. 선택은 개발자의 몫이다.

연산자 중복은 화려한 프로그램을 원하지 않으면 몰라도 되는 것일까요?

순전히 저자의 의견이지만 friend나 연산자 중복은 다른 내용들에 비해 덜 중요하다고 생각합니다. 예를 들어, Java에서는 연산자 중복 기능을 지원하지 않습니다. 의미에 대한 모호성도 발생할 수 있으며, 때로는 "깊은 복사"와 같은 복잡한 상황도 반드시 고려해야하기 때문에 얻는 것보다 잃는 것이 더 많을 수도 있습니다.

저자는 객체지향적인 측면보다는 일반화 프로그래밍 측면에서 연산자 중복에 대한 개념이 필요하다고 생각합니다. 즉, 13장과 14장에서 공부할 템플릿과 STL을 사용하다 보면 클래스의 어떤 연산자들에 대한 중복 함수를 반드시 만들어야 하는 상황이 생깁니다. 특히 C++에서 제공하는 표준 템플릿 라이브러리인 STL은 많은 컨테이너와 알고리즘을 제공하여 문제 해결에 큰 도움을 주기 때문에 반드시 활용법을 알아야 합니다. 그리고 이들을 보다 잘 사용하기 위해서 연산자 중복을 잘 이해하고 있어야 합니다.

| 요약 |

1 C++에서는 특정한 클래스나 함수가 자신의 내부 데이터까지 사용할 수 있도록 허용하고 싶은 경우를 위해 (　　) 키워드를 제공한다. 이것은 정보 은닉 개념에 반하는 방법이므로 남용하지 않는 것이 좋다.

2 C++에서는 여러 가지 연산자들을 클래스 객체에 대해서도 적용할 수 있도록 중복으로 정의할 수 있는 (　　)을 지원한다. 객체에 대해서 기본적으로 대입 연산자만을 사용할 수 있는데, 다른 연산자를 사용하고 싶다면 (　　) 함수를 구현해야 한다.

3 연산자 중복 함수는 함수의 이름이 (　　)인 것을 제외하면 매개변수나 반환형, 함수의 구현 방법 등 모든 것이 기존의 함수와 동일하다.

4 연산자 중복은 대부분의 사람들이 (　　)을 기대하는 연산자에 대해 제한적으로 사용하는 것이 좋다.

5 대부분의 연산자들은 멤버 함수와 일반 함수로 모두 구현할 수 있지만 일부 연산자들은 멤버 함수로만 중복해야 한다. 이들 중에는 (　　), (　　), (　　)와 포인터에서 멤버를 참조하는 연산자 "→" 등이 있다.

6 어떤 연산자들은 단항 연산자와 이항 연산자로 모두 사용되는데, 각각에 대한 중복 함수를 만들 수 있다. 이때 (　　)의 개수에 차이가 있다.

7 이항 연산자의 중복에서는 연산자의 (　　) 항이 사용자 정의 클래스의 객체인 연산들만 멤버 함수로 구현할 수 있고, 그렇지 않으면 일반 함수로 구현해야 한다.

8 단항 연산자인 (　　)는 연산항의 위치에 따라 두 가지로 사용될 수 있으며, 이들에 대한 중복 함수를 각각 만들 수 있다.

9 cin과 cout을 사용하기 위해서는 (　　)를 중복해야 한다. 이들은 모두 일반 함수로만 구현이 가능하다.

10 u = v = w;와 같이 사용할 수 있으려면 대입 연산자 중복 함수에서 (　　)을 반환해야 한다.

11 형 변환 연산자 중복 함수는 (　　)이 없는데, 자동적으로 반환할 그 자료형(type)이 된다.

12 인덱스 연산자 "[ ]"와 함수 호출 연산자 "(　　)"도 중복할 수 있는데, 이 함수들은 (　　)로만 구현할 수 있다. (　　) 연산자는 다른 연산자들과는 달리 매개변수의 개수가 정해져 있지 않아 동일한 연산자를 다양하게 중복할 수 있다.

정답

1. friend 2. 연산자 중복(operator overloading), 연산자 중복 3. operator 연산자 4. 동일한 동작 5. 대입 연산자 =, 함수 호출 연산자 ( ), 인덱스 연산자 [ ] 6. 매개변수 7. 왼쪽 8. 증감 연산자 9. 시프트 연산자 >>와 << 10. 객체 자신의 별명 11. 반환형 12. 멤버 함수, 함수 호출

| 연습문제 |

1. 다음 중 friend class에 관한 것이 아닌 것을 골라라.
   ① 허용 받는 클래스는 허용해주는 클래스의 모든 멤버를 접근할 수 있다.
   ② 반드시 허용해주는 클래스에서만 선언할 수 있다.
   ③ friend 선언은 클래스 내의 어떤 위치도 상관없다.
   ④ friend 선언을 해도 private 멤버 변수는 접근이 제한된다.

2. 다음 물음에 답하라.
   (1) friend 함수를 사용할 때의 장점과 단점을 적어라
   (2) ++와 -- 연산자 중복 함수에 왜 두 가지 버전이 있는지를 설명하라. 이와 같이 두 가지 버전을 가진 다른 연산자가 있는가?
   (3) 대입 연산자를 중복 정의할 필요가 거의 없는 이유를 설명하라. 또한 어떤 상황에서 이 연산자의 중복 함수를 만들어야 하는지 설명하라.

3. 다음 프로그램은 컴파일 오류를 발생시킨다. 프렌드 함수 선언을 이용하여 오류가 발생하지 않도록 수정하라.

```
class MyClass{
    int a;
public:
    void init() { a = 10; }
};
void main() {
    MyClass k;
    k.init();
    k.a = 10;
}
```

4. 다음 SampleList 클래스의 일부를 구현한 코드이다. 물음에 답하라.

```cpp
class SampleList{
    int list[100];
public :
    SampleList() {
        for(int x = 0; x < 100; x++){
            list[x] = rand() % 1000;
        }
    }
    _____

};
```

(1) list의 임의의 항목을 반환하는 함수를 인덱스 연산자 중복하여 구현하라. 해당 항목을 참조자를 반환하도록 함수를 설계하라.

(2) (1)과 동일한 기능을 함수 호출 연산자를 중복하여 구현하라.

(3) 두 개의 숫자를 입력하면 두 수의 곱에 해당하는 위치의 항목을 (1)과 동일한 방법으로 반환하도록 함수 호출 연산자를 중복하여 구현하라.

5. 다음 SampleMatrix 클래스의 일부를 구현한 코드이다. 다음 물음에 답하라.

```cpp
class SampleMatrix {
    int matrix[100][100];
public:
    SampleMatrix (){
        for(int y = 0; y < 100; y++){
            for(int x = 0; x < 100; x++){
                matrix[y][x] = rand() % 1000;
            }
        }
    }
};
```

(1) 2차원 배열 matrix의 y행 x열 항목을 반환하는 함수를 함수 호출 연산자 중복을 이용하여 구현하라.

(2) (1)번 문제를 인덱스 연산자를 중복하여 구현할 수 있는지를 설명하라.

6. 다음과 문장이 성립하도록 Dice 클래스에 형 변환 연산자를 구현하라.

```cpp
class Dice{
    int num;
public:
    Dice() {
        num = rand() % 6 + 1;
    }
};
void main(){
    Dice A;
    int b = (int)A;
}
```

| 실습문제 |

1. 시(hour), 분(min), 초(sec)를 묶어 시간을 관리할 수 있는 클래스 TimeHMS을 다음과 같이 선언되었다. 이 클래스에 다음과 같은 연산자 중복 함수를 추가하라.

```cpp
class TimeHMS {
    int hour, min, sec;
public:
    TimeHMS(int h=0, int m=0, int s=0) : hour(h),min(m),sec(s) { }
    // 연산자 중복 함수 추가
};
TimeHMS t1( 1, 20, 30), t2(4, 35, 46), t3;
```

(1) 시간을 더하기 위해 **t3=t1+t2**와 같은 문장을 사용할 수 있도록 + 연산자를 중복하라. 단, 더한 결과에서 분과 초는 항상 0~59 사이이어야 한다.

(2) 두 개의 시간의 차를 구하기 위해 **t3=t1-t2**와 같은 문장을 사용할 수 있도록 - 연산자를 중복하라.

(3) 두 개의 시간이 같은지 아닌지를 확인하기 위한 == 연산자와 != 연산자를 중복하라. 반환형은 **bool**이 되어야 한다.

(4) 한 시간을 증가시키거나 감소시키기 위해 전위 증감 연산자를 중복하라. 예를 들어, **++t1**은 한 시간을 늘리고, **--t1**은 한 시간을 줄인다.

(5) 1초를 증가시키거나 감소시키기 위해 후위 증감 연산자를 중복하라. 예를 들어, **t1++** 는 1초를 늘리고, **t1--**는 1초를 줄인다.

(6) 인덱스 연산자를 중복하여 **t1[0]**, **t1[1]**, **t1[2]**가 각각 TimeHMS 객체 t1의 시, 분, 초를 반환하도록 하라.

(7) **int**로의 형 변환 연산자를 중복하라. **(int)t1**이 t1의 모든 시간을 초 단위로 변환한 값을 반환하도록 하라.

(8) **double**로의 형 변환 연산자를 중복하라. **(double)t1**은 t1의 모든 시간을 시간 단위로 변환한 값을 반환해야 한다.

(9) 정수와 TimeHMS 객체를 곱하기 위한 곱셈(*) 연산자 중복 함수를 구현하라. **2*t1**은 t1의 두 배의 시간이 반환되어야 하고, 분과 초는 0에서 59 사이가 되도록 조정되어야 한다.

(10) 표준 입출력 객체 cin, cout을 이용해 시간을 입력받고 화면에 보기 좋게 출력하기 위해 시프트 연산자 >>와 <<를 중복하라.

(11) 이상의 모든 연산자 중복 함수가 정상적으로 동작하는 것을 예제 프로그램을 구현하여 확인하라.

CHAPTER

12

예외 처리와 형 변환

12.1 예외 처리란?

12.2 C++의 예외 처리 방법

12.3 예외 클래스를 만들어 사용하기

12.4 예외의 전달

12.5 응용: MonsterWorld 7: 새로운 경쟁의 시작

12.6 const 지시자

12.7 형 변환

학습목표

- 예외 처리의 개념을 이해한다.
- 기존의 예외 처리 방법들을 이해한다.
- C++의 예외 처리 방법을 이해한다.
- 예외의 전달을 이해하고 활용할 수 있는 능력을 기른다.
- const 지시자를 이해하고 활용할 수 있다.
- 네 가지 형 변환 방법을 이해한다.

몬스터 월드 7(새로운 경쟁의 시작)

몬스터 세상에는 이제 "신인류"가 참여해 몬스터들과 경쟁한다. 이제 게이머가 참여하는 그야말로 "게임"이 된 것이다. 게임이란 아무래도 순위 경쟁이 있어야 재미있다. 몬스터 세상에 랭킹을 추가하자. 4장과 6장에서 이미 게임에 사용할 랭킹 관련 함수들을 구현해 보았고, 이를 클래스로도 변경해 보았다. 따라서 랭킹 관리를 위한 기본 기능들은 어렵지 않게 구현할 수 있다.

조금 더 복잡한 상황을 가정해 보자. 랭킹 파일을 읽으려는데 파일이 존재하지 않거나, 저장하려는데 저장할 파일이 열리지 않는 등의 경우이다. 랭킹 처리 클래스를 만들어 라이브러리로 판매하는 개발자와 이 클래스를 이용해서 게임을 만드는 개발자가 서로 다르다고 가정하자. 랭킹 클래스 개발자는 이러한 "예외 상황"의 "발생"은 알 수 있지만 어떻게 "처리"할지는 판단할 수 없다. "처리"는 이 클래스를 사용하여 응용 프로그램을 만드는 개발자의 몫이다. 이와 같이, 복잡한 예외 상황에 대처하기 위해 C++에서는 예외 처리 기법을 제공한다.

이제 몬스터 월드의 랭킹 관리에 C++ 예외 처리 기법을 사용해 보자. 다음 그림은 몬스터 월드가 실행될 때 반드시 있어야 하는 랭킹 파일이 없는 "예외"가 발생한 경우를 "처리"하는 예를 보여준다.

이 장의 내용들을 공부하면서 프로그램에서 발생하는 다양한 예외 상황과 이를 처리하는 방법들을 고민해 보자.

12 예외 처리와 형 변환

12.1 예외 처리란?

■ 예외 처리란?

프로그램은 실행되는 동안 개발자가 예상하지 못한 다양한 예외 상황을 맞을 수 있다. 예를 들어, 동적으로 메모리를 할당하려고 하는데 더 이상 할당할 메모리가 없다든지, 배열의 항목을 접근할 때 범위를 넘는 인덱스를 사용한다든지, 때로는 어떤 값을 0으로 나누려는 잘못된 시도가 발생할 수 있다. 따라서 개발자는 항상 자신의 프로그램이 이러한 **예외 조건**(exceptional condition)에 대응할 수 있도록 준비하여야 한다.

| 그림 12.1 오류(error)와 예외(exception)의 개념

더 이상 메모리를 할당할 수 없는 것은 치명적인 상황이고 프로그램을 더 진행할 수 없을 것이다. 그러나 0으로 나누거나 배열의 항목 접근 범위를 넘는 경우 등은 아주 심각한 상

황이라고 볼 수는 없으며, 처리하는 방법이 있을 것이다. 이와 같이 **예외**(exception)는 심각하지 않은 오류를 말한다. C++에서는 이러한 예외 상황을 처리하기 위한 방법을 지원하는데, 이것을 **예외 처리**(exception handling)라 한다.

■ 일반적인 예외 처리 방법들

유리수 클래스에서 예외를 생각해 보자. 프로그램 12.1과 같이 실수 값을 반환하는 `real()` 함수를 `Rational` 클래스에 추가한다. 이 함수에서는 분모가 0이 되면 예외가 발생한다. 결과 값이 무한대가 되어야 하기 때문이다.

프로그램 12.1 | Rational 클래스(프로그램 11.5의 Rational.h 수정)

```
01  #pragma once
02  #include <iostream>
03  #include <string>
04  using namespace std;
05
06  class Rational
07  {
08      int top;      // 유리수의 분자
09      int bottom;   // 유리수의 분모(0이 아니어야 함)
10  public:
11      double real() {
12          return (double)top / bottom;
13      }
14      ...             // 프로그램 11.5의 모든 멤버 함수 추가
15  };
```

코드 설명

11~13행 유리수의 실수 값을 계산해 반환하는 함수. bottom이 0이 아니어야 함.

그렇다면 이러한 예외 상황을 어떻게 처리할 수 있을까? 지금까지 사용되고 예외 상황에 대한 처리 방법에는 다음과 같이 여러 가지가 있다.

예외가 발생하지 않을 것이라고 가정

가장 단순한 방법은 예외가 발생하지 않는다고 가정하는 것이다. 이것은 개발자가 만든 클래스를 사용하는 사람이 예외 상황이 발생하지 않도록 항상 신경을 써서 처리해야 하는 것을 말한다. 결국 분모가 항상 0이 되지 않도록 클래스의 사용자가 신경을 써야 한다. 최악의 방법이다.

예외 메시지 출력

예외 상황이 발생하면 단순히 메시지를 출력할 수 있다. 다음은 이 클래스의 `real()` 함수에서 예외 상황이 발생한 경우 메시지를 출력하는 예이다.

```
double real() {
    if( bottom == 0)
        cout << "예외발생: 분모가 0이 되었습니다!" << endl;
    return (double)top / bottom;
}
```

이 방법은 사용자에게 예외의 종류를 알려주고 처리를 요청할 수는 있지만 상황을 직접 처리하는 것은 아니다.

특수한 값이나 예외 코드를 반환

예외 상황이 발생하면 특수한 값을 출력하는 방법도 많이 사용된다. 예를 들어, 어떤 파일을 읽기 위해 파일 열기 함수인 `fopen()`을 사용하였는데, 만약 읽으려고 하는 파일이 없으면 어떻게 할까? 잘 알겠지만, `fopen()`은 이 경우 NULL이란 값을 반환한다. 만약 어떤 함수에서 발생할 수 있는 예외 상황이 여러 가지라면 각각에 대한 코드를 반환할 수 있다. 이 방법도 많이 사용되기는 하지만, 모든 함수에 적용할 수 있는 것은 아니다. 예를 들어, 분수 클래스의 `real()` 함수에 예외가 발생하면 0을 반환하도록 수정해 보자.

```
double real() {
    if( bottom == 0)
        return 0.0;
    return (double)top / bottom;
}
```

문제는 이 함수는 항상 double 값을 반환한다는 것이다. 따라서 0이 반환되면 예외 상황에 따른 반환인지 분자가 0이어서 발생한 결과인지를 구분할 수 없다.

오류 확인 변수(error flag)의 사용

어떤 함수에서 예외 상황이 발생되면 다음과 같이 전역변수로 선언된 예외 확인용 변수 값을 변경시킬 수 있다.

```
bool bError = false;    // 전역변수
. . .
    double real() {
        if( bottom == 0)
            bError = true;
        return (double)top / bottom;
    }
```

만약 전역변수가 싫다면 그 함수의 매개변수로 참조형 플래그(flag)를 추가로 전달할 수 있다. 그리고 예외가 발생하면 이 값을 변경한다.

```
    double real(bool& bError) {
        if( bottom == 0)
            bError = true;
        . . .;
    }
```

그러나 이 방법은 필요 없는 매개변수가 추가되어 함수의 사용을 복잡하게 만든다는 단점이 있다.

단정(assertion) 검사와 실행 중지

예외 조건에 대한 또 하나의 대응은 단순히 실행을 중지시키는 것이다. 프로그램 12.2는 assert 매크로를 사용하는 코드를 보여주는데, 만약 표현식이 거짓으로 평가되면 메시지를 출력하고 프로그램은 중지된다. 보통 출력되는 메시지에는 파일 이름과 줄 번호가 포함된다.

프로그램 12.2 | assert 매크로를 사용한 예외 처리 예

```
01  #include <cassert>
02  ...
03  class Rational {
04      ...
05      double real() {
06          assert( bottom != 0 );
07          return (double)top / bottom;
08      }
09  };
10  void main() {
11      Rational r;
12      cout << "r 입력(a/b): ";
13      cin >> r;
14      cout << "r = " << r << " = " << r.real() << endl;
15  }
```

```
C:\WIN...       —    □    ×
r 입력(a/b): 3 4
r = 3/4 = 0.75
```

이 프로그램은 3/4와 같이 정상적인 값을 입력했을 때는 잘 동작하지만 1/0과 같이 예외적인 값을 입력하면 다음과 같은 오류 메시지를 발생하고 프로그램이 종료된다.

| 그림 12.2 assert()를 이용한 실행 중지의 예

예외 처리 함수 지정

예외 상황을 처리하기 위해 예외 처리 함수(exception handler)를 지정하는 것도 가능하다. 다음은 atexit() 함수를 사용하여 프로그램이 종료되기 직전에 특정한 함수가 호출될 수 있도록 하였다. 예외 상황에 의해 프로그램이 종료되는 경우 이 함수에 적절한 처리를 하는 코드를 넣을 수 있다.

프로그램 12.3 atexit() 함수를 사용한 예외 처리 예

```
01   ...
02   class Rational {
03       ...
04       double real() {
05           if ( bottom == 0 ) exit(0);
06           return (double)top / bottom;
07       }
08   };
09   void onExit() { cout << "프로그램이 종료됩니다!" << endl; }
10   void main() {
11       atexit(onExit);
12       Rational r;
13       cout << "r 입력(a/b): ";
14       cin >> r;
15       cout << "r = " << r << " = " << r.real() << endl;
16   }
```

```
C:\WINDOW...          —   □   ×
r 입력(a/b): 1 0
프로그램이 종료됩니다!
계속하려면 아무 키나 누르
```

```
C:\WINDOWS\...        —   □   ×
r 입력(a/b): 3 4
r = 3/4 = 0.75
프로그램이 종료됩니다!
```

정상적인 입력에 대해서는 main() 함수가 종료될 때 onExit()가 호출되지만 예외상황에는 real() 함수에서 exit()가 호출되어 바로 이 함수가 실행되었다.

12.2 C++의 예외 처리 방법

C++에서는 try, catch, throw라는 키워드를 이용하여 예외를 처리한다. C++에서 사용하는 예외 처리 방법의 기본 형식은 다음과 같다.

```
try {
    ...     // 예외가 발생할 수 있는 코드
    if (예외_조건)
        throw 예외
}
catch {
    ...     // 예외를 처리하는 코드
}
```

유리수 클래스의 멤버 함수 real()에서 0으로 나누는 예외를 이 방법으로 처리하는 코드
는 프로그램 12.4와 같다.

프로그램 12.4 | C++의 예외 처리 방법

```
01   ...
02   class Rational {
03       ...        // 프로그램 11.5의 Rational 클래스 모든 멤버 추가
04       double real() {
05           try {
06             if (bottom == 0) throw('E');
07           }
08           catch (char c) {
09             cout << "예외 발생: 분수에서 분모가 0입니다." << c << "\n";
10           }
11           return (double)top / bottom;
12       }
13   };
14   void main() {
15       Rational r;
16       cout << "r 입력(a/b): ";
17       cin >> r;
18       cout << "r = " << r << " = " << r.real() << endl;
19   }
```

```
C:\WINDOWS\system...    —  □  ×
r 입력(a/b): 3 4  ◁ 정상 입력
r = 3/4 = 0.75
```

```
C:\WINDOWS\system32\...    —  □  ×
r 입력(a/b): 2 0  ◁ 예외 입력
예외 발생: 분수에서 분모가 0입니다.E
r = 2/0 = 1.#INF
```

- 만약 try 블록에서 예외가 발생하면 catch 블록(8~10행)의 코드가 실행되고, 다음으로 그 다음 코드(11행)가 실행된다.
- 예외가 없으면 catch 블록을 무시하고 바로 다음 코드(11행)를 실행한다.
- catch는 함수가 아니지만 매개변수를 가진다. 예외에 대한 추가적인 정보를 주기 위해 사용한다. 위의 코드에서는 특별히 전달할 정보가 없지만 이를 잘 사용하면 예외에 대한 보다 자세한 처리를 할 수 있다.

실제로 catch 블록은 여러 개를 지정할 수 있다. 이 경우 전달되는 매개변수의 자료형이 일치하는 예외만을 처리하게 된다. 다음은 여러 개의 catch 블록을 사용한 예이다. 분모가 음수인 경우 int형 예외를 발생하였다(사실 이 코드는 예외 처리 방법을 보여주기 위한 것일 뿐, 분수에서 분모가 음수라도 문제는 없다.).

| 프로그램 12.5 | 여러 개의 예외를 던지는 예 |

```
01  ...
02  class Rational {
03      ...          // 프로그램 11.5의 Rational 클래스 모든 멤버 추가
04      double real() {
05          try {
06              if (bottom == 0) throw('E');
07              if (bottom < 0) throw(bottom);
08          }
09          catch (char c) { cout << "예외 발생: 분수에서 분모가 0입니다.\n"; }
10          catch (int bot) { cout << "예외 발생: 분모가 음수입니다.\n"; }
11          return (double)top / bottom;
12      }
13  };
14  // 프로그램 12.4와 동일
15  void main() { ... }
```

```
C:\WINDOWS\sys...        —  □   ×
r 입력(a/b): 3 -4   ← 예외 입력
예외 발생: 분모가 음수입니다.
r = 3/-4 = -0.75
```

- 분모가 0인 객체에서 real()이 호출되면 예외 문자 'E'를 던진다. 이 예외는 첫 번째 catch 블록에서 처리되고, 나머지 catch 블록들은 모두 무시하고 다음 코드로 진행한다.

- 분모가 음수인 객체에서 real()이 호출되면 예외 값으로 멤버 변수 bottom을 던진다. 이 값의 자료형인 int이므로 두 번째 catch 블록에서 처리된 후 다음 코드로 진행한다.
- 예외 처리는 자료형이 일치하는 예외만 처리된다.
- 모든 예외를 잡고 싶다면 매개변수 위치에 ...을 표시하면 된다.

catch (...) { cout << "예외 발생: 모든 예외를 처리합니다.\n"; }

- 명심해야 할 것은 모든 예외를 잡는 블록을 예외 처리 블록들 중에서 가장 아래에 두어야 한다는 것이다. 만약 맨 앞에 둔다면 모든 예외가 catch(...) 블록에 의해 처리되기 때문이다. 따라서 범위가 작은 것부터 범위가 큰 순서로 예외 처리 블록을 배치해야 한다.

12.3 예외 클래스를 만들어 사용하기

예외는 어떤 자료형도 던질 수 있으므로 예외 클래스를 만들어 객체를 던질 수도 있다. 이것은 예외에 대한 정보들을 묶어서 하나의 객체로 만들어 던지는 것이다. 다음은 분모가 음수인 경우를 위한 NegBotException이란 예외 클래스를 만들어 사용하는 예를 보여준다. catch 블록에 예외에 대한 더 많은 정보를 전달할 수 있다.

프로그램 12.6   예외 클래스를 만들어 사용하는 예

```
01  struct NegBotException {
02      int top, bottom;
03      NegBotException(int t = 1, int b = 0) : top(t), bottom(b) {}
04  };
05  ...
06  class Rational {
07      ...         // 프로그램 11.5의 Rational 클래스 모든 멤버 추가
08      double real() {
09          try{
10              if (bottom < 0)
11                  throw( NegBotException(top, bottom) );
```

```
12            }
13            catch (NegBotException e) {
14                cout << "예외 발생: 분모가 음수입니다. "
15                    << -e.top<< '/' << -e.bottom<< "이 바람직합니다.\n";
16            }
17            return (double)top / bottom;
18        }
19    };
20    // 프로그램 12.4와 동일
21    void main() { ... }
```

코드 설명

1~4행 분모가 음수인 예외에 대한 처리를 위해 클래스 선언. 예외가 발생한 상황의 분자와 분모 값을 저장하기 위한 데이터 멤버를 갖고, 생성자를 제공함. 모든 멤버는 public으로 선언함.

11행 분모가 음수 경우 NegBotException을 발생시킴. NegBotException의 객체를 만들어 이 객체를 던짐.

13~16행 NegBotException 예외를 처리하는 블록. 전달되는 NegBotException 객체를 예외 상황의 여러 정보를 알 수 있음. 여기서는 예외 메시지와 함께 분모 분자의 부호를 모두 바꾼 형태를 추천하는 메시지만 출력함.

12.4 예외의 전달

■ 예외 전달의 필요성

사실 지금까지 살펴본 예외처리 예제들은 예외 처리의 필요성을 설명하는데 부족하다. 예외가 발생한 함수에서 모든 예외를 처리했기 때문이다. 프로그램 12.4~12.6과 동일한 결과를 만들기 위해 반드시 try, catch, throw라는 키워드를 사용할 필요는 없다. 예를 들어, real() 함수에 다음과 같이 간단한 논리 검사 문장을 추가해도 결과는 동일하다.

```
double real() {
    if (bottom == 0)
        cout << "예외 발생: 분수에서 분모가 0입니다.\n";
    else if (bottom < 0)
        cout << "예외 발생: 분모가 음수입니다.\n";
```

```
    return (double)top / bottom;
}
```

그렇다면 왜 복잡하게 예외 처리 기법을 사용할까? 예외 처리를 사용하는 가장 중요한 이유를 생각해 보자.

- 어떤 함수에서 예외 상황이 발생했는데 그 함수 안에서 처리할 수 있다면 예외 처리 기법을 사용하지 않는 것이 좋다. 만약 그 함수의 **호출자마다 그 예외를 처리하는 방법이 다르다면 반드시 예외 처리를 사용**하는 것이 좋다. 함수에서 발생한 예외를 호출한 코드에 전달해 줄 수 있는 것이다.
- 예외의 전달은 **프로그램 코드와 오류 처리 코드를 분리**하는데 유용하다. 이를 통해 프로그램의 유지 보수가 용이하게 되고, 코드의 가독성이 좋아진다.
- 큰 프로젝트의 여러 클래스에서 발생하는 공통적인 예외가 있다면 이것은 예외 클래스로 작성하고, 예외 처리 기법을 사용하는 것이 좋다. 그러나 개별 함수에서 발생하는 간단한 예외 상황은 예외를 발생시키지 않고 그 함수 안에서 처리하는 것이 가장 좋다.

예외 처리의 핵심은 **예외의 전달 기능**을 이용하는 것이다.

■ 예외를 모두 처리하지 않으면?

만약 예외를 던지기만 하고 처리하지 않으면 어떻게 될까? 예를 들어, 프로그램 12.5에서 예외 처리 블록(9행과 10행)을 제거하고 컴파일하면 다음과 같이 컴파일 오류가 발생한다. try 블록 다음에는 최소한 하나 이상의 catch 블록이 있어야 하기 때문이다.

▼ ▾	⊗ 2(오류 2개)	⚠ 0(경고 1개)	ⓘ 0(메시지 0개)	
	설명 ▾			파일
🗋 2	IntelliSense: try 블록에는 최소한 하나 이상의 처리기가 필요합니다.			Rational.h
⊗ 1	error C2317: 줄 '17'에서 시작하는 'try' 블록에 catch 처리기가 없습니다.			rational.h

| 그림 12.3 try 블록에 이어지는 catch 블록이 없어 발생되는 컴파일 오류

만약 프로그램 12.5에서 10행만을 제거하면 컴파일은 잘된다. 그러나 분모를 음수로 입력하면 다음과 같은 오류가 발생한다. 즉 컴파일은 되지만 처리하지 않는 예외에서 실행 오류가 발생하는 것이다.

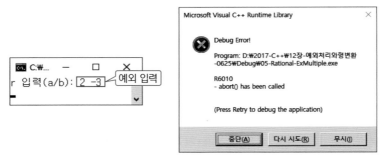

| 그림 12.4 한 종류의 예외만 처리했는데, 처리하지 않은 다른 종류의 예외가 발생한 경우

■ 예외의 전달

만약 예외를 던지기만 하고 처리하지 않으면 예외 처리의 책임이 해당 함수를 호출한 함수로 넘어간다. 즉, 던져진 예외는 처리될 때까지 함수 호출 체인을 따라가면서 일치하는 자료형의 예외를 찾아 처리될 때까지 진행한다. 만약 마지막까지 처리되지 않는다면 그림 12.4와 같이 실행 오류가 발생한다.

이제 예외가 발생할 수 있는 함수를 호출하고 main()에서 이것을 처리하는 전체 프로그램을 보자.

| 프로그램 12.7 | 예외 전달의 예 |

```
01  #include <iostream>
02  using namespace std;
03
04  struct NegBotException {
05      int top, bottom;
06      NegBotException(int t = 0, int b = 1) : top(t), bottom(b) {}
07  };
08
09  class Rational
```

```
10   {
11       int top, bottom;
12   public:
13       Rational(int t = 0, int b = 1) : top(t), bottom(b) { }
14       double real() {
15           if (bottom == 0) throw('E');
16           return (double)top / bottom;
17       }
18       friend ostream& operator<<(ostream& os, const Rational& f) {
19           os << f.top << "/" << f.bottom;
20           return os;
21       }
22       friend istream& operator>>(istream& is, Rational& f) {
23           is >> f.top >> f.bottom;      // 분자 / 분모 읽기
24           if (f.bottom == 0) throw('E');
25           if (f.bottom < 0) throw(NegBotException(f.top, f.bottom));
26           return is;
27       }
28   };
29
30   void main()
31   {
32       Rational r;
33       cout << "r 입력(a/b): ";
34       try {
35           cin >> r;
36       }
37       catch (char c) {
38           cout << "예외 발생: 분수에서 분모가 0입니다.\n";
39           cout << "더 진행할 수 없습니다.\n";
40           exit(0);
41       }
42       catch (NegBotException e) {
43           r = Rational(-e.top, -e.bottom);
44           cout << "예외 발생: 분모를 양수로 변환합니다.\n";
45       }
46       cout << "r = " << r << endl;
47       cout << "r = " << r.real() << endl;
48   }
```

코드 설명

4~7행 분모가 음수인 예외에 대한 처리를 위해 예외 처리 클래스.

15행 분모가 0인 경우 char형 예외를 발생함. 예외를 처리하는 블록이 없으므로 이 예외가 발생하면 호출한 함수로 전달됨.

18~21행 유리수 객체를 cout을 이용해 화면에 출력하기 위해 시프트 연산자 <<를 중복한 연산자 중복 함수.

22~27행 cin을 이용해 유리수 정보를 입력받기 위한 시프트 연산자 >> 중복 함수. 24행과 25행에서 각각 예외를 발생함. 예외 처리 블록이 없으므로 이들 예외는 호출한 함수로 전달됨.

34~36행 사용자로부터 유리수 정보를 읽는 함수 호출. 두 가지 예외가 발생할 수 있으므로, try 블록으로 감싸고, 이어서 각 예외에 대한 처리 블록을 추가함.

37~41행 분모가 0인 예외는 더 이상 진행할 수 없다고 판단하고 프로그램 종료.

42~45행 분모가 음수인 예외는 분자와 분모의 부호를 모두 바꾸어 분모가 양수가 되도록 하고, 이후 프로그램을 진행함.

47행 real() 함수에서 예외를 발생시키지만 처리하지 않았음. 이 프로그램에서는 이 행에서 분모가 0인 예외는 발생할 수 없음.

이 프로그램에서 Rational 클래스와 관련된 두 함수에서 예외가 던져진다. 먼저 멤버 함수인 real()에서 분모가 0인 예외가 발생한다. cin을 이용해 객체를 읽도록 하는 시프트 연산자 >> 중복 함수에서도 예외가 발생한다. 사용자가 입력한 유리수의 분모가 0인 경우와 음수인 경우가 예외 상황이다. 물론 시프트 연산자 >> 중복 함수에서는 예외를 throw로 던지기만 하고 처리하지는 않는다. 이제 모든 처리는 이 클래스를 사용하는 사용자에게 넘어간다.

main() 함수는 다른 개발자가 구현한 코드라 생각하자. 유리수를 읽기 위한 문장(35행)에서 두 가지의 예외가 발생할 수 있다. 따라서 이 문장을 try 블록으로 감싸고, 이어서 예외를 처리하는 catch 블록을 추가한다. catch 블록에서 분모가 0이면 더 이상 처리할 수 없다고 판단하여 메시지를 출력하고 프로그램을 종료한다. 분모가 음수인 예외는 메시지를 출력하고 분자와 분모의 부호를 모두 바꾸고 남은 프로그램을 계속 수행한다. 분모와 분자의 부호를 모두 바꾸면 전체 유리수 값에는 당연히 영향이 없다.

다음은 세 가지 경우의 입력에 대한 처리 결과를 보여준다.

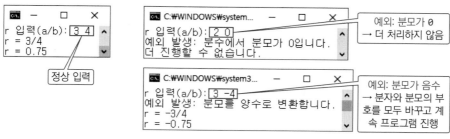

| 그림 12.5 프로그램 12.7의 다양한 처리 결과

47행에서도 예외가 발생할 수 있지만 처리하지 않았다. 이 프로그램에서는 분모가 0인 경우는 앞에서 처리되므로 이 문장에서는 이 예외가 발생하지 않는다.

12.5 응용: MonsterWorld 7: 새로운 경쟁의 시작

이제 몬스터 세상에는 "신인류"가 들어가 게이머가 참여하는 "게임"이 되었다. 아무래도 게임에는 순위 경쟁이 있어야 재미있다. 이 경쟁은 신인류와 몬스터의 경쟁이 아니다. 게이머와 게이머의 경쟁이다. 몬스터 세상에 순위를 추가하자.

6.6절에서 게임에 사용할 랭킹 관련 데이터와 함수들을 클래스로 구현해 보았는데, 이들을 대부분 사용하면 된다. 여기에서는 예외 상황과 처리에 초점을 맞춘다. 순위가 있으면 삶이 고단해진다. 새로운 경쟁이 시작되는 것이다.

- 랭킹은 파일에 저장되어야 한다. 그런데 파일 입출력에서 예외가 발생할 수 있다. 랭킹 파일을 읽어야 하는데 파일이 없으면 예외 상황이 발생한다. 물론 파일을 저장하려고 하는데 저장할 파일이 열리지 않는 경우도 마찬가지로 예외 상황이다.
- 랭킹 처리 클래스는 단순히 예외만 던지도록 한다. 발생된 예외에 대한 처리는 랭킹 클래스를 사용하는 프로그램에서 담당한다.
- 프로그램이 시작되면 랭킹 파일을 읽는다. 이때 랭킹 파일이 없으면 예외가 발생한다. 예외가 발생하면 관리자 "암호"를 입력받는데, 만약 암호가 맞으면 관리자로 생각해서 기본 랭킹을 생성하고 게임을 진행한다. 게임이 끝나면 파일에 저장한다. 암호가 틀리면 메시지를 출력하고 프로그램을 종료한다. 즉, 최초의 랭킹 파일은 관리자만 만들 수 있도록 한다.

- 암호로는 인터넷에서 사용되는 최악의 암호인 "123456"을 사용한다. 암호를 입력하면 입력한 문자가 화면에 출력되는 것이 아니라 '*'를 출력한다.

11장의 몬스터 세상에서 작성한 코드를 대부분 그대로 사용하면 된다. 추가나 수정될 부분은 다음과 같다.

- **FileException 클래스**: 파일 입출력에서 발생하는 예외 정보를 저장한다. 파일의 이름과 읽기 모드인지 쓰기 모드인지에 대한 멤버 변수를 갖는다.
- **RankingBoard 클래스**: 6.6절에서 구현한 내용을 바탕으로 랭킹 처리 클래스를 작성한다. 랭킹은 먹은 아이템의 수가 많을수록 높아야 한다. 파일을 읽고 저장하는 멤버 함수에서 파일 예외를 발생시킨다.
- **main() 함수**: main() 함수가 시작하면 랭킹을 파일에서 읽는다. 게임이 끝나면 랭킹을 갱신하고 파일에 저장한다. 물론 파일을 읽는 과정에 예외가 발생할 수 있으므로 이를 처리하는 코드를 추가한다. 랭킹 파일 저장에서도 예외가 발생하지만 이 예외의 처리는 생략한다.

■ FileException 클래스

파일의 이름과 열기 모드를 데이터 멤버로 갖는다. 함수는 생성자만을 추가한다.

프로그램 12.8   FileException 클래스(FileException.h)

```
01  #pragma once
02  #include <string>
03  struct FileException {        // 파일 예외 클래스
04      string filename;         // 파일 이름
05      bool bRead;              // 파일 모드
06      FileException(string name, bool b) : filename(name), bRead(b) {}
07  };
```

코드 설명

4~5행 파일의 이름과 파일 모드를 저장. 읽기 모드이면 bRead가 true이고, 쓰기 모드이면 false로 처리함.

6행 파일 예외 클래스의 생성자.

▪ RankingBoard 클래스

랭킹 관리 클래스를 구현한다. 6.4절 대부분 비슷하지만 문자열과 파일 입출력을 위해 C++ 표준 라이브러리 클래스를 사용하자. 특히 load()와 store() 함수에서 FileException 예외를 발생한다. 구현된 클래스는 프로그램 12.9와 같다.

프로그램 12.9   랭킹 보드 클래스(RankingBoard.h)

```cpp
01  #pragma once
02  #include <iostream>
03  #include <fstream>
04  #include "FileException.h"
05  using namespace std;
06  #define NUM_MVP 5
07
08  struct PlayInfo {          // 게임 정보 클래스
09      string name;           // 게이머의 이름
10      int nItem;             // 획득한 아이템의 수
11      double itemPerMove;    // 이동 거리당 아이템 수
12      PlayInfo(string na="신인류", int ni=0, double ipm=0.0)
13          : name(na), nItem(ni), itemPerMove(ipm) {}
14  };
15
16  class RankingBoard {       // 랭킹 관리 클래스
17      PlayInfo MVP[NUM_MVP];
18      int nMVP = NUM_MVP;
19  public:
20      void load(string filename) {
21          ifstream is;
22          is.open(filename);
23          if (!is)
24              throw(FileException(filename,true));
25          for (int i = 0; i < nMVP; i++)
26              is >> MVP[i].nItem >> MVP[i].name >> MVP[i].itemPerMove;
27          is.close();
28      }
29      void store(string filename) {
```

```
30          ofstream os;
31          os.open(filename);
32          if (!os)
33              throw(FileException(filename, false));
34          for (int i = 0; i < nMVP; i++)
35              os << MVP[i].nItem << " " << MVP[i].name << " "
36                  << MVP[i].itemPerMove << "\n";
37          os.close();
38      }
39      void print(string title = "게임 랭킹") {
40          cout << endl << title << endl;
41          for (int i = 0; i<nMVP; i++)
42              cout << "[" << i+1 << "위] " << MVP[i].name << "\t"
43                  << MVP[i].nItem << " " << MVP[i].itemPerMove << "\n";
44          cout << "엔터를 입력하세요.";
45          getchar();
46          cout << endl;
47      }
48      int add(int nItem, double ipm) {
49          if (nItem <= MVP[nMVP - 1].nItem) return 0;
50
51          int pos = nMVP - 1;
52          for (; pos>0; pos--) {
53              if (nItem <= MVP[pos - 1].nItem) break;
54              MVP[pos] = MVP[pos - 1];
55          }
56          MVP[pos].nItem = nItem;
57          MVP[pos].itemPerMove = ipm;
58          cout << "\n[" << pos+1 << "위] 이름을 입력하세요: ";
59          cin >> MVP[pos].name;
60          return pos + 1;
61      }
62  };
```

코드 설명

8~14행 게임 정보 저장 클래스. 게이머의 이름, 획득한 아이템 수, 그리고 이동 거리당 획득한 아이템의 수를 멤버로 가짐.

23~24행 RankingBoard 클래스의 load() 함수에서 순위가 저장된 파일 열기가 실패하면 FileException 예외를 만들

어 던짐. 이 경우 파일 모드는 true임.

32~33행 store()에서 순위를 저장할 파일 열기가 실패하면 FileException 예외를 만들어 던짐. 파일 모드는 false임.

39~47행 현재의 순위를 화면에 출력하는 함수.

48~61행 획득한 아이템의 수를 바탕으로 순위에 추가하는 함수. 아이템이 많으면 순위가 더 높아짐. 49행과 53행의 비교 연산자에 유의할 것.

■ 예외에 대한 처리 방법

몬스터 세상의 main() 함수에는 이제 RankingBoard를 이용한 랭킹 처리 코드가 추가되어야 한다. 그리고 이 클래스의 멤버 함수들에서 예외가 발생할 수 있다. RankingBoard에서는 발생한 예외를 처리하지 않고 호출한 함수로 전달한다. 이제 main() 함수, 즉 이 클래스를 사용하여 게임을 개발하는 측에서 예외를 처리해야 한다.

랭킹 파일을 읽었을 때 발생하는 예외를 처리해 보자. 예외가 발생하면 관리자 "암호"를 입력받고, 암호가 맞으면 기본 랭킹을 생성하고 게임을 진행한다. 그렇지 않으면 게임을 종료한다. 물론 입력하는 비밀번호의 각 문자들은 '*'로 화면에 출력되도록 한다. 랭킹 파일을 저장할 때 발생하는 예외는 처리하지 않았다. 코드는 프로그램 12.10과 같다.

프로그램 12.10	랭킹 관리 기능이 추가된 몬스터 세상

```
01  #include "MonsterWorld.h"
02  #include "Human.h"
03  #include "RankingBoard.h"
04  #include <time.h>
05
06  void main()
07  {
08      RankingBoard rank;
09      try {
10          rank.load("MonsterWorld.rnk");
11      }
12      catch (FileException e) {
13          char str[80];
14          string passwd, correct = "123456";
```

```cpp
15          cout << "관리자 비밀번호를 입력하세요: ";
16          for (int i = 0;; i++) {
17              str[i] = getch();
18              putchar('*');
19              if (str[i] == '\r') {
20                  str[i] = '\0';
21                  passwd = str;
22                  cout << "\n";
23                  break;
24              }
25          }
26          if (passwd != correct) {
27              cout << "비밀번호가 맞지 않습니다. 게임 종료.\n\n";
28              exit(0);
29          }
30          // 비밀 번호가 맞으면 기본 랭킹으로 게임을 계속 진행함.
31      }
32      rank.print("[게임 랭킹: 시작]");
33
34      srand((unsigned int)time(NULL));
35      int w = 16, h = 8;
36
37      MonsterWorld game(w, h);
38      game.add(new Zombie("허접한좀비", "§", rand() % w, rand() % h));
39      game.add(new Vampire("뱀파이어짱", "★", rand() % w, rand() % h));
40      game.add(new KGhost("어쩌다귀신", "♥", rand() % w, rand() % h));
41      game.add(new Jiangshi("못먹어도고", "↔", rand()%w,rand()%h, true));
42      game.add(new Jiangshi("못먹어세로", "↕", rand()%w,rand()%h, false));
43
44      Human* human = new Human("미래의인류", "♀", rand() % w, rand() % h);
45      game.add(human);
46      game.play(500, 10);
47      printf("------게임 종료--------------------\n");
48
49      rank.add(human->nItem, human->nItem/human->total );
50      rank.print("[게임 랭킹: 종료]");
51      rank.store("MonsterWorld.rnk");
52  }
```

코드 설명

10행 랭킹 파일을 읽는 과정에 예외가 발생할 수 있음. 따라서 try 블록에 이 라인을 포함함.

12~31행 FileException 예외 처리 블록. 예외가 발생하면 먼저 관리자의 비밀 번호를 입력받음. 이 번호는 최악의 암호인 "123456"으로 설정했음. 16~25행의 비밀번호 입력 코드에 유의할 것. 입력한 비밀번호가 화면에 나타나지 않도록 getch() 함수를 사용하고, 어떤 키가 입력되면 화면에 '*' 문자를 출력함.

16~29행 비밀번호가 맞지 않으면 관리자가 아니므로 게임 종료. 맞으면 기본 랭킹으로 계속 게임을 진행하게 됨.

32행 현재의 랭킹을 화면에 출력함.

34~42행 11장의 코드와 동일. 각 몬스터를 세상에 추가함.

44~45행 신인류 객체가 게이머이므로 이 객체의 포인터는 human에 저장함.

49행 게임이 종료되면 현재 게임 결과를 이용해 랭킹을 갱신함. 이때, human의 아이템 획득 수와 이동 거리당 아이템 수를 add() 함수의 매개변수로 전달함.

50행 현재의 랭킹을 화면에 출력함.

51행 현재 랭킹을 파일에 저장. 예외가 발생할 수 있지만 처리하지 않았음.

다음은 랭킹 파일이 없을 때 나타나는 화면과 처리 결과를 보여준다. `load()` 함수에서 전달된 `FileException` 예외에 대한 처리 코드와 같이 비밀번호를 입력받아 기본 랭킹으로 게임을 시작할지 종료할지를 결정한다.

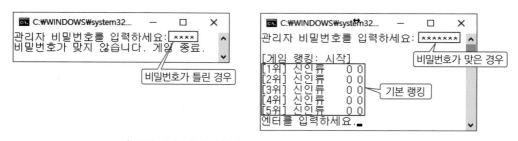

| 그림 12.6 랭킹 파일이 없는 경우 예외 처리 결과

일단 게임이 시작되면 11장에서와 동일하게 진행된다. 게임이 종료되면 현재의 랭킹과 비교하여 순위에 등록되는 경우 이름 입력 메시지가 출력되고, 이름을 입력하면 갱신된 랭킹이 출력되고, 파일에 저장된다. 저장된 파일은 다음 게임에서 다시 읽혀진다. 더 이상 관리자가 필요하지 않다. 그림 12.7은 이러한 프로그램 실행 결과를 보여주고 있다.

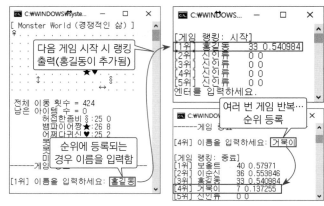

| 그림 12.7 게임 진행 후 랭킹 등록 및 순위 변화 예

■ 고찰

- 랭킹 파일을 열 수 없을 때 발생하는 예외를 처리하였다. 이제 새로운 컴퓨터에 게임을 설치했으면 관리자가 맨 처음 한번은 비밀번호를 넣고 실행을 해야 다른 사람들이 게임을 할 수 있다.
- 파일이 있더라도 랭킹 파일의 형식이 다르면 읽는 도중에 예외 상황이 발생한다. 이러한 상황에 대한 예외 처리도 가능할 것이다.
- 중요한 것은 랭킹 클래스에서 발생한 예외를 바로 처리하는 것이 아니라, 이를 사용하는 사용자가 처리할 수 있도록 한 것이다.

12.6 const 지시자

■ 변수 선언과 const

2장에서 const를 이용해 쉽게 상수를 만들어 사용할 수 있었다. 지금까지 const를 크게 신경 쓰지 않고 코드를 작성하고, 프로그램의 작동에는 문제가 전혀 없었다. 그렇다면 const를 사용하는 이유는 무엇인가? 개발자의 실수를 줄이기 위해서이다. 개발자가 무심코 상수를 수정하려는 코드를 작성하면 컴파일러가 에러 메시지를 출력하게 된다.

포인터와 관련해서 const는 약간 혼란스러울 수도 있다. 다음 코드를 보자.

프로그램 12.11	포인터와 관련된 const의 사용 예

```cpp
01   #include <iostream>
02   using namespace std;
03
04   void main()
05   {
06       const double phi = 3.14;
07       //phi = 3.5;            // Error: 상수 phi 값을 변경할 수 없음
08
09       int x = 10, y = 20, z = 30, w = 40;
10       int* px = &x;
11       int* const py = &y;    // py 자체를 변경 불가
12       const int* pz = &z;    // pz가 가리키는 주소의 값을 변경 불가
13       const int* const pw = &w;      // pw와 가리키는 주소의 값을 모두 변경 불가
14
15       cout << " x=" << x << " y=" << y << " z=" << z << " w=" << w << endl;
16       *px = 100;
17       *py = 100;
18       //*pz = 100;            // Error: pz가 가리키는 주소의 값을 변경할 수 없음
19       //*pw = 100;            // Error: pw가 가리키는 주소의 값을 변경할 수 없음
20       cout << " x=" << x << " y=" << y << " z=" << z << " w=" << w << endl;
21
22       cout << " px=" << px << " py=" << py << " pz=" << pz << " pw=" << pw << endl;
23       px = &y;
24       pz = &w;
25       //py = &x;          // Error: py의 값(주소)를 변경할 수 없음
26       //pw = &z;          // Error: pw의 값(주소)를 변경할 수 없음
27       cout << " *px=" << *px << " y=" << y << " *pz=" << *pz << " w=" << w << endl;
28   }
```

```
■ Microsoft Visual Studio 디버그 콘솔                    —    □    ×
x=10  y=20  z=30  w=40
x=100  y=100  z=30  w=40
px=004FFDEC  py=004FFDE0  pz=004FFDD4  pw=004FFDC8
*px=100  y=100  *pz=40  w=40
```

코드 설명

6∼7행 phi를 상수로 선언. 7행과 같이 phi를 변경하려는 코드는 컴파일 오류.

10∼13행 포인터와 관련된 다양한 const 선언.

6행과 같이 phi를 상수로 선언하면 개발자가 부주의하게 7행과 같이 phi를 변경하려는 코드를 작성했을 때 컴파일러가 오류를 발생시켜 이를 수정하도록 해 준다. 따라서 개발자에 의한 오류 가능성을 줄여주므로 보다 안전한 프로그램이 가능하고, 따라서 C++에서 생각보다 광범위하게 사용된다.

그림 12.8과 같이 포인터 변수와 관련해서는 변경할 수 있는 부분이 두 가지이다. 포인터 변수 자체(그림에서 pw)와 포인터가 가리키는 곳에 있는 내용(그림에서 변수 w 부분)이 그것이다. 따라서 포인터 변수의 선언 문장에서 const를 사용할 수 있는 부분은 두 곳이다. 프로그램의 13행과 같이 두 곳을 모두 const로 처리하면 그림에서의 두 영역을 모두 변경할 수 없다.

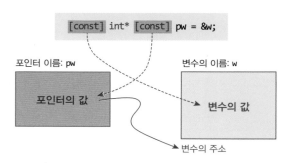

| 그림 12.8 포인터와 관련된 const 수식자

■ 함수와 관련된 const

클래스와 함수에서도 const가 많이 사용된다. 함수의 호출에서 값에 의한 전달(call-by-value) 방법과 함께 C++에서 참조에 의한 전달(call-by-reference)을 새롭게 제공한다는 것을 공부했고, 참조에 의한 전달이 훨씬 편리하다는 것을 알았다. 그런데 사실 중요한 문제가 있다. 전달된 매개변수를 개발자가 부주의하게 수정할 수 있다는 것이다. 컴파일러는 개발자의 실수를 알아차리지 못한다. 따라서 전체 프로그램은 큰 오류를 발생할 수도 있다.

참조에 의한 전달의 이러한 문제를 해결하기 위한 방법이 const 수정자를 사용하는 것이다. 즉, 참조자 매개변수를 const로 선언하여 그 함수 내에서 이를 수정하는 경우 컴파일 오류를 발생하도록 하여 개발자의 실수를 방지하는 것이다. 이러한 매개변수를 **상수 (const) 매개변수** 또는 **상수 참조자 매개변수**라고 한다. 프로그램 12.12는 유리수 클래스와 관련된 다양한 함수들에 const를 사용한 코드이다.

프로그램 12.12	함수와 관련된 const의 사용 예

```cpp
01  #include <iostream>
02  using namespace std;
03
04  class Rational
05  {
06      int top, bottom;
07  public:
08      Rational(int t = 0, int b = 1) : top(t), bottom(b) { }
09      double real() const {
10          // (1) top = 2; bottom += 10;
11          return (double)top / bottom;
12      }
13      friend ostream& operator<<(ostream& os, const Rational& f) {
14          // (2) f.bottom = 10;
15          os << f.top << "/" << f.bottom;
16          return os;
17      }
18      friend istream& operator>>(istream& is, Rational& f) /* (3) const */ {
19          is >> f.top >> f.bottom;
20          return is;
21      }
22      Rational operator+(const Rational& f) const {
23          // (4) top = 10; f.bottom = 20;
24          return Rational(top*f.bottom + f.top*bottom, bottom*f.bottom);
25      }
26  };
27  void main()
28  {
29      Rational a(3,4), b, c;
30      const Rational h(1,2);
31
32      cout << "b 입력(a/b): ";
33      cin >> b;
34      // (5) cin >> h;
35      c = a + b;
36      cout << " a = " << a << endl;
37      cout << " b = " << b << endl;
```

```
C.          —    □    ×
b 입력(a/b): 3 2
  a   = 3/4
  b   = 3/2
  h   = 1/2
a+b = 18/8
```

```
38        cout << " h = " << h << endl;
39        cout << "a+b = " << c << endl;
40  }
```

코드 설명

9행 real()을 상수 멤버 함수로 선언. 이 경우 클래스의 어떤 멤버 변수도 수정할 수 없음. 따라서 10행은 컴파일 오류를 발생시킴.

13행 유리수를 화면으로 출력하기 위한 연산자 << 중복 함수. 매개변수 f를 상수로 선언함. 이 함수 내에서 14행과 같이 f를 수정하려는 시도는 컴파일 오류를 발생함.

18행 입력을 위한 연산자 중복 함수. 입력의 경우 반드시 f가 수정되어야 함. 따라서 const를 사용하지 않음. 이 함수는 << 중복 함수와 함께 Rational의 멤버 함수가 아니라 일반 함수임(friend 선언을 확인할 것). 따라서 이 함수 자체를 (3)과 같이 상수화 하는 것은 컴파일 오류 발생. 멤버 함수만 9행이나 22행과 같이 상수화 할 수 있음.

22행 덧셈 연산자 중복 함수. c = a + b 연산을 하면 객체 자신 a와 매개변수 b 가 모두 수정되면 안 됨. 따라서 매개변수와 자신을 모두 const 선언하여 변경되지 않도록 지정함.

30행 상수 유리수 객체 h 선언.

34행 cin >> h를 이용해 상수 객체의 초기화 문장은 컴파일 오류 발생. >> 중복 함수의 매개변수(18행)가 상수형이 아니기 때문임.

38행 cout << h는 문제없이 컴파일 됨. << 중복 함수의 매개변수가 상수형이기 때문임.

특히 입출력 연산자 >>와 << 중복 함수에 주목하라. 36~39행과 같이 상수나 비상수 객체 모두 const 매개변수(<< 연산자 중복 함수)로 전달할 수 있다. 그러나 34행과 같이 상수 객체를 비상수 매개변수(>> 연산자 중복 함수)로 전달하는 코드는 컴파일 에러를 발생시킨다. 이 프로그램과 같이 const를 가능한 한 많이 사용하는 것이 상대적으로 더 안전한 코드를 만드는 좋은 습관으로 볼 수 있다.

12.7 형 변환

어떤 값을 다른 자료형의 변수에 저장할 필요가 있을 때 형 변환을 사용한다. C언어에서는 강제 형 변환을 지원하는데, 원하는 대로 변환할 수 있으므로 가장 편리하기는 하지만 그만큼 문제가 발생할 가능성도 많다. 다음은 C언어에서 제공하는 형 변환의 예이다.

```
int iValue = 10;
```

```
double dValue = iValue;     // 자동 형 변환
int* pi = &iValue;
*pi = (int) dValue;         // 강제 형 변환
float* pf = (float*)pi;     // 강제 형 변환(조심해서 사용)
```

double 값을 int 값으로 변경하는 네 번째 문장은 그래도 익숙하다. int*형을 float*형으로 변환하는 마지막 문장도 가능은 하지만 매우 조심해서 사용해야 한다. int가 저장되어 있는 곳이라고 알고 있던 주소에 float가 있다고 생각을 바꾸는 것이다. 기능이 강력할수록 더 조심해서 사용해야 한다.

C++에서는 네 가지 형 변환 연산자를 제공한다. 물론 C언어에서와 같이 무조건적인 형 변환도 계속 사용할 수 있다. 형 변환의 종류는 다음과 같다.

| 표 12.1 C++의 형 변환 연산자

형 변환 연산자	설명
reinterpret_cast⟨⟩	무조건적인 형 변환. C언어의 형 변환과 유사함
const_cast⟨⟩	상수형 포인터에서 const를 제거함
static_cast⟨⟩	컴파일시 형 변환
dynamic_cast⟨⟩	실행시간의 형 변환

▪ reinterpret_cast⟨⟩

이 변환 연산자는 C언어에서와 같이 포인터를 포함해 어떤 자료형도 다른 자료형으로 변환할 수 있다. 다음 문장의 모든 것이 가능하지만 항상 조심해서 사용해야 한다.

```
int iValue = 10;
int* pi = &iValue;
float* pf = reinterpret_cast<float*>pi;
pi = reinterpret_cast<int*> iValue;
iValue = reinterpret_cast<int> pf;
```

■ const_cast〈〉

이 변환 연산자는 보통 const 속성을 제거하기 위해 사용된다. 다음과 같은 두 함수가 있다고 하자.

```
void sub1(const char* s) { ... }
void sub2(char* s) { ... }
```

이 함수들을 main()에서 호출할 때 만약 인수가 char*형이면 자동으로 두 함수 모두 호출이 가능하지만, const char*형이면 sub2()만 호출이 가능하다.

```
const char *s1 = "hello ";
char s2[10] = "world !";
sub1(s1);        // OK: 형이 정확히 일치
sub1(s2);        // OK: 자동 변환: char* -> const char*
sub2(s1);        // Error: const char* -> char* 변환 안 됨 !
sub2(s2);        // OK: 형이 정확히 일치
```

이때 이 변환 연산자를 사용하면 함수 인자의 const 속성을 제거할 수 있다.

```
sub2(const_cast<char*>s1); // OK: const 속성 제거
```

■ static_cast〈〉

이 변환 연산자는 컴파일 시간에 논리적으로 가능한 변환인지를 검사하여 가능한 변환이 아니면 오류를 발생시킨다.

- 기본 자료형 사이의 변환 허용: 정수형을 실수형으로, 실수형을 정수형으로 변환하는 것은 허용한다.
- 상속 관계에 있는 클래스들의 포인터 변환 허용: 상속 관계에서 상향 형 변환(upcast)이나 하향 형 변환(downcast)이 가능하다. 물론 하향 형 변환은 잠재적인 문제가 있으므로 조심해서 사용해야 한다.
- 다른 변환은 허용 않음: 정수형을 포인터 형으로 변환하거나 다른 클래스의 포인터 사이의 변환은 허용하지 않는다.

기본 자료형 간의 변환 예는 다음과 같다.

```
double dValue = 3.14;
int iValue = static_cast<int> dValue;      // OK: 기본 자료형 변환
double* pd = &dValue;
int* pi = static_cast<int*> pd;            // Error: 변환 불가
```

그래픽 에디터에서 사용된 Point, Shape, Line 클래스를 생각해 보자. Shape에는 Point가 포함되어 있다. 그리고 Line은 Shape을 상속한 자식 클래스이다. 다음은 상향 형 변환으로 명시적으로도 가능하고 묵시적으로도 가능하다.

```
Line* pl = new Line;
Shape* ps1 = pl;                           // OK. 묵시적 변환
Shape* ps2 = static_cast<Shape*> pl;       // OK. 명시적 변환
```

다음은 하향 형 변환으로 자동으로는 변환되지 않으며, 명시적으로만 가능하다.

```
Shape* ps = new Shape;
Line* pl1 = ps;                            // Error: 묵시적 변환 안 됨
Line* pl2 = static_cast<Line*> ps;         // OK: 명시적 변환
```

특히 명시적인 변환이 가능은 하지만 조심해서 사용해야 함을 잊지 말자. 다음은 상속 관계가 없는 경우로, 모두 오류가 발생한다.

```
Shape* ps = new Shape;
Point* pp = static_cast<Point*> ps;        // Error: 상속 관계 아님
ps = static_cast<Shape*> pp;               // Error: 상속 관계 아님
```

■ dynamic_cast⟨⟩

이 변환 연산자도 주로 상속 관계에 있는 클래스 포인터를 변환하는데 사용된다. static_cast<>와 비슷하지만, 하향 형 변환을 무조건 허용하는 것이 아니라 **실행시간에 가능한지를 검사하여 허용**하므로 더 엄격하게 한다는 점이 차이다. 가상 함수가 하나도 없는 클래스에서는 실행시간에 검사할 수 없으므로 하향 형 변환을 허용하지 않는다.

만약 Shape과 Line 클래스에 가상 함수가 하나도 없다고 가정해 보자.

```
Line* pl = new Line;
Shape* ps = dynamic_cast<Shape*> pl;      // OK. 명시적 변환
Shape* ps1 = new Shape;
Line* pl2 = dynamic_cast<Line*> ps1;      // 에러: 하향 형 변환
Line* pl3 = dynamic_cast<Line*> ps;       // 에러: 가상 함수 없음
```

마지막 문장의 경우 실제로 ps가 가리키는 객체는 원래는 Line으로 만들어진 Line 객체를 Shape 포인터가 가리키고 있는 경우이다. 따라서 허용해도 문제는 없을 것이다. 그렇지만 이들 클래스가 가상 함수를 사용하고 있지 않으면 실행시간에 검사하지 않고 컴파일 시간에 결정한다. 따라서 만약 Shape에 가상 함수가 하나라도 있으면 (예를 들어, draw() 함수가 가상 함수이면) 마지막 문장도 가능하다.

```
Line* pl3 = dynamic_cast<Line*> ps;       // OK: 실행시간 검사
```

어떤 경우에 예외 처리 방법을 사용하는 것이 좋을까요?

프로그램이 사소한 예외 상황에서 빈번하게 죽는 문제를 해결하려면 어떤 방법으로든 예외 처리가 반드시 필요할 것입니다. 그러나 그 방법이 문제입니다. 만약 어떤 함수 내에서 발생한 예외 상황을 그 안에서 처리할 수 있다면 간단한 논리 검사 문장을 이용해 그 함수 안에서 처리하는 것이 가장 현명한 방법일 것입니다.

만약 예외가 발생한 함수에서는 처리 방법을 알 수 없고 그 함수를 호출한 부분에서 처리를 해야 한다면 반드시 예외 처리 기법을 사용하는 것이 좋습니다. 이것은 대규모 프로젝트를 진행할 때 특히 유용한데, 예외가 발생할 수 있는 어떤 라이브러리를 만드는 개발자와 이를 사용해 통합 운영 시스템을 만드는 개발자가 나누어져 있을 때, 이들의 역할을 정확히 분리할 수 있는 좋은 방법입니다. 따라서 저자는 예외의 전달이 예외 처리의 가장 핵심이라고 생각합니다. 이 장의 몬스터 월드 상황을 다시 생각해 봅시다. RankingBoard 클래스의 개발자는 예외가 발생하는 상황은 알 수 있지만 어떻게 해야 할지를 전혀 알지 못합니다. 예외 상황에 대한 처리는 이 클래스를 사용해 응용프로그램을 만드는 개발자의 몫이 됩니다.

요약

1 (   )는 심각하지 않은 오류를 말하는데, C++에서는 이러한 상황을 처리하기 위래 (   ) 기법을 제공한다.

2 C++에서는 (   )라는 키워드를 이용하여 예외를 처리한다. (   ) 블록에서 예외가 발생하면 (   ) 블록의 코드가 실행된 후 그 다음 코드를 실행하고, 예외가 없으면 (   ) 블록을 무시하고 바로 다음 코드를 실행한다.

3 catch 블록은 여러 개를 지정할 수 있는데, 이 경우 전달되는 (   )하는 예외만을 처리하게 된다.

4 만약 모든 예외를 잡고 싶다면 매개변수 위치에 (   )을 표시하면 되는데, 모든 예외를 잡는 블록은 예외 처리 블록들 중에서 가장 (   )에 두어야 한다. 예외는 어떤 자료형도 던질 수 있으므로 자신만의 예외 클래스를 만들어 객체를 던질 수도 있다. 이것은 예외에 대한 정보들을 묶어서 하나의 객체로 만들어 던지는 것이다.

5 예외를 던지기만 하고 처리하지 않으면 예외 처리의 책임이 (   )로 넘어간다. 던져진 예외는 처리될 때까지 함수 호출 체인을 따라가면서 일치하는 자료형의 예외를 찾아 처리될 때까지 진행하고, 마지막까지 처리되지 않는다면 실행 오류가 발생한다.

6 참조에 의한 전달은 편리하지만 전달된 매개변수를 개발자가 부주의하게 수정할 수 있다는 문제가 있다. 이를 해결하는데 가장 좋은 방법이 (   )를 사용하는 것인데, 참조자 매개변수를 (   )로 선언하여 그 함수 내에서 이를 수정하는 경우 컴파일 오류를 발생하도록 하는 것이다. 이러한 매개변수를 (   ) 또는 (   )라고 한다.

7 어떤 값을 다른 자료형의 변수에 저장할 필요가 있을 때 (   )을 사용한다. C언어에서는 (   )만을 지원하는데, C++에서는 (   ), (   ), (   ), 및 (   )의 네 가지 방법을 제공한다.

8 (   )는 C언어에서와 같이 포인터를 포함해 어떤 자료형도 다른 자료형으로 변환할 수 있고, (   )는 보통 const 속성을 제거하기 위해 사용된다. (   )는 컴파일 시간에 논리적으로 가능한 변환인지를 검사하고, (   )는 하향 형 변환을 무조건 허용하는 것이 아니라 실행시간에 가능한지를 검사하여 결정한다.

정답

1. 예외(exception), 예외 처리(exception handling) **2.** try, catch, throw, try, catch, catch **3.** 매개변수의 자료형이 일치 **4.** ..., 아래 **5.** 해당 함수를 호출한 함수 **6.** const, const, 상수(const) 매개변수, 상수 참조자 매개변수 **7.** 강제 형 변환, reinterpret_cast⟨⟩, const_cast⟨⟩, static_cast⟨⟩, dynamic_cast⟨⟩ **8.** reinterpret_cast⟨⟩, const_cast⟨⟩, static_cast⟨⟩, dynamic_cast⟨⟩

| 연습문제 |

1. 예외 처리와 관련된 다음 물음에 답하라.
   (1) 예외 처리를 해야 하는 이유를 간단하게 적어라.
   (2) 함수의 반환 값으로 오류 상태의 값을 반환하는 방법의 문제점을 설명하라.
   (3) 전역변수를 통해 오류 상태의 값을 반환하는 방법의 문제점을 설명하라.
   (4) 예외가 던져지고 일치하는 여러 개의 catch 블록이 있다면 어떻게 되는가?
   (5) 예외가 던져지고 어떤 catch 블록과도 일치하지 않으면 어떻게 되는가?

2. try, catch, throw 키워드를 사용하기 위한 기본 구조를 설명하라.

3. 다음 중 잘못된 문장을 찾아라.

```
void main(){
    try{
        throw ('test');
    }
    catch(char* msg){
        cout << msg << endl;
    }
}
```

4. 다음과 같은 연봉에서 세금을 계산하는 함수가 있다. 이 함수에 예외 처리를 추가하라. 연봉(annualSalary)은 음수가 될 수 없으며, 세율(taxRate)은 반드시 0에서 1 사이어야 한다.

```
double calcTax(double annualSalary, double taxRate){
    return annualSalary * taxRate;
```

5. 하나의 throw 문에서 여러 개의 예외를 throw시킬 수 있는지, try-catch에서 여러 개의 catch를 사용 가능한지를 설명하고 예를 들어라.

6. 다음 코드를 보고 물음에 답하라.

```cpp
try {
    function1();
    function2();
    function3();
}
catch (Exception1 e1){ }
catch (Exception2 e2) {
    function4();
    throw;
}
function5();
```

(1) function2()가 예외를 발생시킨다면 function3()가 실행되는지 설명하라.

(2) 예외가 잡히지 않는다면 function5()가 실행되는지 설명하라.

(3) 예외가 Exception2라면 function4()가 실행되는지 function5()가 실행되는지 설명하라.

7. 다음 중 형 변환 연산자가 아닌 것을 골라라.
   ① reinterpret_cast<>   ② const_cast<>
   ③ static_cast<>   ④ int_cast<>

8. 다음 코드의 출력 결과를 예상하라.

```cpp
void main() {
    try {
        throw 5, 's';
    }
    catch (int e){
        cout << e << endl;
    }
    catch (char c){
        cout << c << endl;
    }
    try{
```

```
        throw (5, 's');
    }
    catch (int e){
        cout << e << endl;
    }
    catch (char c){
        cout << c << endl;
    }
}
```

| 실습문제 |

1. 다음은 예외 상황이 발생하면 에러 코드로 -1을 반환하도록 설계된 클래스이다.

```
class CustomerAccount {
    int balance;
public :
    CustomerAccount( int b = 0): balance(b) { }
    int getBalance() { return balance; }
    int deposit( int amount) {              // 저축금액이 음수이면 예외 상황
        if( amount <= 0 ) return -1;        // 에러 코드 -1 반환
        balance += amount;
        return balance;
    }
    int withdraw( int amount) {             // 잔고보다 출금액이 많으면 예외 상황
        if( amount > balance ) return -1;   // 에러 코드 -1 반환
        balance -= amount;
        return balance;
    }
};
```

(1) 이 클래스를 예외 처리를 이용하여 다시 작성하고자 한다. 먼저 예외의 종류와 금액 등 필요한 정보를 저장할 적절한 예외 클래스를 만들어라.

(2) CustomerAccount 클래스의 deposit(), withdraw() 함수에서 예외 상황이 발생하면 예외를 던지기만 하라.

(3) main()에 예외 처리와 테스트 코드를 추가하고 예외 처리가 잘됨을 보여라.

2. 12.5절의 몬스터 월드 7에서는 읽어들일 랭킹 파일이 없으면 발생하는 예외만을 처리하였다. 이를 참고해 랭킹 저장을 위한 파일 열기 예외에 대한 처리 코드를 추가하라.

(1) 동일한 방법으로 관리자 비밀번호를 입력받는다.

(2) 비밀번호가 틀리면 메시지를 출력하고 프로그램을 종료한다.

(3) 비밀번호가 맞으면 현재의 랭킹을 저장할 다른 파일 이름을 입력받고, 그 파일에 랭킹을 저장한다.

CHAPTER

13

템플릿

13.1 일반화 프로그래밍

13.2 함수 템플릿

13.3 클래스 템플릿

13.4 응용: 벡터 템플릿(심화학습)

13.5 응용: MonsterWorld 8: 벡터로 만든 세상

학습목표

- 일반화 프로그래밍을 이해한다.
- 함수 템플릿을 이해하고 활용할 수 있는 능력을 기른다.
- 클래스 템플릿을 이해하고 활용할 수 있다.
- 동적 배열 개념과 벡터를 이해한다.
- 벡터를 템플릿으로 구현할 수 있다.
- 벡터를 이용해 몬스터 세상을 꾸밀 수 있다.

몬스터 월드 8(벡터로 만든 세상)

C++의 마지막 주제인 일반화 프로그래밍을 공부한다. 일반화 프로그래밍을 위해 C++에서는 함수 템플릿과 클래스 템플릿을 제공한다. 이들은 타입 매개변수를 사용해 임의의 자료형에 대해서도 동작하는 함수와 클래스들이다. 이러한 템플릿은 컴파일 동안 일어나는 정적 다형성이므로 처리시간 측면에서도 불리하지 않으며, 사용하는 방법도 클래스와 크게 차이가 없다.

이 장에서는 벡터를 템플릿으로 구현해 본다. 사실 벡터 템플릿은 다음 장에서 공부할 표준 템플릿 라이브러리(STL)에 이미 구현되어 있다. 이 장에서는 STL에서 공부할 벡터의 기능을 살짝 참고해서 기능의 일부를 템플릿으로 구현해 본다. 그리고 구현한 벡터를 몬스터 세상에 적용한다. 벡터는 크기가 가변적인 배열이고, 배열을 사용한 곳이라면 어디든 벡터도 사용할 수 있다. 배열을 벡터로 바꾸더라도 몬스터 세상이 달라지는 것은 전혀 없다. 벡터로 몬스터 세상을 만들면 코드가 더 간편해 지고 메모리 관리도 더 편리해 질 것이다.

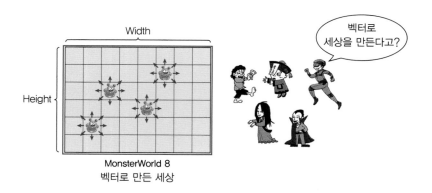

MonsterWorld 8
벡터로 만든 세상

이 장의 내용들을 공부하면서 템플릿을 이해하고, 이를 통해 다음 장에서 공부할 표준 템플릿 라이브러리와 어떻게 연결되는지를 생각해 보자.

13 템플릿

13.1 일반화 프로그래밍

■ 일반화 프로그래밍이란?

지금까지 공부한 모든 함수와 클래스들은 정해진 자료형에 대해서만 동작한다. 예를 들어, 배열에서 최댓값을 구하는 다음 함수를 보자.

```
// 배열에서 최댓값을 찾아 반환하는 함수
int findMaxValue( int a[], int len ) {
    int maxVal = a[0];
    for( int i=1 ; i<len ; i++ )
        if( maxVal < a[i] ) maxVal = a[i];
    return maxVal;
}
```

이 프로그램은 int 배열에서 가장 큰 값을 찾아 반환한다. 만약 float 배열에 대해 동일한 처리를 하는 함수가 필요하다면 어떻게 해야 할까? 이 코드를 복사하고 매개변수와 반환형 등 필요한 부분들을 수정해야 한다. 함수 이름은 함수 중복을 사용할 수 있으므로 그대로 사용할 수 있다. 만약 다시 double 배열에서 최댓값을 찾아야 하는 경우가 발생하면? 역시 동일한 방법으로 처리해야 한다. 이것은 매우 번거로운 일이다. 또, 코드를 복사하여 수정하는 과정에서 버그가 발생할 가능성이 많다. 좀 더 편리한 방법이 없을까?

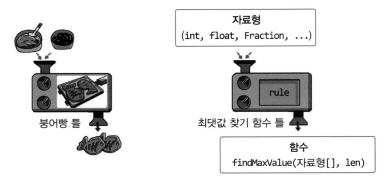

| 그림 13.1 일반화 프로그래밍의 개념

추운 겨울에는 붕어빵이 인기가 많다. 붕어빵은 밀가루 반죽과 팥을 붕어빵 틀에 넣어 구워 만든다. 만약 붕어빵 틀과 같이 최댓값 찾기 함수를 위한 틀이 있고, 원하는 자료형을 넣으면 그 자료형의 함수가 나온다면 정말 편리할 것이다. 프로그램 개발자는 자료형에 따라 각기 다른 함수를 구현하는 것이 아니라 함수의 틀만 하나를 만들면 된다. 이와 같은 프로그래밍 기법을 **일반화 프로그래밍**(generic programming)이라고 한다.

일반화 프로그래밍에 대한 명확한 정의는 없지만, 보통 알고리즘이나 자료구조에 대한 추상적인 개념을 찾아 "일반적인 코드"를 작성하고, 이것을 다양한 자료형의 객체들에 대해 재사용하는 기법들을 말한다.

■ C++의 일반화 프로그래밍

C++에서는 템플릿을 이용해 일반화 프로그래밍을 지원한다.

- **템플릿**(template)은 다형성의 한 종류로 컴파일 동안 일어나는 정적 다형성이므로 효율적이다.
- 함수 템플릿과 클래스 템플릿이 있다.
- `template`와 `typename` 키워드를 사용하고, `typename` 다음에 **형식 매개변수**(또는 타입 매개변수)를 지정한다.
- 타입 매개변수 리스트에 꺽은 괄호 "**< >**"를 사용한다. 이것은 둥근 괄호 "**( )**"를 사용하는 함수의 매개변수 리스트와 구분된다.

템플릿에서 타입 매개변수는 "자료형"이지 "값"이 아님에 유의하라. 함수 템플릿과 클래스 템플릿을 각각 자세히 알아보자.

13.2 함수 템플릿

■ 함수 템플릿의 형식

`template` 키워드로 시작하는 함수 템플릿의 형식은 다음과 같다.

```
template < typename T >    // 또는 <typename T1,..., typename Tn>
반환형 함수명 (매개변수목록)
{
    ...    // 함수 몸체
};
```

첫 줄을 템플릿 접두어(template prefix)라 한다. 배열에서 최댓값을 구하는 함수를 템플릿으로 구현해보자. 배열의 자료형이 T라면 이 함수는 최댓값을 반환해야 하므로 반환형도 T가 되어야 한다. 물론 T는 다른 이름으로 바꿀 수 있다.

프로그램 13.1 함수 템플릿의 예

```
01   #include <iostream>
02   using namespace std;
03
04   template < typename T >
05   T findMaxValue(T a[], int len) {
06       T maxVal = a[0];
07       for (int i = 1; i<len; i++)
08           if (maxVal < a[i]) maxVal = a[i];
09       return maxVal;
10   }
11
12   void main() {
```

```
13      int iArr[5] = { 1, 4, 2, 5, 3 };
14      double dArr[5] = { 5.0, 8.0, 7.0, 9.0, 6.0 };
15      char cArr[] = "game over ! {09}";
16
17      int iMax = findMaxValue(iArr, 5);
18      double dMax = findMaxValue(dArr, 5);
19      char cMax = findMaxValue(cArr, strlen(cArr));
20      cout << "iMax = " << iMax << endl;
21      cout << "dMax = " << dMax << endl;
22      cout << "cMax = " << cMax << endl;
23  }
```

```
iMax = 5
dMax = 9
cMax = }
```

코드 설명

4~5행 함수 템플릿 선언. 타입 매개변수로 T를 사용. 이 함수는 자료형이 T인 항목들을 저장하는 배열과 배열의 길이를 매개변수로 전달받고, 원하는 항목(자료형이 T)을 찾아 반환함.

6~9행 배열에서 가장 큰 값을 찾아 반환함. 6행에서 최댓값을 저장할 변수 maxVal의 자료형이 T인 것에 유의할 것. 최종적으로 maxVal을 반환함.

17~19행 각각 int, double, char 배열에서 최댓값을 찾는 함수 호출 문장. 함수 템플릿을 사용했지만 함수 호출 방법은 일반 함수와 동일함. 함수 호출에서 첫 번째 인수의 자료형에 따라 적절한 함수가 만들어지고 실행됨.

템플릿으로 구현된 함수를 사용하는 방법은 일반 함수와 다르지 않다. 프로그램의 17~19행과 같이 일반 함수처럼 사용하면 된다.

- 17행의 매개변수 iArr의 자료형은 int 포인터 형이다. 따라서 함수 템플릿의 매개변수 T에 int가 전달되어 새로운 함수를 만든다. 그리고 이 과정은 모두 컴파일 시간에 일어나고, 실행시간에 검사를 하거나 변환을 하는 과정이 필요 없다.
- 18행의 매개변수 dArr은 double 배열의 이름이므로 매개변수 T에 double이 전달되어 컴파일 과정에 새로운 함수를 만든다.
- 19행도 마찬가지이다. 그런데 이 결과를 출력하는 22행의 결과가 기대하는 'v'가 아니라 '}'이다. 아스키 코드에서 'v'보다 '}'이 더 뒤에 있는 모양이다. 만약 문자열에서 알파벳 중에서 가장 큰 값을 찾고 싶다면 어떻게 할까? **특수화**(specialization)란 방법을 사용해야 한다.

■ 함수 템플릿의 특수화(specialization)

이미 구현한 함수 템플릿을 사용하다가 특정한 매개변수에 대해서 다른 동작을 하고 싶다면 특수화 기능을 사용해야 한다. 다음은 프로그램 13.1에서 타입 매개변수가 char형이면 특별히 알파벳 'a'에서 'z' 사이에서 가장 큰 값을 구해 반환하도록 특수화한 예이다.

프로그램 13.2 함수 템플릿의 특수화 예

```
01   template <>
02   char findMaxValue(char a[], int len)
03   {
04       char maxVal = 'a'-1;
05       for (int i = 0; i<len; i++)
06          if ('a' <= a[i] && a[i] <= 'z' && maxVal < a[i])
07               maxVal = a[i];
08       return maxVal;
09   }
```

코드 설명

1행 타입 매개변수 부분을 비움.

2행 타입 매개변수 부분을 char로 변환. 이제 함수 템플릿 findMaxValue()의 호출에서 첫 번째 매개변수의 자료형이 char의 배열이면 이 함수를 실행하게 됨(특수화).

4행 이제 maxVal의 자료형은 char로 확정됨.

프로그램 13.1에 이 함수를 추가하여 컴파일하고 실행하면 결과는 다음과 같이 변경된다.

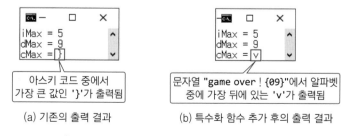

| 그림 13.2 함수 템플릿의 특수화 개념

다른 모든 자료형에 대해서는 기존과 동일하게 동작하고, 지정한 자료형에 대해서만 다른 동작을 하게 된다.

■ 여러 개의 타입 매개변수를 가진 함수 템플릿

함수 템플릿에서 타입 매개변수를 여러 개 사용해도 문제없다. 다음 프로그램은 자료형이 다른 배열을 복사하는 함수를 템플릿으로 구현한 예이다.

프로그램 13.3   두 개의 자료형 매개변수를 갖는 함수 템플릿의 예

```cpp
01  #include <iostream>
02  using namespace std;
03
04  template < typename T1, typename T2 >
05  void copyArray(T1 a[], T2 b[], int len) {
06      for (int i = 0; i < len; i++)
07          b[i] = (T2)a[i];       // b[i] = a[i];
08  }
09
10  template < typename T >
11  void printArray(T a[], int len) {
12      cout << "Array: ";
13      for (int i = 0; i < len; i++)
14          cout << a[i] << " ";
15      cout << endl;
16  }
17
18  void main() {
19      int iArr[5] = { 1, 4, 2, 5, 3 };
20      float fArr[5];
21      double dArr[5] = { 5.0, 8.0, 7.0, 9.0, 6.0 };
22
23      copyArray(iArr, fArr, 5);
24      printArray(iArr, 5);
25      printArray(fArr, 5);
26      copyArray(dArr, iArr, 5);
27      printArray(iArr, 5);
28  }
```

```
Array: 1 4 2 5 3
Array: 1 4 2 5 3
Array: 5 8 7 9 6
```

코드 설명

4~5행 타입 매개변수가 두 개인 함수 템플릿 선언. 자료형이 T1인 배열 a를 자료형이 T2인 배열 b에 len 길이만큼 복사함.

7행 a[i]를 b[i]에 복사할 때 형 변환을 해 주는 것이 좋음.

10~16행 배열의 내용을 화면에 출력하는 함수 템플릿.

23~27행 함수 템플릿을 사용해 int 배열을 float 배열로 복사하여 출력하고, double 배열을 int 배열로 복사하여 출력하는 문장.

형 변환을 생각해 보자. 23행은 int 배열을 float 배열로 복사하므로 별다른 문제가 생기지 않는다. 그러나 26행의 경우 double 배열을 int 배열로 변환해야 하므로 형 변환 문제가 발생할 수 있다. 즉, 배열 각 항목의 double 값을 int 변수에 저장해야 하는 것이다. 이를 위해 7행에서 강제 형 변환 **(T2)**을 사용하였다. 만약 이 문장이 없다면 컴파일 과정에 다음과 같은 경고가 발생한다.

		설명 ▼	파일	줄
⚠	1	warning C4244: '=' : 'double'에서 'int'(으)로 변환하면서 데이터가 손실될 수 있습니다.	copyarray.cpp	7

| 그림 13.3 프로그램 13.3의 7행에 형 변환이 없는 경우 발생하는 경고

■ 클래스가 타입 매개변수로 사용되는 경우

함수 템플릿에서 기존의 클래스가 사용될 수도 있다. 예를 들어, 프로그램 13.3의 printArray() 함수는 Complex 배열을 출력하는데도 사용할 수 있다. 다음 프로그램을 보자.

프로그램 13.4 클래스가 자료형 매개변수로 사용되는 경우

```
01   #include <iostream>
02   using namespace std;
03
04   class Complex {            // 복소수 클래스
05       double real, imag;// 실수부와 허수부
06   public:
07       Complex(double r=0.0, double i=0.0): real(r), imag(i) { }
08   };
09
```

```
10    template < typename T >
11    void printArray(T a[], int len) {
12        cout << "Array: ";
13        for (int i = 0; i < len; i++)
14            cout << a[i] << " ";          // 오류: cout << 복소수 객체 ?
15        cout << endl;
16    }
17
18    void main() {
19        Complex cArr[3] = { Complex(1, 1), Complex(2, 2), Complex(3, 3) };
20        printArray(cArr, 3);
21    }
```

코드 설명

4~8행 복소수 클래스 선언.

10~11행 화면 출력을 위한 함수 템플릿.

20행 복소수 배열을 함수 템플릿으로 화면으로 출력하려는 문장. 오류 발생.

이 프로그램은 문제가 없을 것 같지만 컴파일 오류를 발생시킨다. 왜 그럴까?

	설명 ▼	파일
❌ 1	error C2679: 이항 '<<' : 오른쪽 피연산자로 'Complex' 형식을 사용하는 연산자가 없거나 허용되는 변환이 없습니다.	copyarraycomplex.cpp

| 그림 13.4 프로그램 13.4 컴파일 과정에 발생하는 오류

문제는 14행에서 << 연산자를 이용해서 cout으로 출력하는 문장에서 발생한다. 이 문장이 동작하려면 Complex에 이 연산자가 중복되어 있어야 한다. 연산자 중복에서 공부한 바와 같이 다음 함수를 Complex 클래스에 추가하면 문제가 해결된다(물론 이 함수는 일반 함수로 구현된 << 연산자 중복 함수이다.).

```
friend ostream& operator << (ostream& os, const Complex& c) {
    os << "(" << c.real << "," << c.imag << ")";
    return os;
}
```

| 그림 13.5 프로그램 13.4에 << 연산자 중복 함수 추가 후 실행 결과

만약 복소수 배열을 double 배열로 복사하기 위해 프로그램 13.3의 copyArray()를 사용한다면 어떻게 될까? 물론 그대로 사용하면 오류가 발생할 것이다. 복소수는 double로 자동으로 형 변환이 되지 않기 때문이다. 그렇다면 어떻게 해야 할까? 형 변환 연산자를 사용할 수밖에 없다. 즉 연산자 중복 정의가 필요한 것이다.

형 변환 연산자 중복 함수를 구현해 보자. 먼저, 복소수를 double로 변환하는 방법에 대한 정의가 필요하다. 복소수의 절댓값을 사용하자. 즉, 복소수 객체 $z=a+bi$에 대한 double 변환 값으로 $\sqrt{a^2+b^2}$를 사용하자. 복소수를 double로 변환하는 형 변환 연산자 중복 함수는 다음과 같다.

```
operator double() { return sqrt(real*real + imag*imag); }
```

대부분의 C++ 연산자들은 기본 자료형에 대해 잘 동작하지만 클래스의 객체에 대해서는 대입 연산자 외에는 자동으로 처리되지 않는다는 것을 기억하라. 따라서 함수 템플릿에서 객체가 매개변수로 사용될 때에는 템플릿에서 사용한 모든 연산자를 해당 클래스가 지원하는지를 반드시 확인해야 한다. 물론 컴파일러가 제공하는 대입 연산자의 경우에도 혹시 깊은 복사가 필요하지 않은지 확인해야 한다.

13.3 클래스 템플릿

■ 클래스 템플릿의 형식

함수에서와 마찬가지로 클래스에서도 형식 매개변수를 갖는 템플릿을 정의할 수 있다. 클래스가 객체를 찍어내는 틀이라면 클래스 템플릿은 이러한 클래스를 찍어내는 틀(template)이다. 클래스 템플릿의 형식은 다음과 같다.

```
template < typename T >    // 또는 <typename T1,..., typename Tn>
class 템플릿명
{
    ...    // 클래스 몸체
};
```

클래스 템플릿에서 객체를 선언하기 위해서는 타입 매개변수에 대한 구체적인 유형을 지정해야 하는데, 형식은 다음과 같다.

```
템플릿명 < 타입1, 타입2, ... 타입n > 객체이름;
```

이때 중요한 것은 템플릿명 〈 타입1, 타입2, ... 타입n 〉까지가 하나의 새로운 클래스가 된다는 것이다. 간단한 예제를 통해 클래스 템플릿을 공부해보자.

■ 예제: Point 클래스 템플릿

영상이나 화면에서의 어떤 화소(pixel)의 위치(x, y)를 나타내기 위한 Point 클래스를 생각해 보자. 그림 13.6과 같이 영상 내의 각 화소들의 위치는 항상 정수 값이고, 따라서 Point의 멤버 변수 x, y는 int형을 사용하면 될 것이다. 정수형 Point 클래스를 먼저 구현해 보고, 이를 이용해 일반적인 자료형에 대한 클래스 템플릿 Point를 구현하고 사용해 보자. 프로그램 13.5는 몇 가지 연산자 중복을 사용한 정수형 Point 클래스를 구현한 예이다.

| 프로그램 13.5 | Point 클래스의 구현 예 |

```
01   class Point {
02       int x, y;
03   public:
04       Point(int xx = 0, int yy = 0) : x(xx), y(yy) { }
05       double magnitude() { return sqrt((double)x*x + y*y); }
06       Point operator+(Point p) { return Point(x + p.x, y + p.y); }
07       Point operator-(Point p) { return Point(x - p.x, y - p.y); }
```

```
08        friend Point operator*(double s, Point p) {
09            return Point((int)(s*p.x), (int)(s*p.y));
10        }
11        friend ostream& operator << (ostream& os, const Point& p) {
12            os << "(" << p.x << "," << p.y << ")";
13            return os;
14        }
15    };
```

코드 설명

2행 화면상의 좌표는 정수형이므로 매개변수 자료형은 int를 사용함.

4~14행 생성자와 각종 멤버 함수를 제공함.

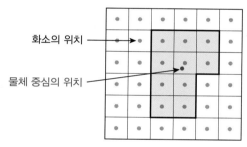

화소의 위치

물체 중심의 위치

| 그림 13.6 영상에서 화소의 위치는 정수형인데 비해 물체 중심의 위치는 실수형으로 나타난다.

영상에서 화소의 위치는 정수로 표현되지만, 이러한 영상을 처리하는 과정에 실수형의 좌표가 필요한 경우가 흔히 발생한다. 그림 13.6에서 영상내의 물체를 찾아 물체의 중심을 계산해 보자. 보통 물체의 **무게 중심**(center of mass)을 계산하기 위해 물체 영역의 모든 화소(파란색 화소)들의 x와 y좌표를 평균하는 방법이 사용된다. 물체의 무게 중심은 어떻게 나타날까? 그림에서와 같이 대부분의 경우 물체의 무게 중심이 정확히 하나의 화소 중심과 일치하지 않을 것이다. 따라서 이를 표현하기 위해서는 실수형 좌표를 저장하는 Point 클래스가 다시 필요하다.

그렇다면 이러한 클래스는 어떻게 만들 수 있을까? 프로그램 13.5에서 구현한 클래스의 멤버 함수 코드를 대부분 이용할 수 있을 것이다. 이것은 좌표가 실수더라도 두 점을 더하거나 빼는 방법(연산자 +와 -), 스칼라 값과 점을 곱하는 방법(연산자 *) 그리고 화면으로 출력하는 방법(연산자 <<) 등 대부분의 동작이 정수형 좌표에서와 동일하기 때문이다. 따라서 가장 단순한 방법은 프로그램 13.5를 복사해서 붙이고(copy and past) 수정하여 새로운 클래스를 만드는 방법이다. 물론 가장 좋은 방법은 템플릿으로 구현하는 것이다. 클래스 템플릿 Point<T>는 클래스 Point의 일반화된(generic) 버전이다.

이제 Point를 템플릿으로 구현해보자. 프로그램 13.5에서 클래스가 이미 구현되어 있으므로 템플릿으로 변경하는 과정은 어렵지 않다. 프로그램 13.6은 Point를 클래스 템플릿으로 구현한 예이다.

프로그램 13.6   **Point를 템플릿으로 구현한 예**

```cpp
01  #include <iostream>
02  using namespace std;
03
04  template <typename T>
05  class Point {
06      T x, y;
07  public:
08      Point(T xx = 0, T yy = 0) : x(xx), y(yy) { }
09      double magnitude() { return sqrt((double)x*x + y*y); }
10      Point operator+(Point p) { return Point(x + p.x, y + p.y); }
11      Point operator-(Point p) { return Point(x - p.x, y - p.y); }
12      friend Point operator*(double s, Point p) {
13          return Point((T)(s*p.x), (T)(s*p.y));
14      }
15      friend ostream& operator << (ostream& os, const Point& p) {
16          os << "(" << p.x << "," << p.y << ")";
17          return os;
18      }
19  };
20  void main() {
21      Point <int> p1(1,2), p2(3,4);
22      Point <double> q1(5.0,6.0), q2(7.0,8.0);
23
24      cout << "p1 = " << p1 << endl;
25      cout << "p2 = " << p2 << endl;
26      cout << "p1+p2 = " << p1+p2 << endl;
```

```
27          cout << "p1+p2 = " << p1+p2 << endl;
28          cout << "0.5*p2= " << 0.5*p2 << endl;
29          cout << "q1 = " << q1 << endl;
30          cout << "q2 = " << q2 << endl;
31          cout << "0.5*q2= " << 0.5*q2 << endl;
32    }
```

```
C:\WINDO...        —    □    ×
p1      = (1,2)          (1.5, 2)
p2      = (3,4)            ???
p1+p2= (4,6)
0.5*p2= (1,2)
q1      = (5,6)
q2      = (7,8)
0.5*q2= (3.5,4)
```

코드 설명

4~5행 클래스 템플릿 Point 선언. 타입 매개변수로 T를 사용함.

6행 Point의 데이터 멤버. T에 따라 다른 자료형의 변수가 됨.

8행 생성자에서 매개변수를 T 형으로 받음.

9행 크기를 반환하는 멤버 함수. 크기는 항상 실수이므로 double로 처리함.

10~11행 덧셈과 뺄셈 연산자 중복 함수. 프로그램 13.5와 차이가 없음.

12~14행 실수(double) s와 Point를 곱하는 연산자 중복 함수. 13행의 객체 생성 문장에서 형 변환이 사용되었음. 결과 자료형도 Point⟨T⟩가 됨.

15~18행 출력을 위한 << 연산자 중복 함수.

21행 정수(int)형 Point 클래스를 만들고 객체 p1과 p2를 생성하는 문장.

22행 실수(double)형 Point 클래스를 만들고 객체 q1과 q2를 생성하는 문장.

24~31행 템플릿의 여러 가지 기능을 테스트하는 문장들.

클래스 템플릿을 위해서는 4행과 같이 타입 매개변수를 이용한 템플릿을 선언하고, 기존에 int로 좌표가 표시된 부분(6, 8, 13행 등)에 타입 매개변수 T를 적어주면 된다. 9행에서 원점에서부터의 거리는 점의 자료형과 상관없이 항상 실수이므로 반환형을 double로 처리하면 될 것이다.

템플릿은 구현하는 것은 약간 복잡하지만 사용하는 방법은 매우 간단하다. 그림 13.7은 프로그램의 21~22행을 자세히 설명하고 있다. 타입 매개변수가 각각 int와 double인 새로운 클래스를 만들고 그 클래스의 객체가 생성된다. 한번 객체가 만들어지고 나면 멤버 함수를 사용하는 것은 프로그램의 24~31행에서 볼 수 있듯이 클래스의 멤버 함수 사용 방법과 동일하다.

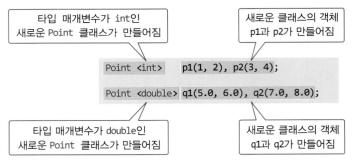

| 그림 13.7 Point 템플릿을 이용해 객체를 선언하는 문장들

그렇다고 너무 방심하면 안 된다. 프로그램의 실행 결과를 보면 다른 부분은 문제가 없는데, 0.5*(3,4)의 결과가 (1.5,2)가 아니라 (1,2)가 된 것을 알 수 있다. 만약 Point가 정수 좌표만을 나타내는 클래스라면 이것은 받아들일 수밖에 없는 결과이다. 그러나 이제 다양한 자료형의 Point가 언제든지 가능한 템플릿으로 구현되었고, 따라서 이 결과는 좀 부족하다. 즉, 실수와 Point 객체의 곱은 항상 실수 Point 객체가 되는 것이 더 바람직할 것이다. 이를 반영한다면 프로그램의 12~14행은 다음과 같이 수정되어야 한다.

```
friend Point<double> operator*(double s, Point p) {
    return Point<double>(s*p.x, s*p.y);
}
```

즉, 이제 이 함수의 반환형은 Point<T>가 아니라 항상 Point<double>로 확정되었다. 따라서 실수와 정수형 Point 객체의 곱셈 결과는 다음과 같이 변경된다.

```
C:...    —    □    ×
0.5*p2= (1.5,2)
```

| 그림 13.8 실수와 Point 객체의 곱을 실수형 Point 객체로 처리한 결과

Lab Point 템플릿을 이용한 무게중심 계산 프로그램

Point 템플릿을 이용해 그림 13.6과 같은 물체의 무게 중심을 계산해 보자. 프로그램 3.6에서 main() 함수를 다음과 같이 수정하면 된다.

| 프로그램 13.7 | Point 템플릿을 이용한 물체의 무게 중심 계산 프로그램 |

```
01~19  ...    // 프로그램 13.6의 1~19행 포함
20    void main() {
21        int image[6][6] = { { 0, 0, 0, 0, 0, 0 },
22                            { 0, 0, 1, 1, 1, 0 },
23                            { 0, 0, 1, 1, 1, 0 },
24                            { 0, 0, 1, 1, 0, 0 },
25                            { 0, 0, 1, 1, 0, 0 },
26                            { 0, 0, 0, 0, 0, 0 }
27        };
28        Point <double> sum(0.0,0.0), center;
29        int nPixel = 0;
30        for (int y = 0; y < 6; y++)
31        for (int x = 0; x < 6; x++) {
32            if (image[y][x] == 1) {
33                Point <double> p(x,y);
34                sum = sum + p;          // + 연산자 중복 함수 사용
35                nPixel++;
36            }
37        }
38        center = (1.0 / nPixel) * sum;   // * 연산자 중복 함수 사용
39        cout << "물체의 무게 중심 = " << center << endl;
40    }
```

물체의 무게 중심 = (2.8,2.3)

코드 설명

21~27행 그림 13.6의 영상을 2차원 배열로 표현함.

28행 실수형 Point 객체 선언. sum은 좌표의 합을 center는 무게 중심을 나타냄.

29행 물체 영역의 화소 수를 저장할 변수 선언 및 초기화.

30~37행 영상의 모든 화소에 대해 화소 값이 1(물체 영역)이면 그 화소의 좌표를 sum에 더함. 34행에서 + 연산자 중복 함수 사용. 화소의 수도 증가시킴.

38행 중심은 sum을 물체 영역의 화소 수로 나누면 됨. 스칼라와의 곱셈 연산자 *가 중복되어 있으므로 (1.0/nPixel)을 곱하는 방법으로 중심을 계산함.

39행 결과를 화면에 출력함.

영상 좌표계는 좌상단의 화소 중심이 $(0,0)$이고, 가로 방향이 x가 아래쪽 방향이 y가 증가하는 방향이다. 실행 결과 물체의 무게 중심이 $(2.8, 2.3)$로 계산되는 것을 알 수 있다.

▪ 멤버 함수를 클래스 외부에서 정의하는 방법

이 책에서는 지금까지 클래스의 대부분의 멤버 함수를 클래스 몸체에 넣어서 inline으로 구현하였다. 클래스에서는 멤버 함수를 선언만 하고 클래스 외부에서 정의하려면 어떻게 해야 할까? 좀 복잡해진다. 프로그램 13.6의 뺄셈 연산자(11행)를 클래스 외부에서 정의해 보자.

```
Point operator-(Point p) { return Point(x - p.x, y - p.y); }
```

먼저 클래스 내부에서는 다음과 같이 선언만을 해야 한다.

```
Point operator-(Point p);
```

외부에서 이 함수를 구현한 코드는 다음과 같다. 이 코드는 프로그램 13.6에서 19행과 20행 사이에 들어갈 수 있다.

```
template <typename T>
Point<T> Point<T>::operator-(Point p) {
    return Point(x - p.x, y - p.y);
}
```

갑자기 코드가 많이 복잡해졌다. 만약 멤버 함수를 템플릿의 외부에서 inline 함수로 선언하려면 다음과 같이 구현해야 한다.

```
template <typename T>
inline Point<T> Point<T>::operator-(Point p) {
    return Point(x - p.x, y - p.y);
}
```

꼭 이렇게 복잡하게 구현해야 할까? 저자는 이렇게 구현할 필요가 없다고 생각한다. 지금까지처럼 대부분의 함수는 클래스 내부에서 구현하자. 똑똑한 컴파일러가 알아서 잘 컴파일 해 주니 걱정하지 말자.

■ 여러 개의 타입 매개변수를 가진 클래스 템플릿

클래스 템플릿에서도 여러 개의 타입 매개변수를 사용할 수 있다. Pair란 클래스를 템플릿
으로 구현해 보자. 이것은 임의의 자료형의 두 값들을 연결시킨다. 코드는 다음과 같다.

프로그램 13.8   Pair 템플릿의 구현 예

```cpp
01  #include <iostream>
02  #include <string>
03  using namespace std;
04
05  template <typename T1, typename T2>
06  class Pair {
07      T1 data1;
08      T2 data2;
09  public:
10      Pair() { }
11      void set(T1 d1, T2 d2) { data1 = d1; data2 = d2; }
12      friend ostream& operator << (ostream& os, const Pair& p) {
13          os << "(" << p.data1 << " : " << p.data2 << ")";
14          return os;
15      }
16  };
17
18  void main() {
19      Pair<int, double> i2d[3];
20      i2d[0].set(10, 3.14159);
21      i2d[1].set(25, 2.71828);
22      i2d[2].set(14, 1.41421);
23      for (int i = 0; i < 3; i++)
24          cout << i2d[i] << endl;
25
26      Pair<string, double> map[3];
27      map[0].set("Pi, Archimedes' constant", 3.14159);
28      map[1].set("Euler's number", 2.71828);
29      map[2].set("square root of 2", 1.41421);
30      for (int i = 0; i < 3; i++)
31          cout << map[i] << endl;
32  }
```

```
C:\WINDOWS\system32\cmd...          —    □    ×
(10 : 3.14159)
(25 : 2.71828)
(14 : 1.41421)
(Pi, Archimedes' constant : 3.14159)
(Euler's number : 2.71828)
(square root of 2 : 1.41421)
```

코드 설명

5~6행 클래스 템플릿 Pair 선언. 타입 매개변수로 T1과 T2를 사용.

7~8행 데이터 멤버로 T1형의 data1와 T2형의 data2를 선언.

11행 데이터 멤버 설정 함수.

12~15행 Pair 객체 출력 함수.

19행 int와 double 값을 연결시킬 수 있는 Pair 객체의 배열을 생성.

20~22행 배열의 각 항목에 대해 (int, double) 쌍을 저장함.

23~24행 전체 배열을 화면으로 출력함.

26행 string과 double 값을 연결시킬 수 있는 Pair 객체의 배열을 생성.

27~31행 배열의 각 항목에 대해 (string, double) 쌍을 저장하고 출력함.

■ 템플릿의 유용한 정보

typedef

템플릿을 사용하면 자료형이 길어진다. 예를 들어 프로그램 13.8에서는 **map**의 각 항목의 자료형이 Pair<string, double>이 되는데, 이것은 꽤 번거롭고 프로그램을 복잡하게 보이도록 만든다. typedef를 사용하여 간단한 이름으로 만들어 사용하면 편리하다.

```
typedef Pair<string, double> str2dbl;
str2dbl map[3];
```

디폴트 타입 매개변수

타입 매개변수에도 디폴트 값을 사용할 수 있는데, 그 방법은 다음과 같다.

```
template <typename T1=string, typename T2=double>
class Pair { ... }
Pair<string, double> map1[3];
Pair<> map2[3];
```

템플릿의 상속

다음은 Pair 템플릿을 이용해 단어장을 만들기 위한 WordPair 클래스를 상속을 이용해 정의하는 문장이다.

```
class WordPair : public Pair< string, string > { ... }
WordPair myDic[1000];
myDic[0].set("polymorphism", "다형성");
...
```

함수의 매개변수나 반환형

다음은 정수형 Point 배열을 받아 평균을 구하고 결과를 실수형 Point 객체로 반환하는 함수이다. 템플릿은 함수의 매개변수나 반환형으로도 사용할 수 있다.

프로그램 13.9 Point 템플릿을 함수의 매개변수와 반환형으로 사용한 예

```
01~19  ...    // 프로그램 13.6의 1~19행 포함
20     Point<double> average(Point<int> arr[], int len) {
21         Point<int> sum(0, 0);
22         for (int i = 0; i < len; i++)
23             sum = sum + arr[i];
24         return (1.0 / len) * sum;
25     }
26
27     void main() {
28         Point<int> arr[5];
29         for (int i = 0; i < 5; i++) {
30             arr[i] = Point<int>(rand() % 10, rand() % 10);
31             cout << " " << arr[i];
32         }
33         Point<double> avg = average(arr, 5);
34         cout << "\n평균 좌표 = " << avg << endl;
35     }
```

```
(7,1) (0,4) (4,9) (8,8) (4,2)
평균 좌표 = (4.6,4.8)
```

C++ 표준 템플릿 라이브러리

템플릿은 일반화된 코드의 형태로 다양한 타입에 대한 처리를 가능하게 한다. 따라서 라이브러리가 템플릿의 형태로 제공된다면 많은 장점이 생긴다. C++에서는 **표준 템플릿 라이브러리(STL)**를 제공하는데, 프로그램에서 공통적으로 사용하는 다양한 자료구조와 알고리즘들을 템플릿의 형태로 제공한다. STL에 대해서는 다음 장에서 자세히 다룬다. 이장에서는 STL에서 가장 많이 사용되는 컨테이너(container) 중의 하나인 벡터(vector)의 주요 기능을 템플릿으로 구현하고 활용하는 방법을 알아본다.

13.4 응용: 벡터 템플릿(심화학습)

■ 벡터란?

배열은 매우 간편하고 사용하기 쉽지만 크기를 변경할 수 없다는 단점이 있다. 그림과 같이 최대 capacity개의 항목을 저장할 수 있는 배열에 항목들을 저장하다가 배열이 꽉 찬상태가 되었다고 하자. 만약 하나의 항목을 더 넣으려면 어떻게 할까? 기존에 저장된 항목하나를 버리지 않고는 방법이 없다.

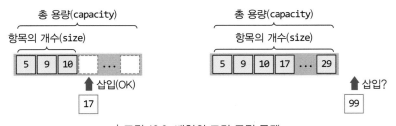

| 그림 13.9 배열의 크기 고정 문제

배열의 이러한 문제를 해결하기 위해 STL에서는 벡터(vector) 템플릿을 제공한다. vector는 배열처럼 쉽고 편리하게 사용할 수 있지만 크기가 동적으로 변할 수 있어 매우 인기가 많다. 벡터는 다음과 같은 특징을 가진다.

- 저장할 항목의 개수가 가변적인 경우에 매우 유용하다.
- 벡터 내의 어떤 항목이든 **직접 접근(random access)**할 수 있다. 유사한 컨테이너

중에서 **리스트**(list)는 항목들을 **순서적으로 접근**(sequential access)해야 하므로 빈번한 항목의 랜덤 접근이 필요한 응용에는 불리한 자료구조이다. 이들의 차이는 다음 장에서 살펴본다.
- 중간에 항목들을 삽입하거나 삭제하는 것은 효율적이지 않다.

12장의 "몬스터 세상"에서 어떤 부분에 벡터를 사용할 수 있을지 생각해 보자. 기본적으로 배열이 사용된 곳이라면 어디든지 벡터를 적용할 수 있다.

- MonsterWorld 클래스에서 각종 몬스터의 포인터를 저장하는 배열을 벡터로 변경한다. 이 경우 벡터에 저장할 자료형은 Monster*가 된다.
- Canvas 클래스에서 각 줄에 대한 정보를 저장하기 위해 사용한다. 이 경우 벡터 항목들의 자료형은 string이 되어야 한다.
- 좀 더 어렵지만 강력한 응용이다. Matrix 클래스에서도 벡터를 사용할 수 있다. Matrix는 2차원 배열이므로 이 경우 벡터의 벡터를 사용할 수 있다. 각 행을 나타낸 벡터에는 int를 저장해야 하고, 이러한 벡터들을 다른 벡터에 저장해야 한다.

STL의 **vector**와 비슷한 기능을 하는 벡터 템플릿을 구현해 보자. 템플릿을 바로 구현하는 것은 아직 익숙하지 않으므로 먼저 벡터 클래스 Vector를 구현하고, 이를 템플릿으로 바꾸는 것이 편리할 것이다.

■ 동적 배열을 이용한 벡터

크기를 변경할 수 있는 배열을 어떻게 구현할까? **동적 배열**(dynamic array)을 사용하는 것이 좋은 해결책이다. 그림 13.10은 동적 배열의 개념을 보여주고 있다. 먼저 크기가 capacity인 배열이 있다고 하자. 이 배열이 가득 차있는 상태에서 새로운 항목을 "삽입"하기 위해 다음 방법을 이용한다.

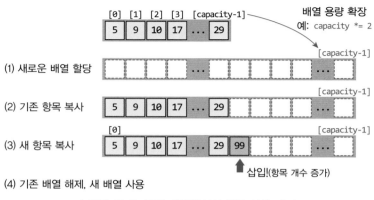

| 그림 13.10 동적 배열에서의 항목 삽입 과정

(1) 새로운 배열을 동적으로 할당한다. 새로운 배열은 당연히 이전 배열보다 커야한다. 그렇다면 배열의 크기는? 새로운 항목이 더 추가될 수 있을 것이므로 충분한(?) 것이 좋을 것이다. 이전 배열의 두 배를 사용하자. 이제 capacity는 두 배가 된다.

(2) 이전 배열의 모든 항목을 새로운 배열로 복사한다. 새로운 배열에는 이제 충분한 여유 공간이 있다.

(3) 삽입할 항목을 새로운 배열에 복사한다. 항목의 개수가 1 증가되어야 한다.

(4) 이전 배열을 동적으로 해제하고, 벡터는 이제 새로운 배열을 가리킨다.

새로운 배열을 할당하고 이전 배열의 모든 항목들을 반드시 복사해야 하는 것에 유의하라. 벡터에서 항목의 직접 접근이 가능하려면 모든 항목들이 연속적인 메모리 공간에 있어야하기 때문이다. 이러한 조건이 만족되어야 배열의 각 항목의 주소를 바로 계산할 수 있고, 그 주소를 이용해 바로 접근할 수 있다.

그렇다면 배열의 항목을 "제거"할 때는 어떨까? 특별한 처리가 필요 없다. 충분한 크기의 배열에서 일부만을 사용하는 것은 문제가 없기 때문이다. 즉, 벡터에서는 추가적인 공간이 필요할 수 있는 "삽입" 연산만을 잘 처리하면 된다.

■ 벡터 클래스의 설계 및 구현

이제 크기의 조절이 가능한 Vector 클래스를 설계해 보자. STL의 vector를 참고하여 주요 기능만을 포함한 벡터의 클래스 다이어그램은 그림 13.11과 같다. 멤버 변수로는 항목

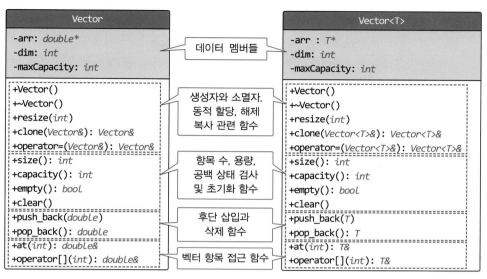

| 그림 13.11 Vector의 클래스 다이어그램. Vector⟨T⟩는 Vector 클래스의 일반화 버전

들이 저장된 배열의 주소, 벡터의 용량(최대 저장 가능 항목 수), 그리고 현재 항목의 수가 필요하다. 멤버 함수는 주로 동적 배열과 후단 삽입 및 삭제, 그리고 항목 접근 함수들에 초점을 맞추어 설계하였다. STL vector에서 제공하는 다양한 연산들은 14장의 표 14.2를 참고하라. 이 중 일부만을 구현한다.

- 생성자, 소멸자와 배열의 크기를 재조정하는 resize(), 복사 생성자와 대입 연산자에서 사용할 clone() 등을 구현한다. 벡터는 동적 할당을 사용하므로 "깊은 복사"가 필요하다.
- 현재 항목의 수와 최대 용량을 반환하는 size()와 capacity(), 공백 상태를 검사하는 empty(), 그리고 현재 항목의 수를 0으로 초기화 하는 clear() 등을 제공한다.
- 임의의 위치의 항목에 접근하는 at() 함수와 인덱스 연산자 [] 중복 함수를 제공한다.
- 벡터의 맨 마지막에 항목을 삽입하고 마지막 항목을 지우는 push_back(val), pop_back() 연산을 지원한다. push_back(val)에서는 벡터의 용량이 남아 있지 않으면 resize() 함수를 이용하여 그림 13.10과 같이 배열을 재할당하고 복사하는 과정을 거쳐야 한다.
- 벡터의 임의의 위치에 항목을 삽입하고 삭제하는 함수는 지원하지 않는다. 벡터에서

는 이러한 종류의 삽입과 삭제 연산을 위해서는 삽입이나 삭제되는 위치 이후의 항
목들에 대한 이동이 필요하고, 따라서 이러한 연산이 많은 문제에서는 좋은 선택이
아니다. STL에서는 이러한 erase()와 insert() 연산을 지원하는데, 인덱스가 아니
라 **반복자**(iterator)를 이용한다. 반복자에 대해서는 다음 장에서 학습할 것이다.

표준 출력 스트림을 이용해 벡터 객체를 화면으로 출력하기 위한 << 연산자 중복 함수도
제공하는데, 물론 일반 함수로 구현해야 한다. STL의 벡터 클래스에는 << 연산자가 중복
되어 있지 않다. 이를 바탕으로 구현한 벡터 클래스는 다음과 같다.

프로그램 13.10 | **동적 할당 기능을 가진 벡터 클래스와 테스트 프로그램**

```
01  #include <iostream>
02  using namespace std;
03
04  class Vector {
05      double* arr;
06      int dim;
07      int maxCapacity;
08  public:
09      Vector(int d = 0) : dim(0), maxCapacity(0), arr(NULL) {
10          resize((d>4) ? d : 4);
11          dim = d;
12      }
13      Vector(Vector& v) :arr(NULL) { clone(v); }
14      ~Vector() { delete[] arr; }
15      void resize(int size) {
16          if (size > maxCapacity) {
17              double* old = arr;
18              maxCapacity = size;
19              arr = new double[maxCapacity];
20              for (int i = 0; i < dim; i++)
21                  arr[i] = old[i];
22              delete[] old;
23          }
24      }
25      Vector& clone(Vector& v) {
```

```
26          delete[] arr;
27          dim = v.dim;
28          maxCapacity = v.capacity();
29          arr = new double[maxCapacity];
30          for (int i = 0; i < dim; i++)
31              arr[i] = v[i];
32          return *this;
33      }
34      Vector& operator=(Vector& v) { return clone(v); }
35
36      int size() { return dim; }
37      int capacity() { return maxCapacity; }
38      bool empty() { return dim == 0; }
39      void clear() { dim = 0; }
40      double& at(int id) { return arr[id]; }
41      double& operator[] (int id) { return arr[id]; }
42
43      void pop_back() { dim--; }
44      void push_back(double val) {
45          if (dim == maxCapacity)
46              resize(maxCapacity * 2);
47          arr[dim++] = val;
48      }
49      friend ostream& operator << (ostream& os, Vector& v) {
50          os << "< ";
51          for (int i = 0; i < v.dim; i++)
52              os << v[i] << " ";
53          os << ">";
54          return os;
55      }
56  };
57
58  void main()
59  {
60      Vector v, u;
61      for (int i = 0; i < 25; i++)
62          v.push_back(rand() % 10);
63      cout << " v(push_back()) : " << v << endl;
```

```
64          for (int i = 0; i < 5; i++) {
65              v.at(i) = 0;
66              v[10+i] = 9;
67          }
68          cout << " v(at(i),v[i]) : " << v << endl;
69          for (int i = 0; i < 15; i++)
70              v.pop_back();
71          cout << " v(pop_back()) : " << v << endl;
72          u = v;
73          cout << " u=v (깊은복사) : " << u << endl;
74  }
```

```
C:\WINDOWS\system32\cmd.exe                                    □   ×
v(push_back()) : < 1 7 4 0 9 4 8 8 2 4 5 5 1 7 1 1 5 2 7 6 1 4 2 3 2 >
v(at(i),v[i]) : < 0 0 0 0 0 4 8 8 2 4 9 9 9 9 9 1 5 2 7 6 1 4 2 3 2 >
v(pop_back()) : < 0 0 0 0 0 4 8 8 2 4 >
u=v (깊은복사) : < 0 0 0 0 0 4 8 8 2 4 >
```

코드 설명

5~7행 벡터 클래스의 멤버 변수. 항목의 자료형을 double로 지정함.

9~12행 생성자. 벡터의 최소 용량을 4로 설정함.

13행 복사 생성자. clone() 함수를 이용해 깊은 복사를 처리함.

14행 소멸자. 동적 할당된 arr를 해제해야 함.

15~24행 벡터의 크기를 재조정하는 함수. 기존 배열의 주소를 저장한 후 새로운 배열을 할당하고, 이전 배열의 모든 항목들을 새로운 배열에 복사함. 마지막으로 기존 배열의 메모리를 해제함.

25~33행 벡터 v로부터 자신을 복사하는 함수. 깊은 복사를 수행함.

34행 대입 연산자 중복 함수. clone() 함수를 이용해 깊은 복사를 함.

36~39행 각각 항목의 수, 벡터의 용량, 공백 벡터인지 검사, 벡터 초기화 등을 담당하는 함수.

40~41행 임의의 위치의 항목을 반환하는 함수들. 반환형이 참조형으로 선언된 것에 유의할 것(l-value로 사용 가능).

43행 벡터에서 맨 마지막 항목을 지우는 삭제 함수. 항목의 수만 줄이면 됨.

44~48행 벡터의 맨 끝에 항목을 추가하는 함수. 경우에 따라 resize() 함수가 호출될 수 있음.

49~55행 벡터를 화면에 출력하기 위한 연산자 <<의 중복 함수. friend를 사용하여 벡터 클래스의 모든 멤버에 접근이 가능함.

58~74행 벡터 클래스를 테스트하기 위한 프로그램. 클래스의 여러 멤버 함수들을 활용함.

벡터 클래스에서는 동적 배열을 위한 메모리 할당과 해제를 제외하면 함수들이 크게 복잡하지 않다. 깊은 복사와 복사 생성자 및 대입 연산자와 관련해서는 8장을 복습하라.

■ 벡터 템플릿 구현

이제 벡터 클래스를 템플릿으로 바꾸어보자. 이미 클래스에서 구현된 코드를 템플릿으로 확장하는 것은 생각보다 쉽다.

- 클래스 선언 앞에 template <typename T>를 추가한다.
- 클래스의 멤버 변수와 함수에서 사용된 double은 대부분 T로 변경한다.
- Vector 자료형은 대부분 Vector<T>로 변경한다.

프로그램 13.11은 벡터 클래스를 템플릿으로 변환한 코드이다.

프로그램 13.11 동적 할당 기능을 가진 벡터 템플릿(Vector.h)

```
01  #pragma once
02  #include <iostream>
03  using namespace std;
04
05  template <typename T>
06  class Vector {
07      T* arr;
08      int dim;
09      int maxCapacity;
10  public:
11      Vector(int d = 0) : dim(0), maxCapacity(0), arr(NULL) {
12          resize((d>4) ? d : 4);
13          dim = d;
14      }
15      Vector(Vector<T>& v) :arr(NULL) { clone(v); }
16      ~Vector() { delete[] arr; }
17
18      void resize(int size) {
19          if (size > maxCapacity) {
20              T* old = arr;
```

```
21            maxCapacity = size;
22            arr = new T[maxCapacity];
23            for (int i = 0; i < dim; i++)
24                arr[i] = old[i];
25            delete[] old;
26        }
27    }
28    Vector<T>& clone(Vector<T>& v) {
29        delete[] arr;
30        dim = v.dim;
31        maxCapacity = v.capacity();
32        arr = new T[maxCapacity];
33        for (int i = 0; i < dim; i++)
34            arr[i] = v[i];
35        return *this;
36    }
37    Vector<T>& operator=(Vector<T>& v) { return clone(v); }
38
39    int size() { return dim; }
40    int capacity() { return maxCapacity; }
41    bool empty() { return dim == 0; }
42    void clear() { dim = 0; }
43    T& at(int id) { return arr[id]; }
44    T& operator[] (int id) { return arr[id]; }
45
46    void pop_back() { dim--; }
47    void push_back(T val) {
48        if (dim == maxCapacity)
49            resize(maxCapacity * 2);
50        arr[dim++] = val;
51    }
52    friend ostream& operator << (ostream& os, Vector<T>& v) {
53        os << "< ";
54        for (int i = 0; i < v.dim; i++)
55            os << v[i] << " ";
56        os << ">";
57        return os;
58    }
59 };
```

코드 설명

5~6행 벡터의 클래스 템플릿 선언.

7행 항목들의 자료형이 T가 되어야 함.

15행 복사 생성자의 매개변수가 Vector⟨T⟩&형이 됨.

18~27행 벡터 크기 재조정 함수. 22행의 동적 할당의 자료형이 T가 됨.

28~36행 깊은 복사를 위한 clone() 함수. 매개변수와 반환형에 유의할 것.

37행 대입 연산자 중복 함수. clone()을 이용해 깊은 복사를 함.

29행 arr가 T*형이므로 tmp도 같은 자료형이 되어야 함.

43~44행 임의의 위치의 항목을 반환하는 함수와 [] 연산자 중복 함수. 반환형이 T&로 선언된 것에 유의할 것 (l-value로 사용 가능).

47행 push_back()의 매개변수 자료형도 T가 되어야 함.

52행 연산자 <<의 중복 함수에서도 두 번째 매개변수의 자료형이 변경됨.

벡터 템플릿이 만들어지면, 이제 임의의 자료형에 대한 벡터 객체를 만들 수 있다. double 이나 int 등과 같은 기본 자료형뿐 아니라 **string**이나 심지어 사용자가 개발한 클래스에 대한 객체를 배열처럼 사용할 수 있다. 다음은 템플릿을 이용해 다양한 자료형의 벡터 객체를 만들고 사용하는 프로그램이다.

프로그램 13.12 벡터 템플릿의 활용 예

```
01    #include "Vector.h"
02    #include <string>
03
04    void main()
05    {
06        Vector<double> vd(6);
07        for (int i = 0; i < vd.size(); i++)
08            vd[i] = rand() % 100 * 0.1;
09        cout << "Vector<double> = " << vd << endl;
10        vd.pop_back();
11        cout << "Vector.pop_back() = " << vd << endl << endl;
12
13        Vector<int> vi;
14        for (int i = 0; i < 10; i++)
15            vi.push_back(rand() % 10);
```

```
Vector<double>    = < 4.1 6.7 3.4 0 6.9 2.4 >
Vector.pop_back() = < 4.1 6.7 3.4 0 6.9 >
```

```
16      cout << "Vector<int> = " << vi << endl << endl;
17                                      Vector<int>    = < 8 8 2 4 5 5 1 7 1 1 >
18      Vector<string> vs;
19      vs.push_back("hello");
20      vs.push_back("world");
21      vs.push_back("game");
22      vs.push_back("over");
23      cout << "Vector<string> = " << vs << endl;
24
25      vs[3] = "I Love";           Vector<string>    = < hello world game over >
26      vs.push_back("C++");        Vector:pop-push() = < hello world game I Love C++ >
27      cout << "Vector:push_back()= " << vs << endl;
28   }
```

코드 설명

6행 double형 벡터 객체 vd 생성. 생성자의 매개변수를 통해 dim이 6으로 설정됨. 따라서 vd.size()는 6이 됨. vd[0]~vd[5] 사용 가능.

7~8행 0~9.9의 난수를 발생하여 벡터 항목을 초기화함. [] 연산자 사용.

9~11행 vd를 출력하고, vd의 후단(맨 뒤쪽) 항목을 삭제한 후 다시 출력함.

13행 int형 벡터 객체 vi 생성. 항목이 하나도 없음.

14~15행 난수를 발생하여 항목을 초기화함. [] 연산자 사용하면 안 되는 것에 유의할 것. push_back()을 통해 항목을 추가한 다음에 그 항목을 [] 연산자 등으로 접근해야 함.

18~23행 string형 벡터 객체 vs를 생성하고 push_back()으로 4개의 항목을 추가한 후 출력함.

25행 벡터 vs의 네 번째 항목 v[3] 값을 변경하는 문장. 벡터에 항목을 삽입하는 문장이 아니라 기존 항목을 변경하는 문장임에 유의할 것.

26행 벡터 vs의 맨 마지막에 새로운 항목을 삽입하는 문장.

프로그램에서 25행과 26행의 차이에 특히 유의하라. v[3]="I Love";는 항목 v[3]의 내용을 변경하는 문장이지 벡터에 새로운 항목을 삽입하는 문장이 아니다. 벡터의 크기를 바꾸는 "삽입" 연산은 push_back() 함수로만 가능하다.

■ 다차원으로의 확장

벡터는 기본적으로 배열과 같이 일렬로 나열된 자료를 나타내기에 적합하다. 그렇다면 벡터를 이용해 프로그램 13.7에서와 같은 영상이나 몬스터 세상의 맵과 같은 2차원 자료를 나타낼 수 있을까? 물론 가능하다. 벡터의 벡터를 사용하면 된다.

먼저 영상의 각 가로줄(행)을 각각의 벡터로 표현할 수 있을 것이다. 그리고 이러한 벡터들을 항목으로 갖는 벡터를 사용하면 된다. 그림 13.12는 이러한 방법으로 2차원 맵을 표현하는 방법을 보여주고 있다.

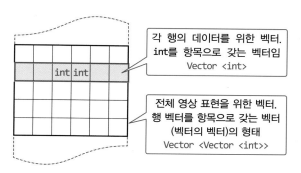

각 행의 데이터를 위한 벡터. int를 항목으로 갖는 벡터임 Vector <int>

전체 영상 표현을 위한 벡터. 행 벡터를 항목으로 갖는 벡터 (벡터의 벡터)의 형태 Vector <Vector <int>>

| 그림 13.12 벡터의 벡터를 이용한 2차원 맵의 표현

다음은 벡터를 이용하여 2차원 맵을 표현한 예제 프로그램이다.

프로그램 13.13 | **벡터를 이용한 2차원 자료 처리의 예**

```
01    #include "Vector.h"
02    void main()
03    {
04        Vector<Vector<int>> image(6);          // Vector<int>의 벡터 객체 image 생성
05        int val = 10;
06        for (int i = 0; i < image.size(); i++)
07            for (int j = 0; j < 12; j++)
08                image[i].push_back(++val);
09        image[2][5] = image[2][6] = image[3][5] = image[3][6] = 99;
10        cout << "Image: 12 x 8 " << endl;
11        for (int i = 0; i < image.size(); i++)
12            cout << " " << image[i] << endl;
13    }
```

코드 설명

4행 벡터의 벡터 객체 image를 생성함. 세로 길이는 6으로 설정.

6행 image의 모든 행에 대해.

7~8행 각 행 벡터에 12개의 화소를 삽입함. push_back() 함수를 사용함.

9행 image 중앙의 네 화소들의 값을 99로 변경함. [] 연산자가 두 번 연속으로 사용된 것에 유의할 것. 2차원 배열에서 항목을 선언하는 방법과 동일함.

10~12행 영상을 화면에 출력함.

약간의 문제는 있다. Vector의 생성자(프로그램 13.11의 11행)는 하나의 매개변수만을 갖는다. 이것은 벡터가 배열과 같은 1차원 자료를 위해 정의되었기 때문이다. 따라서 2차원 자료를 위해 Vector를 프로그램 13.13의 4행과 같이 사용한다고 하더라도 생성자의 매개변수는 하나뿐이고, 이것은 영상의 세로 길이를 나타내야 한다. 결국 각 행 벡터(영상의 가로 한 줄)에 대한 처리는 직접 해야 하는데, 프로그램 13.13의 6~8행이 이를 위한 코드이다. 이 코드에서는 push_back() 함수를 영상의 가로 길이만큼 호출하는 방법을 사용하였다.

벡터의 벡터가 되어도 사용하는 방법은 매우 쉽다. 인덱스 연산자가 중복되어 있기 때문이다. 영상의 각 화소를 참조하기 위해 image[i][j]와 같이 문장을 사용할 수 있는 것에 주목하라! 즉, 사용 방법은 2차원 배열과 동일하다.

프로그램의 실행 결과를 보면 벡터를 이용해 영상과 같은 2차원 자료의 표현도 충분히 가능함을 알 수 있다. 동일한 방법으로 3차원이나 4차원 등 고차원의 자료를 표현하는 객체를 생성할 수 있다. 예를 들어, 3차원 자료를 위한 객체 volume을 생성하는 코드는 다음과 같다.

```
Vector < Vector < Vector<int> > > volume;
```

물론 volume[i][j][k]로 항목을 참조할 수 있다.

13.5 응용: MonsterWorld 8: 벡터로 만든 세상

이 장에서 구현한 벡터를 몬스터 세상에 적용해 보자. 벡터는 크기가 가변적인 배열이다. 따라서 배열을 사용한 곳이라면 모두 벡터로 변경할 수 있다. 배열을 벡터로 바꾸더라도 몬스터 세상이 달라지는 것은 전혀 없다. 배열을 벡터로 변경하면 어떤 장점이 있을까?

- 크기가 고정되지 않는다. 즉, 크기가 아무리 늘어나더라도 처리할 수 있다. 따라서 프로그램이 더 강건해지고, 보다 일반적인 소프트웨어가 된다.
- 동적으로 할당한 배열을 사용한 곳이라면 벡터를 사용함으로써 메모리 해제를 개발 자가 직접 관리하지 않아도 된다. 벡터 객체의 메모리는 벡터가 소멸되면서 소멸자에 서 자동으로 처리되기 때문이다. 만약 개발자가 직접 new 연산자를 이용해 할당한 배열이라면 반드시 개발자가 delete로 해제해주어야 할 것이다.

몬스터 세상에서 벡터를 적용할 수 있는 클래스들을 하나씩 살펴보자. 클래스를 수정하더라도 결과는 동일하다.

■ Canvas 클래스

화면 출력을 위한 Canvas 클래스를 살펴보자. 7장에서 화면 출력을 위해 string 배열 line을 Canvas의 멤버 변수로 사용하였다(프로그램 7.9). 배열의 크기는 MAXLINES 상수를 100으로 고정했는데, 이 크기 이내의 가상 화면만 처리할 수 있었다. 이제 배열 대신에 앞 에서 구현한 벡터 템플릿을 사용하자. 이제 화면의 크기 제한도 없다. 기존의 Canvas 클래 스에서 수정할 부분도 많지 않다.

프로그램 13.14	벡터 템플릿으로 구현한 Canvas(Canvas.h)

```cpp
01  #pragma once
02  #include <iostream>
03  #include <string>
04  #include "Vector.h"
05  using namespace std;
06  class Canvas {
07      Vector<string> line;   // 화면 출력을 위한 벡터 객체
08      int xMax, yMax;        // 맵의 크기
09  public:
10      Canvas(int nx = 10, int ny = 10): line(ny), xMax(nx), yMax(ny) {...}
11      void draw(int x, int y, string val) {...}
12      void clear(string val = " ") {...}
13      void print(char *title = "<My Canvas>") {...}
14  };
```

코드 설명

4행 MAXLINES 상수의 정의는 더 이상 필요 없으며, 벡터 템플릿을 사용하기 위해 Vector.h 파일을 포함함.

7행 line을 이제 배열이 아니라 string형 벡터 객체로 선언해야 함. line이 배열이 아니라 객체임에 유의할 것.

10행 생성자에서 벡터 객체의 차원(dim)을 초기화 하는 문장을 멤버 초기화 리스트에 추가해야 함.

배열을 벡터로 변경하기 위해 세 부분을 수정했는데 프로그램은 문제없이 잘 컴파일 되고 실행되는 것을 보면 약간 놀랍다. 이것도 역시 벡터 템플릿에서 인덱스 연산자 []의 중복 함수를 제공했기 때문이다. 다른 멤버 함수들에서 사용한 문장들이 전혀 문제없이 컴파일 된다.

■ MonsterWorld 클래스

MonsterWorld 클래스에도 배열이 사용되었다. 8장에서 각 몬스터 객체의 주소를 저장하기 위한 배열(pMon)과, 현재 몬스터의 수를 나타내는 변수(nMon)가 사용된 것을 기억하라 (프로그램 8.13). 배열의 크기는 상수 MAXMONS을 통해 8로 고정되어, 몬스터 세상에는 최대 8 몬스터만 살 수 있었다. 이제 이 배열을 벡터로 변경하자.

- pMon을 벡터로 구현하면 더 이상 nMon 변수는 필요 없다. 배열에는 길이 정보를 나타내는 속성이 없지만 Vector는 dim, 또는 size() 함수를 통해 현재 항목의 수를 알 수 있기 때문이다.
- 멤버 변수 nMon을 없애면 멤버 함수에서 이 변수를 사용한 코드를 모두 pMon. size()로 변경해야 한다.

이들을 바탕으로 수정된 MonsterWorld 클래스는 다음과 같다.

프로그램 13.15 벡터 템플릿으로 구현한 몬스터 배열(MonsterWorld.h)

```
01  #pragma once
02  #include "Canvas.h"
03  #include "VariousMonster.h"
04  #include "Matrix.h"
05  #include "Human.h"
06  #include <windows.h>
07
08  class MonsterWorld
09  {
10      Matrix world;
11      int xMax, yMax, nMove;
12      Vector <Monster*> pMon;
13      Canvas canvas;
14
15      // Map(), isDone(), countItem(), print() 코드 동일
16      void print() {
17          canvas.clear(". ");
18          for (int y = 0; y < yMax; y++)
19          for (int x = 0; x < xMax; x++)
20              if (Map(x, y) > 0) canvas.draw(x, y, "■");
21          for (int i = 0; i < pMon.size() ; i++)
22              pMon[i]->draw(canvas);
23          canvas.print("[ Monster World (벡터로 만든 세상) ]");
24
25          cerr << " 전체 이동 횟수 = " << nMove << endl;
26          cerr << " 남은 아이템 수 = " << countItems() << endl;
```

```
27          for (int i = 0; i < pMon.size(); i++)
28              pMon[i]->print();
29      }
30  public:
31      // 생성자 코드 동일
32      ~MonsterWorld() {
33          for (int i = 0; i < pMon.size(); i++)
34              delete pMon[i];
35      }
36      void add( Monster* m) { pMon.push_back(m); }
37      void play(int maxwalk, int wait) {
38          print();
39          cerr << " 엔터를 누르세요...";
40          getchar();
41          for (int i = 0; i < maxwalk; i++) {
42              for (int k = 0; k < pMon.size() ; k++)
43                  pMon[k]->move(world.Data(), xMax, yMax);
44              nMove++;
45              print();
46              if (isDone()) break;
47              Sleep(wait);
48          }
49      }
50  };
```

코드 설명

11~12행 pMon을 이제 배열이 아니라 Monster*형 벡터 객체로 선언해야 함. 벡터는 길이 정보를 가지므로 nMon 변수도 사용하지 않음.

21, 27, 33, 42행 nMon 변수도 사용하지 않음에 따라 벡터의 크기를 반환하는 size() 멤버 함수를 호출해야 함.

36행 add() 멤버 함수가 수정되어야 함. 새로운 객체의 추가는 push_back() 함수를 통해 이루어져야 함. 객체 삽입 개수에 제한이 없어짐.

이 클래스도 역시 수정할 부분이 많지 않다. 만약 nMon을 계속 사용한다면 수정할 부분이 훨씬 적다. 그렇지만 벡터 객체를 사용하면 그 객체에서 크기 정보를 직접 받아 사용하는 것이 더 안전한 방법이라 볼 수 있다.

■ 벡터로 만든 몬스터 맵

앞 절에서 벡터를 영상과 같은 2차원 자료 표현에도 사용할 수 있음을 알았다. 몬스터 맵을 벡터로 만들어보자. 이제 Matrix는 더 이상 사용하지 않는다.

맵 객체의 선언은 프로그램 13.13의 4행과 유사하다. 여기서는 맵의 이름을 world로 하자. world의 자료형은 **Vector<Vector<int>>**, 즉 int형 벡터를 항목으로 갖는 벡터이다. 프로그램 13.15를 다시 수정하면 다음과 같다.

프로그램 13.16 벡터의 벡터로 만든 몬스터 맵(MonsterWorld.h)

```cpp
01  #pragma once
02  #include "Canvas.h"
03  #include "VariousMonster.h"
04  #include "Matrix.h"
05  #include "Human.h"
06  #include <windows.h>
07
08  class MonsterWorld
09  {
10      Vector < Vector<int> > world;
11      int xMax, yMax, nMove;
12      Vector <Monster*> pMon;
13      Canvas canvas;
14
15      int& Map(int x, int y) { return world[y][x]; }
16      // isDone(), countItem(), print() 코드 동일
17  public:
18      MonsterWorld(int w,int h): world(h), canvas(w,h), xMax(w), yMax(h){
19          for (int y = 0; y < yMax; y++)
20              world[y] = Vector<int>(w);
21          ... /* 나머지 코드 동일 */
22      }
23      // 소멸자, add() 코드 동일
24      void play(int maxwalk, int wait) {
25          print();
26          cerr << " 엔터를 누르세요...";
27          getchar();
```

```
28        for (int i = 0; i < maxwalk; i++) {
29            for (int k = 0; k < pMon->size() ; k++)
30                pMon[k]->move(world, xMax, yMax);
31            nMove++;
32            print();
33            if (isDone()) break;
34            Sleep(wait);
35        }
36    }
37 };
```

코드 설명

10행 벡터의 벡터 객체로 몬스터 맵 world를 선언함.

15행 몬스터 맵 world의 임의의 칸 (x,y)의 값을 반환하는 함수. 인덱스 연산자 중복함수가 두 번 연속적으로 사용된 것임에 유의할 것.

18행 벡터에는 매개변수가 하나인 생성자가 있으므로 멤버 초기화 리스트에서 world를 맵의 높이 h로 초기화 함.

19~20행 각 행을 나타내는 벡터는 크기가 w인 int 벡터가 되어야 함. 각 행에 대해 벡터의 크기를 초기화 하는 코드(20행)에 유의할 것.

30행 Monster의 move() 함수의 매개변수 자료형이 변경되어야 함. 첫 번째 매개변수가 int**가 아님. world를 전달한다면 이 함수의 매개변수는 Vector⟨Vector⟨int⟩⟩&가 되어야 함.

- 이 프로그램은 **Matrix** 클래스를 사용하지 않으므로 더 이상 "Matrix.h"를 포함할 필요가 없다.
- 10행과 같이 **world** 객체를 선언하면 15행과 같이 2차원 배열과 동일한 방법으로 맵의 항목들에 접근할 수 있는 것에 유의하라.
- **Vector**는 기본적으로 1차원 배열 형태만을 지원하므로 몬스터 맵의 크기를 초기화 하기 위한 코드가 생성자의 멤버 초기화 리스트(18행)와 함수 몸체 내부(19~20행)로 나누어져야 한다.

마지막으로 벡터 사용에 따라 모든 몬스터 클래스의 **move()** 함수와 Monster 클래스의 **eat()** 함수의 매개변수가 다음과 같이 변경되어야 한다.

```
//void eat(int** map) {
void eat(Vector<Vector<int>>& map) {...}
```

```
//virtual void move(int** map, int maxx, int maxy) {
virtual void move(Vector<Vector<int>>& map, int maxx, int maxy) {...}
```

■ 고찰

모든 코드를 수정하고 컴파일해도 실행 결과는 12장의 결과와 차이가 없다. 단지 배열들을 모두 벡터로 변경한 것이다. 이제 몬스터 세상에서 고정된 크기는 없다.

- 템플릿을 만드는 과정은 약간 복잡하지만, 사용하는 것은 일반 클래스와 거의 비슷하다. 복잡한 클래스나 함수가 템플릿으로 제공되면 적극적으로 사용해 보아야 할 것이다.
- 몬스터 맵과 같이 2차원 데이터로 Vector를 이용해 손쉽게 만들 수 있었다. 특히 동적 메모리 할당이나 해제를 더 이상 신경 쓰지 않아도 되므로 매우 편리하다.

템플릿의 기본 개념은 어렵지 않았지만, Vector 클래스를 템플릿으로 구현하는 것은 매우 어렵습니다. 실제로 많은 템플릿을 많이 구현해야 할까요?

템플릿이 매우 강력한 도구이기는 하지만 저자도 지금까지 많은 템플릿을 직접 만들어 사용하지는 않았던 것 같습니다. 대부분의 회사에서 개발하는 프로그램은 보통 어떤 특정한 문제에 대한 것이고, 그 문제만 빠르고 정확하게 해결하면 되지 일반적인 자료형에 대한 처리가 필요하지는 않기 때문입니다. 따라서 직접 많은 템플릿을 구현하는 상황은 그렇게 많지 않을 수도 있습니다.

그런데, 다음 장에서 공부할 STL과 같이 유용한 함수나 클래스들이 템플릿의 형태로 제공되는 경우가 많습니다. 예를 들어, 영상처리를 위한 공용 라이브러리인 OpenCV에서 vector와 같은 STL 컨테이너가 매개변수로 사용되는 등 템플릿의 개념을 이해하지 못하면 이들을 정확히 사용하기 어려운 경우가 많아지고 있습니다. 따라서 템플릿을 구현하지는 않더라도 활용에는 전혀 문제가 없도록 개념을 잘 이해하는 것은 다양한 라이브러리를 손쉽게 활용하고 문제를 해결하는 중요한 힘이 될 것입니다.

요약

1 자료형에 따라 각기 다른 함수나 클래스를 구현하는 것이 아니라 함수나 클래스의 틀만 하나 만들어 여러 자료형에 대해 동작할 수 있도록 하는 프로그래밍 기법을 (   )이라고 한다. C++에서는 이를 위해 (   )을 지원한다.

2 클래스가 객체를 찍어내는 틀이라면 템플릿은 (   )를 찍어내는 틀(template)이다.

3 템플릿에서 타입 매개변수는 (   )이지 "값"이 아니다.

4 이미 구현한 함수 템플릿을 사용하다가 특정한 매개변수에 대해서 다른 동작을 하고 싶다면 (   )을 사용해야 한다.

5 함수 템플릿에서 객체가 매개변수로 사용될 때에는 템플릿에서 사용한 모든 (   )를 해당 클래스가 지원하는지를 확인해야 한다. 컴파일러가 항상 제공하는 대입 연산자의 경우에도 (   )가 필요하지 않은지를 확인해서 처리해야 한다.

6 템플릿을 사용하면 자료형이 길어지는데, (   )를 사용하여 간단한 이름으로 만들어 사용하면 편리하다. 템플릿의 타입 매개변수에도 (   )을 사용할 수 있으며, 템플릿은 상속이 (   ).

7 벡터는 저장할 항목의 개수가 가변적인 경우에 매우 유용한데, 어떤 항목이든 (   )이 가능하다. 벡터와 유사한 컨테이너 중에서 (   )는 항목들을 순서적으로 접근해야 하므로 빈번한 항목의 임의 접근이 필요한 응용에는 불리하다.

8 컨테이너의 중간에 항목들을 삽입하거나 삭제하는 연산은 (   )가 (   )보다 훨씬 효율적이다.

9 크기를 변경할 수 있는 벡터를 구현하기 위해 (   )을 사용하는 것이 좋은 해결책의 하나이다. 이 방법은 항목을 삽입하다가 더 이상 삽입할 공간이 없으면 더 큰 새로운 배열을 할당해서 사용하는 방법이다.

10 벡터는 기본적으로 배열과 같이 일렬로 나열된 자료를 나타내기에 적합한데, 영상이나 몬스터 세상의 맵과 같은 2차원 자료를 나타내기 위해서는 (   )를 사용하면 된다.

정답

1. 일반화 프로그래밍(generic programming), 템플릿 2. 클래스나 함수 3. 자료형 4. 특수화 기능 5. 연산자, 깊은 복사 6. typedef, 디폴트 값, 가능하다 7. 직접 접근(random access), 리스트(list) 8. 리스트, 벡터 9. 동적 배열(dynamic array) 10. 벡터의 벡터

| 연습문제 |

1. 다음 코드에서 오류를 찾아 모두 수정하라.

(1)
```
template<typename T>
void f(int, a) { }
```

(2)
```
template<typename T, typename T>
void f(T* a) { }
```

(3)
```
template<typename T1, typename T2>
void f(T1, a) { }
```

(4)
```
template <typename T, typename T>
class sample{
    T1 arr1[100];
    T2 arr2[100];
};
```

(5)
```
template<typename T1, typename T2>
class sample{
    T1 arr1[100];
    T2 arr2[100];
public :
    sample() {
        for(int i = 0; i < 100; i++)
            arr1[i] = arr2[i];
    }
};
```

2. 다음은 임의의 자료형의 배열에서 어떤 항목이 있는지를 검사하는 템플릿 함수이다. 빈칸을 채워 템플릿 함수를 완성하라.

```
template< _____ T>
bool find(T* arr, T source, int size) {
    for( int i= _____ ; i < _____ ; i++) {
        if( arr[i] == source )
            return true ;
    }
    return false;
}
```

3. 다음 함수들을 일반화 한 템플릿 함수를 구현하라.

(1)
```
int abs(int a) {
    return a>0 ? a : -a;
}
float abs(float a) {
    return a>0 ? a : -a;
}
```

(2)
```
int min(int a, int b) {
    return a<b ? a : b;
}
float min(float a, float b) {
    return a<b ? a : b;
};
```

4. 다음 코드에서 잘못된 부분을 찾아 수정하라.

```
template <typedef T>
class SampleList{
    T list[100];
    int count;
public :
    SampleList(T base) : list(base), count(0) {}
    void add (int x) {
        if( count >= 100 ) count = 0;
        list[count] = x;
    }
}
```

5. 다음 코드가 문제가 없는지 확인하라. 문제가 있다면 그 이유를 자세히 설명하라.

```
class Rect {
    int x, y, w, h;
public:
    Rect(){}
    Rect(int xx, int yy, int ww, int hh) : x(xx), y(yy), w(ww), h(hh) {}
};
void main(){
    Rect p(3, 4, 10, 20), q(6, 7, 15, 20);
    min(p, q);      // 3번 문제의 템플릿 함수
}
```

6. 5번 코드가 동작하도록 Rect 클래스에 멤버 함수를 추가하라. 단, 사각형의 넓이를 크기의 기준으로 삼는다.

7. 다음 코드의 잠재적인 문제점을 지적하라.

```cpp
template<typename T>
class sample{
    T val;
public:
    sample(){}
    sample(T a) : val(a) {}
    operator int() {
        return (int)val;
    }
};
```

8. 다음의 문장이 가능한지 확인해보고 어떤 기능을 수행하게 되는지 설명하라.

```cpp
template<typename T = string>
class A{};
```

실습문제

1. 다음은 선택 정렬(selection sort) 알고리즘이다. 물음에 답하라.

선택 정렬 알고리즘

```
selectionSort(A, n)

for i←0 to n-2 do
    least ← A[i], A[i+1], ..., A[n-1] 중에서 가장 작은 값의 인덱스;
    A[i]와 A[least]의 교환;
    i++;
```

(1) 이 알고리즘을 템플릿 함수 selectionSort()로 구현하라.
(2) 임의의 자료형의 배열을 화면에 보기 좋게 출력하는 템플릿 함수 printArray()를 구현하라.
(3) 크기가 10인 int 배열 iArray를 선언하고 난수로 초기화하라. 이 배열을 먼저 printArray()를 이용해 화면으로 출력하고, selectionSort()로 정렬한 후 다시 printArray()를 이용해 화면으로 출력하라.
(4) 크기가 10인 double 배열 dArray를 선언하고 (3)번에서와 같이 난수로 초기화하고 정렬 전과 후의 배열 내용을 화면에 출력하라. 난수는 소수점 2자리까지의 double 값을 만들어 사용하라.
(5) 배열에서 임의의 값의 위치를 찾는 find() 함수를 템플릿으로 구현하라. 찾는 값이 배열 안에 있으면 그 항목의 위치를 반환하고, 없으면 –1을 반환하도록 함수를 구현하라.

2. 0이 아닌 정수 값을 인덱스의 최솟값으로 사용할 수 있는 배열의 클래스 템플릿을 정의하라. 예를 들어, 다음과 같은 선언은 10개의 항목을 가질 수 있는 double 배열이 생성되는데, 인덱스는 2017에서 2026 범위를 사용한다.

```
NewArray<double> data(2017, 2026);
```

3. 프로그램 13.8을 참고하여 두 자료형을 독립적으로 정의하여 관리할 수 있는 템플릿 클래스 **Pair**를 구현하라. 다음과 같은 멤버 함수가 추가되어야 한다.

   (1) **getKey()**: data1을 반환하는 함수

   (2) **getValue()**: data2를 반환하는 함수

4. 앞에서 구현한 **Pair** 클래스 템플릿과 13.4절에서 구현한 **Vector** 클래스 템플릿을 이용하여 영어 단어장 프로그램을 구현하라. 단어장에는 다음과 같은 기능이 있어야 한다.

   (1) 새로운 단어를 입력하는 기능: 예) apple 사과

   (2) 단어장에 저장된 단어의 수를 출력하는 기능

   (3) 단어장에 저장된 모든 단어 쌍을 화면으로 출력하는 기능

   (4) 영어 단어를 이용해서 해당 한글 설명을 찾아 출력하는 기능

   (5) 한글 설명을 이용하여 해당 영어 단어를 찾아 출력하는 기능

CHAPTER

14

표준 템플릿
라이브러리

14.1 표준 템플릿 라이브러리

14.2 STL의 구성요소

14.3 순차 컨테이너

14.4 컨테이너 어댑터

14.5 연관 컨테이너

14.6 STL 알고리즘

14.7 응용: MonsterWorld 9: 실시간 순위 갱신

학습목표

- 표준 템플릿 라이브러리를 이해한다.
- 컨테이너와 알고리즘 및 반복자의 용도를 이해한다.
- 다양한 컨테이너를 사용할 수 있는 능력을 기른다.
- 함수 객체의 개념을 이해한다.
- 다양한 알고리즘을 사용할 수 있는 능력을 기른다.

몬스터 월드 9(실시간 순위 갱신)

표준 템플릿 라이브러리(STL)를 공부한다. STL은 유용한 자료구조와 알고리즘을 미리 만들어서 제공하는 유용하고 검증된 템플릿 라이브러리이다. 컨테이너와 알고리즘 그리고 반복자로 구성되는데, 알고리즘을 컨테이너와 독립적으로 개발해 라이브러리의 복잡성을 크게 줄이면서, 반복자를 이용해 이들을 연결한다. "템플릿"이어서 복잡해 보일 수 있지만 사용 방법은 어렵지 않다. 그리고 STL이 그렇게 엄청난 일을 해 주는 것도 아니다. 사용자는 벡터나 스택, 리스트, 집합 등 자신에게 필요한 컨테이너를 선택하고 알고리즘을 적용해 편리하게 사용하면 된다.

몬스터 세상에도 STL을 적용해 본다. STL의 vector를 사용할 것이다. STL 알고리즘도 사용한다. 지금까지 게임이 진행되는 과정에 출연한 몬스터들의 순위를 계산하지 않았는데, 이제 STL의 sort 알고리즘을 이용해 몬스터들이 먹은 아이템 수를 기준으로 실시간으로 정렬하여 순위를 나타낸다. 다시 피곤해진다.

이 장에서는 STL의 다양한 컨테이너와 알고리즘들을 공부하고 이들을 어떻게 사용하는지를 살펴볼 것이다. 이 장의 내용을 공부하면서 앞으로 프로그램 개발에서 STL의 활용 방법을 생각해 보자.

14 표준 템플릿 라이브러리

14.1 표준 템플릿 라이브러리

▪ 표준 템플릿 라이브러리란?

C++의 **표준 템플릿 라이브러리**(Standard Template Library, 또는 STL)는 프로그램 개발자가 공통적으로 사용하는 다양한 자료구조와 알고리즘들을 미리 만들어서 제공하는 라이브러리를 말한다. 이름에서 알 수 있듯이 STL은 템플릿을 사용하여 어떤 자료형에 대해서도 동작한다. STL의 특징은 다음과 같다.

- 복잡한 자료 구조와 알고리즘에 대한 검증된 라이브러리이다.
- 표준 라이브러리이기 때문에 모든 C++ 컴파일러에서 지원한다.
- 객체지향 프로그래밍과 일반화 프로그래밍 기법을 이용하여 구현되었기 때문에 어떤 자료형에도 적용할 수 있다.
- 다양한 자료구조와 알고리즘을 지원하므로 소프트웨어의 개발 기간을 단축시킬 수 있다.

만약 STL에서 제공되는 기능이 있다면 그것을 가져다가 사용하는 것이 좋을까? 아니면 개발자가 직접 구현해서 사용하는 것이 좋을까? 매우 어려운 질문이다. 답은 경우에 따라 달라질 수 있겠지만 확실한 것은 STL이 그동안 실무에서 많이 사용된 검증된 라이브러리라는 것이다. 따라서 프로젝트를 빨리 수행해야 하는 개발자라면 당연히 STL을 사용하는 것이 좋다.

만약 프로그래밍을 이제 시작했고 아직 공부를 목적으로 한다면 직접 구현해 보는 것이 좋다. 예를 들어, STL에서 벡터를 제공하지만 우리는 13장에서 벡터를 템플릿으로 구현해 보았다. 이를 통해 벡터의 동작 원리와 장단점을 이해할 수 있었다. STL 벡터를 아직 공부하지 않았지만 대략적인 동작이나 활용 방법에 대한 방향을 예상할 수 있을 것이다.

STL은 컨테이너와 알고리즘 그리고 반복자로 구성된다.

- **컨테이너**(container): 자료를 저장하는 창고로 벡터, 리스트, 스택, 큐, 집합, 맵 등 다양한 자료 구조를 제공한다.
- **알고리즘**(algorithm): 탐색이나 정렬과 같은 다양한 알고리즘을 제공한다.
- **반복자**(iterator): 컨테이너에 저장된 자료들을 순차적으로 처리하기 위한 것으로, 컨테이너와 알고리즘을 연결하는 역할을 한다.

| 그림 14.1 표준 템플릿 라이브러리의 구성

14.2 STL의 구성요소

■ 컨테이너

컨테이너는 자료를 저장하는 **창고**의 역할을 한다. 예를 들어, 13장에서 구현했던 벡터 템플릿도 하나의 컨테이너이다. STL에서는 다양한 구조의 자료 창고, 즉 컨테이너를 제공한다. 이들은 그림 14.2와 같이 **시퀀스**(sequential) 컨테이너, **연관**(associative) 컨테이너, 그리고 시퀀스 컨테이너에 제약을 가해 정해진 방식으로만 자료들이 입출력되는 컨테이너 **어댑터**(adaptor)로 나눌 수 있다.

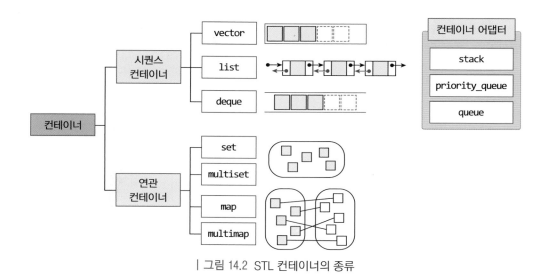

| 그림 14.2 STL 컨테이너의 종류

- **시퀀스(순차) 컨테이너:** 자료를 순차적으로 저장하는 구조이다. 벡터(vector)와 리스트(list), 덱(deque)이 있다. 벡터는 동적 배열처럼 동작하는데, 자료의 추가와 삭제를 맨 뒤에서 처리한다. 덱은 벡터와 비슷하지만 앞뒤에서 자료를 추가하거나 삭제할 수 있다. 리스트는 중간에도 효율적으로 자료를 추가할 수 있는 순차 컨테이너이다.

- **연관 컨테이너:** 원소들을 검색하기 위한 키(key)를 가지고 있으며 자료들이 정렬되어 있어 탐색 연산이 매우 효율적이다. 사전과 같은 구조를 사용하여 자료를 저장하는데, STL에서는 집합(set)과 맵(map), 다중 집합(multiset) 그리고 다중 맵(multimap) 등을 지원한다. 다중 집합은 항목의 중복을 허용하고, 다중 맵은 키가 중복될 수 있다.

- **컨테이너 어댑터:** 순차 컨테이너에 제약을 가한 것으로 스택(stack)과 큐(queue), 그리고 우선순위 큐(priority queue) 등이 있다. 스택은 가장 나중에 입력된 항목이 가장 먼저 출력되는 구조이며, 큐는 반대로 가장 먼저 입력된 항목이 가장 먼저 출력된다. 우선순위 큐는 입력 순서와 상관없이 우선순위가 높은 항목이 먼저 출력된다.

■ 알고리즘

STL에서는 자주 사용되는 다양한 알고리즘들을 템플릿 함수로 제공한다. 컴퓨터에서 흔히 사용되는 알고리즘은 자료의 검색이나 정렬, 자료의 초기화와 재배치, 자료의 분리나 병합 등 다양하다.

STL 알고리즘은 다양한 기준으로 분류할 수 있는데, 용도에 따라 시퀀스 알고리즘, 정렬 알고리즘, 수치 알고리즘으로 나눌 수 있다.

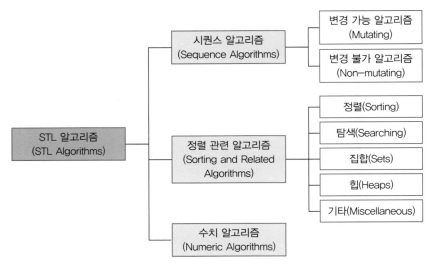

| 그림 14.3 STL 알고리즘의 분류

- **시퀀스(sequence) 알고리즘**: 항목들의 순서를 조작하는 다양한 방법을 제공한다. 컨테이너 항목들의 재배치, 값 설정, 복사, 탐색, 삭제 등을 지원하는데, 항목의 값을 변경할 수 있는(mutating) 알고리즘과 변경할 수 없는(non-mutating) 알고리즘으로 다시 나눌 수 있다.
- **정렬(sorting) 알고리즘**: 정렬과, 병합, 정렬된 시퀀스에서의 집합 연산, 사전적(lexicographical) 비교와 힙 연산 등을 포함한다. 보통 정렬된 시퀀스에 대해 동작한다.
- **수치(numeric) 알고리즘**: 다양한 형태의 합과 내적 연산들과 수치 배열(numeric array) 및 관련 연산들을 포함된다.

STL에서는 **알고리즘들을 컨테이너의 멤버 함수로 제공하지 않음**에 유의하라. 예를 들어, 앞 장에서 구현한 벡터 템플릿에서도 정렬이나 탐색과 같은 알고리즘을 구현한 멤버 함수가 없었다. 만약 이들 알고리즘들을 컨테이너의 멤버 함수로 제공한다면 많은 컨테이너에 비슷한 형태의 멤버 함수가 있어야 할 것이다. 이 경우 라이브러리가 방대해지고 확장성도 좋지 않다. 따라서 STL에서는 이들을 분리하는 방법을 고안했다. 알고리즘은 컨테이너와 분리하여 템플릿 함수로 제공하고, 다양한 컨테이너가 같은 템플릿 함수를 공유하도록 설계하였다. 그리고 컨테이너와 알고리즘을 연결하기 위해 **반복자(iterator)**를 사용하였다.

■ 반복자

STL은 컨테이너와 알고리즘들을 분리하고, 서로 다른 컨테이너가 알고리즘을 구현한 같은 함수를 사용하도록 한다. 문제는 컨테이너마다 항목의 접근 방법이 다르다는 것이다. 예를 들어, 벡터와 리스트를 비교해 보자.

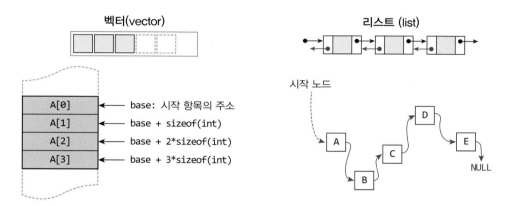

| 그림 14.4 벡터와 리스트에서의 항목 연결 관계

그림 14.4와 같이 벡터에서는 모든 항목들이 인접한 메모리 영역에 있어 인덱스를 통해 항목의 위치를 바로 계산해서 접근할 수 있다. 그러나 리스트는 항목들이 더 이상 인접한 곳에 위치하지 않는다. 따라서 모든 항목들은 다음 항목의 위치(주소)를 반드시 기억해야 한다. 다음은 각각 벡터와 리스트에서 항목을 접근하는 방법의 예를 보여준다. 리스트에 대한 자세한 내용은 자료구조 관련 도서를 참고하라.

```cpp
for (int i = 0; i < v2.size(); i++)        // 벡터의 항목 접근 방법
    cout << v2[i] << " ";


for (Node* p = l.head() ; p != NULL ; p=p->link)
    cout << p->data << " ";                // 리스트의 항목 접근 방법
```

컨테이너마다 자료의 접근 방법(벡터에서는 인덱스, 리스트에서는 노드의 포인터)이 다르다면 동일한 알고리즘을 하나의 함수로 구현해 사용하기가 어렵다. 따라서 자료의 위치를 나타내는 일반적인 방법, 즉 **일반화된 포인터**가 필요하다. 이것이 **반복자**이다.

- 반복자는 일반화된 포인터로 컨테이너의 멤버를 가리키는 객체이다.
- 컨테이너의 종류와 상관없이 일관된 방법으로 컨테이너의 요소에 접근할 수 있는 방법을 제공한다.
- 모든 컨테이너는 특별한 위치의 반복자를 반환하는 함수를 지원한다. **begin()**은 첫 번째 요소를 반환하고, **end()**는 마지막 요소가 지났는지를 나타내는 값을 반환한다. 특히 **end()**의 반환 값에 유의하라. 예를 들면, 그림 14.4와 같은 리스트에서는 마지막 항목 다음이 NULL이므로 이를 반환한다. 벡터의 경우는 마지막 요소가 있는 곳의 다음 위치를 반환하면 된다.

"STL의 컨테이너와 알고리즘이 문제없이 잘 동작하는 가장 중요한 이유는 서로를 잘 모르기 때문"이라는 말이 있다. 컨테이너는 어떤 알고리즘이 사용될지를 예측할 수 없고, 따라서 단순히 알고리즘에 반복자를 제공한다. 알고리즘은 컨테이너를 직접 조작하지 않고 반복자를 통해서 처리하는 간적적인 방법을 사용한다. 결국 반복자는 컨테이너와 알고리즘을 아주 느슨하게 연결해 주는 중재자이며, 컨테이너와 알고리즘이 다양한 방법으로 서로 결합할 수 있도록 하는 역할을 한다.

STL에서는 다양한 반복자를 제공한다. 이들은 크게, 컨테이너의 자료를 읽기 위한 **입력 반복자**(input iterator)와 데이터를 쓰기 위해 사용하는 **출력 반복자**(output iterator)로 나눌 수 있다. 또한 항목의 이동 방향에 따라 다음과 같이 세 가지로 분류할 수 있다.

- **전방 반복자**(forward iterator): 앞으로만 이동할 수 있는 반복자
- **양방향 반복자**(bidirectional iterator): 양방향으로 이동할 수 있는 반복자
- **임의 접근 반복자**(random access iterator): 어떤 위치로나 바로 이동할 수 있는 반복자

| 표 14.1 연산자에 따른 반복자의 분류

반복자	연산자
입력 반복자 InputIterator	==, != ++, *(값을 반환할 경우)
출력 반복자 OutputIterator	==, !=, ++, *(할당할 경우)
전방향 반복자 ForwardIterator	==, !=, ++, *
양방향 반복자 BidirectionalIterator	==, !=, ++, --, *
임의 접근 반복자 RandomAccIterator	==, !=, ++, --, [ ], * iterator + n: iterator 다음에 n번째 원소를 참조 iterator - iterator: 두 반복자 사이의 원소의 수

각 컨테이너마다 지원하는 반복자에 차이가 있다. 예를 들어 보자.

- 벡터는 항목의 직접 접근이 가능하므로 임의 접근 반복자를 지원한다. 임의 접근이 가능하면 당연히 전방이나 양방향으로 이동도 가능하므로 이들 반복자도 지원할 것이다. 또한 ++이나 --와 같은 연산자도 가능하고 반복자 + n과 같은 + 연산자도 가능하다.

- 리스트는 어떨까? 만약 모든 노드가 다음 노드에 대한 포인터만을 갖는 **단순 연결 리스트**로 구현되었다면 전방 반복자만을 지원할 수 있을 것이다. 만약 노드가 선행 노드와 후속 노드의 포인터를 모두 가지는 **이중 연결 리스트**로 구현되었다면 양방향 반복자를 지원할 수 있다. 양방향 반복자는 ++와 --를 지원할 수 있지만, 전방향 반복자에서는 --를 사용할 수 없을 것이다. 물론 항목의 직접 접근이 불가능하므로 "iterator + n"이나 "iterator - iterator"와 같은 연산들도 제공할 수 없다.

13장에서 구현한 벡터에서는 반복자를 구현하지 않았음을 기억하라. STL에서 제공하는 컨테이너들은 모두 반복자를 지원하여 STL 알고리즘들을 편리하게 사용할 수 있도록 한다. 이제 각 컨테이너와 알고리즘들을 자세히 알아보자.

14.3 순차 컨테이너

시퀀스 또는 순차 컨테이너는 자료를 순차적으로 저장하는 구조를 갖는데, STL에서는 벡터와 리스트, 덱을 제공한다. 컨테이너의 이름이 모두 소문자로 이루어진 것에 유의하라. 13장에서 구현한 벡터 템플릿의 이름이 Vector인데 비해 STL의 벡터는 vector이다. STL에서 각 컨테이너는 최소한의 함수만을 가지도록 설계되었다.

■ 순차 컨테이너의 공통 멤버 함수

표 14.2는 순차 컨테이너들이 공통적으로 제공하는 연산들을 보여주는데, 멤버 함수 이름, 각 연산들의 의미와 시간 복잡도가 나타나 있다. O(1)은 항목의 개수에 상관없이 바로 처리되는 효율적인 연산을 의미하고, O(n)은 항목의 개수에 비례하는 시간이 걸리는 연산을 나타낸다. 시간 복잡도와 관련해서는 자료구조나 알고리즘 도서를 참고하라.

순차 컨테이너의 공통 연산들 중에서 절반 정도는 이미 13장에서 구현한 벡터에서 공부했다. 공통 연산들 중에서 특징적인 것들은 다음과 같다.

- 벡터는 맨 앞 항목의 삽입이나 삭제가 효율적이지 않다. 따라서 vector에서는 pop_front(), push_front() 연산을 제공하지 않는다.
- 리스트는 항목의 직접 접근이 불가능하다. 따라서 list에서는 인덱스를 이용한 항목 접근 함수인 at() 함수나 [] 연산자의 중복 함수를 제공하지 않는다. 또한 용량(capacity)이나 배열의 재할당이 필요가 없으므로 capacity()와 resize()가 필요 없다.
- vector와 deque의 push_back() 연산의 시간 복잡도가 O(1)+로 표시되어 있다. 이것은 일반적으로는 상수 시간에 처리되지만 상황에 따라 더 걸릴 수 있음을 나타내는데, 동적 배열을 재할당해야 하는 경우 발생한다.

STL에서 제공하는 순차 컨테이너들을 사용하는 방법을 간단히 살펴보자.

| 표 14.2 순차 컨테이너에서 제공되는 연산과 시간 복잡도

연산	설명	vector	list	deque
container()	기본 생성자	O(1)	O(1)	O(1)
container(*size*)	*size* 크기의 컨테이너	O(1)	O(n)	O(1)
container(*size*, *value*)	*size* 크기, 초깃값 *value*인 컨테이너	O(n)	O(n)	O(n)
container(*iterator*, *iterator*)	다른 컨테이너로부터 초기화	O(n)	O(n)	O(n)
size()	항목의 개수	O(1)	O(1)	O(1)
begin()	첫 번째 항목의 위치(반복자)	O(1)	O(1)	O(1)
end()	마지막 항목 다음 위치(반복자)	O(1)	O(1)	O(1)
rbegin()	끝 항목의 위치(역반복자)	O(1)	O(1)	O(1)
rend()	첫 항목 바로 앞의 위치(역반복자)	O(1)	O(1)	O(1)
front()	첫 번째 항목 반환	O(1)	O(1)	O(1)
back()	마지막 항목 반환	O(1)	O(1)	O(1)
pop_back()	마지막 항목 삭제	O(1)	O(1)	O(1)
push_back(*value*)	맨 뒤에 항목 삽입	O(1)+	O(1)	O(1)+
pop_front()	첫 번째 항목 삭제	✕	O(1)	O(1)+
push_front(*value*)	맨 앞에 항목 삽입	✕	O(1)	O(1)+
clear()	모든 항목 삭제	O(1)	O(1)	O(1)
empty()	공백 상태 검사	O(1)	O(1)	O(1)
erase(*iterator*)	중간 위치 항목 삭제	O(n)	O(1)	O(n)
insert(*iterator*, *value*)	중간에 삽입	O(n)	O(1)	O(n)
operator=(*container*)	대입 연산자 중복 정의	O(n)	O(n)	O(n)
operator[](*int*)	인덱스를 이용한 항목 추출	O(1)	✕	O(1)
at(*int*)	항목 반환	O(1)	✕	O(1)
capacity()	할당된 크기	O(1)	✕	
resize(*size*, *value*)	할당된 크기 재조정	O(n)	✕	O(n)

■ 벡터

벡터(vector)는 동적 배열을 사용해 크기가 자동으로 조절되고, 배열의 특징을 가지므로 항목들을 빠르게 참조할 수 있다. STL 벡터의 사용은 13장의 벡터와 유사하지만 차이가 있다. STL의 벡터는 반복자를 제공한다.

STL의 벡터를 사용해 보자. int를 저장하는 벡터 객체를 만들고 무작위로 값을 초기화한 후 화면으로 출력한다. 여기까지는 13장에서 구현한 벡터와 차이가 없다. 만약 생성된 배열에서 모든 짝수 항목을 제거하려면 어떻게 할까? 표 14.2를 보면 벡터도 erase() 함수를 제공한다. 그러나 매개변수가 반복자이다. 다음 프로그램으로 벡터와 반복자를 살펴보자.

프로그램 14.1 STL의 vector 사용 예

```cpp
01  #include <iostream>
02  #include <vector>
03  using namespace std;
04
05  template <typename T>
06  ostream& operator << (ostream& os, vector<T>& v) {
07      os << "<";
08      for (int i = 0; i < v.size(); i++)
09          os << v[i] << " ";
10      os << ">";
11      return os;
12  }
13  void main()
14  {
15      vector<int> vec(10);
16      for (int i = 0; i < vec.size(); i++)
17          vec[i] = rand() % 100;
18      cout << "Before: " << vec << endl;
19
20      // 짝수 항목을 제거하는 코드. 반복자를 사용해야 함.
21      for (vector<int>::iterator it = vec.begin() ; it != vec.end() ; ){
22          if (*it % 2 == 0)      // 짝수인 경우 제거
23              it = vec.erase(it);
24          else ++it;            // 홀수인 경우만 다음 항목으로 넘어감
25      }
26      cout << "After : " << vec << endl;
27  }
```

```
C:\WINDOWS\system32\cmd.exe                    —    □    ×
Before: <41 67 34 0 69 24 78 58 62 64 >
After : <41 67 69 >
```

짝수들 → 삭제

코드 설명

2행 STL의 vector를 사용하기 위해 포함해야 함.

5~12행 STL의 컨테이너에는 cout과 같은 표준 출력 객체에 《를 이용해 출력하는 기능이 포함되어 있지 않음. 따라서 연산자 중복 함수를 구현해 줌.

15행 int형 vector 객체 vec을 생성하고, 크기를 10으로 초기화함.

16~17행 난수를 발생시켜 벡터 항목들을 초기화. [] 연산자 중복 함수 사용.

18행 cout에 《 연산자 중복 함수를 적용해 벡터 내용을 화면에 출력함.

21~25행 벡터에 대한 반복자 객체 it를 선언하고 초기화 vec.begin()으로 초기화한 후 it가 vec.end()가 아닐 때까지 반복문 블록 수행. 만약 항목이 2로 나누어지면 erase() 함수로 삭제하고, 아닌 경우 it를 증가함.

<vector>를 포함하고 벡터의 이름이 vector로 바뀐 것을 제외하면, 1~19행의 코드는 13장에서 구현한 벡터의 경우와 유사하다. 문제는 짝수 항목들을 제거하기 위한 코드이다.

반복자 사용하기

임의의 항목을 제거하는 **erase()**는 매개변수로 반복자를 사용하므로 반복문도 인덱스가 아니라 반복자를 이용해야 한다. 반복자 객체를 생성하고 초기화하는 코드(21행)는 다음과 같다.

```
vector<int>::iterator it = vec.begin();
```

- int를 저장하는 벡터를 위한 반복자 클래스(vector<int>::iterator)를 만들고 이 클래스의 객체 it를 생성한다. 모든 컨테이너는 첫 번째 항목을 가리키는 반복자를 반환하는 begin() 함수와 맨 마지막 다음 항목을 가리키는 반복자 end()를 제공하는데, 결국 이 문장은 it에 vec의 시작 항목을 가리키는 반복자를 복사하는 문장이다.

- 반복문(21행)의 종료 조건은 어떻게 될까? 물론 it가 vec.end()(맨 마지막 다음 항목)가 아닌 동안 반복되어야 한다.

- 반복자 it에서 항목을 가져오기 위해서는 역참조 연산자 *를 사용한다. 즉 *it는 반복자 it가 가리키는 항목 자체이다(22행).

- 반복자 it가 다음 항목을 가리키게 하기 위해서는 ++연산자 중복 함수를 이용한다. 즉 24행의 **++it** 문장으로 이제 **it**는 벡터의 다음 항목을 가리키게 된다.

반복자의 자료형이 복잡한 것에 유의하라. 만약 C++11 표준이 적용된 컴파일러를 사용한다면 더 편리한 방법이 있다. 다음과 같이 auto를 사용하는 것이다.

```
auto it = vec.begin();
```

auto는 컴파일 시 자동으로 변수의 자료형을 결정해 준다. 즉, 이 문장은 대입 연산자의 우측 항인 vec.begin()의 자료형이 된다. 코드의 길이를 줄일 수 있는 매우 유용한 변화로 특히 템플릿과 반복자에서 효과적이다.

vector에서 또 한 가지 주의해야 하는 것이 있다. 프로그램에서 15행은 크기가 10인 벡터 객체를 생성한다. 따라서 다음 문장은 벡터의 크기를 늘리지 못하며, 오류를 발생시킨다.

```
vec[10] = 99;
```

vector의 크기를 늘리거나 줄이려면 push_back(), pop_back() 함수를 사용해야 하는 것을 명심하라. 따라서 위의 문장은 다음과 같이 수정해야 벡터의 크기가 하나 늘면서 원하는 값을 저장할 수 있다.

```
vec.push_back(99);
```

컨테이너를 초기화하기 위해 기존의 배열을 사용하는 방법도 있다. 다음은 기존에 있던 배열을 이용하여 벡터 객체를 생성하고 초기화하는 간편한 방법을 보여준다.

```
int arr[] = { 12, 3, 17, 8 };       // 표준 배열
vector<int> v(arr, arr+4);          // 배열을 이용한 벡터 초기화
```

최근 STL의 vector는 매우 폭넓게 사용되는데, 예를 들어 오픈소스 컴퓨터 비전 라이브러리인 OpenCV에서도 벡터를 폭넓게 사용한다. 따라서 잘 활용할 수 있도록 해야 한다.

■ 덱(deque)

덱(deque)은 벡터와 매우 유사한 컨테이너로, 동적 배열을 사용한다. 표 14.1을 보면 벡터

와 달리 전단에서 항목을 삭제(pop_front())하거나 삽입(push_front())하는 연산을 제공한다. 이것을 구현하는 방법으로는 배열의 끝 항목과 시작 항목을 연결한 원형 큐의 형태를 사용할 수 있는데, 자세한 내용은 자료구조 도서를 참고하라.

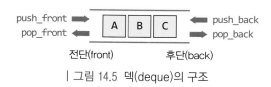

| 그림 14.5 덱(deque)의 구조

반복자를 포함해 덱을 사용하는 방법은 벡터와 유사하다. 무작위로 10개의 수를 만들어 홀수는 전단에 짝수는 후단에 삽입하는 코드는 덱을 이용하여 프로그램 14.2와 같이 구현할 수 있다.

프로그램 14.2   STL의 deque 사용 예

```cpp
01  #include <iostream>
02  #include <deque>
03  using namespace std;
04
05  void main()
06  {
07      deque<int> dq;
08      for (int i = 0; i < 10; i++) {
09          int val = rand() % 100 + 1;
10          if (val % 2 == 0) dq.push_back(val);
11          else dq.push_front(val);
12      }
13      cout << "deque(인덱스): ";
14      for (int i = 0; i < dq.size(); i++)
15          cout << dq[i] << " ";
16
17      cout << endl << "deque(반복자): ";
18      for (auto curr = dq.begin(); curr != dq.end() ; ++curr)
19          cout << *curr << " ";
20      cout << endl;
21  }
```

```
C:\WINDOWS\system32\cmd.exe         —    □    ×
deque(인덱스): 65 63 59 79 25 1 35 42 68 70
deque(반복자): 65 63 59 79 25 1 35 42 68 70
```

코드 설명

2행 STL의 deque을 사용하기 위해 포함해야 함.

8~12행 10개의 난수를 발생하여 짝수이면 후단에 홀수이면 전단에 삽입함.

18~19행 반복자를 이용한 덱 출력 코드.

결과는 인덱스를 사용해 출력하고, 반복자를 사용해서도 출력하였다. 만약 자료의 삽입과 삭제 연산이 전단과 후단에서만 발생하는 응용이라면 **deque**가 매우 효과적일 것이다.

■ 리스트

리스트(list)는 벡터와 동작은 비슷하지만 구현 방법이 다르다. STL에서 **list**는 이중 연결 리스트로 구현된다. 리스트는 중간 항목의 삽입과 삭제가 빈번하게 발생하는 응용에 효율적이다. 표 14.1에서 **erase()**와 **insert()** 연산의 시간 복잡도가 $O(1)$인 것을 확인하라.

리스트를 활용해 보자. 난수를 발생하여 리스트에 내림차순으로 정렬하여 저장하는 프로그램을 작성**한다.** 이를 위해서는 기존에 정렬된 리스트에 새로운 숫자를 계속 끼워 넣어야 한다. 물론 중간에 삽입하는 연산이 빈번하게 발생하고, 리스트가 효율적이다. 구현된 코드는 다음과 같다. 시프트 연산자 **<<**를 중복하여 화면 출력을 편리하게 하였는데, 리스트에서는 인덱스 연산자가 제공되지 않으므로 반복자를 사용하여 구현하였다.

프로그램 14.3 | STL의 list 사용 예

```
01  #include <iostream>
02  #include <list>
03  using namespace std;
04
05  template <typename T>
06  void printContainer(T& v, char* msg = "container") {
07      cout << msg << "<";
08      for (T::iterator it = v.begin(); it != v.end(); ++it)
09          cout << *it << " ";
10      cout << ">\n";
11  }
12  void main()
```

```
13  {
14      list<int> sortList;
15      for (int i = 0; i < 10; i++) {
16          int val = rand() % 100;
17          auto curr = sortList.begin();
18          for (; curr != sortList.end(); ++curr)
19              if (val >= *curr) break;
20          sortList.insert(curr, val);
21      }
22      printContainer(sortList, "Sorted List: ");
23  }
```

```
C:\WINDOWS\system32\cmd.exe        —    □    ×
Sorted List: <78 69 67 64 62 58 41 34 24 0 >
```

코드 설명

2행 STL의 list를 사용하기 위해 포함해야 함.

5~11행 컨테이너를 화면으로 출력하기 위한 함수. 모든 컨테이너에 대해 동작할 수 있도록 반복자를 사용해 컨테이너의 항목에 접근해야 함.

16~19행 난수를 발생하고, 이 숫자가 들어가야 할 위치를 찾음. 17행에서 curr의 자료형은 자동으로 list⟨int⟩::iterator가 됨.

20행 찾은 위치에 val 삽입. insert()를 이용함.

22행 sortList를 화면으로 출력하기 위해 템플릿 함수 호출. 이 경우 템플릿 함수의 형식 매개변수 T는 list⟨int⟩가 됨.

5~11행이 모든 STL 컨테이너를 화면에 출력할 수 있는 템플릿 함수임에 유의하라. 리스트와 같이 항목 접근에 인덱스 연산자 []를 사용할 수 없는 컨테이너에서도 반복자는 공통적으로 제공하므로 반복자를 이용해 구현하였다.

17행에서는 auto를 사용하였다. 만약 C++11 이전 컴파일러를 사용한다면 auto를 list<int>::iterator로 수정해야 하는 것에 유의하라.

14.4 컨테이너 어댑터

■ 스택

스택(stack)은 먼저 입력된 자료가 아래에 쌓이고 가장 최근에 입력된 자료가 가장 위에 놓이는 후입선출(LIFO: Last-In First-Out)의 자료구조이다. 자료의 입출력은 스택 상단(stack top)에서만 이루어진다. 스택에서는 삽입과 삭제 연산은 각각 push(), pop()이다. 또한 스택 상단 항목을 반환하는 top() 연산이 제공되고, empty()와 size()도 다른 컨테이너에서와 동일하게 사용된다.

한 줄의 문자열을 입력받아 역순으로 출력하는 프로그램을 구현해 보자. 이 문제 해결에는 스택이 가장 적합한 컨테이너이다. STL의 stack을 이용해 구현한 코드는 프로그램 14.4와 같다.

프로그램 14.4　STL의 stack 사용 예(문자열을 역순으로 출력)

```cpp
01  #include <iostream>
02  #include <stack>
03  #include <string>
04  using namespace std;
05
06  void main()
07  {
08      stack<char> st;
09      string line;
10      cout << "문장을 입력하세요 : ";
11      getline(cin, line);
12      for (int i = 0; i < line.length() ; i++)
13          st.push(line[i]);
14      cout << "입력 = " << line << endl;
15      cout << "출력 = ";
16      while (!st.empty()) {
17          cout << st.top();
18          st.pop();
19      }
20      cout << endl;
21  }
```

```
C:\WINDOWS\system32\cmd.exe          —  □  ×
문장을 입력하세요 : Game Over 12345
입력 = Game Over 12345
출력 = 54321 revO emaG
```

코드 설명

2행 STL의 stack을 사용하기 위해 포함해야 함.

8행 char형 stack 객체 st 생성.

10~11행 표준 입력으로부터 한 줄의 문장을 입력받아 line에 저장.

12~13행 line의 모든 문자를 순서대로 스택에 삽입.

16~19행 스택이 공백 상태가 아닐 때까지 상단 항목을 출력하고 삭제함.

STL에서 pop() 연산은 항목을 삭제할 뿐이고, 반환하지는 않는다는 것을 명심하라. 상단 항목을 읽어오기 위해서는 top()을 사용해야 한다.

■ 큐

큐(queue)는 먼저 들어온 자료가 먼저 출력되는 선입선출(FIFO: First-In First-Out)의 구조를 갖는 자료구조이다. 삽입이 일어나는 곳을 후단(back)이라 하고 삭제가 일어나는 곳을 전단(front)이라 한다. 큐의 연산은 스택과 유사하다.

STL의 **queue**를 이용한 피보나치수열을 계산하는 프로그램을 구현해 보자. 피보나치수열은 다음과 같이 이전의 두 숫자의 합이 그 다음 숫자가 된다.

0, 1, 1, 2, 3, 5, 8, 13, 21, ...

정수를 저장해야 하므로 stack<int>형의 큐 객체를 사용한다. 맨 처음에는 큐에 최초의 두 숫자인 0과 1이 순서대로 들어가 있어야 한다. 그 다음부터는 큐에서 먼저 들어온 순서대로 숫자를 하나씩 꺼내 출력하고, 출력된 수와 남아있는 수를 합한 값을 새롭게 큐에 넣으면 된다. 코드는 다음과 같다.

프로그램 14.5	STL의 queue 사용 예(피보나치수열 계산)

```
01   #include <iostream>
02   #include <queue>
03   using namespace std;
04
05   void main()
06   {
07       queue<int> que;
08       int count;
09       cout << "피보나치 수의 개수를 입력하세요: ";
```

```
10    cin >> count;
11
12    cout << "피보나치 수열 = ";
13    que.push(0);
14    que.push(1);
15    for (int i = 0; i < count; i++) {
16        int fibo = que.front();
17        que.pop();
18        cout << fibo << " ";
19        que.push(fibo + que.front());
20    }
21    cout << endl;
22  }
```

```
C:\WINDOWS\system32\cmd.exe        —    □    ×
피보나치 수의 개수를 입력하세요: 10
피보나치 수열 = 0 1 1 2 3 5 8 13 21 34
```

코드 설명

2행 STL의 queue를 사용하기 위해 포함해야 함.

16행 int형 queue 객체 que 생성.

13~14행 최초의 두 숫자를 스택에 삽입.

16~18행 맨 앞에 있는 숫자를 꺼내고 출력함.

19행 꺼낸 숫자와 큐에 남은 숫자를 더해 결과를 큐에 저장.

일상생활에서 대부분의 일들이 들어온 순서대로 처리되는 것처럼 컴퓨터에서도 큐는 매우 광범위하게 사용되므로, 큐도 잘 활용할 수 있도록 해야 한다.

■ 우선순위 큐

큐는 먼저 들어온 데이터가 먼저 나가는데 비해 **우선순위 큐**(priority queue)는 자료가 들어온 순서가 출력 순서와 관련이 없다. 출력 순서는 자료의 우선순위(priority)에만 관련이 있다. 우선순위 큐는 보통 **힙**(heap)이라고 불리는 자료구조로 구현되는데, 스택이나 큐에 비해 구현이 복잡하다. 그렇지만 STL의 우선순위 큐 priority_queue를 사용하는 것은 어렵지 않다.

우선순위 큐는 정렬에 사용할 수 있는데, 이것을 **힙 정렬**(heap sort)이라 한다. 방법은 간단하다. 정렬할 숫자들을 우선순위 큐에 모두 넣고, 하나씩 빼서 나오는 대로 출력하면 자동으로 정렬이 된다. 연산들의 이름이나 사용 방법은 큐와 동일한데, 프로그램 14.6은 우선순위 큐를 이용한 정렬의 예를 보여준다.

프로그램 14.6 STL의 priority_queue 사용 예(힙 정렬)

```cpp
01  #include <iostream>
02  #include <queue>
03  using namespace std;
04
05  void main()
06  {
07      priority_queue<double> pque;
08
09      double val;
10      cout << "우선순위 큐 입력 순서 = ";
11      for (int i = 0; i < 10; i++) {
12          val = rand() % 1000 * 0.1;
13          cout << val << " ";
14          pque.push(val);
15      }
16      cout << endl;
17      cout << "우선순위 큐 출력 순서 = ";
18      while (!pque.empty()) {
19          cout << pque.top() << " ";
20          pque.pop();
21      }
22      cout << endl;
23  }
```

```
C:\WINDOWS\system32\cmd.exe                        —  □  ×
우선순위 큐 입력 순서 = 4.1 46.7 33.4 50 16.9 72.4 47.8 35.8 96.2 46.4
우선순위 _큐 출력 순서 = 96.2 72.4 50 47.8 46.7 46.4 35.8 33.4 16.9 4.1
```

코드 설명

2행 우선순위 큐도 queue와 같이 〈queue〉를 포함해야 함.

7행 double형 priority_queue 객체 pque 생성.

11~15행 10개의 난수를 발생시켜 pque에 삽입.

18~21행 pque가 공백이 아닐 때까지 자료를 꺼내 출력.

우선순위 큐는 다소 구현하기가 복잡하므로 STL의 `priority_queue`를 반드시 활용할 수 있어야 한다.

14.5 연관 컨테이너

연관 컨테이너의 항목들은 검색을 위한 **키(key)**를 가진다. 항목들이 정렬되어 있어 탐색 연산이 매우 효과적인데, 사전과 같은 구조를 사용하여 자료를 저장한다. STL에서는 집합 (set)과 맵(map), 다중 집합(multiset) 그리고 다중 맵(multimap)을 제공한다. 다중 집합 은 항목의 중복을 허용하고, 다중 맵은 키가 중복될 수 있다.

■ 집합

집합(set)은 벡터나 리스트와 달리 원소들 사이에 순서가 없는 자료구조로 자료의 삽입 과 제거, 그리고 검색이 매우 효율적인 컨테이너이다. 보통 집합은 균형 이진 탐색 트리 (balanced binary search tree)라 불리는 복잡한 트리 구조를 이용하는데, 자세한 내용 은 자료구조 관련 도서를 참고하라. 집합에 저장된 항목들은 키를 가지는데, 동일한 키를 가진 항목들의 중복을 허용하지 않는 set과 허용하는 multiset을 제공한다. 집합 컨테이 너가 제공하는 연산들은 표 14.3과 같다.

| 표 14.3 집합 컨테이너가 제공하는 연산들

연산	설명
set(), set(*iterator*, *iterator*)	공집합과 주어진 범위로 집합을 생성하는 생성자
begin(), end()	집합의 시작과 끝을 가리키는 반복자
rbegin(), rend()	역순으로 집합의 시작과 끝을 가리키는 반복자
size(), empty()	항목의 개수 반환 및 공집합 검사
find(*value*)	value가 들어 있는 위치의 반복자 반환
insert(*value*)	주어진 값을 집합에 삽입
erase(*value*), erase(*iterator*)	주어진 값이나 반복자가 가리키는 원소 삭제
count(*value*)	값의 인스턴스 수를 세어 반환

set과 `multiset`을 이용한 예제는 프로그램 14.7과 같다.

프로그램 14.7   STL의 set과 multiset 사용 예

```
01   #include <iostream>
02   #include <set>
03   using namespace std;
04
05   ...       // 프로그램 14.3의 printContainer() 템플릿 함수 코드 추가.
06   void main()
07   {
08       set<int> simple;
09       multiset<int> multiple;
10
11       for (int i = 10; i < 15; i++)
12           simple.insert(i);
13
14       multiple.insert(simple.begin(), simple.end());
15       for (int i = 13; i < 18; i++)
16           multiple.insert(i);
17
18       printContainer(simple, "Simple Set = ");
19       printContainer(multiple, "Multiple Set = ");
20       cout << "simple.count(14) = " << simple.count(14) << endl;
21       cout << "multiple.count(14) = " << multiple.count(14)<<endl;
22   }
```

```
선택 C:\WINDOWS\system32\cmd.exe          —    □    ×
Simple  Set = <10 11 12 13 14 >
Multiple Set = <10 11 12 13 13 14 14 15 16 17 >
simple.count(14)   = 1
multiple.count(14) = 2
```

코드 설명

2행 집합 컨테이너를 사용하기 위해 〈set〉을 포함해야 함.

8~9행 int형 set과 multiset 객체를 생성.

11~12행 simple = { 10, 11, 12, 13, 14 }로 설정.

14행 simple의 모든 원소를 multiple에 모두 복사.

15~16행 multiple에 {13, 14, 15, 16, 17} 추가. 중복이 허용됨.

18~19행 simple과 multiple의 내용을 화면에 출력.

20~21행 simple과 multiple에서 14를 찾아 개수를 출력.

■ 맵

맵(map)은 인덱스를 이용해 색인된 자료구조로 원하는 데이터를 매우 빠르게 찾을 수 있다. 또한 벡터와는 달리 인덱스가 반드시 정수일 필요가 없다. 순서가 있는 자료형이면 무엇이든 사용할 수 있다. 예를 들어, 문자열이나 실수도 인덱스로 사용할 수 있다. 이것은 사전과 비슷하다. STL에서는 키의 중복을 허용하지 않는 **map**과 중복을 허용하는 **multimap**을 제공하는데, 표 14.4는 맵 컨테이너가 제공하는 연산들을 보여주고 있다.

| 표 14.4 맵 컨테이너가 제공하는 연산

연산	설명
map(), map(*iterator*, *iterator*)	빈 맵과 주어진 범위로 초기화된 맵 생성자
begin(), end()	맵의 시작과 끝을 가리키는 반복자
rbegin(), rend()	역순으로 맵의 시작과 끝을 가리키는 반복자
size(), empty()	항목의 개수 반환 및 공집합 검사
find(*key*)	키와 관련된 값을 가리키는 반복자 반환
insert(*element*)	키와 값의 쌍으로 이루어진 원소를 삽입
erase(*iterator*), erase(*iterator*, *iterator*)	지정된 위치와 주어진 범위 내의 원소를 삭제
count(*vkey*)	키와 관련된 원소의 수를 반환
operator[*key*]	키에 연관된 값을 반환
lower_bound(*key*), upper_bound(*key*)	키에 연관된 시작과 마지막 원소를 가리키는 반복자를 반환 (multimap에만 적용)

맵을 이용하면 단어장과 같은 프로그램을 손쉽게 구성할 수 있다. 특히 다음 문장의 의미에 유의해야 한다.

myDic["data"] = "데이터";

이 문장은 맵에 새로운 항목을 "**삽입**"하는 코드이다. 벡터나 덱에서는 "삽입"의 용도로 이런 문장을 사용할 수 없었다. insert()나 push_back()과 같은 함수를 사용해야 새로운 항목이 "추가"된다.

map이나 multimap 객체를 생성하기 위해서는 두 가지 자료형을 명시하여야 한다. 하나는 **키**(key)의 자료형이고, 다른 하나는 **값**(value)의 자료형이다. 맵을 이용하여 간단한 단어장을 만들어보자. insert() 함수를 사용할 수도 있지만 프로그램 14.8과 같이 인덱스 연산자를 사용하는 것이 더 편리하다.

프로그램 14.8 STL의 map 사용 예

```cpp
01  #include <iostream>
02  #include <iomanip>
03  #include <map>
04  #include <string>
05  using namespace std;
06
07  void main()
08  {
09      map<string, string> myDic;
10      map<string, string>::iterator dp;
11      myDic["hello"] = "안녕하세요?";
12      myDic["world"] = "아름다운 세상";
13      myDic["data"] = "자료";
14      myDic["structure"] = "구조";
15      myDic["list"] = "리스트";
16
17      for (dp = myDic.begin(); dp != myDic.end(); ++dp)
18          cout << setw(12) << dp->first << " == " + dp->second + "\n";
19
20      dp = myDic.find("structure");
21      if (dp == myDic.end())
22          cout << "[검색 실패] 찾는 단어가 없습니다.\n";
23      else    cout << "[검색 성공] " << dp->first + " " + dp->second << endl;
24
25      if (myDic.find("C++") == myDic.end())
26          cout << "[검색 실패] 찾는 단어가 없습니다.\n";
```

```
27
28      myDic.erase("structure");
29
30      for (dp = myDic.begin(); dp != myDic.end(); ++dp)
31          cout << setw(12) << dp->first << " == " + dp->second + "\n";
32  }
```

코드 설명

2행 맵을 사용하기 위해 〈map〉을 포함해야 함.

9행 키와 값이 모두 string인 맵 객체 myDic 생성.

10행 myDic을 위한 반복자 객체 dp 생성. dp의 자료형이 매우 복잡한 것에 유의할 것. auto dp = myDic.begin();과 같이 선언할 수도 있음.

11~15행 맵에 항목을 삽입하는 문장.

17~18행 맵의 모든 항목들을 화면에 출력하는 문장. 키와 값을 위해 각각 first와 second 멤버가 사용된 것에 유의할 것.

20~23행 맵에 "structure"를 키로 가진 항목을 찾아 위치를 반환. 찾는 항목이 없으면 myDic.end()를 반환함. 탐색이 성공하면 반환된 반복자가 가리키는 항목을 출력하면 됨.

28행 맵에서 "structure"를 키로 가진 항목을 삭제함.

14.6 STL 알고리즘

STL 알고리즘은 매우 다양하기 때문에 이 책에서는 유용한 함수들을 중심으로 간단한 예로 설명하기로 한다. 자세한 내용은 C++ STL 관련 자료를 찾아보라. 다음 표는 STL 알고리즘들을 보여주고 있다.

| 표 14.5 STL 알고리즘의 분류

분류		주요 연산	알고리즘 함수
시퀀스 알고리즘	변경 가능	방문	for_each()
		값 설정	generate(), generate_n(), fill(), fill_n()
		변환	transform(), partition(), stable_partition(), random_shuffle(), reverse(), reverse_copy(), replace(), replace_if(), replace_copy(), replace_copy_if(), rotate(), rotate_copy()
		복사	copy(), copy_backward()
		삭제	remove(), remove_if(), remove_copy(), remove_copy_if(), unique(), unique_copy()
		순열 생성	next_permutation() prev_permutation()
		교환	swap(), swap_ranges()
	변경 불가	탐색	count(), count_if(), find(), find_if(), find_first_of(), find_end(), adjacent_find(), search(), search_n()
		비교	equal(), mismatch()
		최대/최소	max(), min(), max_element(), min_element()
정렬 관련 알고리즘		정렬	sort(), stable_sort(), nth_element(), partial_sort(), partial_sort_copy()
		탐색(Binary)	binary_search(), lower_bound(), upper_bound(), equal_range(), lexicographical_compare()
		병합	inplace_merge(), merge()
		집합	includes(), set_symmetric_difference(), set_difference(), set_union(), set_intersection()
		힙	make_heap(), sort_heap(), push_heap(), pop_heap()
수치 알고리즘			accumulate(), inner_product(), adjacent_difference(), partial_sum()

■ 초기화 함수

컨테이너의 항목들을 초기화하기 위해 복사, 채우기 등의 다양한 방법을 사용할 수 있다. STL에서는 generate()를 제공하는데, 어떤 함수를 반복적으로 수행하여 컨테이너의 항목들을 초기화한다. 기본적인 형태는 다음과 같다.

```
vector<int> v(10);
generate(v.begin(), v.end(), rand);
```

이때 rand는 표준 라이브러리 함수인데, 사용자가 작성한 함수를 사용할 수도 있고 "함수 객체"라는 것을 사용할 수도 있다. 이것은 새롭지만 재미있는 방법이다.

■ 함수 객체(Function Object)

함수 객체(function object)는 함수 호출 연산자 () 중복 함수를 정의한 클래스의 객체이다. 이것은 generate()에서 일반 함수를 사용하는 것에 비해 여러 가지 장점이 있다. 예를 들어, 벡터 항목들을 모두 주사위의 숫자인 1~6으로 무작위로 초기화하려면 다음과 같이 일반 함수를 구현해 사용할 수 있다.

```
int randRange1to6() { return rand()%6 + 1; }
    ...
generate(v.begin(), v.end(), randRange1to6);
```

만약 동전 던지기를 위한 값으로 초기화하려면 함수를 다시 만들어 사용해야 할 것이다. 그런데, 다음과 같은 클래스를 만들어 보자.

프로그램 14.9   일정 범위의 난수 발생을 위한 클래스(RandRange.h)

```
01    class RandRange {
02        int from, to;
03    public:
04        RandRange(int f=1, int t=6): from(f),to(t) {}
05        int operator()() { return rand()%(to-from+1) + from; }
06    }
```

코드 설명

2행 난수의 발생 범위를 저장하기 위한 멤버 변수.

4행 생성자. from과 to를 초기화함.

5행 함수 호출 연산자 () 중복 함수. 범위 내의 난수를 만들어 반환함.

컨테이너 항목 초기화를 위해 함수 객체를 사용하는 방법은 다음과 같다.

```
RandRange rand1to6(1,6);
generate(v.begin(), v.end(), rand1to6);
```

보다 더 편리한 방법이 있다. 다음과 같이 무명 객체를 사용하는 것이다.

```
generate(v.begin(), v.end(), RandRange(1,6));
generate(w.begin(), w.end(), RandRange(10,20));
```

함수 객체의 장점은 생성자를 사용할 수 있다는 것이다. 즉 임의의 범위를 갖는 함수로 사용할 수 있다. 이와 같은 함수 객체는 STL 알고리즘에서 광범위하게 사용되므로 반드시 이해해야 한다.

함수 객체를 개발자가 정의하여 사용할 수도 있지만 미리 정의된 함수 객체를 사용할 수도 있다. 이들을 사용하기 위해서는 다음과 같이 functional 헤더 파일을 포함하여야 한다.

```
#include <functional>      // 내장된 함수 객체 사용
```

표 14.6은 내장된 함수 객체의 종류를 보여주고 있다. 함수 객체는 템플릿을 사용하므로 타입 매개변수를 반드시 지정해야 한다. 다음은 sort 알고리즘을 사용할 때 내장된 함수 객체 greater를 사용한 예이다. 이를 사용하지 않으면 오름차순으로 정렬되지만 이 함수 객체를 사용하면 내림차순으로 정렬할 수 있다.

```
sort(v.begin(), v.end());                    // 오름차순 정렬
sort(v.begin(), v.end(), greater<int>());    // 내림차순 정렬
```

| 표 14.6 내장 함수 객체

Arithmetic operations		Comparisons	
plus	x + y	equal_to	x == y
minus	x − y	not_equal_to	x != y
multiplies	x * y	greater	x > y
divides	x / y	less	x < y
modulus	x % y	greater_equal	x >= y
negate	−x	less_equal	x <= y

Logical operations		Bitwise operations	
logical_and	x && y	bit_and	x & y
logical_or	x ‖ y	bit_or	x ǀ y
logical_not	!x	bit_xor	x ^ y

■ 기본적인 알고리즘

for_each()는 컨테이너의 각 항목에 대해 어떤 함수를 호출한다. 다음은 리스트의 모든 항목을 화면에 출력하기 위해 이 함수를 사용한 코드이다.

```
void print(int value) {
    cout << value << endl;
}
list<int> lst;
...
for_each(lst.begin(), lst.end(), print);
```

fill()은 컨테이너 전체 항목이나 범위 내의 항목을 하나의 값으로 채우는 함수이다. fill_n()은 범위를 지정하여 채우는 함수로, generate_n()과 같이 많은 함수들이 지정된 범위에 대해 처리할 수 있다. 다음 프로그램은 STL 알고리즘들 중에서 자료의 생성과 관련된 함수들을 사용한 코드의 예이다.

프로그램 14.10	자료의 생성과 관련된 알고리즘 사용 예(STLAlgoGen.cpp)

```
01   #include <iostream>
02   #include <vector>
03   #include <list>
04   #include <algorithm>
05   using namespace std;
06
07   inline int randRange1to6() { return rand() % 6 + 1; }
08   inline void print(double val) { cout << val << " "; }
09
10   template <typename T>
11   void printContainer(T& v, char* msg) {...}     // 프로그램 14.3의 함수 동일
```

```
12   class RandRange {...};          // 프로그램 14.9의 클래스 동일
13   class SeqGenerator {
14       int val;
15   public:
16       SeqGenerator(int v = 1) { val = v; }
17       int operator()() { return val++; }
18   };
19
20   void main()
21   {
22       vector<int> u(6), v(6);
23       list<int> a(6), b(6);
24
25       generate(u.begin(), u.end(), rand);
26       generate(v.begin(), v.end(), RandRange(10, 16));
27       printContainer(u, "vect: generate(rand) = ");
28       printContainer(v, "vect: generate(RandRange(10,16))= ");
29       fill_n(v.begin() + 2, 3, 11);
30       printContainer(v, "vect: fill_n( begin()+2, 3, 11 )= ");
31
32       generate(a.begin(), a.end(), randRange1to6);
33       generate(b.begin(), b.end(), SeqGenerator(1));
34       printContainer(a, "list: generate(randRange1to6) = ");
35       cout << "list: for_each(generate(SeqGen))= <";
36       for_each(b.begin(), b.end(), print);
37       cout << ">" << endl;
38   }
```

generate(v.begin(), v.end(), RandRange(10, 16));

generate(u.begin(), u.end(), rand);

```
C:\WINDOWS\system32\cmd.exe                              —   □   ×
vect: generate(rand)          = < 41 18467 6334 26500 19169 15724 >
vect: generate(RandRange(10,16))= < 15 10 15 16 10 15 >
vect: fill_n( begin()+2, 3, 11 )= < 15 10 11 11 11 15 >
list: generate(randRange1to6)  = < 2 4 2 6 2 3 >
list: for_each(generate(SeqGen))= < 1 2 3 4 5 6 >
```

fill_n(v.begin()+2, 3, 11);

generate(b.begin(), b.end(), SeqGenerator(1));

generate(a.begin(), a.end(), randRange1to6);

코드 설명

10~11행 컨테이너의 출력을 위해 프로그램 14.3의 템플릿 함수 사용.

13~18행 SeqGenerator 클래스. 생성자에 매개변수로 초기 값을 지정하면 이후 초기 값에서 1씩 증가된 값을 순차적으로 반환함(함수 호출 연산자 중복).

22~23행 u와 v는 vector 객체이고, a와 b는 list 객체로 생성.

25~26행 벡터 객체 u와 v를 rand() 함수와 RandRange 함수 객체로 초기화.

29행 fill_n()의 사용 방법을 보여줌.

32~33행 리스트 객체 a와 b를 사용자 정의 함수 randRange1to6()와 함수 객체 SeqGenerator로 초기화.

36행 for_each() 함수를 이용한 리스트의 출력.

이 프로그램에서는 **SeqGenerator** 클래스를 구현하고 함수 객체(33행)로 사용하였다. 또한 벡터나 리스트와 같이 컨테이너가 서로 다르더라도 반복자를 이용해 동일한 알고리즘을 적용할 수 있는 것을 알 수 있다.

■ 변경 가능 알고리즘들

컨테이너 항목들의 내용을 변경할 수 있는 알고리즘들에는 복사와 삭제 연산, 변환 연산과 교환 연산, 순열(permutation)을 생성하는 연산 등이 있다. 이들을 다음 예제를 통해 간략히 알아보자.

프로그램 14.11 항목들의 내용 변경과 관련된 알고리즘 사용 예

```
01   ...      // 프로그램 14.10의 1행 ~ 18행 추가
02   inline int square(int n) { return n * n; }
03   inline bool isOdd(int val) { return (val % 2) == 1; }
04
05   void main()
06   {
07       vector <int> u(8), v(8), w(8), y(3);
08       list<int> a(8);
09
10       generate(u.begin(), u.end(), RandRange(1, 9));
11       printContainer(u, "u: gen(RandRange(1~9)) = ");
12
```

```
13        copy(u.begin(), u.end(), v.begin());              // copy
14        printContainer(v, "v: copy() from u = ");
15
16        reverse(v.begin(), v.end());                      // reverse
17        printContainer(v, "v: reverse() = ");
18
19        random_shuffle(v.begin(), v.end());               // random_shuffle
20        printContainer(v, "v: random_shuffle() = ");
21
22        rotate(v.begin(), v.begin() + 2, v.end());        // rotate
23        printContainer(v, "v: rotate(2) = ");
24
25        transform(v.begin(),v.end(), w.begin(), square);  // transform
26        printContainer(w, "w: transform(v*v) = ");
27
28        partition(w.begin(), w.end(), isOdd);             // partition
29        printContainer(w, "w: partition(isOdd) = ");
30
31        generate(a.begin(), a.end(), SeqGenerator(1));
32        printContainer(a, "\na: gen(SeqGenerator(1))= ");
33        auto it = remove(a.begin(), a.end(), 3);          // remove
34        printContainer(a, "a: remove(3) = ");
35        a.erase(it);                                      // erase
36        printContainer(a, "a: erase(remove(3)) = ");
37        a.erase(remove_if(a.begin(), a.end(), isOdd), a.end());
38        printContainer(a, "a: erase(rem(isOdd()) = ");
39
40        generate(y.begin(), y.end(), SeqGenerator(1));    // : 1, 2, 3
41        printContainer(y, "\ny: gen(SeqGenerator(1))= ");
42        while (next_permutation(y.begin(), y.end())) {    // next_permutation
43            printContainer(y, " permutations of y.... = ");
44        }
45  }
```

- **copy()**(13행): 컨테이너 항목들을 다른 시퀀스에서 순방향 또는 역방향으로(copy_backward()) 복사하는 함수이다.

- **reverse()**(16행): 컨테이너의 항목들을 역순으로 재배치한다.
- **random_shuffle()**(19행): 항목들을 무작위로 재배치한다.
- **rotate()**(22행): 항목들을 회전시킨다. 22행은 세 번째 항목을 맨 앞으로 오도록 하고 나머지 항목들은 순서대로 재배치한다.
- **transform()**(25행): 변환 함수를 이용해 항목들을 변환하고 결과를 다른 시퀀스에 저장한다. 25행에서는 제곱을 구하는 square()가 사용되었는데, 벡터 v의 항목들을 제곱하여 벡터 w의 항목들에 저장한다.
- **partition()**(28행): 조건이 맞는 컨테이너 항목들을 모두 앞으로 옮기는 변환한다. isOdd()를 조건으로 사용하였는데, 이는 홀수인 경우 true를 반환하는 bool형 함수로, 이들을 보통 **술어(predicate)**라고도 부른다.
- **remove()**(33행): 전체 항목 또는 어떤 범위의 항목들을 삭제하는 함수이다. 중요한 것은 이 함수들은 삭제할 위치에 뒤의 항목들을 앞으로 복사할 뿐이며, 컨테이너의 크기가 줄지 않는다는 것이다. 실제로 삭제하기 위해서는 35행과 같이 erase() 함수를 호출하여야 한다. remove_copy()와 remove_copy_if()는 추가적으로 항목들을 다른 범위로 복사하는 기능을 갖는다.
- **remove_if()**(37행): 어떤 조건을 만족하는 항목들을 삭제한다. 37행에서는 isOdd()를 조건으로 사용하였다. remove_if()에서 반환되는 위치에서부터 마지막 위치까지를 erase()로 삭제한 것에 유의하라.
- **next_permutation()**(42행): 컨테이너의 현재 항목들에 대한 다음의 순열 조합을 만들어내는데, 더 이상 가능한 조합이 없으면 false를 반환한다. 42행에서는 y가 전체 항목이 3개이므로 3×2×1=6개의 순열이 존재하는데, 첫 번째 상태에서 시작하므로 5번 반복 후 반복문이 종료된다.
- 이 외에도 unique()는 중복되는 항목들을 삭제하기 위해, 그리고 replace()와 swap()은 항목들을 교환하는데 사용된다.

프로그램 14.11의 실행 결과는 다음과 같다.

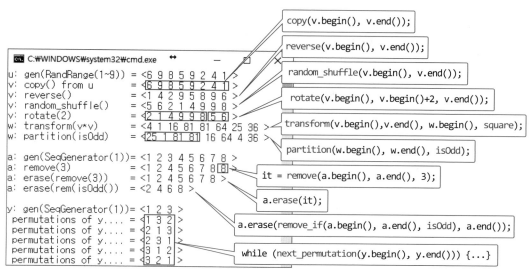

그림 14.6 STL의 변경 가능한 알고리즘 테스트 결과

■ 변경 불가능 알고리즘들

항목들의 내용을 변경할 수 없는 알고리즘들에는 탐색과 비교 및 최대, 최소 검출 알고리 즘들이 있다. 이들을 다음 예제를 이용해 간략히 알아보자.

프로그램 14.12   변경 불가능 알고리즘 사용 예

```
01  ...       // 프로그램 14.10의 1행 ~ 18행 추가
02  class ValueFinder{
03      int val;
04  public:
05      ValueFinder(int v = 1)   { val = v; }
06      bool operator()(int v)   { return val == v; }
07  };
08
09  void main()
10  {
11      vector <int> u(10), v(10), w(10), x(3);
12      vector<int>::iterator it;
13
```

```
14       generate(v.begin(), v.end(), RandRange(1, 7));
15       printContainer(v, "v: gen(rand(1-7))= ");
16       cout << " count (3) = " << count(v.begin(), v.end(), 3) << endl;
17       cout << " count (7) = " << count(v.begin(), v.end(), 7) << endl;
18       cout << " min_element () = " << *(min_element(v.begin(), v.end())) << endl;
19       cout << " max_element () = " << *(max_element(v.begin(), v.end())) << endl;
20
21       it = find(v.begin(), v.end(), 3);
22       if (it != v.end())
23           cout << " find(3) index = " << it - v.begin() << endl;
24
25       for (it = v.begin();; it++) {
26           it = find_if(it, v.end(), ValueFinder(6));
27           if (it == v.end()) break;
28           cout << " find_if(6) index= " << it - v.begin() << endl;
29       }
30
31       copy_n(v.begin() + 3, 3, x.begin());
32       printContainer(x, "\nx: search seq = ");
33       it = search(v.begin(), v.end(), x.begin(), x.end());
34       if (it != v.end())
35           cout << " search seq pos = " << it - v.begin() << endl;
36  }
```

- **count()**(16, 17행) : 컨테이너 항목들 중에서 주어진 값과 일치하는 항목의 수를 반환한다.
- **min_element(), max_element()**(18, 19행): 컨테이너의 최소 및 최대 항목을 찾아 반복자를 반환한다. 반복자에 * 연산자를 적용해 그 항목을 출력하였다.
- **find()**(21행): 주어진 값과 일치하는 항목의 위치를 반환한다. 만약 일치하는 값이 있으면 v.end()가 아닌 위치를 반환한다. 벡터의 경우 반복자 it가 가리키는 항목의 인덱스를 23행과 같이 it - v.begin()으로 계산할 수 있다.
- **find_if()**(26행): 어떤 조건을 만족하는 항목들 중에서 맨 앞 항목의 위치를 반환한다. 2~7행의 함수 객체 ValueFinder를 사용하였다. 25~29행과 같이 조건을 만족하는 모든 항목들을 순서대로 찾을 수 있다.

- **search()**(33행): find()와 비슷하지만 어떤 부분 시퀀스를 찾는다는 점이 다르다. 33행은 벡터 v에서 벡터 x와 동일한 시퀀스의 위치를 찾다.

프로그램 14.12의 실행 결과는 다음과 같다.

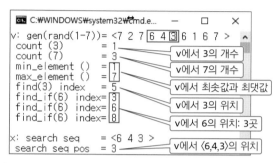

| 그림 14.7 STL의 변경 불가능 알고리즘 테스트 결과

■ 정렬 관련 알고리즘

다음은 정렬 관련 알고리즘의 사용 예를 보여주고 있다.

프로그램 14.13 정렬 관련 알고리즘 사용 예

```
01  ...      // 프로그램 14.10의 1행 ~ 18행 추가
02  void main()
03  {
04      vector <int> u(7), v(7), w(14);
05
06      generate(v.begin(), v.end(), RandRange(1, 7));
07      printContainer(v, "v: gen(rand(1-7))= ");
08
09      sort(v.begin(), v.end());
10      printContainer(v, "v: sorting() = ");
11
12      bool b6 = binary_search(v.begin(), v.end(), 6);      // binary_search
13      bool b8 = binary_search(v.begin(), v.end(), 8);
14      cout << "v: bin_search(6)= " << (b6 ? "true" : "false") << endl;
```

```
15        cout << "v: bin_search(8)= " << (b8 ? "true" : "false") << endl;
16
17        generate(u.begin(), u.end(), SeqGenerator(3));
18        printContainer(u, "\nu: gen(SeqGn(3))= ");
19        merge(v.begin(), v.end(), u.begin(), u.end(), w.begin());    // merge
20        printContainer(w, "w: merge(v,u) = ");
21
22        make_heap(v.begin(), v.end());                              // make_heap
23        printContainer(v, "\nv: make_heap() = ");
24        pop_heap(v.begin(), v.end());                               // pop_heap
25        v.pop_back();                                               // v.pop_back()
26        printContainer(v, "v: pop_heap() = ");
27        v.push_back(8);                                             // v.push_back()
28        push_heap(v.begin(), v.end());                              // push_heap()
29        printContainer(v, "v: push_heap() = ");
30
31        sort_heap(v.begin(), v.end());                              // sort_heap()
32        printContainer(v, "v: sort_heap() = ");
33   }
```

- **sort()**(9행): 컨테이너 항목들을 정렬한다.
- **binary_search()**(12, 13행): 이진 탐색 방법을 이용하여 항목들이 정렬된 컨테이너에 임의의 값이 있는지를 검사한다.
- **merge()**(19행): 두 개의 시퀀스를 병합하여 새로운 시퀀스를 만든다. 이때 시퀀스는 모두 정렬되어 있어야 한다.
- **make_heap()**(22행): 시퀀스의 항목들을 이용해 새로운 힙 구조를 생성한다. 힙 구조에 대해서는 자료구조 관련 서적을 참고하라.
- **pop_heap()**(24행): 힙 구조에서 루트 노드(최대 힙에서는 가장 큰 값)를 빼고 다운 힙(downheap) 과정을 통해 힙을 다시 재 정렬하는 함수이다. 이때, 루트 노드가 삭제되는 것이 아니라 컨테이너의 맨 마지막으로 이동된다는 것에 유의하라. 이때 맨 마지막 항목을 컨테이너의 **pop_back()** 함수를 이용해 삭제해야 다시 완전한 힙 구조가 된다.
- **push_heap()**(28행): 힙 구조에서 맨 마지막 노드를 업 힙(upheap) 과정을 통해 적

절한 위치에 재배치하는 함수이다. 따라서 어떤 값을 힙에 추가하기 위해서는 27행과 같이 컨테이너의 push_back() 함수를 이용해 맨 마지막에 삽입하고 push_heap()을 호출해야 한다.

- **sort_heap()**(31행): 힙 구조에서 루트를 순서대로 추출하여 전체 노드를 정렬하는 함수이다.

이 프로그램의 실행 결과는 다음과 같다.

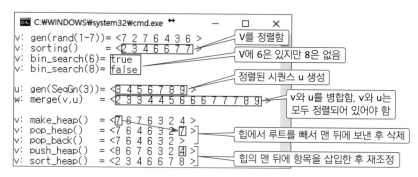

| 그림 14.8 STL의 정렬 관련 알고리즘 테스트 결과

14.7 응용: MonsterWorld 9: 실시간 순위 갱신

이제 마지막으로 몬스터 세상에 STL을 적용해 보자. 어떤 컨테이너를 사용하고 어떤 알고리즘을 몬스터 세상에 적용할 수 있을까?

- 앞 장에서는 벡터를 템플릿으로 직접 구현해 사용하였지만, 이제 그럴 필요가 없다. STL의 벡터 vector를 사용하면 된다. 13장에서는 세 부분에서 벡터를 사용하였다. Canvas에서 라인 배열을, MonsterWorld에서 몬스터 배열과, 몬스터 맵을 벡터로 구현하였다. 이제 이들을 모두 STL의 벡터를 이용해 구현한다.
- 앞 장에서는 게임이 진행되는 동안 몬스터들의 현재 순위가 출력되지는 않았다. 이제 게임이 진행되는 동안 몬스터들이 먹은 아이템을 기준으로 실시간으로 순위를 나타내자. 이를 위해서는 정렬이 필요한데 sort 알고리즘을 사용하면 된다.

▪ vector 컨테이너의 사용

캔버스

Canvas 클래스 코드에서 vector를 사용하도록 수정하는 것은 매우 간단하다. STL의 벡터를 사용하도록 헤더 파일 포함 부분을 수정하고, Vector를 모두 vector로 수정하면 된다. 프로그램 14.14는 프로그램 13.14에서 두 줄을 수정한 Canvas 클래스 코드로 나머지 부분은 동일하다.

프로그램 14.14   STL의 vector로 구현한 Canvas(Canvas.h)

```
01~03  ...          // 프로그램 13.14와 코드 동일
04     #include <vector>       // STL의 벡터 컨테이너 사용
05     using namespace std;
06     class Canvas {
07         vector<string> line;   // 화면 출력을 위한 벡터 객체
08~15      ...                  // 프로그램 13.14와 코드 동일
```

몬스터 맵

MonsterWorld의 몬스터 배열도 vector로 수정하자. STL의 벡터도 물론 벡터의 벡터로 사용할 수 있다. 프로그램 13.16에서 Vector 부분들을 다음 프로그램과 같이 모두 vector로 수정하면 된다.

프로그램 14.15   STL의 vector로 구현한 몬스터 맵(MonsterWorld.h)

```
01  ...        // 프로그램 13.16의 코드와 동일
02  class MonsterWorld
03  {
04      vector < vector<int> > world;
05      ...
06  public:
07      MonsterWorld(int w, int h): world(h), canvas(w,h), xMax(w), yMax(h){
08          for (int y = 0; y < yMax; y++)
09              world[y] = vector<int>(w, 1);      // 생성 + 초기화
10              // world 의 초기화 코드 필요 없음
```

```
11        }
12        ...    // 프로그램 13.16의 코드와 동일
13   };
```

9행의 **vector**의 생성자에서 매개변수가 두 개인 것에 유의하라. 두 번째 매개변수는 벡터 항목들의 초기 값이 된다. 따라서 생성자에서 이중 반복문으로 몬스터 배열의 모든 항목들을 1로 초기화하는 코드가 더 이상 필요 없다.

몬스터 맵을 **vector**를 이용해 구현했으므로 모든 몬스터 클래스의 **move()** 함수와 **Monster** 클래스의 **eat()** 함수의 매개변수도 변경되어야 한다.

```
// void eat(Vector<Vector<int>>& map) {...}
void eat(vector<vector<int>>& map) {...}

// virtual void move(Vector<Vector<int>>& map, int maxx, int maxy) {...}
virtual void move(vector<vector<int>>& map, int maxx, int maxy) {...}
```

여기까지 수정하고 컴파일해도 실행 결과는 앞 장과 동일하다. 사용자가 구현한 벡터가 아니라 STL의 컨테이너를 사용할 것뿐이다.

■ STL 알고리즘을 이용한 실시간 순위

마지막으로 STL 알고리즘을 사용해 보자. 알고리즘을 사용하려면 먼저 헤더 파일인 **<algorithm>**을 포함해야 한다. **MonsterWorld** 클래스의 두 멤버 함수에 적용한다.

- 몬스터 맵에서 남은 아이템의 수를 계산하는 **countItems()** 함수에 STL의 **count()**를 적용해 보자. **count()**의 사용은 매우 간단한데, 컨테이너의 시작과 끝 반복자를 매개변수로 주고, 마지막에 항목의 값을 전달하면 된다. 맵의 값이 1이면 항목이 남은 것이므로 마지막 인수는 1이 된다.
- 몬스터들을 현재 먹은 아이템을 수를 기준으로 정렬하여 화면으로 출력하기 위해 STL의 **sort()**를 사용할 수 있다. 항목의 값이 바로 비교할 수 있는 기본 자료형인 경우(프로그램 14.13의 9행)에는 이 함수의 사용이 간단하다. 그러나 몬스터 벡터의

항목은 Monster*이고, 약간 복잡한 과정이 필요하다. 항목을 비교하는 함수를 만들어주어야 하기 때문이다. 물론 비교는 몬스터의 nItem 필드가 기준이 되어야 한다. 그리고 비교함수는 bool을 반환해야 한다.

이를 바탕으로 프로그램 14.15를 수정한 MonsterWorld 클래스는 프로그램 14.16과 같다.

프로그램 14.16 STL 알고리즘을 사용한 몬스터 맵(MonsterWorld.h)

```
01  ...
02  #include <algorithm>      // STL의 알고리즘 사용
03  ...
04  inline bool compare(Monster* first, Monster* second){
05      return first->nItem > second->nItem;
06  }
07  class MonsterWorld
08  {
09      ...
10      int countItems() {
11          int nItems = 0;
12          for (int y = 0; y < yMax; y++)
13              nItems += count(world[y].begin(),world[y].end(),1);
14          return nItems;
15      }
16
17      void print() {
18          canvas.clear(". ");
19          for (int y = 0; y < yMax; y++)
20          for (int x = 0; x < xMax; x++)
21              if (Map(x, y) > 0) canvas.draw(x, y, "■");
22
23          for (int i = 0; i < pMon.size() ; i++)
24              pMon[i]->draw(canvas);
25
26          canvas.print("[ Monster World (멋진 STL 세상) ]");
27          cerr << " 전체 이동 횟수 = " << nMove << endl;
28          cerr << " 남은 아이템 수 = " << countItems() << endl;
```

```
29        sort(pMon.begin(), pMon.end(), compare);
30        for (int i = 0; i < pMon.size(); i++) {
31            cout << " 현재" << i + 1 << "위 ";
32            pMon[i]->print();
33        }
34    }
35    ...
36 };
```

코드 설명

2행 〈algorithm〉을 포함해야 함.

4~6행 정렬 알고리즘 sort()를 위한 비교 함수. 벡터의 항목의 자료형과 동일한 Monster*의 매개변수를 사용해야 하며, 비교를 위한 두 항목이 전달됨. 5행과 같이 first의 nItem이 second보다 큰 경우 true를 반환하므로 정렬은 내림차순이 됨.

13행 STL의 알고리즘 count() 사용. 인수로 컨테이너의 시작과 끝 반복자와 항목의 값(1)을 전달함. 몬스터 맵은 벡터의 벡터이므로 각 행 벡터에 대해 count() 함수를 각각 적용하고 결과를 모두 합해야 전체 아이템의 수가 됨.

29행 sort()를 이용한 몬스터 배열의 정렬.

30~33행 정렬된 순으로 몬스터의 현재 정보를 화면에 출력함. 아이템이 많은 순으로 출력됨.

이 프로그램의 실행 결과에는 약간의 변화가 있다. 게임이 진행됨에 따라서 아이템을 먹은 수를 기준으로 몬스터들이 정렬되어 출력된다.

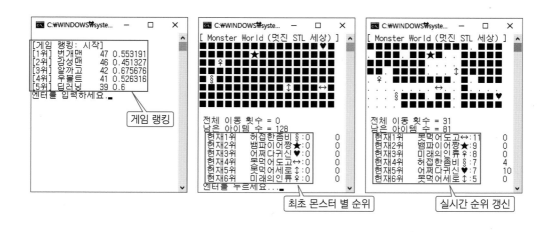

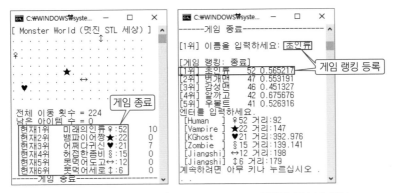

| 그림 14.9 STL로 구현한 몬스터 세상

■ 고찰

이제 몬스터 월드에 STL을 적용하였다.

- 템플릿을 만드는 과정은 약간 복잡하지만, 사용하는 것은 일반 클래스와 거의 비슷하다. 복잡한 클래스나 함수가 템플릿으로 제공되면 적극적으로 사용해 보아야 할 것이다.
- 몬스터 맵과 같은 2차원 형태의 자료도 vector를 이용해 손쉽게 만들 수 있었다. 특히 동적 메모리 할당이나 해제를 더 이상 신경 쓰지 않아도 되어 매우 편리하다.

STL에서 많은 기능을 제공하고 있는 것을 알겠습니다. 가능하면 STL을 사용하는 것이 좋은 습관일까요?

저자는 다른 사람의 코드를 잘 믿지 못하는 경향이 많이 있습니다. 그래서 대부분의 코드를 직접 구현하려고 합니다. 설령 이것이 오류가 더 많이 발생하더라도 마음만은 편했던 것 같습니다. 어쩌면 이것이 저자와 같이 프로그래밍을 오래전에 시작한 사람들의 공통적인 특징일 수도 있습니다.

그러나 이제는 시대가 바뀐 것 같습니다. 사용자의 눈높이가 높아지고 이에 대응하기 위해 수많은 기능이 프로그램에 포함되어야 합니다. 따라서 많은 코드가 필요하고 이것들을 모두 한 사람이 꼼꼼히 확인하고 개발하는 것이 거의 불가능해진 것 같습니다.

저자도 변했습니다. 전공분야인 머신 비전 문제 해결을 위해 이전에는 직접 개발한 라이브러리를 사용했지만, 이제는 OpenCV라는 공용 라이브러리를 주로 사용합니다. 물론 동일한 알고리즘에 대한 처리 속도는 예전에 심혈을 기울여 직접 개발했던 라이브러리가 훨씬 빠릅니다만, 다양한 문제에 대한 대응력이 떨어지고, 개발 기간이 길어지는 것이 사실입니다.

많은 이견들이 있을 수 있지만, 저자는 STL을 사용하는 것이 좋을 것 같습니다. 물론 원리를 이해하고 필요한 것을 직접 구현해 사용할 수 있다면 더욱 좋겠죠. 이제는 "어떤 라이브러리에 어떤 기능이 있고 어떻게 사용하면 되는지"에 대한 지식이 매우 중요해진 시대인 것 같습니다. 프로그래밍 환경의 변화가 빨라지고 있으며, 취업을 위한 프로그래밍 시험에서도 "주어진 시간에 빨리 문제를 해결" 해야 하기 때문입니다.

프로그래밍의 중요성을 부정하는 사람은 별로 없을 것이고, 프로그래밍이 너무 어려운 것도 사실입니다. 그리고 누구나 어려워하는 것을 잘 하는 사람의 가치가 높아질 것이라는 것도 당연한 사실입니다. 여러분들 모두가 훌륭한 프로그래머가 되길 기원합니다.

| 요약 |

1 C++에서는 (   )를 제공하는데, 프로그램에서 공통적으로 사용하는 다양한 자료구조와 알고리즘들을 템플릿의 형태로 제공한다.

2 STL은 표준 라이브러리이므로 모든 C++ 컴파일러에서 제공하는 검증된 라이브러리이다. 객체지향 프로그래밍과 (   ) 기법을 이용하여 구현되었기 때문에 어떤 자료형에도 적용할 수 있다.

3 STL은 크게 컨테이너와 알고리즘 그리고 (   )로 구성된다. (   )는 컨테이너에 저장된 자료들을 순차적으로 처리하기 위한 것으로, 컨테이너와 알고리즘을 연결하는 역할을 한다.

4 컨테이너는 자료를 저장하는 창고의 역할을 하는데, 시퀀스 컨테이너, (   ) 컨테이너, 그리고 시퀀스 컨테이너에 제약을 가해 정해진 방식으로만 자료들이 입출력되는 (   )로 나눌 수 있다.

5 시퀀스 컨테이너는 자료를 순차적으로 저장하는 구조로 (   )이 있으며, 컨테이너 어댑터에는 (   ) 등이 있다. 연관 컨테이너는 자료들이 정렬되어 있어 탐색 연산이 매우 효율적인데, (   ) 등을 지원한다.

6 STL에서는 알고리즘들을 컨테이너의 (   )로 제공하지 않고 일반 (   )로 제공하여 다양한 컨테이너가 같은 함수를 사용할 수 있도록 설계하였다. 그리고 컨테이너와 알고리즘을 연결하기 위해 (   )를 사용한다.

7 컨테이너마다 자료의 접근 방법이 다르기 때문에 동일한 알고리즘을 하나의 함수로 구현하기 위해서는 자료의 위치를 나타내는 일반적인 방법, 즉 (   )가 필요한데, 이것이 반복자이다.

8 STL의 반복자는 크게 컨테이너의 자료를 읽기 위한 (   )와 데이터를 쓰기 위해 사용하는 (   )로 나눌 수 있다. 또한 항목의 이동 방향에 따라 앞으로만 이동할 수 있는 전방 반복자, 양방향으로 이동할 수 있는 양방향 반복자와 어떤 위치로나 바로 이동할 수 있는 (   )로 나누어진다.

9 vector는 맨 앞 항목의 삽입이나 삭제가 효율적이지 않으므로 deque에서는 제공하는 (   ), (   ) 연산을 제공하지 않는다.

10 모든 컨테이너는 첫 번째 항목을 가리키는 반복자를 반환하는 ( ) 함수와 맨 마지막 다음 항목을 가리키는 반복자를 반환하는 (   ) 함수를 제공한다.

11 컨테이너 반복자의 자료형이 보통 복잡해지는데, 만약 C++11 표준이 적용된 컴파일러를 사용한다면 (   ) 키워드를 사용하여 단순화할 수 있다. (   )는 컴파일 시 자동으로 변수의 자료형을 결정해 준다.

12 STL의 list는 동작이 벡터와 비슷하지만 (   )로 구현되어 중간 항목의 삽입과 삭제 연산의 시간 복잡도가 (   )로 매우 효율적이다.

13 스택은 먼저 입력된 자료가 아래에 쌓이고 가장 최근에 입력된 자료가 가장 위에 놓이는 (   )의 자료구조이며, 큐는 먼저 들어온 자료가 먼저 출력되는 (   )의 구조를 갖는다. 큐에서 삽입이 일어나는 곳을 (   ), 삭제가 일어나는 곳을 (   )이라 한다.

14 우선순위 큐에서 출력 순서는 자료의 (   )에만 관련이 있다. 우선순위 큐는 보통 (   )이라는 자료구조로 구현되는데, STL에서 우선순위 큐로 priority_queue를 제공한다.

15 집합(set)은 원소들 사이에 순서가 없는 자료구조로 자료의 삽입과 제거, 그리고 검색이 효율적인 컨테이너이다. 보통 (   )라 불리는 복잡한 트리 구조를 이용해 구현한다.

16 맵(map)은 인덱스를 이용해 (   )로 원하는 데이터를 매우 빠르게 찾을 수 있다. 벡터와는 달리 인덱스가 반드시 정수일 필요가 없으며, 문자열을 포함해 순서가 있는 자료형이면 무엇이든 사용할 수 있다.

17 (   )는 함수 호출 연산자 () 중복 함수를 정의한 클래스의 객체로, 클래스의 생성자를 사용할 수 있어 일반 함수보다 더 편리하게 사용할 수 있으므로 STL 알고리즘에서 광범위하게 사용된다.

18 함수 객체를 개발자가 정의하여 사용할 수도 있지만 미리 정의된 함수 객체를 사용할 수도 있다. 이것을 사용하기 위해서는 (   ) 헤더 파일을 포함하여야 한다.

정답

1. 표준 템플릿 라이브러리(STL) **2.** 일반화 프로그래밍 **3.** 반복자(iterator), 반복자 **4.** 연관, 컨테이너 어댑터 **5.** vector, list, deque, stack, queue, priority_queue, set, map, multiset, multimap **6.** 멤버 함수, 템플릿 함수, 반복자(iterator) **7.** 일반화된 포인터 **8.** 입력 반복자, 출력 반복자, 임의 접근 반복자 **9.** pop_front(), push_front() **10.** begin(), end() **11.** auto, auto **12.** 이중 연결 리스트, O(1) **13.** 후입선출(LIFO: Last-In First-Out), 선입선출(FIFO: First-In First-Out), 후단(rear 또는 back), 전단(front) **14.** 우선순위(priority), 힙(heap) **15.** 균형 이진 탐색 트리(balanced binary search tree) **16.** 색인된 자료구조 **17.** 함수 객체(function object) **18.** 〈functional〉

| 연습문제 |

1. 다음 물음에 답하라.
    (1) 시간 복잡도 O(1), O(n)을 설명하라.
    (2) 벡터에서 **push_back()** 연산의 시간 복잡도를 O(1)+로 표현한 이유를 설명하라.
    (3) 덱(deque)은 무엇의 준말인가?
    (4) 스택이나 덱을 컨테이너 어댑터라고 부르는 이유를 설명하라.
    (5) 스택을 벡터(vector)와 리스트(list)를 이용해 어떻게 구현할 수 있을지를 설명하라.
    (6) 반복자와 포인터의 유사점과 차이점을 설명하라.
    (7) 술어를 설명하라.
    (8) 함수 객체를 설명하라.
    (9) STL의 벡터 템플릿인 **vector**에서 크기와 용량의 차이를 설명하라.

2. 다음과 같은 코드가 있을 때, 물음에 답하라.

```
void main() {
    vertor<int> vec(10);
    // 코드 추가
}
```

    (1) **vec**의 값을 난수로 초기화하는 코드를 인덱스를 이용해 구현하라.
    (2) 동일한 기능의 코드를 반복자를 이용해 구현하라.

3. 다음 중 사용이 불가능한 연산을 골라라(단, 각각의 컨테이너는 임의의 값으로 채워져 있다고 가정한다.).

```
vector<int> vec(10);
list<int> lst(10);
deque<int> dq(10)
```

① **vec.pop_front();**   ② **lst.pop_front();**
③ **dq.pop_front();**   ④ **vec.at(5);**
⑤ **lst.at(5);**   ⑥ **dq.at(5);**
⑦ **vec.capacity();**   ⑧ **lst.capacity();**

4. STL 알고리즘 함수를 이용하여 vector<int> v(8);이라는 컨테이너의 항목을 랜덤하게 초기화하는 코드를 작성하라.

5. STL 알고리즘 함수를 이용하여 4번의 v의 값을 vector<int> u(8);의 값으로 복사하는 코드를 작성하라.

6. STL 알고리즘 함수를 이용하여 5번의 u의 값에서 짝수 값만 지우는 코드를 작성하라(짝수를 구별하기 위한 간단한 함수도 작성한다).

7. 컨테이너 항목을 2의 거듭제곱으로 초기화하기 위한 함수 객체를 위한 다음 클래스를 완성하라.

```cpp
class multipleOfTwo{
    int val;
public:
    multipleOfTwo() : val(1) { }
    _____ (){
        _____ ;
        return _____ ;
    }
};
```

8. 컨테이너 항목을 N의 거듭제곱으로 초기화하기 위한 함수 클래스를 작성하라.

```cpp
class multipleOfN {
    int val, N;
public :
    multipleOfN(int n) : val(1), N(n){}
    _____ (){
        _____ ;
        return _____ ;
    }
};
```

9. 컨테이너 값을 4만큼 증가시킬 함수를 작성하라.

10. for_each 구문을 이용하여 컨테이너의 값을 모두 N만큼 증가시킬 함수 객체를 위한 클래스 addN을 작성하라.

```
class addN {
    _____
    _____

};
```

| 실습문제 |

1. STL 알고리즘을 사용하여 성적 처리 프로그램을 구현하려고 한다.

   (1) 국어의 성적을 나타내기 위해 크기가 45인 int 벡터 korean을 선언하고 난수를 이용하여 0에서 100 사이의 값으로 채워라. 이때, generate() 함수를 사용하고, 난수의 발생을 위해 rand0to100() 함수를 만들어 사용하라.

   (2) 동일한 프로그램을 함수 객체를 이용해 구현하라. 프로그램 14.9를 참고하라.

   (3) (2)에서 구현한 함수 객체를 이용해 크기가 38인 int 벡터 english를 선언하고 generate() 함수를 사용하여, 0에서 50 사이의 난수 값으로 채워라.

   (4) 국어와 영어 과목의 모든 점수를 화면으로 출력하라. 이때, for_each() 함수를 사용하라.

   (5) 국어와 영어 성적에서 최댓값과 최솟값을 구하는 프로그램을 작성하라.

   (6) 국어와 영어 성적을 각각 내림차순으로 정렬하고 (4)에서 구현한 코드를 이용해 화면으로 출력하라. 정렬에는 STL의 sort() 함수를 사용하라.

   (7) 국어와 영어 성적을 병합한 새로운 성적 벡터 total을 만들어라. 화면으로 출력하고, 성적들이 정렬되어 있는지 확인하라.

[부록] 아스키코드 표

회색 셀은 제어 문자이고, 나머지는 화면 출력 가능 문자

10진수	문자	의미	10진수	문자	의미	10진수	문자	의미
0	NUL	null	43	+	plus	86	V	
1	SOH	start of header	44	,	comma	87	W	
2	STX	start of text	45	–	minus	88	X	
3	ETX	end of text	46	.	period	89	Y	
4	EOT	end of transmission	47	/	slash	90	Z	
5	ENQ	enquiry	48	0		91	[	left square bracket
6	ACK	acknowledge	49	1		92	\	backslash
7	BEL	bell	50	2		93	]	right square bracket
8	BS	backspace	51	3		94	^	caret / circumflex
9	HT	horizontal tab	52	4	numbers	95	_	underscore
10	LF	line feed	53	5		96	`	grave / accent
11	VT	vertical tab	54	6		97	a	
12	FF	form feed	55	7		98	b	
13	CR	enter,carriage return	56	8		99	c	
14	SO	shift out	57	9		100	d	
15	SI	shift in	58	:	colon	101	e	
16	DLE	data link escape	59	;	semicolon	102	f	
17	DC1	device control 1	60	〈	less than	103	g	
18	DC2	device control 2	61	=	equality sign	104	h	
19	DC3	device control 3	62	〉	greater than	105	i	
20	DC4	device control 4	63	?	question mark	106	j	
21	NAK	negative ack.	64	@	at sign	107	k	Lower character
22	SYN	synchronize	65	A		108	l	
23	ETB	end of trans. block	66	B		109	m	
24	CAN	cancel	67	C		110	n	
25	EM	end of medium	68	D		111	o	
26	SUB	substitute	69	E	Upper character	112	p	
27	ESC	escape	70	F		113	q	
28	FS	file separator	71	G		114	r	
29	GS	group separator	72	H		115	s	
30	RS	record separator	73	I		116	t	
31	US	unit separator	74	J		117	u	

32	Space	space	75	K		118	v	
33	!	exclamation mark	76	L		119	w	
34	"	double quote	77	M		120	x	Lower character
35	#	number	78	N		121	y	
36	$	dollar	79	O	Upper character	122	z	
37	%	percent	80	P		123	{	left curly bracket
38	&	ampersand	81	Q		124	|	vertical bar
39	'	single quote	82	R		125	}	right curly bracket
40	(	left parenthesis	83	S		126	~	tilde
41	)	right parenthesis	84	T		127	DEL	delete
42	*	asterisk	85	U				

찾아보기

ㄱ

가변 길이(variable sized) 문자열 287
가변폭 폰트(variable width font) 47
가상 소멸자 469
가상(virtual) 함수 463
가상 함수 테이블 467
값에 의한 호출(call-by-value) 174
객체(object) 169, 255
객체의 복사 319
객체지향 프로그래밍(Object-Oriented
　　　　　Programming) 18, 23, 254
경고(warning) 27
고정폭 폰트(fixed width font) 47
구조적 프로그래밍(structured programming) 22
구조체(structure) 153, 168
구조체 변수(variable) 169
균형 이진 탐색 트리 642
기반(base) 클래스 403
기본 생성자(default constructor) 308
기본 자료형(basic type) 61
기호 상수 60
깊은 복사 367

ㄴ

나열형(enumerated type) 235
난수(random number) 121
내장된 함수 객체 649
노드(Node) 371
논리 곱(AND) 70
논리 부정(NOT) 70
논리 연산자 70
논리 오류(logical error) 28
논리 합(OR) 70

ㄷ

다중 반복문(nested loop) 83
다중 상속(multiple inheritance) 431
다중 포인터 209
다차원 배열 157
다형성(polymorphism) 20, 261, 449
단락 논리(Short circuit logic) 70
단정(assertion) 검사 540
단항 연산자 67
대입 연산자 69, 363
데이터 멤버(data member) 168
덱(deque) 634
동적 공유 라이브러리 27
동적 메모리 할당(dynamic memory allocation)
　　　　　354, 356
동적 배열(dynamic array) 595
디버깅(debugging) 28
디폴트 매개변수(default parameter) 118
디폴트 소멸자 314
디폴트 타입 매개변수 592

ㄹ

라이브러리 함수 102
랜덤 워크(random walk) 327
랭킹 보드 188
러시안 룰렛(Russian Roulette) 132
레퍼런스 219
로드(load) 27
리스트(list) 636
리터럴(literal) 60
링크(link) 27

ㅁ

매개변수(parameter) 38, 106
매크로 함수 120
맵(map) 644
메모리 누수 470
메모리 동적 해제 357
메소드(method) 101, 257
메시지(message) 264
멤버 변수(member variable) 168, 257, 262
멤버 접근 지정자 262
멤버 초기화 리스트(member initialization list) 310
멤버 함수(member function) 257, 262
목적 파일(object file) 27
몬스터 월드 327
무명 객체 340
문자열 159
문자열 처리 함수 160
문자열 클래스(string) 287

ㅂ

반복(looping) 77
반복자 627
반환형 38, 106
배열(array) 152
배열 반환 162
배열의 길이 161
배열의 이름 161
번호 맞히기 게임(Up-and-Down 게임) 90
범위(visibility) 125
범위 연산자(scope operator) 269, 420
벡터(Vector) 359, 631
벡터 템플릿 601
벡터의 벡터 605
변경 가능 알고리즘 652
변경 불가능 알고리즘 655
변수 59
변환 명세 39

ㅂ

보수(complement)법 64
보호 멤버 409
복사 생성자(copy constructor) 321, 364
부동 소수점(floating point) 62
부모(parent) 클래스 403
부울식 77
부울형 61
분기(branching) 77
분할 정복(divide and conquer) 104
블록 범위(block scope) 125
비교 연산자 69
비트 논리 연산자 71
비트 이동 연산자 510
비트 이동 연산자 71
비프(beep) 66
빈 솔루션 31
빌드(build) 27

ㅅ

사후 바인딩(late binding) 464
산술 연산자 68
삼항 연산자 67
상속(inheritance) 20, 260, 404
상수 60
상수 멤버 310
상수 참조자 매개변수 560
상수 포인터 212
상태(state) 256
상향 형 변환 458
상향 형 변환(up-casting) 438
상향식(bottom-up) 프로그래밍 기법 255
생성자 307
생성자의 호출 순서 317, 413
생존기간(lifetime) 125
서브(sub) 클래스 403
서브루틴(sunroutine) 101
선입선출(FIFO: First-In First-Out) 639

설정자(setter) 494

소멸자 314

소멸자의 호출 순서 317, 416

소수(prime number) 84

소스 파일(source file) 26

소프트웨어 17

솔루션(solution) 30

수퍼(super) 클래스 403

순수 가상 함수 474

순차 컨테이너 630

술어(predicate) 654

스택(stack) 637

스택 오버플로 233

스파게티 코드 21

스피드 구구단 135

시작 프로젝트 45

식(expression) 67

식별자 58

실 매개변수(actual parameter) 107

실행 시간 오류(runtime error) 28

실행 시간 측정 함수 123

실행 시간(runtime) 다형성 450

ㅇ

아스키 아트 43

아스키코드(ASCII Code) 43, 64

알고리즘(algorithm) 624

양방향 반복자 628

얕은 복사 322

어셈블리어 21

에러(error) 27

역참조(deference) 연산자 73, 208, 353

연결(linkage) 125

연결 리스트 371

연관 컨테이너 642

연산자 우선순위 74

연산자 중복 498

연산자(operator) 67

연산자의 결합법칙 74

영역 채색(Component Labelling) 230

예외(exception) 538

예외 전달 546

예외 처리(exception handling) 538

예외 처리 함수(exception handler) 542

예외 코드 539

예외 클래스 545

오류 처리 코드 547

오른쪽 항의 값(r-value) 65

오버플로(overflow) 64

왼쪽 항(l-value) 65

우선순위 큐(priority queue) 640

유니코드(unicode) 64

유닉스 18

유도 자료형(derived type) 61

유리수(Rational number) 509

유사 코드(pseudo code) 65

응용 프로그램 마법사 32

이름 공간(name space) 283

이모티콘 43

이스케이프 시퀀스(escape sequence) 40

이중 연결 리스트 636

이진 모드(binary mode) 177

이진 탐색 658

이진 파일(binary file) 176

이항 연산자 67

인덱스(index) 152

인덱스 연산자 72, 512

인라인 함수(inline function) 120

인수(argument) 107

인스턴스(instance) 263

인터페이스 254

일반화 프로그래밍(generic programming) 19, 576

임의 접근 반복자 628

입력 반복자(input iterator) 628
입출력 조작자(manipulator) 284

ㅈ

자식(child) 클래스 403
재귀 함수(recursive function) 226
재귀 호출 227
재사용 463
재정의(overriding) 417
저장 유형 지정자 126
전방 반복자 628
전역(global)변수 125
전처리(preprocessing) 27
전처리기 지시자 37
절차적 프로그래밍(procedural programming) 18,
    21
접근자(getter) 494
정렬 166
정렬 관련 알고리즘 657
정보 은닉(information hiding) 259
정적 라이브러리 27
정적 멤버 변수 373, 375
정적 지역변수 128
정적 함수 130
제어 문자열 39
조건 연산자 70
조건식 77
종료 조건 227
주사선 알고리즘 233
주석문 37
주소(address) 208
주소 값에 의한 호출 215
주소 연산자 208
주소 추출 연산자 73
증감 연산자 69, 509
지뢰 찾기 게임 233
지역(local)변수 125

직접 접근(random access) 594
집합(set) 642
집합 관계 274

ㅊ

참조 연산자 219
참조에 의한 호출(call-by-reference) 222
참조자 219
참조자 멤버 310
참조형(reference type) 219
초기화(reset) 175
추상 클래스 474
추상화(abstraction) 259
출력 반복자(output iterator) 628

ㅋ

캔버스(canvas) 330
캡슐화(encapsulation) 20, 259
컨테이너(container) 624
컨테이너 어댑터 637
컴파일(compile) 27
컴파일 시간(compile-time) 450
코드의 재활용 260
큐(queue) 639
클래스(class) 256
클래스 다이어그램(class diagram) 273
클래스 단위의 멤버 373
클래스 선언 블록 262
키(key) 642
키워드 58

ㅌ

타입 매개변수 576
텍스트 모드(text mode) 177
텍스트 파일(text file) 176
템플릿 접두어(template prefix) 577
통합 개발 환경 28

통합 모델링 언어(Unified Modeling Language) 273
특수화(specialization) 578

ㅍ

파라메터형 다형성(Parametric polymorphism) 450
파생(derived) 클래스 403
파일(file) 154
파일 범위(file scope) 125
파일의 포인터 177
편집기 26
포인터(pointer) 208
포인터 매개변수 214
포인터 변수(pointer variable) 208
포인터의 초기화 213
포함 408
표준 라이브러리 클래스 282
표준 에러 178
표준 입출력 37
표준 입출력 객체 284
표준 출력 178
표준 템플릿 라이브러리 623
표준 파일(standard file) 177
프렌드 클래스 493
프렌드 함수 495
프로그래밍 17
프로그래밍 언어 18
프로그램 17
프로시저(procedure) 101
프로젝트(project) 30
플랫폼 469
피보나치(Fibonacci)수열 228
피연산자(operand) 67
필드(field) 153, 257

ㅎ

하향 형 변환 459

함수 101
함수 객체(Function Object) 648
함수 몸체 106
함수 블록 38
함수 원형(function prototype) 109
함수 이름 106
함수 중복(function overloading) 115
함수 템플릿 577
함수 헤더(header) 38, 105
함수 호출 연산자 72, 512
함수의 서명(signature) 110
항목 선택 연산자(membership operator) 73, 169
행맨(hangman) 288
행위(behaviour) 256
헤더 파일(header file) 26
형 변환 457
형 변환 연산자 72, 512
형식 매개변수 576
확장 특수문자 40
확장자 26
후입선출(LIFO: Last-In First-Out) 638
힙(heap) 640
힙 정렬(heap sort) 640

A

auto 634

B

break 82

C

C언어 18
const 지시자 558
const_cast⟨⟩ 564
continue 82
C++11 19, 277

D

DDA 알고리즘 428
do-while 문 82
dynamic_cast〈〉 565

E

extern 키워드 126

F

for 문 82

G

goto 문 81

H

has a 관계 408

I

if-else 문 77
is a 관계 408
is a kind of 관계 408

J

Java 23

M

Matrix 클래스 383
MSVC2010 19
MSVC2013 19

N

NULL 문자 159

R

Rational 클래스 513
reinterpret_cast〈〉 563

S

sizeof 연산자 62
static_cast〈〉 564
stderr 178
stdout 178
switch 문 79

T

this 포인터 370
typedef 592

U

UML 연결자 274

W

while 문 81

2차원 배열의 동적 할당 380
2차원 배열의 동적 해제 382
4×4 퍼즐 190
15퍼즐(Fifteen puzzle) 190
32비트 주소 체계 469
64비트 주소체계 469